國家出版基金項目
NATIONAL PUBLICATION FOUNDATION

曾憲通　陳偉武　主編

田　煒　編撰

出土戰國文獻字詞集釋

卷三

中華書局

卷三部首目録

㗊	1249	革	1502
舌	1255	鬲	1531
干	1256	爾	1537
谷	1257	爪	1540
只	1259	丮	1552
㕣	1263	鬥	1559
句	1266	又	1559
丩	1276	ナ	1618
古	1278	史	1623
十	1279	支	1630
卅	1288	聿	1630
言	1291	聿	1631
誩	1419	畫	1638
音	1426	隶	1640
辛	1441	臤	1642
丵	1443	臣	1648
業	1446	殳	1657
収	1448	殺	1679
𠬝	1477	寸	1684
共	1478	皮	1710
異	1482	攴	1711
舁	1485	教	1835
臼	1496	卜	1839
晨	1497	用	1845
爨	1498	爻	1853

卷　三

嚣 嚣 嚣

集成 2840 中山王鼎　　 集成 10373 鄾客問量　　 包山 6　　 包山 7　　 包山 203

上博五·三德 5　　 璽彙 0318　　 璽彙 0164　　 文物 1988-2，頁 62

璽彙 3484　　 璽彙 5435

○**中大楚簡整理小組**（1977）　（編按：信陽 1·26）嚣。

《戰國楚簡研究》2，頁 6

○**于豪亮**（1979）　（編按：中山王鼎銘文"毋衆而嚣"）嚣讀爲傲，《漢書·曹參傳》："得……大莫嚣、郡守、司馬、候、御史各一人。"《左傳·桓公十一年》"莫敖患之"，注："莫敖，楚官名。"嚣與敖通，故嚣得讀爲傲。

《考古學報》1979-2，頁 176

○**徐中舒、伍士謙**（1979）　（編按：中山王鼎）嚣，《左傳》成公十六年"在陣而嚣"，注："嚣，喧嘩也。"

《中國史研究》1979-4，頁 92

○**羅福頤等**（1981）　（編按：璽彙 0318、璽彙 0164）嚣　璽文莫嚣嚣字如此。

《古璽文編》頁 47

○**劉釗**（1990）　《文編》附錄一〇八第 6 欄有字作""，按字從二口從頁，應隸作唄，釋作嚣。從二口乃四口之省化。《漢印文字徵》附錄六第 4 欄有字作""，從二口從頁，《秦漢魏晉篆隸字形表》疑其爲嚣字之省，不誤。嚣字見於《説文》㗊部。

《古文字考釋叢稿》頁 169，2005；原載《考古與文物》1990-2

○**劉信芳**（2003）　地名，讀爲"敖"，《左傳》哀公十九年："楚沈諸梁伐東夷，三夷男女及楚師盟于敖。"杜預《注》："敖，東夷地。"《左傳》昭公十二年："楚子狩于州來。次於潁尾，使蕩侯、潘子、司馬督、嚣尹午、陵尹喜帥師圍徐，以懼吳。"此次戰役在州來(下蔡)與徐之閒，囂尹爲囂地之尹，其地亦應在淮泗之閒，與東夷之敖實即一地。

《包山楚簡解詁》頁 175

△按　劉釗釋"賮"爲"囂"，正確可從。《説文》"囂"字或省作賮，亦可爲證。戰國文字"囂"字或增益邑旁作"鄡"，或增益戈旁作"戙"。

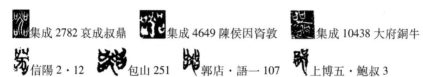

器 器 哭 盢

集成 2782 哀成叔鼎　　　集成 4649 陳侯因咨敦　　　集成 10438 大府銅牛

信陽 2·12　　包山 251　　郭店·語一 107　　上博五·鮑叔 3

上博五·鮑叔 3　　睡虎地·秦律 187　　璽彙 1069　　陶彙 5·10

陶彙 4·7

集成 11689 十七年春平侯鈹

曹家崗 1

○**黄盛璋**(1974)　(編按：十七年春平侯鈹"器")器。

《考古學報》1974-1，頁 22

○**俞偉超、李家浩**(1985)　戰國時期往往把文字的某一部分省去而成爲一種簡體，如下列諸字之例：(中略)

　　　　器器　十七年相邦春平侯劍　《考古學報》1974 年第 1 期 21 頁圖二，6

《出土文獻研究》頁 139—140

○**何琳儀**(1989)　見卷八人部"伐"字【伐器】條。

○**黄盛璋**(1991)　見卷八人部"伐"字條。

○**何琳儀**(1998)　器，西周金文作器(睘卣)。从品从犬，會意不明。犬亦聲。器、犬均屬溪紐，器爲犬之準聲首。或作器(仲盤)，品旁省作叩旁，與哭同形。器、哭均屬牙音，亦一字之分化。春秋金文作器(黄韋俞父盤)。戰國文字承襲兩周金文。《説文》："器，皿也。象器之口，犬所以守之。"

　　　戰國文字器，器物或器皿。

《戰國古文字典》頁 1201

○**何琳儀**(1999)　趙國春平侯鈹傳世品甚多，其中往往有一固定的銘文詞例：

邦左伐▨（《周金》6.80.3）　　邦左伐▨（《録遺》600）

邦左伐▨（《三晉》圖2.2）　　邦左伐▨（《三晉》圖2.4）

邦左伐▨（《三晉》圖2.6）　　邦左伐▨（《録遺》602）

邦左□▨（《三晉》圖三）　　邦左伐▨（《三晉》圖四）

邦右伐□（《貞松》12.23.1）　　邦右伐▨（《三晉》圖2.5）

上揭諸銘第三字，《周金》釋"伐"，近時有文引申其説，應無疑義。筆者曾指出，戰國文字中"彳"旁可作"亻"旁。上揭鈹銘"伐"或作"伐"，又增添一例。至於《三晉》釋"佼"讀"校"，並接上讀"左校、右校"，殊誤。

《三晉》圓（編按："圓"當作"圖"）2.5第四字，作者隸定爲"器"，其它鈹銘則僅存原篆，不予隸定。其實根據詞例排比，其它鈹銘最後一字也都應隸定爲"器"。今説明理由如次：

在戰國文字中，"艸"或省作"屮"，例如：

草　▨石鼓·作原　　　草青川木牘

莽　▨工師初壺　　　▨長沙帛書

由此類推，"品"變可省作"叩"。金文"襄"，小篆作"喪"；《説文》"囂"，或省作"嚚"，古璽作"▨"（《璽文》附108）。均可資旁證。金文已出現省二"口"的"器"，作"▨"形（《金文編》0313），更有直接的證明，即戰國文字確有似"哭"形，而必讀"器"者：

一、陶文"▨"（《季木》83.5）應釋"器"，指陶器。

二、陶文"左匋（陶）君（尹）鐈疋▨鍴（瑞）"（《藝術叢刊》21）。"鐈""久"音近可通。《書·無逸》"舊勞於外、舊爲小人"，《史記·魯世家》作"久勞於外、久爲小人"，均其佐證。秦國陶文"久"字習見，均可讀"記"。《説文》"玖"下引《詩》曰，貽我佩玖，讀若芑"，是其確證。《雲夢秦簡·工律》"刻久"，正讀"刻記"。陶文"鐈疋"可讀"久疋"，或"記疏"。《説文》："記，疏也，從言，己聲。"《繫傳》："疏，謂一一分別記之也。"段注："疋，各本作疏，今正。疋部曰，一曰，疋，記也。此疋、記二字轉注也。疋，今本作疏，謂分疏而識之也。"陶文"左匋君鐈疋▨鍴"，意謂"左陶尹識記陶器之陶璽"。"▨"顯然應釋"器"。

三、□陽鼎"□易（陽）大▨"（《考古》1984.8.76）。"大▨"應釋"大器"，典籍習見。或專指某種寶器，如《左傳》文公十二年，"重之以大器"，注："大器，圭、璋也。"或泛指重要之器，如《荀子·王霸》："國者，天下之大器也。"鼎銘"大器"應屬前者，指鼎。

四、武平鐘"武坪（平）君子□▨▨"（《攈古》2.2）。"▨▨"應釋"冶器"，

與新出陳 鐘“造器”(《文物》1987 年 12 期 49 頁)可以互證。

　　五、鑄器客甗“鎰客爲集糈七廥(府)”(上海博物館藏)。“鎰” 應釋“鑄器”,見《淮南子·俶真》“今夫冶工之鑄器”。

　　綜上,燕國陶文、□陽鼎、武平鐘和楚國鑄器客甗諸“哭”形,趙國春平侯鈹諸“”字釋“器”,殆無疑義。

　　鈹銘“伐器”,見《楚辭·天問》“爭遣伐器,何以行之”,王注:“伐器,攻伐之器也。”“伐”訓“擊刺”(《書·牧誓》“不愆于四伐、五伐、六伐、七伐”傳),故“伐器”自應是“攻伐之器”。

　　關於“伐器”,或據典籍、西周金文、戰國古璽等有“戎器”,遂謂《天問》“伐乃戎字之形訛”,今釋出趙國兵器銘文“伐器”,與《天問》契合,益證王注確不可易,而古書不宜擅改。

　　除“邦左(右)伐器”之外,春平侯器還銘有“邦左(右)庫”(《小校》10.103.3、《周金》6.80.1 等)。兩相比勘,“伐器”似爲藏兵之所。由攻伐之器引申爲藏兵之所,應是情理中事。

《考古與文物》1999-5,頁 91—92

△按　　器,戰國文字或省作“哭”,與“囂”字或省作“㵋”同理,與《說文》吅部“哭”字形同實異。或又增益“皿”旁表義。

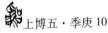

○饒宗頤(1958)　　㲽爲亂之變體。日月既亂,謂日月失次。《大戴禮·用兵篇》所謂攝提失方是也。

《長沙出土戰國繒書新釋》頁 21—22

○劉彬徽、彭浩、胡雅麗、劉祖信(1991)　　亂,簡文作 。《汗簡》亂字作 、,與簡文形似。長沙子彈庫帛書的亂字與簡文相同。

《包山楚簡》頁 52

○**曾憲通**（1985）　魏三體石經《書・無逸》“無若殷王受之迷亂”，亂字古文作🔹，與帛文同。《古文四聲韻》引石經作🔹，雖與魏石經古文小異，而與《説文》訓“亂也”之䜌字古文作🔹者則同。故有亂、䜌同字之説。陳鐵凡云：“䜌字本義爲以手治絲，引申爲治。治絲而紊則亂，乃反訓爲亂。引申爲亂流、爲煩亂。䜌字訛省爲𡱚，再訛爲𡱚、爲絲、爲𡱚。後又加意符別造从乙之亂、从攴之𡱚，以爲‘正絶流’‘煩亂’之字。許氏著《説文》，乃分廁各部而繫以異訓，實則言部之䜌、攴部之𡱚，俱一字之衍化，亦王籙友所謂異部同文也。”（陳鐵凡《䜌與亂》，《中國文字》第二六期）然則帛文🔹所从四口並非从㗊，而是由左右兩絲訛變而成，從🔹（《説文》䜌之古文）→🔹（三體石經亂之古文）→🔹（帛書）之對比自明。

《楚帛書》頁 294—295

○**何琳儀**（1998）　𡱚，金文作🔹（毛公鼎）。从㗊，𧮫聲。亂之異文。戰國文字承襲金文，與三體石經《無逸》亂作🔹吻合。楚系文字或省攴，或省攴之爪。

　　信陽簡𡱚，讀亂。《説文》：“亂，治也。”

　　包山簡“𡱚人”，讀“亂人”。《禮記・聘義》：“用之於爭鬭則謂之亂人。”《莊子・盜跖》：“以強凌弱，以衆暴寡，湯武以來，皆亂人之徒也。”帛書“𡱚紀”，讀“亂紀”。《漢書・天文志》：“太白經天，天下革民更王，是爲亂紀。”

《戰國古文字典》頁 1036

○**李家浩**（2000）　（編按：九店 56・28）“吕祭、大事、聚衆，必或𡱚之”，秦簡《日書》甲種楚除害日占辭作“以祭、冣（聚）衆，必亂者”。按“𡱚”與“𡱚”的字形結構相同（參看上考釋［四九］），應當分析爲从“宀”从“宀”从“𡱚”聲。“𡱚”字見於信陽楚墓竹簡一一〇三四號。按魏正始石經古文“亂”作“𡱚”（《石刻篆文編》一四・二〇），長沙楚帛書“亂”字寫法與之相同（《長沙楚帛書文字編》91 頁），“𡱚”即“𡱚”的省變（參看劉雨《信陽楚簡釋文與考釋》，《信陽楚墓 133 頁）。此簡的“𡱚”字从“𡱚”得聲，所以可以讀爲“亂”。

《九店楚簡》頁 86

○**濮茅左**（2005）　好殺則𠬝（作）𡱚（亂）　（中略）“𡱚”，古“亂”字，省“又”。《集韻》：“亂，古作‘𡱚’。”

《上海博物館藏戰國楚竹書》（五）頁 216—217

△**按**　本卷言部“䜌”字古文作🔹，即“𡱚”字。又，卷十四乙部“亂”字條重見。

【亂人】

○何琳儀（1998）　見“亂”字條。

○曹錦炎（2005）　（編按：上博五·鬼神3）“亂人”，昏庸無道作亂之人，與上文“聖人”相對。

《上海博物館藏戰國楚竹書》（五）頁 317

【亂紀】

○陳邦懷（1981）　（編按：楚帛書）是胃（謂）亂紀（紀）。（甲篇·四行）

按：“亂紀”謂亂經紀。《禮記·月令》孟春之月：“司天日月星辰之行，宿離不忒，毋失經紀。”鄭注：“經紀，謂天文進退度數。”

《古文字研究》5，頁 236

○何琳儀（1998）　見“亂”字條。

【嚣牒】

○中大楚簡整理小組（1977）　（編按：信陽1·34）第六十簡　☑之以吏嚣牒

此爲簡足，下有組痕。嚣，疑即《説文》之嚻。糸與幺通，幺、丩音近。《汗簡》糾作𥾝，可證从丩與从𢆶（即竹簡之糸）亦有可通者。嚻，《説文》：“高聲，一曰大呼也。”牒，官方文書。嚻牒，殆即朗誦文書之意。

《戰國楚簡研究》2，頁 13—14

○劉雨（1986）　1-034：“以吏嚣牒。”

長沙楚帛書“亂”字作“亂”，與簡文“嚣”字形體相近，故釋“亂”可從。《爾雅·釋詁下》：“亂，治也。”《古文尚書·泰誓》“余有亂臣十人”即訓爲“余有治臣十人”。

“亂”又可通“辭”。《楚辭》每每言“亂曰”，實即“辭曰”。“辭”又可通“嗣”，“嗣”亦“治也”。將此簡釋爲“以吏治牒”，則文從字順，比較妥帖。

《信陽楚墓》頁 133

○李零（2002）　（編按：信陽1·34）“亂”，原从四口从爪从厶从又。“世”，原从歺从枼，楚簡“世”字多如此作。

《揖芬集》頁 315

【亂達】

○商承祚（1964）　（編按：楚帛書）“亂達亂行”（一、23—26）：

亂字作亂，與金文毛公鼎近，與魏三體石經古文完全相同。此言日月星辰不應達而先達，不應行而先行，故謂之亂。

《文物》1964-9，頁 12

○陳邦懷（1981）　(編按：楚帛書)帛書"亂達其行"，其義即詩句"不用其行"，亦即不循道度之謂也。

《古文字研究》5，頁 235

○李學勤（1982）　(編按：楚帛書)"日月星辰，亂逆其行。"古書分釋爲"亂行、逆行"，均爲天體運行與推算不合的現象。"行"，《詩・十月》箋："道度也。"

《湖南考古輯刊》1，頁 68

○李零（1985）　見卷二辵部"遧"字條。

○湯餘惠（1993）　見卷二辵部"遧"字條。

○劉信芳（1996）　見卷二辵部"遧"字條。

○廖名春（1998）　見卷二辵部"遧"字條。

○趙平安（2000）　見卷二辵部"遧"字條。

△按　楚帛書"嘲遧"讀爲"亂失"。

舌　舌　胥

睡虎地・日甲 74 正壹　　　陶彙 4・65

上博三・周易 27

○何琳儀（1998）　舌，甲骨文作ᵇ(後下二・四・一〇)，象口中吐舌之形。戰國文字承襲甲骨文作ᵇ，或訛變作舌、舌，遂似从干。《説文》："舌，在口所以言也。别味也。从干从口，干亦聲。(食列切)。"(三上一)舌，定紐月部；干，見紐元部。月、元雖近，定、見遠隔，故許慎"干亦聲"，可疑。

　　睡虎地簡"多舌"，猶多言。

《戰國古文字典》頁 929

○馮勝君（1998）　(編按：斁鐘鎛)至，應讀爲"真"。至、真皆爲舌音。至，質部；真，真部。韻爲對轉。二字古音極近，故"至"可讀爲"真"。《説文》："真，置也。"《詩經・卷耳》："真彼周行"，毛傳："真，置也。"

《吉林大學古籍整理研究所建所十五周年紀念文集》頁 43

○李家浩（1998）　(編按：斁鐘鎛)"舌"字原文的寫法大致可以分爲 A、B 兩類，每類又可以分爲兩種，如下所示：

　　A1 🔨 78 號、80 號　　　　A2 🔨 74 號

　　B1 🔨 75 號、66 號、70 號、71 號　　B2 🔨 73 號

　　趙文根據 B1 的寫法,把這個字釋爲“至”。從 B1 的字形看,這種釋法是正確的。不過這裏有一個問題,即“至”字不可能寫作 A 形。按製作鑄造鑢鐘範模的工匠,文化水平很低,銘文有漏刻、誤刻之處。例如 76 號鎛鐘漏刻“其反鐘”三字,69 號鈕鐘“吕王”之上漏刻“余”字,68 號鈕鐘漏刻“其”字,73 號鎛鐘把“金”誤刻爲“余”,78 號鎛鐘把“及”誤刻爲“人”。此外,鐘銘還有古文“奏”與“平”互訛的情況。因此,在 A、B 兩類寫法中,當有一類寫法是另一類寫法的訛誤。按照人們書寫習慣,一般愛把生僻的字誤寫作常見的字,把筆畫多的字誤寫作筆畫少的字。在古文字裏,B1 是一個常見字,A 卻是第一次見到;B 的筆畫也比 A 少。根據這些情況,B 應該是 A 的訛誤。

　　按西周金文“舌”作下揭之形:

　　　🦶《金文編》1004 頁盂鼎从“西”之字的偏旁

　　A1 與此“舌”字旁形近,疑 A1 即“舌”字的變體。在侯馬盟書中有一個被舊釋爲“晉”的字,或作下録二形:

　　　⚓ ⚓《侯馬盟書》324 頁

　　金文“舌”與 A1 的關係,跟此二字的關係相同。A2 當是 A1 的進一步訛變。因這種寫法的“舌”與“至”形近,而且“至”又是一個常見字,所以文化水平很低的工匠在製作鑄造鐘的範模時,把“舌”誤刻作“至”字了。

《著名中年語言學家自選集·李家浩卷》頁 67—68,2002;
原載《北大中文研究》1

○**李守奎**(2003)　(編按:鑢鐘鎛)訛書。與至字相混。

《楚文字編》頁 132

○**濮茅左**(2003)　(編按:上博三·周易簡 27)“胬”,《集韻》:“胬,肥也。”又:“胬,脂也。”或讀爲“舌”。《釋名》:“舌,泄也,舒泄所當言也。”

《上海博物館藏戰國楚竹書》(三)頁 174

△**按**　訓“脂也”之“胬”實爲从“昏”得聲,隸變後與“舌”混,非从舌。訓“肥也”之“胬”讀徒兼切,亦非从“口舌”之“舌”得聲。楚簡“青”字是在“口舌”之“舌”的基礎上增加表義“肉”旁而來,與字書中訓“脂”和訓“肥”的“胬”均無涉。青,卷四肉部重見。

干 丫

　包山牘 1　　　睡虎地·效律 27　　　十鐘　　　燕下都 241·3　　　貨系 3442

○**李家浩**（1993）　見卷一丨部“中”字條。

○**朱德熙、裘錫圭、李家浩**（1995）　《詩・衞風・干旄》毛傳：“注旄於干首（《爾雅・釋天》郭注稱“竿頭”），大夫之旃也。”疑簡文（編按：望山 2・13）“中干”之“干”與“干旄”之“干”同意。

　考釋[六三]説一三號簡“中干”之“干”與“干旄”之“干”同意。今按此説恐不確。此簡“中干”位於“𦮄𣃦（旌）、彤类”二旗之後。包山二六七號簡與竹觚記有“𣃦（旌）中干”，位於“絑（朱）𣃦（旌）、帬（旆）”二旗之間。據此，“中干”當與旌、旆等同類。古有名“罕”之旗。《史記・周本紀》：“百夫荷罕旗以先驅。”漢代或稱“雲罕”。《文選》卷三《東京賦》“雲罕九斿，閣戟轇輵”，薛綜注：“雲罕，旌旗之別名也。九斿，亦旗名也。”“罕”從“干”聲。疑簡文“中干”之“干”當讀爲“罕旗”之“罕”。

《望山楚簡》頁 121、131

○**何琳儀**（1998）　干，甲骨文作𢑓（前二・二七・二），象木梃上有分歧之形。竪筆之上短橫爲飾筆。或説，干爲單之省文。參單字。其詳待考。金文作𢑓（干氏弔子盤）、𢑓（虞簋）。戰國文字承襲金文。或加飾筆作𢑓、𢑓等形。楚系文字或加飾筆於右側作𢑓、𢑓等形。《説文》：“𢑓，犯也。從反入，從一。（古寒切）。”（三上二）

　楚璽干，姓氏。見《通志》。楚簡干，梃。《詩・鄘風・干旄》“孑孑干旄”，與包山簡、牘“𣃦（旌）中干”適可互證。

　秦璽干，姓氏。見《通志》。

《戰國古文字典》頁 992

△**按**　望山楚簡“中干”之“干”的讀法當以朱德熙、裘錫圭、李家浩後説爲是。望山 2・13 有“需光之童”，又有“二需光之中干、一秦高之中干”，朱德熙、裘錫圭、李家浩（《望山楚簡》）讀“童”爲“幢”，《説文》巾部：“幢，旌旗之屬。”讀“干”爲“罕”與之正相類。

皈

璽彙 0242　　璽彙 3598　　十鐘

○**丁佛言**（1924）　古鈢皈隻（編按：璽彙 0242）。許氏説“多白眼也。從目，反聲”。《春秋傳》曰鄭游眅,字子明。

《説文古籀補補》頁 16,1988

○**何琳儀**(1998)　《説文》:“眅,多白眼也。从目,反聲。”

齊璽眅(編按:璽彙 0242、3598),姓氏。鄭游眅之後,以名爲氏。見《姓氏考略》。

《戰國古文字典》頁 979

△按　此字从丏不从目,當隸定爲“眅”,詳細考釋見田煒《古璽探研》(211—217 頁,華東師範大學出版社 2010 年)。

酣　趾

趾<small>鶴廬印存,頁 107</small>

△按　“世”字之異體,詳見本卷廿部。

踅

新蔡乙三 63

○**賈連敏**(2003)　☐踅鐘樂之。

《新蔡葛陵楚墓》頁 205

○**徐在國**(2006)　上部略殘,但仍看出是延字,下部不从“肉”,而是从“丏”,應是加注的聲符。上古音“延、踅”爲透紐元部字,“延”爲喻紐元部字,“丏”爲透紐侵部字。聲紐均爲舌音,元、侵、月三部的字音也有關。“丏”,《説文》有三種讀音,其中一種讀音爲“誓”。“誓”上古音爲禪紐月部字,从“丏”得聲的“茜”字屬定紐月部,月、元對轉。典籍中“延、誓”二字相通。如《禮記·射義》“使子路執弓矢出延射”,鄭注:“延或爲誓。”《周禮·地官·鄉大夫》鄭注引“延射”爲“誓射”。因此,“延”字加注“丏”聲應無問題。應爲“延”字繁體。

簡文中的延鐘、踅鐘、鐘均應讀爲“棧鐘”。上古音“延、踅”與“棧”均爲元部字。李家浩先生曾將信陽 2-018 簡中的“前鐘”與天星觀楚墓竹簡中的“鍘鐘”均讀爲棧鐘,義爲編鐘。其說可從。

《簡帛》1,頁 200

鏺

新蔡甲三 271

○**賈連敏**（2003） 鏺。

《新蔡葛陵楚墓》頁 197

△**按** "弼"字之異體,卷十二弜部重見。

只 只

○**何琳儀**（1998） 只,秦系文字作只,楚系文字作只、只、只,構形稍異。《説文》:"只,語已詞也。从口,象气下引之形。（諸氏切）。"（三上二）

廣衍戈"只易",讀"潁陽",地名。《禮記·祭義》"君子頃步而弗敢忘孝也",《呂覽·孝行》頃作思。是其佐證。《漢書·地理志》潁川郡"潁陽",在今河南許昌西南。

《戰國古文字典》頁 746

○**李守奎**（1998） 包山二號墓 155 號簡有字作"只"形,《包山二號楚墓簡牘釋文與考釋》釋爲"足",爲學者所信從,現有的幾部有關楚文字的字編均例在"足"字頭下。

"只"釋"足"無據,當是"疋"字。

"足"與"疋"不論其來源如何,在楚文字中是有區別的。在字形上的主要區別特徵是足字作足（信陽 2-20）或是足（包山 112）,上部从口形,疋字作足（包山 36）或足（包山 70）,上部所从與口形有別。釋"只"爲足可能就是看到了足、疋二字上部的區別,但忽視了下部的不同。足、只二形顯然有明顯的不同。在構字功能上,足主要用作形旁,疋主要用作聲旁,二者也有所不同。

釋只爲疋的主要依據有三:一是凡从只之字,皆用作聲旁,與疋字構字功能一致;二是凡"只"聲讀爲相應的疋聲字均可通讀辭例;三是"只"與"足"有通用之例證。

《簡帛研究》3,頁 23

○**袁國華**（1998） "只"字見簡本《尊德義》第 14 簡,字作只。若將此字與簡本《唐虞之道》第 26 簡“枳”所从卪作比較,即可知二字全同。“枳”字,裘錫圭先生釋爲“枳”,並將“四枳朕陸”讀爲“四肢倦惰”,其説精確。“枳”字既已知爲“枳”字,則將“卪”釋作“只”字,應無庸置疑。

“只”簡文似可通作“技”。“技”字,群母支部;“只”字,章母支部。“技”“只”同屬支部,有通假的條件。“軹”“歧”二字通假之例,亦可以爲證。《爾雅·釋地》“中有軹首蛇焉”句,《楚辭·天問》王逸注,云:“中央之州,有歧首之蛇。”“軹”屬章母支部,“歧”屬群母支部。據此言“只”“技”二字音近可通,應可成立。

古文獻,如《商君書》《管子》等屢言若教民以技藝,會對國家造成禍害,《尊德義》所載内容亦與之相類,簡文云:

　　　　教以藝,則民野以爭;教以只(技),則民少以吝。

參之以《商君書·算地》:

　　　　技藝之士用則剽而易徙⋯⋯技藝之士,資在於手⋯⋯

可見,“民野以爭”即“民剽”之謂也;“民少以吝”則猶言“(民)易徙”而“資在於手”是也。

《中國文字》新 24,頁 142—143

○**黃德寬、徐在國**(1999)　《尊德義》14 有卪字,原書未釋。我們認爲此字當釋爲“只”,字在簡文中讀作“技”。(中略)本簡卪字,乃由卪稍變,故可釋爲“只”,讀作“技”。簡文爲:“教民以藝則民野以靜(爭),教以只(技)則民少以妥(吝)。”“教民以藝”與“教以技”相連屬。《禮記·坊記》:“有國家者,貴人而賤禄,則民興讓;尚技而賤車,則民興藝。”注:“技猶藝也。”《王制》:“凡執技以事上者,祝、史、射、御、臣、卜及百工。”簡文所謂教民之“技藝”,大凡此類。

《江漢考古》1999-2,頁 75—76

○**曹錦炎**(2005)　“只”,通“支”,讀爲“岐”。

《上海博物館藏戰國楚竹書》(五)頁 315

△**按**　李家浩對戰國文字中的“只”字和部分从只之字有詳考,詳見卷六木部“枳”字條。

關於“只”字形體的來源和“只、也”二字的關係,目前學術界大致有五種不同意見:

一、趙平安(《對上古漢語語氣詞“只”的新認識》,《新出簡帛與古文字古文獻研究》271—272 頁,商務印書館 2009 年,原載《簡帛》3 輯,上海古籍出版社 2008 年)認爲“只”字“上从口,下从人肢”,“很可能是‘胑(肢)’的本字”,

“‘也’和‘只’本是兩個完全不同的字。由於後來在‘也’字豎筆或曲筆上附加羨畫，而‘只’爲了與‘兄’區别，在字下加羨畫或有意屈曲下邊的筆畫，於是導致兩字形體混同”；

二、李家浩（《釋老簋銘文中的“濾”字——兼談“只”字的來源》，《古文字研究》27 輯 245—250 頁，中華書局 2008 年）認爲西周老簋銘文中的█即“池”字，所从之█象小孩子嗁哭之形，即“也”字，乃“嗁”之初文，而█字減少一筆就是寫作█的“只”字，因此“只”字是從“也”字分化出來的；

三、何琳儀、房振三（《“也”“只”考辨》，《民俗典籍文字研究》3 輯 176 頁，商務印書館 2006 年）認爲“只”字是在“也”字上加筆分化而形成的新字；

四、高智（《古文字“也”“只”形義關係解析》，《古文字研究》28 輯 524—529 頁，中華書局 2010 年）認爲“也”字形體結構應該分析爲“語從口出，詰屈攸長也。从口乁，乁亦聲”。而“只”字則是在“也”字基礎上增加補空性的筆畫而產生的一種形體。他説：“也、只二形本爲一字之分化，‘只’這個字在商周古文字中原本是不存在的，‘只’字是由‘也’字█增加點狀筆飾而訛變產生的一個新形體█，是‘也’字的同字異形，典籍中作爲語助詞用的‘只’字，應該是‘也’字。大約在戰國時期也、只二字形、音開始分化，此時作爲語助詞用的‘只’與‘也’意思還是相同的。故許慎《説文解字》‘█，語已詞也，从口象氣下引之形’之説解大致是正確的。”

五、李學勤（《釋東周器名卮及有關文字》，《文物中的古文明》330—334 頁，商務印書館 2008 年，原載於《第四屆國際中國古文字學研討會論文集》，香港中文大學中國語言及文學系 2003 年）把█（集成 10352 史孔卮）字釋爲“枳”，把█（集成 10368 左關卮）、█（集成 4650 哀成叔卮）、█（集成 10356 蔡大史卮）等字釋爲“鍬”，並讀爲“卮”。裘錫圭（“介紹李家浩先生的《釋“濾”》，兼談與此文有關的兩個問題”，“2009 中國簡帛學國際論壇”報告）進一步認爲█、█、█等字即“枳（枝）”字，其中█字的寫法最能反映該字的本義，“口”旁爲指事符號，指示樹枝所在，而“只”字則是把“枳”字的指事符號“口”和象樹枝的一筆分割出來而形成的一個分化字，與“也”字來源不同。

在秦和西漢早期文字中，“只”字最常見的寫法是作█、█等形，和“兄”字形體相同，不過這種顯然是訛變後的形體。楊廣泰編《新出封泥彙編》（西泠印社出版社 2010 年）收録了 5 枚“桃枳丞印”秦封泥，其中編號爲 1849、1850 的兩枚如下：

從"丞"字的寫法可以判斷這兩枚應該是戰國秦封泥。其中"枳"字作❏，與蔡大史卮銘文"鍘"字所從之"枳"形體很接近，只是"只"旁長筆走向不同且又在左旁增加了一個短畫。睡虎地秦簡《法律答問》"疜"字凡3見：

　　　　❏簡87　　❏簡88　　❏簡89

其中"只"旁下右邊一筆與"口"相連，而左邊一筆則斷開，寫法與❏相同。以往的文字編由於圖版處理的原因，多未能反映這一細節。《說文》"只"字篆書下部兩筆均與口相連，是訛變後的寫法。"桃枳丞印"印文代表的是秦文字正體的寫法，而簡牘中除了睡虎地秦簡3例"疜"字仍比較接近正體寫法以外，多數材料的"只"字都寫作❏、❏等形，代表的是俗體的寫法。秦文字"只"字形體的演變情況大致如此：❏→❏→❏、❏。《秦封泥集》二·四·12重新著錄了下揭兩枚封泥：

印文雖然是比較規整的篆書，但"軹"字"只"旁的寫法卻與"兄"字混同，反映了俗體字對正體字的影響。從現在掌握的資料看，戰國晚期是❏、❏、❏、❏等寫法在秦文字中並存的時期，而在秦代或西漢早期的文字資料中已經找不到❏、❏兩種寫法的"只"字了。戰國秦封泥中的❏字形體與蔡大史卮銘文"鍘"字所從之"枳"形體接近，說明秦系"只"字的來源和六國文字是一致的。

　　上述五種對"只"字字形來源及本義的分析中，第一、五兩種認爲"也、只"是來源不同的兩個字，第二、三、四三種則認爲"只"字是從"也"字分化而來的，只是在其分化的途徑上有不同的看法。從目前掌握的資料看，"只"字最早的形體作❏（❏字所從），後增一筆作❏或❏，所謂下部象人肢的寫法是訛變後的一種形體，故"只"字本義當與肢無關。第二種說法認爲"也"是"咫"的初文,其基礎是老簋銘文的█字當讀爲"池",然而這一基礎本身尚存爭議,陳劍(《〈容成氏〉補釋三則》,《出土文獻與古文字研究》6 輯 374—375 頁,上海古籍出版社 2015 年)認爲█字所从之█是"號"之初文,█字在銘文中當讀爲"沼"。即便█字真是"嘘"的初文,李文在論述"只"字來源時也僅提到和█寫法接近的█,而對於█、█等寫法和█的關係則並無交代。我們認爲以目前的認識,第五種意見是可以成立的,但也不能排除另一種可能,即"只、也"二字本來同形,象口下出氣之形,均用爲語辭,█字用"口"作指事符號,是因爲"口"旁和象樹枝的筆畫正好組成"只"字,可以兼表聲的緣故,這種情況和第五種意見所分析的情況正好相反。真實情況究竟如何還有待進一步研究。

肖 肖

█ 璽彙 2077

○ 羅福頤(1930)   肖。

《璽印文字徵》卷三,頁 1

△按   "肖"字在戰國文字中僅見,其音義尚不能確知。

商 商

█ 集成 286 曾侯乙鐘   █ 曾侯乙鐘架   █ 曾侯乙石磬   █ 上博四·采風 2

█ 睡虎地·日甲 145 正肆   █ 上博 31   █ 陶彙 5·98   █ 曾侯乙石磬

○ 睡簡整理小組(1990)   (編按:睡虎地·日甲 145 正肆"己酉生子,彀,有商")商,讀爲章,功業顯著。或讀爲賞,亦通。

《睡虎地秦墓竹簡》頁 205

○ 周偉洲(1997)   商丞之印 《史記》卷一六《商君列傳》云:孝公"封之於商十五邑,號爲商君"。後商鞅被誅,商又爲秦縣;地在今陝西丹鳳。秦併六國前後,爲秦內史屬縣;丞爲縣令之佐官。

《西北大學學報》1997-1,頁 34

○ 何琳儀(1998)   商,甲骨文作█(甲二三六五)。疑从辛,丙聲。茲暫據其音"式陽切"單獨列爲聲首。或作🔲（甲二四一六），加口繁化。西周金文作🔲（何尊），或作（商弔簋）。辛旁兩側加圓圈者，疑爲商星之商的本字。春秋金文作🔲（蔡侯申盤）、🔲（秦公鎛），或加二星，或加四星。前者與三體石經《多方》🔲吻合。戰國文字承襲兩周金文。齊系文字均保留二星。晉系文字或有省演，二星或訛作ㅌ彐（⊙⊙→日日→ㅌ彐→ㅌ彐→ㅌ彐）。中山王方壺轊所從商作🔲，與《説文》古文🔲、《古文四聲韻》下平十四齊、禺亦有演變踪迹。姑馮句鑼之🔲，上承西周金文🔲（利簋）而變。曾樂律鐘之🔲、🔲，由加二星形者訛變。《説文》："🔲，從外知内也。從𡵂，章省聲。（式陽切）。🔲，古文商。🔲，亦古文商。🔲，籀文商。"

　　晉璽商，姓氏。商被滅於周，子孫以國爲氏。見《通志·氏族略》。商丘鍬"商丘"，地名。《左·襄九年》："陶唐氏之火正閼伯居商丘。"在今河南商丘。

　　楚系器商，音階名。《禮記·月令》："其音商。"愕距末"商國"，宋國。《列子·仲尼》"商大宰"，釋文："商，宋國也。"

　　秦陶商，地名。

《戰國古文字典》頁 652

○**王望生**（2000）　秦代縣名。《史記·殷本紀》："契長而佐禹治水有功……封於商。"《史記·商君列傳》："衞鞅既破魏還，秦封之於商十五邑，號爲商君。"今陝西丹鳳縣境。

《考古與文物》2000-1，頁 10—11

【商或】

○**何琳儀**（1998）　見"商"字條。

○**曹錦炎**（1999）　（編按：愕距末）商國，宋國。宋爲商後，見《史記·宋微子世家》："……乃命微子開（啟）代殷後，奉其先祀，作《微子之命》以申之，國於宋。"所以，銘文中的"商國"就是指宋國。據此，可知此距末爲宋國器無疑。

《鳥蟲書通考》頁 193

○**陳松長**（2002）　（編按：愕距末）"商國"二字從文字的隸定方面看是毫無問題的，但對其理解卻存在着較大的差距。阮元曾指出："此器翁覃溪閣學方綱據'商國'二字以爲商器，元謂此字不類商銘，且色澤亦不省商之古，此蓋周器，宋人物也。宋人每稱宋爲商矣。《春秋左氏傳·哀公九年》：'利以伐姜，不利子商。'杜預注：'子商謂宋。'又二十四年傳：'周公及武公娶於薛，孝惠娶於商。'

杜預注：'商，宋也。'《禮記·樂記》曰：'宜歌商。'鄭康成曰：'商，宋詩也。'皆其證也。"阮元此文，證"商"爲宋，將其定在周代，確爲卓識。曹錦炎先生在其所著《鳥蟲書通考》一書中，也作過類似的考述："商國，宋國。宋爲商後，見《史記·宋微子世家》：'乃命微子開（啟）代殷後，奉其先祀，作微子之命以申之，國於宋。'所以，銘文中的'商國'就是指宋國。據此，可知此距末爲宋器無疑。"

　　曹先生所考，證"商國"爲宋國，據此推定此爲宋器，所見與阮元相同。應該説，在没有新的材料出來之前，這考證似乎是没什麽問題的。但此次在楚地的常德出土的這兩件"距末"，就讓我們不得不重新思考其他解釋的可能性。因爲不好解釋的是，這兩件"距末"都出在湖南常德的楚墓之中，而且該墓葬群中還出有楚國官璽，很顯然，這是楚人所用之物，而非宋器，且湖南常德與宋國在地理位置上相隔很遠，這樣一對小小的"距末"，不太可能會作爲戰利品從宋國帶回來後再由楚人帶入墓中。因此，我們既懷疑阮元在《商銅距末跋》一文中所説"曲埠人掘地得銅器"的可靠性，也懷疑"商國"並不一定是指"宋國"。原來因所見均爲著録，罕見實物，且所著録的一件"距末"也並不知其具體的出土地點，雖然其文字明顯爲楚文字，但考慮宋也可劃在楚文化的範圍之内，故釋"商國"爲"宋國"，誰也不會産生什麽異議。現在常德出土了兩件"距末"，且明顯是一對，而該墓除出土這一對"距末"之外，還出土了"鄂邑大夫璽"和那麽多典型的楚文物，因此，這兩件"距末"自應爲楚人所用之物，但爲什麽要説"用佐商國"呢？

　　其實，古文獻的注疏中早就告訴我們：無論是講宋人稱宋國爲商，還是商朝所簡稱之商，都是單稱爲"商"，而從不連稱爲"商國"。如《詩·商頌》傳："商者，契所封之地。"《疏》："鄭以湯取契之所封，以爲代號也。"《書序》王肅注："契之封商，見於《書》傳、《史記》、《中候》，其文甚明，經典之言商者，皆單謂之商，未有稱商丘者。"王肅所言，雖是針對古人解讀"商丘"爲商而言，但他所指出的"經典之言商者，皆單謂之商"，這也就提醒我們，"商"和"商國"並不是一回事，宋人固然可以稱宋國爲商，但並不會稱宋國爲商國。因此，竊以爲"商國"或可作另解。

　　我們知道，商、上兩字古音都在陽部，例可通假。而"上國"則是古文獻中所常見之用語，它在不同的語言環境中有着不同而近似的意思，如楚人就稱國都的上游地區爲"上國"，《左傳·昭公十四年》："楚子使然丹簡上國之兵於宗丘。"注："上國在國都之西，西方居上流，故謂之上國。"如果此説不誣的話，那麽，常德的地理位置正在楚國郢都的西南方向，按理也可稱爲上國。這樣,所謂的"用佐商國",也就是用來輔佐墓主人所在的郢都上游一帶,而這一帶自然包括現在的常德德山在内。

《古文字研究》24,頁 268、270

句 𦥑

集成 2395 大句脰官鼎　　郭店・六德 16　　郭店・語一 28　　新蔡甲二 40

璽彙 4130　　璽彙 0340　　璽彙 0644　　陶彙 6・85　　睡虎地・爲吏 51 壹

集成 11622 越王州句劍

○**劉節**(1935)　句之言鉤也。吾友徐中舒曰:韓器有句客之名,即盬客。則句六室者,鉤築六室之謂也。在匜曰"爲御𦤺爲之"。可見六室非宮室,乃窐盬之法也。

《古史考存》頁 119,1958;原載《楚器圖釋》

○**朱德熙**(1954)

鑄客豆之一(《三代》一〇・四六)

鑄客爲王句六室爲之。

鑄客豆之二(同上一〇・四七)

銘同上。

鑄客豆之三(同上)

銘同上。

鑄客豆之四(同上)

銘同上。

鑄客簠之一(《三代》一〇・三)

銘同上。

鑄客簠之二(同上一〇・四)

銘同上。

鑄客簠之三(同上)

銘同上。

鑄客簠之四(同上)

銘同上。

鑄客簠之五（同上）

　銘同上。

鑄客銅器之一（《三代》一八·二五）

　銘同上。

鑄客銅器之二（同上）

　銘同上。

鑄客壘（《三代》一一·四三）

　銘同上。

劉節氏把這十二條銘文中的“句”讀作“鉤”，用爲動詞。他又看見舍忑鼎的銘文裏有“室鑄鐈鼎”的話，便説“句六室者，鉤築六室之謂也，在匜曰‘爲御巠爲之’，可見六室非宮室，乃窐盟之法也”（《楚器圖釋》）。“鉤築六室”，不知作何解釋，文辭含糊，無法徵信於人。

今按“句”應讀爲“后”，句后兩字古聲紐同屬舌根音，古韻同屬侯部，音近通假。《説文解字》卷三言部詬，重文作訽；《莊子·大宗師》：“芒然彷徨乎塵垢之外。”《釋文》引崔注垢作均；《汗簡》六土部均下注作垢。此外如耇與垢、呴與响、物與牿相通的例子極多，不必贅舉。

把王句讀爲王后，銘文的意義就很清楚了。壽縣出土楚器中有鑄客鼎（《三代》三·一九），銘曰：

　鑄客爲大句脰官爲之。

“句”也應讀作“后”，“大句”就是太后。《十鐘山房印舉》一·三七有一枚古鉨，文曰“肖賹夫句”，揭之如次：

“夫句”就是“大句”，也就是太后。肖讀爲趙（古鉨趙姓字都寫作肖），賹是太后之號，這是趙國賹太后的印璽。《史記·始皇本紀》：“九年（中略）長信侯作亂而覺，矯王御璽及太后璽以發縣卒。”可見戰國時太后確有印璽。

《朱德熙文集》5，頁 15—16，1999；原載《歷史研究》1954-1

○ **曾憲通**（1983）　即句字。《説文》：“句，曲也，从口，丩聲。”朱駿聲認爲當从丩口聲，謂：“正當讀如今言鉤，俗作勾。”與越王州句矛之句字作　結構相同，只是丩形不帶鳥頭而已。句在此當讀爲句吳之句。《左傳》宣公八年“盟吳越而還”，疏云：“太伯、仲雍讓其弟季歷而去之荆蠻，自號爲句吳。句或爲工，夷語發聲也。”出土吳器或即自銘爲“工𢼸”（者減鐘、工𢼸太子劍）、“攻敔”（攻敔王元劍）、“攻吳”（攻吳王夫差鑑）。從吳國自號、自銘來看，其國名實際上是個雙音節的單純詞，其書面符號，只要與這兩個音節發音相同，使用任何同音字來記録都未嘗不可。句吴是兩個音節，就使用兩個同音假借字，純粹是一種標音符號而已。至於雙音節的“句吴”何以可單稱爲“吴”，卻是一個很有趣的問題。方孝岳師嘗指出這是由於急讀而産生的一種減音現象。他説：“由於‘急疾呼’或‘急讀’而合成單音，事實上是一種減音關係。”孝岳師關於急讀減音的説法給我們以重要的啟示，使我們有可能留意到另一種減音的現象，即句吴不但可以減音而讀爲吴，而且可以減音而單稱爲句。本銘之“子胥宅句”，意指伍員投托於句吴，正是句吴可以單稱爲句之佳證。句吴單稱爲句，還可以同先秦諸子往往稱吴爲干相印證：如《墨子・兼愛中》“以利荊楚干越”，孫詒讓注：“干越即吴越。”《莊子・刻意篇》“夫有干越之劍者”，釋文司馬彪云：“干，吴也，吴越出善劍也。”《荀子・勸學篇》“干越夷貉之子”，楊倞曰：“干越猶言吴越。”《淮南子・原道訓》“干越生葛絺”，高誘注：“干，吴也。”注家一概以干爲吴。又《漢書・貨殖傳》：“辟猶戎翟之與于越，不相入矣。”于乃干字之誤，干亦吴也。干或从邑作邗，禺邗王壺稱吴王爲禺邗王或邗王，亦可佐證。總之，諸子之干即壺銘之邗，與鐘銘之句、孔疏之工，皆一聲之轉。從語言與文字的關係説，有一字讀爲二音者，亦有二音合成一字者。前者叫做緩讀，後者稱爲疾呼。緩讀則發雙音，句吴、工𠭯、攻敔、攻吾者是。疾呼則合成單音，而疾呼復有重音在前與重音在後的區别。倘重音在前則突出其聲，讀句、干、工、攻皆是；倘重音在後則突出其韻，讀吴、𠭯、敔等是。古句、干、工、攻同屬見紐；吴、𠭯、敔並在魚韻。换言之，急讀之起音重，則略其韻而揚其聲，故單稱爲句、爲干；收音重則去其聲而存其韻，於是減音爲吴。漢代服虔在《左傳》襄公十二年注中説過：“吴言多發聲，數語共成一言。”所謂“吴言多發聲”，是指吴語緩讀時聲母往往帶出元音（韻母）的現象；“數語共成一言”者，則指疾呼時多音節詞合成單音節詞的情況。這大概是古代吴語的特色，在吴越王臣諸名號中，還保留着這種比較原始的風味，就是很好的證明。

《古文字與出土文獻叢考》頁133，2005；原載《古文字學論集》（初編）

○**朱德熙、裘錫圭、李家浩**（1995）　一玉句（鉤）。（**原注**：此墓出玉鉤一件［頭一八九號］。）

《望山楚簡》頁112、128

○**何琳儀**（1998）　句，金文作（鬲從盨）。从丩，口聲。丩、句一字分化。戰國文字从句得聲之字每省口从丩（**中略**），是其確證。句，見紐侯部；丩，見紐幽

部;幽、侯旁轉。口爲分化符號兼音符,故丩由幽部分化爲句則入侯部。句爲口之準聲首。《説文》:"丩,曲也。从口,丩聲。"

a 齊璽"句丘",讀"穀丘"。《詩·大雅·行葦》"敦弓既句",釋文:"句,《説文》作穀。"是其佐證。《春秋·桓十二年》:"公會宋公、燕人,盟于穀丘。"在今山東菏澤北。齊陶句,姓氏。出句芒,少昊氏叔子重也,爲木正,世不失職,以官爲句氏。見《路史》。

b 燕璽句,讀鉤。戰國璽印多有用以穿帶之鉤紐,故鉤疑爲璽印之別稱。

c 晉璽一〇六八句,讀鉤,見 b。魏璽見劃。

d 鑄客器句,讀后。《易·姤》"姤其角",漢帛書姤作狗。《左·昭十三年》"投龜詬天而呼",釋文"詬本又作訽"。均其佐證。望山簡句,讀鉤。天星觀簡"句土",讀"后土"。參鑄客器句讀后。望山簡、包山簡亦作"侯土"。見侯字 d。包山簡句,姓氏。見 a。姑馮句鑃"句鑃",打擊樂器,鉦之別名。越王州句劍"州句",越王名。宋公欒匜"句敔",讀"句吳"。《史記·吳太伯世家》:"太伯之犇荆蠻,自號句吳。"《漢書·地理志》下"號曰句吳",注:"句音鉤,夷俗語之發聲也。亦猶越爲干越也。"

e 睡虎地簡句,讀苟。

《戰國古文字典》頁 340—341

○**陳偉武**(2003)　上博藏簡《昔者君老》簡 4:"爾司,各共(恭)爾事。"

今按,所謂"司"字作𠃌,觀其字形筆勢,疑爲"句(后)"之寫訛。而"司"字作𠃌(曾侯乙簡 169)、𠃌(郭店簡《窮達以時》8)、𠃌(又《語叢四》1)等形;"句"字作𠃌(郭店簡《緇衣》23)、𠃌(上博簡《性情》31)。二字偶亦相近,故易訛混。諸子書用"后"指君主,如《墨子·尚同中》:"夫建國設都,乃作後(編按:"後"爲"后"之誤)王君公。""后王君公"複語同義;《莊子·讓王》:"北人無擇曰:異哉!后之爲人也。""后"指舜。一般多見於追敘上古帝王故事,或引述上古文獻,或見於"夏后氏、后益、后稷"等古語詞中。楚簡時假"句"爲"后","后"訓爲君,此簡爲完簡,簡首未能與他簡接讀。簡文是老國君告誡衆大臣要忠於新君之遺囑,若依原釋讀,"爾司"與"爾事"語涉複重,似未合理。吳王光鑑云:"虔敬乃后。"《昔者君老》4 號簡"后"字用法及句型正與此類似。

《第四屆國際中國古文字學研討會論文集》頁 203—204

△**按**　戰國古璽自名有"璽、句、曲、丩",諸字皆有"止"義,意謂"止而不發",詳見田煒《戰國璽印自名解》(《中山大學學報》2013 年 6 期)。

【句華門】

○**馬良民、言家信**（1994）　“句華門”。兩種解釋：一，爲齊都臨淄城門名。過去見於齊陶文中的城門，有“華門、閭門、平門”，“句華門”爲首見。“華門”可能是“句華門”的省文。二，“句”爲地名，“華門”是城門名。以“句”爲名的齊邑，見於文獻的有“句瀆之丘”，見於璽印的有“句丘”（《彙》0340）。“句丘”可能是句瀆之丘的城門。因此，句華門或爲句瀆之丘的城門。本文從第一種解釋。

《文物》1994-4，頁 87

【句壴】

○**羅福頤等**（1981）　（編按：璽彙 0340）句丘。

《古璽彙編》頁 59

○**于豪亮**（1981）　《碧葭精舍印存》有“句〓丘關”，其文如下：句〓丘關應爲句瀆之丘，亦即穀丘也。蓋句〓丘即句句丘，句句可以讀爲句瀆。《爾雅·釋畜·牛屬》云：“其子犢。”郭注：“今青州呼犢爲狗。”《漢書·朱家傳》“乘不過軥牛”，晉灼云：“軥牛，小牛也。”軥即狗，亦即犢也。瀆與犢从賣得聲，軥與狗从句得聲，句在侯部，賣爲侯部入聲屋部，狗、軥與犢相通，則句亦得與瀆字相通矣。

《春秋·桓公十二年》：“秋七月丁亥，公會宋公、燕人，盟于穀丘。”《左傳·桓公十二年》：“公欲平宋、鄭。秋，公及宋公盟于句瀆之丘。”杜注：“句瀆之丘即穀丘也。”其地在今山東菏澤北，春秋戰國時爲魯地。或因與宋國接壤，邊境有關，故其關亦以句句爲名歟？

《春秋》稱之爲穀丘，《左傳》名之爲句瀆之丘，亦以二者音近相通之故。《詩·行葦》：“敦弓既句。”《釋文》云：“句，《説文》作彀。”此句與彀相通之證。《楚辭·九辯》：“直怐愗以自苦。”怐愗，《玉篇·心部》同，云：“怐愗，愚貌。”《説文·子部》㝅字下作㝅瞀；《漢書·五行志·中之上》應劭注云：“人君㝅霿鄙吝，則風不順。”作㝅霿。《山海經》郭注則作穀瞀。《廣韻·五十候》作怐愗、㝅瞀，又作瞉瞀。

如上所述，句字與彀字相通，从句得聲之怐字又與㝅、㝅、穀、瞉諸字相通，則句字必與穀字相通。不僅如此，句瀆之合音則爲穀。此杜氏言“句瀆之丘即穀丘”之故歟？然則璽文“句〓丘”之爲穀丘、句瀆之丘無疑矣。

《古文字研究》5，頁 258—259

【句釳】

○**陳公柔**（1996）　（編按:集成 4589 宋公繺簠）勾釳,文獻中作句吳。《史記・吳太伯世家》:"太伯之犇荊蠻,自號句吳。"《索隱》云:"顏師古注漢書,以吳言句者,夷語之發聲,猶言于越耳。"左宣八年傳"盟吳越而還"。《正義》曰:"《譜》云,吳姬姓……自號句吳。句或爲工,夷言發聲也。"吳之見於銅器銘文者,一般寫作工㿖、攻敔、工㦰、攻䱷、攻吳、吳等等。寫法雖異而讀音相同,皆吳之自稱,而不寫作勾釳。

《洛陽考古四十年》頁 238

【句羣】

○**朱德熙**（1983）　"犢"字有時省去目字上邊的，例如:

　簠四六下　　　簠十二下

"句犢"疑當讀爲句瀆。《左傳・桓公十二年》"囚王豹于句瀆之丘",杜注:"即穀丘。"

《朱德熙文集》5,頁 153,1999;原載《古文字研究》8

○**曹錦炎**（1983）　見卷二牛部"犢"字條。

○**吳振武**（1989）

此二璽重新著録於《古璽彙編》（〇三五三、三四三〇）。前一璽中的字《古璽文編》拆成、二字。左側（句）未録,右側列於附録(486 頁第二欄)。後一璽中的字《古璽文編》列於附録(563 頁第六欄)。

今按,曹錦炎同志曾在《釋羣——兼釋續、瀆、竇、鄲》（《史學集刊》1983年第 3 期）一文中將字釋爲"句犢"二字合文,並指出古璽中的"句犢"即《左傳・桓公十二年》所記"句瀆之丘"之句瀆,其說甚是。曹文同時又疑（"句"合文）字中的字即之省體,其說亦可信。這裏我們再作一些補充。一、字在原璽中用作地名,字在原璽中用作姓氏,儘管兩者在字形和用法上略有差異,但風格是一致的,皆爲典型的三晉文字。曹文根據舊說謂句瀆"在今山東荷澤北,春秋時屬魯"不確。《左傳・桓公十二年》出"句瀆之丘"的那段文字原文如下:"公欲平宋、鄭。秋,公及宋公盟于句瀆之丘。宋成未可知也,故又會于虛;冬,又會于龜。宋公辭平,故與鄭伯盟于武父,遂帥師而伐宋,戰焉,宋無信也。"從《左傳》所述之事和此二璽風格看,舊說句瀆之丘爲宋邑是正確的。其地在今河南省商丘縣東南四十里,戰國時當屬韓或魏。二、《汗簡》引《王存乂切韻》“獨”字作犢，从“犬”“犢”聲。“獨、犢”古同屬定紐屋部，故“獨”字可用“犢”聲代“蜀”聲。“句𤝔”合文中的𤝔字和古璽中常見的𤝔（《古璽文編》22 頁𤝔）字正和犢字所从之𤝔同。“句𤝔（犢）”在原璽中用作姓氏，仍應讀作“句瀆”，當是以邑爲氏。𤝔字在古璽中多用作人名，漢印中名“犢”者亦習見（看《漢印文字徵》二・三）。可見釋𤝔（𤝔）爲“犢”在形、音、義三方面皆能落實。三、《古璽彙編》重新著録一方文曰“𤝔司馬”的三晉璽（二一三一）。璽中𤝔字《古璽文編》隸定爲“𤝔”（158 頁，“＝”號失落）。從原璽看，此字右下方原有合文符號“＝”。以古璽“左邑”合文作𤝔或𤝔（《古璽彙編》〇一〇九、〇一一〇、〇一一三，戰國魏地）例之，此𤝔字應釋爲“犢邑”二字合文。“犢邑”亦即句瀆之丘。《左傳・桓公十二年》中的“句瀆之丘”，《春秋》作“穀丘”。“句瀆”或“句犢”即“穀”之緩讀。“犢、穀”同屬屋部，音亦相近。“犢邑司馬”爲三晉官璽是毫無疑問的，《古璽彙編》將其列入姓名私璽類誤。

　　　　　　　　　　　　　　　　　　　　　　《古文字研究》17，頁 272

△按　“𤝔”即“犢”之異體，見卷二牛部。

【句褻】

○荊門市博物館（1998）　（編按：郭店・尊德7）句（后）褻（褻）。

　　　　　　　　　　　　　　　　　　　　　　《郭店楚墓竹簡》頁 173

○李零（2002）　（編按：上博二・容成28）句褻　即“后稷”。

　　　　　　　　　　　　　　　《上海博物館藏戰國楚竹書》（二）頁 272

【句稷】

○馬承源（2002）　（編按：上博二・子羔12）句（后）稷（稷）之母。

　　　　　　　　　　　　　　　《上海博物館藏戰國楚竹書》（二）頁 197

【句鑼】

○郭沫若（1931/1982）　《郍醓尹句鑼》雖出土地不明，自是徐器，《姑馮》與《其𤓰》諸品，前人因出土於今之江浙，遂斷爲吳越器，然此事殊未易斷。蓋古之吳越，其地望似與春秋中葉以後者有別，如乾隆年間所出土之《者瀒鐘》十一具，乃春秋初年之吳器也，而出於江西中部之臨江。又徐人乃由山東江蘇安徽接境處被周人壓迫而南下，且入於江西北部者，則春秋初年之江浙殆猶徐土者，亦未可知也。故《姑馮》《其𤓰》諸器余疑亦是郍器；即使不中，則其與徐方文化爲同一系統者，固可斷言也。而徐方文化，則又殷商文化之嫡系矣。

諸器體制花紋相同，銘文行列均以器口向上爲序，示器乃持柄而鳴，與鐘之倒懸而扣者有別。王國維《説句鑃》云："古音翟聲與睪聲同部，又翟鐸雙聲字，疑鑃即鐸也。"此疑饒有至理，今知句鑃即是鉦，則於王説又當有所推進矣。余謂凡《説文》所列鐲鉦鐃鐸諸字，均一器之異名也。"鐲，鉦也"，是鉦鐲爲一，許已言之。而蜀聲與睪聲同部，鐲鐸古又爲雙聲，則鐲亦即是鐸矣。

又"鉦，似鈴；柄中，上下通"。此所言形制雖頗曖昧，自必爲鉦之一種，蓋搖而鳴之也。搖而鳴之，故又謂之鐃。鄭玄注《周禮·鼓人》"以金鐃止鼓"云："鐃，如鈴，無舌，有柄，執而鳴之，以止擊鼓。"與許説鉦無異。《詩·小雅·采芑》毛《傳》亦言"鉦以靜之"，則與鐃止擊鼓之用亦復從同，是則鐃鉦亦非二也。

句鑃必係殷制。知者，(一)《姑馮句鑃》云："自作商句鑃。"此即言其器制之所由來，猶後人之稱胡琴，洋琴也。(二)存世之古鐸其自名爲鐸者僅《𣄚𤔔寶鐸》一器耳，此是周器。其它如王國維《金文著録表》第五表所揭舉之諸鐸：《中鐸》《受鐸》《亞形嫋鐸》等九器，均商器也，而無一器自名曰"鐸"。王《表》於"中鐸"下記云："此及下八器舊皆稱鐸，羅參事謂實鐃也，參事有説。"羅説余未見，然今知句鑃鐃鐸同係一物，則稱鐸稱鐃實屬兩可；如取名從主人之例，余則以爲不如直名之句鑃也。

鉦鐸，周人雖專以用於軍旅，然《姑馮》器云："以樂賓客，及我父兄。"《其冤》器云："以言以孝。"可知周以外之人對於鉦鐸之使用則不盡然。郣器云："□諸父兄，儆至劍兵。"則兼用於軍旅與享祀，此殆商制也。揆諸情理，製器之初自當以兼用爲宜，蓋等是樂器耳，用之於軍旅可，用之於享祀又何遽不可？周人之專用之於軍旅者，原周人本無是物，其得之也初掠自商人或南人，掠之本以軍旅，掠之自即以用於軍旅以奏凱旋，相沿成習遂成爲軍旅之樂器耳。

王國維以句鑃爲鐸，容庚《殷周禮樂器考略》非之，謂："句鑃體多純素，與鐸不同；且鐸文順刻而句鑃文倒刻，疑非同器而異名者。"又王氏據句鑃銘文謂："其器乃用之於祭祀賓客，與鐸之用於軍旅者不同。然吳越閒禮俗自與中原不同，不能據此銘文謂其器非鐸。"而容氏則以用途之不同爲句鑃非鐸之"鐵證"，謂："安得以'吳越閒禮俗自與中原不同'爲解？"按此乃拘於後世禮家之説耳。吳越閒禮俗不同正是應有之解，特不僅吳越與中原禮俗之不同，實可以上推至殷周閒禮制之不同。周人禮制即周人亦未盡同，彝器中事物悖於所謂禮制者多多矣。蓋禮制非一人一時所成，所謂周代禮制，大抵均纂成於西周以後;中國地大,各方民族之進展各有懸殊,未可執周禮爲天經地義以一概而相量也。

花紋之繁簡,了不成爲問題。如鼎餿尊觚均有器體純素者,將亦別而爲另一類耶?

銘之順逆,此亦殷周異俗而已。如容考所舉二鐸,一爲商《中鐸》,一爲周《寶鐸》,謂:"商器口向上,銘刻於甬(實當稱柄,以非掛器也。——郭注),周器口向下,銘刻於兩欒。"是則容氏認以爲鐸者,其銘亦有順逆。容能認銘文"倒刻"之《中鐸》爲鐸,又何遽可云銘文"倒刻"之諸句鑃之必非鐸耶?故容説未能自圓,而王説殊未可遽非。且商鐸均非自銘爲"鐸",器之自名爲鐸者僅周寶鐸一器耳。其銘云:"⿰⿱⿰⿱作寶鐸,其萬年永寶用。"此雖不言用於享祀,然亦不言用於軍旅。且乃私人作器,又銘以"萬年永寶用",恐非軍用器之所宜。

《郭沫若全集·考古編》4,頁 80—81、84、86

○**沙孟海**(1983)　鉤鑃是一種樂器。口向上,下有柄,手執其柄擊之。商代已有其制,一般稱爲"鉦",軍中用之。周代有《南彊鉦》,自名爲"鉦鋅"。又有《徐䚔尹鉦》,自名爲"征坐"。春秋時代越國的鉤鑃,也就是鉦屬。看它銘文,是用於祭祀與宴會上的。上述《其次鉤鑃》兩器之外,還有江蘇常熟縣出土《姑馮鉤鑃》一器,郭沫若同志也定爲越器。越器鉤鑃皆自名爲"句鑃",句字不從金。《配兒鉤鑃》是吳器,句字從金。

《考古》1983-4,頁 340

○**曹錦炎**(1989)　鉤鑃　或作句鑃,形似鉦,樂器,其名不見於典籍。

《古文字研究》17,頁 88

拘 拘

詛楚文

○**何琳儀**(1998)　《説文》:"拘,止也。从句从手,句亦聲。"

詛楚文拘,見《廣韻》"拘,執也",《書·酒誥》"盡執拘以歸于周"。

《戰國古文字典》頁 341

筍 䇬 笱

仰天湖 14　十鐘

 睡虎地・日甲 157 背

○**中大楚簡整理小組**（1977） 笱是竹製的捕魚器，此與笭連文，可能是一種竹製的名物。

《戰國楚簡研究》4，頁 11—12

【笱屏】

○**劉信芳**（1991） 笱屏詷馬："笱屏"，饒氏（編按：饒宗頤）云："可讀爲攽屏。"其説甚是。攽，擊也，讀若扣。《説文》："扣，牽馬也。"

《文博》1991-4，頁 67

【笱笭】

○**郭若愚**（1994） （編按：仰天湖 22）笭，通茅，从竹與从艸可通。《左傳》宣公十二年："前茅慮無。"注："時楚以茅爲旌識。"《公羊傳》宣公十二年："鄭伯肉袒，左執茅旌，右執鸞刀，以逆莊王。"注："茅旌祀宗廟所用迎道神指護祭者，斷曰藉，不斷曰旌。"喪車有執茅旌以從者。《周禮・春官・巾車》："及葬，執蓋從車，持旌。"注："從車隨柩路。持蓋與旌者，王平生時車建旌，雨則有蓋。今屍車無蓋，執而隨之，象生時有也。所執者銘旌。"

笱，《説文》："曲竹捕魚笱也。"乃指竹竿。"笱笭"謂茅旌之竿也，與芽蔽等均爲喪車附物。

《戰國楚簡文字編》頁 121

△**按** 劉國勝《楚喪葬簡牘集釋》（120 頁，科學出版社 2011 年）認爲"笱笭"當讀爲"枸篹"，指車蓋的蓋弓。

鉤 鉤

 信陽 2・27 鉤 郭店・語四 8

○**朱德熙、裘錫圭**（1973） 又信陽 202 簡（圖八）（編按：圖略）：

一組帶，一革皆又鉤

（中略）信陽 207 簡（圖九）（編按：圖略）：

……一素緈帶又□鉤黃金與白金之爲……

（中略）革帶兩段交接處用帶鉤相連，大帶據《禮記》則用組紐（《玉藻》"並

紐約用組”），簡文云“有鉤”，可見緯帶也有用帶鉤的。

《朱德熙文集》5，頁 68—69，1999；原載《考古學報》1973-1

○**中大楚簡整理小組**（1977）　（編按：信陽 2·27）鉤。

《戰國楚簡研究》2，頁 27

○**劉雨**（1986）　鉤。

《信陽楚墓》頁 130

○**郭若愚**（1994）　皆有鉤

鉤謂帶鉤。《國語·晉語》：“申孫之矢，集於桓鉤。”帶鉤用以固定佩帶，故組帶、革帶皆有鉤也。

《戰國楚簡文字編》頁 65

一鉤

鉤，《玉篇》：“鐵曲也。”此與鼎同見，是爲舉鼎器。一，一雙也。此謂一雙舉鼎之鉤。

《戰國楚簡文字編》頁 99

△**按**　劉國勝在討論信陽 2·27“鉤”字時指出墓葬右側室出土陶鉤 17 件，當屬鼎鉤之類（《楚喪葬簡牘集釋》18 頁，科學出版社 2011 年）。

【鉤環】

○**裘錫圭、李家浩**（1989）　（編按：曾侯乙 115）《詩·秦風·小戎》“游環脅驅，陰靷鋈續”，毛傳：“游環，靷環也。游在背上，所以御出也。”疑簡文“鉤環”即此“游環”。

《曾侯乙墓》頁 520

○**何琳儀**（1998）　隨縣簡“鉤環”，讀“游環”。《書·皋陶謨》“無教逸欲”，《後漢書·陳蕃傳》引欲作遊。谷與句均爲口之準聲首，故句與遊亦音近。《詩·秦風·小戎》“游環脅驅”，傳：“靷環也。游在背上所以禦出也。”

《戰國古文字典》頁 344

【鉤鑃】　見本部“句”字【句鑃】條。

集成 2766 徐齋尹鼎　　包山 260　　陶彙 3·94　　貨系 0046　　璽彙 1338

○**李學勤**（1993）　新見這一柄越王州句劍的珍異之處在於銘文中“句”字作

"丩",在鳥形下没有"口"的部分。按《説文》云:"句,曲也,从'口','丩'聲。"清代學者朱駿聲《説文通訓定聲》、苗夔《説文聲訂》對之表示懷疑,認爲應从"口"得聲。現在看劍銘以"丩"爲"句",證明"丩"確是聲,朱、苗等的懷疑是没有根據的。

《文物》1993-4,頁19

○何琳儀(1998)　丩,甲骨文作𖠡(乙三八〇五),象兩繩糾結之形,糾之初文。金文作𖠡(句字偏旁)。戰國文字承襲金文。《説文》:"𖠡,象糾繚也。一曰,瓜瓠結丩起。象形。(居糾切)。"(三上三)"糾,繩三合也。从糸、丩,丩亦聲。"

　　郘侯奔簋丩,讀糾。

　　包山簡丩,讀糾。

《戰國古文字典》頁163

○田煒(2006)　《璽彙》1338號重新著録了左揭一方燕璽,其中的◻丩,編者以爲一字而不識。何琳儀先生將其隸定爲"叫",並歸入真部。根據睡虎地秦簡"句"字作𖠡,包山楚簡"丩"字作𖠡,◻丩應該釋爲"厶丩"二字。《故宮博物院藏古璽印選》210號著録了一方兩面璽,印文一面爲"肖上",另一面爲"厶句"。"厶句"是璽印自名。"丩、句"二字音近可通,"厶丩"猶言"厶句"。何琳儀先生認爲"戰國璽印多有用以穿帶之鉤紐,故鉤疑爲璽印之别稱"。然而上舉故宮所藏的兩面印並非鉤鈕,何説似未安。古璽文中的"丩"和"句"到底應該如何訓釋,尚難論定,茲暫付闕如,以俟來者。

《古文字研究》26,頁388

△按　用作古璽自名之"丩"與"句"音近義通,詳見田煒《戰國璽印自名解》(《中山大學學報》2013年6期73—75頁)。

【丩牀】

○劉彬徽、彭浩、胡雅麗、劉祖信(1991)　(編按:包山260)丩,讀如"收"。(中略)"收牀"即可以折疊收斂之牀。西室中的一件木牀便是可折疊的。

《包山楚簡》頁62

○張吟午(1994)　包山出的是一架結構巧妙的折疊牀,遣策書:"一收牀,有策。"

《楚文化研究論集》4,頁617

△按　劉國勝《楚喪葬簡牘集釋》(82頁,科學出版社2011年)同意包山260中的"丩牀"當讀爲"收牀",但他認爲"收"當訓爲"軫",可能是指四周有框木的牀。

古 古

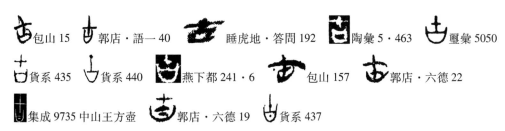

包山 15　　郭店·語一 40　　睡虎地·答問 192　　陶彙 5·463　　璽彙 5050

貨系 435　　貨系 440　　燕下都 241·6　　包山 157　　郭店·六德 22

集成 9735 中山王方壺　　郭店·六德 19　　貨系 437

○**中大楚簡整理小組**(1977)　　(編按:信陽 1·87) 古(故):古即故,古、故古通。

《戰國楚簡研究》2,頁 5

○**羅福頤等**(1981)　　(編按:璽彙 5050) 吉。

《古璽文編》頁 29

○**吳振武**(1983)　　5050 吉·古　　5051、5052 同此改。

《古文字學論集》(初編) 頁 524

○**林素清**(1990)　　二·七吉字下共收九璽文,然而其中 3077、 3050(編按: 3050 當爲 5050 之誤)、 5052,應非吉字,宜改釋爲古。(原注:3097 璽,《彙編》297 頁姓名私璽類已釋作"古公",然而另二文則仍作吉,似應一併改之。)

《金祥恆教授逝世周年紀念論文集》頁 101、118

○**陳松長**(1991)　　古　　直徑 1.3 釐米,高 1.3 釐米,印款範鑄而成,印款兩邊各有一鑄成之小圓孔,用途未明。《彙編》5050、5051 的款識與此同,《彙編》釋爲"吉",吳振武同志改釋爲古。我們排列古璽文字可知,吉、古截然有別,因此,筆者且從吳説。《爾雅·釋詁》:"古,故也。"《禮記·祭義》"以祀天地山川社稷先古",注:"先古謂先祖也。"以古字銘印,當爲崇尚故舊、先古之意。

《湖南博物館文集》頁 111

○**李學勤**(1992)　　(編按:"以其古説之") 故,意思是事。《周禮·占人》有"八故",鄭玄注釋爲"八事"。孫詒讓《正義》云:"故、事義同。《公羊》昭三十一年傳云'習乎邾婁之故',何休云:'故,事也。'"

《周易經傳溯源》頁 193

○**曾憲通**(1993)　　既然"以其古敚之"在筮辭中起着逢凶化吉的作用,則其所含的意義也就可以得到説明。"古"在此當讀爲故,《周禮·占人》:"以八卦占筮之八故。"鄭玄注謂"八故"爲"八事"。孫詒讓《周禮正義》云:"故、事義同。《公羊·昭三十一年傳》云'習乎邾婁之故',何注云:'故,事也。'"簡文

“以其故”之“故”,乃指邵尪志事遲得及自身憂患之事。

《第二屆國際中國古文字學研討會論文集》頁 407

○**劉樂賢**（1994） （編按:睡虎地·日甲 113 正壹“以腊古吉”）古,讀爲腒,《説文》:“北方謂鳥腊曰腒。”

《睡虎地秦簡日書研究》頁 142

○**朱德熙、裘錫圭、李家浩**（1995） （編按:望山 1·49）“古”當讀爲“故”。《左傳·昭公二十五年》“昭伯問家故”,杜注:“故,事也。”此簡文字當是貞問疾病後決定吉凶之辭,大意似謂這一卦從長期看是吉利的,但目前尚有鬼神作祟,應將疾病之事向鬼神陳説以求解脱。

《望山楚簡》頁 95

○**李家浩**（1997） “以其故説之”的“故”,許多學者指出應該訓爲“事”。“其故”即指前面占辭所説之事。

《第三屆國際中國古文字學研討會論文集》頁 563

【古籤】

○**曾憲通**（1993） “迻故篇”謂移用故書所載有關報祭的禮儀,故下文所言盡爲賽禱之事。

《第二屆國際中國古文字學研討會論文集》頁 411

○**李家浩**（1997） “迻故畢”（編按:“故畢”包山簡文作“古籤”）,是説貞人鹽吉根據卜筮的結果,決定“以其故説之”的内容迻用“故畢”的。我們認爲“故畢”猶“故志、故記”等,指貞人卜筮時所用的卜筮書。“故畢”所祭禱的對象都是神祇,不同於（3）（4）（編按:例句略）等所祭禱的對象主要是墓主人的祖先。

《第三屆國際中國古文字學研討會論文集》頁 571

○**李零**（1997） “迻故～”（編按:～指“籤”及其異體）也是説繼續以前的占卜,即應會和石被裳在上一年進行的占卜,所以下文才有“迻二人之祝”的話。

《第三屆國際中國古文字學研討會論文集》頁 761

十 十

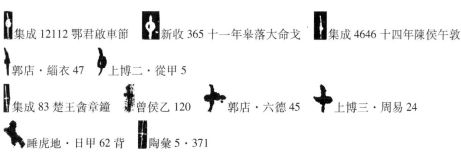

集成 12112 鄂君啟車節　　新收 365 十一年皋落大命戈　　集成 4646 十四年陳侯午敦

郭店·緇衣 47　　上博二·從甲 5

集成 83 楚王酓章鐘　　曾侯乙 120　　郭店·六德 45　　上博三·周易 24

睡虎地·日甲 62 背　　陶彙 5·371

包山 16 反“十月”合文　　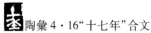包山 176“十月”合文

陶彙 4·16“十七年”合文

○何琳儀（1998）　十,甲骨文作 ▎（甲八七〇）。一豎立爲十。指事。西周金文作 ◆（令簋）、◆（史獸鼎）、◆（大鼎）,豎筆中閒肥筆漸變爲圓點。春秋金文作 ◆（秦公簋）。戰國文字承襲商周文字。或作 φ、♀、♀、〇、Ρ、Ρ、◗、◗、·、十、十。十作十形。横筆短於豎筆,與七作十、十形有别。偶或相混則屬筆誤。《説文》：“十,數之具也。一爲東西,｜爲南北,則四方中央備矣。”

　　戰國文字十,數字。

《戰國古文字典》頁 1377

【十日】

○李零（1985）　十日的神話也是我國古代神話中很重要的一部分。這一傳説可分兩種,一種是“十日迭出”説,謂十日居暘谷扶桑木上,輪番出没。另一種是“十日並出”説,謂堯之時,十日並出,民不堪其熱,於是而有羿出,射其九日而餘其一日。後説即由前説演化。十日也就是後來的十干所本。參管東貴《中國古代十日神話之研究》（《史語所集刊》33 本）。

《長沙子彈庫戰國楚帛書研究》頁 72—73

○饒宗頤（1985）　十日,《招魂》云：“十日並出。”（《淮南·本經訓》同）莊子亦言十日。此處十日以指自甲至癸十干,較合。見《周禮》。

《楚帛書》頁 33

【十月】

○李家浩（2000）　 青= （十月）。

《九店楚簡》頁 55

丈 寸

睡虎地·日甲 33 背壹　　　 十鐘

郭店·六德 27　　　 上博三·周易 16

睡虎地·答問 6

○**睡簡整理小組**(1990)　（編按:睡虎地·答問6）丈,《左傳》襄公九年注:"度也。"（編按:睡虎地·答問6）以桑心爲丈（杖）。

《睡虎地秦墓竹簡》頁 95、212

○**張守中**(1994)　支　通枝　以桑心爲支　日甲三三背（中略）簡文丈、支混同。

《睡虎地秦簡文字編》頁 29

○**裘錫圭**(1998)　（編按:郭店·六德27）"布實丈"當讀爲"布絰,杖"。"實""絰"古音相近。《禮記·檀弓上》:"絰也者,實也。"據《儀禮·喪服》,服父及君之喪,"斬衰裳,苴絰、杖……"。簡文作"布絰",與《喪服》不同。

《郭店楚墓竹簡》頁 189

千　丵

郭店·窮達10　龍崗154　璽彙3466　璽彙3456　璽彙0349
璽彙4476　璽彙4743　璽彙4799　璽彙4471　璽彙4461　珍秦189

【千又百歲】

○**饒宗頤**(1968)　《淮南子·天文訓》:"一千五百二十歲大終始,日月星辰復始。"是一千五百歲爲大終始之數,而千又百歲爲約數。

《史語所集刊》40 本上,頁 7

【千丏】

○**羅福頤等**(1981)　　　千万。

《古璽彙編》頁 408

○**吳振武**(1983)　4467 千万·千丏（萬）　4468—4470、4472—4478 同此改。

《古文字學論集》(初編)頁 522

【千在】

○**羅福頤等**(1981)　千在。

《古璽彙編》頁 188

○**徐在國**(1998)　我們認爲"千在"應該讀爲"信士"。李家浩先生曾認爲:"信"從言人聲,人旁豎畫加一短横成爲"千","千"亦從人聲,"千"可借爲"信"（《從戰國"忠信"印談古文字中的異讀現象》,北京大學學報(哲社版)1987 年 2 期 10 頁）。其

圖1

説可從。

　　《璽彙》53.0305"三台(從吳振武先生釋)在宫"中的"在"字,吳振武先生認爲:"我們疑應釋爲'士'。中山王䂮方壺銘文中的'賢士良佐''士大夫'之'士'作𡊥(《中山王䂮器文字編》23 頁),似與此同。"(《古璽合文考》(十八篇),《古文字研究》17 輯 271 頁,中華書局 1989 年 6 月 1 版。)吳先生所疑極是。有關中山器中的"在"字,徐中舒、伍士謙先生認爲:"此士字,從才士聲,謂才士也。後世以爲在字。'賢士良佐'戰國時習用語。"(《中山三器釋文及宫堂圖説明》,《中國史研究》1979 年 4 期 85 頁。)圖 1.b 中的"在"字亦當釋爲"士"。

　　如上所述,則"千在"應該釋爲"信士"。

《古漢語研究》1998-4,頁 90

【千百牛】

○羅福頤等(1981)　　𥫃　千□牛。

《古璽彙編》頁 431

○吳振武(1983)　　4742 千𡈼牛・千百牛　　4743—4744 𡈼、4745—4746 全均同此釋。

《古文字學論集》(初編) 頁 523

○朱德熙、裘錫圭(1983)　　見卷四白部"百"字條。

【千羊】

○羅福頤等(1981)　　3309 𦍋　　□身

　　　　4464 𦍋　千羊。

《古璽彙編》頁 309、408

○吳振武(1983)　　3309 𡉈身・羊身。

《古文字學論集》(初編) 頁 514

○王獻唐(1985)　　閑文鉥中,别有千万、万金、及富字諸文,則爲商賈所用,千羊(通"祥")、得志諸鉥亦然。

《那羅延室稽古文字》頁 6

【千羊百牛】

○羅福頤等(1981)　　千□金□。

《古璽彙編》頁 445

○吳振武(1983)　　4910 千𡉈金𦍋・千羊百牛。

《古文字學論集》(初編) 頁 523

○**朱德熙、裘錫圭**（1983）　見卷四白部"百"字條。

○**何琳儀**（1998）　千生百牛　古璽"千生"，讀"千牲"。

《戰國古文字典》頁 824

【千里】

○**睡簡整理小組**（1990）　千里，指郡的轄境。

《睡虎地秦墓竹簡》頁 16

【千畂】

○**李家浩**（1998）　《璽彙》61 頁著錄的○三四九號印，有陽文四字，鈐印出來的文字是反文。爲了便於識讀，我們把它翻摹成正文，跟原鈐印的反文一併揭示於下：

A 是原印鈐印的反文，B 是翻摹的正文。根據 B，應釋爲"千畂左軍"，其文字排列順序，跟《璽彙》○○七二號印"虞（且）居司寇"相同。《璽彙》按照 A 的字序和字形，釋爲"右軍□千"，顯然是有問題的。

"畂"的字形比較特別，對其釋讀需要作一些說明。"畂"字原文跟下面璽印文字"右"的結構相同：

《璽文》二八·○○六三

所以將其釋寫作"畂"。此字應當分析爲從"田"，"又"聲，疑是"畮"字的異體。"畮"見於西周金文，即《説文》"畞"的正篆，從"田"從"每"聲。"又""每"古音相近。上古音"又、每"的韻母都屬之部。"又"的聲母屬喻母三等，"每"的聲母屬明母，古代喻母三等和明母，都跟曉母的關係密切。《説文》説"有"從"又"聲，所以古文字多以"又"爲"有"。從"有"得聲的"賄"屬曉母，其異體作"䝢"，從"每"聲。此是"又""每"音近可以通用的例子。古代形聲字的異體，往往是通過改換聲旁造成的。"賄"作"䝢"，即其例。所以我們懷疑璽印文字"畂"即"畮"字的異體，它們的關係跟"賄"與"䝢"的關係是同類情況。

我們説"畂"是"畮"字的異體，還可以從《説文》"畮"的重文"畞"得到進一步證明。"畞"字原文作"畞"，隸變作"畞"。《説文》對"畞"的字形結構所表示的意思已不甚清楚，只説"從田從十、久"，未作其他的説明。後人對"畞"所從的"久"，一致認爲是聲旁；而對其所從的"十"，卻有分歧。例如徐鉉等認爲是"四方也"，段玉裁認爲是"阡陌之制"。其實這些説法都不可信。因爲

《説文》"畝"字所從"十"的字形本身就有問題。按青川木牘和雲夢竹簡"畝"字作如下二形：

《文物》1982 年 1 期 11 頁圖二○　　　　《睡虎地秦墓竹簡》圖版一八·三八

由此可見，《説文》"畝"字所從的"十"是"屮"的變體或訛誤。何琳儀同志對青川木牘"畝"字字形作過很好的分析。何氏説牘文"畝"字"從'田'從'久'從'又'至爲明晰"。牘文中"史"等字"所從'又'的末筆均作彎曲狀，而'畝'字所從'又'的末筆垂直。這是因爲後者夾在'田'和'久'之閒，不便彎曲的緣故"。何氏又説"'久'是'畝'的音符，……其實'又'也是'畝'的音符"。我們把璽文"畞"釋爲"畞"字的異體，正好支持了這説法。上古音"又"、"久"都是之部字，二字聲母亦近，都是喉音。"畝"當是在"畞"字上又加注聲旁"久"而成。

以上是從"畞"字的字形來説的。從文義來看，"千畝"是地名。古書記載的地名以"千"字開頭的有"千畝"。這也可以證明我們把璽文"畞"釋爲"畝"是合理的。

千畝的地理位置有不同的説法，現在把有關資料抄寫在這裏：

一、《左傳》桓公二年"初，晉穆侯之夫人姜氏以條之役生大子，命曰仇；其弟以千畝之戰生，命曰成師"。杜預注："西河界休縣南有地名千畝。"

二、《史記·周本紀》"宣王……三十九年，戰於千畝，王師敗績於姜氏之戎"。張守節《正義》引《括地志》云："千畝原在晉州岳陽縣北九十里也。"司馬貞《索隱》："〔千畝〕，地名也，在西河介休縣。"

三、《續漢書·郡國志》太原郡"界休"下司馬彪自注："有界山，有縣上聚，有千畝聚。"

據上引文字，千畝的地理位置有"河西界休縣南"和"晉州岳陽縣北九十里"兩種説法。第一種説法有晉司馬彪《續漢書》、杜預《春秋左傳集解》和唐司馬貞《史記索隱》，第二種説法有唐李泰《括地志》。不僅第一種説法比第二種説法的人數要多，而且時代也要早，所以後人多主張千畝在介休縣南的説法。

除了千畝的地理位置有兩種不同説法外，還有人認爲古代有兩個千畝：一爲周地，一爲晉地。這種説法的根據是，《國語·周語上》和《史記·周本紀》記千畝之戰在周宣王三十九年，《史記》的《晉世家》和《十二諸侯年表》記千畝之戰在晉穆公七年，即周宣王二十六年。時閒不同，故認爲千畝之戰有二，千畝之地有二。其實這種説法是靠不住的，時閒不同是《史記》把晉的紀年弄錯了。關於這個問題,請看蒙文通先生《周秦少數民族研究》和裘錫圭先生《關於晉侯銅器銘文的幾個問題》,這裏就不説了。

根據以上所説,千畝只有一個,在今山西介休縣南,其地在戰國時期屬魏。若此,"千畝左軍"是戰國時期魏國的印。

《于省吾教授百年誕辰紀念文集》頁 166—167

【千佰】

○**睡簡整理小組**(1990)　千佰,即阡陌,《漢書·食貨志》作"仟伯",注:"仟伯,田閒之道也,南北曰仟,東西曰伯。"古時阡陌起田界的作用。《史記·秦本紀》載孝公十二年"爲田,開阡陌"。《漢書·食貨志》載董仲舒云秦"用商鞅之法,改帝王之制,除井田,民得賣買,富者田連仟伯,貧者亡立錐之地"。

《睡虎地秦墓竹簡》頁 108

【千金】

○**徐在國**(1998)　《古璽彙編》四九六·五四九四著録如下一方白文小璽:原書未釋。《古璽文編》作爲不識字收在附録裏(見該書 500 頁)。

今按:此璽應該釋爲"千金"。古璽文字中"千"字或作、、(《古璽文編》48 頁)等形,與""形近。故""可以釋爲"千"。"金"字古璽文或作、(並"鉨"字所從,《古璽文編》322 頁),包山楚簡或作、(《楚系簡帛文字編》992 頁),並與""形近。故""字可以釋爲"金"。

如上所述,此璽應釋爲"千金"。典籍中習見"千金"一詞,如《韓非子·難四》:"千金之家,其子不仁,人之急利甚也。"《史記·貨殖列傳》:"是故江淮以南,無凍餓之人,亦無千金之家。"均用"千金"形容富貴。古璽中亦常見"千金"璽,如《古璽彙編》四四七九—四四八一均是。另外,《古璽彙編》中還有"又(有)金"(四五五八)、"宜千金"(四七四〇)、"宜又(有)千金"(四八〇五)、"萬金"(四四八七—四四九一)等璽,與"千金"璽性質相同,均表明古人希望能夠擁有衆多的財富。

最後需要説明的是,《古璽彙編》將此璽列在單字璽類是不對的。按本書體例應該把它歸到吉語璽中。

《中國古文字研究》1,頁 147

【千秋百萬昌】

○**羅福頤等**(1981)　千秋萬世昌。

《古璽彙編》頁 446

○**吳振武**（1983）　　4919 千秋萬世昌·千百萬秋昌　　4920—4922 同此改

　　　　　　　　　　　　　　　　　　《古文字學論集》（初編）頁 524

○**湯餘惠**（1989）　　戰國吉語印有文字爲 的五面印，舊釋"千秋萬世昌"，還有人釋作"千百萬秋昌"。按下面一字釋百是正確的，晚周百字異文作 （兆域圖），古璽又作 、 、 等形，所以橫畫多寡不一， 是最簡的一體。（中略）舊將百字倒過來釋爲"世"固不可信，但釋作"百"而讀印文爲"千百萬秋昌"似乎仍有問題，因爲若依此順序來讀，且不管古人是否有此語例，從文字上説不免時正時倒，順序也要時左時右。古人印鑒或順讀、或旋讀自有一定規律，不大可能如此率意安排，我們的看法，此璽應讀爲"千秋百萬昌"，即從千字起始作順時針旋讀，最後再讀中閒的昌字。這樣不僅文字的方向、順序一致，而且可以和一鈕作對讀的同文璽印相互印證。"千秋、百萬、昌"均係晚周通行吉語，屢見吉語印。"千秋百萬昌"應是薈萃三者於一璽的一方多面印。

《鐵雲藏印初集》

　　　　　　　　　　　　　　　　　　《古文字研究》15，頁 12—13

△**按**　此印爲五面印，亦可能用於分開鈐印以組合成辭，未必用於連讀。倘有固定讀序則不必鑄成五面。

【千萩】

○**王人聰**（1996）　　璽文第二字，從艸從秋，即萩字。《説文》云："萩，蕭也，從艸，秋聲。"萩與秋音同，由此璽之文義，可知此璽文萩字假借爲秋，"千萩"即係"千秋"。《古璽文編》秋字條下收有一 字，《文編》於字下注云："以文義知爲秋字。"今由文物館所藏此璽，可知 實爲璽文萩之省體。

　　　　　　　　　　　　　　　　《香港中文大學文物館藏印續集一》頁 169

△**按**　疑"艸"有表聲作用，"艸、秋"上古音皆屬清紐幽部。

博　博

　　　璽彙 1837　　　　先秦貨幣文字編，頁 38　　　秦陶 483　　　秦陶 484

○**何琳儀**（1998）　　《説文》："博，大通也。從十從尃。尃，布也。"尃旁或作 ，與專形混同。

趙尖足布博,地名。《漢書·地理志》:"信都國,莽曰新博。""下博,莽曰閏博。"未知孰是。

《戰國古文字典》頁 600

【博昌】

○**袁仲一**(1987) 《戰國策·齊策》"齊負廓之民章":"夫千乘、博昌之閒,方數百里。"《史記·齊太公世家》集解:"杜預曰:'樂安、博昌縣南有地名貝丘。'"可見博昌本戰國時齊邑,秦置縣,漢沿用之,屬千乘郡,故城在今山東博興縣南。

《秦代陶文》頁 32

△**按** 《説文》十部:"博,大通也。从十从尃。尃,布也。"其所説之形、義均非其朔。林澐(《説干、盾》,《古文字研究》22 輯 94 頁,中華書局 2000 年)指出"博"字實際上是一個从十("盾"之象形初文)的字,可從。據此可知"博"字實際上就是"搏鬥"之"搏"的本字。後來"博"字被借用來表示"博大"等義,又另造"搏"字表示其本義。

廿 卅

 集成 11324 二十五年戈  集成 11916 廿年距末  睡虎地·編年 28 貳

 曾侯乙石磬  陶彙 4·17  陶彙 5·384

○**湯餘惠**(1985) 古文字中的"廿、卅"和"卌"一般寫作:

商: $\cup$《前》7·7·2 ψ《粹》586 ψ《乙》4696

西周:$\cup$盂鼎 ψ毛公鼎 ψ曶鼎

戰國:廿廿七年鼎 廿造公壺 卅兆域圖

上舉各例,一般認爲分別是"二十、三十"和"四十"的合文,秦漢之際各構一音始轉化爲單字。論者多舉石鼓文"爲卅里"(《田車》)當讀"爲三十里"四字爲句作證,是頗有説服力的。

其實在戰國文字資料中還有數量相當可觀的直接證據,那就是字下加有合文符號的例子:

隹王廿₌又六年(曾姬無卹壺)

左內佐廿₌八(左內佐壺)

　　屯廿=檜台堂一車（鄂君啟節）

　　左佴卅四（徝公左師壺二）

　　左佴卅=（徝公左師壺一）

　　亓木器杯豆卅=杯卅=（信陽 220 簡）

　　素綌之反襄廿=又一（信陽 212 簡）

　　冢一石百卌=二刀之冢（中山王墓西庫：19 圓壺）

　　冢三百卌=五刀（中山王墓西庫：16 盍）

從辭例看，以上各例所加的“＝”絕不會是重文；從位置看，也不可能是飾筆，其爲合文標志可以肯定。考慮到春秋末葉以前的合文並不用“＝”來表示，而晚周合文又是加“＝”與不加者閒作，因此可以推知由商周以迄戰國古文字中的“廿、卅”和“卌”不管字下是否加合文符號，都無一例外的屬於合文，不是單字。

　　　　　　　　　　　　　　　　　　　　《古文字研究》15，頁 25

○**何琳儀**（1998）　二十。

　　　　　　　　　　　　　　　　　　　　《戰國古文字典》頁 1503

△**按**　《説文》十部：“廿，二十并也。”古文字“廿”多爲“二十”合文。

卋 卅

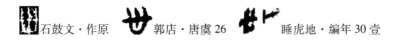
石鼓文·作原　　郭店·唐虞 26　　睡虎地·編年 30 壹

○**張政烺**（1934）　章《注》：“‘卋’石本作‘卋’。施云：‘卋，三十也。文曰“爲三十里”。以“三十”爲“卋”，書家謂之會意，佛書謂之三合。’”烺按：唐石經《詩》“于三十里”“終三十里”皆書作“卋”（見阮氏《校勘記》），猶是古人之舊，而其讀則當爲“三十”也。

　　　　　　　　　　　《張政烺文集·文史叢考》頁 29，2012；原載《史學論叢》1

○**湯餘惠**（1985）　見本部“廿”字條。

○**何琳儀**（1998）　三十。

　　　　　　　　　　　　　　　　　　《戰國古文字典》頁 1504—1505

△**按**　《説文》：“卅，三十并也。”古文字“卅”多當讀爲“三十”，張政烺説甚是。

卋 丗　殜 竺 酡 莼 傑 殜 殜 褋

郭店·唐虞 3

集成 9735 中山王方壺　　集成 9734 姧蚉壺

集成 4646 十四年陳侯午敦　　集成 4649 陳侯因資敦

鶴廬印存,頁 107

上博五·季庚 14

上博二·容成 42

郭店·語四 3　　郭店·語四 3　　上博二·子羔 1　　上博四·曹沫 65

上博二·容成 5　　上博二·從甲 12

上博五·姑成 7

秦家咀 99·10

○ **徐中舒**（1931）　枼,世也。春秋時齊器世皆作枼,此晉器亦作枼。《詩·長發》"昔在中葉",又從艸作葉。

《徐中舒歷史論文選輯》頁 216,1998;原爲單行本

○ **劉節**（1931）　吳大澂曰:"枼古葉字。"齊侯鎛:"枼萬世至于辝孫勿或俞改。"陳侯午錞:"永枼□忘。"字作枼,《詩·長發》:"昔在中葉。"古枼、葉、牒,皆相通,即傳世之稱。永枼毋忘者,永世毋忘也。

《古史考存》頁 93,1958;原載《國立北平圖書館館刊》5 卷 6 號

○ **徐中舒**（1933）　竺,枼又從立。陳侯午錞一,枼亦作竺。

《徐中舒歷史論文選輯》頁 412,1998;原載《史語所集刊》3 本 4 分

○ **于豪亮**（1979）　"殜殜毋耑",殜即世字。

《考古學報》1979-2,頁 183

○ **張政烺**（1979）　殜,從歺,世聲,臂壺"並立於殜",臂鼎"雖有死罪及三殜凵不若",皆與世字同義。按從歺之字多有死亡意,古人謂終一人之身爲世,《論語·衛靈公》:"君子疾歿世而名不稱焉。"（皇侃疏"沒世,謂身沒以後也"。）《墨子·節用中》:"是以終身不饜,歿世而不倦。"《戰國策·秦策》:"負

蔿必以魏殁世事秦。”其例甚多。世字在西周金文中行用已廣,戰國時,隨着語意的分化造此新字,大約因意義不大,終歸淘汰。

《古文字研究》1,頁 245

○商承祚(1982)　　世字在他器中有从木(獻伯簋)、从竹(祖日庚簋)、从立(陳侯午錞等)、从百(守宫盤等)者。此从歹,不可思議。

《古文字研究》7,頁 57

○裘錫圭(1998)　　(編按:郭店·窮達 2)此字讀爲“世”。古文字多借“法”爲“廢”。“世”“枼”在古音上的關係,與“廢”“法”相類,與“蓋”“盍”也相類。所以“碟”可讀爲“世”。

《郭店楚墓竹簡》頁 145

○何琳儀(1998)　　世,甲骨文作 (類纂○八九六笹作)。从止,加三 分化爲世。止亦聲。世,透紐;止,端紐。端、透均屬舌音,世爲止之準聲首。指事兼形聲。兩周金文作 (多友鼎)、(寧簋)、(師遽簋)、(伯作蔡姬尊),漸有省變。春秋金文作 (邵鐘),三 已演變爲三短横。戰國文字承襲兩周金文。或省變作 、。《説文》:“,三十年爲一世。从卅,而曳長之。亦取其聲也。(舒制切)。”(三上四)

戎䢦鐘“关世”,疑讀“元枼”,元年。《汗簡》下二·七十四完作 ,是其佐證。

詛楚文世,君主相繼。《周禮·秋官·大行人》“世相朝也”,注:“父死子繼曰世。”

《戰國古文字典》頁 917

莅,从立,世聲。疑世之繁文。

齊金莅,讀世。“莅萬子孫”,參殈字 c。

《戰國古文字典》頁 918

殈,从世,歺爲疊加音符。疑世之繁文。

c 中山王圓壺“殈殈”,讀“世世”。《禮記·檀弓》下:“世世萬子孫毋變。”

《戰國古文字典》頁 918

○李零(1999)　　辭例“□禱之於五禄王父王母”,“五禄”應讀“五世”。

《出土文獻研究》5,頁 140

○李零(2002)　　(編按:上博二·容成 42)湯王天下卅=(三十)又一傑(世)而受复(作)。

《上海博物館藏戰國楚竹書》(二)頁 283

○濮茅左（2005）　（編按：上博五·季庚 14）"尭"，即"喪"字。

《上海博物館藏戰國楚竹書》（五）頁 222

△按　戰國文字"世"字或作珊、㟪、㙛等形，參看卷四屮部、卷十立部下。

上博五·季庚 14 字，濮茅左隸定爲"尭"，以爲"喪"字之異體，非是。陳劍（《談談〈上博（五）〉的竹簡分篇、拼合與編聯問題》，簡帛網 2006 年 2 月 19 日）改釋爲"㙛（世）"，正確可從。

鶴廬印存字，施謝捷（《古璽彙考》286 頁，安徽大學 2006 年博士學位論文）釋爲"趾"，非是。西周金文中有"孫子永保"（師遽方彝器銘）、"孫子永保"（師遽方彝蓋銘）、"子子孫孫永寶用"（守宮盤銘）、"孫子永寶"（黃尊銘）諸辭，首字相同，沈兼士釋爲"百世"合文，四版《金文編》從之，近年出版的《殷周金文集成引得》《殷周金文集成釋文》亦沿其説。高田忠周以爲"胐"字。柯昌濟以爲此字從"丙"，即"世"之異體，"丙"即"席"字，在此充當"世"之聲符。以字形論，該字左旁與"百、肉"不同，而與"丙"字相合，故當依柯昌濟説隸作"酨"。然"丙"爲"簟"之初文（唐蘭説），並非"席"字，故柯説未安。《説文》："丙，舌皃。讀若沾，一曰讀若誓。"上古音"誓"字屬禪紐月部，"世"字屬書紐月部，聲紐發音部位相同，只有清濁之別，韻部相同，古音極近，故"酨"實際上是一個兩聲字，"丙"爲增益的聲符。以文例推之，金文中的"酨"爲世代之義，其用法與盞駒尊銘文相同，説詳田煒《古璽探研》（211—216 頁，華東師範大學出版社 2010 年）。

卅

睡虎地·編年 40 壹　　　　陶彙 5·505　　　　陶彙 5·507

○湯餘惠（1985）　見本部"廿"字條。

△按　今本《説文》無"卅"字，《廣韻》緝韻："卅，《説文》云：'數名。'今直以爲'四十'字。"古文字"卅"當讀爲"四十"。

言 言 音

郭店·忠信 8　　　上博三·周易 47　　　上博五·弟子 12　　　上博一·緇衣 16

璽彙 4285　　集成 2840 中山王鼎　　包山 14　　郭店·成之 13　　璽彙 3231

睡虎地·秦律1　　　睡虎地·答問12

貨系 1376　　貨系 1379　　璽彙 4284

○**睡簡整理小組**(1990)　(編按:睡虎地·秦律1·"雨爲澍〈澍〉,及誘[秀]粟,輒以書言澍〈澍〉稼、誘[秀]粟及狼[壤]田暢毋[無]稼者頃數")**言**,上報。

(編按:睡虎地·秦律29"言縣廷")**言**,報告。

《睡虎地秦墓竹簡》頁 20、27

○**楊澤生**(2001)　"言"是安排在"書"後的教學内容,顯然與上引《禮記·内則》能食能言的"言"無關。從簡文看,"言"字的意義似乎有兩種可能,一是指"言辭應對"。根據《論語·先進》,孔子教育學生分德行、言語、政事、文學等四個門類,其中宰我和子貢是"言語"這個門類的代表人物。《史記·仲尼弟子列傳》說宰我"利口辯",子貢"利口巧辭"。再說戰國時候的遊説之風也頗爲盛行,當時似乎存在言語教育的思潮。二是與賈誼《新書·過秦論》"燔百家言"的"言"同義,指著作。賈誼的 58 篇著作在《漢書·藝文志》裏屬儒家類,其中不少内容和《禮記》等儒家著作相符,其"言"指著作不知道是否有所本。

《簡帛研究二〇〇一》頁 3

○**劉信芳**(2003)　《離騷》:"初既與余成言兮,後悔遁而有他。"王逸《章句》:"言,猶議也。""集箸言"即有關名籍方面的爭議。

《包山楚簡解詁》頁 23

【言身】

○**羅福頤等**(1981)　(編按:璽彙 4660—4662)言身。

《古璽彙編》頁 424

○**葉其峰**(1983)　"言身"即言信。《論語·子路》:"言必信。"又《學而》:"言而有信。"

《故宮博物院院刊》1983-1,頁 76

○**吳振武**(1983)　4660 言身·言身(信)　4661、4662 同此釋。

《古文字學論集》(初編)頁 522

○**王人聰**(1997)　言身,編號 4660—4662

璽文"言身",亦應讀爲言信。《左傳·昭公八年》:"君子之言,信而有徵,故怨遠其身。"《國語·晉語》:"言信必及身。"《論語·學而》:"與朋友交,言而有信。"《禮記·儒行》:"儒有居處齊難,其坐起恭敬,言必先信。"

《古璽印與古文字論集》頁 43,2000;原載《故宮博物院院刊》1997-4

○**何琳儀**(1998)　晉璽"言躳、言身",均讀"言信",箴言。《論語·學而》:
"與朋友交,言而有信。"

《戰國古文字典》頁 1012

○**張桂光**(2004)　《古璽彙編》於 4660、4661、4662 均釋爲"言身"兩字,實際
應是从言身聲的一個形聲字,當以列爲單字璽爲妥。𰋀字亻旁實由身簡化而
來,《説文》"人言爲信"的信字所从之人,當由亻變化而來。

《古文字論集》頁 111;原爲 1992 年中國古文字學會第九屆年會論文

△按　"言身"或釋爲"言身(信)",或釋爲"詥(信)",似屬兩可。

語 䚻　語 䛖 䛊

郭店·五行 34

上博四·内豊 8

睡虎地·日甲 143 正壹

集成 2840 中山王鼎

璽彙 3193

璽彙 1878

璽彙 2774

璽彙 3083

上博六·鄭壽 4

上博六·天甲 10

○**羅福頤等**(1981)　語　語或从㕻,與金文余義鐘語字同。

《古璽文編》頁 49

○**朱德熙、裘錫圭**(1979)　嗚呼,語不廢哉! 寡人聞之,蒦其汋於人也,寧汋
於淵。

　　"語"謂諺語,即指"蒦其汋於人也,寧汋於淵"一句。

《文物》1979-1,頁 43

○**湯餘惠**(1993)　(編按:集成 2840 中山王鼎)語,指古語。《墨子·非攻》:"古者
有語,脣亡齒寒。"

《戰國銘文選》頁 33

○**陳佩芬**(2007)　"䛊"即"語"字。

《上海博物館藏戰國楚竹書》(六)頁 260

【諨痡】

○**羅福頤等**（1981）　（編按：璽彙1878）語痡。

《古璽彙編》頁 190

○**施謝捷**（1999）　《古璽彙編》一八七八著録如下一私璽：原
釋文作“和語痡”。

　　按：“痡”字亦見於古璽人名“去痡、罶痡”，或釋讀爲“去慇（憂）、罶（釋）
慇（憂）”（參陳漢平《屠龍絶緒》277、278 頁，黑龍江教育出版社 1989 年），可
信。《禮記·曲禮下》“某有負薪之憂”，鄭玄注：“憂，或爲疾。”《孟子·公孫
丑下》“有采薪之憂”，趙岐注：“憂，病也。”璽文作从“疒”之“痡”，或爲憂疾之
專字。上揭“和語痡”璽的人名“語痡”，當讀爲“禦憂”。“語、禦”古音相同，
都是魚部疑母字，固可通借。《春秋·桓公十六年》“鄭伯使其弟語來盟”，
《左傳》《公羊傳》同，《穀梁傳》“語”作“禦”；《史記·東越列傳》“禦兒侯”，張
守節《正義》：“禦字今作語。”《漢書·兩粤傳》作“語兒侯”，顏師古注：“語字
或作䛟，或作篽。”“禦”本“御”之後起分化字，二者往往通用。《釋名·釋言
語》：“禦，語也。尊者將有所欲，先語之也。”此並“語、禦”相通之徵。群籍中
“禦”有禁止之義。《吕氏春秋·仲秋》：“禦佐疾以通秋氣。”高誘注：“禦，止
也。”然則“禦憂”用作人名，取義與“去憂、去疾”等相類。可見將人名“語痡”
讀作“禦憂”顯然是合適的。

《中國古文字研究》1，頁 122

談 䛭　諝 歕

郭店·語四23　　䛭十鐘　　秦陶386　　陶彙3·198

陶彙4·41

璽彙1418

○**顧廷龍**（1936）　談。

《古匋文舂録》卷3，頁2

○**高明**（1990）　3.198 薁圖匋里人談。　　3.199 薁圖匋里人談。

《古陶文彙編》頁15

○**高明、葛英會**（1991）　（編按：陶彙4·41）談。

（編按：陶彙3・198）談。

《古陶文字徵》頁 218、220

○**陳偉武**（1995） 《文字徵》第 220 頁“談”字下：“ 3.198，蔓圂匋里人談。《説文》所無。”今按，此當從《陶彙》釋談。《文字徵》“談”字不收此體，特標而出之，誤。長沙楚帛書“炎”字作 ，與此所從同形。《古璽彙編》1418“談”字作 ，與《陶彙》3.198 談字形極近。

《中山大學學報》1995-1，頁 124

謂 謂

 石鼓文・吾水 　　謂 睡虎地・答問 180

○**何琳儀**（1998） 《説文》：“謂，報也。從言，胃聲。”

石鼓謂，見《廣雅・釋詁》二：“謂，説也。”

《戰國古文字典》頁 1221

○**湖南省文物考古研究所、湘西土家族苗族自治州文物處**（2003） 謂，簡文中下級政府送上級的文書多用敢言之，謁，謁報；上級對下級的用謂。

《中國歷史文物》2003-1，頁 16

△**按** 六國文字多借“胃”字表示“謂”。

諒 諒

諒 睡虎地・封診 1

○**睡簡整理小組**（1990） （編按：睡虎地・封診 1）毋治（笞）諒（掠）而得人請（情）爲上。

《睡虎地秦墓竹簡》頁 147

請 請

 集成 9735 中山王方壺 　　請 包山 180 　　請 睡虎地・秦律 188

○**張政烺**（1979） （編按：中山王方壺）請讀爲靖。

《古文字研究》1，頁 218

○**商承祚**（1982）　　請,古書每借請爲情,如《荀子·成相篇》:"聽之經,明其請。"盧文弨曰:"案請與情通用。《列子·説符篇》:楊朱曰:'發於此而應于彼者,唯請。'釋文引徐廣曰:'古情字或假借作請;《墨子》書多以請爲情。'"此又用作靖,安也。

《古文字研究》7,頁 68

○**睡簡整理小組**（1990）　　（編按:睡虎地·封診 1"毋治[笞]諒[掠]而得人請[情]爲上"）情,真情,《周禮·小宰》注:"情,爭訟之辭。"疏:"情,謂情實。"

《睡虎地秦墓竹簡》頁 147

○**陳偉武**（1998）　　《爲吏之道》:"令數囙環,百姓榣（揺）貳乃難請。"整理小組注:"揺貳,疑惑。請,《吕氏春秋·首時》注:'問也。'此句意思是,百姓心中疑惑,事情就不好辦了。"

　　今按,請字當讀爲誠。《墨子·節葬下》:"請可以富貧衆寡定危治亂乎?"王念孫《讀墨子雜誌》第二:"畢（沅）從一本改請爲誠。念孫案,古者誠與請不煩改字。《尚同篇》:'今天下之王公大人士君子,請將欲富其國家,衆其人民,治其刑政,定其社稷。'請即誠也。又本篇下文:'今天下之士君子,中謂將欲爲仁義,求爲上士。'謂即請之訛,畢徑改爲誠,皆未達假借之旨。後凡改請爲誠者放此。《墨子》書情、請二字並與誠通。"《戰國策·趙策》:"辛垣衍曰:'燕,則吾請以從矣。'"郭在貽先生指出"則吾請以從矣"即是"則吾誠以從矣"。"誠"有真實義,有忠誠義,均可假"請"字爲之,前者如銀雀山漢簡《孫子兵法·計》:"故輕（經）之以五,效之以計,以索其請。"後者如上引秦簡文,"百姓榣（揺）貳乃難請"是説（因政令多次反復）百姓揺擺不定就難以忠誠。

《胡厚宣先生紀念文集》頁 209

謁　䛏　䚲

睡虎地·秦律 105　　䚲秦封泥集 1·2·12

守丘刻石

○**睡簡整理小組**（1990）　　（編按:睡虎地·爲吏 1 伍）謁,讀爲遏,制止。

《睡虎地秦墓竹簡》頁 174

○**湖南省文物考古研究所、湘西土家族苗族自治州文物處**（2003）　　謁,簡文中下級政府送上級的文書多用敢言之，謁，謁報；上級對下級的用謂。

《中國歷史文物》2003-1,頁 16

【謁者】

○**黃留珠**（1997）　郎中令所屬謁者，爲掌賓贊受事之官。漢世其類別，文獻記有大謁者、中謁者、河堤謁者、常侍謁者、給事謁者、灌謁者等多種。秦時情況如何？歷來不詳。新發現的"西方謁者"封泥表明，秦謁者或按方向分類。

《西北大學學報》1997-1,頁 24

○**王輝、程學華**（1999）　《漢書・百官公卿表》少府屬官有"中書謁者令、丞"。王先謙《漢書補注》云："中書謁者令見楊惲、王尊《傳》，謁者令見《外戚傳》……掌凡選署及奏下、尚書、文書衆事……自武帝遊宴後庭，故用宦者，司馬遷被刑，爲中書令，即其任也，不言謁者，省文。"謁者的職責是賓贊受事，即爲天子傳達。

《百官公卿表》又云："成帝建始四年，更名中書謁者令爲中謁者令。"王先謙《漢書補注》云："《成紀》所謂'罷中書宦者'、續《志》所謂'成帝用士人復故'也。"秦謁者是宦者還是士人不可考。

"西方謁者"之名不見於文獻，或爲某宮之謁者。據《漢書・百官公卿表》郎中令屬官亦有"謁者"，郎中令"掌宮廷掖門户"，故謁者亦或有各種名目與分工。

《秦文字集證》頁 154

○**周曉陸、路東之**（2000）　(編按:秦封泥集一・二・12)《漢表》郎中令屬官有謁者。"謁者掌賓受贊事，員七十人，秩比六百石，有僕射，秩比千石"，應劭曰："謁，請也，白也。"《漢官》卷上："謁者僕射，秦官也。僕，主也。古者重武事，每官必有主射以都課之。"《史記・秦始皇本紀》二世元年，"謁者使東方來，以反聞二世"。《七國》引《史記》："秦昭王使謁者王稽於魏。"《後漢・百官志》引荀綽《晉百官表注》："昔燕太子使荊軻劫始皇，變起兩檻之間，其後謁者持匕首刺腋。高祖偃武行文，故易之以板。"

《秦封泥集》頁 115

許　訏　訐

集成 2840 中山王鼎　上博四・東大 15　睡虎地・秦律 61　陶彙 3・808

集成 11364 二年宝父戈

○李學勤、李零（1979）　（編按：集成2840中山王鼎）第六十一行“許”，《説文》：“聽也。”是聽信、聽從的意思。

《考古學報》1979-2，頁158

○商承祚（1982）　（編按：集成2840中山王鼎）第六十一行：《詩・大雅・下武》“昭蘇來許”，傳：“許，進也。”爲此銘意。

《古文字研究》7，頁58—59

△按　中山王鼎銘曰“是以寡人許之，謀慮皆從”，“許”之訓讀當從李學勤、李零説。

【許若】

○濮茅左（2007）　（編按：上博四・競公13）安子許若　“若”，讀爲“諾”。

《上海博物館藏戰國楚竹書》（六）頁188

諾　

上博四・柬大4　　上博四・柬大15

○濮茅左（2004）　諾。

《上海博物館藏戰國楚竹書》（四）頁198

讎　

睡虎地・秦律199　　睡虎地・日乙87壹

陶彙3・301

十鐘

○孫敬明、李劍、張龍海（1988）　“東夒圓讎”。印爲方形，陰文，印於泥質灰陶罐口沿外側。陶文“讎”屬首見，字形與《汗簡》所摹録者相似，僅是“讎”之“隹”在“言”兩旁，《汗簡》中“隹”並列於“言”的上方。這也是戰國文字上下、内外位置不確定的現象之一。“讎”，人名。

《文物》1988-2，頁88

諸　

十鐘　陶彙5・389

陶彙 5・396

【諸侯】

○**湯餘惠**(1993)　諸侯,這裏(編按:商鞅方升)指秦中央政府統治下的地方郡縣官吏。

《戰國銘文選》頁 26

△**按**　《里耶秦簡》(壹)8-461 秦同文字方記載了秦統一六國後書同文字政策的部分內容,其中有"者如故,更諸"的規定,陳侃理(《里耶秦方與"書同文字"》,《文物》2014 年 9 期)指出這條規定意謂"諸"這個詞戰國秦文字與六國文字中用"者"字表示,在統一以後改用"諸"字表示。據此可知凡有"諸"字之秦文字資料均屬秦代。

詩 諸　 耑 耑

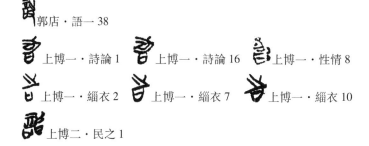

郭店・語一 38

上博一・詩論 1　　上博一・詩論 16　　上博一・性情 8

上博一・緇衣 2　　上博一・緇衣 7　　上博一・緇衣 10

上博二・民之 1

○**馬承源**(2001)　耑　从言从止,古文"詩"。《説文》:"詩,志也,从言,寺聲,䚲,古文詩省。"

《上海博物館藏戰國楚竹書》(一)頁 125

○**陳佩芬**(2001)　"耑"字从止从口,《説文》所無,當是"詩"字異體。

《上海博物館藏戰國楚竹書》(一)頁 175

啻 啻 啻

集成 9719 令狐君嗣子壺　　郭店・語三 64　　上博五・鬼神 4

○**劉節**(1933)　啻即億字,窓齋有啻敼,釋啻爲億,後人皆不信從。西清古鑑有鼇鼎,萬億年,字正作啻。《汗簡》引古文尚書,噫字作䖝。从厂从啻从心,足證意之古文有作啻者,今又得此壺(編按:令狐君嗣子壺)爲證,知啻、啻,實一字。益知吳説之不謬矣。

《古史考存》頁 94，1958；原載《國立北平圖書館館刊》7 卷 2 號

○**何琳儀**（1998）　啻，金文作𧩙（牆盤）。从言从中，會言則中之意。億之初文。《論語·先進》“億則屢中”，注：“億，度也。”《漢書·食貨志》引億作意。正用本字。戰國文字承襲金文。啻所从口旁加短横，分化爲音。音亦聲。啻、音均屬影紐，啻爲音之準聲首。《説文》：“𧩙，快也。从言从中。”

令狐壺“萬啻年”，讀“萬億年”。《書·洛誥》：“公其以予萬億年。”億，《説文》作意，所謂“十萬曰意”。

《戰國古文字典》頁 1

○**荆門市博物館**（1998）　（編按：郭店·語三 64 上）亡（毋）啻（意）。

《郭店楚墓竹簡》頁 212

○**曹錦炎**（2005）　啻　讀爲“意”。《論語·子罕》：“子絶四：毋意，毋必，毋固，毋我。”郭店楚簡《語叢三》引作“亡啻，亡古（固），亡義（我），亡必”。“意”作“啻”。“意”，猜測、料想。《莊子·胠篋》：“夫妄意室中之藏，聖也。”

《上海博物館藏戰國楚竹書》（五）頁 319

△**按**　《説文》言部：“啻，快也。”心部：“意，志也。”又：“㥜，滿也。”三字本一字分化。“啻”字从言，中閒的〇爲指事符號，示意言中有意，當即“意”之本字。

訓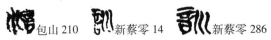

包山 210　　新蔡零 14　　新蔡零 286

包山 193　　郭店·性自 17　　上博一·性情 16　　上博二·从甲 16

楚帛書　　璽彙 3130　　璽彙 2565　　璽彙 5286

○**羅福頤等**（1981）　訓。

（編按：璽彙 2565）訢。

（編按：璽彙 5651）信。

《古璽彙編》頁 54、53、514

○**吳振武**（1983）　2236□訓·□訢。

3130 競訓·競訢。　3131、3132 同此改。

5285 訓·訢　5286 同此改。

5651 苛信・苛訴。

　　　　　　　　　　　　　　　　　《古文字學論集》(初編)頁 505、512、524、527

○**曹錦炎**(1985)　(編按:楚帛書)訓讀順　《説文》"訓,説教也",段注:"説教者,説釋而教,必順其理。引申之,凡順皆曰訓。"近年河北平山所出戰國中山王器,訓字作巡,而假爲順,可證。

　　　　　　　　　　　　　　　　　　　　　　　　《江漢考古》1985-1,頁 65

○**何琳儀**(1986)　(編按:楚帛書)"訓",原篆作"𧦝",或釋"訴",殊誤。李釋"訓",其確。此字亦見《古璽文編》3.4 和楚簡。《廣雅・釋詁》一:"訓,順也。"

　　　　　　　　　　　　　　　　　　　　　　　　《江漢考古》1986-2,頁 85

○**饒宗頤**(1993)　(編按:楚帛書)訓字,林氏釋訴,訴古欣字,《説文》:"訴,喜也。"其字亦見古璽及楚簡,並作𧦝。訓讀爲順,《廣雅・釋詁》:"訓,順也。""不順於邦"者,下言有梟,可證。

　　　　　　　　　　　　　　　　　　　　《楚地出土文獻三種研究》頁 273

○**劉信芳**(1996)　(編按:楚帛書)訓　讀如"順",秦簡《日書》七三二:"百事順成。"

　　　　　　　　　　　　　　　　　　　　　　　　《中國文字》新 21,頁 102

○**劉釗**(1998)　《古璽彙編》三一三〇號璽作:
其中"訓"字又見於三一三一、三一三二、二二三六、五二八六、五二八五、二五六五、五六五一等號璽。此字《古璽彙編》隸作"訓",《古璽文編》隸作"訓",以不識字列於言部後。二五六五號璽的"訓"字《古璽彙編》釋作"訴",其它璽中的"訓"字近年也有學者釋爲"訴"。不過"斤"字寫作兩條豎直等長的直線狀,在戰國文字中根本找不到可靠的證據,釋"訴"一説必須重新檢討。我們認爲字所從之"∥"其實是"川"字的省寫。楚帛書訓字作"訓"(曾憲通《長沙楚帛書文字編》第 62 頁),包山楚簡訓字作"𧦝"(簡二一〇),又作"訓"(簡一九三),可見楚國文字可將"川"省成"𠌰"。而"訓"不過是將"訓"所從之"𠌰"加以整齊化寫成豎直狀而已。又以上有"訓"字的古璽從風格和字體上看都是典型的楚璽,而在楚文字中"斤"字從不作"∥"形,而是寫成"𠂤""𠂤""𠂤""𠂤"等狀。所以"訓"所從之"∥"只能是"川"而不能是"斤"。如此璽文"訓"字無疑應釋爲"訓"。以上所舉三一三〇、三一三一、三一三二三方璽同文,不像是姓名私璽,而很可能屬於吉語格言璽之類。古"訓""順"二字相通,疑"競訓"應讀作"競順"。梁江淹有"四海競順,其會如林"句,可資參證。

　　　　　　　　　《古文字考釋叢稿》頁 179—180,2005;原載《考古與文物》1998-3

○**何琳儀**(1998)　《説文》:"訓,説教也。从言,川聲。"

　　天星觀"訓至",讀"馴致",漸次而致。《易·坤》:"馴致其道,至堅冰也。"天星觀"利訓",讀"利順"。包山簡"訓蘥",卜具。包山簡"不訓",讀"不順"。與天星觀"利訓(順)"相反。

　　　　　　　　　　　　　　　　　　　　　　《戰國古文字典》頁 1330

△**按**　古文字从言、从心每可換用,"言、心"爲義近形旁,故戰國文字又用"忞"字爲"順",或又在"訓"字上加"心"旁(亦可視作在"忞"字上加"言"旁)而爲"愻"字,皆一字之異體。用爲"順"之"訓"與《説文》訓爲"説教"之"訓"實爲同形字。秦文字用"順"而戰國古文用"訓、忞、愻"諸字,是戰國時期不同地域用字習慣存在差異的現象。"忞、愻"二字詳見卷十心部。

【訓城】

○**李家浩**(2000)　"訓城",秦簡《日書》甲種楚除陽日占辭作"順成"。"順成",順利。《左傳·宣公十二年》:"執事順成爲臧,逆爲否。"

　　　　　　　　　　　　　　　　　　　　　　　《九店楚簡》頁 80

【訓蘥】

○**李零**(1993)　一般説,簡文記有卦爻的是策,不記卦爻的是龜。這裏可試做分類:

　　(1)龜。有寶家(簡 197、212、218、226、236、249,"家"字原从爪旁)、訓蘥(簡 199)、長則(簡 207、216、220,"則"字或从心旁)、少寶(簡 221)、彤箸(簡 223)、長靈(簡 230、224,"靈"字原作"霝")、駁靈(簡 234、247,"靈"字同上)。

　　(2)策。有央笘(簡 201)、丞德(簡 209、232、245,"德"字原从心从直)、共命(簡 228、239)。

　　　　　　　　　　　　　　　　　《中國典籍與文化論叢》1,頁 432—433

○**何琳儀**(1998)　見"訓"字條。

訷　譺　慧　愳

集成 261 王孫遺者鐘　　新收 418 王孫誥鐘　　璽彙 3515

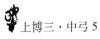上博三·中弓 5

上博二·容成 3

○**荆門市博物館**（1998） （編按：郭店·六德20—21）既生畜之，或從而孝（教）悔（誨）之，胃（謂）之聖。

《郭店楚墓竹簡》頁187

○**李家浩**（1998） 先讓我們考察一下戰國文字中"口"旁的一種特殊寫法。戰國文字往往把"口"旁寫作"山"字形。現把字例揭示於下，並對其釋讀略加以説明：

（中略）E 虡 《古璽文編》470·3515

（中略）E 是"誨"字。"每"旁與"言"旁作上下重疊結構，"每"旁下面一畫與"言"旁上面一畫公用。

《著名中年語言學家自選集·李家浩卷》頁150，1998；
原載《中國文字》新24

○**李零**（2002） （編按：上博二·容成3）凡民俾敚者，孝（教）而慧（誨）之，歓而飤（食）之，思役百官而月青（請）之。

《上海博物館藏戰國楚竹書》（二）頁252

○**禤健聰**（2006） "慏"字，上博《周易》往往讀爲"悔"，這裏當讀爲"誨"，悔、誨音同。郭店《六德》簡21"或從而都誨之"（編按："都"當作"教"）的"誨"字正與此同。誨，教也，"余誨汝"即"余教汝"。仲弓爲季桓子之宰，請教孔子，"願因吾子而治"，孔子鼓勵其"爲之"，表示會教他行事，其後一番問答即爲"誨"的内容。簡15的"善哉問乎！足以教矣"可爲注腳。

《康樂集》頁217

△**按** "母、每"古音相近，故戰國文字"誨"從母得聲。又古文字從心、從言每可相易，故"慏"可徑視爲"誨"字之異體。戰國文字又用"慏"字表示"謀"，亦可視作"謀"字之異體（詳見"謀"字條按）。另，"慏"字又可用爲"悔、敏"，皆可視爲本字。

【誨猷】

○**于省吾**（1932） （編按：王孫遺者鐘）誨猷丕飤 誨讀謀，飤讀嗣，謂繼續。

《雙劍誃吉金文選》頁108

○**郭沫若**（1935） （編按：王孫遺者鐘）"誨猷不飤"當讀爲"謀猷不飭"，飭猶秩秩也。《小雅·巧言》"秩秩大猷"。

《兩周金文辭大系考釋》頁161，1957

諭 諭

諭 侯馬 86：1　　諭 侯馬 3：21

諭 璽彙 2123

○**羅福頤等**（1981）　諭　貨幣文俞作，與此所从偏旁合。

《古璽文編》頁 50

○**何琳儀**（1998）　《説文》：“諭，告也。从言，俞聲。”

侯馬盟書諭，讀踰。

《戰國古文字典》頁 374

△**按**　侯馬盟書“諭”字異文或作“俞”，或讀爲“偷”，見山西省文物工作委員
會編《侯馬盟書》（43 頁，文物出版社 1976 年）。

詻 詻

詻 集成 9734 妷盜壺

○**李學勤、李零**（1979）　見本部“訢”字【訢詻戰忑】條。

○**張政烺**（1979）　見本部“訢”字【訢詻戰忑】條。

訚 訚

訚 陶彙 5·95　　訚 陶彙 3·41

○**顧廷龍**（1936）　訚　《説文》：“和説而諍也。”

《古匋文舂録》卷 3，頁 1

○**黃錫全**（1990）　古陶有字作訚訚（舂録附 33）、訚（舂録 3·1），形與此（編
按：指《汗簡》引華嶽碑的“訚”字）類同，所从之、與古璽訚字（古璽文編 3·2 語）
所从之訚類似，應隸作“訚”，釋爲訚，因古从言與从音每不別，如謁作訚（中山
王墓守丘石刻）、訚作訚（豆閉殷）等。夏韻勘韻録作訚，此少一畫。

《汗簡注釋》頁 409

○**李家浩**（1998）　先讓我們考察一下戰國文字中“口”旁的一種特殊寫法。
戰國文字往往把“口”旁寫作“山”字形。現把字例揭示於下，並對其釋讀略加

以説明：

（中略）D　［字形］《古陶文彙編》3·41

（中略）D 是“闇”字。

《著名中年語言學家自選集·李家浩卷》頁 150，2002；
原載《中國文字》新 24

謀 謀　愚 瞀 恝

［字形］睡虎地·日乙 46 壹　［字形］陶彙 4·71

［字形］集成 2840 中山王鼎　［字形］郭店·老甲 25　［字形］郭店·語四 13　［字形］郭店·語四 23

［字形］上博一·緇衣 12　［字形］上博四·曹沫 13　［字形］十鐘　［字形］上博三·彭祖 6

［字形］上博六·天甲 13

［字形］上博二·容成 37

○**于豪亮**（1979）　愚即謀之異體字，《古文四聲韻·尤韻》謀字作旮，《汗簡·心部》謀字作恝，均與此字相近。古從母得聲之字或假作謀，如《書·洛誥》“拜手稽首誨言”，誨言即謀言；王孫鐘“誨猷不飤”，誨猷即謀猷；矞鼎“矞迺每于顙”，每即謀。因此謀字可作愚。

《考古學報》1979-2，頁 175

○**商承祚**（1982）　《集韻》以恀爲古文侮字，古籍又從人作侮。《前漢書·五行志中之下》：“慢侮之心生。”師古曰：“侮，古侮字”。則此亦侮字也。

《古文字研究》7，頁 59

○**李零**（2002）　恝戒　即“謀戒”，下文作“慎戒”，應是含義相近的詞。

《上海博物館藏戰國楚竹書》（二）頁 279

○**曹錦炎**（2007）　“瞀”，古文“謀”字，見《説文》。《論語·學而》：“曾子曰：‘爲人謀而不忠乎？’”正可爲“忠謀”作注。

《上海博物館藏戰國楚竹書》（六）頁 333

△按　《説文》言部：“［字形］古文謀，［字形］亦古文。”戰國六國文字“謀”字從心，母聲，與《説文》古文相合，而秦系文字則從言，某聲，地域區別明顯。十鐘 3·4 ［字形］字，上從母而有一飾筆，施謝捷（《古璽彙考》290 頁，安徽大學 2006 年博士學位論文）釋爲“忠”，非是。

【謀人】

○睡虎地秦墓竹簡整理小組（1990）　謀人，據簡文當爲秦爵第三級簪裊的別稱。

《睡虎地秦墓竹簡》頁 60

【愳愳】

○趙誠（1979）　愳从心母聲，此借爲謀，音近而通。謀慮，指相邦貫爲中山王出的謀獻的策。

《古文字研究》1，頁 258—259

○張政烺（1979）　《説文》：“謀，慮難曰謀，从言，某聲。𧭂，古文謀。𧭰，亦古文謀。”愳即𧭰。

《古文字研究》1，頁 229

訪 訪

郭店·五行 40

○荊門市博物館（1998）　訪，“診”之訛形。“診”，借作“軫”。帛書本作“軫”。後四三號簡“少而軫者”正作“軫”。

《郭店楚墓竹簡》頁 154

論 論

睡虎地·效律 24　　睡虎地·效律 35

○黃德寬等（2007）　《説文》：“論，議也。从言，侖聲。”

秦簡例一論（編按：睡虎地·效律 24“以其耗石數鰻論之”），衡量。《吕氏春秋·論人》：“此賢主之所以論人也。”高誘注：“論，猶論量也。”例二論（編按：睡虎地·秦律 57“以犯令律論吏主者”），定罪。《洪武正韻·真韻》：“論，決罪曰論。”

《古文字譜系疏證》頁 3745

議 議

睡虎地·爲吏 11　　秦印　　集成 11111 左行議遂戈　　集成 11491 行議矛

○**睡簡整理小組**（1990）　（編按：睡虎地·答問 29"議不爲過羊"）議，議處，《易·中孚》象傳："君子以議獄緩死。"

《睡虎地秦墓竹簡》頁 100

○**何琳儀**（1998）　燕兵議，讀儀，儀仗。

《戰國古文字典》頁 857

諦 諦

上博五·競建 6

___

○**陳佩芬**（2005）　"諦"，《説文·言部》："審也。从言，帝聲。"

《上海博物館藏戰國楚竹書》（五）頁 173

○**李學勤**（2006）　"二三子不諦，忞寡人"，"二三子"下的鉤識是表示詞的連續，並非斷句。"諦"讀爲"謫"，"忞"讀爲"恕"，句意即群臣不加責怪，以致招致日食天譴。

《文物》2006-9，頁 92

○**李守奎**（2007）　簡文讀爲"二三子不諦誨寡人，至於使日食"文通字順。"忞"爲《説文》"恕"之古文，楚簡中多讀爲"怒"，也有讀教誨之"誨"的，如郭店《六德》21 號簡"或從而孝（教）悔（誨）之胃（謂）"。《説文》中，"謀"的古文作"悬"，屢見於楚文字，又作"恐"，在楚簡《周易》中也讀爲"誨"。楚文字中，魚部的"女、毋"和之部的"母、每"用作聲符常可通用，其閒關係比較複雜，不能單據《説文》古文定其音讀。簡文"諦誨"義爲詳審地教誨。

《楚地簡帛思想研究》（三）頁 32—33

△**按**　陳偉（《〈競建内之〉〈鮑叔牙與隰朋之諫〉零釋》，簡帛網 2006 年 2 月 22 日）認爲"帝、責"二字《説文》並爲"朿"聲，可以通假，並讀"諦怒"爲"責怒"，是"嚴責之意"。許無咎（《上博楚竹書[五]〈競建内之〉篇札記》，簡帛網 2006 年 2 月 25 日）釋爲"謫"而訓爲"責"。楊澤生（《〈上博五〉零釋十二則》，簡帛網 2006 年 3 月 20 日）釋爲"諦"，訓爲"注意、細察"。

　　溫縣盟書有"帝叹視之"一語，"帝"字異文或作"意"，或讀爲"諦"（見河南省文物研究所《河南溫縣東周盟誓遺址一號坎發掘簡報》，《文物》1983 年 3 期 81 頁），見卷十心部下。

識 識

睡虎地·秦律 86　　 十鐘

○**何琳儀**（1998）　《説文》：“識，常也。一曰，知也。从言，戠聲。”

《戰國古文字典》頁 53

訊 訊　訙 訇

睡虎地·封診 61

上博四·相邦 4　， 上博五·姑成 1

上博六·鄭壽 1　 上博六·鄭壽 2

○**湖南省文物考古研究所、湘西土家族自治州文物處**（2003）　訊，訊問。

《中國歷史文物》2003-1，頁 20

○**張光裕**（2004）　（編按：上博四·相邦 4）“訙”，从言从卤，卤形與《説文》古文“西”近同，故字可隸作“訙”。“訙”，字書未見，字既从言，應與語辭相關。

《上海博物館藏戰國楚竹書》（四）頁 237

○**曹錦炎**（2007）　（編按：上博六·平王問 1）繇之於宗審　讀爲“繇之於宗廟”。“繇”，《説文·系部》：“隨從也。从系，䍃聲。”段玉裁注：“繇之訛體爲繇。”《説文通訓定聲》：“繇字亦作繇。”《荀子·禮論》：“是以繇其期足之日也。”楊倞注：“繇，讀爲由，從也。”

《上海博物館藏戰國楚竹書》（六）頁 257

△按　《説文》古文“訊”字作“訙”，孟蓬生（《上博竹書［四］閒詁》，簡帛研究網 2005 年 2 月 15 日）、沈培（《上博簡〈姑成家父〉一個編聯組位置的調整》，簡帛網 2006 年 2 月 22 日）據此釋上博四·相邦 4“訙”字爲“訊”。上博六·平王問 1“訇”字，陳偉、董珊、凡國棟、沈培、劉信芳等學者均從曹錦炎釋“繇”，惟訓讀有異，陳偉（《讀〈上博六〉條記》，簡帛網 2007 年 7 月 8 日）、董珊（《讀〈上博六〉雜記》，簡帛網 2007 年 7 月 10 日）讀爲“謀猷”之“猷”，凡國棟（《讀〈上博六〉楚平王逸篇初讀》，簡帛網 2007 年 7 月 8 日）訓爲“占卜”又以爲可以讀爲“要”，沈培（《〈上博六〉字詞淺釋》［七則］，簡帛網 2007 年 7 月 20 日）

訓爲"隨從",劉信芳(《上博六試解之三》,簡帛網 2007 年 8 月 9 日)讀爲"由"。郭永秉(《釋上博楚簡〈平王問鄭壽〉的"訊"字》,《古文字研究》27 輯 489—493 頁,中華書局 2008 年)則隸定爲"雟",以爲"訊"字之異體。郭説可從。

上博五·姑成 1"詬弲",整理者以爲地名。沈培(《上博簡〈姑成家父〉一個編聯組位置的調整》,簡帛網 2006 年 2 月 22 日)讀爲"迅强"。

謹　譁　譁

睡虎地·秦律 68　 陶彙 3·953　 璽彙 1280　 璽彙 4112

璽彙 0983　 璽彙 1266　 璽彙 2006　 璽彙 2667

○**羅福頤等**(1981)　謹。

《古璽文編》頁 50

○**何琳儀**(1998)　謹,从言,堇省聲。《説文》:"謹,慎也。从言,堇聲。"

戰國文字謹,人名。

《戰國古文字典》頁 1322

信　傎　伯　伈　秂　訐　㥵　訨　誩　詪　詷　諤　謵

睡虎地·爲吏 7 貳　 十鐘

璽彙 0282

璽彙 1149　 璽彙 1562　 璽彙 3125　 璽彙 5537

包山 144　 郭店·成之 2　 上博二·从甲 1　 上博五·季庚 21

上博一·緇衣 10　 璽彙 1664　 璽彙 0232　 璽彙 0236　 璽彙 0650

郭店·忠信 8　 璽彙 1690　 璽彙 5509　 璽彙 3703

上博一·緇衣 10　 上博一·緇衣 23

璽彙 3345　 璽彙 5381

十鐘　 珍秦 190

集成 9735 中山王方壺　 集成 2451 梁上官鼎　 璽彙 5287

璽彙 5427　 璽彙 5685

集成 2773 信安君鼎

璽彙 3129

封成 19

璽彙 5450

○**羅福頤等**（1981）　信　《説文》古文信作𦎍，與此（編按："𨐍"）形近。

　　信　从言从身，中山王壺信字作𧥜，與鈢文形近。

　　躬言。

　　誏。

《古璽文編》頁 51、52、294、216

○**吳振武**（1983）　3129 躬言・言躬（信）。

　　5450 誏・言躬（信）。

《古文字學論集》（初編）頁 512、525

○**王人聰**（1983）　此璽見於《彙編》5450 號，列入單字璽。此字《彙編》《文編》釋作誏，《古文字類編》168 頁收有另一方璽文，字形結構與此相同，該書釋作謝。這兩種釋文，都是不對的。

　　璽文此字是誃字的繁體，身字璽文有繁簡幾種寫法，其簡體作𨐨、𨐩、𨐪、𨐫、𨐬、𨐭，繁體則在豎筆一旁增加一橫畫或二橫畫，作爲飾筆，如𨐮、𨐯；此外，繁體的另一種形式則是將所加的飾筆寫作方廓如𨐰、𨐱、𨐲。在古文字中，筆畫作方廓或填實，每無別，二者實爲一字，如丁作口，亦作■；工作𪜊，亦作工；冬作𠔻，亦作𠔼，均是其例。可是《文編》與《古文字類編》卻將其中部分筆畫作方廓的諸字如𨐰、𨐱、𨐲，一律釋爲躬，這也是不對的。今既辨明是身字，那麼，回過來再看我們所討論的這方璽文的𧥜字，其所從的左旁與上揭部分筆畫作方廓的身字，結構相同，可知也是身字。右旁爲言，則此字从言从身，即是誃字。這是璽文誃字的繁寫，其簡體有以下諸式𧥜、𧥛。我們從以上對璽文身字繁簡諸式的分析，可知璽文誃字的繁體即是由身字的繁體演變而來的。

　　璽文的誃字，从言身聲。身與伸、信，古音同字通，《釋名》："身，伸也。"《易・繫辭上》"引而伸之"，《釋文》："伸，本作信。"《周禮・大宗伯》"侯執信圭"，鄭注："信，當爲身。"所以，誃也通信，如河北平山出土中山王方壺銘："余

智其忠諓施（也）。”忠諓讀爲忠信；又，梁上官鼎：宜諓即是宜信，可以爲證。因此，在《彙編》一書所收的下列一些古璽如言身（4660）、言諓（3129）、士身（4670）、敬身（4257）、長身（4672）、修身（4496）、中身（4639）等，便可讀作言信、士信、敬信、長信、修信（修與長同義）、中信，中與忠通，《周禮·大司樂》“以樂德教國子，中和祇庸孝友”，鄭注：“中，猶忠也。”故中信也即是忠信。從這類璽文的文義，可知這是一類成語璽，而《彙編》所收其璽文作身、諓一字的單字璽，應當就是這類成語璽的省略。在古璽分類中，是可以把這些單字璽歸入成語璽一類的。

《古文字學論集》（初編）頁 479—480

○**林素清**（1990）　三·三信字下共列舉𠱛、𧥠、𠈬、𠈪、𧨛等四十三文，於𠈪 5427 字下又云：“从言从身，中山王壺信字作𧥠與鉢文形近。”身字又有𦨶、𦨶、𦨶幾種異體，故《文編》八·五下隸定爲“諓”字的單字璽文𧨛，實亦从言从身的信字，應補入本條。且如《彙編》3129 將𧨛璽置於姓名私璽類，並隸定爲“躬言”兩字皆誤。3129 璽文爲“信”字，非姓名私璽，應入吉語類，𧨛字亦可補入本條。

《金祥恆教授逝世周年紀念論文集》頁 101—102

○**何琳儀**（1998）　信，从言从人，會人言有信之意。人亦聲。參訫（信之繁文）从仁聲。《説文》：“𬤝，誠也。从人从言，會意。𠈬，古文，从言省。𠈪，古文信。”（三上六）戰國文字信之異文甚多，齊系文字或作伈、𠈪，燕系文字或作身、諓，晉系文字或作恴、身、諓，楚系文字或作身、㥩。

　　a 齊璽“信鈢”，讀“信璽”。《漢書·霍光傳》“受皇帝信璽、行璽大行前”，注：“孟康曰，漢初有三璽，天子璽自佩，行璽、信璽在符節臺大行前。”戰國官璽、私璽均可稱“信璽”。

　　b 燕璽“信城”，讀“信成”，地名。見《漢書·地理志》清河郡。在今河北清河西北。

　　d 楚璽“信鈢、信垛”，讀“信璽”。見 a。

　　e 秦圜錢“文信”，文信君。見《史記·秦始皇本紀》。秦璽“信徒”，讀“申徒”，複姓。《史記·留侯世家》“以良爲韓申徒”，《楚漢春秋》“申徒”作“信都”。是其證。周幽王申后兄申侯之後，支子居安定屠原，因以爲氏。一説申徒狄，夏賢人，後音轉，改爲申屠氏。見《通志·氏族略·以地爲氏》。秦封泥“信璽”，見 a。

《戰國古文字典》頁 1136

伯,金文作𠱾(𣄰叔鼎)。从口从人,會人言有信之意。人亦聲。信之異文。戰國文字承襲金文,與《説文》信之古文𠱾吻合。

a 齊器"伯鉨",讀"信璽"。見信字 a。

《戰國古文字典》頁 1136

伈,从心从人,人亦聲。信之異文。又仁之古文作𢖍,與伈形體吻合,唯偏旁位置由左右結構易爲上下結構。或據𢖍从千,謂戰國文字信、伯、伈均从千聲。信,心紐;千,清紐;均屬齒音真部,諧聲尤爲密合。人、千一字分化,參千字。

a"伈鉨",讀"信璽"。見信字 a。

《戰國古文字典》頁 1137

誩,从言,身聲。信之異文。

b 燕璽誩,讀信。

c 晉璽"誩士",讀"信士"。《荀子·王霸》:"安與夫千歲之信士爲之也。"梁上官鼎"宜誩",讀"宜信",宜信君。見《戰國縱橫家書》二六。信安君鼎"誩安君",讀"信安君",魏相。見《戰國策·魏策》二。長誩侯鼎"䚮誩侯",讀"長信侯",魏相。見《戰國策·魏策》三。中山王壺誩,讀信。

《戰國古文字典》頁 1139

㥀,从心,身聲。信之異文。

d 楚璽㥀,讀信。楚璽㥀,讀信,姓氏。魏公子信陵君無忌之後。見《風俗通》。楚璽"㥀人",讀"信人"。《孟子·盡心》下:"孟子曰,善人也,信人也。何謂善,何謂信。曰,可欲之謂善,有諸己之謂信。"

《戰國古文字典》頁 1139

諥,从言,舶聲。疑誩之繁文。

c 中山封泥諥,讀信。

《戰國古文字典》頁 1140

○王輝(2001)　43.趙信(《秦印輯》32,《續齊》31 頁)

睡虎地秦簡《爲吏之道》"寬俗(容)忠信"信字同。信字戰國中山國壺作"誩",六國古璽作"信""誩",从言,身聲,與此印从人从言不同。

《四川大學考古專業創建四十周年暨馮漢驥教授百年誕辰紀念文集》頁 302、303、308

○張桂光(2004)　見本部"言"字條。

△**按**　“㥁”字楚簡常見,多用爲“仁”。然古璽文“㥁鉨”似讀“信璽”爲佳,故不能排除“㥁”字可以用爲“信”之可能,兹暫列於此。卷十心部、卷八人部“仁”字重見。

【訐士】

○**羅福頤等**(1981)　土信。

《古璽彙編》頁 172

○**吳振武**(1983)　1664 土信・信士　1665 同此改。

《古文字學論集》(初編)頁 500

○**韓天衡、孫慰祖**(1989)　詿。

《古玉印精萃》頁 25

○**徐在國**(1998)　上海書店所出《古玉印精萃》(1989 年 9 月 1 版)一書,係韓天衡、孫慰祖二先生編訂。該書 25 頁著録一方陰文小璽(圖2)。原書隸作“詿”。顯然是誤將此璽當作單字璽了。實際上,此璽文是兩個字,應釋爲“信士”。此璽“信”字所從的“千”旁傾斜,“士”字放在了“千”旁的下部,容易被誤認爲是一個字。

圖 2

　　“信士”一詞,典籍中常見。如《荀子・王霸》:“人無百歲之壽,而有千歲之信士,何也? 曰:以夫千歲之法自持者,是乃千歲之信士矣。”“曰:援夫千歲之信法以持之也,安與夫千歲之信士爲之也?”王先謙《集解》:“謂使百世不易可信之士爲政。”《史記・滑稽列傳》:“楚王曰:善,齊王有信士若此哉! 厚賜之,財倍鵠在也。”《説文》:“信,誠也。”“信士”就是可信之士,即誠實可信的人。

《古漢語研究》1998-4,頁 90

○**韓天衡、孫慰祖**(2002)　詿。

《古玉印集存》頁 17

【訝安君】

○**羅昊**(1981)　平安君的平字作“評”,從言從平,與上海博物館藏及河南泌陽秦墓出土的平安君鼎作“坪”者異。

《考古與文物》1981-2,頁 19

○**李學勤**(1981)　蓋銘:“訝安君厶(私)官,庸(容)半,眂(視)事敀,冶瘤。”“十二年,叟二益(鎰)六釿。”“下官,庸半。”

　　器銘:“訝安君厶(私)官,庸(容)半,眂(事)司馬敀,冶王石。”“十二年,叟九益(鎰)。”“下官,庸半。”

蓋器銘皆分三次刻成。“諍”字,戰國文字常見,讀爲“信”。河北平山出土的中山王方壺“忠信”寫作“忠諍”。信安君係魏國封君,見《戰國策·魏策》“秦召魏相信安君”章,故此鼎是魏器。魏、衛相近,平安君鼎置用之地單父後爲魏國吞併,鼎制的近似也是容易理解的。

《新出青銅器研究》頁 211,1990;原載《中原文物》1981-4

○**黃盛璋**(1982) 報導釋爲評安君,説:“平字作‘評’,从言从平,與上海博物館藏及河南泌陽秦墓出土的平安君鼎作‘坪’者異。”認爲皆爲同一作器者,並訂爲衛國器。細審銘文第一字左从“言”,右所从並不是“平”而是“身”字,三晉以身爲“信”,如“宜諍”即宜信,“長諍”即長信,此字與宜諍鼎(梁上官鼎)、長諍侯鼎“諍”字結構皆同,它是“信”字,應正名爲信安君鼎,與平安君鼎銘刻格式、鑄造職官都不一樣,因而不是同一作者。

信安君見《戰國策·魏策》二:“秦召魏相信安君,信安君不欲往,蘇代爲説秦王,曰……”云云,文中簡稱爲魏信,如“夫魏王之愛習魏信也,甚矣”,“趙之用事者必曰‘魏氏之名族不高於我,土地之實不厚於我,魏信以韓(輔)魏事秦,秦甚善之’”,信安君是魏相,又出名族,爲魏王愛幸,必爲王室子弟,本鼎信安君置有私官,唯此信安君身份可以相當。

《考古與文物》1982-2,頁 55

○**裘錫圭**(1982) 羅文釋鼎銘所記君名爲“評(平)安君”,以此鼎爲“秦國故地出土的第一件有銘文的衛國青銅器”(19 頁)。從羅文所附銘文拓本看(見 20 頁圖三),所謂“評”字實作“諍”。《恆軒所見所藏吉金録》23 頁著録的“梁鼎蓋”銘有“鋹諍侯”。郭沫若考釋此銘説:“‘鋹’乃‘長’之異……‘諍’者‘信’之異。古璽‘信’多作‘䚱’,从言,千聲。此从言身聲也……此器文字與形制與它梁鼎同,自是梁器,則長信侯即魏安釐王相者矣。”(《金文叢考》1954 年版 216 頁下)其説甚確。梁上官鼎器銘又有“宜諍”(《三代》2·53),應指見於《戰國縱横家書·二六、見田僕於梁南章》的魏貴族宜信君的封邑(看《戰國縱横家書》118 頁,參看黃盛璋《試論三晉兵器的國别和年代及其相關問題》,《考古學報》1974 年 1 期 19 頁)。所以,見於武功新出鼎銘的諍安君,無疑就是《戰國策》曾經提到過的魏信安君,此鼎當爲魏器而非衛器。

《戰國策·魏策二》:“秦召魏相信安君,信安君不欲往。蘇代爲説秦王曰……夫魏王之愛習魏信也,甚矣……”鮑彪注認爲此文的秦王當指武王或昭王,又謂“魏信即信安,省言之”。其實魏信很可能是信安君之名。如果確實如此,信安君便應該是魏國公族,或者就是當時的魏王的近親。

《裘錫圭學術文集》3,頁 23,2012;原載《考古與文物》1982-2

○**黃盛璋**(1989)　1976 年 6 月陝西武功遊鳳公社張窰大隊浮沱村墓葬出土,報導見羅昊《武功縣出平安君鼎》(《考古與文物》1981 年 2 期),"詢"誤認爲"評",從"言"從"平",因而釋爲平安君,與上海博物館藏及泌陽秦墓出土的平安君鼎爲同人所作。又據李學勤同志訂平安君鼎爲衛國器,紀年屬衛嗣君即孝襄侯,細審銘文"詢"實從"身"而不是"平",三晉皆以"身"爲"信",此字,宜詢鼎同,實乃"信"字。信安君見《戰國策・魏策》:"秦召魏相信安君,信安君不欲往,蘇代爲説秦王曰……夫魏王之愛習魏信也甚矣。"信安君當魏王子弟愛幸而爲魏相,此鼎之信安君置有私官,身份正合。

《古文字研究》17,頁 61

○**黃盛璋**(1989)　信安君爲魏國封君,見《戰國策・魏策》。

《文博》1989-2,頁 27

△**按**　信安君鼎目前存三件:其一爲陝西武功所出,其二爲澳門珍秦齋所藏(見《珍秦齋藏金——吳越三晉篇》184—195 頁,澳門基金會 2008 年),其三 2008 年由洛陽理工學院文物館徵集所得(見劉餘力、褚衛紅《戰國信安君鼎考略》,《文物》2009 年 11 期 70—72 頁)。

【信節】

○**李家浩**(1993)　(編按:貴將軍虎節)同行末尾"信節"二字原文寫法比較特別。"信"字所從"言"旁上部寫作"親"字形,"節"字所從"卩"旁寫作"元"字形。《漢書・朝鮮傳》:"天子……乃使衛山因兵威往諭右渠。右渠見使者,頓首謝:願降,恐將詐殺臣;今見信節,請服降。"

《中國歷史博物館館刊》1993-2,頁 51

【伯鉥】

○**羅福頤等**(1981)　信鉥。

《古璽彙編》頁 40

○**湯餘惠**(1993)　伯鉥,即信璽。信有信驗之義。古時璽印用於撳印封泥,封緘貨物或書札以便轉徙。《釋名・釋書契》:"璽,徙也。封物使可轉徙而不可發也。"又云:"印,信也。所以封物爲信驗也。"説的就是這個意思。值得注意的是,晚周古璽凡云"信璽"者,皆爲齊人之物,驗之於形制及字體風格,似無例外。齊國的"信璽"一般都是方形印面,陰刻白文,有邊框而無闌格,文字先右後左直讀,具有比較固定的款式。這可以作爲鑒定古璽國別的一個依據。

《考古與文物》1993-5,頁 80—81

誠 諴

誠 睡虎地·秦律 184　　諴 故宮 477

○**黃德寬等**(2007)　《説文》:"諴,信也。从言,成聲。"

秦簡誠,副詞,相當於確實。《禮記·經解》"衡誠縣,不可欺心輕重",鄭玄注:"誠,猶審也。"

《古文字譜系疏證》頁 2168

諱 諱

諱 侯馬 67:38

○**山西省文物工作委員會**(1976)　諱　內室類參盟人名不諱。

《侯馬盟書》頁 350

誥 諧 㝬

誥 包山 133

㝬 上博一·緇衣 3　　誥 上博一·緇衣 15

○**陳佩芬**(2001)　尹㝬　即《尹誥》。"㝬"即《史䛒簋》銘文"王誥畢公"之"誥",簡文與此相同。

《上海博物館藏戰國楚竹書》(一)頁 177

詔 詔 䛣

詔 集成 11380 五年相邦呂不韋戈　　詔 陶彙 5·392　　詔 陶彙 5·398

䛣 上博五·競建 2

○陳佩芬（2005）　　（編按：上博五·競建2）"響"，"讙"省，《説文·言部》："讙，專教也，从言，巽聲。"段玉裁："專教者，專壹而教之也。"

《上海博物館藏戰國楚竹書》（五）頁169

【詔事】

○李仲操（1979）　戈銘"詔事"二字，前人釋"詔使"是正確的。詔，《説文》謂"告也"。事、使二字古時通用。《廣韻》謂"事，使也"。《吕不韋列傳》有"可事詐腐"語，即以"事"爲"使"的一例。"詔事"用於兵器，又緊接"相邦吕不韋造"一句之後，其意應當是：奉詔使用。或爲宣詔王命而使用的意思。郭沫若同志在《上郡戈》一文中對"五年吕不韋戈"範疇的"詔事"二字有懷疑，認爲"按此二字不倫不類，疑是後人仿刻者也"。現在八年吕不韋戈的發現，證明五年吕不韋戈上"詔事"二鑄字並非後人仿刻。

《文物》1979-12，頁17

○李學勤（1982）　由文例可知詔事爲秦王朝的一個機構，有鑄造兵器的職責，在秦王政五年至八年時，其負責人（可能稱令或嗇夫）名圖，副手名戠。《彙編》此戈字體爲成熟的秦篆，恐不能早到秦昭王時，應鑄於始皇三十三年，即公元前214年。

《新出青銅器研究》頁304，1990；
原載《四川大學學報叢刊10·古文字研究論文集》

○李學勤（1982）　過去我們認爲："詔事爲秦王朝的一個機構，有鑄造兵器的職責，在秦王政五年至八年時，其負責人（可能稱令或嗇夫）名圖，副手名戠。"這是根據幾件戈作的推論。現在有了這件詔事鼎，知道詔事掌管鑄作的不止兵器，其職責要廣泛一些。

（中略）1962年，廣州羅岡出土一件戈，長胡四穿，内部有鋒，上刻：

十四年，屬邦□□戠，丞□，□□。

背面鑄有一字，已腐蝕不能辨識。此戈可能鑄於秦始皇帝十四年（公元前233年），屬邦負責人即五年、八年時任詔事丞者，轉任屬邦的正職。如這一推想不誤，詔事這個機構應和屬邦有一定聯繫。

《文物》1982-9，頁47

○袁仲一（1984）　始皇五年和八年的相邦吕不韋戈，戈内的刻辭中都有"詔吏圖"；戈内的背面有鑄銘"詔吏"，刻銘"屬邦"。關於"詔吏"，有的釋作"詔事"，認爲"詔事"即"詔使"，"其意應當是：奉詔使用。或爲宣詔王命而使用的意思"。有的認爲"詔吏圖""蓋詔地之吏名圖者也"。這兩種説法均不妥切。從秦始皇時代所有中央督造的兵器刻辭的通例看,都是在人名之前冠以署名或職名,如"少府工室鄰、寺工周、寺工獻、寺工邦、屬邦工[室]蔎、寺工師初"等。因此"詔吏圖",圖爲人名,詔吏應爲官署機構名。昭王二十九年的漆巵上的銘文有"吏丞向",向爲人名,吏丞爲職名。據此"詔"下的一字釋作"吏"字較好,釋作"事"字,詞意不好理解。古時上命其下皆曰詔,始皇二十六年定爲皇帝的"命爲制,令爲詔"(《史記·秦始皇本紀》)。"詔吏"和"寺工、寺水、宫更人、宫均人、宫狡士"等的取意十分近似,是中央官府的官職名,亦是官署機構名。其職責是主造兵器。圖的身份爲工師。

　　戈内的背面鑄銘"詔吏",刻銘"屬邦",二者的關係是什麽? 把"屬邦"理解爲兵器的置放處,顯然是不妥的。始皇時代中央督造的兵器多置放於武庫,未見有置放於中央的官署内者。從廣州出土的始皇十四年的"屬邦工(室)戈"來看,説明屬邦下面是轄有工室鑄造兵器的,因而詔吏有可能是直接爲屬邦統轄的官署機構,地位相當於屬邦工(室)。從三年詔吏鼎可知,它除製造兵器外,並兼作其他類銅器。

《考古與文物》1984-5,頁 106—107

○**張占民**(1986)　　呂不韋詔事戟

　　寶雞揀選的呂不韋戟正面刻"八年相邦呂不韋造詔事圖承蔎工奭"。背面鑄"詔事"加刻"屬邦"。

　　"詔事",李仲操先生認爲:"'詔事'二字,前人釋'詔使'是正確的。詔,《説文》謂'告也'。事、使二字古時通用。《廣韻》謂'事,使也'。《呂不韋列傳》有'可事詐腐'語,即以'事'爲使的一例。'詔事'用於兵器,又緊接'相邦呂不韋造'一句之後,其意應當是:奉詔使用。或爲宣詔王命而使用的意思。"筆者認爲"詔事"應爲官署。一,秦律規定:"公甲兵各以其官名刻久之。"目前發現中央政府督造的兵器均爲官名,官署及工匠名。詔事戈亦屬中央政府督造,其題銘不應例外。二,刻銘"詔事"在戈銘中的位置與三年呂不韋戈"寺工"相同,鑄銘"詔事"也與鑄銘"寺工"位置一致。如果"寺工"釋官署,"詔事"也應爲官署。它們除鑄兵器之外還兼鑄其他銅器。"詔事"與"寺工"的區別僅在於所鑄兵器用途不同。"寺工"所鑄兵器一般用於實戰與陵園陪葬,而"詔事"早期所鑄兵器主要供屬邦使用。

《古文字研究》14,頁 64—65

○**王輝**(1990)　　"詔吏"之"吏"諸家或釋事,吏爲袁仲一同志所釋,説見秦王政三年詔吏鼎及八年相邦呂不韋戈考釋。袁仲一同志釋吏的主要根據是昭王二十九年的太后漆匜銘“吏丞向,右工帀象,工大人台”,在漆匜銘中,如釋吏爲事,詞意不好理解。他認爲“吏丞向”,向爲人名,吏丞爲職名。袁仲一同志釋此字爲吏,極是。其實,二十九年漆匜的“吏”可能是詔吏之省,“吏丞向”乃詔吏之丞名向者,否則,丞前加一吏字,也不好理解。睡虎地秦墓竹簡有《置吏律》《爲吏之道》,可見吏在秦大量存在。《説文》:“吏,治人者也,从一从史。”吏實際上就是官,其身份有高有低,漢代秩四百石至二百石者爲長吏,百石以下爲少吏。詔吏是由詔命任用的吏,其身份亦應較高。

《秦銅器銘文編年集釋》頁68

○**陳偉武**(1996)　集成11395.2戈銘:“八年相邦吕不韋造,詔事圖,丞戠,工亹(戈内正面刻)。詔事(背面鑄,横書)。屬邦(背面刻)。”李仲操先生對此戈有詳考,否定郭沫若先生對五年吕不韋戈範疇“詔事”二字之疑,認爲:“戈銘‘詔事’二字,前人釋‘詔使’是正確的……‘詔事’用於兵器,又緊接‘相邦吕不韋造’一句之後,其意應當是:奉詔使用。或爲宣詔王命而使用的意思。”今按,前人釋“詔事”爲“詔使”非是。吕不韋僅僅是名義上的製造者,而“工”才是實際的製造者,“詔事”及其“丞”(猶言“助手”)則是監造者的職官名。《爾雅·釋詁》:“詔,勖也。”郭璞注:“勖,謂贊勉。”《周禮·天官·大宰》説:“以八柄詔王,馭群臣。”鄭玄注:“詔,助也。”因此,所謂“詔事”原來應指“幫助相邦治事”,轉指“幫助相邦治事之人”,成了一種職官名。李先生又稱“戠、亹爲人名。‘圖丞’爲官名。這一官名史籍未見,它刻於戈上,應爲相邦下屬管理製造兵器之官”。其實,“丞”才是官名,“圖”是官爲“詔事”者之名,不能連讀。

《華學》2,頁76

○**黃留珠**(1997)　由寺工一例,還可推及“詔事(吏)、屬邦”等秦器銘。新發現的秦封泥“詔事之印、詔事丞印、屬邦工室、屬邦工丞”,同樣有助於對這些器銘的正確釋讀與理解。需要指出的是,秦篆“事”“吏”形似難分,一些秦文字著作如袁仲一等《秦文字類編》即將此二字作一字處理,故器銘“詔事”亦每每被釋讀作“詔吏”,如被多種金石著作收録之“五年相邦吕不韋詔吏戈”,陝西寶雞揀選之“八年相邦吕不韋詔吏戈”等。據封泥可知,戈銘之“詔吏”實應爲“詔事”。

《西北大學學報》1997-1,頁27

○**王輝、程學華**(1999)　詔事之名文獻失載,然出土器銘多見,如三十三年詔事戈、三年詔事鼎、五年相邦吕不韋戈、八年相邦吕不韋戈皆有之。“事”字袁仲一釋“吏”,拙著《秦銅集釋》從之。袁氏釋“吏”的主要根據是二十九年太后漆盒銘有“吏丞向”,袁氏説“向”爲人名,“吏丞”爲職名,若釋事,“事丞向”則無法解釋。現在我們知道,所謂“吏丞向”之“吏”字實應與上文連讀爲“廿九年大后詹事丞向”,説見本書二十九年漆盒考釋一節,故此字應從衆改釋爲“事”。

《秦文字集證》頁 182—183

△按　黄盛璋(轉引自董珊《戰國題銘與工官制度》220 頁,北京大學 2002 年博士學位論文)又認爲詔事相當於《漢書·百官公卿表》中少府的屬官“若盧”。

　　《里耶秦簡》(壹)8-461 號木方記録了秦“書同文字”政策的一些具體規定,其中有“吏如故,更事”一條。陳侃理(《里耶秦方與“書同文字”》,《文物》2014 年 9 期 76—81 頁)指出“吏如故,更事”是指秦統一六國前用“吏”字兼表“吏”和“事”,而統一後則用“吏”字表示“吏”,“事”字表示“事”。出土秦文獻“詔吏”或又作“詔事”。這個機構在秦銅器銘文中均寫作“詔吏”,共有 8 件,均爲戰國晚期器。其中有 2 件年代略有爭議:一件是英國牛津大學亞士摩蘭博物館藏三十三年詔事戈(《商周青銅器銘文暨圖像集成》16822),“三十三年”有昭襄王三十三年和始皇三十三年兩説;另一件是澳門珍秦齋藏三十年詔事戈(《商周青銅器銘文暨圖像集成》17135),最初發表這件材料的編者(見蕭春源總監《珍秦齋藏金——秦銅器篇》70—77 頁,澳門基金會 2006 年)認爲“三十年”是昭襄王三十年,王輝和王偉(《〈秦出土文獻編年〉續補》[二],《秦文化論叢》13 輯 215 頁,三秦出版社 2006 年)則認爲有昭襄王三十年和始皇三十年兩種可能,又認爲前者可能性較大。這兩件戈銘“詔事”之“事”都寫作“吏”,把“三十三年、三十年”看作是昭襄王紀年是合適的。《秦封泥集》一·五·1·1、一·五·1·2 著録了 2 枚“詔事之印”秦封泥,一·五·2·1—10 著録了 10 枚“詔事丞印”秦封泥,其中“事”字寫法能看清的有 7 例,均寫作“事”。這個機構名舊多讀爲“詔事”,袁仲一(1984)讀爲“詔吏”。儘管學者對這個詞的具體意義以及該機構的具體職能仍有異議,但從出土秦文獻或用“吏”爲“事”而罕用“事”爲“吏”的情況來看,讀爲“詔事”應該是正確的。同時根據同文字方的規定,帶有“詔事”的秦封泥很可能都是秦代封泥。

詁 詁

詁 璽彙 0824　　詁 璽彙 2809　　詁 璽彙 1243

○**羅福頤等**(1981)　詁。

《古璽文編》頁 52

諫 諫 諫

諫 璽彙 0820　　諫 璽彙 0985

○**羅福頤等**(1981)　諫。

《古璽文編》頁 52

謂 謂 証

証 璽彙 0008

○**吳振武**(1983)　0008 上君之証鉨・上君之証鉨。

《古文字學論集》(初編) 頁 487

○**李家浩**(1984)　"鉨"上一字應分析爲從"言"從"疋",楚王酓忎鼎銘文"楚"字所從"疋"旁與此偏旁相近可證。此字當是"謂"字的異體。"胥"從"疋"聲,故"疋""胥"可以通用。《説文》:"疋,足也……或曰胥字。"戰國印文複姓"疋于",漢印作"胥于"。此皆是其證。

根據以上所説,上録楚印可釋寫如下:

上韓(韓)君之証(謂)鉨(璽)。

"上韓君"當是楚國的一個封君。《漢書・地理志》豫章郡有韓縣,其地位於今江西韓水邊上的韓州市西。疑印文"上韓"當讀爲"上韓",亦可能位於韓水邊上。"謂"是小吏之名,古書多以"胥"爲之。《周禮・天官・序官》"胥有十二人",鄭玄注:"胥,讀如謂,謂其有才知(智)爲什長。""上韓君之謂璽",即上韓君的小吏所用的印。不過魏晉印裏常見"某言疏、某白疏"六面印。"疏"從"疋"聲,故"疋""疏"二字可以通用。《説文》:"疋……一曰疋記也。"即以"疋"爲"疏"。印文的"証"也有可能讀爲"疏"。

《著名中年語言學家自選集·李家浩卷》頁 127—128，2002；

原載《江漢考古》1984-2

諫 諫

上博五·鮑叔 9　　　上博四·內豐 7

○**李朝远**（2004）　諫。

《上海博物館藏戰國楚竹書》（四）頁 225

課 課

睡虎地·雜抄 23

○**睡簡整理小組**（1990）　（編按：睡虎地·語書 8"課縣官"）課，考核。

《睡虎地秦墓竹簡》頁 14

【課殿】

○**黄德寬等**（2007）　（編按：睡虎地·雜抄 23）秦簡"課殿"，讀"課殿"，指定期考課政績最差者。《漢書·兒寬傳》："後有軍發，左内史以負租課殿，當免。"

《古文字譜系疏證》頁 3673

詧 䚻 謡

䚻
郭店·性自 24　　　上博五·君子 5　　　郭店·尊德 9

○**荆門市博物館**（1998）　（編按：郭店·尊德 9—10）䚻（由）豊（禮）智（知）樂，䚻（由）樂智（知）悆（哀）。

　　（編按：郭店·性自 24）昏（聞）訶（歌）謡（謡），則舀女（如）也斯奮。

《郭店楚墓竹簡》頁 173、180

○**何琳儀**（1998）　䚻，从言，䐋聲。詧之繁文。《説文》："詧，徒歌。从言、肉。"（肉下脱聲字。）字或作謡。至於《説文》"䚻，隨從也。从系，詧聲"，不但分析形體有誤，而且原篆也應从辵作遙以見"隨從"之意。三體石經《多士》䚻作,是其佐證。謠,典籍多作繇,疊加音符缶。

《戰國古文字典》頁 220

○張光裕(2005) "䛦"(謠),字又見郭店楚簡《性自命出》第二十四簡:"聞歌謠則舀如也,斯奮。"簡云"毋謠",亦"毋歌謠"之謂歟,或以爲"謠"可讀爲"摇",言容色宜注意穩重,然本篇第八簡別有"救"字,讀爲"摇",故本簡仍以"謠"爲訓。

《上海博物館藏戰國楚竹書》(五)頁 257

△按 "备、繇"本爲一字,《説文》析爲二,訓"繇"爲"隨從",非其朔義。曾憲通指出,"繇"字所从之"系"實象鼬鼠之形(詳見卷十二系部"繇"字條),甚是。此字實際上是一個从言系聲的形聲字,省去獸身、獸尾的部分則爲"备"字,故"备"字本非从肉。"肉、备"二字讀音雖不甚遠,然獸首之象形寫法與"肉"相近者並非孤例,如"豸"字獸首部分的寫法即與"肉"相近,故所謂"肉"旁表聲可能只是偶合而已。

訢 訴　訢 謕

集成 9734 舒盗壺　　上博五·競建 7　　璽彙 3867　　陶彙 4·87

璽彙 2117

集成 2811 王子午鼎　　陶彙 3·849　　陶彙 3·850

○顧廷龍(1936) 白䇹散之與此同,吳大澂云祈或从旂从言,又云散般誓字作訢訢。(中略)从心亦䇹字,按言與心偏旁相通叚,如詩或作,謀或作,誖或作,謥或作,皆是也。

《古匋文香録》卷一,頁 1,2004

○羅福頤等(1981) 訢。

《古璽文編》頁 53

○高明、葛英會(1991) 詜。

《古陶文字徵》頁 217

○陳佩芬(2005) 則訴者(諸)䰩(鬼)神曰。

《上海博物館藏戰國楚竹書》(五)頁 173

△按 季旭昇(《上博五芻議》[上],簡帛網 2006 年 2 月 18 日)指出陳佩芬(2005)釋"訴"與字形不合,改釋爲"祈"。

【訢詻戰忞】

○**李學勤、李零**(1979)　（編按：中山王鼎銘文）廿三行"訢詻戰忞"，疑讀爲呢愕單怒。呢愕，驚歎的意思。單，義爲大。忞，正始石經怒字古文。《説文》以忞爲恕字古文，然與上下文義不合。

○**于豪亮**(1979)　"訢詻戰忞"，訢讀爲威（文微對轉），詻讀爲赫（同爲魚部字）。戰讀爲僤；忞即怒字，《三體石經·無逸》怒字亦作忞。《詩·桑柔》："我生不辰，逢天僤怒。"《釋文》："僤，本亦作亶。"《左傳·昭公五年》疏引《爾雅》樊光注亦作"逢天亶怒"；戰、僤、亶並音近相通。毛傳："僤，厚也。"

○**張政烺**(1979)　《説文》："訢，喜也，從言，斤聲。"又："詻，論訟也，從言，各聲。"皆與此處文義不合。按古從斤得聲之字如祈、旂、沂等皆入微韻，故訢可讀爲曁。《禮記·玉藻》"戎容暨暨"，鄭玄注："果毅貌也。"又"言容詻詻"，鄭玄注："教令嚴也。"《周禮·保氏》"乃教之六儀……五曰軍旅之容"，鄭玄謂"軍旅之容，暨暨詻詻"。壺銘訢詻即暨暨詻詻，是軍旅之容。

○**湯餘惠**(1993)　訢詻，讀爲謇諤，忠直敢言的樣子。謇，又作謇。《後漢書·陳忠傳》："忠臣盡謇諤之節。"

○**湯餘惠**(1999)　中山圓壺銘文云："隹（惟）司馬賈訢詻戰（僤）忞（怒），不能寧處，率師征郾（燕），大啓邦㝢（宇）。"

　　"訢詻"二字均見於《説文》三篇上："訢，喜也。從言，斤聲。"又："詻，論訟也。《傳》曰：詻詻孔子容。從言，各聲。"壺銘"訢詻"二字，説者多未釋，或以爲"訢"可讀爲"暨"，"訢詻"即古書之"暨暨詻詻"，指軍旅之容。

　　今按，銘文"訢詻"與"戰忞"的主語都是"司馬賈"；戰忞，即僤怒，意爲大怒，"訢詻"和"僤怒"並提，意思應該一致，恐與軍旅之容無涉。愚意"訢詻"當讀爲"謇愕"。漢鄭固碑"犯顏謇愕"，有正直、直言之意。這個詞在古書中又寫成"謇鄂、謇諤、謇諤"，等等。形式不同，含意則一。《後漢書·陳蕃傳》："謇諤之操，華首彌固。"又，《陳忠傳》："忠臣盡謇諤之節，不畏逆耳之害。"壺銘云"惟司馬賈謇愕僤怒"，大意是説司馬賈聞知鄰國的燕君噲讓位給其相子之，有悖於君臣之道，怒不可遏並給以直言痛斥。

説 諚

諚 睡虎地·日乙 17　　**諚** 十鐘　　**諚** 郭店·成之 29

○**睡簡整理小組**（1990）　（編按：睡虎地·日甲 23 壹"説孟［盟］詐［詛］"）説，解除。

《睡虎地秦墓竹簡》頁 232

○**荆門市博物館**（1998）　（編按：郭店·成之 29）説（悦）。

《郭店楚墓竹簡》頁 168

計 計

計 睡虎地·秦律 78　　**計** 璽彙 0210　　**計** 璽彙 2534

○**羅福頤等**（1981）　計。

《古璽文編》頁 53

○**王輝**（1986）　《古璽彙編》3219 著録一方古璽：

原釋"計□"，第二字不釋，第一字釋"計"，實誤。"計"字古璽作計，習見"計官"，如《古璽彙編》137—140 均爲"計官之璽"。此字當釋爲"信"，古璽每稱"信璽"，"信"字作計、計、信或卟，前二形易與"計"字相混，但"信"每與"璽"連用，或作吉語璽。所以從字形、文例來看，"信"與"計"迥然有別，不難區分。

《説文》："信，誠也，从人从言會意。"《詩·九罭》："於女信處。"鄭玄疏："信，誠也。"《論語·學而》："信近於義。"皇侃疏："信，不欺也。"《古璽彙編》5695 爲"信士"。

（中略）此印之"信君子"謂誠信有才德之人，亦當爲一方吉語璽。

《人文雜志》1986-2，頁 105

○**孫曉春、陳維禮**（1985）　《金布律》："縣、都官坐效、計以負賞（償）者，已論，嗇夫即以直（值）錢分負其官長及冗吏。"

坐效、計以負償者，《竹簡》譯文："在點驗物資或會計中有罪而應賠償者。"

按：計，不是會計，應作計簿解，左昭二十五年傳"（臧會）逸奔郈，郈魴假使賈正焉，計於季氏"，注："送計簿於季氏。"《漢書·武帝紀》"受計於甘泉

官”，師古注：“受郡國所上計簿，若今諸州計帳也。”（中略）

（編按：《效律》）“計校相繆（謬）”，原譯文：“會計經過核對發現差誤。”

按：計，賬目；校，檢校，《漢書·食貨志》“京師之錢纍百鉅萬，貫朽而不可校”，師古注：“校，謂計數也。”計、校相謬，即賬目與錢物不符。

《史學集刊》1985-2，頁 70—72

○**睡簡整理小組**（1990）　（編按：睡虎地·秦律 34“計禾”）計，算賬。

（編按：睡虎地·日甲 162 正陸“申入官，不計去”）計，指上計。不計去，去到上計之時而去職。

《睡虎地秦墓竹簡》頁 28、208

○**湖南省文物考古研究所、湘西土家族苗族自治州文物處**（2003）　計，《漢書·武帝紀》注：計者，上計簿使也，郡國每歲遣詣京師上之。

《中國歷史文物》2003-1，頁 15

【計君子】

○**吳振武**（1983）　3219 計𪖵·計君子。

《古文字學論集》（初編）頁 513

【計官】

○**羅福頤等**（1981）　計官。

《古璽彙編》頁 23、24

○**鄭超**（1986）　計官之璽（《古璽彙編》0137、0138、0139）

計即計書、計簿，是各級官吏政績的記錄。戰國時代隨着集權國家的逐漸形成，產生了上計制度，即各級官吏每年年底向上級報告自己的工作情況。《韓非子·外儲說右下》：“田嬰相齊，人有說王者曰：‘終歲之計，王不以數日之閒聽之，則無以知吏之奸邪得失也。’王曰：‘善。’……田嬰令官具押卷斗石之計，王自聽計，計不勝聽。”可見計務是很繁忙的。因而楚國的計官之璽數量較多。

《文物研究》2，頁 88

○**曹錦炎**（1996）　計官之鉢（圖 140）

“計”本指計書、計簿，《漢書·武帝紀》注：“計者，上計簿使也，郡國每歲遣詣京師上之。”這種上計制度，即各級官吏每年年底均應向上報告自己的政績和稅收及費用，而且必須和每年的賬簿同地繳送。“計官”就是具體職掌此項工作的官吏。

（圖 140）

　　楚璽另有“計官正鉢”(0139)，即計官之長。楚國有以“正”命官長者，如“受正、大正”。某邑之長也稱“正”，副手稱“正差(佐)”，均見包山楚簡。楚璽又有“軍計之鉢”，則是專門負責軍政之計簿事項的機構所用的印。

《古璽通論》頁 96—97

話 語 論

郭店・緇衣 30

上博六・用曰 18

○**荊門市博物館**(1998)　話。

《郭店楚墓竹簡》頁 130

○**趙平安**(2000)　1993 年出土於湖北荊門郭店一號墓的戰國楚簡，爲我們釋讀舌袥提供了非常關鍵的依據。郭店楚墓竹簡《緇衣》：

　　《寺》員：“誓爾出，敬爾恨義。”

“寺”通“詩”，“員”通“云”。“誓爾出，敬爾恨義”出自《詩經・大雅・抑》，今本作“慎爾出話，敬爾威儀”。即話字。話，《説文》小篆作，“從言，昏聲”。

《華學》4，頁 10

○**白於藍**(2001)　郭店簡《緇衣》篇中又有如下一段話：

　　誓(慎)爾出話，敬爾畏(威)義(儀)。(《緇衣》簡三十)

此段文字中“話”字原篆作“”，《説文》：“話，合會善言也。從言，昏聲。”《説文》：“昏，塞口也。從口，氒省聲。”郭店簡中有標準寫法的“氒”字作“”(《緇衣》簡三七)，與此“”右旁上部所從顯然不類，可見郭店簡此“話”字顯然不從氒聲。筆者以爲其右上所從亦當釋爲“乚”，“乀”與“乚”比較，所不同者僅是中閒的飾筆由一小點轉變爲一短横而已。這種現象在古文字中很常見，不煩贅舉。《説文》：“氒，木本。從氏大於末。讀若厥。”前引《説文》已見“亅”“讀若橜”。可見，“乚(或亅)”作爲“話”字之聲符也是完全合適的。

《江漢考古》2001-2，頁 55

○**張光裕**(2007)　論諫。

《上海博物館藏戰國楚竹書》(六)頁 304

△按　《説文》以“論”爲“話”字之籀文。

譅 譥

睡虎地·日甲 82 背

○睡簡整理小組（1990）　（編按：睡虎地·日甲 82 背）壬名曰黑疾齊譅。

　　　　　　　　　　　　　　　　　　　　　　《睡虎地秦墓竹簡》頁 220

謐 謐 泌

上博三·彭祖 1　　上博四·柬大 3　　東大 4

○劉釗（1998）　簡 184 有字作“鉇”，字表隸作“訹”。按字从言从“戌”，“戌”即“必”字，楚格言璽“必正”之“必”作“戌、戌、戌”（《古璽彙編》5222、2221、5223，從裘錫圭先生釋），與簡文“戌”同形。故字應釋爲“泌”。泌即謐字異構。謐字見於《説文》，在簡文中用爲人名。

　　　　　　　　　　　　　　　　　　　《東方文化》1998-1、2，頁 67—68

○濮茅左（2004）　“泌”，《正字通》：“同謐省。”意密、秘，隱秘之處。《説文繫傳》：“謐，靜語也，从言，盗聲。一曰無聲，臣鍇曰：‘謐’猶‘密’也。”又《禮記·少儀》：“不窺密。”《韓非子·説難》：“事以密成。”

　　　　　　　　　　　　　　　　　《上海博物館藏戰國楚竹書》（四）頁 198

△按　趙炳清（《上博簡三〈彭祖〉補釋》，簡帛研究網 2005 年 1 月 26 日）引《正字通》言部“泌，謐也”以及《廣韻》質韻“謐，慎也”，訓上博三·彭祖 1“泌於帝裳”之“泌”爲“慎”。

詡 詡

新蔡零 204　　珍秦 160　　秦陶 338

○賈連敏（2003）　詡。

　　　　　　　　　　　　　　　　　　　　　　《新蔡葛陵楚墓》頁 215

詗 詷

睡虎地・日甲 157 背　龍崗 210

○**劉信芳**(1991)　"詗馬"或應作"駉馬",《詩・駉》"駉駉牡馬",鄭玄箋:"駉駉,良馬。"

《文博》1991-4,頁 67

○**劉樂賢**(1994)　日書甲種"馬禖祝篇"有"主君笥屏詷馬"之句。詷馬,《秦簡》未加注解。饒宗頤先生將詷馬(釋作詗馬)與下文連讀爲"詗馬敺(驅)其央(殃)",認爲此句"猶言偵馬袪除其殃而去其不祥也"。劉信芳云詷馬"或應作'駉馬',《詩・駉》'駉駉牡馬',鄭玄箋:'駉駉,良馬'"。二氏皆釋詷馬爲"詗馬",不對。詷當讀爲侗,《説文解字》:"侗,大貌。"《論衡・氣壽》:"儒者説曰:'太平之時,人民侗長,百歲左右,氣和之所生也。'"侗馬,即高大的馬。

《文物》1994-10,頁 42

○**劉樂賢**(1994)　詷馬,劉信芳云:"或應作'駉馬',《詩・駉》'駉駉牡馬',鄭玄箋:'駉駉,良馬。'"饒宗頤先生則以"詗馬敺(驅)其央(殃)"連讀,認爲此句"猶言偵馬袪除其殃而去其不祥也"。二氏對"詷馬"的解釋皆可商。詷從同得聲,不必讀從同聲之字。此詷字可讀爲侗,《説文》:"侗,大貌。"《論衡・氣壽》:"儒者説曰:'太平之時,人民侗長,百歲左右,氣和之所生也。'"是"侗馬"即高大的馬。

《睡虎地秦簡日書研究》頁 311

○**劉釗**(1996)　屏詷二字有些費解,頗疑屏字應讀爲"㮁",《廣韻》上聲三十八梗韻:"㮁,急兒。"《集韻》上聲三十九耿韻:"㮁,急也。"詷字《玉篇・言部》謂:"詷,徒貢切,譀詷也。譀,且送切,譀詷,言急也。"《廣韻》去聲一送韻:"譀,譀詷,言急也。"又《廣韻》去聲一送韻:"駧,馬急走也。"詷、駧音同義近,應爲同源詞。《韓非子・忠孝》:"今民僙詷智慧。"蔣禮鴻謂:"僙與㦗、㺑通。《説文》:'㦗,急也。''㺑,疾跳也。一曰:急也。'是僙謂動之急也。僙詷猶云輕躁。"(見蔣禮鴻《讀韓非子集解》,載《懷任齋文集》,上海古籍出版社 1985 年)蔣氏又引《後漢書・和熹鄧皇后紀》"假借威權,輕薄譀詷"章懷注"言忽遽也"以證"詷"之"急"義。按"屏(㮁)""詷"二字皆有急義,於簡文中似指馬之暴躁而言。"屏(㮁)詷"應是一同義複合詞,"屏(㮁)詷馬"似指暴躁不馴之馬,所以才需加以拘執訓練,以達到能"律律弗御自行"的要求。

《簡帛研究》2,頁 113

設 𧦝　詨 敤

郭店·六德 36

上博六·用曰 18

○李零(1999)　"設",原从言从攴。

《道家文化研究》17,頁 520

○吕浩(2001)　《廣雅·釋詁》:"設,合也。"(中略)"設外内皆得也",猶言"合内外,皆得也"。

《中國文字研究》2,頁 287

○陳偉(2002)　設,從李零先生説,指施設。

《古文字研究》24,頁 398

○張光裕(2007)　建敤之政　"建敤(設)",《禮記·祭義》:"建設朝事。"《孔子家語·哀公問政》:"建設朝事,燔燎羶、薌,所以報氣也。"《墨子·尚同下》:"故古者建國設都,乃立后王君公,奉以卿士師長,此非欲用説也,唯辯而使助治天助明也。"

《上海博物館藏戰國楚竹書》(六)頁 305

誧 誧

睡虎地·答問 106

○睡簡整理小組(1990)　(編按:睡虎地·答問 106"父死而誧[甫]告之")甫,《周禮·小宗伯》注:"始也。"

《睡虎地秦墓竹簡》頁 118

諰 諰

睡虎地·爲吏 8 肆

○**睡簡整理小組**(1990)　　諟(音崑),《廣韻》:"語失也。"

《睡虎地秦墓竹簡》頁 172

記 記 記

陶彙 3·448

○**高明、葛英會**(1991)　　記。

《古陶文字徵》頁 216

○**何琳儀**(1998)　　記,从言,巳聲。疑記之異文。
　　齊陶記,人名。

《戰國古文字典》頁 63

譽 䜴 譽

睡虎地·答問 51　　上博三·周易 35　　上博三·周易 38　　上博二·從甲 3

郭店·老丙 1

【譽適】
○**睡簡整理小組**(1990)　　(編按:睡虎地·答問 51"譽適[敵]以恐衆心者")譽敵,贊揚
敵人。

《睡虎地秦墓竹簡》頁 105

譤 謝

十鐘　　秦印

○**黃德寬等**(2007)　　《説文》:"謝,辭去也。从言,躲聲。"
　　秦印譤,姓氏。見《元和姓纂》。

《古文字譜系疏證》頁 1534

△**按**　《説文》"謝"字最右爲"矢"旁,秦印皆爲"寸"旁。

諍 諍

善齋 15·48

譽包山 140　　譽包山 161

○劉彬徽、彭浩、胡雅麗、劉祖信（1991）　譆，讀如假。《詩·假樂》"假樂君子"，鄭箋："假，嘉也。"

《包山楚簡》頁 50

○陳偉（1996）　諍（爭）。

《包山楚簡初探》頁 227

○李家浩（2006）　"嘉"所從的"壴"，c（編按：譽）省作"木"字形，d（編按：譽）省作"禾"字形；"嘉"所從"加"，c 因"言"旁占據"口"的位置而省去"口"。

（中略）《包山》考釋把"譆"讀爲"假"，顯然是認爲"無譆"是對被告"言謂：小人各征於小人之地"而言的，是說被告所說的話沒有假。可見《包山》考釋的釋讀於文意十分順適。不過我們認爲"譆"更有可能是"訶"字的異體。（中略）"無訶"就是"無誣"，是說被告所說的話是真實的。

《出土文獻與古文字研究》1，頁 21—22

○黃德寬等（2007）　《說文》："諍，止也。從言，爭聲。"
　　秦印諍，單字。

《古文字譜系疏證》頁 2193

謼 譿

謼睡虎地·日甲 33 背叁　　謼睡虎地·日甲 111 背

○睡簡整理小組（1990）　謼（呼）。

《睡虎地秦墓竹簡》頁 215

諺 諺 彥

諺上博五·君子 1　　諺上博五·君子 3　　彥曾侯乙石磬　　彥曾侯乙石磬

諺郭店·語一 11

○裘錫圭、李家浩（1981）　此字已見犀氏會（《金文編》506 頁），當爲從"言""产"聲之字。"产"即"彥"字聲旁（參看同上"斎"字條），故此字似即"諺"字。

《音樂研究》1981-1，頁 21

○**荊門市博物館**（1998）　（編按：郭店·語一10—11）而句［後］諺生。

《郭店楚墓竹簡》頁 193

○**裘錫圭**（1998）　（編按：郭店·語一10—11"而句［後］諺生"）"生"上一字似應釋爲
"喬（教）"。

《郭店楚墓竹簡》頁 200

○**張光裕**（2005）　詹（顔）。

《上海博物館藏戰國楚竹書》（五）頁 254

詣　詣

包山 156　　 睡虎地·秦律 115　　 睡虎地·日乙 107 壹

○**睡簡整理小組**（1990）　詣，送交。

《睡虎地秦墓竹簡》頁 24

○**何琳儀**（1998）　《説文》："詣，侯至也。从言，旨聲。"
　　包山簡詣，見《小爾雅·廣詁》："詣，進也。"

《戰國古文字典》頁 1289

講　講

吉大 136　　 秦代印風 54

○**何琳儀**（1998）　《説文》："講，和解也。从言，冓聲。"
　　秦璽講，人名。

《戰國古文字典》頁 1465

譊　譊　譊

十鐘

璽彙 0987　　 陶彙 3·805

○**湯餘惠**（1986）　見卷十三土部"堯"字條。

○**高明、葛英會**（1991）　譊　此从音，古文堯省聲。

《古陶文字徵》頁 219

詑 訑

睡虎地·封診 2   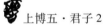睡虎地·封診 4

○**睡簡整理小組**（1990）   （編按：睡虎地·封診 2"雖智其詑，勿庸輒詰"）詑，欺騙，《説文》作訑（音陀），云："沇州謂欺曰訑。"古書以謾訑爲一詞。

《睡虎地秦墓竹簡》頁 148

詐 詶

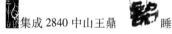睡虎地·日乙 17

○**睡簡整理小組**（1990）   詐（詛）。

《睡虎地秦墓竹簡》頁 231

○**劉樂賢**（1994）   按：詐字整理小組釋爲詐，細審照片當爲"詶"，"詶"讀爲"詛"。此處的説孟詶在《日書》甲種中作兑明組，參看彼處注釋。

《睡虎地秦簡日書研究》頁 316

謏 譻 譻

睡虎地·三德 10（上博五·三德 10）

上博四·曹沫 25   上博五·君子 2

△**按**   "數"字之異體，與《説文》"謏"字形同實異，詳見本卷攴部。

詒 詔

集成 2840 中山王鼎   睡虎地·日甲 166 正貳

○**李學勤、李零**（1979）   （編按：集成 2840 中山王鼎）"謀慮皆從，克有功績旃；詒死罪之有赦，知爲人臣之義旃"。詒，《説文》："遺也。"在此義爲賜給。這兩句都屬於倒裝句，大意説由於𡙕能建立功績，所以他的計謀都得到聽從；由於𡙕知道作臣子的大義，所以賜給他免死的特權。

《考古學報》1979-2，頁 158

○張政烺(1979)　(編按:集成 2840 中山王鼎)朱德熙、裘錫圭同志謂詒,讀爲辟。《説文》:"辟,不受也。辝,籒文辟。"

《古文字研究》1,頁 229

○趙誠(1979)　(編按:集成 2840 中山王鼎)詒即貽,賜予之意。

《古文字研究》1,頁 259

○于豪亮(1979)　(編按:集成 2840 中山王鼎)詒讀爲台,訓爲何。《書·湯誓》"夏罪其如台",《史記·殷本紀》作"有罪其奈何"。是台訓爲何。

《考古學報》1979-2,頁 175

○徐中舒、伍士謙(1979)　(編按:集成 2840 中山王鼎)詒,台同。台何也。《尚書·湯誓》:"夏罪其如台。""如台",《史記》作"奈何"。

《中國史研究》1979-4,頁 91

○睡簡整理小組(1990)　(編按:睡虎地·日甲簡 163 正壹)朝見,不詒(怡)。

《睡虎地秦墓竹簡》頁 207

○湯餘惠(1993)　(編按:集成 2840 中山王鼎)詒,通何,疑問代詞,表反詰語氣。

《戰國銘文選》頁 36

誣 誣

 睡虎地·答問 49

○睡簡整理小組(1990)　誣。

《睡虎地秦墓竹簡》頁 105

謗 謗

 睡虎地·爲吏 8 貳

○睡簡整理小組(1990)　謗,《呂氏春秋·達鬱》注:"怨。"即怨恨。

《睡虎地秦墓竹簡》頁 169

詛 詛　禣 褫

 睡虎地·答問 59

 包山 211　包山 241　望山 1·78　九店 56·34

新蔡甲三 231

○**睡簡整理小組**(1990)　詛,讀爲詐。《急就篇》:“誅罰詐僞劾罪人。”

《睡虎地秦墓竹簡》頁 107

○**鄭珍**(1858)　古文“詛”。

玄應《音義》卷六、十四、十七、二十五並云:“《説文》:‘詛,古文䄊。’同側據反。”知“詛”下原有重文“䄊”。今惟《繫傳·示部》末有“䄊”,訓“祝也。”“祝”即“詶”之假借,義雖同而失其舊。

《鄭珍集·小學》頁 42;原爲《説文逸字》單行本

○**鄭珍**(1889)　　誼

並《尚書》。

○“誼”係“詛”之誤。此“䄊”字也,改从本書“虘”。(中略)《説文繫傳》本示部有“䄊”,訓“祝”,與言部“詛”訓“詶”者是一字。“祝”“詶”古通用。

《鄭珍集·小學》頁 506;原爲《汗簡箋正》單行本

○**黄錫全**(1990)　(誼並尚書)　馮本釋文作祖,與誼乃䄊、詛寫誤。内本詛作䄊,内藤本作福,巖本作樝,均爲䄊字。薛本《無逸》作䃊。此形旁乃虘變,同本書虘。古从且之字或从旻、叟,如組字,虢季氏子組壺作,仰天湖楚簡作。《漢書·五行志》“劉屈釐復坐祝䄊要斬”,師古注:“䄊,古詛字。”漢司空宗俱碑“祖”作䄊。《類篇》䄊,古作䃊。鄭珍云:“《説文繫傳》本示部有䄊,訓祝,與言部詛訓詶者是一字,祝詶古通用。”

《一切經音義》每稱《説文》詛,古文䄊同,知《説文》詛下原當有古文䄊。鄭珍列入《説文逸字》。

《汗簡注釋》頁 67

○**濮茅左**(2007)　“䄊”,古文“詛”,《集韻》:“詛、譴,古作䄊。”祭神以求加禍於人。

《上海博物館藏戰國楚竹書》(六)頁 180

△**按**　又參卷一示部“槑”字下【槑䄊】條。

䜌  嗡

集成 10959 䜌左庫戈　包山 105　璽彙 2535　璽彙 2539　璽彙 5605

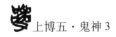
上博五·鬼神 3

○**黄盛璋**(1974)　戈　繇左庫　《三代》19·33·1

繇即晉卿欒書之欒,春秋時爲晉地。《左傳》哀四年"齊國夏伐晉,取欒",杜預注:"欒城在平棘縣西北。"《續漢書·郡國志》劉昭注:欒城"在平棘縣西北四十里"。《元和郡縣志》:"故欒城在平棘縣西北十六里。"春秋時晉邑,里距雖略有參差,或傳寫有誤,但所指之地則一。故城在今欒城東北,戰國時,其地應屬趙。所見尚有一件傳世的十字戟銘拓本,銘文與上戈銘全同,但寫法格式不相同,銘文作印文形式,在兵器中獨具一風格,按燕、齊陶器銘刻多用璽印印成。燕兵器銘刻有作印文形式,齊銅器也有采用這種形式如"右里䣹鋖"(《殷周青銅器通論》圖版壹肆陸,282)但較少見。欒城之北即燕之下曲陽(見楊守敬《戰國疆域圖》),此處爲燕、趙交境之地,戈銘格式受燕兵器的影響是可以理解的。

《考古學報》1974-1,頁 27—28

○**羅福頤等**(1981)　繇。

《古璽文編》頁 53

○**吳振武**(2000)　兩件相邦建信君鈹(編按:元年及四年相邦建信君鈹)"庫"後一字,舊皆不識。此字實際上從"言"從"絲"省,就是"繇"字。相同的例子,在戰國時期的"肇、樂"二字上亦可見到,可知當時確有這樣的簡寫法。"繇"古亦訓治(見《説文》),故"邦右庫繇"即邦右庫治,跟"邦右伐器"的意思一樣。

《文物》2000-1,頁 66

○**吳振武**(2002)　"庫"後一字,兩鈹原作:

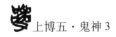 元年　　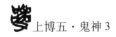四年,僅據摹本,或略有走樣

跟下揭戰國銘刻中的"樂、肇"(肇)二字相比較:

上樂鼎　　中山提練圓壺

可知字原從"言"從"茲",就是"繇"字。舊隸釋爲"䆷"或"令",字形上均難通過。《説文·言部》:"繇,亂也。一曰治也。"鈹銘"繇"字顯然應訓治,"邦右庫繇"即邦右庫治器的意思。傳世趙鈹銘文中屢見"邦左伐器"或"邦右伐器"這樣的話,如下舉十七年相邦春平侯鈹和十八年相邦平國君鈹:

十七年,相邦春平侯,邦左伐器,工帀(師)長雚,冶悬戠齋(劑)。

十八年,相邦平國君,邦右伐器,段(鍛)工帀(師)吳庇(瘠),冶疕戠齋

（劑）。

關於這句話,舊多有誤解。筆者曾在《趙鈹銘文"伐器"解》一文中指出,鈹銘"伐器"之"伐"當訓治,"邦左（或右）伐器"實際上就是邦左（或右）庫治器的意思。今觀兩件相邦建信君鈹稱"邦右庫緣",正可爲我們的説法添一佐證。同時也爲《説文》訓"緣"爲治,找到了一個具體用例。

《揖芬集》頁 306

△**按** 《説文》"緣"字古文作🔲,省去"爪"旁則爲🔲。楚簡"𦥑"字多用爲"亂",詳本卷𦥑部"𠭆"字。

【緣刀】

○**朱德熙、裘錫圭**（1973） （編按:信陽2·27）緣刀的緣字不很清晰,但細辨仍可看出是緣字。糸字寫作三撇,信陽簡屢見。緣當讀爲鑾或鸞。《説文》金部:"鑾,人君乘車四馬鑣（段注:鑣上當有四字）八鑾。鈴象鸞鳥,聲和則敬也。從金鸞省。"古籍鑾鈴字多作鸞,如《小雅·蓼蕭》"和鸞雝雝",《商頌·烈祖》"八鸞鶬鶬",例不勝舉。簡文緣刀即鸞刀。《小雅·信南山》"執其鸞刀",毛傳:"鸞刀,刀有鸞者,言割中節也。"《正義》:"鸞即鈴也,謂刀環有鈴,其聲中節。"《禮記·郊特牲》:"割刀之用,而鸞刀之貴,貴其義也,聲和而後斷也。"又《公羊·宣公十二年》"右執鸞刀",注云:"鸞刀,宗廟割切之刀,環有和,鋒有鸞。"按刀鋒施鈴不可解,當以孔疏爲是。出土的商周時代銅刀屢見柄端有鈴者。《巖窟吉金圖錄》下·63 著錄一此類銅刀,説明爲鸞刀是正確的。

《朱德熙文集》5,頁 63—64,1999;原載《考古學報》1973-1

○**中大楚簡整理小組**（1977） 緣刀即鸞刀。《詩·小雅·信南山》"執其鸞刀",孔穎達疏:"鸞即鈴也,謂刀環有鈴,其聲中節。"

《戰國楚簡研究》2,頁 27

○**劉雨**（1986） 緣（鸞）刀。

《信陽楚墓》頁 130

○**郭若愚**（1994） 一梱刀

梱,《廣雅·釋詁三》:"梱,屠也。"屠爲宰殺。《周禮·地官·廛人》:"凡屠者,歛其皮角筋骨,入於玉府。"此謂一枚屠刀也。

《戰國楚簡文字編》頁 98

○**劉信芳**（1997） 信二·二七:"一緣（鸞）刀。"該墓出土陶刀一件（標本一:六七六）,刀面起棱,刀的後端有四棱柄,柄末作扁球狀,橫鑽三個透孔,排列成三角形。長29.4、刀身厚1.2、刃長24.7 釐米。《詩·小雅·信南山》:"執其鸞刀,以啟其毛。"毛傳:"鸞刀,刀有鸞者,言割中節也。"孔疏云:"鸞即鈴也,謂刀環有鈴。"

《中國文字》新22,頁207

【絲冬鄁官】
○羅福頤等(1981)　絲□鄁官。

《古璽彙編》頁510

○肖毅(2001)　第二字或爲"亞"字。

《江漢考古》2001-2,頁44

○王輝(2002)　二、鄁□鑾官(編按:"鑾"當爲"絲"之誤,下文徑改)

《古璽彙編》5605著錄以下古璽:

黃錫全《輯證》讀爲"絲□鄁官",肖毅《古璽所見楚官府官名考略》疑□爲亞。

今按□字殘缺,無法肯定。但黃、肖二位先生從右上角讀起,"鄁"與"官"相連,則似可商。楚璽名"某官"者甚多,如《璽彙》0135—0136"五(伍)官之璽"、0137—0140"計官之鉨"、0141"𡹙(麓)官之鉨"、0144"高𣱛(肆)官鉨"、0143"新(親)邦官鉨"、3580"女(佫)官","官"前一字多爲該官之職掌,而非地名。疑此璽當從左上角起交叉讀作"鄁□絲官"。楚璽"勿正(征)關"(《璽彙》0295)、"新邦官鉨"皆從左上角讀起。

絲疑讀爲鑾。《説文》:"鑾,人君乘車,四馬鑣,八鑾鈴,和則敬也。"金文習見王賞賜臣下絲之事,見於衞簋、七年趞曹鼎等。從金文看,並非一定是人君乘車,貴族亦得有之。鑾即有鑾鈴之車,石鼓文有《鑾車》。"鑾官"職掌鑾車之製作,大約與《周禮·考工記》之輿人或車人相當。

《陝西歷史博物館館刊》9,頁34—35

【絲偖】
○丁佛言(1924)　絲儆。

《説文古籀補補》卷8,頁1

○吳振武(1983)　3552□稷·□□稷。

《古文字學論集》(初編)頁517

○施謝捷(1998)　3552絲恒(敬)稷·絲偖(樂書)稷。

《容庚先生百年誕辰紀念文集》頁650

誤

十鐘　　誤 睡虎地·答問 209　　誤 睡虎地·效律 60

○睡簡整理小組（1990）　大誤,重大錯誤。

《睡虎地秦墓竹簡》頁 76

誰 誰

誰 陶彙 3·116

○高明、葛英會（1991）　誰。

《古陶文字徵》頁 217

詯 詯

詯 上博五·三德 7　　詯 璽彙 2801

○羅福頤等（1981）　詯。

《古璽文編》頁 53

○李零（2005）　“詯”,《説文·言部》訓爲“膽气滿,聲在人上”,這裏應讀爲“計”。

《上海博物館藏戰國楚竹書》(五)頁 293

訛 訛

訛 上博五·季庚 20　　訛 睡虎地·秦律 126

○睡簡整理小組（1990）　（編按:睡虎地·秦律 126“牛訛［胔］”）胔（音自）,《漢書·婁敬傳》注:“讀曰瘠,瘠瘦也。”

《睡虎地秦墓竹簡》頁 49

○湖南省文物考古研究所、湘西土家族苗族自治州文物處（2003）　［9］1 正:

卅三年四月辛丑朔丙午,司空騰(1)敢言之:陽陵宜居(2)士五(伍)毋死(3)有貲(4)餘錢八千六十四。毋死戍洞庭郡(5),不智(知)何縣署。今爲錢校券(6)一,上謁言洞庭尉,令毋死署所縣責以受(7)陽陵司空,[司空]不名計(8),問何縣官(9),計年爲報,已誧(10)其家,[家]貧弗能入,乃移戍所。報署主責發(11)。敢言之。

(中略)(10)誧,責,勒令賠償。

《中國歷史文物》2003-1,頁 14—15

○**黄德寬等**(2007) 《説文》:"誧,不思稱意也。从言,此聲。《詩》曰:翁₌訛₌。"

秦簡訛,讀㾕。《集韻》:"腈,瘦也。或作㾕。"

《古文字譜系疏證》頁 2069

訐 訐

上博五·鬼神 7

○**曹錦炎**(2005) 訐尋,地名。

《上海博物館藏戰國楚竹書》(五)頁 326

講 講

秦代印風 135

訇 訇

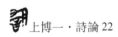
上博一·詩論 22

○**馬承源**(2001) 訇(洵)

(中略)訇有情,而亡望 今本《詩·國風·陳風·宛丘》句云:"洵有情兮,而無望兮。"

《上海博物館藏戰國楚竹書》(一)頁 151—152

△按 《説文》謂"訇"字"从言,匀省聲",楚簡"訇"字从匀不省。

譏 譏 譏

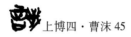上博四・曹沫 45

○李零（2004）　譏从戗（楚“歲”字）聲，疑讀爲“淺”（“淺”是清母元部字，“歲”是心母月部字，讀音相近）。

《上海博物館藏戰國楚竹書》（四）頁 273

訧

包山 179

○劉彬徽、彭浩、胡雅麗、劉祖信（1991）　説，簡文作𧪰，所从之彡與《沇兒鐘》之沇字相同。

《包山楚簡》頁 52

△按　李守奎、賈連翔、馬楠《包山楚簡文字全編》（97 頁，上海古籍出版社 2012 年）釋此字爲“訧”，可從。

讙 讙

🅰包山 189　　　🅱秦代印風 118

○劉彬徽、彭浩、胡雅麗、劉祖信（1991）　讙。

《包山楚簡》頁 31

譌 譌

🅰上博五・姑成 6　　🅱4 郭店・忠信 1　　🅲郭店・忠信 4

○周鳳五（1998）　不譌不達：譌，欺騙。《説文》：“譌，譌言也。”段注以爲當作“僞言”。字或作訛，《詩・小雅・沔水》“民之訛言”，鄭箋：“訛，僞也。”《管子・君臣下》：“訛言於外者，脅其君者也。”安井衡《纂詁》云：“以無爲有，其積必至脅其君。”訛言以無爲有，則其意猶“謡言”。《玉篇》：“妖言曰譌。”譌言、謡言、妖言，均指不實之言。

《中國文字》新 24，頁 122

○**劉釗**（2000） 《忠信之道》説：

不謵不窑，忠之至也。

又：

忠人亡（無）謵，信人不背。君子如此，故不皇（謹）生，不背死也。

又：

至忠亡（無）謵，至信不背，夫此之謂此［也］。

上引簡文中三見"謵"字。對此字《郭店楚墓竹簡》一書未做解釋，以往的研究文章亦未見涉及，大概都以爲此即《説文》訓爲"謵言者也"的"謵"字。其實此字與"謵"字只是形同，卻並非一字。此字應是"詭"字的異體，應釋爲"詭"。《集韻·上聲·紙韻》："詭、魄、謵，古委切。《説文》：'責也。'一曰詐也。或从鬼、从爲。"古音"爲"在匣紐歌部，从"爲"得聲的"謵、僞"在疑紐歌部。"危"在疑紐微部，从"危"得聲的"詭、蛫"在見紐支部。支、歌二部例可旁轉。可見"爲、危"二字聲韻皆可相通。《莊子·漁父》："以危其真。"《釋文》："危或作僞。"《莊子·齊物論》："道惡乎隱而有真僞。"《釋文》："真僞一本作真詭。"這是典籍中"爲""危"二聲相通之證。所以从"危"得聲的"詭"可以有从"爲"得聲的"謵"這一異體。

詭字典籍又通作"佹"或"恑"，三者都可訓爲"乖違"。

簡文説："忠人毋謵，信人不背。"典籍"背""倍"相通，都訓爲"違背"。"謵""背"對文，"謵"亦應有"違背"之意。這與典籍訓"詭"字爲"反、乖違"正合。銀雀山漢墓竹簡《孫子兵法·計》説：

道者，令民與上同意者也，故可與之死，可與之生，民弗詭（《通典》引作"佹"）也。

又《馬王堆帛書·要》：

察其要者，不迤（詭）其德。

"民弗詭"之"弗詭"和"不詭其德"之"不詭"，與上引簡文中的"不謵（詭）""亡（無）謵（詭）"相同，都是"不違背"的意思。

簡文"不皇（謹）生、不背死"的"皇生背死"，典籍作"倍死忘生"。《禮記·經解》："喪祭之禮廢，則臣子恩薄，而倍死忘生者衆矣。""倍死忘生"猶今言"貪生怕死"，"不皇生、不背死"猶今言"捨生忘死"。值得注意的是楚簡《忠信之道》的"不皇（謹）生、不背死"同漢簡《孫子兵法·計》的"可與之死，可與之生"説的是一回事。這也可證明釋"謵"爲"詭"是正確的。

不違背上意，敢於捨生忘死，是"忠"的最好體現。這也正是《忠信之道》

簡文中屢次提到“不譌（詭）、亡（無）譌（詭）”和“不皇（誑）生、不背死”的
原因。

《郭店楚簡國際學術研討會論文集》頁 78—79

誂 訬　訬

璽彙 0515

○**羅福頤等**（1981）　訬。

《古璽文編》頁 53

○**何琳儀**（1998）　《説文》：“訬，訬擾也。一曰，訬獪。从言，少聲。讀若鬼。”
晉璽訬，人名。

《戰國古文字典》頁 324

諆 諆　訕

集成 261 王孫遺者鐘

天星觀　上博五·三德 2　上博五·三德 2　上博二·民之 8

○**濮茅左**（2002）　（編按：上博二·民之 8）晉（基）。

《上海博物館藏戰國楚竹書》（二）頁 166

○**李零**（2005）　（編按：上博五·三德 2）“訕”，《説文·言部》有“諆”字，訓爲“欺
也”，這裏似用爲“忌”字。

《上海博物館藏戰國楚竹書》（五）頁 289

詐 詐　祚

睡虎地·語書 2　睡虎地·爲吏 34 肆

集成 2840 中山王鼎　集成 9928 曾侯乙勺　集成 9929 曾侯乙勺

新收 1224 曾侯乙尊　集成 10000 曾侯乙冰缶

○**孫稚雛**（1979）　另一種習慣是增加言旁。（中略）

又如鼎銘(編按:集成 2840 中山王鼎)"作鼎"的作,寫作"詐",這在銅器銘文中是没有先例的。

《古文字研究》1,頁 284

〇于豪亮(1979)   (編按:集成 2840 中山王鼎)《禮記・月令》"毋或作爲淫巧",注:"今《月令》'作爲'爲'詐僞'。"是詐可讀爲作。

《考古學報》1979-2,頁 171

〇徐中舒、伍士謙(1979)   (編按:集成 2840 中山王鼎)詐,同作。安徽壽縣出土蔡侯盤:"用詐大孟姬彝。"詐即作,與此同。

《中國史研究》1979-4,頁 89

〇張克忠(1979)   "詐鼎於銘",作銘於鼎的倒語。作字从言,意爲以鼎載言。

《故宫博物院院刊》1979-1,頁 40

〇商承祚(1982)   詐用爲作,蔡侯盤"用詐大孟姬□彝□"同。詐,自古及今,都是個不好之詞,因此認爲假詐爲作,是牽强的,我謂詐是個誤刻字。《禮記・月令・季夏之月》"毋敢詐僞",詐爲作傳抄之誤。古人同樣會寫錯別字,同音筆誤,是可能的。錯就是錯,不應以通假説之,作、詐通假,於古無徵。

《古文字研究》7,頁 44

〇陳邦懷(1983)   邾王鍴借酢爲作,此借詐爲作,皆取乍音也。

《天津社會科學》1983-1,頁 66

〇睡簡整理小組(1990)   (編按:睡虎地・語書 2)詐。

(編按:睡虎地・爲吏 34 肆)詐,疑讀爲作。

(編按:睡虎地・日乙 17)利以説盟(盟)詛(詛)。

《睡虎地秦墓竹簡》頁 13、173、231

△按   戰國文字或借"詐"爲"作",張克忠以爲中山王鼎銘用"詐"字表示"作""意爲以鼎載言";商承祚以爲訛字,均未安。曾侯乙墓所出青銅器銘文皆借"詐"爲"作",可以爲證,他如蔡侯盤銘亦可爲證,知用"詐"字表示"作"當爲一時之用字風氣。曾侯乙尊、曾侯乙方鑑缶兩例所从之"乍"訛省作"亡"。

詐 訏 訐

訏 睡虎地・語書 12

訏 郭店·尊德 15

○**何琳儀**（1998）　《説文》：“訏，詭譌也。从言，于聲。一曰，訏謇。齊、楚謂信曰訏。”

　　杕氏壺訏，與誇音義均通。《玉篇》引《説文》“齊、楚謂大言曰訏”。

《戰國古文字典》頁 458

○**顔世鉉**（1999）　（編按：郭店·尊德 15）誇誕。“訏以寡信”猶傳世文獻中的“誕而寡信”或“迁而不信”。

《經學研究論叢》6，頁 180

○**劉信芳**（2000）　話以寡信

　　《尊德義》15：“喬（教）以言，則民話以寡信。”《郭店》釋“話”爲“訏”。按讀爲“許”。馬王堆漢墓帛書《五行》第 257 行、第 108 行“許旤”即“吁嗟”。《説文》：“許，聽言也。”“許以寡信”猶輕諾而寡信。

《江漢考古》2000-1，頁 45

【訏詢】

○**睡簡整理小組**（1990）　（編按：睡虎地·語書 12“訏詢疾言以視［示］治”）訏，《説文》：“詭譌也。”詢，讀爲諼，《説文》：“詐也。”訏詢，詭詐。

《睡虎地秦墓竹簡》頁 16

○**劉桓**（1998）　詢，指詢問。《詩·大雅·板》：“詢于芻蕘。”鄭箋訓“詢”爲“謀”，意爲商量。《玉篇》訓詢爲“咨也”。可知詢有詢問意。訏意爲大，《詩·大雅·抑》“訏謨定命”，毛傳：“訏，大。”“訏謨”即“大謀”。“訏詢”當指大聲詢問。疾言，後有“疾言遽色”（《後漢書·劉寬傳》）之成語，疾言即言語急之意。“訏詢疾言”，似是説大聲詢問言語，言語急迫。

《簡帛研究》3，頁 165

讋 **讋**

集粹　　集粹

○**黃德寬等**（2007）　《説文》：“讋，失气言。一曰，不止也。从言，省聲。（後略）”

　　秦兵讋，人名。

《古文字譜系疏證》頁 3850

△**按**　此字僅見於秦文字,或用作人名,或見於單字印。

詢　詾　説

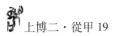上博二·從甲 19

○**張光裕**(2002)　説(?)。

《上海博物館藏戰國楚竹書》(二)頁 231

訟　訟

○**何琳儀**(1998)　包山簡訟,訴訟。

《戰國古文字典》頁 409

○**李零**(2004)　獄訟。

《上海博物館藏戰國楚竹書》(四)頁 265

【訟成氏】

○**李零**(2002)　訟成氏　即“容成氏”。

《上海博物館藏戰國楚竹書》(二)頁 293

【訟獄】

○**李零**(2002)　訟獄　二字皆爭訟之義。

《上海博物館藏戰國楚竹書》(二)頁 273

訶　訶　謌

上博五·弟子 20

郭店·窮達 5

璽彙 2741

○**羅福頤等**(1981)　與歌爲一字,與蔡侯鐘訶字同。

璽文从音从可,與余義鐘歌字同。

《古璽文編》頁 54、222

○**荆門市博物館**(1998)　(編按:郭店·窮達 5)行年七十而腊(屠)牛於朝訶(歌)。

《郭店楚墓竹簡》頁 145

△按　《説文》欠部:"歌,詠也。从欠,哥聲。訶,謌或从言。"戰國文字"歌"字或寫作"訶",與《説文》言部訓"大言而怒"的"訶"形同實異。又見卷八欠部。

訐 訐 訐

訐 上博三·周易 35　　訐 上博三·周易 35　　訐 上博四·采風 1　　訐 璽彙 3541

訐 璽彙 2532

○**羅福頤等**(1981)　訐。

《古璽文編》頁 54

○**濮茅左**(2003)　"訐",卦名,《周易》第三十九卦,艮下坎上。

《上海博物館藏戰國楚竹書》(三)頁 183

○**陳佩芬**(2005)　(編按:上博五·競建 7"近者不訐,遠者不方")從臣不訐(諫),遠者不方。

《上海博物館藏戰國楚竹書》(五)頁 173

○**曹錦炎**(2005)　(編按:上博五·鬼神 2"焚聖人,殺訐者")"訐",《説文》:"面相斥罪也。"《玉篇》:"攻人之陰私也。"《墨子·脩身》:"雖有詆訐之民。"

《上海博物館藏戰國楚竹書》(五)頁 314

譴 譴 譜

譴 睡虎地·日乙 168

○**睡簡整理小組**(1990)　(編按:睡虎地·日乙 168)高王父譴姓(眚)。

《睡虎地秦墓竹簡》頁 245

○**張守中**(1994)　从言从遣省。

《睡虎地秦簡文字編》頁 34

端 歂 耑

耑璽彙 3276

○羅福頤等(1981)　　耑。

《古璽文編》頁 54

讓 躟 譲 䛑 䕮

䛑睡虎地·爲吏 11 貳　　䕮陶彙 9·83

䛑上博二·子羔 6

䛑璽彙 0514　　䛑璽彙 3151

䛑璽彙 2781

○羅福頤等(1981)　　䛑。
　　○羅福頤等(1981)　　讓。

《古璽文編》頁 57、56

○吳振武(1983)　　0514 王䛑·王譲(讓)。
　　0986 肖䛑·肖(趙)譲(讓)。
　　(編按:"譲"爲"譲"之誤)2781 㫃讓·㫃(尹)讓(讓)。

《古文字學論集》(初編)頁 493、495、509

○曹錦炎(1985)　　見卷八衣部"襄"字條。

△按　戰國文字"讓"字或从音作"䛑、䕮"等形,本卷音部重見。

譙 譊 譙 䜌

䜌璽彙 1668

䜌集成 11317 三年修余令韓譙戈

䜌璽彙 1419　　䜌璽彙 1800　　䜌璽彙 2250

○李家浩(1980)　　見卷六"鄦"字條。

○**羅福頤等**（1981）　誂。

《古璽文編》頁 55

○**吳振武**（1982）　《説文》："譙，嬈譊也，从言，焦聲，讀若嚼。𧭈，古文譙从肖。"按譙字《説文》古文作𧭈，从言肖聲，肖本又从小聲。古璽文譙字作𧭈，是在𧭈上又加注音符"小"。古璽文又有𩵋字，作𩵋，和𧭈字相類，是在𩵋上又加注音符"小"，𩵋字見於《廣韻》。𧭈、𩵋二字《古璽文字徵》分別釋爲誂和𩵋，誤。

《吉林大學研究生論文集刊》1982-1，頁 60

○**吳振武**（1983）　1668 易誂・易譙。

《古文字學論集》（初編）頁 500

○**陳爾俊**（1986）　此字見璽 1419、2250，《彙編》隸定作誂。按：當隸定作譙，釋爲譙。左旁从音與从言同，説已見前。右旁作𩵋，上从小，中从佳（編按："佳"當爲"隹"之誤，下文逕改）：璽文歡字（璽 2467）、𩵋字（古雍字，璽 1517）所从之隹均作𩵋，下从火，是焦字的別構，焦上加小爲標音。璽文魚字作𩵋，與𩵋是有嚴格區別的。故此字當釋譙，不當釋誂。璽文"宋譙""蘲譙"，均是人名。

《文物研究》2，頁 100

誶 誶

睡虎地・秦律 115　　　　　睡虎地・效律 8

○**睡簡整理小組**（1990）　（編按：睡虎地・秦律 14"誶田嗇夫"）誶（音碎），申斥。

《睡虎地秦墓竹簡》頁 23

詰 詰

　　　　上博五・鮑叔 5　　　　　上博五・鬼神 3　　　　　睡虎地・日甲 24 背壹

○**睡簡整理小組**（1990）　（編按：睡虎地・封診 2"雖智其訑，勿庸輒詰"）詰，《周禮・大司馬》注："猶窮治也。"

《睡虎地秦墓竹簡》頁 148

○**劉彬徽、彭浩、胡雅麗、劉祖信**（1991）　詰，《周禮・秋官・大司寇》"大司寇詰四方"，注："謹也。"詰告，謹告。

《包山楚簡》頁 49

○**劉信芳**（2003）　　責問,此用作名詞,指追究凶犯罪責之辭,猶後世狀子。《左傳》昭公十四年:"赦罪戾,詰姦慝。"睡虎地秦簡《封診式》（簡 2）:"凡訊獄,必先盡聽其言而書之,各展其辭,勿庸輒詰,其辭已盡而毋解,乃以詰者詰之。"

《包山楚簡解詁》頁 130

○**陳佩芬**（2005）　（編按:上博五·鮑叔 5）"詰",責問。

《上海博物館藏戰國楚竹書》（五）頁 187

【詰咎】

○**睡簡整理小組**（1990）　　詰,《周禮·太宰》注:"猶禁也。"詰咎,禁災。

《睡虎地秦墓竹簡》頁 216

○**劉釗**（2004）　　我們推測"詰咎"最初就可能寫成"詰皋",秦簡用"咎"字乃音近借用。

"詰皋"之"詰"乃"問、追問"之意。"詰"字从"言",其最初的本義就應該是"問"。《說文·言部》:"詰,問也。""詰"字由"問"意引申爲"責問、質問",又引申爲"追究、查辦、禁止"等義。

"皋"字在這裏可以用爲"澤"。古文字構形研究的結果表明,古"睪"字與"皋"字本爲一字之分化,這一認識現在已被學術界普遍接受。"澤"从"睪"聲,而"睪""皋"古本一字,所以"澤"當然可以借"皋"字爲之。

"澤"在此可能是指著名的驅鬼之神"白澤"。

《說文》:"臭,大白澤也,从大从白,古文以爲澤字。"段玉裁《說文解字注》以爲"澤"字不當有。王筠《說文句讀》則以爲當斷句爲"大白,澤"。我們認爲此"臭"字應該就是"皋"字或"睪"字的訛體或變體,借爲"澤",所以《說文》"古文以爲澤字"。

對於《說文》對"臭"字的訓釋我們認爲有兩種可能,一是可能"大白澤"的"大"字乃因字形結構中有"大"字或受下文訓釋中的"大"字影響而誤衍,一是可能應斷句爲"大,白澤也",即"臭"字有兩個義項:一爲"大",一爲"白澤"。在《說文》的訓釋中,這種有兩個義項的訓釋很常見。

不論如何,"臭"字有"白澤"這一義項我們認爲應該無誤。如果此推測成立,則表明"臭"（"皋"或"睪"的訛體或變體）可代表"白澤"一詞,也就是説"白澤"又可以稱爲"澤"。"白澤"古又稱"白澤神獸",而《宋書·符瑞志下》稱爲"澤獸",可見"白澤"確實可以稱爲"澤"。

總括以上論證,秦簡的"詰咎"應讀爲"詰皋","詰皋"之"詰"爲"問、追問”之意,“咎”讀爲“澤”,指傳説中的白澤神獸,如此説來,“詰皋”就是“追問白澤神獸”的意思。

證證 諿譬

包山 138　包山 138 反　包山 139 反　郭店·性自 22　上博二·容成 41

包山 137

○劉彬徽、彭浩、胡雅麗、劉祖信(1991)　諿。

《包山楚簡》頁 27

○李零(1998)　盟證,起誓作證。證,釋文缺釋,且斷在下句。

《王玉哲先生八十壽辰紀念文集》頁 101

○何琳儀(1998)　諸,從言,崟聲。疑崟之繁文。

包山簡諸,讀徵。《禮記·中庸》“雖善無徵”,注:“徵或爲證。”《書·洪範》“念用庶徵”,注:“徵,驗也。”

《戰國古文字典》頁 141

○荊門市博物館(1998)　諲(證)。

《郭店楚墓竹簡》頁 180

○裘錫圭(1998)　“諲”或可讀爲“徵”。

《郭店楚墓竹簡》頁 182

○李守奎(2003)　(編按:譬)疑與諿爲一字異體。

《楚文字編》頁 151

△按　周鳳五、林素清(《包山二號楚墓出土文書簡研究》,臺灣“科學委員會專題研究計劃成果報告”,1995 年)釋“諿”字爲“證”。包山 137 有“譬”字,乃“諿”字之繁構,陳偉主編《楚地出土戰國簡册》(十四種)(66 頁,經濟科學出版社 2009 年)謂此字在紅外影像中較爲清楚。

詘 詘

郭店·老乙 14　郭店·性自 46　集成 10384 高奴禾石權

○陝西省博物館(1964)　(編按:郭店·老乙 14)“丞詘”,“丞”是官名,“詘”爲人

名。爲督造人。

○**郭店簡整理小組**(1998)　(編按:郭店・老乙14)詘。

譀 讀

睡虎地・封診36

○**睡簡整理小組**(1990)　譀(音絢),《廣雅・釋詁三》:"求也。"譀首,徵求辨認首級。

詆 詆 詆

集成9735中山王方壺

○**朱德熙、裘錫圭**(1979)　詆,斥責。一説"詆"當讀爲"底",《國語・周語下》"底紂之多罪",韋昭注:"底,致也。""詆"似當讀爲"過"。

○**李學勤、李零**(1979)　詆,即詆,是訶責的意思,《説文》:"詆,苛也,一曰訶也。""訶,大言而怒也。"《玉篇》:"訶,責也。"

○**于豪亮**(1979)　"詆郾(燕)之詐(作)",詆讀爲眡(都从氏得聲),眡即視字,假作示。這句的意思是,告以燕國之所作所爲。

○**孫稚雛**(1979)　壺銘(五行)"詆燕之詆"的詆,即經典中習見的底字。《孟子・離婁上》:"舜盡事親之道而瞽瞍厎豫。"《爾雅・釋言》:"厎,致也。"銘文底字增加了言旁。

○**張政烺**(1979)　《説文》:"詆,訶也,从言,氏聲。"此从厎聲。詛楚文"告于丕顯大神巫咸,厎楚王熊相之多罪",逕以厎爲之。《國語・周語下》"昭顯文德,底紂之多罪",韋昭注:"底,致也。"義似迂曲,不如讀爲詆。

○**商承祚**(1982) 詆,又作詆。詆,訶責也。"詆郾之訛"者,訶責揭露燕之訛詐行爲也。

《古文字研究》7,頁63

誰 誰 誰

睡虎地·編年53壹

○**睡簡整理小組**(1990) 誰,推擇,《釋名·釋言語》:"誰,推也。有推擇,言不能一也。"《史記·秦始皇本紀》:"軍歸斗食以下,什推二人從軍。"與此相似。

《睡虎地秦墓竹簡》頁9

診 詥

○**睡簡整理小組**(1990) (編按:睡虎地·秦律16"縣亞診而入之") 診,《漢書·董賢傳》注:"驗也。"即檢驗。

《睡虎地秦墓竹簡》頁24

訧 訧 憝

○**吳良寶**(1999) 東周時期从"尤"之字習見,可參下列各从"尤"之字:

b1 "訧" b2 "蚘" b3 "訧"

b4 "忧" b5 "就" b6 "就"

b1 見於《邾訧鼎》(《殷周金文集成》四·二四二六),原誤釋爲"討",孫詒讓改釋爲"訧"(見《古籀餘論》卷二);b2 見於《魚顥匕》(同上,三·九八〇);b3 爲戰國燕陶文(見《古陶文彙編》四·一三一,高明編著,中華書局1990年版,以下簡稱《陶彙》);b4 見於《信陽楚墓》簡一一三九(河南省文物研究所編,文物

出版社 1986 年版）；b5 爲戰國秦陶文（見於《陶彙》五·二二，略殘）；b6 爲《説文》籀文"就"字。西周金文"就"字从乇从豪，《説文》籀文實際也是从豪，贅加了"尤"聲，只不過傳抄中將"豪"訛成了二"京"，秦陶文已與《説文》小篆同。

　　以之與《璽彙》二一五四相比，可知釋"宄"是可信的。字在璽文中用爲人名。

　　新近公布的《鑄司寇鼎》銘文中有一字作 形，原文未釋。今按也是"尤"字，在鼎銘中用作司寇之私名。石鼓文《作原》有字作 形，《秦公簋》有字作 ，歷來各家釋讀頗爲分歧。羅福頤《三代吉金文存釋文》（香港問學社 1983 年 3 月版）首先將《秦公簋》此字隸作"越"，指出其右旁所从爲"尤"，其説可從。至於"辵"究竟是如何釋讀，只好留待將來。估計"越"是在"追"的基礎上附加了"尤"聲符，是一個形聲字。

　　《陶彙》三·二七二—三·二七三有一字作下揭 C1 形，該書《古陶文拓本目錄索引》部分釋爲"譿"字（第 18 頁），不可信。《古陶文字徵》（高明、葛英會編，中華書局 1991 年版，以下簡稱《陶徵》）作爲不識字置於附錄（見該書 316 頁），但將字形誤摹作 C2 形，應予注意。今按，該字從結構上可分析爲从心从言从尤，可隸定爲"憖"。在戰國文字中每見贅加"邑、心、土"等偏旁的情况（例不贅引），疑上引齊陶文"憖"就是"訧"字異構，在陶文中也用爲人名。

　C1　　　　 C2

《中國古文字研究》1，頁 152

誅䤛　誟敨戜殺栽

上博四·曹沫 27

上博六·競公 2 正

包山 61　　　郭店·語四 8　　　玉印 19　　　上博五·弟子 19

集成 11040 叔孫戈

集成 9735 中山王方壺

○張政烺（1979）　栽，从戈，朱聲，誅之異體。

《古文字研究》1，頁 218

○趙誠(1979)　　戜,从戈,朱聲,乃誅殺之本字。

《古文字研究》1,頁 252

○王輝(1993)　　戜从戈,豆聲,讀爲爭鬭之鬭。

《古文字通假釋例》頁 156

○何琳儀(1998)　　戜,从戈,豆聲。

包山簡戜,讀鬭。

《戰國古文字典》頁 372

戜,从戈,朱聲。《集韻》:“戜,《博雅》殺也。一曰,戈名。”

中山王方壺戜,誅殺。《汗簡》誅作戜。

《戰國古文字典》頁 400

○裘錫圭(1998)　　(編按:郭店·語四 8)“戜”字从“戈”“豆”聲,“豆”“朱”古音相近,此字應即“誅”字別體。《五行》篇“誅”字亦从“戈”从“豆”(見第三五、三九號簡)。

《郭店楚墓竹簡》頁 218

○許學仁(2002)　　(編按:郭店·語四 8)《釋文》將“𢧵”隸定爲“戜”,謂字从“戈”“豆”聲,“豆”屬定紐侯部,“朱”屬端紐侯部,古音相近,此字應即“誅”字別體。考戰國列國所用古文“廚”字,各具特色。而楚器作“脰”,屬定紐侯部,壽縣出土諸器,銘文屢見“集脰”一名,見諸楚器《鑄客鼎》《太子鼎》《集脰太子鎬》《太后鼎》《太府鎬》,又天星觀楚簡贈賵助喪官員有“集脰尹”。朱德熙、裘錫圭釋“脰”爲“廚”,學者並指出“集脰”爲楚機構名,掌管楚王、王后及太子飲食膳羞,其長爲“集脰尹”。

　　古音“豆、朱、尌、廚”均在侯部。《中山王𰯀方壺》“氏(是)(以)身蒙𦓝(皋)胄,邑(以)戜(誅)不忠(順)”。誅殺字之“誅”,中山器从“戈”“朱”聲作“戜”,郭店楚簡从“戈”“豆”聲作“戜”。《集韻》平聲十虞:“‘戜’,《博雅》‘殺也’。一曰戈名。”《汗簡》卷五戈部引《義雲章》“誅”作“𣪠”。

　　楚文字中,“戜”字或讀爲“鬭”,古音在端紐侯部,荊門《包山楚簡》受期簡:“十月辛未之日,不行代易廄尹郙之人戜(鬭)於長𡽪(沙)公之軍,阩門又敗。”(第 61 簡)“戜”字王輝、何琳儀讀“戜”爲爭鬭之鬭。爭鬭義之“戜”字,《包山楚簡》又寫作“恆”,如:“九月戊戌之日,不謙(驗)公孫虢之恆之死,阩門又敗”(第 42 簡),“恆”亦讀爲“鬭”,簡文意謂丙申受期,戊戌爲第三日,查驗公孫虢鬭毆及死亡情形。

《古文字研究》23,頁 125

△按　戰國文字“誅”字或作“詻”，詳見本部“詻”字條；或又作“致”，詳見本卷支部。

【殺戈】

○**孫稚雛**（1982）　殺與誅意同。從支，殺戮的意思更明顯了。

《古文字研究》7，頁 107

○**徐在國**（2005）　魯兵器銘文中有“叔孫殺戈”（《集成》17・11040），黃盛璋先生説：“自稱‘殺戈’，即‘誅戈’，爲此戈特有，齊兵器無此稱。”《廣雅・釋詁一》：“誅，殺也。”“誅戈”義爲殺戈。

《古漢語研究》2005-1，頁 65

【戜戈】

○**劉信芳**（2003）　(編按:包山 61)郭店《語叢四》8“竊鉤者戜”，“戜”讀爲“誅”，然從句法上説，簡文“戜戈”是動賓結構，讀“戜”爲“誅”很難理解。“戜”應是“戲”之省形。《説文》：“戲，三軍之偏也。一曰兵也，從戈，虘聲。”段《注》：“一説謂兵械之名也，引申之爲戲豫，爲戲謔，以兵杖可玩弄也，可相鬥也。故相狎亦曰戲謔。”至於“戲”之讀音，古音學家或歸入魚部，或歸入歌部（段玉裁説）。楚帛書“伏戲”之“戲”作“虘”，文獻作“犧”，知“戲”入歌部説應屬有據。然郭店《性自命出》33：“嚱遊心也。”“嚱”從戜，亡聲，楚簡“無”多作“亡”，知“嚱”乃魚部字，“嚱”與“戲”可視爲聲符互換，“嚱遊心也”即“戲遊心也”，可謂文從字順。又“嗚呼”亦作“於戲”，知“戲”入魚部説亦不可否定。要之，“戜戈”即“戲戈”，《性自命出》“嚱”亦應讀爲“戲”。若以“戲”從“虍”聲，則是魚部字，“嚱”字可爲其例；若以“戲”從“虘”聲，則應是歌部字，帛書“虘”可爲其例。是古讀已有歧，並存其説可也。詳辨其音聲之源，尚有待於賢者。

《包山楚簡解詁》頁 63—64

詬 詬 詢

郭店・五行 10　上博五・三德 4　新蔡零 115、22　睡虎地・日甲 8 背貳

○**睡簡整理小組**（1990）　(編按:睡虎地・日甲 8 背貳)詢。

《睡虎地秦墓竹簡》頁 209

○**郭店簡整理小組**（1998）　（編按：郭店・五行 10）詢（靚）。

《郭店楚墓竹簡》頁 149

○**賈連敏**（2003）　（編按：新蔡零 115、22）詢（詬）。

《新蔡葛陵楚墓》頁 212

○**李零**（2005）　（編按：上博五・三德 4）詢（詬）。

《上海博物館藏戰國楚竹書》（五）頁 290

諜 諜

睡虎地・封診 92　　諜 澂秋 36

────────────────────

○**睡簡整理小組**（1990）　（編按：睡虎地・封診 92）諜（牒）。

《睡虎地秦墓竹簡》頁 162

譯 譯

譯郭店・成之 27

────────────────────

○**郭店簡整理小組**（1998）　譯。

《郭店楚墓竹簡》頁 168

訄 訄

訄璽彙 0194

────────────────────

○**黃德寬等**（2007）　《説文》：“訄，迫也。从言，九聲。讀若求。（巨鳩切）。”（三上十七）《集韻》：“訄，成書作訨。”

《古文字譜系疏證》頁 447

詢 詢

睡虎地・語書 12

────────────────────

○**睡簡整理小組**（1990）　見本部“訏”字【訏詢】條。

詎 詎

詎 璽彙 5282

○**羅福頤等**（1981）　語。

《古璽文編》頁 49

○**李家浩**（1998）　先讓我們考察一下戰國文字中“口”旁的一種特殊寫法。戰國文字往往把“口”旁寫作“山”字形。現把字例揭示於下，並對其釋讀略加以説明：

（中略）C 詎《古璽文編》50·5282

（中略）C 是“詎”字。

《著名中年語言學家自選集·李家浩卷》頁 150，2002；
原載《中國文字》新 24

訇

訇 郭店·緇衣 17　　訇 上博一·紂衣 10

○**裘錫圭**（2003）　《禮記·緇衣》“子曰：‘長民者衣服不貳……’”章引《詩》云：

　　彼都人士，狐裘黃黃。其容不改，出言有章。行歸于周，萬民所望。

　　此所引見《小雅·都人士》，其文與今本《毛詩》全同。郭店楚墓竹簡（以下簡稱“郭簡”）《緇衣》篇此章所引之《詩》則作：

　　丌（其）頌（容）不改，出言又（有）丨，利（黎）民所訇。

與見於《禮記》的今本《緇衣》有較大出入。簡本引《詩》似有删節，《詩》之用字亦與今本有異：“丨”今本作“章”，“黎民”今本作“萬民”，“訇”今本作“望”。

　　《郭簡》因“丨”字起筆較重，將它隸定爲“丨”，“疑爲字之未寫全者”，又將“訇”字釋爲“信”，皆有問題。白於藍《郭店楚墓竹簡考釋（四篇）》指出其問題説：

　　　第一，所謂“丨”字原本寫作“丨”，［注五〇］云“疑爲字之未寫全者”
　　純屬臆測之辭，難以令人信服。第二，所謂“信”字原本寫作“訇”，楚簡文字中信字習見,從未見有與此同形者。第三,從今本《詩經·小雅·都人士》之辭句來看,原句中本是有韻的,"黃、章、望"三字相押,此三字上古音均爲陽部字。簡本中的"丨"字從文義上看是與今本之"章"字對應,"𧪄"字則與"望"字對應,而"𧪄"字顯係一從言"丨"聲的形聲字。由此看來,簡本之"丨"與"𧪄"也可以認爲是同聲的,即含有韻。可見,簡本釋文及注釋中對此二字的理解均不足憑信。

所言甚是。但此文釋"丨"字爲《説文》訓"左戾也"的"丿",卻顯然不足信。

除白於藍等少數學者外,一般研究郭店《緇衣》的學者都仍從《郭簡》釋"訓"爲"信"。上海博物館所藏戰國楚竹書(以下簡稱"上博簡")中也有《緇衣》。雖然上舉引《詩》之文在此本中絶大部分已經殘去,但末二字尚存,最末一字也作"訓",可證其並非从"人"的"信"字。

對郭簡"丨"字,各家有多種釋讀方法,然而都難以信從。不過有的學者將此字與見於《説文》的"丨"字聯繫了起來,則是值得注意的。《説文·一上·丨部》:

　　丨,上下通也。引而上行讀若囟,引而下行讀若退。

如僅從字形著眼,把簡文"丨"釋爲《説文》"丨"字,當然是合理的。

上博簡《容成氏》所舉遠古帝王中有"樟丨氏",此篇整理者已指出"丨"字亦見於郭簡《緇衣》。何琳儀《滬簡二册選釋》認爲"丨"即《説文》"丨"字。他指出"'韋'與'軍'聲系可通","丨"有"退"音,而"'退'與'敦'亦可相通",所以"樟丨氏"就是古書中的"渾敦氏"(亦稱"渾沌氏")。由於從圖版上看,所謂"樟"字的右旁似與一般"韋"字有較大出入,"渾敦氏"之釋是否正確尚難論定。但"丨"字在郭簡和上博簡中的兩次出現,充分證明這確是一個完整的古文字,決非"字之未寫全者"。

"丨"字的來源可以追溯到殷墟甲骨文。甲骨文"十"字作丨,"朕"字中小篆訛爲"关"的偏旁作"𢌳",兩手所奉之物與"十"同形。象兩手奉物形之字,有時兼以所奉之物爲聲,如"龏"即以"龍"爲聲;"奉"的初文"𢾭",即以"丰"爲聲;"共"字本作𢉩,兩手所奉之"𠙵",乃作𠙶形之"公"字的初文,本爲"瓮"之象形字,"共"字原來即以之爲聲。"关"字《説文》失收(後世字書"关"字疑出附會),其音應與"朕"同。"朕"字上古音屬定母侵部,"十"字上古音屬禪母緝部。上古音禪、定二母發音相似,侵、緝二部陽入對轉,可知"关""十"二字之音極近。由此推測,"丨"當爲"針"之象形初文。"針"字上古音屬章母侵部。上古音章母與定母、禪母也都相近，如"真"字屬章母，以之爲聲旁的"塡、闐"等字屬定母，"慎"字屬禪母；"隹"字屬章母，以之爲聲旁的"魋、椎"等字屬定母，"誰、脽"等字屬禪母；"詹"字屬章母，"澹、譫"等字屬定母，"蟾、贍"等字屬禪母。例多不煩列舉。可見"針"與"十、夲"的上古音都很接近。所以古人以針的象形符號來記録數字"十"，這跟以肘的象形符號來記録"九"，是同類的現象（當然也不排斥古人以"丨"記録"十"時，也考慮到"丨"正好是豎寫的"一"的可能）；又以兩手奉針形作爲"夲"的字形，讓"丨"兼起聲旁的作用。簡文"丨字應該就是這個"針"字初文。

"十"字在周代由丨演變爲丨、丨、十等形，"夲"所從的丨經歷了類似的過程，並且産生了贅加"八"字形的丫、竹等寫法。加"八"形的多見於東周時代文字，楚墓竹簡"夲"字上部多作半，橫畫加長，但有時也有作仦的。《説文》"夲"的"火"旁是由加"八"之形譌變的。獨立使用的"針"的象形初文，由於要跟"十"字相區别，没有發生在豎畫中部加點加橫的變化。"針"字《説文》作"鍼"，舊多以"針"爲後起俗字。現在看來，它跟"暮、樑、洲、肱"等增加意符以表示原字本義的後起字有些相似。

在楚簡中，"夲"往往讀爲文部字或用作文部字的聲旁。劉國勝《信陽長臺關楚簡〈遣策〉編聯二題》指出，信陽楚墓所出遣策借"夲"爲"寸"，郭簡《尊德義》和望山楚墓遣策都有從"酉""夲"聲的"尊"字。"寸"和"尊"都是文部字。

《禮記·緇衣》"子曰：'夫民（簡本"夫民"作"長民者"）教之以德，齊之以禮……'"章"則民有孫（遜）心"句的"孫心"，郭簡本作"愻心"（"愻"即"遜順"之"遜"的本字）；上博簡本則作下加合文號的"惢"，此篇整理者説："'惢'（引者按："关"相當於我們的"夲"）字下有合文符，爲"惢心"兩字……'惢心'或可讀爲'遜心'。""遜"也是文部字。沈培《上博簡〈緇衣〉篇"惢"字解》，根據楚簡借"夲"爲"寸"和以"夲"爲"尊"字聲旁的現象，肯定了"'惢心'當讀爲'遜心'或'愻心'"；並指出《説文》"倈"字下説"古文以爲'訓'字"，也是從"夲"聲的字讀爲文部字之例，而且"古書從'川'之字多與從'孫'之字相通"，"倈"用爲"訓"與上博簡以"惢"爲"愻"正可互相印證。這些意見都可以信從。上博簡《昔者君老》1 號簡有"母弟夲退"語，李鋭《上博館藏楚簡（二）初札》以爲此"夲"亦當讀爲"遜"。

楚簡中還有"丨"和"十"用作聲旁之例。郭簡中"慎"字的常見之形，右從“斤”，左下從“言”，左上有從“幺”的，也有從丨、丶、十的。陳劍《説慎》由於楚簡中“幺”可以寫作“彡”，懷疑楚簡“慎”字所從的“幺”可能與古文字中作“新”形的“慎”字所從的“彡”有關，大概認爲這種“幺”就是由“彡”訛變的。上博簡《容成氏》有左上方作“彡”形的“慎”字，似可證成陳説。至於從丨或丶、十的“慎”，我認爲應分析爲從“斬”（斬）省，“丨”聲或“十”聲。“慎”和“十”都是禪母字。“慎”屬真部，真、文二部極爲接近。與“丨”、“十”有密切關係的“犴”既可讀爲文部字或用爲文部字的聲旁，“丨”和“十”當然也可以用作“慎”字的聲旁。上博簡《性情論》中的“慎”字有簡作“青”的，可以分析爲從“言”“十”聲。楚簡“十”字没有只作一豎而不加點或短橫的，所以“慎”字所從的“丨”必須看作“針”的初文。郭簡《語叢四》有“扢”字，徐在國《郭店楚簡文字三考》認爲此字從“十”聲，在簡文中讀爲“執”。陳劍同意此字從“十”聲，但認爲在簡文中應讀爲“審”。此字究竟應讀爲何字，還可進一步研究。

　　《説文》“丨”字有“囟、退”二音。“囟”與可以用“丨、十”爲聲的“慎”同屬真部，其聲母與可以用“犴”爲聲的“瑟”（遜）同屬心母。“退”屬微部，微部與“寸、尊、瑟、訓”等字所屬的文部有陰陽對轉關係（《廣韻》“丨”音古本切，屬文部）；其聲母屬透母，跟“丨、十、犴”等字的聲母很相近。由此看來，《説文》的“丨”應該就是“針”的初文，只不過許慎已經不知道這一點了。其“引而上行”“引而下行”之説雖然難以相信，“囟”和“退”這兩個讀音還是有根據的。

　　根據以上的討論，對簡本《緇衣》的“出言又（有）丨，黎民所訓”可以有兩種解讀方法。

　　一、根據“悆”即“瑟”（遜）和古文以“侉”爲“訓”的現象，將上舉文句釋讀爲“出言有遜，黎民所訓”。

　　“出言有遜”的句法跟《詩·大雅·皇矣》“臨下有赫”、《詩·商頌·那》“執事有恪”相類。“有遜”猶言“遜遜”。《論語·鄉黨》：“孔子於鄉黨，恂恂如也，似不能言。其在宗廟朝廷，便便言，唯謹爾。”漢《慎令劉脩碑》：“其於鄉黨，遜遜如也。”“恂恂”作“遜遜”。“出言有遜”就是出言謙恭有禮的意思。

　　《詩·大雅·抑》：“無競維人，四方其訓之。有覺德行，四國順之。”《周頌·烈文》：“無競維人，四方其訓之。不顯維德，百辟其刑之。”“黎民所訓”之“訓”應與上引二“訓”字同義。朱熹《詩集傳》釋“四方其訓之”爲“四方皆以爲訓”，可從。“黎民所訓”就是黎民皆以之爲榜樣的意思。

二、據"慎"可以"丨、十"爲聲和"丨"有"凶"音("凶""信"同音)的現象，將上舉文句釋讀爲"出言有慎，黎民所信"。"訁"不從"人"，與一般"信"字有異，所以《郭簡》不加説明就釋"訁"爲"信"是不對的。但"訁"是"信"的一個特殊異體或通假字的可能性不能排除。

至於按照一般古音系統屬於侵、緝部的"丨（針）、十、桼"等字，爲何有真、文部的音，有待進一步研究。

《裘錫圭學術文集》2，頁 389—394，2012；原載《古墓新知》

訊

睡虎地·語書 12

○**睡簡整理小組**（1990）　（編按：睡虎地·語書 13"諈訊醜言麃斫以視［示］險"）訊，疑讀爲誖，乖戾。

《睡虎地秦墓竹簡》頁 16

訇

郭店·唐虞 27

○**白於藍**（1999）　《吴時》曰［注三二］：大明不出，完勿（物）膚（皆）訇［注三三］。（158 頁。《唐虞之道》圖版二七行）注三二：吴時，似爲古書篇名。它與下引文句不見於今本古籍。裘按："吴時"疑當讀爲"虞詩"。注三三：完，簡文寫作。《汗簡》引王存乂《切韻》"完"作。簡文下部所从與《汗簡》不同，當爲"完"之本字。裘按：或疑此字本應作"万"（即《説文》"丏"字），讀爲"萬"。（160 頁）

這段文字中有"訇"字，注釋中未予解釋。訇字見於字書。《説文》："訇，駭聲也，从言匀省聲。漢中西城有訇鄉。又讀若玄。訇，籀文不省。"《集韻·稕韻》："訇，《博雅》：'欺也。'或作'訇'。"可見，字書所見之"訇"字之字義均難以使簡文文義暢通。而且《説文》《集韻》之"訇"皆从"匀"聲，而簡文此"訇"字原篆作"訇"，上部所从乃"勹"字，並非"匀"字，故簡文之"訇"當與字書所見之"訇"字無涉。

筆者以爲，簡文此"訇"字實是从勹言聲，乃"揞"字異構。揞从音聲，古文字中言、音乃一字分化,于省吾先生已詳論之。故簡文此"訇"字從言聲與"揞"字從音聲並不相誖。至於簡文"訇"字所從之義符"勹",乃"伏"字初文。伏字古有藏、覆、隱等義。《廣雅·釋詁》:"伏,藏也。"《釋名·釋姿容》:"伏,覆也。"《禮記·曲禮上》:"寢毋伏。"鄭玄《注》:"伏,覆也。"《國語·晉語》:"龍尾伏辰。"韋昭《注》:"伏,隱也。"而揞字古亦有藏、覆、隱等義。《方言》卷六:"揞、撋、錯、摩,藏也。荊楚曰揞,吳揚曰撋,周秦曰錯,陳之東鄙曰摩。"錢繹《箋疏》:"《廣雅·釋詁四》:'揞、撋、錯、摩,藏也。'《玉篇》:'揞,藏也。'《説文》:'撋,覆也。'《廣韻·鐸韻》:'錯,摩也。'又《戈韻》:'摩,隱也。'《大學》云:'撋其不善而著其善。'鄭玄《注》:'撋讀爲擪。擪,閉藏之貌也。'王氏懷祖云:'揞,猶撋也,方俗語有侈斂耳。《廣韻》:"揞,手覆。"覆,亦藏也。今俗語猶謂手覆物爲揞矣……《考工記·弓人》:"强者在内[而]摩其筋。"鄭《注》云:"摩,猶隱也。"隱,亦藏也。'"由此可見,揞字以勹(伏)作爲其表義偏旁是完全行得通的。尤其值得注意的是,揞字還是荊楚之地的方言,這與郭店簡出土於楚國故地也是相合的。簡文此句話中,訇(揞)字義爲隱。《説文》:"隱,蔽也。"《玉篇》:"隱,不見也,匿也。"又《易·坤》:"天地閉,賢人隱。"孔穎達《疏》:"天地否閉,賢人潛隱。"

　　簡文"大明不出"之"大明"古指日或月,也可兼指日月。《禮記·禮器》:"大明生於東,月生於西。"鄭玄《注》:"大明,日也。"《文選·晉木玄虛華(輩)〈海賦〉》:"若乃大明摭轡於金樞之穴。"李善《注》:"大明,月也。"《管子·内業》:"鑒於大清,視於大明。"房玄齡《注》:"(大明)日月也。""大明不出,万(萬)勿(物)膚(皆)訇(揞)",這句話的字面意思是講日(或月,或日月)不出,萬物隱匿。引申之則意爲聖人不出,萬民蒙昧。

《中國古文字研究》1,頁 113—114

○**周鳳五**(1999)　　隱,《郭簡》隸定作"訇"而無説。按,字從言聲,言,古音疑母元部,當讀作"隱";隱,影母文部,二字旁轉可通。《虞詩》:"大明不出,萬物咸隱。聖者不在上,天下必壞。"以隱、壞爲韻腳,二字對轉可以押韻。又,關於《虞詩》標題亦有可説。詩,歌也;《尚書·皋陶謨》載虞廷君臣賡歌,疑此詩出於先秦真古文《尚書》,爲虞廷賡歌之佚文。

《史語所集刊》70 本 3 分,頁 756

○**饒宗頤**(2000)　　楚簡《唐虞之道》末引《吳詩》曰"大明不出,完(萬)勿(物)膚(皆)訇(揞)。聖者不在上,天下必壞"。吳詩即虞詩,唐虞之虞。有股肱之歌見於《益稷》。此數句爲佚詩,向所未知,殊爲珍貴。《方言》:"揞,藏也。

荆楚曰揞。”大明指日月，有天地閉、萬物潛藏之意。賡歌云“股肱惰哉，萬事
惰哉”。萬物與萬事遣詞略同。

《郭店楚簡國際學術研討會論文集》頁 9

○廖名春（2000）　“旬”，疑誤。字當从宀从言，讀爲暗。

《郭店楚簡國際學術研討會論文集》頁 122

○李零（2000）　字原从勹从言，从言與从音同，疑讀“暗”。

《道家文化研究》17，頁 500

△按　《説文》言部有“旬”，从勻省，此字从勹而隸定爲“旬”，隸變後同形而
已。廖名春（《郭店簡“旬”、上博簡“旬”字新釋》，復旦大學出土文獻與古文
字研究中心網 2009 年 8 月 7 日）謂清華簡此字與“剋”同義。

訆

上博二·從乙 1

○張光裕（2002）　（編按：上博二·從乙 1）訆即“訆”之省，讀爲嘉。

《上海博物館藏戰國楚竹書》（二）頁 234

奓　奞

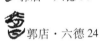郭店·六德 36

郭店·六德 24

○黃德寬、徐在國（1998）　六 24 有字作𤟥𠱟，二字又見於六 36，原書隸作
“狐奞”，無説。我們認爲二字的隸定是正確的。首先看一下𠱟字，此字从
“大”从“言”。《古文四聲韻·麻韻》引崔希裕《纂古》“誇”字或作𠱟，《訂正
六書通·麻韻》引希裕略古“誇”字或作𠱟，引修能印書作𠱟，並从“大”从
“言”，與𠱟字同。如此，奞字應釋爲“誇”，大言爲誇，是會意字。《説文·言
部》：“誇，譀也。从言，夸聲。”《廣韻·麻韻》：“誇，大言也。”玄應《一切經
音義》卷十一引《通俗文》：“自矜曰誇。”《鶡冠子·著希》：“言仁則以爲誣，
發於義則以爲誇。”

《吉林大學古籍整理研究所建所十五周年紀念文集》頁 105—106

○李零（1999）　“讒諂”，亦見於下文簡 36，上字从犬从山，下字从言从彥省，

似可讀爲“讒訕”（“讒”是崇母談部字，“山”是生母元部字；“訕”是透母談部字，“彦”是疑母元部字，讀音相近）。

《道家文化研究》17，頁 519—520

○**劉信芳**（2000）　“訡”又見於曾侯乙編鐘 C·53·9 上，字即《説文》“諺”，“傳言也”。由此可知“狟”應讀爲“訕”，“謗也”。“狟諺”即誹謗性傳言。

《江漢考古》2000-1，頁 46

○**陳偉**（2003）　諺，在本簡之外，還見於 36 號簡，其寫法見表 10-2。原皆釋

表 10-2　諺

爲“奢”。李零先生指出：此字“从言从彦省”。劉信芳先生釋爲“訡”，讀爲“諺”。對於 24 號簡上的字，他説：“該字其上从‘文’，而非从大。”又針對 36 號簡上的字説：“‘奢’乃‘訡’之誤書。”二氏所云，當可信從。聯繫其前“獄”字，在此恐應讀爲“犴”。諺、犴都是元部疑紐，爲雙聲疊韻。“彦”字所從得聲的“厂”，《説文》籀文又从“干”聲，寫作“厈”。《史記·趙世家》中的“屠岸賈”，在《漢書·古今人表》中記作“屠顔賈”。這都表明存在“諺”“犴”通假的可能。犴、獄義近，故常常同時提到。《詩·小雅·小宛》：“哀我填寡，宜岸宜獄。”毛傳：“岸，訟也。”《釋文》曰：“岸如字。韋昭注《漢書》同。《韓詩》作‘犴’，音同，云：‘鄉亭之繫曰犴，朝廷曰獄。’”《荀子·宥坐》：“獄犴不治，不可刑也。”楊倞注：“獄犴不治，謂法令不當也。犴，亦獄也。《詩》曰：‘宜犴宜獄。’‘獄’字从二‘犬’，象所以守者。犴，胡地野犬，亦善守，故獄謂之犴也。”《鹽鐵論·刑德》記文學云：“故王者之制法，昭乎如日月，胡民不迷；曠乎若大路，故民不惑。幽隱遠方，折乎知之，室女童婦，咸知所辟。是以法令不犯，而獄犴不用也。”可參看。

《郭店竹書別釋》頁 121—122

亹

亹　上博一·緇衣 8

○**陳佩芬**（2001）　从言从大，《説文》未見。郭店簡作“䞿”。今本作“賴”。

《上海博物館藏戰國楚竹書》（一）頁 183

○**馮勝君**（2007）　䞿、亹都應該從今本讀爲“賴”。賴，來紐月部，䞿从萬聲，萬是明紐元部字，但从萬得聲的厲、勱等字卻是來紐月部字，而且“䞿”字《集

韻》亦有異體作"賵";"亮"當是从言大聲,屬定紐月部。所以賵、亮、賴三字音近,可以相通。

《郭店簡與上博簡對比研究》頁 121

試

陶彙 5·278　　秦陶 574

○**高明、葛英會**(1991)　試　《説文》所無,疑弒字。

《古陶文字徵》頁 220

○**劉樂賢**(1991)　《秦代陶文》拓片 597 號"左試",袁釋爲左試。按試字,《説文》所無,當爲試字異構。式爲从弋得聲的形聲字,而形聲字當作另一個形聲字的聲符使用時,其形旁往往可以省略,試寫作試即爲一例。左試當讀爲佐弋,秦少府下設有佐弋,掌管弋射。

《考古與文物》1991-6,頁 82

訋

上博四·昭王 2　　上博四·昭王 4　　上博四·昭王 7　　上博四·曹沫 29

○**陳佩芬**(2004)　(編按:上博四·昭王 2)"訋",《玉篇》:"挈也。"又《説文·手部》:"挈,牽引也。"段玉裁注:"各本篆作挈。"

《上海博物館藏戰國楚竹書》(四)頁 184

○**李零**(2004)　(編按:上博四·曹沫 29)"訋"讀"約",按約束規定。

《上海博物館藏戰國楚竹書》(四)頁 262

○**孟蓬生**(2006)　(編按:上博四·昭王、曹沫)今將三例"訋"綜合考量,疑當讀爲"詔"。古音勺聲、召聲相通。《淮南子·道應》:"孔子勁杓國門之關。"又《主術》:"孔子力招城關。"《戰國策·楚策四》:"以其類爲召。"《文選·詠懷詩》李善注引"招"作"的"。《吕氏春秋·盡數》:"射而不中,反修於招。"舊校:"招,一作的。""詔"在傳世典籍中常用作"告訴、教導"或"召集"義。《楚辭·離騷》:"麾蛟龍使梁津兮,詔西皇使涉予。"王逸注:"詔,告也。"《爾雅·釋詁下》:"詔,導也。"郭璞注:"詔,謂教導之。"《莊子·盜跖》:"夫爲人父者,必能詔其子;爲人兄者必能教其弟。""小人牲訋寇"之"訋"當取"召集"義。著喪服之君子見寺人不肯通報,於是威脅説:"你假如阻止小人的話,小人將召集寇盗(造反)。""王訶而夆之衽袾"之"訶"當取"告訴"義。王知道別人對鼻之胖著袥衣一事有異議,於是告訴了他,並給他一身寬大的衣服把袥衣遮住。"必訶邦之貴人及邦之可(奇)士"之"訶"當取"教導"義。意思是説,王在戰前一定要對國之貴人及奇士進行教導和訓誡。

《簡帛研究二〇〇四》頁 72

△按　上博四·昭王"訶寇"兩見,學者有多種不同解釋,除上引陳佩芬、孟蓬生的意見以外,尚有陳偉(《關於楚簡"視日"的新推測》,《新出楚簡研讀》186—189 頁,武漢大學出版社 2010 年)讀爲"要(邀)寇"或"約(招)寇",魏宜輝(《讀上博楚簡[四]札記》,簡帛研究網 2005 年 3 月 10 日)讀"訶"爲"肇"訓爲"圖謀",俞志慧(《讀上博四昭王毀室小札:"訶寇"當釋爲"召寇"》,簡帛研究網 2005 年 3 月 24 日)讀爲"召寇",黃人二(《上博藏簡〈昭王毀室〉試釋》,《考古學報》2008 年 4 期 466 頁)讀爲"殳頭"。

訌

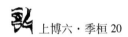　上博六·季桓 20

○濮茅左(2007)　"訌",通"譴、謨"。《説文·言部》:"謨,議謀也。"

《上海博物館藏戰國楚竹書》(六)頁 218

△按　陳劍(《〈上博[六]·孔子見季桓子〉重編新釋》,《出土文獻與古文字研究》2 輯 163 頁,復旦大學出版社 2008 年)讀"望",謂"即冀望、企望之'望'",正確可從。

訑　詑

璽彙 4041

○羅福頤等(1981)　訑　《説文》所無,《玉篇》:"訑,自得也。"

《古璽文編》頁 55

詙

包山 157 反　　包山 157

○劉釗（1998） 簡157反有字作“誮”，字表隸作“詙”。按字从言从女。古文字如字乃女字之孳乳分化，戰國文字中从如的字常可从女作。如駕字从女作駇，恕字从女作忞，痴字从女作疧等等，故此字應釋爲“誩”，誩字見於《集韻》，在簡文中用爲人名。

《東方文化》1998-1、2，頁67

○何琳儀（1998） 婬，从女，言聲。《集韻》：“婬，女字。”

包山簡婬，人名。

《戰國古文字典》頁1013

○白於藍（2001） 誮，宜（義）之方也。宜（義），敬之方也。敬，勿（物）之即也［四一］。管（篤），息（仁）之方也。息（仁），眚（性）之方也。眚（性）或生之。忠，信之方也。信，青（情）之方也。青（情）出於眚（性）。（《性自命出》簡38-40）

［注四一］：“裘按：‘即’疑當讀爲‘節’或‘次’。”

本段文字中有三個中心詞：“誮、管（篤）、忠”，此三字各領一段話。對於“誮”字，原釋文中未能釋出，注釋中亦未能加以解釋。筆者以爲此字當分析爲从言女聲，其右旁所从實即女字。郭店簡《性自命出》篇中“女”字習見，作“𠨳”（簡24）、“𠨳”（簡25）、“𠨳”（簡26）、“𠨳”（簡30）、“𠨳”（簡31）、“𠨳”（簡47）等。“女”字與上引之字之右旁並無太大差異，可見該字當隸作“詙”。筆者以爲該字於此當釋爲“忠恕”之“恕”。

《說文》：“恕，仁也。从心，如聲。㣽，古文省。”古文字中言、心在用作表義偏旁時常可互換，而女、如又係一字分化，《說文》“恕”之古文正从女聲。可見，“詙”可釋爲“恕”。

恕乃儒家的基本思想之一。《禮記·中庸》：“忠恕違道不遠。”《論語·里仁》：“夫子之道，忠恕而已矣。”又《論語·衛靈公》：“子曰：‘其恕乎？己所不欲，勿施於人。’”有學者已指出郭店簡《性自命出》篇中的一些思想與《禮記·中庸》相合。可見，《性自命出》篇中出現“恕”字絕非偶然。更何況是與“忠”字在同一段話中同時出現的。

《簡帛研究二〇〇一》頁198

○陳偉（2003） 敏，原未釋，研究者有多種猜測。從字形上看，白於藍、梁立勇先生之説似較可從。白於藍先生指出此字右旁與《性自命出》諸簡中所見的“女”字無太大差異，當隸作“女”（从言），釋爲“恕”。梁立勇先生則説此形與9號簡的“海”字所從相同，可釋爲“誨”。嚴格地講，此字右旁與“女”或

“母(每字所从)”並不完全相同,但與之近似,較有可能是“女”或“母”的誤書。不過,在簡書中,無論讀爲“恕”或者“誨”,與“義”都不大相合。似當釋爲“誨”,讀爲“敏”。敏有敏捷、審慎、莊敬等義,似皆與“義”相關。

《郭店竹書別釋》頁 202—203

訧　猷

![印文]璽彙 2846　![印文]璽彙 3068

○**羅福頤等**(1981)　《説文》所無,《廣韻》:猷,犬聲,同狃。

《古璽文編》頁 54

△**按**　羅福頤等將此字入言部,以爲从言犬聲之形聲字,復言“訧”即《廣韻》从犬言聲之“猷”字,前後矛盾。

訞　猷

![印文]璽彙 2973

○**何琳儀**(1998)　訞,从言,夭聲。戰國文字从夭字均爲从夭字之繁文。(中略)《玉篇》:“訞,災也。”

　　晉璽訞,人名。

《戰國古文字典》頁 281

△**按**　此字右旁考釋請參看吳九龍《簡牘帛書中的“夭”字》(《出土文獻研究》251 頁,文物出版社 1985 年)。

訛

集成 9735 中山王方壺　郭店·語四 6　新蔡甲三 61

○**朱德熙、裘錫圭**(1979)　“訛”似當讀爲“過”。

《文物》1979-1,頁 47

○**李學勤、李零**(1979)　訛,義爲謬,用現在話說就是過失。訛字曾見於古籍,段玉裁以爲俗字,是缺乏根據的。

《考古學報》1979-2,頁 151

○ **張政烺**（1979） 訛字《毛詩》數見，鄭箋皆訓僞，此言燕國禪讓之僞。

《古文字研究》1，頁 211

○ **孫稚雛**（1979） 訛，壺銘（五行）“底燕之訛，以㦰嗣王”。

　　這個字很容易把它讀作譌。按：《說文》言部有譌無訛，經典中的訛字，如《詩·王風·兔爰》“尚寐無訛”、《小雅·無羊》“或寢或訛”，兩訛字都應該是吡的變體。《說文》引《詩》即作“尚寐無吡”，《毛傳》：“吡，動也。”可見訛是一個後起的字。本銘之訛，當讀作吡。

《古文字研究》1，頁 285

○ **湯餘惠等**（2001） 同“譌”，《說文》有“譌”，無“訛”。

《戰國文字編》頁 152

△**按** 中山王方壺“訛”字當從朱德熙、裘錫圭讀爲“過”，楚簡“過”從化作，即其證。

訊

新收 490 甗鎛

【訊鐘】

○ **張亞初**（1993） 鑄其反鐘。

《第二屆國際中國古文字學研討會論文集》頁 303

○ **李零**（1996） 器銘訊鐘，（中略）我們認爲此詞實應讀爲曾侯乙墓編鐘的“獎鐘”，即與楚“穆鐘”相當的律名。在曾侯乙墓編鐘的銘文中，它是晉國的律名，據此則呂人也使用這一律名。

《文物》1996-1，頁 59

○ **馮勝君**（1998） 訊鐘一詞爲兩周銅器銘文所僅見，余意似應讀爲“變鐘”。訊、變皆脣音元部字，“訊”讀“變”聲韻均合。《淮南子·原道訓》：“音之數不過五，而五音之變，不可勝聽也。”高誘注：“變，更相生也。”五音即宮、商、角、徵、羽，五音更相生之法，王光祈在《東西樂制之研究》一書中闡述較詳，“其實所謂五音，係指調子而言，換言之，即是從十二律中取出五個律來組織一個調子，譬如我們以黃鐘爲宮，那麼便是太簇爲商，姑洗爲角，林鐘爲徵，南呂爲羽，其餘大呂等七律，雖未采用，其存在則依然如故”。這種現象，樂律學上稱爲“旋相爲宮”。又《禮記·禮運》篇亦云：“五聲六律十二管還相爲宮也。”孔穎達疏：“隨其相生之次，每辰各自爲宮，各有五聲，十二管相生之次，至中呂而巾。”故所謂“變鐘”,是指十二律各自爲宫,各有五聲,循環相生之鐘。

《吉林大學古籍整理研究所建所十五周年紀念文集》頁40

○李家浩(1998)　“反”或作从“音”从“反”聲。趙文把“反鐘”讀爲“繁鐘”,謂是多枚鐘的意思。李零《再論淅川下寺楚墓》(以下簡稱“李文”)不同意這種説法,批評趙文所引的例證有誤。李文認爲“反鐘”“實應該讀爲曾侯乙墓編鐘的‘鎜鐘’,即與楚‘穆鐘’相當的律名”。按曾侯乙墓編鐘銘文的“鎜鐘”,是晉的律名,在周叫“刺音”,在曾叫“大族”,在楚叫“穆鐘”。鞁鐘是在楚成王時代擔任“盟僕”之職官(詳下)的鞁作的。即使按照李文的説法,銘文是以律名爲鐘名的,按理講,應該按照楚的律名叫“穆鐘”,不應該按照晉的律名叫“鎜鐘”。李文的説法顯然是不可信的。

編鐘,信陽楚簡叫“前鐘”,天星觀楚簡叫“鋤鐘”。《爾雅・釋樂》:“大鐘謂之鏞……小者謂之棧。”“前”“棧”音近古通。“前鐘、鋤鐘”皆應該讀爲“棧鐘”。《周禮・春官・磬師》:“擊編鐘。”“棧鐘”即“編鐘”的別名。“反鐘”與“棧鐘”文例相同,疑應該讀爲“編鐘”。上古音“反”屬幫母元部,“編”屬幫母真部。二字聲母相同,元真二部的字音關係密切。《詩・齊風・猗嗟》“四矢反兮”,陸德明《釋文》引《韓詩》“反”作“變”。《禮記・三年問》“四時則已變矣”,《荀子・禮論》“變”作“徧”。既然“反”與“變”可以相通,而“變”又與从“扁”聲的“徧”可以相通,那麼“反”與从“扁”聲的“編”也應該可以相通。所以我們認爲“反鐘”應該讀爲“編鐘”。

《著名中年語言學家自選集・李家浩卷》頁71—72,2002;
原載《北大中文研究》

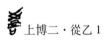

△按　“斈”爲“教”之異體,本卷教部重見。

欤　𣢡

○**陳偉**(1999)　　此字亦當釋爲"遣"。(**中略**)本簡此字,應是從昌从欠,亦即
"遣",在此讀爲"譴"或"愆","毋譴(或愆)"與《語叢四》"弗遣(譴或愆)"一
樣,是不致獲罪的意思。

《武漢大學學報》1999-5,頁31

○**劉信芳**(2000)　　《性自命出》62:"身谷(欲)青(靜)而毋訧。""訧"與"濈"
應是一字之異,包137反、139反"濈"字讀爲"讞",議辠也。"身欲靜而毋讞"
者,身欲清靜而無有罪尤也。

《江漢考古》2000-1,頁45

○**白於藍**(2002)　　該字當釋爲"遣"。"遣、欠"古音相近,故在郭店簡中寫作
"訧"。筆者以爲,這段話似當讀爲"凡身欲靖而毋諂"。"青、靖"俱从青聲,
自可相通。《管子·大匡》:"士處靖,敬老與貴,交不失禮。"尹知章《注》:
"靖,卑敬兒(**編按:兒之誤**)。""訧"从欠聲,"諂"从臽聲,上古音欠爲溪母談部
字,臽爲匣母談部字,兩字聲母同爲喉音,韻則疊韻,自可相通。坎、埳即是一
字之異。故"訧"可讀爲"諂"。《説文》:"諂,諛也。"《玉篇·言部》:"諂,佞
也。"《易·繫辭下》:"君子上交不諂,下交不瀆。""凡身欲靖而毋諂",大意是
説身行要謙卑但不要諂佞。

《華南師範大學學報》2002-5,頁103

○**李零**(2002)　　"羨",原从言从欠,與"羨"字同从欠得聲。《史記·太史公
自序》引《六家要指》説道家的精神是"去健羨,黜聰明",這裏的"羨"與"靜"
相反,應即"健羨"之義,舊作猜測是"煩義",不對。

《郭店楚簡校讀記》(增訂本)頁148

○**李零**(2003)　　"訧",《郭店楚墓竹簡·性自命出》:"身欲靜而勿訧,慮欲淵
而勿偽。"其中也有此字。

《上海博物館藏戰國楚竹書》(三)頁305

○**陳劍**(2003)　　《郭簡·性自命出》簡62—63:

　　　凡憂患之事欲任,樂事欲後。身欲靜而毋訧,慮欲淵而毋愚,【62】行欲
勇而必至,貌欲莊而毋伐:欲柔齊而泊……【63】

其中"訧"字原作"𧪄",單從字形看確實是左从"言"右从"次"的。戰國文字
中"欠"旁寫作"次"形習見,所以最初研究者多從《郭簡》所釋將此字隸定作
"訧",並在此基礎上立論。

　　劉信芳較早指出,"訧"字與包山簡137反、139反的"濈""應是一字之

異”。按包山簡 137 反“漱”字作“✲”，跟“欯”字一樣確實是從“言”形的，但出現於包山簡 139 反的從辭例看必爲“漱”之異體的那個形體卻作“✲”，左上所從是“畜”形而非“言”形。“畜”形在曾侯乙墓鐘磬銘文中作爲偏旁屢次出現，裘錫圭、李家浩曾提出它應當分析爲上從“辛”下從“㕑（即“書”字）”，即“書”的異體。陳偉據此在劉信芳説的基礎上進一步指出，“欯”和“漱”字所從的實際上並非“言”，而是那類上增從“辛”的所謂“書”形之省，“欯”和“漱”均應釋讀爲“遣”。大西克也亦有大致相同的意見，認爲“欯”“是‘歕’的異體或省寫”。按在包山簡 96 中，所謂“漱”字兩次出現，其中第一例（中閒又增從“臼”形）的左上所從作“✲”形，可以清楚地看出“畜”形中下半省略掉“自”形後，“臼”形又有所省略而訛變爲“口”形、從而導致“畜”形訛省爲“言”形的軌迹。這一點，史傑鵬在討論包山簡有關文字時早已經指出過了。

後來，上博所藏《性情論》發表，其中簡 27 跟《性自命出》“欯”字相對應的字作“✲”，從“畜”從“止”（以下將其隸定爲“歱”）。“畜”即“畜”形之省寫（省去下半之“自”），這進一步證明了陳偉、大西克也的意見是正確的。爲了强調“欯”形所從本來並非“言”這一點，以下將它隸定爲“敵”。

所謂“畜”形及其省體“畜”形、“音”形（省去下半之“臼”），在曾侯乙墓鐘磬銘文、包山簡和郭店簡中作爲偏旁（而且可以肯定當是聲旁）屢次出現。討論《性自命出》和《性情論》此字的學者，多從前引裘錫圭、李家浩説將其釋爲“遣”，讀爲“譴”或“愆”。有的研究者對郭店簡中其它從“音”形和“畜”形之字提出了新解，但又大都沒有涉及《性自命出》和《性情論》此字。將他們的意見結合起來考慮，可以對《性自命出》和《性情論》此字得出新的認識。

《郭簡·語叢四》簡 18—21：

　　善事其上者，若齒之事舌，而終弗醫。善［事其友］者，若兩輪之相轉，而終不相敗。善使其民者，若四時一遆一來，而民弗害也。

又《老子》甲本簡 22：

　　大曰灒，灒曰遠，遠曰反。

孟蓬生指出：

　　　　從讀音來看，“醫”字在《語叢四》中與“舌、敗、害”三字押韻，這三個字古音在月部。郭店本《老子》之“大曰灒”，今本《老子》作“大曰逝”，馬王堆帛書《老子》甲、乙本並作“大曰筮”，“逝”和“筮”同音，古音皆在月部。所以“醫”字及從之得聲的“灒”字，跟“逝筮”音同或音近，古音當在月部,應該是没有問題的。

結合《語叢四》的"齧"和"逝"兩字的釋讀來看,其説當可信。

《語叢四》的"善事其上者,若齒之事舌,而終弗齧",李零曾經説:

（"齧"）字與《老子》甲本簡 22 讀爲"逝"的字所從相同,疑應讀爲"齧"（"齧、逝"都是禪母月部字）。我們理解,原文此句是説牙齒配合舌頭但不咬舌頭,故讀爲"齧"。

這本是很好的意見,但他同時又懷疑可讀爲"啗",後來則只取釋"啗"一説,似乎放棄了原釋讀爲"齧"的意見。孟蓬生、王寧也都主張釋爲"齧","試將'齧'字代入原句……文從字順,若合符節"。

《語叢四》的"善使其民者,若四時一逝一來,而民弗害也","逝"字《郭簡》原從"裘按"釋爲"遣"。按四時之往來皆爲自身的動作,説成爲他物所"遣",從意思上看並不很好。李零曾説:"（逝）字與'去、往'等義相近,讀'逝'亦通。"但後來他又放棄了此説,改爲仍釋讀作"遣"。按古書"逝"與"來"對言多見,如《楚辭·九歌·少司命》:"荷衣兮蕙帶,儵而來兮忽而逝。"《管子·内業》:"静則得之,躁則失之,靈氣在心,一來一逝。"又"逝"訓爲"往"乃其常訓,古書"往"與"來"相對,説四時寒暑"往來"之語習見,如《周易·繫辭下》:"寒往則暑來,暑往則寒來,寒暑相推,而歲功成焉。"所以,"四時一逝一來"釋讀爲"四時一逝一來"文意更勝。古文字從"辵"與從"止"往往無別,"逝"與《性情論》的"歱"當爲一字,也許就可以看作"逝"字異體。

以"畬"形之省體"啇"形和"音"形爲聲旁的字用爲"齧"或"逝",從字形和讀音上也是可以得到合理解釋的。前引裘錫圭、李家浩在論述"畬"形時曾指出,《説文》"辛"字"讀若愆","'愆''遣'讀音相近,所以'書'字加注'辛'聲"。"愆"和"遣"跟"齧"和"逝"從古音來講,其韻部是月元陽入對轉的關係;其聲母則"愆"和"遣"是溪母,"齧"和"逝"是章組禪母,二者也有密切關係。前引孟蓬生文曾舉過不少"刧"（溪母）聲字跟"折"聲和"制"聲字相通的例子,可爲溪母字之"遣"通從"折"聲之"逝"的佳證。此外又如"聲"（書母）從"殸（磬）"（溪母）得聲,"樞"（昌母）從"區"（溪母）得聲,同爲從"夬"得聲的"缺"是溪母字、"映（啜字異體）"則是昌母字;古書"觭"（溪母）或與"掣"（昌母）相通;這些都可以看作跟"辛"聲字與"齧、逝"相通是同類的現象。還有,我們知道,"辛"跟"丯"本爲一字,而"丯"字之音"讀如蘗（蘖）",是"乂"和"刈"字的初文,其古音在疑母月部,跟禪母月部的"齧"和"逝"也相去不遠。如"斥（厈）"從"屰"聲、"杵"從"午"聲、"燒"從"堯"聲、"勢"從"埶"聲等,這些都是諧聲系統中章組字以疑母字爲聲符的例子,跟從“畜、啻”形之字或以“亏”爲聲符而可以表示“噬”和“逝”相類。又疑母月部的“埶”字在古文字和古書中都常常用來表示書母月部的“設”字,也是同類的現象。總之,以“畜”形之省體“啻”形和“音”形爲聲旁的字,跟“噬”和“逝”是有相通之理的。

　　孟蓬生、王寧都認爲“嚳”形中所從的“音”形爲“辥”字,我們不能同意。因爲只要聯繫上“畜、啻”兩形,就可以知道“音”形只能解釋爲“畜”形之省。不過“辥”字本身也是以“亏”爲聲符的,他們在此基礎上對“嚳”跟“齧”和“噬”的關係的分析,尤其是孟蓬生所舉“刉”聲字(“齧”從“刉”聲)跟“折”聲和“制”聲字相通的例證,對於説明從“音”聲之字之所以能表示“噬”和“逝”,仍然是有很大幫助的。請讀者參看。

　　根據上舉衆多研究者意見中的合理部分,我認爲《性自命出》《性情論》的“猷、壴”當釋讀爲“滯”。

　　從讀音來講,以“畜”形及其省體“啻”形、“音”形爲聲旁的字既然可以用來表示“逝”和“噬”,那麼用來表示跟“逝”和“噬”讀音也非常接近的“滯”,當無問題。從“帶”得聲的字跟從“折”和從“筮”得聲之字相通,古書中例子頗多。從用字習慣來講,楚文字中尚未見到“滯”字或其他用以表示“滯”這個詞的字,讀爲“滯”跟楚文字的用字習慣也不存在衝突。

　　從文意來講,此處簡文下文所説的“貌欲莊而毋伐”,“莊”跟“伐”之間並非如“動、靜”“剛、柔”那樣係完全對立的關係。古書“矜莊”常常連用,“莊”是跟“矜”有密切聯繫的,“貌欲莊而毋伐”是説容貌要莊重,但要注意不可過於莊重而走向不好的另一方面“矜伐”。“行欲勇而必至”的“勇”和“必至”的關係,跟“莊”和“毋伐”的關係相類。行動勇猛,則往往容易半途而廢,所以要强調“必至”即一定要堅持到底。“身欲靜而毋滯”同樣如此,“滯”是完全的“停滯、凝滯”不動,是簡文所反對的。古書“滯”多訓爲“止”,而且這種“止”偏重指“(過分的、完全的)靜止不動”一類義,有不好的、負面的意味。如《吕氏春秋·情欲》云“筋骨沈滯,血脈壅塞”,《淮南子·俶真》云“血脈無鬱滯”,又《主術》云“無爲者,非謂其凝滯而不動也”,等等。東漢蔡邕《太傅胡廣碑》云:

　　　　僉謂公之德也,柔而不犯,威而不猛,文而不華,實而不朴,<u>靜而不滯</u>,動而不躁……

“靜而不滯”可爲簡文釋讀爲“身欲靜而毋滯”之佳證。又《文選》卷十八晉成公子安《嘯賦》謂“行而不流,止而不滯”,亦可爲參考。

《戰國竹書論集》頁 50—56,2013;原載《古墓新知》

△按　陳偉最早把郭店·性自62 ![字]字與"歓"字聯繫起來,大西克也進而指出 ![字]字即"歓"字之異體,甚是。陳劍認爲此字"言"旁是從"畜(書)"旁訛省而來的,我們基本同意這種意見,不過此字的"畜(書)"旁之所以變成了"言"旁,除了出於簡省的需要以外,大概還考慮到了兩者在讀音上的關聯,上古音"畜(書)"屬溪母元部,"言"屬疑母元部,讀音是比較接近的。因此,此字不應該與"歓"字統一隸定,而仍應單獨隸定爲"訧"。上博三·彭祖2"訧"字音義待考。

痦

集成10276 塞公孫痦父匜　　上博三·周易7　　新蔡甲三215

楚帛書　　璽彙2630

○商承祚(1964)　(編按:楚帛書"民祀不痦")痦即莊。

《文物》1964-9,頁14

○吳振武(1983)　2630行痦·行痦。

《古文字學論集》(初編)頁508

○李零(1985)　(編按:楚帛書)痦,商承祚釋莊,謂與趞亥鼎"莊"(![字])字同字異形,兩字異形而云同字,可疑。今按此字見於1969年湖北枝江百里洲出土的考叔痦父匜和寅公孫痦父匜,這個字從言,據于省吾考證"甲骨文有言無音,往往以言爲音,讀爲歓饗之歓,周代金文的言與音以及偏旁中從言、從音,每互作無別"(《甲骨文字釋林》459頁),這裏的痦即應讀爲歓饗之歓。《左傳》昭公元年:"神怒民叛,何以能久? ……神怒,不歓舊祀;民叛,不即其事。祀事不從,又何以年?"定公五年:"死者若有知也,可以歓舊祀。"歓字的用法與此相同。《説文》:"歓,神食氣也。"

《長沙子彈庫戰國楚帛書研究》頁62—63

○劉信芳(1996)　(編按:楚帛書)痦　讀如"莊",惟漢儒避明帝劉莊諱,改典籍"莊"爲嚴,"莊"之本義已失傳。"民祀不莊"謂"淫祀"也,《禮記·曲禮下》:"非其所祭而祭之,名曰淫祀,淫祀無福。"《漢書·地理志》論楚地之俗:"信巫鬼,重淫祀。"

《中國文字》新21,頁96—97

○濮茅左(2003)　(編按:上博三·周易7)"痦",從言,爿聲,字亦見《璽印彙編》

（二六三〇），讀作“藏”，《説文·艸部》：“藏，匿也。”徐鉉按：“《漢書》通用臧字，从艸後人所加。”或讀爲“壯”。

《上海博物館藏戰國楚竹書》（三）頁 146

○賈連敏（2003） 痁。

《新蔡葛陵楚墓》頁 195

訧

上博六·用曰 3

○張光裕（2007） 誇。

《上海博物館藏戰國楚竹書》（六）頁 288

△按 此字右旁吳振武釋“豕”，陳偉（《〈用曰〉校讀》，簡帛網 2007 年 7 月 15 日）據此讀此字爲“重”，認爲是“著重、看重”之意。此字右下部分李守奎認爲是“主”旁，李鋭（《讀〈用曰〉札記》[二]，簡帛網 2007 年 7 月 20 日）據而隸定此字爲“誜”，疑讀爲“祝”。陳劍（《試説戰國文字中寫法特殊的“兂”和从“兂”諸字》，《出土文獻與古文字研究》3 輯 180 頁，復旦大學出版社 2010 年）釋爲“訧”，謂“意義不明，待考”。

詠

睡虎地·日甲 81 背

○劉樂賢（1994） 詠即詟，人名用字，《宋史·宗室世系表》有“（趙）與詟、（趙）孟詟”。

《睡虎地秦簡日書研究》頁 273

訟

上博二·容成 22

○李零（2002） “訟”是“訟”的異體字。

《上海博物館藏戰國楚竹書》（二）頁 267

○**陳劍**（2004）　　禹乃建鼓於廷，以爲民之有謁告者鼓（?）焉。

《上博館藏戰國楚竹書研究續編》頁 330

○**顔世鉉**（2004）　　簡文“詁告”讀爲“愬告”，“愬”即“告”也。《詩·邶風·柏舟》：“薄言往愬，逢彼之怒。”朱熹《詩集傳》：“愬，告也。”《楚辭·九思·憫上》：“思怫鬱兮肝切剥，忿悁悒兮孰訴告。”《後漢書·獨行傳·諒輔》：“至令天地否隔，萬物焦枯，百姓喁喁，無所訴告。”“訴告”，又可倒言爲“告愬、告訴”。（中略）此“告愬、愬告”，指向上申訴之意。

《簡帛》1，頁 189—190

詁

詁 郭店·老甲 4

○**荆門市博物館**（1998）　　（編按：郭店·老甲 4）天下樂進而弗詁（厭）。

《郭店楚墓竹簡》頁 111

○**袁國華**（1998）　　“詁”字見《老子》甲第 4 簡，字形作詁。將簡本、馬王堆帛書甲乙本以及王弼本臚列如下：

簡本　　　　　　　天下　　樂進而弗詁
馬王堆帛書甲本　　天下　　樂隼而弗猒也
馬王堆帛書乙本　　天下皆樂誰而弗猒也
王弼本　　　　　　是以天下　　樂推而不厭

“詁”字所處位置，正與“厭”“猒”等字相當，故《郭店楚簡》於“詁”字後以括號標注，表示“詁”相當於“厭”字，但未加以説明。近有學者指出“詁”從“占”得聲，與“厭”聲音殊遠，似無通假條件，並進一步推論云“疑假借爲‘詹’”，又引《説文》及《玉篇》等字書爲據，認爲“詁”或“詹”均爲“多言”之義。

　　拙見認爲“詁”字仍以讀同“厭”爲佳。從“詁”字的構形分析，字從“言”從“占”，就是省略聲符的“詣”字。過去李運富先生已指出楚簡“結”即“綪”字的同音異體字，云：

　　　　又望山二號墓簡 8 有“生結之裏”的説法，顯然與包山簡“生綪之緄”之類的説法同例，望簡的“結”就是包簡的“綪”。前者既可以看作後者的省體（省去“肉”構形），也可以當成另從“占”聲的同符異構字（“占”與“肎”字異聲同）……

華按:"詁"仍當以視作省略聲符的"縎"字爲是。故"詁"亦係省略聲符的
"誚"字,仍讀同"厭"。"厭"字見簡本《緇衣》第 46 簡:

　　《詩》云:"我龜既猒(厭),不我告猶。"
"厭"字作"猒",即從"肙"得聲,"肙"同"肙",可見"詁"從"言"從"肙"省,亦得
讀同"厭"。

《中國文字》新 24,頁 137—138

○張桂光(1999)　　此字釋文隸作"詁",至確。唯讀"天下樂進而弗詁"之
"詁"爲"厭",則似有可商。這顯然是受了傳世本"是以天下樂推而不厭"及
帛書本"天下樂隼而弗厭也"之影響所致。雖然"詁、厭"二字同屬談韻,但
"詁"爲舌音知母字,"厭"爲喉音影母字,聲母相去甚遠,未可輕易言"通"。
以聲類求之,似不如讀"詁"爲"讒"來得妥帖。"詁、讒"同屬談韻,"詁"字所
屬之舌音知母與"讒"字所屬之齒音崇母爲舌齒鄰紐,聲韻相通的理由自然比
讀"詁"爲"厭"來得充分了;而"天下樂進而弗讒"意爲"天下的人都樂於推舉
他而不説他的壞話",於上下文理亦更爲順暢,因此,"詁"字確當以讀"讒"
爲宜。

《古文字論集》頁 172,2004;原載《江漢考古》1999-2

○顔世鉉(2000)　　《老子》甲簡 4"天下樂進而弗詁","進"帛書甲本作"隼"
(推),乙本作"誰"(推),王本作"推"。《禮記·儒行》:"適弗逢世,上弗援,
下弗推。"鄭注:"推,猶進也,舉也。"孔疏:"下,謂民人也。推,謂進舉也。言
身在下,不遇之時,又不爲民下所薦舉也。"簡文"進"與別本"推"同義,爲薦
舉也。"詁",帛書本作"猒"(厭),王本作"厭"。"占"爲章紐談部,"厭"爲影
紐談部,"詁"可讀作"厭",馬王堆醫書《雜療方》有"鹰斯",《注釋》引《爾
雅·釋蟲》:"螰,蛄蟴。""鹰斯"即"蛄斯",是一種螫人的毛蟲。《淮南子·主
術》:"是故人主覆之以德,不行其智,用其心,則獨身不能保也。夫舉踵天下
而得所利,故百姓載之上,弗重也;錯之前,弗害也;舉之而弗高也,推之而弗
猒。"《管子·形勢解》:"堯舜,古之明主也。天下推之而不倦,譽之而不猒,久
遠而不忘者,有使民不忘之道也。"此當與《老子》文有所關聯。"厭"(猒)當
是憎惡之意,《淮南子·主術》:"上操約省之分,下效易爲之功,是以君臣彌久
而不相猒。"高注:"猒,欺。"楊樹達《淮南子證聞》:"猒,倦也,憎也。"簡文"天
下樂進而弗詁(厭)"意爲:普天下的老百姓樂於推舉、擁戴他而不會有所
憎惡。

《郭店楚簡國際學術研討會論文集》頁 100

說　䛬

故宮 466

璽彙 1131　　璽彙 2003

○羅福頤等（1981）　說　《説文》所無，《玉篇》：“說，詛也。”

《古璽文編》頁 55

△按　《集韻》宥韻：“咒，詛也。古作祝。或从言。”說，典籍多作“呪”，與“咒”皆一字之異體。

註　䛐

璽彙 3428

△按　戰國文字“註”字从音作“䛐”，見本卷音部。

訕

包山 7

○劉彬徽、彭浩、胡雅麗、劉祖信（1991）　訕，讀如賀，《説文》：“以禮相奉慶也。”

《包山楚簡》頁 40

誀　韻

璽彙 0819

○羅福頤等（1981）　《説文》所無，《玉篇》：“誀，誘也。”

《古璽文編》頁 56

△按　《玉篇》《廣雅》訓“誀”爲“誘”，《集韻》止韻：“恥，《説文》：‘辱也。’或作誀。”又以“誀”爲“恥”之異體。古文字从言、从心每不別，故訓誘之“誀”與“恥”字之異體“誀”應該是一對同形字。“誀”在璽印中用爲人名，具體音義待考。

訴

訴 郭店・緇衣 30　　　訴 上博五・弟子 11

△按　"慎"之異體,卷十心部重見。

誃

誃 睡虎地・語書 12

○**睡簡整理小組**(1990)　（**編按**:睡虎地・語書 12"誃訛醜言庶斫以視［示］險"）誃,疑讀爲駤,《淮南子・脩務》注:"忿戾,惡理不通達。"《説文》作鼀,云"讀若摯",與訛古音同部。

　　　　　　　　　　　　　　　　　　　　　　《睡虎地秦墓竹簡》頁 16

説

説 新收 491 甕鎛　　　説 新收 496 甕鎛

○**張亞初**(1993)　下面一句"穌平均煌"是講鐘的音色和音質。穌訓協和,平訓舒展,均講合律。煌或作説。説讀光,光、煌都有廣、遠和盛的義訓。這是形容鐘聲的悦耳動聽。

　　　　　　　　　　　　《第二屆國際中國古文字學研討會論文集》頁 305

○**李家浩**(1998)　"韹"字原文作从"音"从"光"聲,當是"韹"字的異體。《爾雅・釋訓》:"鍠鍠,樂也。"陸德明《釋文》"鍠鍠"作"韹韹",注云:"《詩》作'喤喤',華盲反。"按陸氏所説的"喤喤"見於《詩・周頌・執競》,原文説"鐘鼓喤喤",毛傳:"喤喤,和也。"古代重言字可以單説。鐘銘的"韹"字也應該是樂聲之和的意思。

　　　《著名中年語言學家自選集・李家浩卷》頁 73,2002;原載《北大中文研究》

喿

喿 集成 11540 鄎王喿矛　喿 集成 11305 鄎王喿戈　喿 集成 11350 鄎王喿戈　喿 璽彙 3892

○**高田忠周**(1925)　(編按:郾王詈戈)他戈云郾王職乍,均皆王名。此篆從言從
吅,當譁字古文。《説文》:"譁,讙也。從言,華聲。"蕐從吅聲,故譁原從吅爲
聲。古簡後絲,猶懼古文作思也。要詈亦原同吅,《説文》:"吅,驚嘑也。從二
口,讀若讙。"或作嚾作喧,皆爲俗字。凡字在言部者,古文多從口,此古始以
口兼言故也。以是凡字從言又從口者,其言必後世所加也,然則詈亦吅字,不
容疑矣。或云,詈即謣省,然謣即叒異文,而叒字意主於屰,古文作器,亦主於
义,此篆不從屰义,非叒字明矣。《後漢書·劉盆子傳》"爭言讙呼",即驚嘑之
謂也。《漢書·陳平傳》"諸將盡讙",注:"囂而議也。"《霍光傳》"又聞民閒讙
言",注:"眾聲也。"即讙譁之謂也。吅讙同字可知矣。

《古籀篇》53,頁 11

○**李學勤**(1957)　詈的兵器和昭王的極似,他最可能是惠王。

《文物》1959-7,頁 54

○**羅福頤等**(1981)　詈　與郾王詈戈詈字同。

《古璽文編》頁 31

○**河北省文物管理處**(1982)　郾王詈可能是武成王。(編按:詳參卷十二戈部"戎"
字下【戎人】條)

《文物》1982-8,頁 49

○**李學勤、鄭紹宗**(1982)　這個燕王的兵器,以往著録也比較少。從建國以
來出土和蒐集的同王兵器看,其銘文多用"爲"而不用"作",與燕王喜的器銘
接近,而與昭王、戎人、胶的銘文不同,也許他的時代更近於王喜。過去我們
曾猜測他是惠王,恐不準確。"詈"字疑爲"謣"字之省,陳夢家同志《六國紀
年》説他是王噲,是沒有根據的。

《古文字研究》7,頁 125

○**石永士**(1985)　王詈兵器上使用的動詞"乍",也用"造",用"乍"接近於戎
人,用"造"接近於王喜,因此,他可能是燕武成王(前 271 年至前 258 年)。郾
王喜即燕王喜(前 254 年至前 222 年)。

《中國考古學會第四次年會論文集》頁 105

○**湯餘惠**(1993)　詈,舊不識,或疑爲謣字之省。此字疑從言,吅聲,或即古
文讙字,今作喧。《説文》:"吅,驚嘑也……讀若讙。"另一種可能,吅爲品之
省,從言,品省聲,即囂字異文。《説文》:"囂,聲也……嚻,囂或省。"燕王詈是
哪一位燕王? 1973 年河北易縣燕下都第二十三號遺址出土 108 件銅戈,其中
93 件有王名,所涉及的燕王共四人:職、戎人、詈、喜。從銘文用語的情況看,

職和戎人多用“作”（共 65 例，64 例用“作”，1 例用“授”），而暂和喜則多用
“授”（共 28 例，26 例用“授”，2 例用“作”），我們曾指出用語習慣上的雷同，
似可表明暂和喜是時代相近的兩王，喜是燕王喜，已成定論，那麼暂則很可能
就是喜的父親燕孝王。

《戰國銘文選》頁 65

○**馮勝君**（1998）　郾王暂戈銘文亦僅稱郾王，然銘中動詞多用“愿”而罕用
“乍”，其年代無疑應在郾王戎人之後。

《華學》3，頁 245

○**何琳儀**（1998）　暂，從言，吅聲。疑讙之省文。《説文》：“讙，譁也。從言，
雚聲。”

　　燕王暂器暂，讀噲。會、元、雚音系可通。《詩・衛風・淇奥》“會弁如
星”，《吕覽・上農》注引會作冠。《爾雅・釋艸》：“雚，芄蘭。”即《説文》：“芄
蘭，莞也。”是其佐證。燕王噲，見《史記・燕世家》。

《戰國古文字典》頁 981

詷

天星觀

○**滕壬生**（1995）　詷。

《楚系簡帛文字編》頁 226

會

○**陳佩芬**（2005）　（編按：上博五・競建 2）會（答）。

《上海博物館藏戰國楚竹書》（五）頁 169

△**按**　此字從言，應答之“答”本字。

誇

郭店・語一 35

○**黃德寬、徐在國**（1998）　語一 34 有字作**誖**，原書未釋。包山 164 簡有字作**丂**，此字又見於《璽彙》3648，湯餘惠先生釋爲“万（丏）（**編按：**“丏”當作“丐”）”（《包山楚簡讀後記》，《考古與文物》1993 年 2 月），可從。如此，“**誖**”字應隸作“訪”。簡文“豊（禮）妻（齊）樂霝（靈）則戚，樂每豊（禮）霝（靈）則訪”。“訪”字不見於後世字書，讀爲何字，待考。

《吉林大學古籍研究所建所十五周年紀念文集》頁 107

○**劉釗**（2000）　“樂**敏**禮靈則**誖**”一句，“**敏**”字已有學者釋爲“每”，所釋不誤。“每”在簡文中讀作“繁”或“煩”，皆繁多煩瑣之意。“**誖**”字從言丏聲，可隸定作“訪”，讀作“慢”。古音“丏、曼”皆在明紐元部。“丏、万”本爲一字之分化，“丏”至遲在戰國時已用爲“萬”。《荀子·正論》“曼而饋”，楊注：“曼當爲萬。”既然“丏、万”本爲一字，“万”用爲“萬”，“萬”又通“曼”，則“丏”也應該可以通“曼”。所以從“丏”聲的“訪”可以讀作“慢”。慢字訓爲“放肆、無節制”。

　　古人認爲“禮、樂”都必須有節制，不能過度。不然則“樂勝則流，禮勝則離”（《禮記·樂記》），即所謂“大樂必易，大禮必簡”（《禮記·樂記》）。“樂”一旦過度，則“流”，則“淫”，則“慢”。也必至於“憂愁、悲哀”。“樂極生悲”的道理正來源於此。所以《禮記·樂記》説：

　　　　五者皆亂，迭相陵，謂之慢。
　　　　鄭衛之音，亂世之音也，比於慢矣。
　　　　樂極則憂，禮粗則偏。
　　　　世亂則禮慝而樂淫。是故其聲哀而不莊，樂而不安，慢易以犯節。
　　　　故禮主其減，樂主其盈。禮減而進，以進爲文；樂盈而反，以反爲文。
　　禮減而不進則銷，樂盈而不反則放，故禮有報而樂有反。禮得其極則樂，樂
　　得其反則安。
簡文中“霝”字本訓爲“美善”，在此則指“禮、樂”之過度。所以“禮齊樂霝則戚，樂繁禮霝則慢”的意思是説“禮齊備樂過度就悲哀，樂繁盈禮過度就慢易”。

《郭店楚簡國際學術研討會論文集》頁 85

○**陳偉**（2000）　35 號簡最後一字原未釋。此字左從“言”，右部所從見於包山楚簡 164 號和《古璽彙編》3648，湯餘惠先生釋爲“万（丏）”，讀爲“賓”或“萬”。黃德寬、徐在國先生據此以爲本簡此字從言從万，指出“訪不見於後世字書，讀爲何字，待考”。《唐虞之道》27 號簡“大明不出，万物皆旬”。“万”原

釋爲"完",裘錫圭先生按云:"或疑此字本應作'万'(即《説文》'丂'字),讀爲'萬'。"依湯餘惠先生所舉字形和辭例以及《唐虞之道》27號簡文辭,此字讀爲"賓"或"萬"似可無疑。"萬"與"曼"上古均在元部明紐,音同可通。《荀子·正論》"曼而饋",楊倞注:"'曼',當爲'萬'……列萬舞而進食。"準此,簡文此字當可讀爲"謾"或"慢",指輕慢,大致與"嚴"相對。

　　綜上所述,這段簡文大致是説:禮出於莊嚴,樂出於輕薄。禮多樂少就會拘謹,樂多禮少就會輕慢。

　　　　　　　　　　　　　　　　　　《郭店楚簡國際學術研討會論文集》頁 145

誟

郭店·五行 34　　　　上博四·柬大 19　　　　上博五·三德 3

○**郭店簡整理小組**(1998)　(編按:郭店·五行34)誟(辯)。

　　　　　　　　　　　　　　　　　　　　《郭店楚墓竹簡》頁 150

○**濮茅左**(2004)　(編按:上博四·柬大19)誟(辯)。

　　　　　　　　　　　　　　　　《上海博物館藏戰國楚竹書》(四)頁 212

○**李零**(2005)　(編按:上博五·三德3)外内又誟　讀爲"外内有辨",即外内有別。

　　　　　　　　　　　　　　　　《上海博物館藏戰國楚竹書》(五)頁 290

詨　詨

侯馬 156:20　　新蔡零 170　　秦文字集證 180·696

侯馬 86:1　　侯馬 156:26

○**山西省文物工作委員會**(1976)　詨　委質類被誅討人名。

　　　　　　　　　　　　　　　　　　　　　《侯馬盟書》頁 341

○**高明、葛英會**(1991)　詨　《説文》所無,《類篇》吳人謂叫呼爲詨。

　　　　　　　　　　　　　　　　　　　　　《古陶文字徵》頁 217

△**按**　《玉篇》言部:"詨,大嘑也,呼也,唤也。"

詠

上博一·詩論 9

○ **馬承源**(2001)　誶父　當爲《詩·小雅·鴻雁之什·祈父》篇名。"誶"與"祈"同爲微部,也有可能是傳抄之誤。評詩意爲"責",與"祈父"責"王之爪牙"三章四句内容相合。

《上海博物館藏戰國楚竹書》(一)頁 138

○ **劉樂賢**(2002)　"誶""祈"聲紐不近,似不能通假。從甲骨、金文至秦漢簡帛文字,衣、卒二字常相混,此字可能是从衣得聲。"衣"字古音微部影紐,"祈"字微部群紐,讀音接近。

《上博館藏戰國楚竹書研究》頁 384

誁

秦印　　侯馬 1:89

○ **山西省文物工作委員會**(1976)　誁　宗盟類參盟人名。

《侯馬盟書》頁 341

○ **吳振武**(1984)　盟書中的誁字顯然是从"并"而不从"开",所以不能釋爲"誱"。"并"字本从"从",盟書中"從"字所从的"从"旁作𠔧(《字表》329 頁)便是我們釋𠔧爲"并"的一個直接證據。"誁"字見於後世字書。《集韻》中的"誳"字,《正字通》以爲即俗"誁"字。

《中國語文研究》6,頁 16

△ **按**　《字彙》言部:"誁,説也。"《正字通》言部:"誁,助言也。"

誄

包山 193

○ **劉彬徽、彭浩、胡雅麗、劉祖信**(1991)　誄。

《包山楚簡》頁 32

詷　詻

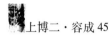上博二·容成 45

新蔡甲三 143　　　新蔡乙一 16

○**李零**（2002）　（編按：上博二·容成 45）詷（厚）。

《上海博物館藏戰國楚竹書》（二）頁 285

○**賈連敏**（2003）　（編按：新蔡乙一 16）詻。

《新蔡葛陵竹簡》頁 202

○**何琳儀**（2004）　公子號命後生（乙一：14）

“後”，原篆左從“言”，右從“後”之初文。

“後生”，後嗣子孫。《詩·商頌·殷武》“以保後生”。本簡應是人名，參齊兵後生戈“後生”。

《安徽大學學報》2004-3，頁 9

詴

信陽 2·2　　　包山 161　　　九店 56·16　　　上博四·曹沫 27

○**劉彬徽、彭浩、胡雅麗、劉祖信**（1991）　詴，借作讀。《廣雅·釋詁二》：“讀，説也。”《莊子·則陽》“號而讀之”，李注：“猶語也。”

《包山楚簡》頁 41

○**李零**（1993）　投訴或移送投訴叫“投”（按：原從言從豆）。

《李零自選集》頁 136，1998；原載《王玉哲先生八十壽辰紀念文集》

○**陳偉**（1994）　“詴”在包山司法簡中常常用到，現有讀、訴、投幾種釋讀。簡文中在詴者、被詴者均有記述並且身份比較明確的場合，前者地位均高於後者。如：

君王詴僕於子左尹　15、16

子左尹詴之新佶迅尹　16

子郘公詴之於陰之數客　134

執事人（應指湯公）詴陰人宣糒、苛冒、舒逤、舒娌、舒慶獄於陰之正

131

見日以陰人舒慶之告誣僕（湯公）　137 反

由此推測，誣是上級對於下級的行爲。豆、主古音爲侯部疊韻，可相通假。如《方言》七：“偋眙，逗也。”郭璞注：“逗即今住字也。”《後漢書·光武帝紀下》“追虜料敵不拘以逗留法”，李賢注：“逗，古住字。”《一切經音義》十七：“駐，古作住、尌、侸、逗四形。”誣蓋爲註即注。注、屬章母雙聲，古書中常見通假之例。如《戰國策·秦策四》“頃襄王二十年”章“一舉衆而注地於楚”，高誘注：“注，屬。”《國語·晉語五》“則恐國人之屬耳目於我也”，韋昭注：“屬，猶注也。”屬有委托交付之意。《荀子·禮論》“天子之喪，動四海，屬諸侯”，楊倞注：“屬，謂托付之，使主喪也。”《呂氏春秋·貴公》“寡人將誰屬國”，高誘注：“屬，托也。”《史記·高祖本紀》“乃以秦王屬吏”，《正義》云：“屬，付也。”《漢書·王莽傳上》“屬予以天下兆民”，顏注云：“屬，委付也。”誣字用例與這些文義略同，似可讀作屬，表示上級官員將訟獄交付給下級官員辦理。

《江漢考古》1994-4，頁 68

○**陳偉**（1996）　誣在文書簡中屢屢出現。凡在誣者、被誣者均有記述並且身份比較明確的場合，前者地位均高於後者。

　　（中略）簡文“誣”大概是註即注字。注、屬章母雙聲，古書中常見通假之例。如《戰國策·秦策四》“頃襄王二十年”章“一舉衆而注地於楚”，高誘注：“注，屬。”《國語·晉語五》“則恐國人之屬耳目於我也”，韋昭注：“屬，猶注也。”屬有委托交付之意。《荀子·禮論》“天子之喪，動四海，屬諸侯”，楊倞注：“屬，謂托付之，使主喪也。”《呂氏春秋·貴公》“寡人將誰屬國”，高誘注：“屬，托也。”《史記·高祖本紀》“乃以秦王屬吏”，《正義》云：“屬，付也。”《漢書·王莽傳上》：“屬予以天下兆民”，顏注云：“屬，委付也。”誣字用例與這些文義略同，似可讀作屬，表示上級官長將訟獄交付給下級官員辦理。

《包山楚簡初探》頁 29—30

○**劉釗**（1998）　簡 15、16、161、193、195、196 等有字作“𧪦”，字表隸定作“誣”。考釋（44）謂“借作讀，《廣雅·釋詁二》：‘讀，説也。’”按“誣”應讀作“訴”。“誣”從豆得聲，古音在定紐侯部，“訴”從斥得聲，古音在邪紐鐸部，古邪紐讀作定紐，“訴”所從之“斥”乃“㡰”字之分化，由“㡰”分化出“斥”和“尺”，皆讀舌音。如從斥得聲的“柝、跅”皆讀爲透紐可證。訴，告也，訟也，告訴冤枉也。“誣”讀爲“訴”，與簡文文例正合。簡 195“所誣於少里喬罷尹罕”，即“所訴於少里喬罷尹罕”，簡 196“所誣於王私司敗邊”即“所訴於王私司敗遏”。

○**何琳儀**(1998)　䛬,从言,豆聲。《廣韻》:“䛬,䛬謱,不能言也。”

信陽簡“䛬縷”,讀“短屨”,猶後世之“短靴”。包山簡䛬,不詳。

《戰國古文字典》頁 370

○**劉信芳**(2003)　讀爲“屬”,郭店《老子》簡 1:“或䚻豆。”“豆”字帛書本作“屬”,屬者,托付也。“屬僕於子左尹”,將司敗若的訴狀轉告左尹,責成左尹承辦。

就“䛬”之字形而言,應釋“誅”之異構(楚簡未見“誅”字)。《白虎通·誅伐》:“誅猶責也。”

《包山楚簡解詁》頁 25—26

○**李零**(2003)　(編按:上博三·亙先 10)墅天下之名虛䛬　讀舉天下之名虛樹。

《上海博物館藏戰國楚竹書》(三)頁 296

○**廖名春**(2004)　(編按:上博三·亙先 10)當讀爲“屬”,兩字聲母相同而韻母相近,故可通用。正因爲“名非名,無謂名”,所以“天下之名虛屬”,屬於虛無。《韓非子·八姦》:“示之以利勢,懼之以患害,施屬虛辭,以壞其主。”《制分》:“故愚怯勇慧相連,而以虛道屬俗而容乎世。”

《中國哲學史》2004-3,頁 90

○**李零**(2004)　(編按:上博四·曹沫 27)䛬　讀“誅”,指懲罰。

《上海博物館藏戰國楚竹書》(四)頁 260

【䛬事】

○**李家浩**(2000)　(編按:九店 56·16)《玉篇》言部:“䛬,丁逅切。䛬謱,詀諛也。”《廣韻》卷四候韻:“䛬,䛬謱,不能言也。”“䛬謱”是一個聯綿詞,簡文的“䛬”當與此無關。包山楚墓竹簡司法文書部分常見“䛬”字。例如一五號、一六號簡:“僕㠯(以)告君王,君王䛬僕於子左尹,子左尹䛬之新偌(造)迅尹丹,命爲僕至(致)典。”一六一號簡:“厩仿司馬婁臣、厩仿史婁佗、嘉事令㠯(以)王命䛬之正。”一三七號簡反面:“僕軍造言之:見日㠯(以)郘(陰)人綏慶之告䛬僕,命速爲之劙(斷)。”一七一號簡:“所䛬於發利⋯⋯”細繹文義,上對下而言用“䛬”,下對上而言用“告”。有人認爲“䛬”“似可讀作屬,表示上級官長將訟獄交付給下級官員辦理”(陳偉《包山楚簡初探》30 頁,武漢大學出版社 1996 年)。也有人認爲“䛬”應當讀爲“諭”,訓爲“告”(史傑鵬《關於包山楚簡司法文書的幾個問題》,北京大學碩士研究生學位論文,1997 年)。

本簡的"誀"大概是指象包山楚簡中那類所"誀"的有關獄訟之事。

　　（二）組一六下坪日占辭有"利以……誀事"之語。考釋[五一]説，包山楚墓竹簡司法文書部分常見"誀"字，例如一七一號簡"所誀於發利……"等，並説有人認爲此字應該讀爲"屬"或"諭"。按《老子》第十九章"故令有所屬"，郭店楚墓竹簡《老子》甲組二號"屬"作"豆"（《郭店楚墓竹簡》三，111頁，文物出版社1998年）。"誀"從"豆"得聲。據此，本墓竹簡"誀事"和包山楚墓竹簡"所誀"等的"誀"，皆當以讀爲"屬"爲是。《吕氏春秋・慎人》："百里奚之未遇時也……公孫枝得而説之，獻諸繆公，三日，請屬事也。"

　　　　　　　　　　　　　　　　　　　　　《九店楚簡》頁71—72、138

【誀縷】

○郭若愚（1994）　（編按：信陽2・2）一兩誀縷（柳）

　　誀爲𦀌之假體，《廣雅・釋器》："𦀌，罻也。"《説文》："罻，魚網也。從网剝聲。"此謂一對網狀的柳衣。

　　　　　　　　　　　　　　　　　　　　　《戰國楚簡文字編》頁66

○彭浩（1995）　（編按：信陽2・2）誀讀作絇，均屬侯韻。（中略）"絇屨"即爲鞋前端有鼻的屨。

　　　　　　　　　　　　　　　　　　　　　《楚人的紡織與服飾》頁178

△按　劉國勝讀"誀縷"爲"侸縷"，見卷八人部"侸"字下【侸縷】條。

誫

上博三・周易38　上博三・周易40

○濮茅左（2003）　（編按：上博三・周易38）"誫"，動，《列子・黄帝》"罪乎不誫不止"，張湛注："罪或作萌，向秀曰：'萌然不動，亦不自止，與枯木同。'"

　　　　　　　　　　　　　　　　　《上海博物館藏戰國楚竹書》（三）頁188

謳　謱

璽彙2530　璽彙2531　璽彙4889

○羅福頤等（1981） 謹 《説文》所無,《玉篇》:"謹,捔也。"

《古璽文編》頁 55

○何琳儀（1998） 謹,從言,巠聲。《玉篇》:"謹,捔也。"

　　鄣子戈謹,讀經。姓氏。（中略）齊璽"謹事",讀"經事"。猶"常事"。《史記·太史公自序》:"守經事而不知其宜,遭變事而不知其權。"

《戰國古文字典》頁 785

【謹事昼志】

○羅福頤等（1981） 謹事得志。

《古璽彙編》頁 443

圖二十四
謹事得志

○葉其峰（1983） "謹事得志"（圖二十四）。"謹"字《説文》所無,從言巠聲,讀作經。"志"讀作"知"。《禮記·哀公問》:"公曰:'寡人蠢愚,宜煩子志之者也。'"（編按:引文有誤,"蠢"當爲"惷","宜"當爲"寊","者"當爲"心"。）鄭注:"志,讀爲識,識,知也。"經事得知意猶對某事物有所經驗以後就可得到知識。這一成語,具有唯物主義認識論的性質。與後期墨家提出的知識來源於對客觀事物的接觸（《墨子·經上》"知,接也"）,並由此才能模寫出外界事物的面貌（《經説上》"以其知遇接而能貌之"）的觀點,與荀子提出的知識是由耳、目對外界事物的感覺,再經"天官"思維後才獲得（《荀子·正名》"徵知,則緣耳而知聲可也,緣目而知形可也,然而徵知必將待天官之當簿其類然後可也"）的觀點是一致的。

《故宮博物院院刊》1983-1,頁 76—77

誽　誽

誽 璽彙 1798

○羅福頤等（1981） 《説文》所無,《玉篇》:"誽,諍語也。"

《古璽文編》頁 56

諺

諺 上博二·從甲 3

△按 "教"字之異體,本卷教部重見。

詞　誻

上博一·緇衣 4　　　上博二·子羔 12　　　上博三·亙先 1　　　璽彙 5633

上博四·柬大 12　　　上博四·柬大 14

○**何琳儀**（1998）　詞，从言，司聲（省口）。《説文》：“詞，意内而言外也。从司，从言。”

陳喜壺“詞客”，讀“司客”，官名。

《戰國古文字典》頁 111

○**周鳳五**（1999）　是故亡乎其身而存乎其治，雖重其命，民弗中之矣（第五簡）

治，《郭簡》原釋“詞”，按，字从言从司，似可徑釋爲“詞”。但此字又見於第二三簡：“橢之弇也，詞之功也。”意爲橢圓形成爲正圓形，是琢磨整治的功效；字雖从言从司，然必讀作“治”而文意始可通。至於確鑿無疑的“詞”字，則見於第二九簡：“道不悦之詞。”字从口从司，與此字顯然有別。簡文“亡乎其身而存乎其治”承上文而言，強調治民者必須反求諸己，身體力行；若自己做不到卻用來要求人民，則“雖重其命，民弗從之矣”，意謂即使三令五申，人民也不服從。

《古文字與古文獻》頁 44—45

○**李零**（1999）　211—213 頁：與。

按：211 頁 4 行 1、2 字作𠙶，應釋“台”。上所从与非牙字，乃厶（台）之變。《信》125 頁（簡 1-026）釋“𠮷”讀“歟”，126 頁（簡 1-46）釋“歟”，《望》74 頁（簡 70）釋“㗊”，皆屬誤釋。簡文此字無論單用或作偏旁皆同“台”。

《出土文獻研究》5，頁 143

○**劉信芳**（2000）　不詒其所能　其所能既不相欺矣，則君能足用臣之材。《説文》：“治，相欺詒也。”上文云“下難知則君長勞”，此則言臣事君，既言其所不能，如明其所能，上易知臣，如是則君不勞矣。《郭店》釋“詒”爲“詞”，裘按讀爲“辭”。其實該字可以直接隸定作“詒”。類似字形，可參《尊德義》簡五“禹以人道治其民”之“治”字。

《郭店楚簡國際學術研討會論文集》頁 167—168

○**陳佩芬**（2001）　（編按：上博一·緇衣 4）《説文》未見，爲“詒”之本字。郭店簡作

"訋"。

《上海博物館藏戰國楚竹書》(一)頁 178

○陳偉武(2002)　郭簡稱:"各以濟訋毀也。"(13.108)今按,整理者以訋爲詞,甚確。"訋"當是"詞"之初文,从言,弓聲。《字典》另收有"詞"字,云:"同'詞'。《集韻·之韻》:'詞,古作詞。'《字彙補·言部》:'詞,《韻鑰》古詞字。'"《汗簡》卷一以𢔉爲辭,黃錫全先生注:"三體石經《多士》辭字古文作𢔉,此其訛省形,誤从冂。孫海波於石經𢔉下云:'此蓋假詞爲辭,𢔉乃司字之訛,嗣字所从司訛作𢔉與此同。'(《魏三字石經集録》)"

《中國文字研究》3,頁 125

○馬承源(2002)　(編按:上博二·子羔 12)句(后)稷(稷)之母,有會(邰)氏之女也。

《上海博物館藏戰國楚竹書》(二)頁 197

○李零(2003)　(編按:上博三·亙先 1)"又=訋=",重文,讀爲"有始,有始",後二字屬下句。

《上海博物館藏戰國楚竹書》(三)頁 289

○濮茅左(2004)　(編按:上博四·柬大 12)帝牉命之攸,者侯之君之不[能詞者]"詞"讀爲"祠",供奉鬼神或先賢的廟屋。

《上海博物館藏戰國楚竹書》(四)頁 205

(編按:上博四·柬大 14)一人不能詞正,而百眚曰幽　"詞"讀爲"治"。

《上海博物館藏戰國楚竹書》(四)頁 205、207

○李守奎、曲冰、孫偉龍(2007)　此字在楚文字中習見,有"始、辭、治"等多種讀法。其字形是由"㠯"和"弓"兩個基本聲符構成的雙音符字。字形隸作"訋、詞、訰"皆有理據。

《上海博物館藏戰國楚竹書(一—五)文字編》頁 436

△按　此字或徑釋爲"詞"(駱堅群主編《浙江省博物館典藏大系·方寸乾坤》25 頁,浙江古籍出版社 2009 年)。施謝捷(《說"旬(訋与囗)"及相關諸字》[上]66 頁,《出土文獻與傳世典籍的詮釋——紀念譚樸森先生逝世兩周年國際學術研討會論文集》,上海古籍出版社 2010 年)指出此字就字形而言釋爲"詞、詒"皆可,認爲在用法不明的情況下"最好按原構形隸定"。故今於言部單立字頭。

詘

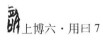上博六·用曰 7

○張光裕（2007）　其言之詘　“詘”即“詘”，字本通“屈”。

《上海博物館藏戰國楚竹書》（六）頁 294

△按　此字从尾，何有祖（《上博六〈用曰〉研讀》，《考古與文物》2010 年 5 期 95 頁）讀爲“娓”。

誚

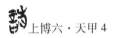上博六·天甲 4

○曹錦炎（2007）　“誚”，原篆“肖”旁上部構形疑有訛誤。“誚”，責備，《書·金縢》：“于後公乃爲詩以貽王，名之以《鴟鴞》，王亦未敢誚公。”

《上海博物館藏戰國楚竹書》（六）頁 315

△按　陳偉（《〈天子建州〉校讀》，簡帛網 2007 年 7 月 13 日）認爲此字右旁可能是“眚”字之訛，進而訓爲“敗也”。李佳興（《〈天子建州〉試釋二則》，復旦大學出土文獻與古文字研究中心網 2009 年 11 月 26 日）釋爲“誚”而讀爲“譙”。此字右旁與“肖”不同，又見於上博五·競建 4 字，該字季旭昇（《上博五芻議》[上]，簡帛網 2006 年 2 月 18 日）釋爲“孽”。

諫

璽彙 3416　　璽彙 3546　　璽彙 5284　　陶彙 4·66

○羅福頤等（1981）　諫。

《古璽文編》頁 52

○吳振武（1983）　2808□諫·□諫。

　3416 訟生諫·訟生諫。

　5284 諫·諫。

《古文字學論集》（初編）頁 510、515、524

○高明、葛英會（1991）　諫。

（《古陶文字徵》頁 218）

△按　此字見於燕文字資料,多用作人名。《字彙》言部:"諫,多言。與諫不同,俗誤以爲諫。"

謌

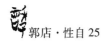璽彙 1546

○**羅福頤等**(1981)　謌。

《古璽文編》頁 56

○**陳爾俊**(1986)　此字見璽 1546,《彙編》《文編》均隸定作謌,無釋。按:隸定無誤,惟字當釋許。許從言,午聲,璽文增心爲疊加意符。這種疊加意符的現象,古文字中屢見不鮮。如德字,陳侯因𰯲敦作悳,從心,㦛(直)聲,蔡侯鐘作謐,疊加意符"言";胡簋之胡,金文或作鈷,或又疊加意符"皿",寫作𣃟;許字,毛公鼎從言,午聲,舀鼎作話,疊加意符"口"。上文説過,心、言作爲意符使用時可以互通,故許字疊加"心"字,仍當釋許。璽文"孫許",乃人名。

《文物研究》2,頁 100

誖

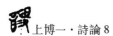郭店 · 性自 25

○**郭店簡整理小組**(1998)　誖。

《郭店楚墓竹簡》頁 180

○**李零**(1999)　讀爲"悸"。"悸如"形容動心。

《道家文化研究》17,頁 509

△按　上博一 · 性情 15,字正作"悸"。"誖"當即"悸"字之異體,亦言、心二旁通用之例。

諀

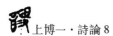上博一 · 詩論 8

【諀言】

○**馬承源**(2001)　"諀"字《説文》所無,從言,卑聲,當讀爲"諞"。《尚書 · 秦誓》:"惟截截善諞言,俾君子易辭。"

《上海博物館藏戰國楚竹書》(一)頁136

○**李零**(2001)　"諀言"是訾議之言,於文可通,不必讀爲"諞言"。

《中華文史論叢》2001-4,頁18

○**黃德寬、徐在國**(2001)　古音諞,並紐真部,卑(諀當从卑聲),幫紐支部。二字韻部相隔較遠,典籍中未見卑、諞相通之例。疑"諀"字當讀爲"譬"。典籍中卑與譬、辟相通,如:《老子》三十二章"譬道之在天下,猶川谷之與(編按:"與"爲"於"之誤)江海"。漢帛書《老子》乙本"譬"作"卑"。《郭店·老子甲》20"譬"字亦作"卑"。《國語·齊語》:"踰太行與辟耳之谿拘夏。"《管子·小匡》"辟耳"作"卑耳"。《説文》:"譬,諭也。"《詩·大雅·抑》:"取譬不遠,昊天不忒。"鄭玄箋:"今我爲王取譬喻不及遠也,維近耳。"簡文"諀言"讀"譬言",即譬喻之言。

　　還有一種可能是,"諀"字不必破讀。《廣雅·釋詁二》:"諀,諰也。"又《釋言》:"諀,訾也。"《集韻·支韻》:"諀,諀訾,好毀譽也。""諀言"即毀譽之言。

《安徽大學學報》2002-3,頁3

○**廖名春**(2002)　諀,誹謗。《廣雅·釋詁二》:"諀,陞(編按:"陞"爲"諰"之誤)也。"又《釋言》:"諀,訾也。"《廣韻·紙韻》:"諀,惡言也。"《小序》:"大夫刺幽王也。""日月告凶,不用其行。四國無政,不用其良。彼月而食,則維其常;此日而食,于何不臧"云云當即"諀言"。"善諀言"即善於批評君上。

《中國哲學史》2002-1,頁9

○**董蓮池**(2003)　諀言,《廣雅·釋詁二》"諀,諰也",又"諀,訾也"。《廣韻·紙韻》:"諀,惡言也。""十月善諀言"是言《十月之交》這篇詩能很好的表達出對上的怨刺之言。考今傳毛《詩》,內容的確如此。

《古籍整理研究學刊》2003-2,頁9

歆

信陽1·42

○**劉雨**(1986)　誓。

《信陽楚墓》頁126

○**李守奎**（2003）　斀　斮、斳、斀皆讀慎，或即慎之異體。似當歸入言部。

《楚文字編》頁 812

△**按**　中山大學古文字研究室楚簡整理小組（《戰國楚簡研究》[二]7 頁，1977 年）謂："譬，疑同誓。"李守奎説當是。

詘

詘郭店·五行 17

○**郭店簡整理小組**（1998）　詘（慎）。

《郭店楚墓竹簡》頁 150

諳

諳上博六·用曰 10

○**張光裕**（2007）　而諳既迟（及）。

《上海博物館藏戰國楚竹書》（六）頁 296

誮

誮上博二·容成 37

○**李零**（2002）　"誮"，上文作"唵"。

《上海博物館藏戰國楚竹書》（二）頁 279

△**按**　楚簡"唵、誮"當是"暗"字之異體，典籍或作"瘖"。

諞　譎

諞璽彙 2155

○**羅福頤等**（1981）　諯。

《古璽文編》頁 54

○吳振武（1983）　2155□𫍲‧□諆。

《古文字學論集》（初編）頁 504

諹

上博二‧容成 36　　璽彙 5548

○石志廉（1980）　見卷四羊部“羊”字下【羊坒諹客】條。
○牛濟普（1992）　見卷四羊部“羊”字下【羊坒諹客】條。
○曹錦炎（1996）　見卷四羊部“羊”字下【羊坒諹客】條。
○李零（2002）　緗諹　疑讀“辭揚”。

《上海博物館藏戰國楚竹書》（二）頁 278

【諹客】
○石志廉（1980）　見卷四羊部“羊”字下【羊坒諹客】條。
○羅福頤等（1981）　諹客。

《古璽彙編》頁 502

湫　詷

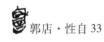郭店‧性自 33

○趙建偉（1999）　即“啾”。《文選‧答賓戲》注引韋昭：“啾，口吟也。”

《中國哲學史》1999-2，頁 38

○李零（1999）　“啾”，聲音細碎嘈雜，原從言旁。

《道家文化研究》17，頁 509

○劉釗（2000）　“湫”讀作“啾”，訓爲“歌吟”。《文選‧班固〈答賓戲〉》：“夫啾發投曲，感耳之聲。”李善注引項岱曰：“啾，口吟也。”

《郭店楚簡國際學術研討會論文集》頁 92

○濮茅左（2001）　湫，芐聖也　“湫”，同“啾”，通“噍”。《集韻》：“噍，通作啾。”“噍，聲急也。”《禮記‧樂記》：“其哀心感者，其聲噍以殺。”鄭玄注：“噍，踧急也。”《史記‧樂書》“是故其哀心感者，其聲噍以殺”，張守節正義：“噍，踧急也。”踧急，急迫之意。《禮記‧樂記》《史記‧樂書》這兩句話也說明聲、心之閒互相影響的關係。

《上海博物館藏戰國楚竹書》（一）頁 251

○**孟蓬生**（2002）　《性自命出》：“慇（讀爲吟）遊哀也，杲遊樂也，愀遊聖（聲），嚣遊心也。”劉昕嵐《郭店楚簡〈性自命出〉篇箋釋》：“愀，李零《校讀》讀作‘啾’，言聲音細碎嘈雜。”劉釗亦讀“愀”爲“啾”，但訓爲“歌吟”。

生按：愀（啾）當讀爲嘯（歗）。劉説近是，而未達一間，試爲補證如下。

古音秋聲與蕭聲相通。《爾雅·釋草》：“蕭，萩也。”注：“即蒿。”《説文·艸部》：“蕭，艾蒿也。从艸，肅聲。”又同部：“萩，蕭也。从艸，秋聲。”桂馥曰：“萩蕭聲相近。”朱駿聲曰：“此字當爲蕭之重文，方音小別耳。”《説文·木部》：“橚，長木也。从木，肅聲。”又：“楸，梓也。从木，秋聲。”《楚辭·哀郢》：“望長楸以太息兮。”注：“長楸，大梓。”《山海經·中山經》：“陽華之山……多苦辛，其狀如橚。”郭注：“即楸字也。”《説文·竹部》：“篍，吹筩也。从竹，秋聲。”又同部：“簫，參差管樂也。从竹，肅聲。”《説文·口部》：“嘯，吹聲也。从口，肅聲。”又：“歗，吟也。从欠，肅聲。《詩》曰：其歗也謌。”《詩·召南·江有汜》：“其嘯也歌。”箋：“蹙口出聲也。”班固《答賓戲》：“啾發投曲，感耳之聲。”注：“啾，口吟也。”是啾之於嘯（歗），猶萩之於蕭、楸之於橚、篍之於簫也。

《古文字研究》24，頁404—405

諓

包山90

【諓笒】
○**劉彬徽、彭浩、胡雅麗、劉祖信**（1991）　信笒。

《包山楚簡》頁23

○**白於藍**（1996）　簡（90）有字作“諓”，字表釋爲“信”。按此字左旁从言，右旁應爲复字。簡文中郘字習見，作“郘”（10）、“郘”（10）、“郘”（164）、“郘”（189）諸形，所从之右旁與上引之字右旁相同，故上引之字可隸作“諓”，“諓”字不見於字書，字从言从复，應爲復言、復書之“復”的專字。簡文“繁丘少司敗遠某復屰”，過去由於誤將“諓”釋爲“信”，所以致使文義不明，斷句也有問題。按此處“諓”當讀爲“復”，意爲回復、答復。《小爾雅·廣言三》：“復，白也。”《周禮·秋官·大司寇》：“凡遠近惸獨老幼欲有復於上，而其長弗達者，立於肺石。”鄭玄注：“復猶報也，報之者，若上書詣公府言事矣。”《史記·司馬相如列傳》：“是以王辭而不復。”司馬貞索隱引郭璞曰：“復，答也。”

""湯餘惠先生釋爲"札",可從,《説文》:"札,牒也。"徐鍇《繫傳》:"牒,木牘也。"簡文"發札"之語習見,意爲發出公牘文書,此"復札"是與之相對而言,意爲回復、上報的公牘文書。

《簡帛研究》2,頁 39—40

○**何琳儀**(1996) ""(九○),讀"復引"。《論語·學而》"言可復也",疏:"復,驗也。"

《于省吾教授百年誕辰紀念文集》頁 226

○**劉信芳**(2003) 讀爲"復節"。《周禮·地官·掌節》:"門關用符節。貨賄用璽節。道路用旌節。皆有期以反節。""復節"猶言反節。即以節復命。簡122、123"返子","子"亦讀爲"節"。

《包山楚簡解詁》頁 87

諻

新收 422 王孫誥鐘　　集成 2288 邵王之諻鼎　　集成 321 曾侯乙鐘

包山 60

○**張政烺**(1939) 鼎銘"諻"作𤇃,以敔銘按之自是"諻"字無疑,蓋字體之變化然也。此如魯惠公名《史記·世家》（編按:見《魯周公世家》）作"弗湟",《集解》"徐廣曰:《表》云弗生也",《索隱》"《系本》作弗皇,《年表》作弗生"。是"皇"之變體近於"生"字,故籍中固已多如此矣。

（中略）"邵王之諻"一語舊解多誤。徐傳經釋邵王爲昭王云:

　　按昭通佋,《説文》作佋……邵王與佋或古文通用,未可知也。（《小校》鼎後附跋）

按徐説是也。諻字見《方言》十二,云"諻,音也"。然在此則爲假借字無疑,宜爲昭王親屬之稱。吳大澂云"之訓當係邵王之名也"(《愙》),其説殊未確。近人或解諻爲兄,以爲楚昭王時器,而"邵王之諻"則以令尹子西、司馬子期當之。按以邵王屬楚,今驗之器制字體,時地固無可疑。惟以諻爲兄則似不然。皇與兄古聲同不乏假借之例固矣,往者余亦嘗據以證甲骨文中𩙿觀字爲鳳皇（𩙿字見侯家莊出土之大龜七版）。顧於此則義有未妥。吾人固知"楚國之舉恆在少者"(《左氏》文公元年《傳》),然子西、子期皆賢,能再讓王位恪遵臣守以至於殉職。則設爲自作器,不應僭妄標榜其弟昭王以自重,如子姓之援尊援親稱“某某之子、某某之孫”者比。況兩人者皆庶孽,嫡庶之嚴宗法所重,尤宜自别。且王兄夥矣,亦當明著其名字,而不應僅稱“昭王之諻”已也。

　　(中略)考《方言》六:

　　　南楚瀑洭之閒母謂之媓。

　　又《廣雅·釋親》:

　　　媓,母也。

此蓋漢代楚之方言如此,楊雄著之於篇,張揖因以爲詁。自來語言中親屬稱語詞之改變甚緩,古者楚南交通不便,教化未周,部族聚居,習於故俗,四五百年閒自可保存其固有之方言。故余謂此鼎與毁銘之“諻”皆當與“媓”同義而訓爲母。先有假借後出本字,固文字發生常例。“邵王之諻”蓋即楚昭王之母也。古者女子有三從之義,無專主之道。夫死從子,禮所當然,母以子貴,固爲通義,故製器利用不嫌以子爲主名。而母一而已,更無稱姓稱字之要(前舉之曾姬無卹壺近年壽縣出土,亦楚器也。云“聖趄之夫人曾姬無卹”,蓋夫人之員數無算,故特著姓字以别之。

　　按《左氏》昭公二十六年《傳》:“九月,楚平王卒。令尹子常欲立子西,曰:‘太子壬弱,其母非適也,王子建實聘之。子西長而好善,立長則順,建善則治,王順國治,可不務乎?’子西怒曰:‘是亂國而惡君王也。國有外援,不可瀆也。王有適嗣,不可亂也。敗親速讎,亂嗣不祥,我受其名。賂吾以天下,吾滋不從也。楚國何爲? 必殺令尹!’令尹懼,乃立昭王。”

　　可知昭王之母,即平王爲太子建求娶之婦。《史記·楚世家》記其事云:“平王二年,使費無忌如秦爲太子建娶婦。婦好,來未至,無忌先歸説平王曰:‘秦女好,可自娶,爲太子更求。’平王聽之,卒自娶秦女,生熊珍。更爲太子娶。是時……建時年十五矣。”

　　是平王二年太子建年十五,秦女年亦當相若,後十一年而昭王立,又後二十七年而昭王卒,其年不過五十餘。故“昭王”之號無論爲生稱抑死諡,皆可與此説無抵牾。揆之情事既相融洽,考之《方言》又適符合,然則此一鼎二毁其爲楚昭王之母之所作器可無疑矣。

　　　　《張政烺文史論集》頁 66—71,2004;原載《史語所集刊》8 本 3 分

○李零(1986)　　“諻”,《方言》:“南楚瀑、洭之閒母謂之媓。”張政烺先生據釋爲媓,謂“邵王之諻”即邵王之母,楚平王夫人嬴氏。

　　　　　　　　　　　　　　　　　　　　　　《古文字研究》13,頁 366

△**按**　上引諸説均非是。董珊(《出土文獻所見“以謚爲族”的楚王族——附説〈左傳〉“諸侯以字爲謚因以爲族”的讀法》,《出土文獻與古文字研究》2 輯116—118 頁,復旦大學出版社 2008 年)指出“卲王之諻”爲人名,與龔王之卯、龔之脽、臧王之墨、臧之無咎、競坪王之定、競之上、卲王之辵、卲之良、悳折(哲)王之愲、武王之童胡、文之無畏等人名相類,其説甚是。

諻

璽彙 3859

○**羅福頤等**(1981)　諻。

《古璽文編》頁 55

○**吴振武**(1983)　3859 公孫諻・公孫諻。

《古文字學論集》(初編)頁 519

謜

包山 85

○**劉彬徽、彭浩、胡雅麗、劉祖信**(1991)　謜,簡文作。遣策中的“繡”字作,右下部分與本簡相同。

《包山楚簡》頁 45

○**吴振武**(1996)　包山楚簡中所見的一個从“言”从“泉”之字,似即“謜”字異體。“謜”字見於《説文・言部》。

《華學》2,頁 49

諃　䛷

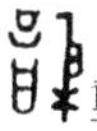璽彙 1801

○**羅福頤等**(1981)　諃。

《古璽文編》頁 56

○**何琳儀**(1998)　諃,从言,采聲。疑譓之異文。《廣韻》:“譓,多智謀曰譓。”

晉璽諜,人名。

《戰國古文字典》頁 1242

○劉釗(1998)　見卷七禾部"釆"字條

諿　講　講

璽彙 1802　璽彙 3269

璽彙 2007

○吳振武(1983)　1802 事講·事(史)諫。

　　2007 郵講·郵(童)諭(讚)。

《古文字學論集》(初編)頁 501、503

○陳爾俊(1986)　此字見璽 1802,《彙編》未釋,《文編》收入附録(398 頁)。
按:當隸定爲講,即諸之古文。

　　諿字《説文》失收,《字彙》收有諿字,訓"淺也",《史記·李斯傳》"能薄而材諿",是其義。《正字通》謂諿字本作講。璽文右旁从音,言、音同源(詳于省吾先生《甲骨文字釋林·釋言》),每互用,如詞字,蔡侯鐘从言,璽 2741 从音;訢字,中山王圓壺从言,璽 2117 从音。右旁从𦥯,上爲止,下部乃舟之訛變。上文説過,俞字本从舟,余聲,璽 3316 訛中(編按:"訛中"當爲"中訛")作𦥯,下部與 1802 璽文右旁下部同形,也是舟之訛變,可以互證。因此,把右旁隸定作講是有根據的。講是前進之前的本字,諿字即是諸的古文。璽文事字當讀爲史,古史、吏、事同字,不繁舉例。"史講"爲人名,《宋史·宗室表》有"希諿、汝諿",也以諿(諸)爲名。

《文物研究》2,頁 100

肅　肅

曾侯乙 214

○裘錫圭、李家浩(1989)　肅。

《曾侯乙墓》頁 500

△按　又見本卷音部。

諩　韓

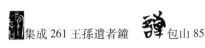集成 261 王孫遺者鐘　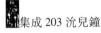包山 85

集成 203 沇兒鐘

○**徐中舒**（1932）　諴旟猶干陽、激揚也。《樂記》云：“夫樂者，非謂黃鐘大呂弦歌干揚也。”鄭《注》以干揚謂干戈戚揚之干揚，其説難通。賈誼《鵩鳥賦》云：“水激則旱。”旱有激意，干揚激揚也。干揚爲古語，聲轉遂爲激揚（《詩・揚之水》毛《傳》云：“揚，激揚也。”）。韓、榦、干、激，古並見母字，故得相通。終諴且旟，終既也（王引之釋），言既激且揚也。

《徐中舒歷史論文選輯》頁 214，1998 年；原載《鬴氏編鐘考釋》

○**郭沫若**（1935）　諩字遺者鐘作韓，許子鐘作鶾，鶾字見《説文》，曰：“雞肥翰音者也，从鳥倝聲，魯郊以丹雞祝曰：“以斯翰音赤羽去魯侯之咎。”是知韓諩均鶾之異。即翰與鶾在初亦當同是一物，《説文》分鶾翰鶾爲三字者，後起之歧異也。又此語徐中舒曰：“与《詩》‘終風且暴’‘終溫且惠’‘終寠且貧’‘終和且平’‘終善且有’語法全同。”（《鬴氏編鐘考釋》三葉）甚是。《詩》之終，王引之訓爲既，此亦然，謂既高且颺也。

《兩周金文辭大系考釋》頁 160

○**劉彬徽、彭浩、胡雅麗、劉祖信**（1991）　旟。

《包山楚簡》頁 22

○**何琳儀**（1993）　包山簡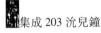85 應隸定“韓”。“於”與“倝”一字分化，偏旁中往往互換。（中略）故“韓”即“旃”，見《金文編》1.16，隨縣簡作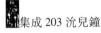2.13，均“旜”（旂）之省簡。

《江漢考古》1993-4，頁 61

○**劉釗**（1998）　簡文有从“言”从“韓”的字作“諩”（85），从“金”从“韓”的字作“鏵”（168）。古音“韓”“旱”相同，“諩”字應釋爲“諢”，字見於《集韻》《廣韻》等書。

《東方文化》1998-1、2，頁 54

講

璽彙 0823　璽彙 4098

○**羅福頤等**(1981)　 誁。

《古璽文編》頁 55

○**何琳儀**(1998)　 訥。

《戰國古文字典》頁 1538

謕

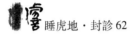
睡虎地・封診 62

○**睡簡整理小組**(1990)　 謷(號)。

《睡虎地秦墓竹簡》頁 157

○**劉釗**(1996)　《睡虎地秦墓竹簡》(文物出版社 1990 年精裝本,以下簡稱《秦簡》)“封診式”部分有如下釋文:

簡五四:“其手毋胈,令謷(號),其音氣敗。癘(癩)殹(也)。”

簡六一—六二:“訊甲亭人及丙,智(知)男子可(何)日死,聞謷(號)寇者不殹(也)?”

《秦簡》一書將謷字後加圓括號注爲“號”,顯然是認爲“謷”通作“號”。《秦漢魏晉篆隸字形表》即將此字直接置於號字下。按此釋非是。謷字原簡作附圖 1、2 之形,所從之一彎筆並不是“水”旁。秦簡中凡偏旁中的“水”皆作三點之形,無一例外。西周金文中有字作附圖 3 之形,林澐先生在《新版〈金文編〉正文部分釋字商榷》(1990 年中國古文字研究會南京第九屆年會論文)一文中將其釋爲“虒”,其説極是。秦簡“謷”字所從之“滹”形與金文“虒”字全同,無疑也應釋爲“虒”。秦簡“虒”字作附圖 4 之形,漢印“虒”作附圖 5 之形,踶字所從之“虒”作附圖 6 之形,漢簡“虒”字作附圖 7 之形,寫法都與秦簡“謷”所從之“滹”近似。所以秦簡的“謷”字顯然應該釋爲“謕”。謕字見於《玉篇》《廣韻》《集韻》等書,即啼字異體。《漢書・嚴助傳》:“親老涕泣,孤子謕號。”顔師古注謂:“謕,古啼字。”字又作嗁,《説文・口部》:“嗁,號也。”謕、號皆喊叫之意,故典籍多以“謕號”連言,《秦簡》一書説義是,釋字則非。

　　　　1　2　3　4　5　6　(編按:圖 1、3 誤倒)

《古文字考釋叢稿》頁 300—301,2005;原載《簡帛研究》2

譹

睡虎地·日乙 145

○**睡簡整理小組**（1990）　其譹（號）曰大常行，合三土皇，耐爲四席。

《睡虎地秦墓竹簡》頁 243

諒

璽彙 0275

○**羅福頤等**（1981）　競。

《古璽文編》頁 58

○**何琳儀**（1998）　竟，甲骨文作![字]（甲九一六），競之省文。金文作![字]（啟卣湯作![字]）。戰國文字承襲金文。《説文》：“![字]，樂曲盡爲竟。从音从人。”競、竟實爲一字之變。《史記·高祖功臣侯者年表》“甘泉侯王竟”，《漢書·高惠高后孝文功臣表》竟作競。《淮南子·人間》：“發一端，散無竟。”《文子·微明》竟作競。均其佐證。舊據竟“居慶切”入見紐，競“渠慶切”入溪紐，分爲二聲首，兹合併爲一。

諒，从言，竟聲。競之省文（省一儿）。《集韻》：“競，或作竟。”

楚璽諒，讀竟，姓氏。

《戰國古文字典》頁 646

【諒巛】
○**羅福頤等**（1981）　0275 競□。

《古璽彙編》頁 46

○**吳振武**（1983）　0275 競![字]口鉩·競忻厶（私）鉩。

《古文字學論集》（初編）頁 491

譯

集成 2840 中山王鼎

○**朱德熙、裘錫圭**（1979）　“羍”與“引”古音相近，疑“譱道”當讀爲“引導”。

《文物》1979-1，頁49

○**李學勤、李零**（1979）　第廿四行譱字从羍聲，《説文》失録羍字，但有觲、墶二字。觲即古書中的騂字，譱的讀音也應與譱（**編按**：當是“觲”）相同。按譱音同於訊，《荀子·賦》：“行遠疾速而不可托訊者與？”注：“訊，本或作訓。”因此銘文譱道當讀爲訓導。

《考古學報》1979-2，頁155

○**于豪亮**（1979）　“譱道”，譱从羍聲，當以音近讀爲申，譱道即申導，義爲引導。

《考古學報》1979-2，頁173

○**張政烺**（1979）　譱，从言，羊聲。羍，从羊，牛聲。譱即誘之異體，今通用誘字。道見侯馬盟書，在此讀爲導。

《古文字研究》1，頁225

○**趙誠**（1979）　《説文》無羍字。而有从羍之觲、騂等字，皆讀爲辛，則譱疑亦讀爲辛聲。羍字从羊从牛，牛羊雜處不亂，疑會協調諧和之意。譱導，和善地教導。

《古文字研究》1，頁255

○**徐中舒、伍士謙**（1979）　譱，同詵。《詩·周南·螽斯》：“詵詵兮。”《釋文》引《説文》作辡。詵詵，言其多也。故字又从多作辡。《説文》偏旁从羍之字，如觲、墶，亦从辛作觪、垶。據此，譱亦通詵，或辡，或詳。

《中國史研究》1979-4，頁90

○**商承祚**（1982）　《説文》譱下附篆文善，則正文之譱爲古文矣，金文皆如此作。此善作譱，爲變體，不應釋爲詳。

《古文字研究》7，頁52

○**黃盛璋**（1982）　譱（善）：“以譱道寡人”，朱、裘讀“引”，李讀“訓”，于讀“申”，張讀“詳”，其字明从羊下加牛，不得爲“詳”，説此字从“羍”聲是有根據的，但必須通假，才能通讀。“引、訓、申”皆據“羍”聲通假，而差異如此，似不足爲憑。我以爲此字當即“善”字，《説文》作“譱”，“羊”下从兩“言”，篆文作“羊”下加“言”。《汗簡》“善”作：，下从兩“言”，上从羊頭，羊下應即牛字而省作一筆，據《汗簡》可確定爲“善”，不必乞靈於通假，而文義通順。

（**中略**）《古文四聲韻》卷三獮韻善字下收有“”（碧落文），與《汗簡》同。

亦从言从羊,此字是善,可以論定。

《古文字研究》7,頁 76、85

○**湯餘惠**(1993)　譱,从羊(駤)得聲,當讀爲親;親導,親自教導。

《戰國銘文選》頁 34

【譱道】

○**湯餘惠**(1999)　中山王鼎銘云:

> 有厥忠臣貴,克順克卑(比),亡(無)不率(循)仁,敬朕(順)天德,以猷(左)右寡人,使智(知)社禝(稷)之賃(任),臣宝(主)之宜(義)。夙夜不解(懈),以譱道(導)寡人。

"譱"字不見於《説文》及後世字書,釋考紛紜,或以爲"善"字,或以爲"譔(誘)"字;或從聲類推求,讀爲引、讀爲訓、讀爲申,莫衷一是。

趙誠先生釋此字云:"譱,从言羊聲。《説文》無羊字,而有从羊之觯、駤等字,皆讀爲辛,則譱疑亦讀爲辛聲。羊字从羊从牛,羊牛雜處不亂,疑會協調和諧之意。譱導,和善地教導。"今按,讀爲辛聲可從。譱从羊聲,與辛聲極近。《説文》角部"觯"字下引《詩》云"觯觯角弓",今本《詩·小雅·角弓》作"駤";又馬部新附字訓爲"馬赤色"的"駤",古書通作"駤"。又土部訓爲"赤剛土"的"埲"字,在《玉篇》爲"垶"字或體。上舉羊、辛通用的例子,提示我們在考察鼎銘"譱"字用法時,對从辛得聲之字應給予特別的注意。縱觀前後文意,銘文"譱"字似當讀爲"親"。親从亲聲(亲从辛聲),與羊聲相近。譱導,即親導,是説中山王譽幼時曾得到老臣貴的親自教導。鼎銘本句前面説:"寡人幼童(沖)未通智,惟侑(傅)姆(姆)是從。"又説"有厥忠臣貴……左右寡人,使知社稷之任,臣主之義",語義前後相承,一以貫之。

《中國古文字研究》1,頁 63

詯

圖彙 3416　封成 17

○**羅福頤等**(1981)　訟。

《古璽文編》頁 56

○**陳爾俊**(1986)　此字見璽 3416,《彙編》《文編》隸定作訟,未釋。按:當隸作詯,增繁同形偏旁㠯,與(璽 0112,公字)、贔(璽 2796,賏字)等字同例,詯詚無别。《類編》詒字或作詚。目是𠃊的隸寫,楷變作厶,詒字楷書當作訟。厶與台古同音通用,訟疊雙厶爲聲,當是詒的古文。璽文"詒生諫",也是人名。

《文物研究》2,頁100

○**劉釗**(1990) 《文編》三·五第6欄有字作"",《文編》隸作訟,以不識字列於言部。按字从言从二厶,應隸作訟,釋作詒。戰國文字中有些字的部分偏旁常常寫成兩個。如古璽陣字作""(《文編》十四·七第3欄),倮字作""(《文編》附録一〇三第2欄),語字作""(《文編》三·二第6欄)等皆其例。戰國陳胎戈胎字作"",陶文貽字作"",所从之台皆从二厶。戰國文字中从台之字多从厶作。如怠字作""(《文編》十·十一第5欄),始字作""(《文編》十二·五第2欄),總字作""(《文編》十三·三第7欄)。故""可釋爲"詒"。

《古文字考釋叢稿》頁162—163,2005;原載《考古與文物》1990-2

諹

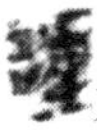九店56·44

【諹犢】

○**李家浩**(2000) (編按:九店56·44)"諹"不見於字書,字當从"量"得聲。"犢"原文作。此字屢見於戰國文字,朱德熙先生將其釋寫作"犢",謂"𧶠"即《說文》古文"睦","賣"字从此得聲;"犢"就是"犢"字,"可以看作从牛𧶠聲,也可以看作从牛賣省聲"(《古文字考釋四篇》,《古文字研究》第八輯16、17頁)。根據簡文文義,"諹犢"似是祭名。從"諹"字所从形旁作"言"來看,其義可能跟《周禮·春官·大祝》所說的"六祈"之一的"說"相近。《廣雅·釋詁二》:"揚、讀、曉、謂、道,說也。"訓爲"說"的"揚"或作"詳"。《詩·鄘風·牆有茨》"中冓之言,不可詳也",陸德明《釋文》:"詳,如字。《韓詩》作'揚'。揚,猶道也。"參看王念孫《廣雅疏證》卷二上。"詳"从"羊"聲,"揚"从"昜"聲。上古音"量、羊、昜"都是陽部字。三字的聲母也近。"量"屬來母,"羊、昜"屬餘母(喻母四等),都是舌頭音。可以通用。"犢、讀"二字都从"賣"聲,也可以通用。據此,疑簡文"諹犢"應當讀爲"詳讀"或"揚讀"。因"詳(揚)、讀"同義,故可連說。

《九店楚簡》頁108—109

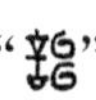

○**周鳳五**（2001） “量贖”二字,李家浩隸定作“諹犢”,初讀爲“揚讀”,解爲“陳説”,後來主張“似是祭名”,又疑應當讀爲“詳讀”或“揚讀”。夏德安讀作“量育”,解釋爲“儲藏食品”。對於夏德安的缺失,李家浩已經有中肯的批評。李家浩對簡文字形的分析精闢可從,惟釋讀似仍有商榷的餘地。試看李家浩的考釋:

> 從“諹”从“言”來看,“諹犢”二字應該跟語言有關。《廣雅·釋詁》:“揚、讀、道,説也。”王念孫説:“《[詩]·鄘風·牆有茨》首章云‘不可道也’,二章云‘不可詳也’,三章云‘不可讀也’。《釋文》:‘詳,《韓詩》作揚。’《廣雅》‘揚、讀、道’並訓爲‘説’,義本《韓詩》也。”上古音“量”屬來母陽部,“揚”屬餘母陽部,二字的韻部相同,聲母都是舌頭音。“犢、讀”二字所从聲旁相同。疑“諹犢”應該讀爲“揚讀”,訓爲“説”。

這是李家浩原來的考釋,最近出版的《九店楚簡》基本相同,惟進一步提出“根據簡文文義,‘諹犢’似是祭名”的新假設,又將“二字應該跟語言有關”一語修訂爲“其義可能跟《周禮·春官·大祝》所説的‘六祈’之一的‘説’相近”,並加上有關“量、羊、易”三字音近的説明,以證成其“詳讀”之説。李家浩的意見既然沒有重大改變,我們不妨參閱他原來所作的語釋:

> 用聶幣芳糧陳説某人的情況於武夷之所。

所謂“陳説”,是由“揚讀”或“詳讀”而來。李家浩所列舉的書證雖能證明先秦時代“揚、讀、道”三字有“説”義,但“揚讀”一詞罕見,且“陳説”云云也比較空泛,不能明確表達祝禱者對於武夷的祈求或期望。至於“似是祭名”的新説,李家浩沒有詳細舉證,暫時存而不論。

考慮古文字學與《告武夷》上下文的語言情境,簡文比較可能的解釋應當是“量贖”。諹从言,量聲,可以讀爲“量”;“贖”簡文作“犢”,前者船母屋部,後者定母屋部,二字韻同聲近,可以通假。《説文解字》:“量,稱輕重也。”段《注》:“稱者,銓也。《漢志》曰:‘量者,所以量多少也。衡權者,所以均物平輕重也。’此訓量爲稱輕重者,有多少斯有輕重,視其多少可以辜搉其重輕也。其字之所以从‘重’也。引申之,凡料理曰量,凡所容受曰量。”

段《注》説得很清楚,“量”就是衡量輕重的意思。至於“贖”,《説文解字》云:“貿也。”又:“貿,易財也。”此説簡略,這裏引述先秦文獻加以説明。

《尚書·舜典》“金作贖刑”,僞孔《傳》云:

> 金,黃金。誤而入刑,出金以贖罪。

《正義》:

“誤而入罪，出金以贖”，即《律》“過失殺、傷人，各依其狀以贖論”
是也。

所謂“各依其狀”，即“衡量輕重”，亦即簡文“量贖”的“量”；簡文“量贖”，換成
《正義》所引《唐律》的説法，就是“各依其狀以贖論”。

關於先秦時代以金錢贖罪的“金作贖刑”，睡虎地秦簡也有大量的資料，
如：《金布律》云：

有債於公及貲、贖者居它縣，輒移居縣責之。

《司空》云：

有罪以貲贖及有債於公，以其令日問之，其弗能入及償，以令日居之，
日八錢。

其他還有“贖遷、贖黥、贖刑”等法律條文。可見戰國時代以金錢贖罪是相當
普遍的現象。綜合先秦文獻與出土簡牘，《告武夷》的“量贖”，應當就是衡量
犯罪情節輕重，交付等值的金錢以免除罪責。

總之，“芳糧”即屈原《離騷》“椒糈”之類，楚國巫覡用以降神；“攝幣”即
成串的絲織品薄片，爲冥幣之屬，見於馬王堆一號漢墓。在《告武夷》文中，前
者用以召請鬼神，後者用以贖罪免刑。尤其“量贖”一詞，既與簡文“攝幣”相
應，又真實反映了戰國時代法律的一個片面，清晰刻畫出《告武夷》的社會
背景。

《史語所集刊》72 本 4 分，頁 951—953

○**李家浩**(2002)　“誩”也不見於字書，字當从“言”从“量”聲。（中略）

“誩犢”二字不太好懂。夏德安把它讀爲“量育”，解釋爲“儲藏食品”。
按夏氏的説法，不僅跟簡文文義不合，而且“量育”也沒有“儲藏食品”的意思，
其説顯然不能成立。從“誩”从“言”來看，“誩犢”二字應該跟語言有關。《廣
雅·釋詁》：“揚、讀、道，説也。”王念孫説：“《[詩]·鄘風·牆有茨》首章云
‘不可道也’，二章云‘不可詳也’，三章云‘不可讀也’。《釋文》：‘詳，《韓詩》
作揚。’《廣雅》‘揚、讀、道’並訓爲‘説’，義本《韓詩》也。”上古音“量”屬來母
陽部，“揚”屬餘母陽部，二字的韻部相同，聲母都是舌頭音。“犢、讀”二字所
从聲旁相同。疑“誩犢”應該讀爲“揚讀”，訓爲“説”。簡文“揚讀”跟下引文
字中的“告”所處語法位置相同：

《禮記·曾子問》：“天子諸侯將出，必以幣、帛、皮、圭告於祖禰，遂奉以
出，載於齊車而行。”

《大戴禮記·諸侯遷廟》：“祝聲三曰：孝嗣侯某，敢以嘉幣告於皇考某

侯,成廟將徙,敢告。”
簡文“聶幣芳糧以揚讀某於武夷之所”,與此“以幣、帛、皮、圭告於祖禰”“以嘉幣告於皇考某侯”的句型相似,主要不同之處是,簡文把介詞“以”置於賓語“聶幣芳糧”之後。此也可證明把“讙犢”讀爲“揚讀”,訓爲“説”是合理的。

《著名中年語言學家自選集·李家浩卷》頁324—325

誂

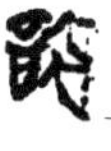上博一·詩論8

【誂人】

○**馬承源**(2001) (編按:上博一·詩論8)“誂”字《説文》所無,从言,以蚰爲聲符。據《小弁》詩意,前四章詩人表達“我心憂矣”“我心憂傷”,後四章表達“君子信讒,如或醻之。君子不惠,不舒究之”,“君子無易由言,耳屬于垣”。《巧言》後半,詩句有“巧言如簧,顔之厚矣”。詩的重點在於描述“讒”人和“巧言如簧”之人,則从言蚰聲音近字當讀如“誆”,以謊言騙人,與“誑”義近。《史記·鄭世家》:“乃求壯士得霍人解揚,字子虎,誆楚,令宋毋降。”

《上海博物館藏戰國楚竹書》(一)頁137

○**李零**(2001) “誂人”,上字从言从雙虫,與楚“流”字和“融”字所从相同,讓人聯想,也許是讀爲“流人”(指傳播流言的人?)或“中人”(古稱奄人爲“中人”),但更大可能是,此即古書所説“讒人”(《青蠅》有“讒人”),字从雙虫,乃是雙兔的訛寫,原書讀“誆”。

《中華文史論叢》2001-4,頁19

○**廖名春**(2002) “讒”,原作“誂”。《小序》:“《小弁》,刺幽王也。太子之傅作焉。”“《巧言》,刺幽王也。大夫傷於讒,故作是詩也。”《小雅·小弁》有“君子信讒,如或酬之。君子不惠,不舒究之……舍彼有罪,予之佗矣”,《小雅·巧言》有“無罪無辜,亂如此憮。昊天已威,予慎無罪;昊天大憮,予慎無辜。亂之初生,僭始既涵;亂之又生,君子信讒……蛇蛇碩言,出自口矣。巧言如簧,顔之厚矣”,故曰“言讒人之害也”。

《中國哲學史》2002-1,頁10

○**黄德寬、徐在國**(2002) “誂”字簡文作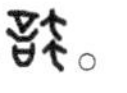。郭店簡“流”字作、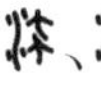、,所

从的“𣍈、𣍈”與“𣝅”所从的“𣍈”同。此字應分析爲从“言”“㐬”聲,隸作“䛦”,疑爲流言之“流”的專字。

○**魏宜輝**(2002)　　我們也同意“讘人”應作“讒人”解,但“讘”在這裏應該如何釋讀,尚需討論。在古文字裏,“䖵”和“蚰”是不同的,“䖵”讀若昆,而“蚰”在這裏應爲蟲之省。釋文以“䖵”爲“讘”字的聲符是不妥的。而以“蚰”爲雙兔的訛寫,從字形上看亦很難成立,因爲《詩論》簡中出現有《兔置》(簡二十三),《小宛》的“宛”字寫作从兔从肉(簡八),其中“兔”字的寫法皆與“蚰”字不類。我們認爲“讘”當从言从蟲省聲。在簡文裏,似乎可以讀作“庸”。蟲、融、庸古音都很近。“祝融”在包山楚簡、望山楚簡以及楚帛書中就寫作“祝蟲”,“�”即“庸”字。《左傳・昭公二十九年》《國語・鄭語》“祝融”,《路史・後紀四》注引《山海經》作“祝庸”。

　　“庸人”,一般指的是平庸的人,但從《大戴禮記》中的一段話分析,“庸人”身上似乎也有讒人的特徵。《大戴禮記・哀公問五義》有孔子關於“庸人”的評價:

　　　　哀公曰:“善!何如則可謂庸人矣?”孔子對曰:“所謂庸人者,口不能道善言而志不邑邑,不能選賢人善士而托其身焉,以爲己憂……”

孔子所説的“庸人”口不能道善言,與《詩》所言的“讒人”頗類。

○**董蓮池**(2003)　　此字右旁所从乃流字右旁之訛省。(中略)䛦字不見《説文》。《吕氏春秋》有此字,其《知接》云“無由接而言見䛦”,高誘注:“䛦,讀若諀妄之諀。”諀,《説文》訓爲“加也”,段玉裁注:“加與諀皆兼毀譽,言之毀譽不以時皆曰諀也。”引申而有諀蔑毀謗之義,亦即專捏造不實之言在人前詆毀他人,《説文》:“讒,佞也。”《莊子・漁父》:“好言人之惡謂之讒。”《左傳・昭公二十七年》:“夫無極,楚之讒人也。”《詩論》中不稱“讒人”而稱“諀人”,大概是當時這種人既稱“讒人”又稱“諀人”,使用其中哪一種稱呼全憑每個人的用語習慣,它們在意義上並没有差别。不過,由於“后”與“育”在語言上和文字形體上均同源,所以作爲后字的“毓”同時也是育字,則“讘”的構形也可能是从言㐬(育)聲,育、䖵古均餘母,一爲覺部,一爲侯部,覺、侯二部旁對轉,古音相近,也有可能是諛的初文或異體。《説文》:“諛,諂也。”諂謂諂媚,即用甜言蜜語奉承人。由這一訓釋看,諛是一個不好的字眼。在先秦諛也是如此,如《晏子春秋・問下十九》:“持諛巧以正禄,比姦邪以厚養。”諛巧謂讒諛巧僞。則諛巧在含義上也應《小弁》《巧言》之旨。因此,所謂"譖人"也可能是既不是讒人,也不是誣人,而是諛人。

○季旭昇(2004)　此字字形的解釋可以有三個方向,一是陳美蘭提出的从㐬言會意;其二是黄德寬、徐在國先生提出的从言㐬聲,"㐬"(力求切,來母幽部)與"讒"(士咸切,牀母談部),聲母舌齒鄰近,韻爲旁對轉(幽談旁對轉,見陳師新雄先生《古音學發微》1086 頁),也有學者以爲當釋爲从言蟲聲,"蟲"(定母冬部)與"崇"(崇母冬部)二字音近,而"崇""讒"聲相近,《廣韻》冬侵二部古音相通,故崇、讒、岺可轉寫(《上海簡孔子詩論"讒"字解》)。按:"讒"字上古音在談部,没有學者把它歸到侵部。以上三種可能,一般學者往往會輕率地受到"冬侵通用"的影響,而贊成第三説。劉寶俊先生在《冬部歸向的時代和地域特點與上古楚方音》中指出:

　　1.上古冬部因時期和地域的不同,而有不同的歸向:先秦時期在西北方言中近於侵部,在東南楚方言中近於東部;2.戰國以後東、冬、陽三部互通成爲楚方言的一大特色;3.幽部兼通東、冬、陽三部,是上古楚方言的又一特點。

　　《孔子詩論》應該屬於楚方言系統,能否用西北地區周秦音系的冬(幽)談或冬侵通用來解釋,是應該慎重考慮的。據此,我們認爲陳美蘭君提出的从㐬言會意之説應列爲第一可能。

△按　除上引諸説以外,還有學者對此字的釋讀發表過意見。蔡哲茂(《上海簡孔子詩論"讒"字解》,簡帛研究網 2002 年 3 月 6 日)認爲此字从言从蟲省聲而讀爲"讒"。胡平生(《讀上博藏戰國楚竹書〈詩論〉札記》,簡帛研究網 2002 年 6 月 4 日)認爲此字从言,蟲聲而讀爲"佞"。顔世鉉(《楚簡"流"、"讒"字補釋》,《新出土文獻與古代文明研究》151—154 頁,上海大學出版社2004 年)從音理角度探討了這一問題。

譪

譪上博三・中弓 12　　譪上博六・用曰 9

○李朝遠(2003)　"譪",从言从蜀。《郭店楚墓竹簡・老子甲》等篇數處有

“蜀”,均讀爲“獨”。“蠋”,其義亦應爲“獨”也。

《上海博物館藏戰國楚竹書》(三)頁 272

○張光裕(2007)　內閼(閟)蠋衆,而焚亓(其)反昊(吳/側)。

《上海博物館藏戰國楚竹書》(六)頁 295

護

集成 9735 中山王方壺

○張政烺(1979)　譳,从言,尃聲,字書不見,在此讀爲尃。

《古文字研究》1,頁 213

○白於藍(2004)　過去將該字隸作“譳”,讀爲“尃”,不外乎就是認爲其右上所從之“♣”就是“更”字,但是中山王𨥨方壺中有“惠”字作“♣”。衆所周知,“惠”从“更”,但此“惠”字所從之“更”旁與該字所從之“♣”旁顯然有別。因此,筆者認爲將該字隸作“譳”,讀爲“尃”是值得懷疑的。

(中略)此字右旁所從之“叜”實乃“尌”字,即“樹、澍”所從之聲符。

(中略)筆者以爲該字當讀爲“屬”。上古音樹、澍、尌、侸俱爲禪母侯部字,屬爲禪母屋部字。兩字雙聲,韻則陰入對轉。古音十分接近,例可相通。(後略)

《古文字研究》25,頁 291—292

譧

集成 339 曾侯乙鐘

【譧音】

○黃翔鵬(1979)　雁音(即應鐘,應低於黃鐘一律,卻相當於黃鐘的高八度)。(後略)

《文物》1979-7,頁 34

○李純一(1981)　雁、譧皆以雁爲聲符,蓋即應字或其同音通假字。應者,“聲比相應”之謂。説不定這就是本律命名的原義。

《音樂研究》1981-1,頁 58

○黃翔鵬(1981)　律高的差別可據“雁音”而斷。“雁音”在鐘銘中似乎是曾、周同用的律名。田野號下層二組第三鐘左鼓部銘文:“雁音之宮:雁音之

才楚爲獸鐘,其才周爲雔音。"説的是曾、楚、周之閒的比較。"其才周爲雔音"
的"雔音"一名有可能是"雔鐘"之誤(或者竟是"應鐘"的別名)。田野號下層
三組第二鐘鉦部銘文有"雔鐘之龢宫"的話,"雔鐘"即"應鐘",是周十二正律
的六吕之一,此處未曾標明國別,應該是上一條銘文已經述及之故(鐘銘的體
例如此)。這個"雔鐘"音高相當於#G,而周王室的黄鐘應在 A 的位置;曾國
的"黄鐘"律高卻相當於 bA,"雔(鐘)"在周是正律,比黄鐘低一律;"雔音"在
曾卻是與黄鐘同音位的"變律",兩者並不相同。

《音樂研究》1981-1,頁 24

○**王文耀**(1984)　這兩鐘銘文上的曾律有"鄘音"(應鐘)、"函音"(林鐘)。
關於這兩律在周、曾名稱的對應關係,本來就没有分歧。但是,由於在曾侯乙
鐘樂音體系中,曾國的這兩律都比相應的周律的實際律音高一律,因此,黄翔
鵬同志就認爲,這種情況是屬於"見於典籍而相對位置不符者",理由是:"鄘
音(即應鐘)應低於黄鐘一律,卻相當於黄鐘的高八度。"這種説法排除了各國
樂律音高存在着差異的可能性。下一(2)號鐘銘"文王之敁商,函音羿角,鄘
音羿"以及中三(5)號鐘銘"鄘音之角""函音之敁羿"等句,正反映了曾律比
周、楚律低一律。

《古文字研究》9,頁 397

諴　諴

包山 42

○**劉彬徽、彭浩、胡雅麗、劉祖信**(1991)　諴(諴)。

《包山楚簡》頁 19

謙　響

郭店·五行 29　郭店·五行 50

○**荆門市博物館**(1998)　響(樂)。

《郭店楚墓竹簡》頁 150

讅　譅

璽彙 1963

○羅福頤等（1981）　譅　讅 1963。

《古璽文編》頁 57

○施謝捷（1998）　1963　郾讅・郾譅（誨）。

《容庚先生百年誕辰紀念文集》頁 647

○施謝捷（1999）　《古璽彙編》一九六三著録如下一私璽：
原釋文作“郾讅”。

　　按：讅可隸定作“譅”，“郾”字作郾（《璽彙》二一二九，郾昃），可資比較。原釋“讅”（《璽文》57 頁），失之。“譅”字不見於諸字書，疑應釋爲“言絲”合文。經籍“絲”寫作“繁”，有衆多之義。《詩・周頌・雝》：“綏我眉壽，介以繁祉。”鄭箋：“繁，多也。”《叔向父禹簋》：“降余多福繁謷（釐）。”《牆盤》：“繁（絲）髮（祓）多謷（釐）。”絲、多對文同義。據此“言絲”即“言繁”，與“言多”同義。《左傳・襄公三十年》載，在五月癸巳日殺佞夫的人中有“尹言多”，以“言多”爲名，與上揭私璽以“言絲（繁）”爲名取意相同，可爲其證。上文“不脂”條所述以諭人少言語的“不脂”爲名，與名“言多、言絲（繁）”者取意正相反，亦可參校。上揭私璽若視爲三字璽且按常例左讀爲“郾絲（繁）言”，因未見類似之名，今不取。

　　1975 年，洛陽的一春秋墓中出土了一件《龘（申）白（伯）產多壺》（洛陽博物館《河南洛陽春秋墓》，《考古》1981 年第 1 期）。“產多”爲申伯之名，“產”即“諺”字，類似寫法也見於《犀氏產會》，羅振玉釋“諺”（《丁戊稿》21 頁，《犀氏產作善會跋》），至確。《汗簡》“諺”作諺（上一・一〇），同此。《說文》：“諺，傳言也。”然則“諺多”取意與“言多、言絲（繁）”相類。或謂申伯產多之名爲“產”（吳鎮烽《金文人名匯釋》344 頁，中華書局 1987 年），恐誤。

《中國古文字研究》1，頁 123—124

讟

上博二・從甲 13

○張光裕（2002）　（編按：上博二・從甲 13）“讟”，讀爲“就”。郭店簡書作“臺”。《六德》第一、二簡：“聖與智臺（就）壴（矣），悬（仁）與宜（義）臺（就）壴（矣），忠與信臺（就）壴（矣）。”《詩・周頌・敬之》：“日就月將，學有緝熙于光明。”1980 年長安新旺出土史惠鼎銘文：“惠其日邅（就）月將。”上博竹書《民之父母》“亡體之禮，日邅（就）月將”，“就”字皆从辵。“君子之相就”，猶言君子之相交往也。

《上海博物館藏戰國楚竹書》（二）頁 226

譱 蘁　善 善

陶彙 3・412

○羅福頤等（1981）　善。

《古璽文編》頁 57

○吳振武（1983）　5353 笤・善　5354 同此釋。

《古文字學論集》（初編）頁 524

○高明、葛英會（1991）　《説文》譱从誩从羊，段玉裁以爲古文善。

《古陶文字徵》頁 49

○朱德熙、裘錫圭、李家浩（1995）　“善”是多次、頻繁的意思，此種用法，醫書習見。例如《黃帝内經太素・五臟脈診》“因血在脇下，令人善喘”，又同書《符病合輸》“膽病者善太息”。馬王堆漢墓帛書《陰陽十一脈灸經乙本》“陽明脈”下云“……病寒，喜信（伸），數吹”，“吹”當讀爲“欠”。簡文“善歠”與帛書“數欠”同意。

【善人】

○**徐在國**（1998）　《古璽彙編》四八七・五三八三著録如下一方陽文璽：

原著缺釋，《古璽文編》作爲不識字收在附録中（見該書 549 頁）。

今按：此璽似應釋爲“善人”。“𥬒”字似應分析爲从“羊”省从“言”，即“善”字。古璽文字中“善”字或作：𥬒（《古璽文編》57 頁）、𥬒（《古璽彙編》四八四・五三五四）、𥬒（《古璽彙編》四八七・五三八七）等形，所从“羊”並作“𥬒”（最下一橫與“言”共用），與“𥬒”所从“𥬒”同。“𥬒”下部所从的“𥬒”似“言”字之變體。《殷周金文集成》一八・一一一四七二詔事矛之“詔”字或作“𥬒”，所从“言”作“𥬒”，與“𥬒”字所从“𥬒”形體相同。如此，“𥬒”字應釋爲“善”。

此璽右部“𥬒”字似應視爲“人”字反寫。人或作𥬒，與古璽“倚”字作倚，又作倚（《古璽文編》209 頁），包山楚簡“優”字作𥬒，又作𥬒（《楚系簡帛文字編》663 頁）相類。

如上所述，此璽似應釋爲“善人”。《論語・述而》：“善人，吾不得而見之矣。得見有恆者斯可矣。”邢昺疏：“善人，即君子也。”“善人”當與《古璽彙編》中的“聖人”（四五一一）、“君子”（四五一二）等成語璽性質相類。

假如我們所釋不誤的話，《古璽彙編》將此璽放在單字璽中是不對的。按照本書體例應該把它歸到吉語璽中。

（中略）注釋

④“𥬒”字也可能分析爲从“善”（𥬒），“山”（𥬒）聲。“善、山”同爲齒音元部字。“山”可視爲贅加的聲符。

《中國古文字研究》1，頁 148—150

△**按**　陳偉武（《荆門左冢楚墓漆桐文字補釋》，《出土文獻與傳世典籍的詮釋——紀念譚樸森先生逝世兩周年國際學術研討會論文集》197—198 頁，上海古籍出版社 2010 年）釋爲“人（仁）善”。

【善壽】

○**羅福頤等**（1981）　善壽。

《古璽彙編》頁 414—415

○**葉其峰**(1983)　　"善壽"(圖二十五)。即福壽。《禮記·中庸》:"善必先知。"孔穎達疏:"善,謂福也。"是"善"訓"福"之證。此爲吉語。

圖二十五善壽

《故宮博物院院刊》1983-1,頁77

△**按**　《説文》:"〓,篆文譱从言。"

競 〓

集成38 〓篙鐘　集成37 秦王鐘　新收1285 襄城楚境尹戈　包山180

上博四·曹沫41　上博一·詩論6　璽彙3130　璽彙3131　詛楚文

○**羅福頤等**(1981)　　競。

《古璽文編》頁58

○**李零**(1988)　　(編按:長沙銅量)此器出現不少人名,有助於古代姓氏制度的研究。銘文中有臧、屈、穆、競、陳、鼻、字七種氏名。這裏面除屈氏是楚國名族,人所周知,其他許多氏名的來源都很值得研究。如競氏應即《姓苑》提到的竟氏,《古璽彙編》0275"兢悷(私)鉥",3130—3132"兢訓",就是竟氏的印;字氏,據《廣韻》引《世本》是宋右師之後,都是比較少見的。

《江漢考古》1988-4,頁103

○**郝本性**(1994)　　競作動詞,有爭逐之義,《爾雅·釋言》:"競、逐,彊(强)也。"《左傳》襄公十年"師競已甚",競即相爭,《詩·大雅·桑柔》:"職競用力。"鄭箋:"競,逐也。"《韓非子·五蠹》:"上古競於道德,中世逐於智謀,當今爭於氣力。"競、逐、爭均同義可證。因此,"楚競於戎人"即"楚逐於戎人"。

《楚文化研究論集》4,頁538

○**劉信芳**(1995)　　景氏一直被認爲是戰國中晚期楚國三大族姓(昭、屈、景)之一。《包山楚簡》的内容大部分爲楚懷王時的司法文書,奇怪的是未見景氏。倒是有以"竟"爲氏者數人(編按:文中的"竟"皆當作"競",下不贅),且其中不乏居高官者,計有如下十人:

竟丁(81),官爲"邑司馬"。

竟得(90),僅知其名。

竟快(110、118),官爲"鄢"地邊囂(敖)。

竟妽(118),夷陽官員,具體職官未詳。

竟不割(害)(121、122、123),下蔡夷里人。

竟軍(131),稱爲"湯公"。陰地司敗曾向此"湯公"呈報舒慶殺人一案的案情,此案爲《包山楚簡》中最重要的案例之一,楚懷王曾兩次親自過問,湯公竟軍直接向左尹乃至懷王呈報處理過程,事見《包山楚簡》131—139。可見竟軍是可以面君的高官。

竟慶(155),鄠地的左司馬。

竟領(163),僅知其爲下蔡人。

竟賈(180),有屬官"州加公、疆馭"。楚簡之"州"多爲私州,即封地(擬另文論及)。既有私官管理封地,則竟賈的官位、爵位都不會低。

按"竟氏"應即文獻所記之"景氏"。《釋名·釋天》:"景,竟也,所照處有竟限也。"《釋名》一書多音訓之例,此亦以讀音釋"景",由此可知"景""竟"古讀音相通。尤其是楚簡有"竟快",《史記·秦本紀》有"景快",二名應是同一人,竟快官爲連敖,景快被稱爲將軍,而楚國連敖多帶兵打仗,此其一;二人所處時代相同,均爲楚懷王時人,而景氏之興起至楚懷王之時爲期尚未久,異人同名的可能性不大,此其二。因而可以斷言:《包山楚簡》之"竟快"就是《史記·秦本紀》所記將軍"景快"。

關於景氏之得"氏",《潛夫論·志氏姓》《通志·氏族略四》皆謂"楚公族",史家無異辭。其說雖可信,然不知所據。景氏起於何代楚王,由誰得氏,至今還是個謎。不過可以初步推定,景氏應是楚宣王之前的某一代楚王所封,與昭氏得"氏"相去未遠。也就是說,是昭王至宣王時期所封。《包山楚簡》132簡記有"秦竟夫人",依楚簡所記"夫人"之例,此"秦竟夫人"是某一代楚王之夫人,"秦竟"很可能與楚國"景氏"之得氏有關,姑闕疑備考。

《江漢論壇》1995-1,頁59

○**何琳儀**(1998)　競,金文作競(欮鐘),從二竞,會二人並逐之意。(中略)戰國文字承襲金文。《說文》:"競,彊語也。一曰,逐也。從誩從二人。"舊隸競爲誩之準聲首。(中略)疑誩爲競之省文。今刪誩聲首,立競聲首。

秦王鐘、荊曆鐘競,讀境。《呂氏春秋·贊能》"至齊境",注:"境,界也。"楚璽、包山簡競,讀竟,姓氏。楚公族後有竟氏。見《路史》。包山簡"競酉",地名。

詛楚文"邊競",讀"邊境"。詛楚文"競從",猶"競進"。《楚辭·離騷》:"衆皆競進以爲貪婪兮。"或"競逐"。《漢書·游俠傳》:"競於京師。"

《戰國古文字典》頁645—646

○**劉信芳**(2003)　作爲姓氏用字,讀爲"景",競古音在陽部群紐,景古音在陽部見紐。音近可通,簡文"競"爲一大姓氏,除"競丁"外,另有簡 90"競得",110 至 118"競快",118"競坤"。121、122"競不割",131"競軍",155"競慶",163"競覆",180"競賈",且不乏職居高位者。戰國時昭、屈、景爲楚國三大族姓,簡文未見景氏,知競氏即史書之景氏,又簡 110 等所記連敖競快即《史記·秦本紀》所記楚將軍景快(説詳該簡注),楚國景氏源自楚平王,參簡 132"秦競夫人"注。

《包山楚簡解詁》頁 78—79

【競尹】

○**周曉陸、紀達凱**(1995)　春秋晉人鐘有"楚競"一詞,與此戈銘完全一致;《詛楚文》記"以俉俉邊競",徐中舒曾引林義光讀"競"爲"境",尹卣、宗周鐘之"亡競"爲"無境"。先秦無"境"字而用"競",待漢世新造字"境"出,"競"之一義泯矣。

(中略)此戈製造者"楚境尹"一職爲首見,當爲邊境上的職官。《史記》載有楚"關令尹"喜向老聃索書故事,"楚境尹"與"關令尹"職份、地位大致相近,"楚境尹"除守衛邊境,還應兼監製守戰武器。

《考古》1995-1,頁 75、77

○**黄盛璋**(1998)　"競"即"境"。信陽楚墓所出型曆鐘銘文見"唯型(荆)篙(曆)屈欒,晉人救戎於楚競"之語,"境"正作"競",秦統一文字後始統一爲"境"字。楚官制中長官稱尹,春秋戰國時皆多見,《古璽彙編》中凡所收稱尹之官印,大抵皆爲楚印。只是"競尹"之名唯見於此戈銘。楚有郊尹,見《左傳·昭公十三年》:"又奪成然邑,而使爲郊尹。"杜預注:"郊尹,治郊境大夫。"競尹當自春秋之郊尹發展而來,因邊境關係國家安全,各國無不重視,設官置吏以爲管理。《戰國策·燕策三》記"張丑爲質於燕,燕王欲殺之,走且出境,境吏得丑",這是燕國於邊境設置有官吏的證明。楚境尹爲管理邊境有關事務的長官,故兵器爲其主造。戰國封君可自設官,上引《説苑》記襄成君始封之日,"立于遊水之上,大夫擁鍾錘,懸令"(編按:"懸令"《説苑》作"縣令"而屬下讀),即證襄成君之下當有大夫,則競尹亦當爲襄城公屬官。

《考古》1998-3,頁 66

【競州】

○**李零**(2002)　(編按:上博二·容成 25)競州　《禹貢》所無,疑相當《禹貢》等書的"青州"或《爾雅·釋地》的"營州"。

《上海博物館藏戰國楚竹書》(二)頁 269

【競快】

○**劉信芳**(2003)　簡 118 作"競快","愞"是"快"字之假。"競快"讀爲"景缺",《史記·楚世家》懷王二十九年:"秦復攻楚,大破楚,楚軍死者二萬,殺我將軍景缺。""景缺"《秦本紀》作"景快"。簡文景快與《楚世家》景缺所處時代相同,疑是同一人。

《包山楚簡解詁》頁 102

【競坪】

○**李瑾**(1980)　競,在此是一個人的名字,即本器的所有者,按一般銅器銘辭慣例,應定名爲《競鐘》。

庸,又見於《庸夜君鼎》:"庸夜君成之載鼎。"

《江漢考古》1980-2,頁 56

○**饒宗頤**(1981)　1973 年,湖北當陽縣季家湖楚城遺址出土銅鐘一件,有銘文十二字。鉦部四字:

秦王卑命。

鼓左八字:

競重。王之定,救秦戎。

(中略)競重當讀爲競庸,謂鐘鏞競作。(中略)

此鐘銘命、定爲韻,重(庸)與戎協,句式爲四、二、三、三,閒句叶韻,尤足證重字之必讀爲庸也。

《文物》1981-5,頁 75

○**黃錫全、劉森淼**(1992)　鼓左八字,乃是受命後的內容。第一字競,如解釋爲地名或人名,均覺句義難通。此字寫法與信陽出土聑篙鐘競字相同,但意義有別。聑篙鐘假競爲境,而此鐘的競,結合下面文義,我們認爲乃是強大、強盛之義。典籍中競爲強(彊)義者習見。如《説文》:"競,強語也。"《爾雅·釋言》:"競,強也。"《詩·大雅·抑》:"無競維人。"箋:"競,強也。"《左傳》中以"競"稱"楚"者多見。如"彼宗競于楚"(宣公二年)、"故不競于楚"(宣公元年)、"楚是以再世不競"(宣公十二年)、"今楚實不競"(襄公十三年)、"楚人猶競而申禮于敝邑"(襄公二二年)等,舊注競均爲"強也"。競強疊韻。《廣雅·釋訓》:"競競,武也。"因此,"競"有武力強盛、強大之義。

"競"下一字也是本銘的關鍵字。這個字又見於下列楚系文字:嚴一萍先生最先將一式楚帛書釋爲坪,商承祚先生釋爲塝,讀爲平。裘錫圭、李家浩先生主張上列二式都應釋爲坪(編按:圖略)。何琳儀先生將前者釋爲塝,後者釋爲坪。不論是釋塝還是釋坪，但都認爲該字應讀爲“平”而不是重，這一點則是共同的。上舉意見都有專文論證，此不贅述。

　　過去多以“競”與“坪”連讀，屬上句（鉦銘）。我們則認爲，鼓左銘文句義完整，與鉦銘各屬獨立的句子，“坪”應與“王”連讀爲“坪王”，即平王，就是楚平王。楚平王在位時爲公元前528—前516年，相當於秦哀公九年至二十一年，正好與秦哀公是同時代人，這決不是偶然的巧合。“競坪王”就是强大的楚平王。這種贊美“王”的情形，金文及典籍是多見的。如牆盤銘文就稱“䣈圉武王、憲聖成王、蕭哲康王、弘魯昭王”等。《詩·周頌》：“執競武王，無競爲烈。丕顯成康，上帝是皇。”孔穎達疏：“《正義》曰，言有能持强盛之道者，維武王耳。此武王豈爲無强乎，維克商之功業實爲强也。”《詩》以“執競”形容武王，與鐘銘以“競”歌頌平王，句子相似，句義相同，都是歌頌周武王、楚平王武力的“强盛”。“競平王”就是武力强大或强盛的楚平王。鐘銘如此解讀，前後豁然貫通，與形制、時代、人物均密合無閒。“平王”之平爲謚稱，説明作此鐘頌揚平王時，平王已經作古。

《江漢考古》1992-1，頁76

○**李零**（1986）　競坪，可能是地名。

《古文字研究》13，頁380

○**李零**（1996）　“競坪”應讀“景平”，是楚平王的雙字謚（詳下）；

　　（中略）“競坪王”是理解銘文的關鍵。“競”是群母陽部字，“景”是見母陽部字，二者不但讀音相近，意義也相通，都有强、盛、大等義。“坪”則應讀爲平。《逸周書·謚法》：“治而清〈無〉省曰平。執事有制曰平。布綱治紀曰平。由義而濟曰景。布義行綱（剛）曰景。〔耆意大慮曰景〕。”陳逢恆《逸周書補注》引《春秋考異郵》曰：“景者强也。”是平王取謚之義。

《傳統文化與現代化》1996-6，頁23

△**按**　當以李零（1996）説爲是，競坪即楚競平王。

【競訓】

○**羅福頤等**（1981）　競訓。

《古鉩彙編》頁295

○**吳振武**（1983）　3130競訓·競訢。　　3131、3132同此改。

《古文字學論集》（初編）頁512

○**劉釗**（1998）　見本卷言部“訓”字條。

△**按**　戰國文字“競”字或從言作“誩”。

音

何琳儀（1998）　音，春秋金文作（秦公鎛）、（郳王子鐘）。从言，口内加短橫或短豎表示聲音出於口。指事。言、音一字分化，然聲韻遠隔，在偏旁中往往混用，獨體則有别。戰國文字承襲春秋文字。《説文》：“，聲也。生於心有節於外謂之音。宫、商、角、徵、羽，聲；絲（編按：“絲”後脱“竹”字）、金、石、匏、土、革、木，音也。从言含一。”

　　楚系器音，樂音。

《戰國古文字典》頁 1399

○季旭昇（2005）　“音出於生（性）”，“音”當讀“意”，心意。“意”从心从音，可能“音”也兼有聲符的作用，《管子·内業》“是故此氣也，不可止以力，而可安以德；不可呼以聲，而可迎以音（意）”“凡道無所［匹］，善心安愛［氣］，心靜氣理，道乃可止。彼道不遠，民得以產；彼道不離，民因以知。是故卒乎其如可與索，眇眇乎其如窮無所。彼道之情，惡音與聲，修心靜音（意），道乃可得”，句中兩處的“音”都應該直接讀爲“意”；《上博一·孔子詩論》“文無隱言”，李學勤先生《上海博物館藏楚竹書〈詩論〉分章釋文》隸做“文亡隱意”，以《恆先》此字來看，《孔子詩論》可能原來寫作“文亡隱音”，讀爲“文亡隱意”。又，《史記·淮陰侯傳》：“項王喑噁叱咤。”《漢書》作“意烏猝嗟”；《馬王堆帛書·老子甲》96“意聲之相和也”，今本《老子》作“音聲之相和也”。這些證據，都説明從戰國到漢初，“意”字也可以寫作“音”形。“意出於性”，謂人的思想產生自人所得自於天的質性（參拙作《意出於生》）。

　　“言出於音（意）”，謂人的言語出自人的思考。

　　“名出於言”，謂天地萬物之名出自人的言語。

　　“事出於名”，謂天下之事出自名。因爲天地萬物有名之後，事物才能分類，庶務才能繁興。

《〈上海博物館藏戰國楚竹書（三）〉讀本》頁 226—227

△按　“音”字从言，於“口”中增益短橫、短豎或圓圈，示意口中有物，口中有物者實即“甘”字。上古音“甘”字屬見母談部，“音”字屬影母侵部，“音”字所

从之"甘"可能有表聲之作用。俞樾《兒笘録》謂"甘"之本義爲"含"。《説文》謂"甘"字"从口含一",以"含"訓"甘"乃聲訓。《説文》又謂"音"字"从言含一",以"含"訓"音"亦聲訓,蓋从音、从含之字每有"蘊藏"之義,沈兼士於此有詳論(見《右文説在訓詁學上之沿革及其推闡》),故"音"字所从之"甘"可能兼有表音、表義的作用。古人每稱"音"乃生於心者(見《禮記·樂記》《吕氏春秋·音出》《説文》等),亦"音"有"蘊藏"義之證。

章 章

集成 85 楚王酓章鎛　　集成 11551 九年鄭令矛　　郭店·老甲 31　　上博一·緇衣 1

上博一·詩論 14　　楚帛書　　璽彙 0902　　璽彙 0878　　官印 0023

○羅福頤等(1981)　章。

《古璽文編》頁 58

○王人聰(1990)　見本卷寸部"將"字【將馬】條

○何琳儀(1998)　章,商代金文作 (乙亥簋)。从辛从田,會意不明。或借體象形,待考。西周金文作 (頌簋)。戰國文字在中央豎筆或斜筆上加圓點、横筆爲飾。燕系文字這一横筆下曲作 、 ,尤有特色。辛上亦多加短横或短豎爲飾。《説文》:" ,樂竟爲一章。从音从十。十,數之終也。"小篆从音乃割裂田形中央豎筆而訛變,石鼓文作 ,是其濫觴。

楚王酓章鎛"酓章",讀"熊章",楚王之名。宜章矛"宜章",地名。包山簡章,姓氏。係出姜姓,齊太公支孫封國爲鄣,後爲齊所滅,子孫去邑爲章氏。見《古今姓氏書辯證》。帛書"亡章",讀"無章"。《左·襄廿八年》"賞罰無章",疏:"章,明也。"

石鼓文章,儀表。《詩·大雅·抑》"維民之章",傳:"章,表也。"詛楚文章,章程。《廣雅·釋器》:"章,程也。"

《戰國古文字典》頁 650

○劉信芳(1999)　簡甲三一:"人多智(知)天,哎(謀)勿(物)慈(茲)迟(起)。法勿(物)慈(滋)章,魅(盜)惻(賊)多又(有)。"諸本"章"作"彰",誤也。"法物"者,法令及其載體,晉鑄刑鼎(《左傳·昭公二十九年》)之類也。"章"乃章節之章。古代律令分章,漢高祖"法三章"是也。"滋章"者,法律條款增益之謂。

《中國古文字研究》1,頁 108

【章弢】

○**劉信芳**（2003）　《左傳》宣公四年：“師於漳澨。”杜預《注》：“漳澨，漳水邊。”《春秋釋例》卷七：“漳澨，出新城沶鄉縣，南至荆山，東南經襄陽、南郡當陽縣，入沮。”《説文》：“澨，埤增水邊土，人所止者。”段《注》：“今南陽淯陽二縣之閒，淯水之濱，有南澨、北澨矣。”簡 10 有“鄒弢”，83“廡弢”，124“諮弢”，143“鄝弢”，151“邔弢”，疑諸“弢”皆是由隄防形成的居住、耕作區域。若求諸故訓，“澨”與“浚”音近義通，《爾雅·釋丘》“浚爲崖”《注》：“謂水邊。”又《釋水》：“水中可居者曰州，小州曰陼，小陼曰沚，小沚曰坻。人所爲爲潏。”所謂“人所爲爲潏”者，謂以人工圍堰，使如洲陼可居者也。知“弢”與“潏”亦音近義通。《説文》“閾”之古文作“闄”，《詩·大雅·文王有聲》“築城伊淢”，“淢”字《韓詩》作“洫”，“潏”古音在質部喻紐，“洫”古音在質部曉紐。“弢”字經典未見，有可能爲“淢”字異構。

　　《古璽彙編》0206 著録一楚官鉨“良弢之鉨”，“良”字由林清源釋出（《楚國文字構形演變研究》，臺灣東海大學中文系博士論文，1997 年，第 144 頁）。按“良弢”可讀爲“梁弢”，馬王堆漢墓帛書《老子》甲“强良”即“强梁”，《明君》（第 431 行）“良肉”即“梁肉”。楚有地名“梁”，參簡 163 注。

　　陳偉《包山楚簡初探》頁 74 引銀雀山漢簡《田法》：“州，鄉以地次受田於野，百人爲區，千人爲或（域），人不舉或（域）中之田，以地次相……”陳氏認爲“包山簡‘弢’的含義當與《田法》的‘或’最爲接近”。僅録以存參。

《包山楚簡解詁》頁 75

【章廄將馬】

○**陳直**（1979）　沛公拜良爲廄將。

　　直按：西安漢城出土有“童馬將廄”印（吳興沈氏藏），四周有界格爲秦末漢初之物，印文之將廄，疑與傳文之廄將相似。

《史記新證》頁 110—111

○**羅福頤**（1982）　龍馬廄將（圖二）

此印昔濰縣高氏舊藏，見《齊魯古印攗》著録，今在上海博物館。其印文有田字格，當是秦官印。首字作𣂏，似章字，而末畫微曲。昔著《漢印文字徵》時，猶豫未決，故未入録。因章馬廄將，似不可通。近讀《汗簡》（五），見龍字作𠲸，又（四）：龐字作𡦦，因悟此當是龍字古文。《漢書·百官公卿表》：大僕，秦官，掌輿馬，屬官有龍馬、閑

圖二

駒、橐泉、騊駼、承華五監丞。注:如淳曰:橐泉廐,在橐泉宮下。於此知,漢尚有龍馬廐,亦沿秦制也。更考《周禮·夏官司馬》下有廋人,掌十有二閑之政教,馬八尺爲龍,七尺以上爲騋,六尺以上爲馬。《文選》張平子《東京賦》:"龍輅充庭。"薛綜注:馬八尺曰龍。輅,天子之車也。按:過去曾見故宮博物院藏漢套印,母印作"田子孫印",子印作"田龍光印",可證光字上一字,乃龍字古文。即《詩·小雅·南有嘉魚之什·蓼蕭》所謂"爲龍爲光"之意。如釋作章光則不可通矣。古璽中亦有龍攽、肖龍、公孫龍、長龍諸字,疑皆龍字古文。更上推至古金文字,如傳世周史頌設(蓋、器各六十三字)銘文中有"穌賓章馬四匹"。又兩設(蓋、器各四十五字)銘文中亦有"曶黃賓兩章一馬兩"是殆賜八尺之馬一、六尺之馬二矣。金文中之龍,過去曾見張氏《清儀閣手跋頌設釋文》亦釋龍爲龍,謂通作寵,即詩所謂荷天之龍,即荷天之寵也。至徐氏《從古堂款識學》(二卷 16 頁)史頌設,又頌鼎(六卷 23 頁)及劉氏《奇觚室吉金文述》(二卷 21 頁)頌鼎跋,三家跋文釋龍,均與張氏清儀閣所釋同。至民國以來,如强氏《文海》、高氏《字例》、朱氏《釋叢》均反對舊釋,又以爲是章字,故《金文編》從之。今以秦漢印文證之,當仍是龍字無疑。今日爲前人得佐證矣。此"龍馬廐將"印,近年陳氏作《史記新證》又誤釋爲"童馬將廐",見《史記》(111 頁),則又失之遠矣。此秦印,而能推證周金文字,是不可多見者,書識一得,乞正方雅。

《故宮博物院院刊》1982-1,頁 24

○**羅福頤**(1983)　　曩歲予編《古鉢漢印文字徵》兼《三代吉金文存》時,見《頌鼎》《頌設》《史頌設》銘文中均有龍字,與秦官印"龍馬廐將"印首字相近。而考《説文古籀補》,則釋此字作章,容氏《金文編》同。若是,則印文爲"章馬廐將",似有未安,致未敢收入《文字徵》。數十年來,猶疑未決。審其印具田字格,由形制及印文考之,知是秦官印無疑。近讀《奇觚室吉金文述》,見所釋《頌鼎》及《史頌設》之龍字爲龍字,説:《漢簡》(編按:《漢簡》爲《汗簡》之誤)古文龍作龍即此,或釋作章非。並謂《頌鼎銘》中"反出入覲龍",龍,通作寵,《詩》"荷天之龍""維龍維光",龍即寵也。更讀《從古堂款識學》二見所釋《頌設》與劉氏同,亦謂"覲寵",猶云"覲光",寵與光同意。於此頓悟秦"廐將"印首字乃龍字古文。考《周禮·夏官司馬》有"馬八尺爲龍,七尺以上爲騋,六尺以上爲馬"之説。又《文選》三張平子《東京賦》有"龍輅充庭,雲旗拂霓"句。薛綜《注》:"馬八尺曰龍。輅,天子之車也。"且《漢書》十九上《百官公卿表》:"大僕秦官,掌輿馬。"屬官有龍馬、閑駒、橐泉、騊駼、承華五監丞。如淳《注》曰:

"橐泉廄,在橐泉宮下。"於此知漢有龍馬廄,亦沿秦制也。則此印文應釋爲
"龍馬廄將"無疑。其旁證,更有故宮博物院藏漢私人套印一,母印作"田子孫
印",子印作"田龝光印"。今可證光字上亦古文龍字,即《詩·小雅·蓼蕭》
"爲龍爲光"之意。如釋作"章光",則不可通矣。或以秦官印何以用古文爲
疑,然古印中閒亦有之。例如傳世之秦"灋丘左尉"印,《印舉》著録,今在故宮
博物院。考之《漢書·高帝紀》説,項羽立章邯爲雍王都廢丘。韋昭《注》曰:
"即周時犬丘。懿王所都,秦欲廢之,更名廢丘云。"金文中《盂鼎》《克鼎》《師
酉殷》《師虎殷》等,均有"勿灋朕命"句,即《詩·小雅·韓奕》之"無廢朕命"。
灋爲廢之古文,學者業已公認。此外如秦"茝陽少內"(現藏天津藝術博物館)
茝作莔。以此加"龍馬廄將"得三印矣,均秦官印用古文之證。至漢私印,除
前所舉"田龍光印"外,尚有"王騎將印"將字作甂從酉,亦古文也。此五印皆
秦漢官私印用古文之例矣。

　　今更考前人金石家著作中,釋此字爲龍者,有《積古齋鐘鼎款識》《清儀閣
古器物文》《奇觚室吉金文述》《從古堂款識學》,凡四家。其釋章字者,有《説
文古籀補》《愙齋集古録》《筠青(編按:"青"當作"清")館金文》《攈古録金文》,凡
三家。此據予耳目所及者識之而已。竊以《史頌殷》之"蘓賓龍、馬四匹",與
《兩殷》之"賓兩龍一、馬兩",《師遽尊》之"錫師遽瑂圭一、環、龍四",又《小臣
守殷》"賓馬兩,金十鈞",諸文辭同意,如釋作章,似有所未安也。龍字之釋,
殆始於劉氏。至民國以來,如強運開《文源》、高鴻慶(編按:"強運開"爲"林義光"之
誤,"高鴻慶"爲"高鴻縉"之誤)《字例》、朱芳圃《釋叢》諸家,均反劉氏之説,認爲是章
字。故容氏《金文編》從之。今予以"龍馬廄將"印,及"田龍光印"證之,當仍
以釋龍爲得。今爲前人得佐證矣。此"廄將"印,近陳氏《史記新證》又誤釋爲
"童馬將廄",失之遠矣(見《史記新證》111頁)。爰識各家所釋,證以秦漢印
文列後,用政大雅,乞有以教之也。

　　　　　　　　　　　　　　　　　　　　　　　《古文字研究》10,頁 11—12

○**羅福頤等**(1987)　　《漢書·百官公卿表》,太僕屬有龍馬,閑駒等五監長丞。
《公羊傳》隱公元年注:天子馬曰龍,高七尺以上。於此證此印首字乃龍字古文。
　　　　　　　　　　　　　　　　　　　　　　《秦漢南北朝官印徵存》頁 5

○**王輝**(1990)　　章廄將馬(《官印徵存》0023,鼻鈕,上海博物館藏)

　　此印《官印徵存》釋作"龍馬廄將",陳直《史記新證》111 頁釋作"章馬將
廄",似皆不妥。《官印徵存》釋文當是根據羅福頤先生的意見。羅先生有《龍
字私議》一文,專門討論這一印章,他説首字與《汗簡》古文龍作龕同,又《周

禮·夏官司馬》有"馬八尺爲龍",《漢書·百官公卿表》"太僕秦官,掌輿馬",屬官有龍馬、閑駒、橐泉、騊駼、丞華五監丞,因説"於此知漢有龍馬廄,亦沿秦制也"。其實此字作𦥑,與《汗簡》龍字古文根本不同,而與金文頌鼎、頌簋"出入覲章(璋)"之章作𦥑、酓章作曾侯乙鎛"章"作𦥑(《文物》1979 年 7 期)、《古文四聲韻》下平聲陽韻《古老子》章字作𦥑、漢印"廣漢大將軍章"章字作𦥑完全相同,應釋章而不應釋龍。羅先生終生治古璽、漢印,爲印學泰斗,此字之釋實智者千慮之一失也。"龍馬"作爲廄名,亦不見於秦簡。陳先生雖然釋爲章字,但"章馬"是什麼意思? 令人費解。又《史記·留侯世家》云:"沛公拜良爲廄將。"陳先生説"印文之將廄,疑與傳文之廄將相似",語在疑似之間。查《留侯世家》,"沛公拜良爲廄將",時值"沛公將數千人,略地下沛",在秦二世二年,"廄將"必爲秦官,而"廄將"實爲"某廄將馬"之簡稱,不應倒爲"將廄"。

　　(中略)章廄疑亦"宮廄"一類,章爲章臺之省。秦有章臺宮,《史記·蘇秦列傳》:"蘇秦説楚威王曰:今欲西面而事秦,則諸侯莫不西面而朝於章臺之下矣。"又《廉頗藺相如列傳》:"秦王坐章臺,見相如。"《資治通鑑》:"秦昭王六年,楚懷王入秦,朝章臺。"至於省稱的原因,大概因爲"章臺廄將馬"五字不便於安排。秦漢宮名省稱之例甚多。秦有蘄年宮,《秦始皇本紀》:"蘄年宮在雍。"而鳳翔出土有"年宮"二字瓦當,應即"蘄年宮"之省文;漢上林苑有陽祿觀,見《三輔黃圖》,而陳直先生舊藏"上祿"瓦片,陳先生《三輔黃圖校注》"定爲上林苑陽祿館之簡稱";漢之甘泉苑繁稱爲甘泉上林苑或甘泉上林宮,而《秦漢瓦當文字》有"甘林"瓦,亦甘泉上林之簡稱。可見此爲當時習俗。

《文博》1990-5,頁 244—245

訐

璽彙 2532

————————————————

△按　"訐"字之異體,詳見本卷言部。

奢

郭店·六德 24

————————————————

△按　“詟”字之異體,詳見本卷言部。

訑

璽彙 4041

────────────────

△按　“訑”字之異體,詳見本卷言部。

猷

璽彙 2846　　　璽彙 3068

────────────────

△按　“猷”字之異體,詳見本卷言部。

訬

璽彙 0515

────────────────

△按　“訬”字之異體,詳見本卷言部。

許

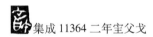集成 11364 二年宝父戈

────────────────

△按　“許”字之異體,詳見本卷言部。

猷

璽彙 2973

────────────────

△按　“詃”字之異體,詳見本卷言部。

訢

璽彙 2117

────────────────

△按　"訢"字之異體,詳見本卷言部。

韶

璽彙 2741

△按　"詞"字之異體,詳見本卷言部。

䚦

䚦璽彙 1131　　䚦璽彙 2003

△按　"説"字之異體,詳見本卷言部。

詐

集成 10197 曾侯乙匜　　集成 9928 曾侯乙勺　　集成 9929 曾侯乙勺

集成 10000 曾侯乙冰缶　　集成 9930 曾侯乙勺

△按　"詐"字之異體,詳見本卷言部。

註

註璽彙 3428

○何琳儀(1993)　見卷五、部"主"字條。
△按　"註"字之異體,詳見本卷言部。

韽

集成 330 曾侯乙鐘　　集成 330 曾侯乙鐘

○李家浩(1979)　我國古代的音階除了宮、商、角、徵、羽五音外,還有變音。
很顯然"韽"或"韽"都應讀爲"變",字从音作,當是變音的專字。

《古文字研究》1,頁 393

○**裘錫圭、李家浩**(1981)　　變商、變徵的“變”,鐘銘作“龥”,从“音”“弁”聲,是爲音律而造的專字。爲印刷方便,直接釋作“變”。關於這個字所从的“弁”字的問題,請參看李家浩《釋弁》(《古文字研究》第一輯)。中層三組 6 號鐘“變”字作鉩,似爲从“彳”“弁”聲之字,借爲變音之“變”,是一個特例。

《音樂研究》1981-1,頁 19—20

○**馮時**(1986)　　曾侯乙編鐘銘文的所謂“變”字作:

薹　薹

字由兩部分構成,下面的“音”旁爲意符,“音”上面的偏旁爲主要成分,是這個字的讀音,在鐘銘中見有下録兩種寫法:

a 薹　薹

過去,學術界一致公認這就是“變”字,爲用作變音的專字,這種看法不能成立。

　　(中略)我們已經論定,上録 a 例字就是“抵”字,“抵”和“低”的讀音一致,顯然,我們完全有理由根據實測鐘所反映的上述音程關係,把鐘銘的所謂“變”字隸定作“龥”,讀如“低”。“低”字从“音”,表明它是用爲變化音名的專字。

　　曾侯乙墓中層三組 6 號鐘銘的“低”字作:鉩
字的左旁與上録 a 例字相同,是聲符,右旁从“彳”,就是“衹”字。《玉篇》:“衹徊,徘徊也。”“衹徊”亦作“低佪”,《楚辭·九章·抽思》:“低佪夷猶,宿北姑兮。”《漢書·揚雄傳下》:“大道低回。”可知“衹”“低”字通。這是鐘銘本身爲所謂“變”字讀如“低”提供的確證。

　　現在,我們有充分的證據認爲,鐘銘中的所謂“‘變’宮”“‘變’商”“‘變’徵”“‘變’羽”實際上就是“低宮、低商、低徵、低羽”。“低”與音名連用時,表示被限制的五聲音階中那一音級的下行小二度變化音。相當於現代記譜法中的降半音符號。因此,鐘銘中的“低宮、低商、低徵、低羽”四個變化音級的實際音高分別爲“宮、商、徵、羽”的低一律音。鐘銘中楚國的“濁”字也是同樣的用法。

《考古》1986-7,頁 633、637

韻

龍　璽彙 0819

△按 "諰"字之異體,詳見本卷言部。

詨

△按 "詨"字之異體,詳見本卷言部。

善

△按 "蕭"字之異體,詳見本卷誩部。

諫

△按 "諫"字爲"諫"之異體,詳見本卷言部。

語

△按 "語"字之異體,詳見本卷言部。

誙

△按 "誙"字之異體,詳見本卷言部。

韻

△按　“誢”字之異體,詳見本卷言部。

⿱攸音

集成 182 郤王子旃鐘

△按　鐘銘曰:“其音⿱攸音⿱攸音。”“⿱攸音”字从音,言其音悠長,乃“悠”之專用字。

諸

陶彙 5・396

△按　“諸”字之異體,詳見本卷言部。

⿱尚音　⿳⺍冖音

曾侯乙衣箱

○**饒宗頤**(1983)　⿳⺍冖音字从冖聲从音,从音與从口同意,當是尚字的同文異體。如曾侯乙墓器之持字,作時,本爲詩字,而讀作持。彝銘屢見以尚爲常,字不从巾。

《古文字研究》10,頁 194

○**劉國勝**(1997)　漆文“辰尚若陳,琴瑟常和”一句意思是説:一年十二個月,日月之會倘若順從星宿的陳列,琴瑟常得其和。這句鮮明體現了古代樂論“天地相合得樂和”的核心思想。

《第三屆國際中國古文字學研討會論文集》頁 697

△按　此字乃因語境而从音,是樂音“常和”之“常”的專用字。

⿰音吾

璽彙 1878　璽彙 2774　璽彙 3083

△按　“語”字之異體,詳見本卷言部。

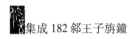

歚

璽彙 1418

△按　"談"字之異體,詳見本卷言部。

䛦

璽彙 2155

△按　"謂"字之異體,詳見本卷言部。

謁

![守丘石刻]守丘石刻

△按　"謁"字之異體,詳見本卷言部。

䛎

![璽彙 0514]璽彙 0514　　![璽彙 3151]璽彙 3151

△按　"讓"字之異體,詳見本卷言部。

䛞

![璽彙 3276]璽彙 3276

△按　"耑"字之異體,詳見本卷言部。

韹

集成 182 郐王子旃鐘　　![集成 321 曾侯乙鐘]集成 321 曾侯乙鐘

△按　郐王子旃鐘銘形容其樂音"元鳴孔韹",曾侯乙鐘銘曰"坪韹之終",皆

與樂音、樂律相關,故字从音。

䍻

䍻聖彙 1801

△按　"䍻"字之異體,詳見本卷言部。

讘　讘　讘

讘聖彙 1802　　讘聖彙 3269

讘聖彙 2007

△按　"讘"字之異體,詳見本卷言部。

肄

肄曾侯乙 214

△按　"肄"字之異體,詳見本卷言部。

韽

韽集成 203 沇兒鐘

△按　"韽"字之異體,詳見本卷言部。

謹

謹聖彙 0983　　謹聖彙 1266　　謹聖彙 2006　　謹聖彙 2667

△按　"謹"字之異體,詳見本卷言部。

譊

譊聖彙 0987　　譊陶彙 3・805

△按　"譊"字之異體,詳見本卷言部。

讟

璽彙 3811

○羅福頤等(1981)　謁。

　　謁。

《古璽彙編》頁 57、353

○吳振武(1983)　3811 司馬謁·司馬謁。

《古文字學論集》(初編)頁 519

譽

璽彙 郭店·老丙 1

△按　"譽"字之異體,詳見本卷言部。

謟

璽彙 5450

△按　"信"字之異體,詳見本卷言部。

譙

璽彙 1419　　　璽彙 1800　　　璽彙 2250

△按　"譙"字之異體,詳見本卷言部。

讓

璽彙 2781

△按　"讓"字之異體，詳見本卷言部。

韹

集成 293 曾侯乙鐘

○何琳儀（1998）　韹，从音，穆聲。

曾樂律鐘韹，讀穆。見穆字（編按：穆字 d 云"曾樂律鐘穆，樂律名"）。

《戰國古文字典》頁 266

△按　音律之"穆"之專用字。

雔

陶彙 3·301

△按　"雔"字之異體，詳見本卷言部。

譧　譧

璽彙 1963

△按　"譧"字之異體，詳見本卷言部。

韹　韹

集成 293 曾侯乙鐘

集成 287 曾侯乙鐘　　集成 292 曾侯乙鐘

○何琳儀（1998）　韹，从音，歸聲（或歸省聲）。

曾樂律鐘韹，樂律名。或説角音之別稱。

《戰國古文字典》頁 1215

△按　音律之"歸"之專用字，鐘銘或作"鏬、歸"。

韹

郭店·緇衣 26

○**裘錫圭**（1998）　第一句疑當讀爲“吾大夫恭且儉”。

《郭店楚墓竹簡》頁 134

讝

讝 集成 324 曾侯乙鐘

○**裘錫圭、李家浩**（1981）　此字从“音”“讝”聲，是表示階名的專字。原字“讝”旁所从的“禾”移在上方，頗爲特殊。

《音樂研究》1981-1，頁 21

童　童

童 望山 2・9　　童 包山 180　　童 郭店・尊德 39　　童 上博一・詩論 10　　童 璽彙 0279

童 璽彙 1277　　童 璽彙 1278　　童 璽彙 3645　　童 陶彙 5・384

○**中大楚簡整理小組**（1977）　（編按：望山 2・9）童，讀作橦。

《戰國楚簡研究》3，頁 49

○**羅福頤等**（1981）　童。

《古璽文編》頁 58

○**朱德熙、裘錫圭、李家浩**（1995）　（編按：望山 2・6）丹厚緅之□童　“童”上一字亦見於九號簡，似“辛”非“辛”，疑是兩（兩）字變體。“童”疑當讀爲“幢”，是一種儀仗用的旗幟。《漢書・高帝紀》“紀信乃乘王車，黃屋，左纛”，顏注：“李斐曰……纛，毛羽幢也。”

《望山楚簡》頁 107、118

○**何琳儀**（1998）　童，金文作童（番生簋）。从辛从目，會以刑具刺目之意。重聲。或作童（毛公鼎），加土繁化，省重爲東。戰國文字或省目作童，或省重作童。《説文》：“童，男有辠曰奴，奴曰童，女曰妾。从辛，重省聲。（徒紅切）。童，籀文童，中與竊中同从廿。廿以爲古文疾字。”（三上十九）

楚璽“童亓”，讀“僮其”。其爲地名後綴。《漢書・地理志》臨淮郡“僮”，在今安徽睢寧東南。楚璽童，姓氏。顓頊生老童，子孫以王父字爲氏，望出渤海。見《元和姓纂》。望山簡“亡童”，讀“盲僮”。天星觀簡童，讀幢。《急就篇》三“蒲蒻藺席帳帷幢”，注：“帷者圍也，形如車蓋者，謂之幢，言其童童然也。"包山簡童,讀僮。見僮字。帛書童,讀動。

秦器"敖童",參敖字 e。

《戰國古文字典》頁 366

○陳偉(1999)　童(踵)義集理　尊德義 39

童,原讀爲"重",恐當讀爲"踵",追隨的意思。集,依就的意思。《詩·大雅·大明》"天監在下,有命既集",毛傳:"集,就。"簡文是説遵循、依從義理。

《武漢大學學報》1999-5,頁 30

【童土】

○馬承源(2002)　(編按:上博二·子羔 3)童土　荒蕪之土。《莊子·徐無鬼》:"堯聞舜之賢,舉之童土之地。曰:冀得其來之澤。舜舉乎童土之地,年齒長矣,聰明衰矣,而不得休歸,所謂卷婁者也。"成玄英疏:"地無草木曰童土。"陸德明釋文引向秀曰:"童土,地無草木也。"

《上海博物館藏戰國楚竹書》(二)頁 186

【童弄京】

○羅福頤等(1981)　童□。

《古璽彙編》頁 47

△按　劉信芳(《安徽鳳陽縣卞莊一號墓出土鎛鐘銘文初探》,《考古與文物》2009 年 3 期 133—139 頁)釋爲"鐘離亭",正確可從。

妾 妾

侯馬 198:10　　包山 170　　包山 173　　璽彙 5491　　十鐘

○山西省文物工作委員會(1976)　宗盟類參盟人名妾與。

《侯馬盟書》頁 311

○羅福頤等(1981)　妾。

《古璽文編》頁 58

○何琳儀(1998)　妾,甲骨文作𢆉(粹二一八)。從女從辛,會以有罪女子爲隸之意。辛亦聲。妾,清紐;辛,心紐。清、心均屬齒音,妾爲辛之準聲首。金文作𢆉(復尊)。戰國文字承襲商周文字。《説文》:"𡩕,有辠女子給事之得接於君者。從辛從女。《春秋》云,女爲人妾,妾不娉也。(七接切)。"(三上十九)

以接釋妾屬聲訓。

侯馬盟書妾，姓氏。妾胥，漢人。見《萬姓統譜》。

包山簡“妾婦”，側室。《左・襄十二》：“夫婦所生若而人，妾婦之子若而人。”

《戰國古文字典》頁 1436

業 業

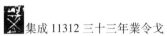

集成 11312 三十三年業令戈 集成 11270 非釪戈 集成 2840 中山王鼎

古文字研究 24，頁 328 古文字研究 24，頁 328

○**黄盛璋**(1974)　戈　卅二年（業）諭（令）□□、右庫工帀（師）巨、冶山　《三代》20・23・1

第四字應是“業”字，隸定字形相近，舊亦有釋“業”者。“業”即“鄴”，《史記・魏世家》：“西門豹守鄴。”又《信陵君傳》：“魏王恐，使人止晉鄙，留軍壁鄴。”趙悼襄王六年“魏與趙鄴”，但三年後，“秦攻鄴拔之”（均見《趙世家》），是屬趙時短，而屬魏時長。此戈有“卅二年”，故知非入趙後所造。魏有三十二年以上，只有惠王與襄王，戈之年代只能屬此兩王。

《考古學報》1974-1，頁 30—31

○**李學勤、李零**(1979)　（編按：中山王方壺）業，《爾雅・釋詁》：“緒也。”“内絶召公之業”，意爲斷絶了召公的統緒。燕君爲召公的後裔，子之取代了王噲，召公的世系便中斷了。（中略）（編按：集成 2840 中山王鼎）五十九行（中略）業業，《爾雅・釋訓》：“危也。”

《考古學報》1979-2，頁 152、158

○**張政烺**(1979)　業，从丵，去聲，業之異體字。

《古文字研究》1，頁 216

○**商承祚**(1982)　从蓍形觀之，非噗非嗼，而爲業字，方壺十八行蓍字同。

《古文字研究》7，頁 54

○**陳邦懷**(1983)　業　蓍　大鼎　乎—才祇

按，此非業字。字从口。當釋嗼。《集韻》業韻：“嗼，口動貌。”逆怯切，音業。鼎銘借嗼爲業，其音同也。

業　蓍　右下有重文符　大鼎　憚憚——

按,此業字从心,當釋懘。《集韻》業韻:"懘,懼也。通作業。"鼎銘"憚憚懘懘",重言懼也。

《天津社會科學》1983-1,頁 69

○**董蓮池**(1998)　最後説説見於中山王䚀方壺中的䕫(或下从心)字。䕫是已被辭例(以内絶邵公之業)證明爲戰國時的業字,但它在構形上爲何从"口"則爲大家所不曉。我們認爲這一形體實際上是上舉秦公簋所見形聲結構的䕫字的減形省聲字。䕫爲戰國文字,戰國文字每喜删減同形偏旁。如䒱(侯馬盟書)作䒱(侯馬盟書),䒱(㑹肯鼎)作䒱(㑹肯鼎),䒱(《古璽文編》)作䒱(《古璽文編》)。又喜采用共畫方式減化,如"此"字作䒱(信陽簡),"梁"字作䒱(大梁戈),"忌"字作䒱(《古璽文編》),於是便有了由䕫到䕫的業字,其中字所从的㑹上部"大"與㠾的下部同形而將聲符㑹併入㠾下"大"形,共用"大",於是便成爲䕫。所以䕫可以分析爲从㠾,㑹省聲。

《吉林大學古籍整理研究所建所十五周年紀念文集》頁 29—30

○**何琳儀**(1998)　業,西周金文作䕫(九年衛鼎)。上从二業,構形不明;下从㑹(盍之初文),爲疊加音符。春秋金文作䕫(秦公簋),或省㑹作䕫(晉公盞)。戰國金文承襲兩周金文。上部省一業,下部或變異作㑹形。《説文》:"業,大版也。所以飾懸鐘鼓,捷業如鋸齒,以白畫之,象其鉏鋙相承也。从丵从巾。巾象版。《詩》曰,巨業維樅。䕫,古文業。"

魏戈業,讀鄴,地名。《史記·趙世家》悼襄王六年"魏與趙鄴",在今河北滋縣南。中山王器業,見《爾雅·釋詁》:"業,事也。"

《戰國古文字典》頁 1429

○**焦智勤**(2002)　"䕫"字印陶戳記二方,一方模印在素面半瓦當上,瓦當半徑 9 釐米,邊輪寬 1 釐米,戳記長 2.3 釐米,寬 1.4 釐米,陰文有邊框,另一方模印在陶器上,因陶片殘甚,不可知爲何種器物,戳記形制,大小同上。

"䕫",字書所無,在金文中有从"䕫"之字,西周金文中有"䕫"字,見於癲鐘(周懿王時器)和九年衛鼎(西周共和時器),爲古業字,隸定爲"䕫"。郭沫若先生曰:"䕫,宋人釋業,許書業字古文作䕫,與此形近,其字體略有訛變。"

在春秋古文中,業字開始省減,"䕫"字見於秦公簋(秦景公時器),銘文有"保䕫厥秦"句,楊樹達先生謂:"䕫字从古文業,去蓋加聲旁字。""保業者,用作動詞,有保相、安治之意。""䕫字亦爲古業字,見於昶伯䕫鼎。"鄴城陶文"䕫"字爲"䕫"字和"䕫"字所从。高鴻縉先生曰:"䕫,按此字書所無,以變體推之,當有此字,其義爲保護、保衞,此字複體作䕅,金文亦失載,(筆者按:《三代吉金文存》三·四五收䕅字,又見《金文詁林》),其後加去爲聲旁,作䕅者見於秦公簋……丵爲初文,䕅爲複體。"“丵字又作䕅,見於晉邦盆盞,銘文中有召䕅。"“當即紹業,業者大也。"高鴻縉先生曰:"丵之複文作䕅,《說文》今本載業之古文作䕅,殆此複文之形訛。"高鴻縉先生所推測"丵"字的存在至今未見於金文,"丵"字今發現於鄴城陶文中,證實了高先生推測之不誤。春秋時期文字演變基本上維持了與商周文字的一致性,陶文"丵"字具有春秋時期文字的風格,"丵"字作爲鄴城建築材料之磚瓦和陶器戳記用字,應釋業讀爲鄴。業字戳記是鄴城官署經營的製陶作坊使用的印記。

(中略)在戰國金文中,"丵"字發生了訛變,中山王壺銘文中有"以内絶召公之業"句,業字篆作"丵",下从口爲羡符。魏國樂器"三十二年業令狄"戈刻辭中,業字篆作"丵",釋業讀鄴。《史記·魏世家》:"西門豹守鄴。"鄴令應爲魏國之鄴城令。燕國兵器"郾王職劍"刻辭中有業篆作"丵"。秦國兵器"秦廿六年蜀守武造戈"刻辭中,業字篆作"丵"。燕國和秦國兵器刻辭中的業字均作人名。以上四器爲戰國中晚期之物,此時各國文字自成體系,較春秋時期文字歧異顯著。

(中略)以上業字諸形中,只有陶文"丵"和魏國兵器刻辭中"丵"用作地名讀爲鄴字,均指鄴城而言,兩個鄴字用法相同而篆法相異,當爲時代不同所使然。業字表地名始於春秋戰國之際,在先秦古文字中不見鄴字,《說文》鄴字小篆作"鄴","鄴,魏郡縣,从邑,業聲"。鄴字的出現可能在秦始皇廢除不與秦篆相合的六國文字,以秦篆統一全國文字之際,在小篆"丵"字上加邑旁而出現的專表地名的專用字,仍以業爲其讀音。許慎著《說文》收録業字和鄴字,分別列在不同部而各有所解,業字表地名一解至此完全消失。在漢代印章文字中鄴字篆作"鄴"(羅福頤《漢印文字徵》六,第22頁收有"鄴令之印"),鄴字已開始隸變,後逐漸變爲"鄴"(見《馬王堆漢墓帛書·戰國縱横家書》)、"鄴"(漢·子游殘石)等。今先秦典籍中未見業字有作地名之解者,諸子書中記鄴城故事而言鄴者,均爲漢儒隸定之本。

《古文字研究》24,頁323—324

【業坿】

○**焦智勤**(2002)　"丵"戳記陶文六方,形制相同,均爲二字豎讀,模印在陶量的内側底部,其中一片外側底部另有一戳記,因殘甚,不能釋讀,這六方戳記分屬於六個陶量,底部直徑分别約爲19釐米(泥質紅陶)、13.7釐米、12.2

釐米(泥質灰陶),陶量壁厚 1—0.7 釐米,可知這是鄴市上使用的一組量器。(圖三)

""戳記中的""字同於上述字陶文,釋業讀鄴。""字經請教李學勤先生,釋爲市字,从土从市,與三晉文字中的市字形相近。""釋爲業市讀爲鄴市。考古發掘出土的帶有某市戳記的陶文較多,經學者研

圖三

究,認爲是各封建政府市井官署所用或經營的手工業作坊的戳記。業市戳記應爲鄴城市井官署所用或經營的手工業製陶作坊的戳記。

《古文字研究》24,頁 324

叢

睡虎地‧日甲 67 背貳

○**睡簡整理小組**(1990)　(編按:睡虎地‧日甲 67 背貳"凡邦中之立叢")叢,社木。《急就篇》:"祠祀社稷叢臘奉。"顔注:"叢謂草木岑蔚之所,因立神祠。"

《睡虎地秦墓竹簡》頁 218

○**劉樂賢**(1994)　叢,社木。《急就篇》:"祠祀社稷叢臘奉。"顔注:"叢謂草木岑蔚之所,因立神祠。"按:叢即神祠的叢樹。《戰國策‧秦策三》:"應侯謂昭王曰:亦聞恆思有神叢歟? 恆思有悍少年,請與叢博,曰:'吾勝叢,叢借我神三日;不勝叢,叢困我。'乃左手爲叢投,右手自爲投,勝叢。叢借其神三日,叢往求之,遂弗歸。五日而叢枯,七日而叢亡。"

《睡虎地秦簡日書研究》頁 244—245

僕 僕　伴 僭 叢 叢

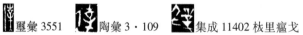

睡虎地‧秦律 180　睡虎地‧雜抄 34　集粹

璽彙 3551　陶彙 3‧109　集成 11402 枕里瘋戈

上博四‧昭王 4　上博四‧柬大 20

郭店‧老甲 2

郭店‧老甲 13

○**高明、葛英會**（1991）　魏三體石經僕作𦦪，與此相近。

《古陶文字徵》頁 23

○**陳煒湛**（1998）　僕，《説文》云："給事者，从人、業，業亦聲。"古文从臣作𦦙。甲骨文是否有僕字，尚有爭議。金文僕字屢見，結構與小篆同，不見有从臣者。包山簡僕正作𦦙𦦙，从臣，與《説文》所載古文同。文獻有臣僕一語，《春秋公羊傳》襄公二十七年："則是臣僕庶孽之事也。"注："臣僕，從者也。"或稱僕臣，《書・冏命》："僕臣正，厥后克正，僕臣諛，厥后自聖。"楊雄《太僕》："僕臣可駕，敢告執皂。"疑本作僭或𦦙，實一字，漢人誤讀，乃有僕臣或臣僕之語。論理，包山簡之𦦙亦有僕臣二字合文之可能，但既不見"僕臣"析書之佐證，其下又無合文符號，故仍以理解爲"从臣从僕"（增形符以表意）爲宜。

《容庚先生百年誕辰紀念文集》頁 581—582

○**荆門市博物館**（1998）　（編按:郭店・老甲 13）𣪘（樸）。

（編按:郭店・老甲 2）"保"下一字，其下部从"臣"，與《説文》"僕"字古文从"臣"相合，故釋爲"僕"。

（編按:郭店・語四 18）僕，借作"仆"，《漢書・鄒陽傳》"卒僕濟北"注："僵仆也。"

《郭店楚墓竹簡》頁 112、114、218

○**何琳儀**（1998）　《説文》："僕，給事者。从人从業，業亦聲。𦦙，古文从臣。"

枊里瘖戈"玫僕"，讀"捶撲"。

《戰國古文字典》頁 395

僭，从臣，僕聲。僕之繁文，與《説文》僕之古文𦦙爲一字。春秋郘王劍僕亦从臣作𦦙。

包山簡僭，讀僕。

《戰國古文字典》頁 395

△**按**　《説文》"僕"字古文作𦦙，與楚簡略同。

【僕射】

○**睡簡整理小組**（1990）　（編按:睡虎地・雜抄 13"敦［屯］長、僕射弗告"）僕射，一種軍官，據簡文次序，其地位在屯長之下。《孫子・作戰》曹操注："陳車之法，五車爲隊，僕射一人；十車爲官，卒長一人。"可參考。

《睡虎地秦墓竹簡》頁 82

【僕妻】

○朱德熙、裘錫圭、李家浩（1995）　（編按：望山 2・11）《説文》：“僕”字古文作“䑑”。簡文此字所从之“菐”省略下部之“収”，三體石經《春秋》“濮”字古文作𠈧，“菐”旁寫法與此略同。

《望山楚簡》頁 120

△按　劉國勝（《楚喪葬簡牘集釋》101 頁，科學出版社 2011 年）謂：“疑讀爲‘蟆屦’，似指車輿下伏兔。《説文》：‘蟆，車伏兔也。’徐灝箋：‘蓋蟆在輿底軫下，爲半規形，與軸相銜，狀似伏兔，又與屐齒相類，故因名焉。’”

収  竪

集成 2611 卅五年鼎　　　𦥑彙 5419

陶彙 3・824

○羅福頤等（1981）　収。

《古璽文編》頁 59

○何琳儀（1998）　収，甲骨文作𠬞（甲一二八七）。从屮从又，會左右手拱持之意，拱之初文。金文作𠬞（偏旁中習見）。戰國文字承襲金文。或加飾筆＝。《説文》：“𠬞，竦手也。从屮从又。𢪒，楊雄説収从兩手。”
　　廿五年屍令鼎収，人名。

《戰國古文字典》頁 416

奉 𡘋

𡘋侯馬 105；2　　𡘋楚帛書　　𡘋郭店・老乙 17　　𡘋上博二・子羔 7　　𡘋璽彙 0898

○羅福頤等（1981）　（編按：璽彙 0898）奉　散氏盤奉字同此。

《古璽文編》頁 59

○曾憲通（1985）　帛文奉作𡘋，省手，與散盤𡘋字近，諸家皆釋作奉，義則闕如。獨嚴一萍氏據吳大澂《説文古籀補》釋爲表字，謂帛文“此處言曆法，似以釋‘表’於義較長”。並引《淮南子・天文訓》“以表正朝夕”爲説，謂“亡表”似

指不見暑景之意。然江陵楚簡奉字一作𣂅，一作𣂅，與帛文同。前者从𢍏，丰聲，後者从𢍏，丰省聲，奉字無疑。

《楚帛書》頁 252

○**何琳儀**（1986）　（編按：楚帛書）"奉"，《國語・晉語》"是之不果奉"，注："奉，行也。"

《江漢考古》1986-1，頁 54

○**饒宗頤**（1993）　（編按：楚帛書）亡奉，《國語・晉語》韋注："奉，行也。"

《楚地出土文獻三種研究》頁 257

○**朱德熙、裘錫圭、李家浩**（1995）　見卷十二糸部"紃"字條。

○**劉信芳**（1996）　（編按：楚帛書）奉　《周禮・地官・大司徒》："祀五帝，奉牛牲。"鄭玄注："奉猶進也。"《國語・楚語下》："日月會於龍䝢，土氣含收，天明昌作，百嘉備舍，群神頻行，國於是乎烝嘗，家於是乎嘗祀，百姓夫婦，擇其令辰，奉其犧牲。"帛書"亡奉"謂冬季置閏，妨於歲末祭祀奉神也。

《中國文字》新 21，頁 89

○**何琳儀**（1998）　𢍏，从𢪒，丰聲。奉之初文。《説文》："𡙕，承也。从手从𢍏，丰聲。"

望山簡奉，讀縫。望山簡"奉昜"，地名。疑在奉城附近。《水經注・江水》："洲上有奉城，故江津長所治，舊主度州郡貢於洛陽，因謂之奉城，亦曰江津戍也。戍南對馬頭岸。"在今湖北江陵一帶。包山簡奉，姓氏。見《姓苑》。帛書奉，見《國語・晉語》"是之不果奉"，注："奉，行也。"

《戰國古文字典》頁 432

○**周曉陸、陳曉捷**（2002）　奉印，半通，（中略）疑爲"奉常"之省稱，參見《集》一・二・5。

《秦文化論叢》9，頁 263

【奉昜公】

○**朱德熙、裘錫圭、李家浩**（1995）　仰天湖楚墓簡文有記他人賵贈的隨葬品者，如"鄅昜公一紡衣，綠緄……"（一八號），"何馬之絓（疏）衣，繢純，繢緒"（六號）。此簡（編按：望山 2・63）之"奉陽公"及下簡之"長王孫"，疑皆是賵贈者之名。

《望山楚簡》頁 130

丞 圅

新收 986 三十八年上郡守戈　　集成 10384 高奴禾石權　　睡虎地・雜抄 17

秦文字集證 154・348　　陶彙 5・398　　集成 11396 五年相邦呂不韋戈

〇**李學勤**（1982）　陳介祺舊藏五年呂不韋戈（《秦金》85），銘云：

（正）五年，相邦呂不韋造；詔事圖，丞戜，工寅。

（反）詔事，屬邦。

（中略）副手（編按：丞）名戜。

《四川大學學報叢刊 10・古文字研究論文集》頁 48

〇**何琳儀**（1987）　《説文》"丞，翊也。从廾从卪从山。山高，奉承之義"；又"承，奉也，受也。从手、卪、収"。許慎將丞和承分爲二字，是沒有必要的。丞和承的形體來源如次：

丞　𢀛《甲骨》3・5　　𤇾石鼓文　　𡨄小篆

承　𠂤《甲骨》3・5　　𣎵中山王圓壺　　𠬝小篆

似乎秦文字"丞"和六國文字"承"各有其來源，但追溯甲骨文，丞、承實爲一字，因爲二者的區別僅是有無"凵"形而已。《甲骨文編》《金文編》均將丞、承列爲一字，是正確的。許慎所謂"丞，从山"，實乃"凵"形之訛變。至於秦銘刻中較爲草率的"丞"，則是由石鼓文"丞"演化而來的。例如：

𤇾石鼓文　　𢁉廿九年漆樽　　𤇾呂不韋戟

儘管漆器和兵器銘文中"丞"字的"卪"形訛變甚巨，但是其从"収"从"山"還是相當明確的，這恰好是秦文字的特點。

六國文字"丞"，除上引中山王圓壺外，還見於：𣎵（令狐壺）、𣎵（天星觀楚簡）。可見六國文字"丞"不从"山"，但必須从卪从収。

《人文雜志》1987-4，頁 84

〇**睡簡整理小組**（1990）　（編按：睡虎地・雜抄 17"貲工師一甲，丞及曹長一盾"）丞，這裏應指工官的負責官員，如漢代鐘官令有"火丞、錢丞"，參看陳直《漢書新證》卷一。

《睡虎地秦墓竹簡》頁 84

〇**陳平、楊震**（1990）　十五年上郡守戈比之十二年上郡守壽戈在銘例上最大的不同和進展，是在主造工師與操作工匠之間增設了管理小吏"丞"。對於

“丞”的增設及其原因、作用、意義與起始時間，陳平在過去的研究中皆曾有所涉及。當時，他將其起始時間定在了秦昭王的二十五年。由於此次伊盟新出秦戈的發現，“丞”的增設起始時間將提前十年，上推到秦昭王的十五年。

《考古》1990-6，頁551—552

○**張懋鎔、肖琦**（1993）　在這兩件器物中，“丞”（或“吏丞”）在“工師”之上，而在其它秦昭王時期製造的銅器銘文中，“丞”在“工師”之後。如《高奴禾石銅權》銘曰：“三年漆工𢀛，丞詘造，工隸臣牟。禾石，高奴。”（前一工字乃工師之省稱。）《十八年上郡戈》銘曰：“十八年桼（漆）工朐，丞巨造，工正。”《廿年相邦冉戈》銘曰：“廿年，相邦冉造，西工師□，丞畟（？），隸臣□。”《廿五年上郡守厝戈》銘曰：“廿五年，上郡守厝造，高奴工師窯，丞申，工鬼薪詘，上郡武庫。”顯然，丞的地位低於工師。而在本鼎與二十九年漆卮中，丞（吏丞）地位高於工師。我們認爲，此丞或吏丞乃是高陵君或宣太后私人鑄造機構的負責人，相當於三十六年私官鼎銘中的“私官”。“丞”或者是“吏丞”的省稱，以此與同時代其它銅器上的“丞”相區分。有的學者認爲二十九年漆卮中的吏丞之“吏”可能是詔吏的省稱，這恐怕難以成立。《八年相邦吕不韋戈》銘曰：“八年相邦吕不韋造，詔吏圖，丞蔵，工奭。”我們注意到，出現詔吏銘文的銅器，其時代都比較晚，能否早到秦昭王時，還是一個疑問。而且戈銘顯示丞的地位低於詔吏，也與吏丞之“吏”乃詔吏之省文的觀點相悖。我們認爲既然本鼎與二十九年漆卮、三十六年私官鼎銘文形式比較特殊，那麽就應該把它們當作特例來研究，不必拘泥，非要和較晚的器物來比附。而高陵君鼎的這種特殊性，是除了二十九年漆卮等極少數昭王時代器物之外所罕見的，這恰恰是高陵君鼎真實性的有力證明。

《考古》1993-3，頁269—270

○**吴鎮烽**（1993）　“高陵君丞”應是“高陵君家丞”的省稱。家丞係封君的屬官，是由國家開支而替封君辦事的，故稱家臣。《漢書·百官公卿表》記載列侯家臣有家丞、門大夫和庶子，皆秦官。其實列侯家臣還有行人和洗馬，凡五官。列侯家臣威權尤重，有印信，其職責是“主侍侯，使理家事”，即列侯家的總管，掌治家事，總理一切，馬王堆一號漢墓出土的箱、笥等器物上都有“軑侯家丞”封泥爲證。據高陵君鼎則知戰國時期秦的封君和列侯已有家丞的設置，而漢代承之。

《第二屆國際中國古文字學研討會論文集》頁239—240

○**何琳儀**（1998）　丞，甲骨文作（鐵一七一·三）。从収从卩从凵，會一人

以雙手拯救另一人於陷阱之意。拯之初文。《説文》："拯,上舉也。出休爲極
（編按："極"當爲"拯"）,从手,丞聲。"戰國秦系文字承襲甲骨文,卩足與凵相連,或
訛作山形,爲小篆所本。《説文》："囪,翊也。从廾从卩从山。山高奉承
之義。"

　　秦器"丞相",官名。《史記·秦本紀》："悼武王二年,初置丞相。"《漢
書·百官公卿表》："相國、丞相,皆秦官。金印紫綬,掌丞天子,助理萬機。"

《戰國古文字典》頁 147—148

○湖南省文物考古研究所、湘西土家族苗族自治州文物處(2003)　[8]157
背:正月戊寅朔丁酉,遷陵丞昌(6)郤(卻)之啟陵,（中略）

　　(6)丞,縣丞。昌,人名。

《中國歷史文物》2003-1,頁 13—14

【丞相】

○黄盛璋(1988)　《史記·秦本紀》:武王二年"初置丞相,樗里疾、甘茂爲左、
右丞相",《樗里子甘茂列傳》《六國表》皆同。青川秦田律正爲武王"二年王
命丞相茂",以後有二十六年者只有昭王與始皇。十四年、二十年、三十年相
邦冉戈爲昭王相魏冉,仍稱相邦,而丞相觸戈則爲昭王十五、十六年閒相燭,
又稱丞相,是昭王時兩稱並用。

《文博》1988-6,頁 45

○王輝(1990)　丞亦有輔佐、承受之意。《漢書·百官公卿表上》集注引應劭
曰:"丞者,承也。"《吕氏春秋·介立》:"五蛇從之,爲之丞輔。"高誘注:"丞,
佐也。"戰國秦器刻銘有工師,有丞,丞輔佐工師負責兵器生產。秦又在各級
主管官員之下設丞,以爲副貳。丞相最初設置時是輔佐相邦的,而不是像《漢
書·百官公卿表》所説是"掌丞天子,助理萬機"。在相邦去職,暫時找不到合
適人選時,丞相也代行相邦的職責。秦武王即位後,"逐張儀、魏章",相邦空
缺,乃"以樗里疾、甘茂爲左、右丞相"。昭王十五年,"魏冉謝病免相,以客卿
壽燭爲相",冉爲相邦,燭(觸)稱丞相。又秦置左、右丞相之後,據馬非百先生
説,乃"以權力集中於右丞相"。我們推測,在相邦空缺的情況下,右丞相就代
理或升任相邦,如樗里疾爲右丞相,而《吕氏春秋·無儀》稱之爲"樗里相國"。
《史記·六國年表》稱"昭王十二年,樓緩免,穰侯魏冉爲丞相"。魏冉爲右丞
相,而傳世有十四年及三十一年相邦冉戈,冉實際上是以右丞相而稱相邦,這
種情況文獻記載也或稱相邦,《史記·穰侯列傳》昭王三十二年"穰侯爲相國,
將兵攻魏"。至於吕不韋之由右丞相升任相邦,更是史有明文。而左丞相甘

茂、向壽、王綰、李斯從未見稱相邦者。

《秦銅器銘文編年集釋》頁 42—43

○**陳偉武**(1996)　　丞相　戰國晚期秦國執政大臣之稱,秦統一天下之後尚沿用。《集成》第十七、十八册中"丞相"僅兩見,即 11294 號"丞相觸"戈和 11379 號"丞相啟狀"戈。陳邦懷先生據《史記·穰侯列傳》考定"丞相觸"即壽觸,訂正《史記》壽燭乃壽觸之訛。後者稱"十七年丞相啟狀造",可知作於秦王政十七年,即秦王政稱"始皇帝"之前。明·董説《七國考》卷一"左右丞相"條:"《史記》:'秦武王二年,初置丞相。樗里疾、甘茂爲左右丞相。'……"繆文遠先生訂補云:"傳世及考古所得秦器,稱'丞相'者均爲秦始皇時物,見秦權詔版及琅邪刻石,其在此之前者均稱'相邦',則'丞相'之稱,當是始皇時事。"可是,1979—1980 年間,四川省青川縣郝家坪 50 號戰國墓出土了一枚木牘,牘文開頭就説:"二年十一月己朔﹦(朔朔)日,王命丞相戊(茂)、内史匽、取臂更脩(修)爲田律。""二年"指秦武王二年,"丞相戊"即丞相甘茂。這一考古發現的遺物,可與《史記》印合,並對繆先生説有所訂補。

《華學》2,頁 75

【丞相啟狀】

○**田鳳嶺、陳雍**(1986)　　(編按:十七年丞相啟狀戈)據《秦始皇本紀》和《吕不韋列傳》,秦王政元年至十年"尊吕不韋爲相國(即相邦)",傳世有四年相邦吕不韋戈、五年相邦吕不韋戈、八年相邦吕不韋戈。秦始皇二十六年至三十四年隗狀、王綰任丞相,並見於傳世秦詔量、權等。十年至二十六年之間的丞相,《史記》失載。值得注意的是,秦王政九年平定嫪毐的相國昌平君,《史記》未言何時免相,只説:"二十一年……新鄭反,昌平君徙於郢"(《秦始皇本紀》)。近年出土的秦簡《編年紀》載:"廿一年,韓王死。昌平君居其處,有死□屬。"估計昌平君免相不會晚於二十一年。此戈鑄於昌平君徙郢前四年,以時稽之,疑監造戈的"丞相啟"即"史失其名"的昌平君。

《文物》1986–3,頁 42

○**胡正明**(1988)　　誤會都由一則史料的標點引起。《史記·秦始皇本紀》:"(始皇九年)長信侯毐作亂而覺,矯王御璽及太后璽,以發縣卒……將欲攻蕲年宫爲亂,王知之,令相國昌平君昌文君發卒攻毐。"

　　問題的關鍵是引文最後一句的標點、斷句。中華書局標點本《史記》作:"令相國昌平君、昌文君發卒攻毐。"將"相國"作爲昌平君的官銜,換言之,認爲昌平君是秦的相國。當前有的學術論著采取了這種看法,《秦會要訂補》的作者也認定昌平君是秦的相國。

　　事實上,昌平君不可能是秦相國。《秦始皇本紀》載:始皇十年"相國呂不韋坐嫪毐免"。《呂不韋列傳》:九年,嫪毐事發,"於是秦王下吏治,具得情實,事連相國呂不韋"。十年,"免相國呂不韋"。再證以《六國年表》"十年,相國呂不韋免",我們確信:呂不韋直到秦始皇十年仍任秦的相國。

　　如果説昌平君也是相國,豈不是秦同時有兩個相國? 戰國時代各諸侯國均設丞相一職,有時丞相之上還設有相國。秦國亦然。所以《漢書·百官表》説:"相國、丞相皆秦官。"相國一般由功高德重者擔任,往往比丞相擁有更多的權力。丞相可以有左右,而相國只有一個。考有秦一代的相國有魏冉、樛斿、義、肖和呂不韋五人。除樛斿、義、肖爲我們所不詳外,魏冉、呂不韋都是秦國歷史上最專權的大臣。昌平君於秦並無驚天業績,在呂不韋還擁有秦國大權之時,秦始皇怎麼會封昌平君爲相國呢?

　　如果把《秦始皇本紀》這一句的標點變動一下,作"令相國、昌平君、昌文君發卒攻毐",也就是説,秦始皇九年平嫪毐之亂的有相國呂不韋、昌平君和昌文君三人,問題就涣然冰釋了。

　　秦始皇九年以後,到二十一年,昌平君會不會成爲秦相國呢? 遍閱史料,我們找不出任何根據。退一步説,即使昌平君做過秦的相國,"丞相啟"也不是昌平君。前文已述,相國和丞相不同。我們不僅可從呂不韋先丞相後相國的仕途看出這一點,傳世秦器的銘文也爲此提供了證據。如丞相觸戈、李斯鼎(見梁虞荔《鼎錄》)、秦始皇二十六年詔版均稱"丞相",相邦樛斿戈、相邦冉戈、相邦呂不韋戈均稱"相邦",即"相國",區分十分清楚。"十七年丞相啟狀戈"銘中啟既稱"丞相",自不可能混同於任"相國"的另一個人。

《文物》1988-3,頁 55—56

○**陳雍**(1989)　　在《新發現的"十七年丞相啟狀"戈》一文裏,我們曾作這樣的推論:"疑監造戈的'丞相啟'即'史失其名'的昌平君。'丞相狀',很有可能是隗狀。"胡正明同志對"丞相啟"可能是"相國昌平君"的説法提出了商榷的意見。胡同志的文章建立在下面這段經他重新標點的史料上:

　　(1)王知之,令相國、昌平君、昌文君發卒攻毐。　　(《史記·秦始皇本紀》)

他認爲"丞相之上還設有相國","丞相可以有左右,而相國只有一個"。例(1)裏的"相國"是呂不韋,而不是昌平君。"丞相啟"不是昌平君。對於這些意見,我們認爲還可作進一步討論。

最先認爲昌平君是秦相國的,是唐朝司馬貞:"昌平君,楚之公子,立以爲相,後徙於郢,項燕立爲荆王,史失其名。"(《史記索隱》)以後歷代大都采取這種説法。據此,中華書局點校本《史記》將例(1)那段文字標點作:

(2)王知之,令相國昌平君、昌文君發卒攻毒。

如要改動例(2)的標點,首先應當對《索隱》作出相應的論證。

我們同意例(2)的標點,不僅注意到《索隱》的説法,而且從句子結構方面將例(2)與下面兩句進行了比較:

(3)二世益遣長史司馬欣、董翳佐章擊盗。   (《史記·秦始皇本紀》)

(4)更爲書賜公子扶蘇、蒙恬,數以罪,(其)賜死。   (《史記·秦始皇本紀》)

例(3)的"長史司馬欣",或稱"長史欣","董翳"職爲都尉。因此,"長史"既不能作爲專名詞與"司馬欣、董翳"並列,又不能同時修飾限定"司馬欣"和"董翳"。例(4)的"蒙恬",爲秦名將,後拜爲内史,"公子"只能修飾限定"扶蘇"。例(2)的"令相國昌平君、昌文君"跟例(3)的"遣長史司馬欣、董翳"、例(4)的"賜公子扶蘇、蒙恬"一樣,都是"動·定·名·名"結構,其中兩個名詞分別是兩個人名。這樣,例(2)的"相國"自應是"昌平君"的修飾成分。

拿例(1)跟例(3)(4)及例(2)相比較,可以看出例(1)的句讀很難講通,不好讓人接受。早在胡文之先,黃盛璋先生就提出過同例(1)一樣的句讀。他認爲:"其時相國爲呂不韋,次年'相國呂不韋坐嫪毐免',秦只有左、右相國,不可能有三相國,故'相國'與'昌平君''昌文君'必須分讀,後二人皆非相國。"郭沫若先生曾將例(2)的"相國"作爲"昌平君"和"昌文君"共有的修飾成分,爲了避免同時存在三個相國的弊病,他提出:"昌文君應該就是文信侯的別號,或即'呂不韋'三字的訛誤。"

《漢書·百官公卿表》:"相國、丞相,皆秦官,金印紫綬,掌丞天子助理萬機。秦有左右。"《史記·秦本紀》:"(武王)二年,初置丞相。樗里疾、甘茂爲左右丞相。"秦國至遲在武王時已設有左右丞相。這一制度一直延續到二世時。在這一歷史時期内,"丞相"跟"相國(邦)"名異而實同。請看下例:

樗里疾——《史記·秦本紀》:"樗里疾、甘茂爲左右丞相。"《六國年表》《樗里子列傳》同。《呂氏春秋·無義》:"公孫謁與陰君之事,而反告之樗里相國。"

魏冉——《史記·六國年表》:"昭王十二年,樓緩免,穰侯魏冉爲丞相。"

“昭王二十六年,魏冉復爲丞相。”《穰侯列傳》:“(昭王)三十二年,穰侯爲相國。”《雙劍誃古器物圖録》上四八有“十四年相邦冉”戈。《三代吉金文存》二十·二十三·二有“卅一年相邦冉”戈。

　　吕不韋——《史記·秦本紀》:“莊襄王元年……秦使相國吕不韋誅之。”《吕不韋列傳》:“莊襄王元年,以吕不韋爲丞相。”“太子政立爲王,尊吕不韋爲相國。”《秦始皇本紀》:“十年,相國吕不韋坐嫪毐免。”《六國年表》同。傳世的吕不韋戈銘均作“相邦”。

　　趙高——《史記·秦始皇本紀》:“(二世三年)冬,趙高爲丞相。”《漢書·項籍傳》:“相國趙高顓國主斷。”

　　傳世文獻秦國武王以後稱作“相國”的,除上面列舉的樗里疾、魏冉、吕不韋、趙高外,還有范雎。胡文所説的“考有秦一代的相國有魏冉、樛斿、義、肖和吕不韋五人”,是就傳世秦相邦戈銘而言的。其中的“魏冉”和“吕不韋”,本文前面已經述及。“義”是文獻中的張儀,恐無多疑問。只有“樛斿”和“肖”,與文獻中人物的對應關係目前還不清楚。值得提出引起注意的是,在秦題銘裏,自吕不韋以後幾乎不再見有“相邦”這一職稱。

　　根據《史記》、秦戈銘、秦詔版,秦王政元年至始皇二十六年期閒的相國(丞相)爲:

　　　　元年至十年:吕不韋、昌平君
　　　　十年至二十一年:啓(昌平君),隗狀
　　　　二十一年至二十六年:隗狀、王綰

　　“十七年丞相啓狀”戈的發現,彌補了傳世文獻關於秦王政十年至始皇二十六年期閒的相國(丞相)記載的不足,其價值也就在於此。戈銘“丞相啓”的官職和在位時閒跟《史記》“相國昌平君”大體相當,“丞相啓”有可能是“相國昌平君”。

　　由以上論述不難看出,胡文所説的“戰國時代各諸侯國均設丞相一職,有時丞相之上還設有相國。秦國亦然”,“丞相可以有左右,而相國只有一個”,至少是不符合秦國自武王至二世這一歷史時期的史實的。

　　最後討論一下吕不韋是否參與了平定嫪毐之亂的問題。胡文認爲:“秦始皇九年平嫪毐之亂的有相國吕不韋、昌平君和昌文君三人。”據《史記·吕不韋列傳》記載,秦王政年少時,吕不韋與太后私通。及王長,不韋恐覺禍及己,於是以大陰人嫪毐詐腐宦於太后。“始皇九年,有告嫪毐實非宦者,常與太后私亂,生子二人,皆匿之。與太后謀曰:‘王即薨,以子爲後。’於是秦王下吏治,具得實情,事連相國呂不韋……王欲誅相國,爲其奉先王功大,及賓客辯士爲游説者衆,王不忍致法。秦王十年十月,免相國呂不韋。"《秦始皇本紀》云:"相國呂不韋坐嫪毐免。"呂不韋與嫪毐事件的始末有着密不可分的聯繫,他不可能被派往平定嫪毐之亂,事實只能如《秦始皇本紀》所載:"令相國昌平君、昌文君發卒攻毐。"

《文物》1989-11,頁 93—94

○**王輝**(1990)　田鳳嶺、陳雍《新發現的"十七年丞相啟狀"戈》一文考定此戈十七年即秦王政十七年。他們的理由是秦武王二年始置丞相,此後只有昭王及秦王政有十七年,昭王十七年魏冉任相,與此戈不合。他們推測"丞相啟狀"是指丞相啟與丞相狀二人,狀即見於始皇二十六年詔版及琅邪刻石的丞相隗狀;而丞相啟爲見於《秦始皇本紀》的昌平君,《本紀》記始皇九年"令相國昌平君、昌文君發卒攻毐。戰咸陽,斬首數百"。又睡虎地秦墓竹簡《編年紀》載"廿一年,韓王死,昌平君居其處,有死□屬",他們估計昌平君在始皇二十一年前均可能爲丞相。這種推測初看似極有道理,故幾乎可成爲定論。但《編年紀》"昌平君"前並未冠以"相邦、丞相"字樣,且呂不韋在始皇十年始免相,若昌平君在始皇九年已爲相邦,則秦在同一時間有兩相邦,這與我們認爲相邦尊於丞相、相邦只能有一個的説法有矛盾,再説,昌平君名啟,文獻無據。狀與隗狀名同,也不能排除其爲異姓同名之人。加之,此戈中長胡三穿,與始皇時戈作長胡四穿明顯不同。看來,把此戈斷在始皇時,證據並不充分。

我的初步看法是,此戈應爲昭王時器,"丞相啟狀"應是一人,其人姓啟名狀,與隗狀異姓。啟爲古姓。《通志·氏族略》:"啟氏,姓姒,夏后啟之後也。"漢有"啟方"印,見《漢印文字徵》。

前人皆以爲昭王十七年丞相爲魏冉,其實也不是毫無疑問。魏冉在昭王時曾數次免相、復相,其具體時間《秦本紀》和《穰侯列傳》不盡相同。其第一次免相《列傳》和《六國年表》列在昭王十五年,《本紀》列在昭王十六年。依《列傳》,十五年冉免相後,以客卿壽燭爲相,十六年"燭免,冉復相",此年"乃封魏冉於穰,復益封陶,號曰穰侯"。十八年,魏冉爲將,與白起、客卿錯攻垣、河雍、決橋取之。"十九年,魏冉復爲相"。既然十六年至十九年間,魏冉曾兩度"復爲相",是否其中又有一次免相,雖然沒有記載,但可能性是存在的。如果魏冉十六年封陶後一度短時間免相,則十七年以啟狀爲相是可能的。退一步説,即使此間魏冉一直爲相邦,啟狀作爲相邦的副手也是完全可以的。因爲丞相原是作爲相邦的副手而設的。當然,説啟狀是昭王十七年丞相,也無文獻上的直接證據,僅是依照情理的一種推測,能否成立有待於今後考古發現的直接證據。照以上理解,丞相啟狀可能與昌平君完全無涉。《文物》1988年3期胡正明《"丞相啟"即昌平君説商榷》一文也有類似説法,他也以爲丞相與相邦應爲兩職,在呂不韋任相邦的秦王政九年,昌平君不應也是相邦,凡此均與鄙見不謀而合。只是對此戈的年代,胡文卻未加考究。

《秦銅器銘文編年集釋》頁 57—58

△按　李開元(《"十七年丞相啟狀戈"之"啟"爲昌平君熊啟説》,《秦漢研究》4,13—17 頁,陝西人民出版社 2010 年)認爲丞相啟爲昌平君熊啟。

○**郭沫若**(1972)　"攽"或从𦥑,作奐(見曬藍本第十五片)。《説文》:"奐,取奐也。"即是改換之奐。字或从衣作(見曬藍本第十八、二十六、二十七片),衣內所从不明,當即《集韻》衭字,亦作衼,"音販,同襻,衣系也",與奐音相近,故通用。"奐卑"連文,當讀爲疲痹,漢人作骳骳,見《漢書·枚乘傳》,枚乘之子枚皋"爲賦頌嫚戲",自詆"其文骳骳"。顏師古注:"骪,古委字也,骳音被,骪骳猶言屈曲也。"其實即是頑皮。

《文物》1972-3,頁 7

○**山西省文物工作委員會**(1976)　盟書中或作"奐、㝵、褒",音换(huàn),當通於"改换"的"换"字,或"涣散"的"涣"字。《易·序卦》:"涣者,離也。"《説文》:"涣,流散也。"又:"换,易也。"都是易遷離散的意思。

《侯馬盟書》頁 36

○**山西省文物工作委員會**(1976)　宗盟類　而敢或戠改助及奐卑不守二宮者。

《侯馬盟書》頁 323

○**馮時**(1986)　奐:其形體歸見爲下録三種:

　　　　j 𠬞 1:4　　　𠬞 200:15　　　𡨥 3:13

　　基本字形是从"人"从"冂"从"廾"。《説文》:"冂,覆也。"《玉篇》:"冂,以巾覆物。”上録 j(3:13)字从“衣”,爲意符,j(1:4)字即象人脱衣形,而 j(200:15)字从“廾”,表示雙手剥取人的衣服。《説文》:“奐,取奐也。”知“奐”字本義爲取,引申則有更换的意思,所以“奐”就是“换”的本字。《説文》:“换,易也。”《後漢書·朱浮傳》疏:“閩者守宰,數見换易。”“换”在侯馬盟書中訓更易,變易。

《考古》1986-7,頁 634—635

○**李朝遠**(2004)　“冠不力”,文獻爲“冠者不櫛”。“櫛”,男子束髮用的梳篦;“不櫛”,即不束髮。“不力”,不得力,義應與之近。

《上海博物館藏戰國楚竹書》(四)頁 226

△**按**　侯馬盟書“奐”字作、,或可省作、等形,又有“寏”字作,“禐”字作、、等形。侯馬盟書“奐”字从収者僅有 2 例,省収者凡百餘例,而“禐、寏”二字皆从奐省,未見不省之例,足見“奐”字省體“”之常見。上博四·内豊 8 中的字,有“力、介”等釋法(魏宜輝《讀上博楚簡四札記》,簡帛研究網 2005 年 3 月 10 日;曹建敦《讀上博藏楚竹書〈内豊〉篇札記》,簡帛研究網 2005 年 3 月 4 日),均非是,對比盟書可知亦當釋爲“奐”,具體考釋請參看田煒《讀上海博物館藏楚竹書零札》(《江漢考古》2008 年 2 期 116 頁)。

弇 　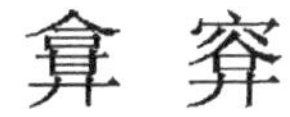

曾侯乙 60　曾侯乙 62　璽彙 4682

集成 2840 中山王鼎

望山 2·38　郭店·成之 16　郭店·六德 31　上博二·從乙 1

○**羅福頤等**(1981)　弇。

《古璽文編》頁 60

○**容庚編著,張振林、馬國權補摹**(1985)　弇　《説文》所無。

《金文編》頁 163

○**朱德熙、裘錫圭、李家浩**(1995)　(編按:望山 2·38)《説文》“弇”字古文作,《汗簡》作,與此字形近。

《望山楚簡》頁 123

○于豪亮(1979)　　(編按:集成 2840 中山王鼎)《吕氏春秋・孟冬紀》注:"弇,深。"

《考古學報》1979-2,頁 172

○徐中舒、伍士謙(1979)　　(編按:集成 2840 中山王鼎)弇,音掩,蓋也。

《中國史研究》1979-4,頁 89

○張克忠(1979)　　(編按:集成 2840 中山王鼎)弇即弇字,此鼎今字作含,念字作念,復字作䢔,都从口;又戰國文字,常於口内加一點或一横,以此鼎爲例,告字作奮,否字作否。《説文》:"弇,蓋也,从廾从合。𠦪,古文弇。"《吕覽・仲冬》:"處必弇。"注:"深邃也。"

《故宮博物院院刊》1979-1,頁 40

○張政烺(1979)　　(編按:集成 2840 中山王鼎)《説文》:"弇,蓋也。"叡弇是説聰明受到蒙蔽。又疑弇讀爲黯,《文選・四子講德論》"鄙人黯淺",注:"不明也。"

《古文字研究》1,頁 223

○何琳儀(1998)　　隨縣簡弇,讀鞥。《穆天子傳》三"升於弇山",注:"弇,弇茲山,日入所也。"《楚辭・離騷》"襲崦嵫而勿迫",注:"日所入山也。"是其佐證。《説文》:"鞥,車具也。从革,弇聲。"

古璽弇,讀奄,姓氏。周成王即伐奄,其子孫以國爲氏。奄,國號,即商奄也。見《風俗通》。

《戰國古文字典》頁 1386

○荆門市博物館(1998)　　窂,即弇,與《説文》古文"弇"字作🄺者同。

《郭店楚墓竹簡》頁 190

○李零(1999)　　是以民可敬導也,而不可掩也;可御也,而不可牽也。門内之治恩掩義,門外之治義斬恩。

《道家文化研究》17,頁 512、518

○張光裕(2002)　　"窂",字亦見《郭店楚墓竹簡・成之聞之》第十五、十六簡:"是以民可敬道(導)也,而不可窂(雍)也。""雍",舊讀爲"掩",然從字形分析,該字乃从公得聲,可讀"雍",而用爲"雍",取"雍蔽"之義。《詩・小雅・無將大車》:"無將大車,維塵雍兮。"鄭玄箋:"字又作雍。"一説讀"窂"爲"擁"(楊澤生《戰國竹書研究》)。

《上海博物館藏戰國楚竹書》(二)頁 234

○陳偉(2003)　　掩,堵塞。《國語・周語上》記邵公曰:"防民之口,甚於防川。川雍而潰,傷人必多,民亦如之。是故爲川者決之使導,爲民者宣之使言。"《楚語下》記觀射父曰:"夫民心之慍也,若防大川焉,潰而所犯必大矣。"皆以水喻民,談論疏導與掩塞的問題,可參看。

《郭店竹書別釋》頁 148—149

○**陳美蘭**(2003)　"窬"字从廾,容聲(戰國楚系文字从宀,公聲,參何琳儀先生《戰典》410 頁),也可以看成"容"的繁形,"容戒"即"心中有警戒"。"匿"或許可以讀成"慝",邪惡,《論語・顏淵》:"攻其惡,無攻人之惡,非修慝與?"何晏集解:"孔曰:慝,惡也。""容戒先慝"或許可以釋成:心中保持警戒,在邪惡發生之前就消除它。

《〈上海博物館藏戰國楚竹書(二)〉讀本》頁 73

罨 罨

集成 261 王孫遺者鐘　　集成 4190 陳財簠蓋　　集成 11290 子孔戈

新蔡甲三 201　　新蔡乙四 134　　上博六・用曰 7　　陶彙 3・736

○**劉心源**(1902)　罨,《説文》云"引給也",古刻用爲"擇",是"擇"之古文也。

《奇觚室吉金文述》卷 5,頁 26

○**高田忠周**(1925)　按《説文》:"罨,引給也。从^屮,睪聲。"又"擇"下曰:"柬選也。从手,睪聲。"此銘(編按:王孫遺者鐘)意與擇合,蓋謂柬選分別即可引用給供。"罨"下曰"引給也"者,柬選之轉義耳,抑古字屮、手通用,"罨"當古文"擇"字。"揖"古作"𢫳","振"古作"𡴋",皆可以爲證。又"釵"下曰"解也","釋"下曰"解也,从采取其分別物也"。而古文攴、手亦通用,"撫"古作"攺","揚"古作"敭",皆可以爲證。然則"釵、釋"與"擇、罨"疑亦原爲一字,而金刻古文有"罨"無"擇、釵、釋"三字,即知"罨"爲最古文字,"擇、釵、釋"皆後出異文也。又依許氏説釋爲悦懌字,然金刻古文有"𧥾"字,與《詩》及《爾雅》合,説釋古亦當作兑懌也。

《古籀篇》57,頁 18

○**何琳儀**(1998)　陳財簠蓋罨,讀擇。

侯馬盟書罨,或作罨、繹。見繹字(編按:彼處云"侯馬盟書繹,祭名。《爾雅・釋天》"繹,又祭也")。梁十九年亡智鼎罨,讀擇。

《戰國古文字典》頁 555

○**賈連敏**(2003)　罨(擇)。

《新蔡葛陵楚墓》頁 194、203

弄 弄

集成 10289 智君子鑑　　　睡虎地・日甲 69 背　　　官印 0011　　　秦文字集證 137・72

○**劉樂賢**（1994）　　弄，《爾雅・釋言》：“玩也。”

《睡虎地秦簡日書研究》頁 271

○**王人聰**（1996）　　見卷十一部元字【元弄】條。

○**何琳儀**（1998）　　弄，商代金文作弄（王作弄卣）。从玉从収，會雙手弄玉之意。収亦聲。戰國文字承襲金文。《説文》：“弄，玩也。从収、玉。”玉旁或省作工形。《古文四聲韻》四・三弄作弄，與晉璽吻合。

晉璽弄，姓氏。

《戰國古文字典》頁 416

【弄狗廚】

○**羅福頤等**（1987）　　《後漢書・孝靈帝紀》：光和四年，於西園弄狗。此當是弄狗廚夫之印。

《秦漢南北朝官印徵存》頁 3

○**牛濟普**（1988）　　此種廚名爲第一次出現，文獻缺佚。據印文文字與印制，我定爲秦印。羅福頤先生生前，我曾向他請教過這一問題，當時他是主張爲西漢印的，印文收入他所編的《漢印文字徵》中。而後羅先生更正了他的判斷，在所著《古璽印概論》中把此印放入秦官印的印例中。廚印，古印中常見，《漢書》所記：“詹事，秦官。掌皇后太子家有丞，屬官，有太子率更家令丞、丞僕、中盾、衛率、廚、廄長丞。”漢因秦制，也有所發展，以廚官而論，《漢書》載：“内史，周官，秦因之。掌京師，景帝二年，分置左内史、右内史。武帝太初元年，更名京兆尹。屬官有長安市、廚兩令丞……”可知漢代有長安廚令丞之官職。陳直先生依羅福頤初定“弄狗廚印”之誤，認爲漢代九卿屬官“只敘令丞，令丞以下，往往有監……狗監疑屬上林令”。漢代狗監之制，在秦代也可能已經存在。我在《中州古代篆刻選》中，談及“弄狗廚印”疑爲秦印之後，又引述了陳直先生《漢書新證》中一段有關漢代狗監的文字，其目的在於由漢及秦，想必秦時已有狗監之類的組織。另“弄狗”之弄，據《説文》段注所云有玩與戲弄意，因此，“弄狗廚印”也可能是管理耍弄狗戲機構的廚印，備此一説，供大家研究參考。

《中原文物》1988-4，頁 66

○**王人聰**（1990） 弄狗一詞，見於《後漢書·靈帝紀》：“於西園弄狗，著進賢冠帶綬。”又，《史記·司馬相如列傳》“蜀人楊得意爲狗監”，《集解》：“郭璞曰：主獵犬也。”《佞幸列傳》“延年坐法腐，給事狗中”，《集解》：“徐廣曰：主獵犬也。”《索隱》：“或犬監也。”此印文之“弄狗”，當係指狗監官署的名稱。廚，指廚官，《漢書·百官公卿表》載，詹事、主爵中尉、京兆尹等屬官中均有廚官。此印文之廚，係狗監之屬官。此印有田字格，字體秦篆，尤其是“印”字的寫法，末筆不與上一筆橫畫平齊，而是行筆至中間位置即往下曳，更是秦印的特點，可訂爲秦印。

《秦漢魏晉南北朝官印研究》頁 2

【弄鑒】

○**唐蘭**（1938） 銘曰“智君子之弄鑒”者，《説文》：“弄，玩也。”《楚語》：“若夫白珩，先王之玩也。”是玩有珍寶之意。器銘之稱弄者，如：天尹鈴云“天尹作元弄”，枞氏壺云“慮以爲弄壺”，鳥尊云“作弄鳥”，蓋皆指實物之足以供玩賞者，異於尋常服用，暨祭器明器之類也。徐中舒氏謂獵器即古代之弄器。然有獵圖諸器僅一枞氏壺有銘辭而稱爲弄壺，而其他稱弄者皆無獵圖，其關係，似難遽行斷定也。

《唐蘭先生金文論集》頁 45，1995；原載《輔仁學志》七卷 1、2 期

弄 （字形）

（字形）望山 2·13　（字形）郭店·窮達 6

○**李家浩**（1983） 見卷十一水部“潘”字條。

○**朱德熙、裘錫圭、李家浩**（1995） （編按：望山 2·13）“关”（“卷”字聲旁，《説文》作“龹”）因與“末”相對，疑當讀爲“旛”（旛從“番”聲，《説文》認爲“龹”與“番”均從“釆”聲）。旛是旌旗正幅之稱。

《望山楚簡》頁 121

○**李家浩**（1998） 信陽一號楚墓 2-018 號、2-03 號，是相連的兩簡，記的是“樂人之器”。現將其文字釋寫於下：

（1）樂人之器：一槃坐前鐘，少（小）大十又三；柷桼，釳（漆）豙；金玓。一槃坐［前磬］，少（小）大十又九，柷桼，釳（漆）豙；絆維。二□。一□□。一笠竽。二笙，一簫竽，皆又（有）條。一□□。一彫（雕）鼓。二橐。四橛。

一戚盟之櫃□土婁，郗（漆）青黃之彖。三郗（漆）瑟，桊。一良爰，一翠。

（中略）包山楚墓竹簡 260 號説：

（7）一瑟，又（有）桊

兩相對照，不難發現（1）的“瑟”（編按：“瑟”原文作“瑟”）與（7）的“瑟”，是同一個字的異體。（7）的“桊”字之前有“又（有）”字，説明“桊”是附屬於“瑟”的。也就是説，“桊”是“瑟”上的附件。於此可見，（1）的“桊”字之前省略了“又（有）”字，它不應該跟“瑟”連讀。

《説文》説“瑟”從“必”聲。“瑟、瑟”二字應該從“必”得聲，疑它們都是“瑟”字的異體。信陽一號楚墓前室出土瑟三，包山二號楚墓出土瑟一，皆與簡文所記相合。從這一點來看，也可以證明把“瑟、瑟”看作“瑟”字的異體是合理的。

《説文》木部：“桊，牛鼻上鐶也。”簡文“桊”當非此義。從此字從“木”來看，簡文的“桊”應該是瑟上木製的附件。瑟上木製的附件有軫、柱。軫又稱爲枘，是調弦的鈕。柱是承弦用的。軫有轉義。《文選》卷三四枚叔《七發》“荄軫谷分”，李善注引許慎《淮南子注》：“軫，轉也。”故名轉動，捲弦的鈕爲軫。跟“桊”所從聲旁相同的“卷”等字有收捲義，與軫的意思相通。《儀禮·公食大夫禮》“有司卷三牲之俎”，鄭玄注：“卷，猶收也。”《説文》手部：“捲，收也。”頗疑簡文的“桊”是軫的別名。

望山二號楚墓竹簡也記有瑟，但文字的寫法跟信陽楚簡和包山楚簡都不相同。原簡説：

（8）二瑟，关，一尻衣，亓（其）一瑟丹秋（緅）之阩鬘（繼），亓（其）一瑟霝（靈）光之阩鬘（繼）。　49、50 號

（中略）（8）的“关”就是（1）（7）的“桊”。（8）的“关”字之前省略了“又（有）”，與（1）的情況相同。因“关”是“桊”所從的聲旁，故二字可以通用。因“桊”是瑟的附件，故（9）的“瑟”後没有記“关（桊）”。

《簡帛研究》3，頁 1、12—13

○何琳儀（1998）　桼，春秋金文作𣏟（魯少司寇盤𦎫作𣏟），會意不明。《汗簡》下二·七四完（㡖）作𥛬，《古文四聲韻》去聲二四桊作𥿭。其所从𣏟、𥝊即桼。戰國文字承襲春秋金文。或加飾點作𣏟，或演變作𣏟，或訛變作𣏟，與爻頗易相混（參爻聲首）。《説文》：“𥝊，摶飯也。从𠬪，釆聲。古文辨字，讀若書卷。”又《玉篇》：“𣏟，主倦切，火種。”其反切與桊音近。《古文四聲韻》去聲二四倦作𥿭、𥿭，桼旁作火形。因疑桼、𣏟爲一字之變，即𣏟、𣏟、𣏟、𣏟、𣏟、

大、公。

　　韓陶桼,人名。

　　望山簡桼,不詳。

《戰國古文字典》頁 1003

○**荊門市博物館**(1998)　（編按:郭店·窮達6）完寺虘,讀作"管夷吾",即管仲。

《郭店楚墓竹簡》頁 146

○**裘錫圭**(1998)　（編按:郭店·窮達6）句首一字似从"艸""关"（卷字所从）聲,可能是"莞"的異體,與"管"音近。

《郭店楚墓竹簡》頁 146

戒 𢦍 𢧵

集成 9735 中山王方壺　　上博五·三德 15　　睡虎地·答問 125　　璽彙 0163

璽彙 1238

○**羅福頤等**(1981)　戒。

《古璽文編》頁 60

○**湯餘惠**(1986)　燕人私名璽有:

　　　喬𢧵(1238)

次字舊不識。按春秋齊侯鎛銘文"女以戒戎钕""乃不敢不憼戒",戒字兩見皆作𢦍,从𢦍从戈,＝爲繁飾,此印變𢦍爲𠂤,復增口旁,與前舉棄、共二例相同,其字當是戒字繁文。漢印戒字有的寫作𢦍,與鎛銘合:《汗簡》作𢦍（下之一）,省略飾筆。

《古文字研究》15,頁 51

○**睡簡整理小組**(1990)　（編按:睡虎地·答問 125—126 將盜戒囚刑罪以上）盜械,施加刑械,《漢書·惠帝紀》注:"盜者逃也,恐其逃亡,故著械也。"

《睡虎地秦墓竹簡》頁 123

○**林清源**(1997)　"戒"下一字的寫法,與叔尸鐘"尸不敢弗憼（警）戒"的戒字作"𢦍"形近,與中山王𨊠壺戒字作"𢦍"也很相似,應該釋爲"戒",讀作"械",械跟戈、鋸、鏺、鈽等詞相近,都是燕國句兵的別稱。《列子·力命》"動若械",《釋文》云:"械本又作戒。"可爲其證。

《第三屆國際中國古文字學研討會論文集》頁 428—429

○何琳儀（1999）　《三代》19.54.1—2 著録一件戰國早期燕國戈銘：

　　　蝨（蚔）生不（丕）乍（作）𢧵戎，郾（燕）侯載自洹來，□□畀（祇）白。

"蚔生丕"，人名。《孟子・公孫丑》下"蚔鼃"，"蚔"爲古姓氏。"某生某"是燕國姓名私璽中常見的格式，例不贅舉。

　　"戎"後一字舊多不釋。按，此字可與齊侯銘互證：

　　　不敢弗憼𢧵

　　　台（以）𢧵戎钕（作）

　　銘此二字舊皆釋"戎"，可信。其中"＝"爲裝飾性對稱符號，無義。銘"以戎戎作"即《詩・大雅・抑》之"用戎戎作"。毛傳："用此備兵事之起。"

　　戈銘"戎𢧵"當讀"戎戎"，驟視之似與《詩》有關，其實不然。《詩》"戎戎"是動賓結構，戈銘"戎戎"則是名詞。《周禮・春官・巾車》"以即戎"，注："戎，謂兵事。"《説文》："戎，警也。"戈銘"戎戎"顯然與兵事相關。《宋書・禮志》"戎戎淹時"，正指兵事。戈銘"作戎戎"似指製造兵器，詞義的引申也很清楚。

　　"燕侯載自洹來"，似乎與"會盟或參加他國聯合征伐有關"。戈銘後半部文字不十分清晰，待考。

　　　　　　　　　　　　　　　《考古與文物》1999-5，頁 89—90

【戒之】

○王輝（2001）　此亦秦人奉行之格言。睡虎地秦簡《爲吏之道》："安樂必戒，毋行可悔。""戒之戒之，材（財）不可得。""戒之戒之，言不可追。"《説文》："戒，警也。"由此可見秦人重視道德修養，時時警省勿犯錯誤。

　　"安樂必戒，毋行可悔"又見《大戴禮記・武王踐阼》："席前左端之銘曰：安樂必敬。前右端之銘曰：無行可悔。"《爲吏之道》又云："慎之慎之，言不可追。"可知戒爲敬、慎之意。

《四川大學考古專業創建四十周年暨馮漢驥教授百年誕辰紀念文集》頁 308

兵　扁

集成 2794 楚王酓忎鼎　　包山 81　　包山 241　　上博五・三德 16

楚帛書　　上博四・曹沫 15　　郭店・唐虞 12　　璽彙 1225　　璽彙 4092

集成 12108 新郪虎符　　睡虎地・秦律 102　　睡虎地・日乙 61　　秦文字集證 221・264

○**饒宗頤**（1958）　[字形]爲兵字,與禽志鼎形同,言有兵事起。《山海經》所謂見則有兵者也。

《長沙出土戰國繒書》頁22

○**俞偉超**（1963）　戚銘四字,讀如"大武闆兵"。"兵"疑指此銅戚。

《考古》1963-3,頁153

○**羅福頤等**（1981）　兵。

《古璽文編》頁60

○**何琳儀**（1998）　兵,甲骨文作[字形]（後二·二九·六）。从収从斤（斧斤）,會雙手持兵器之意。西周金文作[字形]（戜簋）,春秋金文加＝爲飾作[字形]（庚壺）。戰國文字承襲兩周金文。齊系文字作[字形],由春秋庚壺省一飾筆而演變（與籀文相同）。燕系文字収旁省作[字形]形。楚系文字収旁或收縮筆畫作[字形]形,參漢初陰陽五行篆書[字形]。秦系文字斤與収之閒加一横,與籀文吻合。《説文》:"[字形],械也。从廾持斤,并力之皃。（補明切）[字形],古文兵,从人、廾、干。[字形],籀文。"（三上二十）古文所从夈,甲骨文作[字形]（類纂一○五一）,从収从干,會雙手持兵器之意,兵之異文。古璽[字形],从又,與古文从人義同。（中略）

禽志器"兵銅",銅製兵器。《越絕書·越絕外傳記寶劍》:"禹穴之時,以銅爲兵。"楚璽"兵政",官名。《鶡冠子》有"兵政篇"。包山簡"兵麞",庚壺作"兵虢",即"兵甲"。《周禮·夏官·諸子》:"若有兵甲之事。"包山簡"兵死",疑戰死之鬼。《禮記·曲禮》下:"死寇曰兵。"《釋名·釋喪制》:"戰死曰兵,言死爲兵所傷也。"帛書兵,兵災。《吕覽·侈樂》"反以自兵",注:"兵,災也。"帛書殘片兵,軍隊。《六韜·武韜·發啟》:"大兵發而萬物皆服。"

秦器兵,軍隊。

古璽兵,疑軍隊之璽。

《戰國古文字典》頁710

【兵甲之符】

○**朱捷元**（1983）　新郪符及陽陵符均作"甲兵之符";而杜符作"兵甲之符"。前者係秦國符節定型之後的名稱,後者則爲未定型前的名稱。

（中略）虎符本是君主對率兵的將領或衛戍將領下達軍事命令時所用的一種取信物,因此又稱"兵符"。兵,就是指"兵器";甲,指"甲冑"。甲兵或兵甲,即武裝的士兵也。故馬衡認爲"甲兵之符,非紀甲乙之數,乃被甲用兵之謂也"。

《西北大學學報》（哲學社會科學版）1983-1,頁54—55

【兵死】

○**劉彬徽、彭浩、胡雅麗、劉祖信**（1991）　兵死，死於戰事。

《包山楚簡》頁 58

○**李零**（1994）　兵死。戰死的冤鬼。

《李零自選集》頁 64，1998；原載《學人》5

○**李家浩**（2000）　見【兵死者】條。

【兵死者】

○**李家浩**（2000）　“兵死”，死於戰爭的人。《禮記・曲禮下》：“死寇曰兵。”《釋名・釋喪制》：“戰死曰兵。言死爲兵所傷也。”古人認爲兵死之鬼及其血所化之燐，能爲害活人。《淮南子・説林》“兵死之鬼憎神巫”，高誘注：“兵死之鬼，善行病人，巫能祝劾殺之。憎，畏也。”《論衡・論死》：“人之兵死也，世言其血爲燐。”《博物志・雜説上》：“鬭戰死亡之處，其人馬血積年化爲燐……行人或有觸者，著人體便有光，拂拭便分散無數，愈甚，有細咤聲如炒豆，唯靜住良久乃威。後其人忽忽如失魂，經日乃差（瘥）。”本組簡文記巫祝讓帝命令武彊管理兵死者，其目的是要它不爲害生人。“兵死”亦見於包山楚墓竹簡二三九號、二四一號：“陞（陳）乙㠯（以）共命爲左【尹】𨡂貞：既腹心疾……囟（思）攻解於�與兵死。”這是説貞人希望通過攻祭禓與兵死鬼的辦法，解除對左尹𨡂的殃咎。

《九店楚簡》頁 105—106

【兵銅】

○**劉節**（1935）　𠧪銅即兵銅，《説文》兵從廾持斤，此字從𠂤從廾，意亦相近。

《古史考存》頁 114，1958；原載《楚器圖釋》

𩂦 𩇓　𩀱 𩅽 𢾭 𩀻 𢾒 𢾓

　集成 4190 陳眅簋蓋 　　　包山 41 　　　包山 90 　　　上博四・昭王 6

　　上博四・昭王 7 　　　睡虎地・日甲 79 背 　　　故宫 425

　　　集成 3939 禾簋 　　　集成 4190 陳眅簋蓋 　　　集成 4649 陳侯因咨敦

　　信陽 1・42

　　上博一・緇衣 2

　　上博六・用曰 7

龏 郭店·尊德 34

龏 上博一·緇衣 14

○**徐中舒**(1933)　(編按:陳侯因𦦕敦)龏,銅器共、恭字皆作龏。趙曹鼎之龏王即共王。盄和鐘、秦公敦之"嚴龏夤天命",嚴、龏、夤三字均有敬意,即恭之本字。此亦當釋恭。

《徐中舒歷史論文選輯》頁 410,1998;原載《史語所集刊》3 本 4 分

○**黃盛璋**(1974)　戈　五年龏嗌(令)寧、左庫工帀(師)長克虞、冶數□(圖八,2)　據傳世拓本摹(編按:圖略)

龏即共,乃周共伯之故邑,《左傳》隱元年"鄭太叔出奔共",杜注:"共國,今汲郡共縣。"戰國屬魏,《戰國策·魏策》記信陵君謂魏王,有"河内共、汲必危","已通韓上黨於共、寧,使道安城"(編按:此段引文有誤,"已"字當屬上讀,"安城"當作"已通"),《史記·魏世家》亦引此文,《正義》:"共,衞州共城……今魏開通共、寧之地,使韓上黨得直道而行也。"據乾隆《一統志》卷二五八,共縣故城爲"今輝縣治……章懷太子曰'故城在今縣東',蓋隋時移治也"。按輝縣東之共城故城遺址,迄今尚有殘存。

《考古學報》1974-1,頁 30

○**中大楚簡整理小組**(1977)　龏爲恭之初字,恭爲後起,《秦公簋》:"嚴龏夤天命。"

《戰國楚簡研究》2,頁 7—8

○**劉雨**(1986)　夔(恭)。

《信陽楚簡》頁 126

○**睡簡整理小組**(1990)　龏。

《睡虎地秦墓竹簡》頁 220

○**裘錫圭**(1998)　(編按:郭店·尊德 34)"龏"疑爲"龏"之誤字,讀爲"恭"。

《郭店楚墓竹簡》頁 175

○**何琳儀**(1998)　《說文》:"龏,愨也。从廾,龍聲。"

齊金龏,讀恭。《書·皋陶謨》:"愿而恭。"《後漢書·楊震傳》注恭作龏。《書·堯典》:"象恭滔天。"《漢書·王尊傳》恭作龏。均其佐證。陳肪簋蓋"龏盄",讀"恭寅"。《書·無逸》:"嚴恭寅畏。"

五年龏令戈龏,疑讀共,地名。(中略)

楚器龏,讀龔,姓氏。共工後有共、龔二氏。見《元和姓纂》。信陽簡、包
山簡四一龏,讀恭。

《戰國古文字典》頁 427

【龏寅】
○**郭沫若**(1935)   龏(恭)寅(寅)。

《兩周金文辭大系考釋》頁 214

○**廖序東**(1991)   龏寅   陳肪段:"龏寅鬼神。"朱駿聲《説文通訓定聲》謂龏
"與恭略同"。蓋即用爲恭字。"寅"用爲"寅"字,亦借用"寅"字。《爾雅·釋
詁》:"恭、寅,敬也。"是"龏寅"同義。陳侯因脊敦"者侯寅薦吉金",陳逆簠
"寅事齊侯",則是"寅"字單用。

《中國語言學報》4,頁 169

弈

篳齋

————————————————————

△**按** 《説文》:"弈,圍棋也。从廾,亦聲。"

具

石鼓文·而師   上博一·緇衣 9   睡虎地·答問 28   秦文字集證 149·260

郭店·緇衣 16

————————————————————

○**湯餘惠**(1986)   1965 年河北易縣燕下都遺址出土的銅戈銘文云:

二年,谷(廄)具(府)受(授)逄(禦)貳(戜—戟),宿(右)谷(廄)。

具可能就是具字。推敲文義,此戈或即貯藏和製造畜廄用具的府庫——
廄具府鑄造並發授給右廄使用的一件兵器。

《古文字研究》15,頁 51

○**何琳儀**(1998)   具,西周金文作具(叔具鼎)。从貝从収,會雙手拱貝之意。
収亦聲。具,溪紐侯部,収,見紐東部。見、溪均屬牙音,侯、東陰陽對轉。具爲
収之準聲首。春秋金文作具(秦公鎛),貝省作目形。戰國文字承襲春秋金文。
《説文》:"具,共置也。从廾从貝省。古以貝爲貨。(其遇切)。"(三上二十一)
石鼓具,不詳。

《戰國古文字典》頁 418

【具弩】

○睡虎地秦墓竹簡整理小組(1990)　具弩,一套完整的弩,常見於居延漢簡,如《居延漢簡甲編》五六有"六石具弩一",二三七有"四石具弩一"。

《睡虎地秦墓竹簡》頁 152

【具獄】

○湖南省文物考古研究所、湘西土家族苗族自治州文物處(2003)　[8]133
正:(中略)廿七年八月甲戌朔壬辰,酉陽(6)具獄(7),[獄]史啟(8)敢☒

　(中略)(7)具獄,案件審結後記録呈報。

《中國歷史文物》2003-1,頁 10

弄

璽彙 3144

○羅福頤等(1981)　弄。

(《古璽文編》頁 60)

○湯餘惠(1986)　古璽有弄(3144)字,《古璽類編》隸定爲"弄",未釋。按商代甲骨文玉字作丰、羊等形,西周金文通作王,古璽此字上方的工,疑即前形之省,字當釋"弄"。《説文》"从廾持玉"的弄字,《古文四聲韻》去聲"送"引《義雲章》作弄,又《説文》"从竹从弄"的篝字,《六書通》去聲"翰"引《摭古遺文》作篝,漢代金文寫成篝(《金文續編》5·1),均其證。

《古文字研究》15,頁 16

○何琳儀(1998)　弄,商代金文作弄(王作弄卣)。从玉从収,會雙手弄玉之意。収亦聲。戰國文字承襲金文。《説文》:"弄,玩也。从収、玉。"玉旁或省作工形。《古文四聲韻》四·三弄作弄,與晉璽吻合。

　晉璽弄,姓氏。

《戰國古文字典》頁 416

△按　包山 130 有弄字,221、222 有弄字,張新俊(《上博楚簡文字研究》65—66 頁,吉林大學 2001 年博士學位論文)隸定爲"邘",包山 68、78、163 有弄字,諸字皆从弄得聲,在簡文中用作姓氏,李守奎(《包山楚簡姓氏用字考釋》,《簡帛》6 輯 228—229 頁,上海古籍出版社 2011 年)謂此姓氏乃以楚恭王之謚爲氏。"弄"在晉璽中亦用作姓氏,可讀爲"共"或"龔"。

𢀠

郭店·老甲 5 　郭店·老甲 20

△按　《説文》“與”字之古文,詳見本卷舁部。

𢍯

墨彙 1734

△按　此字舊不識,今暫隸定爲“𢍯”,具體音義待考。

奔

集成 10365 斠半奔量　信陽 2·15　信陽 2·15　上博二·昔者 1

○**朱德熙**(1958)　從字形上看,這個字从手,炎聲,應釋爲拳。

(中略)同樣,斠半小量的炎字,也應讀作“膡”。“斠料膡”是“一斠又半斠膡”的省略説法,意思是一又二分之一斠强。

《朱德熙文集》5,頁 28—29,1999;原載《語言學論叢》2

○**劉雨**(1986)　(編按:信陽 2·10)奉。

《信陽楚墓》頁 129

○**郭若愚**(1994)　玪二奔(珤)(編按:“玪”當爲“玪”之誤,下文徑改)

《汗簡》奉作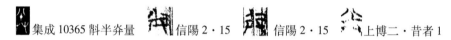,此處均是玉器,當作珤,《説文》:“珤,石之次玉者,以爲系璧,从玉,丰聲。”徐鉉曰:“系璧,飾玉系也。”按系,《説文》:“繫也。”爲玉佩之連繫也。玪通呈(編按:“呈”當爲“呈”之誤,下文徑改)。《廣韻》:“馳貞切,音程。示也、見也。”此謂一枚小環見有二枚連繫的珤飾。

　　一奔(珤)環

此謂一枚珤與環在一處的玉器。

　　玪長大奔(珤)

此謂一枚珤環,見有長而大的玉珤。

《戰國楚簡文字編》頁 77

○**劉國勝**(2001)　寸,原文作夨,即“朕”字所从聲旁。作獨體字,亦見於斠半小量,朱德熙先生釋讀爲賸餘之"賸",認爲記容量的量銘"斛半賸"是"一斛又半斛賸"的省略説法,意思是一又二分之一斛强。簡文中的尖很顯然是一個計量佩玉的長度單位名稱。文獻中對玉器長度的計量多制以尺、寸。《周禮·考工記·玉人》:"璧羨度尺,好三寸以爲度。"鄭玄注:"羨,徑也。好,璧孔也。"《禮記·雜記》:"圭,公九寸,侯、伯七寸,子、男五寸,博三寸,厚半寸,剡上左右各寸半。玉也。"尖,《説文》所無,義未能詳,其音當與"朕"相近。朕,屬侵部端紐(或謂蒸部定紐);寸,屬文部清紐,文、侵通轉,端、清鄰紐,二字古音應相去不遠。我們知道,寸與尊古音近可通。秦孝公十八年(公元前344年)商鞅方升銘作:"十八年,齊遣卿大夫衆來聘,冬十二月乙酉,大良造鞅爰積十六尊五分尊壹爲升。重泉。""尊"讀爲"寸",未有異議。可見,"尊"字所从寸充作聲符,是一個形聲兼會意字。戰國楚文字"尊"尚不見有从酉从寸之例。郭店楚簡《唐虞之道》4號簡有"尊"字,形作从酉从廾。值得注意的是,郭店楚簡《尊德義》20號簡亦有"尊"字,形作奋,从酉从尖,尖旁在上,酉旁在下。同形字還見於長臺關《遣策》2–011號簡,記作:"一酓樵。"又望山楚簡《遣策》45號簡記有"一酓櫃",第二字亦从酉从尖,惟尖旁在右,酉旁在左。上兩文"一"下一字都應該就是《説文》謂之酒器的"尊"字。兩"尊"下一字皆係漆木器名,核於出土實物,就是一種案面上製作(或漆繪)有兩個方框供承置兩方壺的木案。《禮記·玉藻》云:"凡尊,必上玄酒。唯君面尊,唯饗野人皆酒。大夫側尊,用棜。士側尊,用禁。"出土木案的禮用性質當與棜、禁同類,其名飾以"尊"可謂名副其實。從戰國楚文字幾見將"尊"寫作从酉从尖,且二偏旁配置不唯一式的情況看,从酉从尖的"尊"肯定不是从酉从廾之"尊"的訛變,其字構造似當如戰國秦文字"尊",可視爲形聲字,从尖得聲。如是,則尖與寸兩字音近可以落實。因此,我們將簡文"尖"讀爲"寸",尺寸之"寸"。

《江漢考古》2001–3,頁67

○陳佩芬(2002) (編按:上博二·昔者1)"送",母弟將太子送往寢宫,以聽君命。

《上海博物館藏戰國楚竹書》(二)頁243

△按 沈培亦曾撰文討論此字音義,見《上博簡〈緇衣〉篇"㤰"字解》(《新出土文獻與古代文明研究》132—136頁,上海大學出版社2004年)。

网

上博四·昭王7

△按　　"樊"字之異體,見本卷火部樊字條。

鼻

璽彙 0435　　鼻璽彙 4082

○羅福頤等(1981)　　鼻。

《古璽文編》頁 60

羿

璽彙 3503

○高智(1997)　　此印(編按:璽彙 3503)第二字作"羿"形,舊均不釋,今按:根據印
文風格可知爲楚印無疑,上從"羿"當與包山楚簡"羿"(二二七)、"羿"(二
二三)等形相同,可知同爲"卲",下從"廾"與古璽"兵"作"廾"(1225)、"興"作
"羿"(3586)等所從相同,當爲"廾"(収)(演變見下圖)。由於在古文字中從
"廾"(手)與從"廾"(兩手)義同,均表動作,有拿、執等義,故可互通而用,如:
"擇"作"羿"(《沇兒鐘》)、"羿"(《王孫誥鐘》)、"羿"(侯馬盟書三二三),故此
字可隸定爲"搯"形,在楚簡文字中,從"召"之字往往繁構從"卲",如包山楚
簡"迢"作"羿"(一六七)、"怊"作"羿"(二二六)等(所釋詳見高智《〈包山楚
簡文字編〉文字辨識》,1996 年 11 月長春吉林大學"紀念于省吾教授百年誕辰
中國古文字學研討會"論文)。這是楚文字的一個構形特點。故綜合以上論
證可以得出此古璽文字當爲"招"字。在古璽中用爲人名。

《第三屆國際中國古文字學研討會論文集》頁 856—857

○何琳儀(1998)　　叟,卲聲,疑卲之繁文。

楚璽叟,人名。

《戰國古文字典》頁 304

韭

韭貨系 501

○何琳儀(1998)　　韭,从収,非聲。疑排之異文。《説文》:"排,擠也。从手,

非聲。”

　　周空首布裴，讀棐，地名。見非字（**編按**:彼處云“《左·文十三》‘鄭伯會公于棐’,在河南鄭州東南”）。

　　信陽簡裴，讀筐。《廣韻》:“圓曰筐,方曰筐。”

《戰國古文字典》頁 1292

𢗳

𢗳楚帛書

○**饒宗頤**(1968)　　尚字从尚益艸旁,乃繁形甚明。（**中略**）尚讀爲常,《吕氏春秋·正月紀》“乃命太史守典奉法,宿離不忒,無失經紀,以初爲常”是也。

《故宫季刊》3 卷 2 期,頁 2

○**許學仁**(1983)　　𢗳　繒書甲　1·12

　　繒書“□□日月,則經緯不得其棠,春夏秋冬,又□又常”諸家均讀爲“常”,嚴一萍氏獨持異議,云“此字从雙手”,當是“掌”字,讀“□□日月,則經緯不□,其掌春夏秋冬”;饒宗頤氏云:“从尚益艸旁,乃繁形甚明。”釋“𢗳”,讀爲“常”。考繒書“常”字多用作尚(尚),如:

　　　▲“卉木亡尚(常)”(甲·12)

　　　▲“四淺之尚(常)”(甲·16)

　　　▲“亡有尚(常)恆”(甲·98)

惟此段(掌)爲之。觀湖南長沙馬王堆所出土帛書本戰國策五云:

　　“三王代立,五相(伯)蛇正(政),皆以不復亓(其)掌(常);若以復亓(其)掌(常)爲可王,治官之王,自復之術也,非進取之路也。”(五二—五三)

“其常”正作“亓掌”,與繒書文例同。知“常”之作“尚”“𢗳(掌)”與四之作“⊘”“⊞”並同字之異構。

《中國文字》新 7,頁 83

○**饒宗頤**(1985)　　嘗从屮屮尚聲,可讀爲當。《禮記·樂記》及《史記·樂書》:子夏曰:“古者天地順而四時當,民有德而五穀昌。疾疢不作而袄祥,此之謂大當。”鄭玄云:“當,謂不失其所也。”

《楚帛書》頁 38

○**劉信芳**(1996)　　𢗳　讀如“當”,值也。《史記·天官書》:“當出不出,當入不入,是謂失舍。"

羿

新蔡甲三 137

○賈連敏(2003)　☐繇禱備(佩)玉,各羿璜。

《新蔡葛陵楚墓》頁 192

屛

集成 4190 陳肪簋蓋

○裘錫圭(1986)　"屍"字原作等形。胡厚宣先生認爲此字後來變作《説文》收爲"徙"字古文的(屢),又變作"屎";屍田就是在田地裏施糞肥(《再論殷代農作施肥問題》,《社會科學戰線》1981 年 1 期)。胡先生把"屍田"解釋爲用糞肥,是否合乎事實有待研究;把"屍"跟《説文》"徙"字古文"屢"看作一個字,則是可信的。(中略)

　　金文中記周王賞賜的車服武器等物時,往往提到"彤沙"。師獸簋等器把"彤沙"寫作"彤屢"(參看郭沫若《兩周金文辭大系考釋》),李家浩同志認爲"屢"跟"屢、屍"是一個字,可從。這樣看來,"屍"的古音當與"沙"相近,"屍田"似可讀爲"選田"。因爲"沙"是生母字,"選"是心母字,上古爲一聲。"沙"字古屬歌部,"選"字古屬元部,歌、元陰陽對轉。春秋時代齊國的叔弓鎛有"擇吉金……"之文,陳肪簋有"擇吉金"之文,舊多釋爲"斀擇吉金"。其實叔弓鎛"擇"上一字明明是從"攴""屢"聲的字,陳肪簋"擇"上一字的上部也像是"屢"的訛變之形。把"斀擇、屛擇"讀爲"選擇",文從字順。

《古文字論集》頁 178,1992;原載《農史研究》8

○何琳儀(1998)　屢,从収,屢聲。

　　陳肪簋蓋屢,疑讀遲。《史記・春申君傳》"遲令韓魏歸帝重於齊",索隱:"遲,音值。值,猶乃也。"或讀矢。《爾雅・釋詁》:"矢,陳也。"

《戰國古文字典》頁 1231

爨

上博三 · 周易 54

○濮茅左（2003）　　"爨"，爰聲，下或作"𩰪"，可讀爲"渙"，渙散，離散，字待考。卦名，《周易》第五十九卦，坎下巽上。《彖》曰："《渙》，亨。剛來而不窮，柔得位乎外而上同。"《象》曰："風行水上，《渙》；先王以享于帝立廟。"

此字馬王堆漢墓帛書《周易》、今本《周易》均作"渙"。

《上海博物館藏戰國楚竹書》（三）頁 209

△按　孟蓬生（《簡帛文獻語言研究》135 頁，社會科學文獻出版社 2009 年）認爲"爨"字從卝，𩰪聲，而作爲聲旁的"𩰪"本身又是一個雙聲符字。

㪙 泝 攍

故宮 412

△按　《説文》㪙部："攍，㪙或从手从樊。"

樊 𣏼 羿

珍秦 118

包山 130 反　　上博四 · 昭王 7

○劉彬徽、彭浩、胡雅麗、劉祖信（1991）　（編按：包山 130 反）羿，簡文作𠬜。

《包山楚簡》頁 48

○何琳儀（1993）　（編按：包山 130 反）應釋"摑"。《集韻》："摑，舉也。"

《江漢考古》1993-4，頁 61

○李零（1994）　（編按：包山 130 反）网（枉）行。

《李零自選集》頁 142，1998；原載《王玉哲先生八十壽辰紀念文集》

○滕壬生（1995）　（編按：包山 130 反）戳。

《楚系簡帛文字編》頁 268

○**李運富**（1996）　（編按：包山 130 反）從廾持网，亦捕鳥兔之意。原簡未釋，當爲羅之又一異構。此簡中用爲“邏”字，“須左司馬之羿行將以聞之”，“羿行”者，猶今之巡邏，句言等左司馬來巡視的時候將把這件事情報告他。

《古漢語研究》1996-3，頁 6

○**何琳儀**（1998）　（編按：包山 130 反）羿，從収，网聲。疑搁之異文。《集韻》：“搁，舉也。”

　　包山簡羿，讀搁。

《戰國古文字典》頁 730

○**劉信芳**（2003）　羿：字從网，從叕省，即“罬”字，或體作“輟”，字見於《説文》。“輟行”即“止行”。

《包山楚簡解詁》頁 124

○**陳佩芬**（2004）　羿　疑“搁”之異文。《集韻》：“搁，舉也。”

《上海博物館藏戰國楚竹書》（四）頁 188

△**按**　《説文》𠬞部：“樊，𠬞或從手從樊。”《清華大學藏戰國竹簡（壹）·楚居》（185、188 頁，中西書局 2010 年）5、8、10 均有羿字，從羿從林，整理者隸定爲“榖”，指出此字乃“樊”字之異體，或用爲楚王名，酓樊即《漢書·古今人表》之熊盤，又即《史記·楚世家》之熊勝，或用爲地名，樊郘即樊城。《清華大學藏戰國竹簡（叁）·赤䳒之集湯之屋》（169 頁，中西書局 2012 年）5 亦有此字，整理者讀作“返”。清華簡相關材料發表以後，程燕（《説樊》，簡帛網 2011 年 1 月 6 日）指出包山 130 反中的“羿”字也應該讀爲“返”，又認爲上博四·昭王 7、天星觀簡中的“羿”字都應該讀爲“返”。

共 𦫵 巷

集成 2794 楚王酓忑鼎　集成 10158 楚王酓忑盤　郭店·緇衣 3　郭店·六德 26

上博二·從甲 5　睡虎地·秦律 175　璽彙 1880

考古與文物 1997-1，頁 48　璽彙 5137　璽彙 5145　璽彙 1741　貨系 4046

包山 228　上博四·曹沫 8　上博五·三德 1　璽彙 5139　璽彙 5144

璽彙 0749　陶彙 4·121

○**朱德熙、裘錫圭**（1973）　戰國鈢印有共字單字格言鈢（當讀爲恭）

共徵 3.3 下   同上

前一體與天湖簡同,後一體與信陽簡同。

《朱德熙文集》5,頁 70,1999;原載《考古學報》1973-1

○羅福頤等(1981)　共。

《古璽文編》頁 61

○羅福頤等(1981)　(編按:璽彙 0749)興。

《古璽文編》頁 62

○吳振武(1983)　0749 長興・長共。

《古文字學論集》(初編)頁 494

○湯餘惠(1985)　古璽共字或作共,(中略)可知增口旁爲羨符。(中略)把収旁寫成共應是燕人的書寫習慣。由収而共而共,似即此形的由來。

《古文字研究》15,頁 51

○陳松長(1991)　齊(中略),《左傳・文公二年》:"子雖齊聖,不先父食。"杜注:"齊,肅也。"齊做印款,當爲自勵端莊齊肅之用。

《湖南博物館文集》頁 110

○陳偉武(1995)　《文字徵》第 86 頁"差"字下:"共　3.824,差里。《説文》所無。《古文四聲韻》引石經作共,與此同。共　4.121,土匋差。"今按,《陶彙》3.824 釋差是否正確不敢妄言,4.121 陶文則爲誤摹,與《季木藏陶》29.5 同片,檢視原拓,字作共,《匋文編》入於附録。古璽有字作共(《古璽彙編》0749),吳振武先生釋共,湯餘惠先生復加闡發:"古璽共字或作共……可知增口旁爲羨符……把収旁寫成共應是燕人的書寫習慣。由収而共而共,似即此形的由來。"據《陶彙》卷首《古陶文拓本目録索引》,知 4.121 號陶文出土於河北易縣,正是燕國故地,可與湯説互證。

《中山大學學報》1995-1,頁 125

○何琳儀(1998)　共,金文作共(禹鼎)、共(師晨鼎)。从収,卄爲疊加音符。共、卄均屬見紐,共爲卄之準聲首。収、共、拱一字之孳乳。‖至戰國演化爲U,共至戰國則演化爲共、共、共、廿、共、共、共等。燕系文字加U爲飾作共,楚系文字訛變作共,均具地域特點。或加=爲裝飾部件(或以爲有對稱作用)。《説文》:"共,同也。从廿。共,古文共。"

周空首布共、魏布共,地名。《戰國策・魏策》三:"河内之共、汲莫不危矣。"在今河南輝縣。晉璽共,姓氏。共工氏之後。見《元和姓纂》。

楚金共,讀供。《説文》:"供,設也。"包山簡"共命",筮具。帛書"共攻",

讀“共工”，神名。見《禮記·祭法》《山海經·海内經》等。

　　單字璽共，讀恭，箴言。

《戰國古文字典》頁 417

○**徐在國**（2005）　《集成》17·11162 爲王子□戈，銘文如下：

　　　王子□之共戈

　　戈銘第五字舊不釋，我們認爲此字應釋爲“共”，在戈銘中讀爲“拱”。“共”“拱”二字古通，如《詩經·大雅·抑》：“克共明刑。”《玉篇·手部》引“共”作“拱”。《論語·爲政》：“而衆星共之。”《釋文》：“共鄭作拱。”《荀子·賦》：“聖人共手。”楊倞注：“共讀爲拱。”“拱”字或訓爲“執”。《爾雅·釋詁下》：“拱，執也。”郭璞注：“兩手執爲拱。”《國語·吳語》：“行頭皆官師，擁鐸拱稽。”韋昭注：“拱，執也。稽，棨戟也。”如此，“共戈”應讀爲“拱戈”，訓爲執戈。

　　“共”字又見於湖北隨縣曾侯乙墓所出的“陽作共戈”中。戈銘“共”字上從“共”，下從“戈”，原發掘報告只作隸定，未加説明。黃錫全先生認爲此字當是“拱”字異體，義爲執。其説近是。“共”字或從“戈”，當與章子戈“交”、曾侯乙戈“用”或從“戈”相類。從“戈”之“共”當是“共”字異體，在戈銘中讀爲“拱”。

《古漢語研究》2005-1，頁 66

【共攻】

○**李學勤**（1984）　“共工□步十日”，“步”應該還是推步的意思。《山海經》有帝俊生十日、十二月的傳説，所謂十日，即指甲至癸十干，已有不少論述。共工推步十日，也可能和十干紀日的始源有關，亦即屬於曆象的範圍。因此，這章同上兩章的性質一樣，都表現出陰陽家的思想特點。

　　章文的中間部分，因爲缺字，不能完全明白，推想總是涉及因四時紊亂而造成災異。共工在帛書裏，似爲正面人物，不同於《淮南子·天文》所言共工觸不周山，天柱折，地維絶的故事。帛書這一章説到共工推步十日，又對日月如何如何（原有缺字，字從“辵”，漫漶不清），作到“有宵有朝，有晝有夕”，這一形象與《天文》篇的共工是相反的。

《楚史論叢》（初集）頁 150—151

○**李零**（1985）　共攻，即共工，共字的寫法值得注意，嚴一萍説：“共，古璽作𢀜，《説文》古文作𠔻，蓋已訛變。”這裏大約是説共工推步十日四時。

《長沙子彈庫戰國楚帛書研究》頁 72

○**高明**（1985）　共攻文獻謂"共工"，亦是傳説中之神奇人物，存有詆毀與恭維兩種説法。如《三皇本紀》云："諸侯有共工氏，任智刑以强霸而不王，以水乘木乃與祝融戰，不勝而怒，乃頭觸不周山崩，天柱折，地維缺……"《國語·周語》："昔共工氏棄此道也，虞於湛樂，淫失其身，欲壅防百川，墮高埋庳以害天下，皇天弗福，庶民弗助，禍亂並興，共工用滅。"與此詆毀之言成對比的如《國語·魯語》："共工氏之伯九有也，其子曰后土，能平九土，故祀以爲社。"《左傳》昭公二十九年："共工氏有子曰句龍爲后土，此其二祀也，后土爲社。"

《古文字研究》12，頁 380

○**饒宗頤**（1985）　共工作𢼊玒，爲繁形。《山海經·海内經》《禮記·祭法》皆作共工。馬王堆《經法·正亂》云："其上帝未先而擅興兵，視之（蚩）尤、共工屈其脊，使甘其箭。"（頁 61）《孫臏兵法》竹簡："昔者神戎（農）戰斧（補）遂，黄帝伐蜀禄（涿鹿），堯伐共工。"此爲關於共工之新資料。古史共工，異説頗多。《山海經·海内經》："祝融降處江水，生共工，共工生術器……共工生后土，后土生噎鳴，噎鳴生歲十有二。"是以共工爲祝融之子，亦炎帝支裔。故帛書亦見共工之名。《禮記·祭法》稱："共工氏之霸九州也，其子曰后土，能平九州，故祀以爲社。"而《大荒北經》記"夸父珥兩黄蛇，以追日景，至於禺谷，后土生信，信生夸父"。則夸父又共工之裔，今以山經，表其世次如下：

帛書共工字作𢼊玒，共字與《説文》古文及古鉢形同，攻與工通假。共工生后土，后土之子生歲十二，故帛書以十日、四時爲共工所出。

《楚帛書》頁 31—32

○**何琳儀**（1986）　"共攻"，即水神"共工"。《路史·後紀》引《帝王世紀》"女媧未有諸侯，共工氏任智刑以强霸而不王"。帛書中"共攻"則贊助其父祝融（見《山海經·海内經》）和四神"授民以時"，並非如大多數典籍中描繪的那麼凶頑。中原和南楚地區神話中的這種歧異現象，説明流傳至今的典籍已打上"華夏"對"蠻夷"同仇敵愾的深刻烙印。順便提及，很多學者都認爲"伏羲、女媧"是"苗蠻"的先祖。蒙文通早就指出"炎帝、祝融、共工"屬於"江漢"民族。"帝俊"之所屬雖然歷來説法糾纏不清，但是根據帛書知其亦應屬楚神話系統的人物。凡此，對研究楚神話和探討中國古史傳説，無疑具有重大意義。

《江漢考古》1986-2,頁 82

【共命】

○**李零**(1993)　一般説,簡文記有卦爻的是策,不記卦爻的是龜。這裏可試做分類:

(1)龜。有寶家(簡 197、212、218、226、236、249,"家"字原从爪旁)、訓薹(簡 199)、長則(簡 207、216、220,"則"字或从心旁)、少寶(簡 221)、彤笿(簡 223)、長靈(簡 230、224,"靈"字原作"霝")、駁靈(簡 234、247,"靈"字同上)。

(2)策。有央笿(簡 201)、丞德(簡 209、232、245,"德"字原从心从直)、共命(簡 228、239)。**(中略)**

策名,古書絶少記載,簡文所見,"央笿"似與天星觀簡所見"大央"有關,後者也是策名。而"丞德、共命",則可讀爲"承德、恭命",似與"保家"相類,也是一種吉語。當然,楚占卜簡所見龜策之名,仍有許多苦無對證,難明所指。

《中國典籍與文化論叢》1,頁 432—433

○**劉信芳**(2003)　"命"讀爲"笭",《釋名·釋車》:"笭,横在車前,織竹作之,孔笭笭也。"簡文"共"字與秦簡"癸"字同形,則"共笭"是以織車笭之竹片用作占筮。或讀"命"爲"苓",乃香草名,似亦可通。

《包山楚簡解詁》頁 243

龔　龔

龔　睡虎地·爲吏 11 貳

○**睡簡整理小組**(1990)　五曰龔(恭)敬多讓。

《睡虎地秦墓竹簡》頁 168

異　異

異　石鼓文·鑾車　　異　睡虎地·秦律 65　　異　睡虎地·日甲 52 正叁　　異　故宮 434

異　上博三·亙先 3　　異　新蔡甲三 272　　異　包山 52　　異　上博四·曹沫 7

異　新蔡零 165、19　　異　郭店·語二 52　　異　包山 105　　異　包山 116　　異　郭店·語三 3

異 璽彙 3140   異 璽彙 3254   異 郭店·性自 9

○**羅福頤等**（1981）　（編按:璽彙 3140）畀。

《古璽文編》頁 61

○**劉釗**（1990）　《文編》四十第 7 欄有字作"異"，按字應釋爲異，金文異字作
"異、異、異"與古璽"異"字形同。

《考古與文物》1990-2，頁 47

○**劉樂賢**（1994）　（編按:睡虎地·日甲 49 正叁—52 正叁"離日不可以家[嫁]女、取婦及入人民
畜生，唯利以分異"）異:離。

《睡虎地秦簡日書研究》頁 98

○**何琳儀**（1998）　異，甲骨文作異（乙一四九三）。从異从由，會人雙手舉缶
形器置於頭頂之意。由亦聲。戴之初文。《孟子·梁惠王》:"頒白者不負戴
於道路矣。"《釋名·釋姿容》:"戴，載也。載之於頭矣。"或作異（京都一九八
九），由旁已演變爲田形。甹字師西簋作異，小篆作異，亦屬此類演變。金文作
異、異（虢叔鐘）。戰國文字承襲金文。或加飾筆作異、異，或加大旁繁化作
異，或變形作異，或省作異、異、異。《說文》:"異，分也。从廾从畀。畀，予也。"
三體石經殘石作異，中閒豎筆穿透異旁之下。

晉璽異，姓氏。見《通志·氏族略》。然來源甚晚，故異應讀翼，晉翼侯之
後。見《風俗通義》。

包山簡"邡異"，地名。

石鼓異，見《釋名·釋天》:"異者，異於常也。"

《戰國古文字典》頁 72

【異是】

○**睡簡整理小組**（1990）　（編按:睡虎地·答問 168）異是，與之不合，指與律意
不符。

《睡虎地秦墓竹簡》頁 133

戴　戴　音　賣　貳　瞽　戴

戴 十鐘

音 包山 269   音 包山 270   音 包山 276   音 上博六·慎子 5   音 璽彙 3487

包山牘1　　包山牘1

上博二·容成9

集成9711曾姬無卹壺　　　　侯馬92:42

曾侯乙81

○**楊樹達**（1952）　（編按:曾姬無卹壺）馘在王室馘與職同。馘字从百,百與首同。蓋職字之或作。从耳之字或亦从首,《説文》耳部職或作馘,是其證也。《爾雅·釋詁》云:"職,常也。"

《積微居金文説》（增訂本）頁 195,1997

○**山西省文物工作委員會**（1976）　（編按:侯馬92:42）職。

《侯馬盟書》頁 351

○**裘錫圭、李家浩**（1989）　（編按:曾侯乙43—44"兩馬之轡,紫勒,屯敊霝羽"之"敊"與81"乘馬戠白羽"之"戠"）疑並當讀爲戴或載。

《曾侯乙墓》頁 515

○**劉彬徽、彭浩、胡雅麗、劉祖信**（1991）　（編按:包山269）菩,疑讀如首。

《包山楚簡》頁 65

○**劉信芳**（1997）　"菩睪"即首胄。

《中國文字》新 22,頁 193

○**劉釗**（1998）　簡 276 有字作"香",牘 1 作"竜",字表隸作"菩"。按字乃首字,應釋爲首。字亦見於信陽簡和楚璽。楚璽作"睿"（《古璽彙編》3487）、"胥"（《古璽彙編》3376）、"胥"（《古璽彙編》3645）與簡文形同。簡文"睪首"應讀爲"頭胄"。

《東方文化》1998-1、2,頁 67

○**何琳儀**（1998）　馘,从首,哉聲。疑職之異文。

曾姬無卹壺馘,讀職。《爾雅·釋詁》:"職,常也。"

《戰國古文字典》頁 53

戠,从哉,異爲疊加音符。

隨縣簡戠,讀熾。見戠字 d。

《戰國古文字典》頁 54

戴,从異,弋爲疊加音符。異之繁文。《説文》:"戴,分物得增益曰戴。从異，弋聲。，籀文。"

秦璽戴，姓氏。戴氏有二國爲鄭所滅，子孫以國爲氏。又宋戴公之後，亦爲戴氏。見《通志·氏族略》。

《戰國古文字典》頁 73

（編按：包山 99、269、牘 1）之首

之首，人名。

《戰國古文字典》頁 1476

○李零（2002）　（編按：上博二·容成 9"顓地戴天"）戴　即"戴"。原从首从弋，"弋"疑同"戈"。

《上海博物館藏戰國楚竹書》（二）頁 257

○李朝遠（2007）　（編按：上博六·慎子 5）賮，從字形上看應是合文"之首"。

《上海博物館藏戰國楚竹書》（六）頁 281

△按　上博六·慎子 5 由劉建民釋出，見劉洪濤《上博竹簡〈慎子曰恭儉〉校讀》（簡帛研究網 2007 年 7 月 6 日）。沈培（《試釋戰國時代从"之"从"首［或从"頁"］"之字》，簡帛網 2007 年 7 月 17 日）指出"賮、賣"在楚簡中可以表示"戴"，又認爲"戴"字可以分析爲从首，式聲。王志平（《"戴"字釋疑》，《簡帛》3 輯 7—15 頁，上海古籍出版社 2008 年）從音韻的角度佐證沈説。蘇建洲（《對於〈試釋戰國時代从"之"从"首［或从"頁"］"之字〉一文的補充》，簡帛網 2007 年 7 月 18 日）認爲"式、戴"聲韻關係不近，認爲此字乃从弋得聲（《〈上博（五）競建内之〉"歔"字小考》，簡帛網 2006 年 7 月 23 日）。周忠兵對古文字中的"戴"字有詳考，參看《説古文字中的"戴"字及相關問題》（《出土文獻與古文字研究》5 輯 364—374 頁，上海古籍出版社 2013 年）。曾姬無卹壺銘文中舊釋爲"職"的🔲，周忠兵改釋爲"戴"，《清華大學藏戰國竹簡（貳）·繫年》20"戴公申"之"戴"正作🔲，與🔲字形體相同，可證周説至確。整理者（《清華大學藏戰國竹簡》［貳］145 頁，中西書局 2011 年）認爲："'賮'字从戠聲，章母職部，與端母的'戴'通假。"周忠兵則認爲"賮"字从百，應該是"戴"的本字。周説可從。郭店·尊德 28 有🔲字，从木从賮，在簡文中用作"置"，見荊門市博物館編《郭店楚墓竹簡》（175 頁，裘錫圭按語，文物出版社 1998 年），可能是假借的用法。

昇　昇　譽　譽

侯馬 85∶35

睡虎地·秦律 153　　睡虎地·秦律 154

○**山西省文物工作委員會**（1976）　（編按：侯馬 85∶35）睪。

《侯馬盟書》頁 338

○**睡簡整理小組**（1990）　（編按：睡虎地·秦律 151—152 "或贖睪［遷］，欲入錢者，日八錢"）遷，流放遷居邊境，《漢書·高帝紀》注引如淳云："秦法，有罪遷，徙之於蜀漢。"

《睡虎地秦墓竹簡》頁 54

○**何琳儀**（1998）　睪，金文作（何尊糴作）。從舁，凶聲。睪，清紐；凶，心紐。清、心均屬齒音，睪爲凶之準聲首。戰國文字承襲金文。凶或訛作形，或訛作角旁（與陶旁同形而非一字）。《説文》："，升高也。從舁，凶聲。，睪或從卩。，古文睪。"

侯馬盟書睪，或作鄹，讀遷。

《戰國古文字典》頁 1041

睪，從卩，睪聲。睪之繁文。見睪字古文。

睡虎地簡睪，讀遷。《書·皋陶謨》"何遷乎有苗"，疏："堯畏其亂正，故遷放之。"

《戰國古文字典》頁 1041

△**按**　《説文》："，舁或從卩。"與秦簡相同。

與　舁　弄

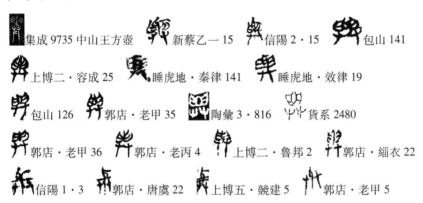

○**中大楚簡整理小組**（1977）　作，亦見第四十二簡。或疑爲舉，《汗簡》又部引《字略》作，左部引《古論語》作。此簡所言，皆爲教育内容與年限之規定。

《戰國楚簡研究》2，頁 9

○**劉雨**(1986)　(編按:信陽 1·3、1·8)舁(擧)。

《信陽楚簡》頁 125

○**湯餘惠**(1986)　与字的古文構形也是一個謎。《説文》勺部:与,賜予也。一勺爲与。段注云:下从勺。一者,推而予之。顯然是臆解。其實"与"很可能是"牙"之省,這可以從"與"字得到旁證。古代器物銘文與字習見,均从牙,不从与;《説文》謂"从𦥑,从与"並不可據。與字从牙,鬲鱒作牙、中山王鼎作牙,其形不省;侯馬盟書或作𠃌(198:10),省去下面一筆,中山王墓玉片作𠃌(西庫:482),略去上下兩橫畫,和上舉古璽同。小篆从与,應是盟書一體的稍變。由此可見,所謂"一勺爲与"的"与"不過是"牙"的省形分化字。從字音看,牙字在《詩·小雅·祈父》首章與父、恤、居等字爲韻,古音屬魚部,和"与"之古音極近,與字从牙當是聲符。

《古文字研究》15,頁 11

○**高明、葛英會**(1991)　(編按:陶彙 3·816)興。

《古陶文字徵》頁 199

○**何琳儀**(1998)　與,金文作𦥸(喬君鉦)。从舁,牙爲疊加音符。舁、與一字之分化。戰國文字承襲金文。牙旁或省變作牙、𠃌、𠃌、𠃌,舁旁或省作𢆶、廾。三體石經作𦥸,从臼从牙,與戰國文字吻合。《説文》古文作㒸,从収从与(牙之訛變),不如三體石經準確。与不成字,《説文》誤收,應删。《説文》:"𦥸,黨與也。从臼从与。(余吕切)。㒸,古文與。"(三上二十一)"与,賜予也。一勺爲与。此与與同。(余吕切)。"(十四上十二)

　　齊陶"虖與",地名。

　　溫縣盟書與,連詞。趙三孔布"邧與",讀"且居",地名。《史記·司馬相如傳》"族舉遞奏",集解:"舉一作居。"是其佐證。中山王鼎與,連詞。

　　楚簡、曾簡與,連詞。廿八宿漆書"與鬼",讀"輿鬼"。二十八星宿之一。見《吕覽·有始》。

《戰國古文字典》頁 541

○**劉釗**(1999)　(編按:中山王墓西庫 428 石片銘文)銘文中"與"字有些費解。一種可能是用爲介詞,訓爲"爲",指埋圭於行是爲了趄子;一種可能是用爲動詞,指一種祭法。在已發現的楚簡中常見在祭祀神祇祖先時用"殹禱"一詞,"殹"字或作"奨",不知此"與"字與楚簡"殹禱"之"殹"是否有關。

《中國古文字研究》1,頁 159

○**楊澤生**(2001)　(編按:信陽 1·3)"與"字原从"牙"从"廾",和郭店楚簡《老子》甲 5 號、20 號,《唐虞之道》22 號,《語叢三》17 號的“與”字相同。過去或釋爲“舉”,非是。“與”爲並列連詞,其前的“射”與其後的“馭”正好是《周禮》“六藝”中相連而提的兩藝。

《簡帛研究二〇〇一》頁 3—4

△按　《說文》以𦥝爲“與”字之古文,與戰國文字相合。与,“牙”字之變,戰國文字或用“牙”爲“與”,詳見卷二牙部“牙”字條。

【與出之】
○睡簡整理小組(1990)　(編按:睡虎地·秦律30)與出之,參預一起出倉。

《睡虎地秦墓竹簡》頁 27

【與同罪】
○睡簡整理小組(1990)　與同罪,秦律習語,《史記·秦始皇本紀》:“有敢偶語詩書者棄市,以古非今者族,吏見知不舉者與同罪。”

《睡虎地秦墓竹簡》頁 98

【與歲之四】
○饒宗頤(1983)　(編按:曾侯乙漆箱)歲之上一字从収甚清楚,從文義可推出是興字。《易》同人九三爻辭:“三歲不興。”《殷契後編》下十一·一:“歲不𤼈(興)。”屯甲二一二四:“歲不𤼈,亡句。”應該即是“不興”一成語。歲不興的反面是興歲。春秋時已盛行觀察歲星之所在,以定吉凶。如晉史董因,論公子重耳之出走,歲在大火,以辰(即大火)出而以參(即伐)入,必有獲於諸侯;相反地,越(句踐)得歲而吳伐之,必受其咎。這些都是占歲有名的故事。《左傳》上說到“歲棄其次”必有災,杜預注:“歲星所在,其國有福,失次於北,禍衝在南。”歲星所在有福即是“興歲”。《淮南·天文訓》稱:“歲星之所居,五穀豐昌;其對爲衝,歲乃有殃。”《史記·天官書》候歲家以歲太穰爲上歲,又占之於聲,“聽都邑人民之聲,聲宮則歲善吉,商則有兵,徵旱,羽水,角歲惡”。西漢占歲家以魏鮮最著名。

　　圖辭言“興歲之四(馭)”。正以天馭爲農祥之星象,象徵着五穀豐昌,故以馭爲興歲之星。歲月所在,五位皆正,故爲吉祥。泠州鳩稱“星與日長之位,皆在北維”,上文言“日月於維”,義亦如是。古移徙法云:“抵太歲名曰歲下,負太歲名曰歲破,皆凶也。”《論衡·難歲篇》:“其移東西,若徙四維,相之如者皆吉。何者? 不與太歲相觸,亦不抵太歲之衝也。不抵觸太歲是興歲,否則是忌歲。”

《古文字研究》10,頁 193

○劉國勝(1997)　與,原字部分筆畫脱落,殘形作“𣥐”。與,曾侯乙墓簡作

[甲骨文字形]（曾·99），包山楚簡作[字形]（包·128），天星觀楚簡作[字形]（天·卜）。漆文此字釋“與”可從。與，《方言》“操也”，郭璞注：“謂操持也。”漆文“歲之四”應指一年四季春、夏、秋、冬，即四時。（中略）

漆文“日辰於維，與歲之四”一句意思是講：辰星出没於天之四維，主理四時。

《第三屆國際中國古文字學研討會論文集》頁 695

【與賞】

○ **睡簡整理小組**（1990）　（編按：睡虎地·秦律 32）與償，參預賠償。這是由於更換會同出倉人員必須通過令、丞，所以令、丞也要承擔責任。

《睡虎地秦墓竹簡》頁 27

【與禱】

○ **何琳儀**（2000）　“與禱”，楚簡習見。“與”疑讀“舉”。《周禮·天官·膳夫》“王日一舉”，注：“殺牲盛饌曰舉。”

《中國史研究》2000-4，頁 13

○ **李家浩**（2001）　在討論簡文“與禱、罷禱”的性質之前，先對古代的祭禱情況略交代幾句。

古代的祭禱大致可以分爲祈禱和賽禱。祈禱一般就稱爲禱，是向神祇告事求福，並許以牲禮的祭祀。賽禱或作塞禱，是得福後，實現祈禱時對神祇許諾的祭祀。這裏引兩則有關祭禱的文獻作爲例子。《韓非子·外儲説右下》：“今王病，而民以牛禱；病愈，殺牛塞禱。”《漢書·武五子傳·廣陵厲王劉胥》：“胥迎女巫李女須……胥多賜女須錢，使禱巫山。會昭帝崩，胥曰：‘女須良巫也。’殺牛塞禱。”可見祈禱不用牲，賽禱才用牲。

這裏所説的“祈禱不用牲”，是就不特殺牲而言的。在特殊情況下，可以用其他祭祀的餘牲之類的以禱神祇，如喪葬時的祈禱。《周禮·春官·小祝》“及葬，設道齎之奠，分禱五祀”，鄭玄注：“分其牲體以祭五祀。”孫詒讓説：“明《經》云‘分禱五祀’，即承上‘道齎之奠’爲文。所分者，即道奠之餘也。”

包山卜筮祭禱簡所記的祭禱，有“與禱、罷禱”和“賽禱”。這三種祭禱也見於其他楚墓卜筮祭禱簡。在這三種祭禱中，只有“賽禱”見於文獻，是對所禱神祇報福之祭，已見上述。那麼，“與禱、罷禱”是什麼意思呢？這是值得探討的一個問題。

李零在《包山楚簡研究（占卜類）》的“術語考證”部分，對“與禱、罷禱”作過考證，“罷”釋爲“翌”。他説：

“翌”字原文从羽从能,能是之部字,翌是職部字,此以音近讀爲翌。“翌”是表示次年、次月、次日。鄂君啟節也有此字,文例作“歲翌返”……我們懷疑,“與禱”可能是始禱,與“賽禱”的“賽”是報答之義正好相反,兩者有對應關係,而“翌禱”則是來年的禱。殷墟卜辭有周祭制度,簡文所述或與之相似。

從表面上看,李零的說法似乎有一定的道理,如果稍微分析一下,就會發現這些說法是站不住腳的。

第一,“與”字在古代並没有“始”義,不知李零説“與禱”是“始禱”,在訓詁學上有什麼根據?

第二,从“羽”从“能”之字,朱德熙先生説是“翼”字的異體。此字又見於後來發現的郭店楚墓竹簡《太一生水》《五行》等,用爲“一”。這些情況都説明“翼”不一定是“翌”字。退一步説,此字即使是“翌”,按照李零的説法,“‘翌’是表示次年、次月、次日”,試問“翌禱”爲什麼一定就是來年之禱,而不會是來月之禱或來日之禱呢? 據《説文》,表示時閒的“翌”本作“昱”,字或借“翼”爲之。在古代它們單獨用來表示時閒時,有“明(次)日”的意思,似無“次年、次月”的意思,説“翌禱”是來年之禱,在訓詁學上又有什麼根據呢? 包山卜筮簡 200 號説辭部分有“志事速得,皆速賽之”之語,是説如果“翼禱”祖先之後,左尹邵它“志事速得”,就要對“翼禱”的祖先立即進行報賽的祭祀。這説明“翼禱”並非要等到來年才祭禱。

第三,殷墟卜辭的周祭制度,是商王及王室貴族用翌、祭等五種祀典對其祖先輪番和周而復始地進行的祭祀制度。楚簡的“與禱、翼禱”是兩種禱的方法,“賽禱”是對這兩種禱所禱神祇的報賽;據天星觀楚墓卜筮簡,祭禱的對象除了墓主人的祖先外,還有其他的神祇。楚簡的祭禱與殷墟卜辭的周祭之閒,毫無相似之處。

儘管目前對“與禱、翼禱”的確切意思還不清楚,但是從祭禱簡文看,它們的性質卻是比較清楚的。224、225 號兩簡記的都是“與禱”,簡文末尾都説“既禱致命”。205、206 號兩簡記的都是“翼禱”,簡文末尾都説“既禱致福”。據此,似乎可以得到如下兩點認識。

第一,“與禱、翼禱”完成後都説“既禱”,説明這兩種祭禱都應該屬於祈禱。包山卜筮簡 197—204 號,是同一天由鹽吉、石被裳和應會三個貞人爲左尹邵它卜筮的記録。石被裳和應會兩人在説辭部分,一個説用“翼禱”,一個説用“與禱”。石被裳在説辭部分還説,如果左尹邵它“志事速得”,就要對“翼禱”的祖先，“皆速賽之”。望山一號楚墓卜筮簡 116 號說，“與禱”北子等後，如果悼固的病“速瘳”，就要對“與禱”的祖先，進行“賽之”。這些情況也説明此兩種祭禱應該屬於祈禱。

第二，“與禱”“既禱”之後，是向主人“致命”，“罷禱”“既禱”之後，是向主人“致福”，兩者不同，這可能反映此兩種祭禱在形式上有所不同。上文三説過，“致命”是報命，“致福”是致胙。據此，“與禱”跟“罷禱”的區別，似乎在於“罷禱”用牲，而“與禱”不用牲。不過“罷禱”所用的牲，大概不是像前面所説的“賽禱”那樣，用特殺的牲，而是類似《周禮・春官・小祝》“分禱五祀”那樣，用其他祭祀的餘牲。

根據以上所説，“與禱、罷禱”的性質都屬於祈禱，它們之間的最大區別大概是“罷禱”用牲，而“與禱”不用牲而已。

《簡帛研究二〇〇一》頁 33—34

○**劉信芳**（2003）　舉禱：又見 217、222、224 諸簡，簡 202 作“獟禱”，並讀爲“舉禱”。舉本爲朔、望盛饌之禮，依此禮祈禱於神，此所以稱“舉禱”。《國語・楚語下》：“王問於觀射夫曰：祀牲何及？ 對曰：祀加於舉。天子舉以大牢；祀以會；諸侯舉以特牛，祀以大牢；卿舉以少牢，祀以特牛；大夫舉以特牲，祀以少牢。”韋昭《注》：“舉，人均朔望之盛饌。”

《包山楚簡解詁》頁 226

△**按**　“與禱”楚簡多作“舉禱”，見卷二止部“舉”字。

興　舁　舉

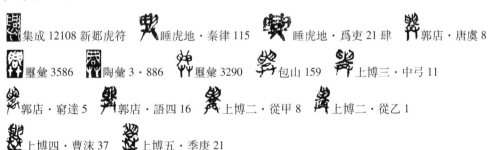

集成 12108 新郪虎符　睡虎地・秦律 115　睡虎地・爲吏 21 肆　郭店・唐虞 8
璽彙 3586　陶彙 3・886　璽彙 3290　包山 159　上博三・中弓 11
郭店・窮達 5　郭店・語四 16　上博二・從甲 8　上博二・從乙 1
上博四・曹沫 37　上博五・季庚 21

○**羅福頤等**（1981）　或作𦥑，與興壺及父辛爵興字合。

《古璽文編》頁 62

○**睡簡整理小組**（1990）　徵集人服兵役或服勞役，及徵集物資，都稱爲興，參看《秦律十八種》的《徭律》，此處據下文專指軍興而言。

《睡虎地秦墓竹簡》頁 242

○**荆門市博物館**(1998)　（編按:郭店・窮達5)馨（舉）而爲天子帀（師）。

《郭店楚墓竹簡》頁 145

○**黃人二**(1999)　馨，裘按:"詞"下一字似不从"與"，疑是"罨"字，讀爲"遷"。西周銅器何尊與大盂鼎銘文中的"罨"字皆从"呂"，此字亦从"呂"。按，亦讀爲"舉"。《説文・呂部》躬（躳）字有兩音，一居戎切，九部；一余呂切，五部。分別爲古中部字、魚部字。"與、呂"皆表音也，讀爲"舉"，郭店《五行》"君子智（知）而與（舉）之胃（謂）之障（尊）戝（賢）"，"與"音"舉"，故疑"馨"亦音"舉"。又裘錫圭先生解釋《五行》簡三二、三三"中心悦👤，🦋於兄弟"云:"簡文與帛書'焉'字相當之字，其形與本書《唐虞之道》篇中屢見的意爲'禪讓'之字的右旁相似。疑彼自當讀爲'禪'，此字則當讀爲'旆'。'旆'从'丹'聲，'禪'从'單'聲，'丹''單'同音。'中心悦👤'，意即'中心悦之焉'。其下一字，下从'止'，上部雖似'與'，但下方尚有'口'形，與《窮達以時》五號簡🦋字下方有'呂'形相似。彼字我以爲當釋'罨'（參看《窮達以時》注六），此字與帛書本'遷'字相當，'止'與从'辵'同義，疑亦當釋爲'遷'。"但今看簡文，兩字字形並不相同。《語叢・四》簡一五・一六"必🔸鋝其🦋"，🦋釋文作"遷"，疑之。但若釋爲"遷"，於文義也可通外，更符合齊人魯人春秋褒貶之義，《春秋經・莊公元年》:"齊師遷紀。"《公羊傳》解釋:"遷之者何？取之也，取之則曷爲不言取之，爲襄公諱也。"用法比較委宛，此字待考。

《古文字與古文獻》頁 126—127

○**何琳儀**(2002)　"青鼉"，《考釋》疑爲今本《詩・小雅・青蠅》，甚確。然而未能釋出該字其上所从。按，該字上从興旁，已見楚簡:

　　　🦋上海簡《詩論》二十八　　　　🦋郭店簡《窮達以時》五

　　郭店簡"興"，釋文誤釋"遷"之所从。其實郭店簡此字與上海簡"鼉"有共同的偏旁，均應釋"興"。郭店簡《窮達以時》載吕望"興而爲天子師"，文義條暢。"興"與"蠅"均屬蒸部，故簡文"青鼉"，讀"青蠅"，即《詩・小雅・青蠅》。

《上博館藏戰國楚竹書研究》頁 256

○**李零**(2002)　"其舉如將有敗雄"（2:3 章:簡 16）。

　　"舉"，原作"🦋"，字形類似《五行》簡 32"遷于兄弟"的"遷"字所从，也類似簡文的"與"字和"興"字（編按:其中一"與"字當爲"興"字）。按同樣寫法的字亦見《窮達以時》簡 5，作"～而爲天子師"，釋文讀"舉"，裘按讀"遷"。舊作對這兩個字的理解都是根據裴按,但現在考慮,簡文"與、興、罪"三字寫法相近,容易混淆(詳下餘論[四]),我們也不能排除這裏的"▢"字是屬於形近混用。加之,從文義看,簡文上下都是講"舉賢",如果讀爲"舉",好像更順。同樣,《窮達以時》簡5的"~而爲天子師",也是以讀爲"舉而爲天子師"更順。這裏改讀爲"舉"。

《郭店楚簡校讀記》(增訂本)頁48

○**魏宜輝**(2002) 《青蠅》的"蠅"字在上博簡裏寫作"▢",關於"蠅"字的性質,一直有疑問。"蠅"字,從漢代許慎的《説文解字》到清代段玉裁的《説文解字注》,一直都被認爲是一個會意字。《説文・黽部》:"蠅,營營青蠅,蟲之大腹者。从黽、虫。"段注曰:"此蟲大腹,故其字从黽、虫會意,謂腹大如黽之蟲也。其音則在六部,余陵切,故繩爲蠅省聲。非許之精詣,則必仞爲形聲字,遂使古音不可考矣。"

"蠅"古音在餘母蒸部,而"黽"在明母元部,音相去甚遠。許、段都沒有辦法解釋"蠅"及從"黽"而讀余陵切諸字的讀音,便以"蠅"爲會意字,而將其他字都歸爲從蠅省聲。裴錫圭先生曾指出,《説文》關於省聲的説法有很多是錯誤的,不能隨便相信。而《詩論》中的"▢"字表明,"蠅"很可能是一個訛體字。許、段二人對"蠅"字的分析都是錯誤的。

李零、何琳儀及周鳳五諸先生都認爲,"▢"字是從興得聲的,"興"與"蠅"均屬蒸部。郭店楚簡《窮達以時》篇和《語叢四》簡裏各有一個與"▢"字形相關的字,分別寫作"▢"(《窮達以時》簡五)、"▢"(《語叢四》簡十六),《窮達以時》的釋文將此字隸定作"舉",讀作"舉"。裴錫圭先生按語認爲此字應是"罪",讀作"遷"。他認爲"▢"字所從的8,就是西周銅器何尊、大盂鼎銘文中的"罪"字所從的8。按裴先生的理解,8是從罪聲的注音字,故而"▢"應讀作"遷"。《語叢四》將此字隸定作"罪",未釋。李零先生認爲這兩個字是"興"字。現在通過▢和▢以及▢比較來看,可以確定它們是"興"字。"興"上部的寫法經過了這樣一個演變過程:

▢→▢→▢

"興"字所從的▢,與▢(蚰)相近,爲避免重複而省減,所以"▢"可以看作是從蚰從興省的一個字。而"▢"字所從的8,情況則有些複雜。周鳳五先生認爲"▢"字,從邕聲、興聲,爲疊加聲符。我們也同意"▢"字是由疊加聲符形成的,但所從的並非"邕"字,而可能是"厷"字。

在比較郭店簡中的兩個"興"字及上博簡的"蠅"字的時候,我們發現《窮達以時》簡五中的"□(興)"字所从的8,與其它兩例不同,不是寫作8,而是分開的。因此,我們懷疑"興"及"蠅"字所从的8,並非古文字中的"8(邕)"字,可能是分别屬於兩個不同的部分。上面的○可能是"興"字中ㅂ的變體,而下面的○則可能是"厷"字中的厶。郭店簡《語叢四》中的"雄"寫作"□",其所从的厷部的厶部分,也是寫作○。而厷的ㄋ部分正好與"興"字所从的ㄅㄋ部分重合了。這種情况屬於兩個部分共用部首,但這樣"厷"就很容易被忽略了。特别是當下面的○被轉移到上面,變成8的時候,就更容易誤解了。這種情况在古文字裏也有例可循,"曷"字所从的"日",也是由兩個○位置移動訛變而成的。通過上面的討論,我們認爲楚簡"興"字的這種特殊寫法,可能是在"興"字下注加了"厷"字作爲聲符。"厷"古音在匣母蒸部,與"興"字音很近。

《上博館藏戰國楚竹書研究》頁390—392

○**李鋭**(2003)　《窮達以時》簡5:譽

裘錫圭先生按語指出:"訶"字下一字似不从"興",疑是"署"字,讀爲"遷"。西周銅器何尊與大盂鼎銘文中的"署"字皆从"8",此字亦从"8"。李零先生釋爲"尊"。黄人二先生指出:疑讀爲"舉"。但若釋爲"遷",於文義也可通外,更符合齊人魯人春秋褒貶之義……此字待考。池田知久先生釋爲"舉"。

上海簡發表後,李零先生指出:《窮達以時》簡6作"~而爲天子師",過去有種種猜測,現在看來還是"興"字,在簡文中是舉的意思。但李零先生又有意見認爲:此字從字形看,似可釋"興";從文義看,似應讀舉……舊作讀"尊",是取釋文之理解和裘按之釋字,帶有折衷性質。今按簡文"與",或加口,字同"譽",和"□"極易混淆。我們懷疑,這裏的"□"字是"舉"字的誤寫。周鳳五、何琳儀、魏宜輝、陳劍先生等皆在文章中釋之爲"興",周鳳五先生猶認爲當讀"聘"。

按:舊作即據簡文字形近包山簡159之"興",唯多一"口"形,隸定爲"譽"。認爲从興从口,口爲繁飾,或此字从"興"聲,讀爲"興"。《禮記·曲禮下》:"唯興之日,從新國之法。"鄭注:"興,謂起爲士大夫。"《淮南子·氾論》:"(百里奚)興於牛頷之下。"

《華學》6,頁86—87

○**陳劍**(2004)　按照趙鋒先生的意見調整後,第14、16兩簡連讀爲:

邦有巨雄,必先與之以爲朋,唯戁【14】其罷。如將有敗,雄是爲害……
【16】

先談所謂“罷”字。此字原作“”形。約在去年 11 月,聽裘錫圭師轉告
了趙鋒先生關於簡序調整的意見後,我重新研讀有關簡文,認爲此字實當改
釋爲“興”。理由是:第一,此字和《郭簡・窮達以時》篇第 5 簡“(舊釋“罷”
讀爲“遷”)而爲天子師”的所謂“罷”字,跟見於《郭店・五行》篇第 32 簡“
(罷—遷)於兄弟”的真正的“罷”字,字形上半有明顯不同;第二,如改釋爲
“興”,則兩處簡文皆可通;第三,《語叢四》此處上下文皆有韻,如改釋爲
“興”,“雄、朋、興”三字正好也押韻(皆蒸部字)。另外,《郭簡・性自命出》簡
18—19 云:“……禮作於情,【18】或之也,當事因方而制之……【19】”《郭
簡》原未將兩簡連讀。第 182 頁注[一一]引裘按説:“‘或’下一字疑是‘罷’
或‘興’字。”看來也應該以釋“興”的意見爲是。不久後《上海博物館藏戰國
楚竹書(一)》出版,其中《孔子詩論》第 28 簡裏的《詩經》篇名《青蠅》的“蠅”
字,上半所從聲符與此處討論的《郭簡》前兩例所謂“罷”字相近。“興”與
“蠅”音近可通,故簡文相當於今本《毛詩・青蠅》的“蠅”字從“興”省聲。已
有研究者據此指出,上舉《郭簡》前兩例所謂“罷”字應改釋爲“興”。另外《上
海博物館藏戰國楚竹書(一)・性情論》簡 10—11 證明了《郭簡・性自命出》
簡 18—19 確實應當連讀,其中與《郭簡・性自命出》相當之字上博簡整理者
已正確地徑釋爲“興”。這種寫法的“興”字前已見於包山楚簡 159 號,作人
名,舊釋爲“興”也是正確的。

《新出簡帛研究》頁 320

〇李零(2004)　(編按:上博四・曹沫 37)或罷或康　“罷”即“興”,有作、起之義;
“康”,有荒、廢之義,二者是相反的詞。

《上海博物館藏戰國楚竹書》(四)頁 267

〇濮茅左(2005)　(編按:上博五・季庚 21)“罷”,讀爲“興”。

《上海博物館藏戰國楚竹書》(五)頁 232

△按　“興、與”形近,關鍵的差別在於中間的部分,“興”字有兩筆向左右斜
出,而“與”字則沒有這種寫法。

【興臤】

〇李零(2002)　(編按:上博二・容成 13)興臤　即“興賢”。“興賢”是古書常見語
(如《周禮・地官・鄉大夫》“使民興賢,出使長之”)。《郭店楚墓竹簡・窮達

以時》第五簡“興而爲天子币（師）”，“興”字寫法與此同，用法也相同。此字並非“睪”字，也非“與”字。

《上海博物館藏戰國楚竹書》（二）頁 259

【興惪】

○**李朝遠**（2003）　（編按：上博三·中弓 11）“興惪”，振興道德，如《禮記·王制》所記：“明七教，以興民德。”

《上海博物館藏戰國楚竹書》（三）頁 271

要　𦥯

上博四·采風 2　上博四·昭王 7　璽彙 1584

睡虎地·日甲 22 背壹　睡虎地·日甲 73 背　上博一·性情 14

睡虎地·日甲 80 背

○**湯餘惠**（1986）　古文字中的“要”和“婁”形近，容易誤釋。其根本區別在臼旁中間那一部分：婁字从角已如前述；要字篆文作（段注本），“身中也。象人自臼之形”。《説文》古文作、魏石經古文作（《書·多方》），均不从角作。《汗簡》要作，與《説文》古文合，婁字作，省臼旁，角旁訛爲“自”，又作“”增𠘨飾，字上誤與“要”同，由上可見，西周銅器婁簋銘文的字釋“婁”是正確的，釋“要”者誤。戰國銅器長陵盉字也當是“婁”，釋“要”亦誤。西周早期銅器伯簋有字，舊均釋“要”，審視其形，字上从匎，字下所从不明，雖然不能確釋爲“婁”，但釋“要”肯定是不對的。

《古文字研究》15，頁 93

○**睡簡整理小組**（1990）　（編按：睡虎地·日甲 22 背壹）宇有要（腰），不窮必刑。

（編按：睡虎地·日甲 73 背）要（腰）有疵，臧（藏）東南反（坂）下。

（編按：睡虎地·日甲 80 背）疵在𤇾〈要〉。

《睡虎地秦墓竹簡》頁 210、219、220

○**劉信芳**（1997）　按：“要”字原報告釋“婁”，誤。睡虎地簡 874 反：“宇有要，不窮必刑。”整理小組釋“要”爲“腰”，亦誤。“要”讀如“標”，《淮南子·本經》：“標林槎櫨。”高誘注：“標林，柱類。”古代樹木以祭，包山楚簡稱“漸（建）木”，而祠神之建木必植於野外，故秦楚皆以宇有標爲不吉。睡虎地簡 874

反:"祠木臨宇,不吉。"是爲内證。

《第三届國際中國古文字學研討會論文集》頁 530

○**何琳儀**(1998)　要,从女从囟(細)从臼,會女子腰細可束之意。腰之初文。臼亦聲。要,影紐宵部;臼,見紐幽部。影、見喉牙通轉,幽宵旁轉。要爲臼之準聲首。《説文》:"𢁺,身中也。象人要自臼之形。从臼,交省聲。(於消切,又於笑切)。𢁼,古文要。"(三上二十二)

睡虎地簡要,讀腰。《集韻》:"要,《説文》身中也。象人要自臼之形。或从肉。"

《戰國古文字典》頁 282

○**濮茅左**(2001)　(編按:上博一·性情 14)昏訶要　訶,用作"歌",金文《余義鍾》"飲食訶舞"即"飲食歌舞",《蔡侯鍾》"自作訶鍾"即"自作歌鍾",《朝訶右庫戈》"朝訶"即"朝歌"。"要",讀作"謠",上古韻同屬宵部。《郭店楚墓竹簡·性自命出》作"謠"。

《上海博物館藏戰國楚竹書》(一)頁 240

△**按**　郭永秉(《談古文字中的"要"字和从"要"之字》,《古文字研究》28 輯 108—115 頁,中華書局 2010 年)對戰國文字中的"要"字有詳細考證。𢁺,睡簡整理小組以爲訛字,可商。郭文指出,戰國印文"要"字下或从交,《説文》小篆所从與"交"亦形近,惟下部又增一豎筆而與"糸"旁相似,此與"奚"字每寫作"𦃟"相類,楚簡"要、異"等字都有類似變化。

杲

杲　上博一·性情 14　　杲　郭店·老乙 15　　杲　郭店·性自 23　　杲　郭店·性自 63

○**荊門市博物館**(1998)　(編按:郭店·老乙 15)拔,簡文字形與《古文四聲韻》引《古老子》"拔"字同。

《郭店楚墓竹簡》頁 120

○**濮茅左**(2001)　杲(拔)。

《上海博物館藏戰國楚竹書》(一)頁 239

△**按**　此"拔"字之異體,从臼从木,會雙手拔木之意。

農　農　晨　辳

農　睡虎地·秦律 144

陶彙 3·1234

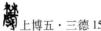上博五·三德 15

○**何琳儀**（1998）　農，甲骨文作 （乙五三二九）。从林从辰（蜄之初文），會持蜃質農具在林中耕作之意。金文作 （牆盤）。戰國文字承襲金文。《説文》：“農，耕也。从晨，囟聲。（奴冬切）。農，籒文農从林。農，古文農。農，亦古文農。”（三上二十二）

秦陶農，人名。

《戰國古文字典》頁 277

○**李零**（2005）　（編按：上博五·三德 15）敄蓑敬戒　“敄（務）蓑（農）”和“敬戒”下均有句讀，可見應是並列的觀念。

《上海博物館藏戰國楚竹書》（五）頁 299

△**按**　甲骨文“蓑”與“暮、昏”相對，乃早晨之“晨”的異體，非“農”字，見常正光《“辰爲商星”解——釋“辰、宸、蓑”》（《四川大學學報［哲學社會科學版］叢刊第十輯——古文字研究論文集》142—144 頁，1982 年）；裘錫圭《殷墟甲骨文考釋》（七篇）（《湖北大學學報》1990 年 1 期 54—55 頁）。西周金文始有用爲“農”之“蓑”字，作 （集成 10175 史牆盤），與《説文》古文作蓑者相同。戰國文字或又增益“又”旁作“蔓”。

爨　爨　爨　𤑳　𤓰

睡虎地·答問 192　　集粹　　集粹

睡虎地·日甲 112 正壹

包山 129　　包山 221　　天星觀

包山 76　　包山 218　　包山 220

○**陳佩芬**（2007）　醓盂不𤑳（編按：“盂”當爲“盇”，後同）　“醓”，《説文》所無，疑爲“醓”字，《字彙》：“肉醬也。”“盇”，《説文》所無，疑爲“盇”字，《字彙補》：“與盂同。”盤、盇之屬，盛肉醬器皿。“𤑳”，讀爲“爨”。《孟子·滕文公上》：“以釜甑爨。”趙岐注：“爨，炊也。”《玉篇》：“爨，竈也。”

《上海博物館藏戰國楚竹書》（六）頁 270

△按　上博六・平王 3"臭"字當讀爲"酸",見單育辰《占畢隨録》(簡帛網 2007 年 7 月 27 日)。

　　戰國文字"爨"字或作"臭、臾"等形,詳見卷十火部。秦簡"爨"或作 "褮",與戰國古文"鑄"字的異體"褮"形同實異。

【爨人】

○睡簡整理小組(1990)　(編按:睡虎地・答問 192)可(何)謂"爨人"? 古主爨竈 者殹(也)。

《睡虎地秦墓竹簡》頁 139

矕

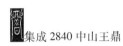集成 2840 中山王鼎　　集成 9735 中山王方壺　　璽彙 0744　　璽彙 1874

○丁佛言(1924)　嗇　古鉢長嗇,古稼穡字作此,从𦥑,與古文農同。

《説文古籀補補》卷 5,頁 9

○趙誠(1979)　矕,中山國王之名,上从𦥑,與鑄字所从之上部同。隸定之當 作臼。下部所從之箵,《中山鼎》均用作昔者之昔,故隸定爲昔。全字當作矕。 張政烺同志根據鑄字演變例疑爲錯字,今從之。與《中山壺》同時出土的一個 圓壺,昔者之昔篆作答,與《説文》、金文、甲骨文昔字同,與箵形異,存以待考。

《古文字研究》1,頁 247

○張政烺(1979)　矕,从興,箵聲。興旁,金文中常見,如爨鑄等字皆从之,象 兩手持一坩鍋傾覆之形。箵,矕鼎"昔者"四見,知確是昔字。矕不見於字書, 疑是錯之異體。

《古文字研究》1,頁 209

○李學勤、李零(1979)　方壺銘首行中山王名,字从鬲,昔聲。(中略)鬲的上半 从臼,已見春秋時的郳妣鬲(《三代》5,23),正始石經鬲字古文也這樣寫。

《考古學報》1979-2,頁 149

○商承祚(1982)　矕爲中山王名,其字从臼从箵,證以第六行及第十三行、四 十一行、六十七行的"箵者"一詞,知箵爲昔之異體字,古鉢有"長(張)矕"(《古 鉢文字徵》附録第 34 頁),亦用作人名。臼,金文鑄、矕字的部首从此,《康熙 字典》从臼、《新華字典》从臾,皆誤。《説文》卷三下有爨與矕(中从西,證以 金文,當爲百之誤寫)。《説文》對爨的解釋是:"臼象持甑,𠆎爲竈口,廾推林内火。”釋龘爲“血祭”。竈面上置炊具，把燒燃着的木柴推進竈口，形意切合，有的金文竈上放個鬲，更爲形象。鑄器離不開竈和化銅工具，使銅質熔化成水以後，進行鑄器。金文鑄字有作🔲形的，意謂用火把金（銅）熔化成水（🔲）以後，將之鑄成器皿，後用之爲聲符。從整個鑄字看，是很能説明問題的。但此字又或省金、省火、省🔲、省皿等等（見《金文編》）。有的火有火苗，表示火的大小不同。總之，不論省去哪一部分，鑄意仍然明顯，後來把它簡化整齊，省去上部的臼、鬲和下部的火、皿，寫爲🔲（僖兒鐘，過去名余義鐘），即小篆所本。

如上所述，知龘、龘、鑄其首部所從相同，皆作兩手捧鬲於竈面之上，則必須安置穩妥，不能傾斜。中山王取此字爲名的意思是要置國家於安泰，人民於樂土。古今人一樣，凡起名都有意義的，從遠古的人名來説，如商湯名履、周公名旦、周文王名昌、武王名發、成王名誦，例不勝舉，中山王譽自不例外。至於它的讀音呢？因爲此字從昔，有的讀“昔”音，有的讀“錯”音。《説文》：“🔲，乾肉也，從殘肉，日以晞之，與俎同意。🔲，籀文，從肉。”乾肉爲借意，因欲進一步證實爲乾肉，加入肉旁而爲腊，從此肯定其音義。昔字在甲骨文中作🔲🔲🔲。葉玉森《説契》謂“昔作🔲🔲，從〜〜〜〜，乃象洪水，即古巛（災）字。從日，古人殆不忘洪水之巛，故製昔字取義於洪水之日”。其説確切不易，後以水紋爲腊肉，相去何可道里計，從此本義晦而借義行，字形亦略有變易。由此看來，昔在此只取其聲，而非用其義以爲名者。昔可讀錯，《周禮·冬官考工記·弓人》：“老牛之角紾而昔。”注：“昔，讀爲文錯之錯，謂牛角拊理錯也。”以昔爲聲者有借、惜、措、齰、踖、趞、㫲、諎、錯、斮、醋、潐、厝，等等。然則昔字在此當讀今昔之昔，抑讀醋音呢？這兩音都有人讀，我認爲音義皆如措，即措置得當則安穩而不傾斜，使國家長治久安，正是中山王譽命名之意，昔字之義及其讀音，正與手持鬲之形意互相呼應。

《古文字研究》7，頁 44—45

○吳振武（1983）　　0744　長🔲·長譽。
　　　　1874　和🔲·和譽。

《古文字學論集》（初編）頁 494、501

○徐寶貴（1988）　　從🔲得聲諸字均見於《古璽彙編》姓名私璽。

　　　　🔲🔲，《古璽彙編》96 頁。釋文作“長□”。

　　　　🔲🔲，《古璽彙編》190 頁。釋文作“和□”。

　　　　🔲🔲，《古璽彙編》198 頁。釋文作“郾□”。

　　　　🔲🔲，《古璽彙編》104 頁。釋文作“長□”。

〓〓，《古璽彙編》120 頁。釋文作"肖〓"。

前四字釋文皆附以□，後一字隸作"瘤"而未注今字，皆以爲不可識之字。

按以上諸字所從之〓，〓是昔字。耤字甲骨文作〓（《前》六·一七·五），象人雙手持耒之柄，以足踏耒刺地之狀。本爲象形字。金文令鼎作〓，在象形字上加注〓（昔）聲，則爲形聲字了。弭伯簋耤字作〓，亦是加注昔聲的形聲字，其聲符昔訛變成〓形，此形與上古璽諸字所從之聲完全相同。昔字中山王圓壺"昔者先王娤悉百每"作〓，下從日。而中山王大鼎"昔者郾君子噲""昔者吳人併雩""昔者虖先考成王""昔者虖先祖趄王"昔字皆作〓，下所從之日訛變成田，則與上古璽文諸字所從之聲無異。秋字古璽作〓，從日。或作〓，所從之日訛作田，昔字從日而訛作從田與此同例。古璽文諸字所從之聲〓，〓爲昔字，實無可疑，此證明以上古璽文是以昔爲聲之字。

〓，本當作〓，殆由於印章章法的緣故而省去了右邊，此字與〓當是一字。〓字見於中山王大鼎、方壺銘文。此二器隹"十四年，中山王〓"之〓作〓，張政烺先生《中山王〓壺及鼎銘考釋》說："〓，從〓，〓聲。〓旁金文中常見，如〓鑄等字皆從之，象兩手持一坩鍋傾覆之形。〓，〓鼎'昔者'四見，知確是昔字。〓不見於字書，疑是錯之異體。"（編按：張政烺文篇題及引文中"〓"本作"〓"，"〓"本作"〓"。）張先生之說可從。丁佛言《說文古籀補補》說："〓，古鉢'長〓'，古稼穡字從此（編按："從此"當爲"作此"），從〓，與古文農同。"丁氏之說無疑是錯誤的。按古璽〓，〓與中山王大鼎、方壺之〓是一個字。古璽文〓所從之〓與中山王大鼎、方壺〓字所從之〓，和〓字都公簋作〓從〓，〓胅鼎作〓從〓，是同樣的例子。此古璽文是從〓昔聲的字，同樣可以釋爲錯字，在古璽文中亦爲人名。"長〓"讀爲"張錯"。

〓，此字亦見於中山王方壺，中山王方壺銘文"進賢〓能"的〓，與此璽文完全相同。〓所從之〓是昔字，此字可隸作"散"，散，《說文》所無，散與散非一字。張政烺先生《中山王〓壺及鼎銘考釋》說："散，從攴昔聲，讀爲措。《論語·爲政》孔氏本'舉直措諸枉則人服，舉枉措諸直則人不服'，鄭玄注：'措，猶投也。謂投之於枉者之上位。'"此古璽文與中山王方壺的散字爲一字。古字偏旁攴、手可通。如扶字《說文》篆文從手作〓，古文從攴作〓。揚字，《說文》篆文從手作〓，古文從攴作〓。播字，《說文》篆文從手作〓，古文從攴〓。均其例證，謂讀散爲措實爲可信。（中略）古璽此字爲人名。"郾散"即"燕措"。

○林素清（1990）　（編按：《古璽文編》）附錄五九下〓，又見中山王〓鼎，隸定爲豐。

《金祥恆教授逝世周年紀念論文集》頁 113

豐

豐彙 0743　　　豐彙 2993

○吳振武（1983）　0743 長豐·長豐。

2993 闅豐·鬭豐。

《古文字學論集》（初編）頁 494、511

革 革

集成 12110 鄂君啟車節　　　曾侯乙 45　　　郭店·唐虞 12　　　上博二·容成 51

上博三·周易 30　　　璽彙 3103　　　睡虎地·雜抄 16　　　龍崗 85

○朱德熙、裘錫圭（1973）　楚簡屢見帶字。信陽簡寫作：

　　　　　　鞊 202　　　　　　鞊 207

商承祚《戰國楚帛書述略》釋作緇，甚是。仰天湖簡亦有緇
字，寫作：

　　　　　　鞊 21　　　　　　鞊 22

所從之帶下端不從巾，當是訛變之體，據簡文文義，可以確
定是緇字，説詳下。

　　古代的帶有三類。一是革帶，以皮革製成，用以繫韠
佩。《禮記·玉藻》：“韠下廣二尺，上廣一尺，長三尺，其頸
五寸，肩，革帶，博二寸。”鄭注：“頸，中央。肩，兩角。皆上
接革帶以繫之。肩與革帶廣同。凡佩繫於革帶。”二是大
帶，以素、練、錦、縞等物剪裁而成，用以束衣。《國語·魯
語下》：“卿之内子爲大帶。”《玉藻》“大夫大帶四寸”，又同
篇“天子素帶，朱裏終辟”，鄭注：“謂大帶也。”又同篇：“大

圖六　圖七　圖八

夫素帶，辟垂。士練帶，率，下辟。居士錦帶，弟子縞帶。並紐約用組。”三是
緄帶，編織而成。《後漢書·南匈奴傳》“童子佩刀緄帶各一”，注：“緄，織成
帶也。”《説文》系部緄下云“織帶”，段玉裁據《後漢書》及《文選·七啟》注於

“織”字下補“成”字,並云:“凡不待翦裁者曰織成。”

　　以上三類帶均見於楚簡。仰天湖 21 號簡(圖六)云:

　　　　□繃又(有)玉鐶紅纁

繃上一字殘泐,從剩餘的幾筆看,當是革字。玉字或據摹本誤釋爲辛,但照片此字很清晰,形體和 8 號簡玉字全同,可以肯定是玉字。玉下一字當釋鐶。此字所從之衣亦省去上部,與信陽簡襃襄諸字同。由於所從的衣字垂筆上有一短橫,與羊字形似,所以有人曾誤釋爲鐸。

　　古代佩玉以組綬繫於革帶。《玉藻》:“天子佩白玉而玄組綬,公侯佩山玄玉而朱組綬,大夫佩水蒼玉而純組綬,世子佩瑜玉而綦組綬,士佩瓀玟而縕組綬,孔子佩象環五寸而綦組綬。”簡文“玉鐶紅纁”當讀爲“玉環紅組”,說的正是革帶上的玉佩,與典籍記載相符。

　　仰天湖 22 號簡(圖七):

　　　　一纁(組)繃

又信陽 202 簡(圖八):

　　　　一組帶,一革皆又鉤

　　“一革”承上文省帶字,當指革帶。

　　　　　　　　　　《朱德熙文集》5,頁 67—68,1999;原載《考古學報》1973-1

○**中大楚簡整理小組**(1977)　　(編按:信陽 2・2)一革,承上文省帶字,當指革帶,帶上有鉤,故云“皆有鉤”。

　　　　　　　　　　　　　　　　　　　　《戰國楚簡研究》2,頁 20

○**許學仁**(1983)　信陽 202 號簡　　車節 5・3　　戰國望山 M2　　戰國
望山 M2

　　《說文》(三下):“革,獸皮治去其毛曰革。革,更也。象古文革之形。”又:“革,古文革。從卅,卅年爲一世,而道更也。臼聲。”按:金文革字作(宰辟父段)、(康鼎)、(毛公鼎鞈字偏旁)、(柳鼎勒字偏旁),皆不從臼,古鉢作(丁佛言《說文古籀補》第三・頁 7 引),並象去皮張革之形,其支架也。而齊鎛氏鐘(三代卷一・頁 43)鎛字偏旁作,則許書古文所自昉,簡文作,節文作與古文形同,字亦象形。字非從卅臼聲,前賢辨析甚明,不煩贅舉。

　　信陽 202 號簡曰:“一組繃,一革,皆有鉤。”革指“革帶”,承上文而省“帶”字。仰天湖 21 號簡,原簡爲:

第一字已殘泐,然審其殘筆,當亦帶字;且長沙仰天湖二十五號木椁墓出土"皮帶"一,即其有力物證。則簡文可讀爲:"革帶又玉鐶紅繻。"

革帶,係采皮革製成,用以繫韠佩者。《禮記·玉藻》:"肩,革帶,博二寸。"鄭注:"頸中央。肩兩角。皆上接革帶以繫之。肩與革帶廣同。凡佩繫於革帶。"革帶有鈎,故《左傳·僖公二十四年》稱:"齊桓公置射鈎而使管仲相。"故信陽 202 號簡云"皆有鈎"是也。

節文:"母(毋)載金革黽箭。"金用鑄神兵利器,革以製甲鎧兜鍪。金革,猶言兵甲,《禮記·中庸》:"袵金革死而不厭,北方之强也。"節文所載"金革黽箭",皆軍用之資,故禁私運以防謀叛。

　　　　　　　　　　　　　　　　　　　　　　《中國文字》新 7,頁 91—92

○**郭若愚**(1994)　（編按:信陽 2·2）一革

革,《說文》:"獸皮治去其毛,革更之象。"此處謂"革帶",省"帶"字。《禮記·玉藻》:"革帶博二寸。"注:"凡佩繫於革帶。"

　　　　　　　　　　　　　　　　　　　　　　《戰國楚簡文字編》頁 65

【革工】

○**王輝**(2002)　蕭春源《珍秦齋藏印·秦印篇》19:"革工。"此應爲治皮革之工師。《周禮·冬官·考工記》:"攻皮之工五……攻皮之工:函、鮑、韗、韋、裘。"《函人》:"凡爲甲,必先爲容,然後製革。"《說文》:"革,獸皮治去其毛。"《周禮·春官·掌皮》:"掌秋斂皮,冬斂革,春獻之。"清何焯《義門讀書記·孟子上》:"古者甲以革爲之,故函人爲攻皮之工。"《詩·召南·羔羊》:"羔羊之革,素絲五緎。"毛傳:"革猶皮也。"革與皮析言有別,通言無別,故函人、鮑人、韗人、韋人、裘氏都是治革之工。秦時甲、鼓、盾、冑、裘等所需甚多,故設革工之職以主其事。

　　　　　　　　　　　　　　　　　　　　　　《陝西歷史博物館館刊》9,頁 35

【革車】

○**李零**(2002)　（編按:上博二·容成51）革車　戰車。《孫子·作戰》提到"革車千乘"。

　　　　　　　　　　　　　　　　　　《上海博物館藏戰國楚竹書》(二)頁 290

【革圓】

○**中大楚簡整理小組**(1977)　（編按:五里牌 17）簡首略損。第二字作𩇢,信陽長臺關楚墓遣策"二方監,二𩇢監"連舉;隨葬品物中確有兩個陶方鑑和兩個陶圓鑑,故知此字爲圓。"革圓一",當爲革製的圓橐一件。江陵望山二號楚墓遣策第 8 簡有"二葦𩇢",則爲兩件葦草編織成的圓橐。《長沙發掘報告》第 59

頁記載,此墓出土"皮囊一件(406:049):黑褐色已朽縮成一團,看不出原來的形狀。體積約 12×16,厚 0.2 釐米。在邊和角的地方,有針線孔,知道原來曾經縫合過。也可能是革囊一類的東西,和上面的皮帶均出土在内槨外面的東北角即原來放置兵器的地方。"

《戰國楚簡研究》4,頁 25

○**胡雅麗**(1991)　(編按:包山 264)"二革圜"。圜,《説文》:"回也。""回,轉也。從口,中象回轉之形。"《説文解字注》:"外爲大口,内爲小口,皆回轉之形也,如天體在外左旋,日月五星在内右旋是也。"故圜有旋轉之意。"二革圜"即二件皮革製的可以旋轉的器物。二號墓出土的二件夾紵皮革胎漆奩 2:414、2:432(見報告圖版四三,3、4),均由器身與器蓋套合而成,兩者可以互爲旋轉,應是遣策所謂之革圜。

《包山楚墓》頁 518

【革言】

○**濮茅左**(2003)　九晶:征凶,革言晶敄,又孚"革言",革之言論。"晶",即"三"。"敄",字待考,讀爲"就"。《説文・京部》:"就,高也,從京、尤。尤,異於凡也。"徐鍇曰:"尤,異也,尤高人所就之處也,語曰:'就之如日',日高人就之,會意。"《廣韻》:"就,成也,迎也。"意躁於變革,以是而行,則有凶,當審察革之言論慎重、再三,能爲衆所信。《象》曰:"'革言三就',又何之矣。"

　　本句馬王堆漢墓帛書《周易》作"九三:正凶,貞厲,勒言三就,有復";今本《周易》作"九三:征凶,貞厲,革言三就,有孚"。

《上海博物館藏戰國楚竹書》(三) 頁 200

【革鞁】

○**朱德熙、裘錫圭、李家浩**(1995)　(編按:望山 2・32)此"鞁"字似不能讀爲"皮"。《説文》"鞁,車駕具也",不知是否簡文所用之義。

《望山楚簡》頁 122

【革繃】

○**朱德熙、裘錫圭**(1973)　見"革"字條。

○**中大楚簡整理小組**(1977)　(編按:望山 2・49)革繃、綽繃,亦見信陽長臺關竹簡。繃即帶。革帶乃以皮革製成,用以繫韠佩。《禮記・玉藻》:"韠下廣二尺、上廣一尺、長三尺,其頸五寸、肩。革帶,博二寸。"鄭注:"頸,中央。肩,兩角。皆上接革帶以繫之。肩與革帶廣同。凡佩繫於革帶。"

《戰國楚簡研究》3,頁 41

【革鞻】

○劉信芳（1997）　見本卷本部"鞻"字條。

鞄　鞄　䩵

陶彙 3・1089

鞄上博五・競建 6　　鞄上博五・鮑叔 7　　鞄璽彙 3544　　䩵陶彙 3・405

○羅福頤等（1981）　从匋，與齊侯鎛書法近。于省吾釋䩵。

《古璽文編》頁 62

○高明、葛英會（1991）　鞄　此从革缶聲，古缶包同音，乃異體鞄字。

《古陶文字徵》頁 262

○何琳儀（1998）　（編按：陶彙 3・405）䩵，从革，缶聲。疑鞄之省文。《集韻》：
"鞄，鼓也。或从匸。"

齊璽䩵，讀陶。姓氏。見窑字（編按：彼處云陶氏爲"陶唐氏之後"）。齊陶䩵，讀
陶。《周禮・考工記・鞻人》："鞻人爲皋陶。"注："鞠者以皋陶名官也。鞠即
陶字，从革。"

《戰國古文字典》頁 248

○湯餘惠等（2001）　从缶（陶省）聲。

《戰國文字編》頁 168

△按　《説文》："鞄，柔革工也……《周禮》曰：'柔皮之工鮑氏。'鞄即鮑也。"
戰國文字有"鞄"字而無"鮑"字，《上海博物館藏戰國楚竹書》（六）中《競建內
之》和《鮑叔牙與隰朋之諫》兩篇中鮑叔牙之"鮑"均作"䩵（鞄）"。

春秋金文用作姓氏之"鞄"或作"鞏"，見鞏子鼎、鐎鎛諸器銘，或又作"鞏"，
見鞏氏鐘。戰國文字作"䩵"者乃以較簡之聲旁"缶"替換較繁之聲旁"陶"。

鞏　䩫　緮　紴

緮上博三・周易 5

紴信陽 2・12　　紴信陽 2・12

○何琳儀（1998）　紴，从糸，反聲。信陽簡紴，讀鞏。《戰國策・趙策》一"著

之盤盂"，帛書本盤作飯。《易・漸》"鴻漸于磐"，帛書本磐作坂。均其佐證。《禮記・内則》："男鞶革，女鞶絲。"注："小囊盛帨巾者。"

《戰國古文字典》頁 980

○濮茅左（2003）　"緒"，字從糸從田，半聲。"半"，即"料"之省，《説文・斗部》："料，量物分半也，從斗、半，半亦聲。""緒縛"，讀爲"鞶帶"，"緒""鞶"音通，《説文・革部》："鞶，大帶也。《易》曰：'或錫之鞶帶。'男子帶鞶，婦人帶絲。從革，般聲。"

《上海博物館藏戰國楚竹書》（三）頁 144

○何琳儀（2006）　"緒"，帛本作"般"，今本作"鞶"，韻母同屬元部。"緒"，原篆右下從"田"，右上從"伞"（"半"之異文），讀若"半"，疑"絆"之異文。

《安大史學》2，頁 6

○李零（2006）　鞶，簡文從糸，畔聲，半在田上，其實就是畔字，濮注説，此字從糸從田半聲，不妥。

《中國歷史文物》2006-4，頁 56

○李守奎、曲冰、孫偉龍（2007）　今本作"鞶"，從糸，畓（畔）聲，疑即楚之"鞶"字。

《上海博物館藏戰國楚竹書（一—五）文字編》頁 136

【緒縛】

○濮茅左（2003）　"緒"，字從糸從田，半聲。"半"，即"料"之省，《説文・斗部》："料，量物分半也，從斗、半，半亦聲。""緒縛"，讀爲"鞶帶"，"緒""鞶"音通，《説文・革部》："鞶，大帶也。《易》曰：'或錫之鞶帶。'男子帶鞶，婦人帶絲。從革，般聲。""縛"，"帶"之繁文，（中略）鞶帶，寵異之服，且上之賜必以禮，下之受必以功。《象》曰："以訟受服，亦不足敬也。"

　　本句馬王堆漢墓帛書《周易》作"尚九：或賜之般帶"；今本《周易》作"上九：或錫之鞶帶"。

《上海博物館藏戰國楚竹書》（三）頁 144

【𦂅襄】

○朱德熙、裘錫圭（1973）　信陽 2-12 號簡（圖五）（編按：圖略）云：

　　　　……緅與素綻之𦂅襄廿＝（二十）又一，緅與青綻之𦂅襄十……

簡文𦂅下一字從𣪊。鄂君啟節和鈢印文字𣪊字作以下諸形：

舟節　　車節　　璽1・25

與簡文形體基本上相同。✓爲衣字之省。信陽簡衣旁有時省去上端,已見本文前篇。此字當釋爲从衣𣪘聲的襃。

古籍無紴字,反與般韻同聲近,襃與囊皆从𣪘聲,簡文紴襃當讀爲鞶囊。《禮記・内則》"婦事舅姑,如事父母……右佩箴、管、線、纊,施鞶襃",鄭注:"鞶,小囊也。"《正義》:"熊氏云襃刺也,以針刺襃而爲鞶囊,故云鞶襃也。"

鞶或用絲製,或用革製,所以字亦作鞶。《禮記・内則》"男鞶革,女鞶絲",鄭注:"鞶小囊盛帨巾者,男用韋,女用繒,有飾緣之,則是鞶裂與。"又《儀禮・士昏禮》"父送女……庶母及門内施鞶",鄭注云"鞶,鞶囊也。男鞶革,女鞶絲,可以盛帨巾之屬"。鞶囊的名稱一直到漢晉還保存着。《晉書・輿服志》:"諸假印綬官不給鞶囊者,得自具作。但假印不假綬者不得佩綬鞶。漢世著鞶囊者側在腰閒,或謂之傍囊,或謂之綬囊,然則以紫囊盛綬也。"這種盛印綬的鞶囊與盛帨巾等物的鞶囊,形制當相去不遠[注]。

[原注]鞶字或訓爲帶。《説文》革部"鞶,大帶也"。《左傳・桓公二年》:"藻率鞞鞛,鞶厲游纓,昭其數也。"杜注:"鞶,紳帶也,一名大帶。"又《易・訟卦》"或錫之鞶帶",虞翻注:"鞶帶,大帶。"但賈公彥《周禮・春官・巾車》疏引鄭玄《易》注云"鞶帶爲佩鞶之帶",仍以鞶爲佩囊。(《周禮・春官・巾車》"樊纓十有再就",鄭注:"樊讀如鞶帶之鞶,謂今馬大帶也。"按樊當讀爲繁。鄭不必讀爲鞶而自破其釋鞶爲囊之説。孫詒讓《周禮正義》有説,可參看。)

　　　　　　　　《朱德熙文集》5,頁 66、71,1999;原載《考古學報》1973-1

〇許學仁(1983)　信陽二一二號簡有"紴襃"一詞,字作𥿭𧝑。以形言之,所从之"𠂆"與契文金文"反"字同,而楚文字中从反得聲之字,如返作𢓬(鄂君啟車節 4・15;舟節 4・13);坂作𡊏(仰天湖 16・10);鈑作𨭆(仰天湖 16・10),反皆作"𠂆"與簡文無異。

然則从糸反聲之"紴",古籍未見,不知何物。推尋古音,反、般於《六書音均表》並隸第十四部,且"般"字古文从𠂇,疑古文般从反得聲,音既相近,形且相應,自得通假。簡文"鈑"(編按:當爲"紴")當讀爲鞶,紴襃即《禮記・内則》之"鞶囊"。《禮記・内則》曰"施鞶襃",鄭注:"鞶,小囊也。"疏:"熊氏云:'襃,刺也,以針刺襃,而爲鞶囊,故云鞶襃也。'"鞶或用革製,字亦作鞶。《禮記・内則》:"男鞶革,女鞶糸。"鄭注:"鞶,小囊盛帨巾者,男用韋,女用繒,有飾緣之,則是鞶烈與。"又《儀禮・士昏禮》:"庶母及門内,施鞶。"鄭注:"鞶,革囊也,男鞶革,女鞶絲,所以盛帨巾之屬。"疏:"鄭云鞶襃言施,明用箴管線纊有之,是鞶以盛帨巾之屬。"

信陽二一二號簡云:"緅與素綌之紴襃廿又一,緅與青綌之紴襃十。"知當糸製之縶囊。

《中國文字》新 7,頁 140—141

鞏 鞏

故宮 424　珍秦 143　秦代印風 135

○**黃德寬等**(2007)　《説文》:"鞏,以韋束也。《易》曰,鞏用黃牛之革。从革,巩聲。"

秦印鞏,讀巩,姓氏。見《潛夫論》。

《古文字譜系疏證》頁 1134

鞮 鞮 緹

十鐘

信陽 2·2　　包山 259

○**朱德熙、裘錫圭**(1972)　緹屨似乎也可以讀作鞮屨。古代的鞮屨可能是"絲麻韋草"皆可爲之的,簡文的緹也許就是鞮的異體,跟訓帛丹黃色的緹只是偶然同形,後漢《秦嘉與婦書》記送致其妻之物,有"虎龍組緹履一緉"。緹履也有可能應該讀爲鞮屨。

《朱德熙文集》5,頁 39,1999;原載《考古學報》1972-1

○**劉彬徽、彭浩、胡雅麗、劉祖信**(1991)　緹婁,鞮屨。

《包山楚簡》頁 61

○**何琳儀**(1998)　《説文》:"緹,帛丹黃色。从糸,是聲。祇,緹或从氏。"楚簡緹,丹黃色。

《戰國古文字典》頁 752

○**劉信芳**(2003)　信陽簡 2-02:"一兩漆緹縷。"緹縷讀爲"鞮屨",《説文》:"鞮,革履也。胡人履連脛,謂之絡鞮。"《周禮·春官》有"鞮鞻氏",鄭玄《注》:"鞻讀如屨。鞮屨,四夷舞者所扉也。"《禮記·曲禮下》:"鞮屨素簚。"鄭玄《注》:"鞮屨,無絢之菲也。"

《包山楚簡解詁》頁 272

△按　楚簡"緹婁、緹縷、緹屨"並當讀爲"鞮屨"。"緹、鞮"一字之異體,"糸、革"爲義近形旁。戰國文字从革之字多有从糸之異體。緹,亦見於《説文》糸部,訓爲"帛丹黄色",與作爲"鞮"字異體之"緹"是一對同形字。

鞠 鞠

陶彙9・83

○高明、葛英會(1991)　鞠。

《古陶文字徵》頁262

○何琳儀(1998)　《説文》:"鞠,蹋鞠也。从革,匊聲。䞷,鞠或从䈄。"

　　秦陶鞠,姓氏。后稷孫鞠陶,生而有文在手曰鞠,因以名之。支裔氏焉。見《元和姓纂》。

《戰國古文字典》頁240

鞀 鞈 鼗

包山95

△按　《説文》:"鞀,鞀或从兆,鼗,鞀或从鼓从兆,磬,籀文鞀从殸召。"戰國文字"鞀"或从壴从兆作"鼗","壴"即鼓之象形初文,構形與"鼓"字略同,見卷五壴部。

鞞 鞞

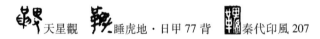天星觀　　睡虎地・日甲77背　　秦代印風207

○何琳儀(1998)　《説文》:"鞞,刀室也。从革,卑聲。"

　　(編按:曾侯乙73)隨縣簡鞞,刀鞘。

《戰國古文字典》頁773

△按　秦印"鞞"字見下揭秦印:

湯餘惠等（2001）以“革、台”二旁爲一字，疑誤。

【鞞鞞】

○睡簡整理小組（1990）　鞞鞞，讀爲裨裨，矮小的樣子。《説文》：“裨，短人立
裨裨貌。”《周禮・典同》注作罷，《方言》作㦃，《廣雅・釋詁二》作椑。

《睡虎地秦墓竹簡》頁 220

靾　靾　鞶

曾侯乙 13　　曾侯乙 32　　曾侯乙 75

○滕壬生（1995）　鞶。

《楚系簡帛文字編》頁 217

○劉信芳（1997）　包山簡二六八、二七一：“紫靾鞅。”二七三：“曟靾、鞅。”
“鞅”或作“鞍”，牘：“紫靾、鞍。”“靾”或作“緄”，簡二七七：“一緄，組綏。”
　　按“靾、緄”曾侯乙簡作“顯”或“韅”，簡七・一〇：“顯、鞍。”例多見。由
於文例可對照，知“靾”與“顯”（韅）同。《爾雅・釋器》：“輿革前謂之靾。”

《中國文字》新 22，頁 172—173

○李零（1999）　《曾》502 頁注説此字“與‘般’相似，而實非一字”，“爲了書
寫方便，暫且將此字隸定作‘鞶’”。其實此字所從𠬝即㞋字，字應同於古書表
示“輿前革”的“靾”字。

《出土文獻研究》5，頁 143

鞁　靾　鞁

曾侯乙 35

望山 2・23　　上博二・容成 22

○中大楚簡整理小組（1977）　(編按：望山 2・32) 鞁，駕車被馬之飾。《國語・晉
語》韋注：“鞁，靷也。”即約於馬胸之革帶，以引車軸使車前行者也。

《戰國楚簡研究》3，頁 49

○裘錫圭、李家浩（1989）　鞁彎。

《曾侯乙墓》頁 492

○劉彬徽、彭浩、胡雅麗、劉祖信（1991） （編按：包山 259“一魚鞁之纕”）鞁，讀如皮。

《包山楚簡》頁 61

○朱德熙、裘錫圭、李家浩（1995） 見本部“革”字【革鞁】條。

○何琳儀（1998） 《説文》：“鞁，車駕具也。从革，皮聲。”
望山簡“魚鞁”，讀“魚皮”。

《戰國古文字典》頁 887

△按　楚簡“鞁”字或从韋作“鞁”，見卷五韋部。

鑾　纙　靬

曾侯乙 80　　鑾 睡虎地・答問 179

靬 包山 271　　靬 包山 273

○裘錫圭、李家浩（1989） 鑾（鞥）。

《曾侯乙墓》頁 494

○睡簡整理小組（1990） 《左傳》僖公二十八年：“鞥（音顯）靷鞅靽（音半）。”
注：“在背曰鞥，在胸曰靷，在腹曰鞅，在後曰靽。”《説文》等書解釋略有不同，
但均指駕車馬的皮件。

《睡虎地秦墓竹簡》頁 135

○劉彬徽、彭浩、胡雅麗、劉祖信（1991） 靬。

《包山楚簡》頁 38、39

○劉信芳（1997） “靬”與“顯”（鞥）同。

《中國文字》新 22，頁 173

○何琳儀（1998） 《説文》：“靬，繫牛脛也。从革，見聲。”
包山簡靬，見《説文》。

《戰國古文字典》頁 997

○李零（1999） 從文例（如第 3 例“～鞅”）和字音看（“見”是匣部［編按：“匣部”
爲“匣母”之誤］元部字，“鞥”是曉母元部字），應同“鞥”字。曾侯乙墓遣册作“鞴
鞅”。

《出土文獻研究》5，頁 143

靳 鞹 鞹

睡虎地・爲吏 32 叁　　集粹　集粹

包山牘 1　包山 186

○**湯餘惠**（1993）　271　273 牘 1　原分別釋爲革鞹、革堇和革鞹。今按从革、从韋義近可通作，當是一字之異，三簡寫法不一，實指一種東西。注 642：“鞹，讀作巾。《周禮・春官・巾車》注：‘巾，猶衣也。’珠叢云：‘以衣披車謂之巾。’”是革鞹爲車衣。考車衣載籍稱“巾車”而無稱“革巾”或“革鞹”者，知此説難以信據。古从堇聲之字多與从斤聲者通（並屬文部），《説文》赾，“讀若堇”，《吕氏春秋・季秋紀》高誘注：“墐，讀若斤斧之斤。”皆其例。故簡文之鞹（鞹）有可能就是古靳字，《説文》：“靳，當膺也。”小徐注：“靳，固也，靳制其行也。”靳爲馬胸前之皮件，靳制馬匹行進之物。上引各簡牘皆記車馬器具，釋之爲靳適合。

《考古與文物》1993-2，頁 78

○**劉信芳**（1997）　包山簡二七一：“靷牛之革鞹。”“鞹”字牘文作“鞹”，字讀如“靳”。湯餘惠云：“字从堇得聲，應是‘靳’之古文。”其説是也。《説文》赾，“讀若堇”。《左傳》定公九年：“吾從子如驂之靳。”《説文》：“靳，當膺也。”

《中國文字》新 22，頁 170

○**何琳儀**（1998）　鞹，从革，堇聲。

包山簡鞹，或作鞹，讀靳。見鞹字（編按：彼處云“讀靳”）。

《戰國古文字典》頁 1323

鞱 鞱 鞱

璽彙 3073

○**朱德熙**（1973）　見卷十四自部“自”字條。

○**羅福頤等**（1981）　鞱。

《古璽文編》頁 63

○**吳振武**（1983）　3073 鞱勳・鞱募。

《古文字學論集》（初編）頁 511

靷 靷　靾 紳 綍

靷 曾侯乙 98　　靾 睡虎地·答問 179

曾侯乙 3　　　曾侯乙 61　　　望山 2·6　　　包山 271

上博一·詩論 2　　　天星觀

曾侯乙 35　　　曾侯乙 43

○**裘錫圭**(1979)　　簡文所記車馬具中有（綍）。《説文·革部》有"靷"字，訓爲"引軸"，籀文作靾。王國維在《史籀篇疏證》裏懷疑此字籀文右旁本从《説文·又部》訓"引也"的"曳"字（"申""引"音亦相近），但苦無確證，最後説"未可專輒定之也"。簡文"綍"字應該釋爲"紃"，讀爲"靷"。這個字可以證明"靷"字籀文的右旁確是"曳"的繁體，王氏之説可以成爲定論了。

《古文字論集》頁 415,1992;原載《文物》1979-7

○**湯餘惠**(1983)　　簡文"紳"或釋爲"絹"，我們仔細審覈了簡文照片，確是寫作"紳"，右偏旁與楚鄂陵君銅器銘文王子申字及長沙帛書"神"字所从申旁寫法略同，無疑也是"申"字。這種寫法不僅見於六國文字，還見於時代較早的西周、春秋金文，甚至可以在商代甲骨文中找到淵源，武丁時期卜辭有"申"字，其結構乃是在"申"即平常的"申"字上下附增二"口"形而造成的"申"字繁構。鑒於甲骨文的"申"晚周陶文或作"申"，可知"申"亦當是"申"（楚子簠）、"申"（郏陵君鑑）、"申"（長沙帛書）等字的初形。兩者應是並行的文字簡化現象。甲骨文這個字，島邦男編《殷墟卜辭綜類》釋爲"雷"，於字形不類。我們認爲這個字應是"申"，亦即"電"字初文的繁構。此外，古璽文有"申"字，《古璽文編》當作不釋的字列入附録（第 90 頁 1258），其實這個字釋"申"也是不成問題的。春秋戰國時代，此種寫法多見於楚，可以作爲鑒定器物國別的文字上的依據。

《古文字論集》1,頁 67

○**裘錫圭、李家浩**(1989)　　紳，簡文也寫作"綍"，所从右旁"曳"即《説文·又部》訓爲"引"的"叟"，"叟"以古文"申"爲聲旁。爲了書寫方便，釋文一律寫作"紳"。98 號簡"紳"作"靾"。此字見於雲夢睡虎地秦簡，用爲"靷"（《睡虎地秦墓竹簡》228 頁）。簡文"紳"和"靾"當讀爲"靷"。《説文·革部》："靷，所以引軸者也。从革，引聲。靾，籀文靷。"（據段注本）王國維在《史籀篇疏證》中懷疑籀文"靷"的右旁本從"㬥"。簡文用爲"靷"的"紳"字或從"叟"，可證籀文"靷"的右旁確實是"㬥"的繁文。

《曾侯乙墓》頁 506

○**睡簡整理小組**(1990)　《左傳》僖公二十八年："韅(音顯)靷鞅靽(音半)。"注："在背曰韅，在胸曰靷，在腹曰鞅，在後曰靽。"《説文》等書解釋略有不同，但均指駕車馬的皮件。

《睡虎地秦墓竹簡》頁 135

○**裘錫圭、李家浩**(1992)　曾侯乙墓竹簡文字中有"緵"字，也作"紳"或"𦃞"。這是"靷"的異體，跟紳束之"紳"無關。

《古文字論集》頁 427

○**朱德熙、裘錫圭、李家浩**(1995)　曾侯乙墓竹簡所記車馬器中屢見"鞭緵"之語。"緵"從"糸""㬥"聲。"㬥"《説文》訓爲"引"，從"又""㫄"聲。㫄古文"申"。《説文》"靷"字籀文作𩏂，王國維疑右旁即㬥字之訛(見《史籀篇疏證》)，其説可信。簡文"紳"及曾侯乙墓竹簡之"緵"，並當讀爲"靷"。《説文・革部》："靷，引軸也。"

《望山楚簡》頁 117

○**何琳儀**(1998)　《説文》："紳，大帶也。從糸，申聲。"

楚系簡紳，讀"靷"。

緵，從糸，叟聲。疑紳之繁文。《説文》："𦥑，引也。從又，㫄聲。𦥑，古文申。"隨縣簡緵，讀靷。

《戰國古文字典》頁 1121

○**劉信芳**(2003)　《説文》解"紳"爲"大帶"，睡虎地秦簡作"𦃞"，用如"靷"。曾侯乙簡屢見"紳"，多與"鞍"連帶述及，據文意應是鞍上的革帶。解爲"靷"，則是引軸之革帶，亦可通。

《包山楚簡解詁》頁 304

○**李守奎**(2003)　靷　卷十三之紳，簡文中皆讀"靷"。亦疑爲"靷"之異體。

紳與緵在簡文中讀爲靷。疑即靷之楚寫，與從田之紳不是一字。

《楚文字編》頁 166、732

鞼　鞼

璽彙 3634

○**羅福頤等**（1981）　轉。

《古璽文編》頁 63

○**何琳儀**（1998）　《說文》：“轉，車下索也。从車，專聲。”
　　齊璽轉，疑讀博，姓氏。以地爲氏。見《古今姓氏書辯證》。

《戰國古文字典》頁 599

鞌 鞌 鞍

曾侯乙 115

○**裘錫圭、李家浩**（1989）　鞍。

《曾侯乙墓》頁 496

○**劉釗**（1998）　簡 271 曰“鼾齈之鞁鞍”。鞍字亦見於曾侯乙墓竹簡。裘錫
圭、李家浩先生認爲“鞍”應讀爲“鞌”。

《東方文化》1998-1、2，頁 68

○**何琳儀**（1998）　鞍，从韋，安聲。疑鞌之異體。《說文》：“鞌，馬鞁具也。从
革，安聲。”
　　天星觀簡鞍，讀鞌，亦作鞍。

《戰國古文字典》頁 966

鞈 鞈 鞈

鞈詛楚文

○**何琳儀**（1998）　鞈，从革，合聲。疑鞈之繁文，鼛之異文。《說文》：“鼛，鼓
聲也。从鼓，合聲。鞈，古文鼛，从革。”
　　詛楚文鞈，讀鞈。《龍龕手鑒》：“鞈，兵器。”（《集韻》：“鞈，刀靶。”）

《戰國古文字典》頁 1388

△按　《說文》又以鞈爲“鼛”之古文，卷五鼓部重見。

【鞈輪】

○**方以智**（1666）　鞈輪，即鞹軒也。《詛楚文》“鞈輪棧輿”，釋作鞹軒，即
《詩》之所謂鞹鞃也，以皮飾車内。

《通雅·器用》卷 35，頁 14

○**郭沫若**(1947) 鞈輪與棧輿爲對文,可知必爲一物。按此即所謂鞅沙或韃
鞥。《説文》:"鞮,革履也。胡人履連脛謂之'絡鞮'(絡原爲絡)。"又云:"鞅
鞮,鞅沙也。"《廣雅》作韃鞥,云:"韃鞥、鞍鞾,靸履也。"履,或作鞾(今作靴)。
《玉篇》作韃沙,韃字注云:"韃沙,履也。"《急就篇》作"靸鞮",與"卬角、褐韈
巾"等連文。是知絡鞮、鞅鞮、鞅沙、韃鞥、靸履、靸鞮實爲一事。其語源未明,
唯鞍鞾一名蓋即希臘語 Sandal 之對譯爲無疑。《詛楚文》之"鞈輪",鞈字從革
畣聲,畣乃古荅字(見《集韻》)。是鞈爲絡之異,與絡、鞅、韃、靸等音相近。輪
從革俞聲,當讀如輸。俞字古讀如朱,《山海經》離朱每作離俞即其證。後失
其發聲,乃讀如余,荅輪之音與鞅沙、韃鞥等正自相合。惠文王與趙武靈王同
時,即此可知於時秦亦已采用胡服。

《詛楚文考釋》頁 18—19

△按 李家浩(《關於〈詛楚文〉"鞈輪"的釋讀》,《安徽大學漢語言文字研究
叢書·李家浩卷》300—312 頁,安徽大學出版社 2013 年;原載《中國語言學》
1,2008 年)認爲"鞈輪"就是"襠褕",並有詳論。

勒 靮 鞊

石鼓文·田車　曾侯乙 66

曾侯乙 64

○**裘錫圭、李家浩**(1989) 據 66 號、80 號等簡的相類文句,"鞊"字應是"勒"
的異體。

《曾侯乙墓》頁 518

○**何琳儀**(1998) 《説文》:"勒,馬頭絡銜也。从革,力聲。"或作鞊形,加口
形繁化。勒之繁文鞊與《龍龕手鑒》"鞊音加"同形,並非一字。

戰國文字勒,馬銜。

《戰國古文字典》頁 86

韇 鞼 韗

曾侯乙 123

○**裘錫圭、李家浩**(1989) "韗"字所从"韋"旁見於戰國印文(《古璽文編》

486 頁），从“牛”“告”（《説文》古文“睦”）聲，朱德熙先生認爲即“犢”字（《古文字考釋四篇·釋犢》，《古文字研究》第八輯）。簡文“韇”从“革”“犢”聲，當是“韇”字的異體。153 號簡“櫝”字右旁原文亦作“章”。

《曾侯乙墓》頁 523

○何琳儀（1998）　韇，从革，韋聲，疑韇之異文。《説文》：“韇，弓矢韇也。从革，賣聲。”

　　隨縣簡韇，讀韇。

《戰國古文字典》頁 402

鞭　鞭　夌　支

夌 璽彙 2950　夌 璽彙 0399　夌 珍秦 2　夌 陶彙 4·62

夌 望山 2·8　夌 郭店·老丙 8　夌 郭店·尊德 14　夌 上博五·君子 7

○羅福頤（1930）　鞭。

《古璽文字徵》卷 3，頁 4

○顧廷龍（1936）　鞭　《説文》古文作夌。

《古匋文舂録》卷 3，頁 2

○高明、葛英會（1991）　鞭　《説文》鞭古文作夌。

《古陶文字徵》頁 262

○裘錫圭（1990）　見本卷ナ部“ナ”字【ナ夌司寇】條。

○施謝捷（1996）　《陶彙》4.63 著録一易縣出土的陶文戳印（如圖三），印中

圖三　　　　　　圖四

“缶（陶）攻（工）”下一字夌，《陶徵》摹録作夌，釋爲古文“鞭”字（262 頁）；又摹録作夌，作爲不識字歸在附録（349 頁）。《陶字》則完全沿襲了《陶徵》的處理方式，並對夌字形進行了相對的修改（112 頁、675 頁）。

　　對照拓本，《陶徵》把夌這一陶工名字分別摹作夌、夌二形，嚴重失真，不同程度地將陶器表面的紋路看成此字的筆畫。而且據摹録失真之形，造成夌一字被作爲兩不同的字分列重出，很不應該。《陶字》編者沿襲《陶徵》之誤而不覺，反而還對原形分別進行相應的修改，更不妥當。實際上，若對圖三戳印作

稍微仔細的觀察分辨,再剔除其間屬於陶器表面紋路的部分,陶工名字的構形還是不難得到確定的,可以摹作。《陶字》"鞭"欄另收有"廷3.2"一例,作形(112頁),將跟圖三戳印中進行比較,二者所據資料的原物應是相同的。

《陶彙》4.62著録一易縣出土的陶文戳印(如圖四),内容與前引圖三戳印相同,但從其印文形態看,應是兩不同的印所打印的。儘管如此,圖四戳印中陶工名字的結構跟圖三戳印的相同,而且戰國古璽中"鞭"字常見,或作:

《璽彙》0399　《璽彙》1727　《璽彙》5571"脸"

其中、二例結構亦與相同,例與《説文》"鞭"的古文相同。因此,原雖將摹録作,形態失真,但釋爲"鞭"字則非常正確。

《文物春秋》1996-2,頁58

○**何琳儀**(1998)　㝍,金文作(儥匜便作)。象手持鞭之形。借體象形。戰國文字承襲金文,鞭首或呈三角形。《説文》:"鞭,驅也。从革,便聲。,古文鞭。"㝍與更來源不同。更,甲骨文作(佚一三九),金文作(曶鼎),戰國文字作(璽彙○三四一)。㝍爲象形,孳乳爲便,秦文字便从更。

晉璽㝍,讀偏。《論語·季氏》"友便佞",《説文》引便作諞。《史記·司馬相如傳》"媥姺徶循",《漢書·司馬相如傳》媥作便。是其佐證。"左㝍",讀"左偏",猶"左副"。《老子》三一:"偏將軍處左。"

《戰國古文字典》頁1063

○**季旭昇**(1998)　《郭店·老子甲》簡○○一"㡭(絶)智(知)弃(棄)卞(辯)","卞"字作""。注釋(一)引裘錫圭先生説以爲當釋"㝍":"裘按:'棄'下一字當是'鞭'的古文,請看《望山楚簡》116頁注一六。'鞭''辯'音近,故可通用。後面《老子》丙第八號簡也有此字,讀爲'偏'。本書《成之聞之》三二號簡、《尊德義》一四號簡也都有此字,分别讀爲'辨'和'辯'。《五行》三四號簡又有以此字爲聲旁的从'言'之字,馬王堆帛書本《五行》與之相當之字爲'辯'。"

按:《望山楚簡·二號墓竹簡》簡二有""字,該書116頁考釋[一六]云:"《説文》'鞭'字古文作,此作,字形稍有變化。字在此似當讀爲'緶'。'緶'與'編、辮'音近。"《郭店·老子丙》簡八此字寫法和《老子甲》相同;《成之聞之》簡三二作"",《尊德義》簡一四字形大致相近;《五行》簡三四以此字爲聲旁的从"言"之字,所从此形亦相近。裘先生釋爲"㝍"字,應屬可從。但

是其中有一些可以再討論的地方。“夋”字於甲骨文作“𢧜”（《甲骨文編》0414
號），劉釗以爲“本象手持鞭形，後从丙聲作‘𢧜’，金文改从‘免’聲”（劉釗《古
文字構形研究》頁137）。金文“便”字作“𢕌”（《金文編》1340），右旁从“夋”，其
上改从冕聲。戰國時代的《信陽楚簡》“纏”字所从作“夋”（《楚系》924），承金文
而稍譌；秦文字“便”作“𢕌”（《秦文字類編》24頁），右上仍襲甲文从“丙”聲。
明確釋爲“夋”字的字形，事實上和楚簡此字有一點距離。事實上，《郭店》此字
的上部，即去掉“又”形後，和“卞”字的確同形。這要怎麼解釋呢？

　　《説文解字》未見“卞”字，“卞”字晚出，《玉篇・𣲪部》：“卞：皮變切，法
也，又縣名。”更早的來源已不可考，其初形本義也不可知。《類篇》以爲“弁”
字之省文：“臣光案：《説文》無卞字，又按弁不从厶，變隸作弁，故卞止从弁
省。”翟云升《隸篇》云：“《説文》㝸，籀文作𡕢，或文作弁，諸碑皆弁之省也。”
按：“卞”之字形，《禮器碑陰》作“𠕁”、《孔宙碑陰》作“𠓥”；“弁”字戰國文字
作“𢍔、𢍦”等形。《漢印徵》作“𢍔、𢍦”，和“卞”字字形不像，應該沒有相通的可
能。《正字通・子集下・卜部》以爲是从亠从卜：“卞：弼面切，音便。地
名……又法也。《書・顧命》：‘臨君周邦，率循大卞。’注：‘大法也。’又躁疾。
《左傳》：‘邾莊公卞急而好潔。’……又姓，本周曹叔振鐸之後，支子封卞，因
氏。周卞和、漢卞崇。通作弁，音盤。《詩・小弁》《漢書・杜欽傳》作《小
卞》，義同。〇《同文備考》作卞，篆作𠁁，从一在中下各有定位，又以・指在下
者（編按：“。”當是“・”或“、”之誤），則上之銘分自尊、而下不可僭上矣。《易》曰：
‘君子以卞上下，定民志。’據此説，卞即辯，非从亠从卜作卞，今《易》本作辨，
改从卞，非。《備考》説泥。《舉要》：‘卞从上从下成文，分上下也。篆作卞，
別作𠁁。’亦泥。”按：从亠从卜，不知何所取義，而且看不出什麼學理根據。

　　今《郭店・老子》“𠁁”字，其上所从與後世“卞”字同形，報告隸定作
“卞”，相當可信；但是，裘先生以爲此字當釋“夋”，也證據充分。因此我們懷
疑“卞”字其實就是由“夋”字分化出來的。甲骨文“夋”字从“又”持“鞭”，因
此去掉“又”形的部分本來也就是“鞭”的象形文。古文字中从“又”與否，往
往同字，其例甚多，如“爵、朿”等。“夋”字本義爲以手持鞭，鞭的作用在迫使
牲畜就範，應此引申有法的意思，這和《玉篇》説“卞”的意思是“法”，可以聯
繫起來。其後二義逐漸分化，“夋”字保留“夋”形，或作“鞭”；“卞”義則去掉
“又”形，二字從此分道揚鑣。但是，在郭店楚墓竹簡的時代，這兩個意義還沒
有分化，因此，此字釋“夋”、釋“卞”，皆無不可。

《中國文字》新24，頁129—131

○裘錫圭（2000）　　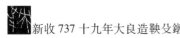（辯）

　　甲 1“絕智棄△”，今本十九章作“絕聖棄智”。郭店簡整理者讀△爲
“辯”，應該是正確的。丙 8—9“是㠯（以）△牁（將）軍居左”，據今本 31 章，△
當讀爲“偏”。郭店簡《成之聞之》31—32“分爲夫婦之𢆶”，末一字無疑是△的
異體，整理者讀爲“辨”。郭店簡《尊德義》13—14“𡥈（教）㠯（以）𢆶兌……”，
整理者讀“㠯”下二字爲“辯說”。郭店簡《五行》33—34“审（中）心𧪢然而正行
之”，“𧪢”顯然是从“言”“△”聲的字，“𧪢然”在馬王堆帛書中作“辯焉”。
“偏”“辨”“辯”古音皆相近，彼此可以互證。但是整理者把△釋作“卞”則不
可信。望山二號楚墓 2、12 等號簡也有𢆶字，《望山楚簡》考釋説：“《説文》
‘鞭’字古文作𢆶，此作𢆶，字形稍有變化。字在此似當讀爲‘緶’。”其説可從。
△的寫法跟“鞭”字古文更爲相近。“鞭”的古音跟“辯、辨、偏”等字也很接
近。帛書《老子》甲本中，“偏將軍”之“偏”作“便”。“便”在西周金文中寫作
𤰇，象以鞭打人，本是表示“鞭”的動詞義的。這也可以看作△是“鞭”字古文
的一個旁證。簡本的“絕智棄辯”應爲《老子》原貌，“絕聖棄智”則爲後人
所改。

《裘錫圭學術文集》2，頁 278—279，2012；原載《中國哲學》21

○李零（2002）　　（編按：上博二·容成29）支㑹易之霝　即“辨陰陽之氣”。《史記·
律書》：“王者制事立法，物度軌則，壹稟於六律。”《漢書·律曆志上》：“律十
有二，陽六爲律，陰六爲吕。”此決獄本之陰陽説。

《上海博物館藏戰國楚竹書》（二）頁 273

【支兌】

○荆門市博物館（1998）　　（編按：郭店·尊德 13—14）𡥈（教）以支（辯）兌（説）。

《郭店楚墓竹簡》頁 173

【𢆶組】

○朱德熙、裘錫圭、李家浩（1995）　　（編按：望山 2·2）《説文》“鞭”字古文作𢆶，此
作𢆶，字形稍有變化。字在此似當讀爲“緶”。“緶”與“編、辮”音義皆近。
“繢”字右旁上半與簡文“𥰔”字上半形同，字當从“糸”从“貝”，“乘”聲，在此
疑讀爲“縢”。黃緶組之繢，當是用黃色的絲織物編織成的繩或帶。

《望山楚簡》頁 116

𩍋　鞭　紩

新收 737 十九年大良造𩍋殳鐓　　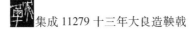集成 11279 十三年大良造𩍋戟

集成 10372 商鞅量　　 睡虎地・答問 179　　故宮 418　　 曾侯乙 80

曾侯乙 271

包山 67　　天星觀　　天星觀

○**裘錫圭、李家浩**（1989）　　“鞅”字所从“央”旁多寫作東、東，個別寫作帛（64號）、帛（61 號）、帛（80 號）。帛與《説文》“央”字形近，當是正體，其他幾種寫法則是帛的變體。古印文字中有繏（《古璽彙編》516・5680）、繏（《古璽文編》386・2180）二字，左旁與簡文帛形近，當釋寫作“紻、邨（鄭）”。古印文字中又有繏（或寫作繏）、繏、繏、繏等字（《古璽文編》309・5478、3786、386・2181、371・2296、514・0533、400・0001），疑所从聲旁亦是“央”的變體，當釋爲“紻、邨（鄭）、英、鴦、醠”（此字見於徐醠尹勾鑃，疑即“醠”字之異體）。《左傳》僖公二十八年“晉車七百乘，韅靷鞅靽”，杜預注：“在背曰韅……在腹曰鞅。”《説文》《釋名》等並謂“韅”爲馬腹的皮帶，“鞅”爲馬頸的皮帶，與杜注異。

《曾侯乙墓》頁 507

○**劉彬徽、彭浩、胡雅麗、劉祖信**（1991）　　（編按：包山 268）鞅，讀如鞅，《釋名・釋車》：“鞅，嬰也，言纓絡之也。”

《包山楚簡》頁 65

○**滕壬生**（1995）　　鞅。

《楚系簡帛文字編》頁 221—222

鞅。

《楚系簡帛文字編》頁 222

○**高智**（1996）　　（編按：包山 271、273）此字應釋爲“鞈”字。

《于省吾教授百年誕辰紀念文集》頁 184

○**何琳儀**（1998）　　《説文》：“鞅，頸靼也。从革，央聲。”

包山簡鞅，見《廣韻》：“鞅，牛羈也。”隨縣簡鞅，見央字 d（編按：彼處云：“天星觀簡‘纍央’，讀‘韅鞅’。《左・僖二十八年》‘韅靷鞅靽’，注‘在腹曰鞅’。馬腹之纓絡。”）。

秦金鞅，商鞅。見《史記・商君列傳》。

《戰國古文字典》頁 618

《説文》：“紻，纓卷也。从糸，央聲。”

天星觀簡“公孫紻”，即秦公孫鞅，見《史記・商君列傳》。天星觀簡“纍紾”,讀“鞰靫”。見央字 d。

《戰國古文字典》頁 618

○**李零**（1999） 字从央，不从英，應釋“靫”，與 221—222 頁：靫合併。

《出土文獻研究》5，頁 143

△**按** 從字形上看，“央”字从大从H，象人頸部有物之形，H所示意不明，何琳儀（《戰國古文字典》617 頁，中華書局 1998 年）疑“央”是“紾”或“靫”之本字。從語源上看，从央得聲之字多與从嬰得聲之字同源，並有與“頸”相關之意義，如《説文》云“靫，頸靼也”，又云“紾，繯卷也”，《釋名·釋車》云“靫，嬰也。喉下稱嬰，言繯絡之也”，皆其證。故段玉裁《説文解字注》説：“劉與許合。杜云‘在腹曰靫’，恐未必然。”戰國文字“革、糸”二旁每可換用，故楚簡“靫”字又可以寫作“紾”，與《説文》糸部訓爲“繯卷”之“紾”形同實異。紾，卷十三糸部重見。

靳 靳

靳 包山 271　　　靳 包山 273

△**按** 楚簡“靳”乃“鞊”字之異體，與《説文》“靳”字同形。詳見本部“鞊”字條。

庫

庫 包山 260

○**劉彬徽、彭浩、胡雅麗、劉祖信**（1991） 庫。

《包山楚簡》頁 38

○**李家浩**（1997） “敝庫”是器物之名，疑應該讀爲“蔽户”。古人把遮蔽膝的巾叫“蔽膝”。“蔽户”與“蔽膝”文例相同，當是指遮蔽門户的簾子。《爾雅·釋器》：“輿，革前謂之鞎，後謂之第（郭璞注：以韋靶後户）；竹前謂之禦，後謂之蔽（郭璞注：以簟衣後户）。”（**中略**）《爾雅·釋器》的文字雖然講的是車輿的門簾，但是可以用來證明古代居室的門簾也有用革製的。大概簡文“蔽户”是革製的，故“户”字从“革”作。

《第三屆國際中國古文字學研討會論文集》頁 573

○**劉信芳**（2003）　　天星觀簡："一方犟，紫綳，其上載二戈，一戟。"曾侯乙簡2："二載廜。"庨、犟、廜應是一字之異，並从户得聲。《爾雅·釋器》："輿革前謂之䩮，後謂之第。竹前謂之禦，後謂之蔽。"郭璞《注》："以韋靶後户。"郝懿行《疏》："第者，《玉篇》《廣韻》並云輿後第也。《詩》正義引李巡曰：第，車後户名也。按第當作弗，《碩人》傳：弗，蔽也。《載驅》傳：車之蔽曰弗。是弗取弗蔽爲義。車後户者，車自後入，故以後爲户也。"庨、犟、廜或从革，或从西，或从西革者，蔽車户之物或以革，或以竹席之類，故隨實物之不同而書寫有異。隨車之戈、戟插於車後，此所以有"載廜"之名歟？惟包山簡之"蔽户"非車馬器，既與牀策等連帶述及，疑是居室所用門簾、屏風之類。

《包山楚簡解詁》頁 276—277

鞀

天星觀　　　天星觀

○**滕壬生**（1995）　　鞀。

《楚系簡帛文字編》頁 248

○**何琳儀**（1998）　　鞀，从革，亘聲。疑鞬之省文。《玉篇》："鞀，履鞀也。"
　　天星觀簡鞀，不詳。

《戰國古文字典》頁 1054

鞕

包山 276

○**劉彬徽、彭浩、胡雅麗、劉祖信**（1991）　　軺鞉。

《包山楚簡》頁 39

○**劉釗**（1998）　　簡 276 有字作"軗"，字表隸作"軺"。按字从車从疋，應釋爲"軗"，軗作"軺"猶古璽"瘠"作"症"一樣。軗字見於《集韻》，訓爲"車下"。

《東方文化》1998-1、2，頁 68

○**何琳儀**（1998）　　鞕，从革，足聲。
　　包山簡鞕，疑讀捉。《廣雅·釋詁》三："捉，持也。"

《戰國古文字典》頁 385

△**按**　董珊(《楚簡中从"大"聲之字的讀法》,《古代文明》8 卷 294 頁,文物出版社 2010 年)同意包山楚簡整理者釋"軝"的意見,根據《文選·東京賦》"疏轂飛軨"李善注引蔡邕《月令章句》云"疏,鏤也",認爲"軝鞿"是指飛軨有鏤刻的緣飾。

䩰

包山 260

○**劉彬徽、彭浩、胡雅麗、劉祖信**(1991)　䩰。

《包山楚簡》頁 37

○**劉信芳**(1997)　包山簡二六〇:"曲䩰。"按"曲䩰"讀如"篷篨",《説文》:"篷篨,粗竹席也。"《方言》卷五:"簟,……其粗者謂之篷篨。"古音篷、曲雙聲,䩰、篨疊韻。

所謂"粗竹席"實指竹簾(或葦簾)。古代用此類竹簾作攔水捕魚的工具,稱"曲梁";以之養蠶,稱"曲薄",皆取其可以捲曲之意。

《中國文字》新 23,頁 110

鞏　鞣

曾侯乙 64　　曾侯乙 78

曾侯乙 80

○**何琳儀**(1998)　鞁,从革,取聲。《玉篇》:"鞁,束也。"

隨縣簡"鞁敗",讀"鞣貝",軹上之飾貝。參"鞣"字 d。其它鞁,讀緅,青赤色。

《戰國古文字典》頁 387

鞣,从革,聚聲。《集韻》:"鞣,鞁也。"

d 隨縣簡鞣,鞁。《説文》:"鞁,車駕具。"《國語·晉語》九"吾兩鞁將絕",注:"鞁,軹也。"

《戰國古文字典》頁 388

【鞏斁】

○裘錫圭、李家浩(1989)　　“敗”,原文作“斁”,即《説文》籀文“敗”。“鞏敗”簡文常見,80 號簡作“鞣貝”。“鞣”從“聚”聲,而“聚”從“取”聲;“敗”從“貝”聲,故“鞏敗”可以寫作“鞣貝”。《玉篇·革部》:“鞏,束也。”簡文“鞏”似非此義。簡文所記的“紳”有“鞏紳、膌紳”。“膌”是赤色,“鞏”也應指某種顏色,疑讀爲“緅”。《説文新附》:“緅,帛青赤色也。”大概簡文“鞏”是指革製車馬器的顏色,故字從“革”作。“敗”是何物,待考。

《曾侯乙墓》頁 510

鞁

曾侯乙 123

○裘錫圭、李家浩(1989)　　鞁。

《曾侯乙墓》頁 496

鞃

詛楚文

○何琳儀(1998)　　鞃,从革,俞聲。鞃之異文。《集韻》:“鞃,《説文》正崏裂也。或从革。”

　　詛楚文鞃,見《集韻》:“鞃,刀鞁。”

《戰國古文字典》頁 375

△按　另詳見“輪”字【鞃輪】條。

鞖

望山 2·22

○朱德熙、裘錫圭、李家浩(1995)　　(編按:望山 2·22)鞖鐶。

《望山楚簡》頁 109

○何琳儀(1998)　　鞖,从革,爰聲。鞄之異文。《正字通》:“鞖、鞄同。”《玉篇》:“鞄,履鞄也。”鞖即楥之異文。《説文》:“楥,履法也。从木,爰聲。”

望山簡韅,疑讀韔。參韅字 d(編按:"韅"字下無 d,且彼處用作人名,與此不同,此處文字當有誤)。

《戰國古文字典》頁 938

鞫

睡虎地·答問 33　　睡虎地·答問 35

○**睡簡整理小組**(1990)　(編按:睡虎地·答問 33)鞫,審訊問罪,《尚書·呂刑》正義:"漢世問罪謂之鞫。"

《睡虎地秦墓竹簡》頁 101

○**湖南省文物考古研究所、湘西土家族苗族自治州文物處**(2003)　[12]10背:鞫(4)之:越人(5)以城邑反,蠻、衿害(6)弗智(知)▨

(4)鞫,斷獄爲鞫。

《中國歷史文物》2003-1,頁 20

鞴　畗

天星觀

曾侯乙 5　　曾侯乙 8　　曾侯乙 19　　曾侯乙 62

○**裘錫圭、李家浩**(1989)　簡文"箙"原文作"畗",从"舌""甫"聲。"甫"即"箙"字的初文,故釋文徑將"畗"寫作"箙"。

《曾侯乙墓》頁 503

○**何琳儀**(1998)　畗,从舌,葡聲。

隨縣簡畗,讀鞴。葡之繁文。《廣雅·釋詁》:"捆医、韣夬、鞴靫,矢藏也。"又《集韻》:"鞴,鞴靫,箭室。"

《戰國古文字典》頁 126

○**李守奎**(2003)　鞴字見《廣韻》至、屋、暮等韻。簡文中讀箙。

《楚文字編》頁 168

△**按**　"箙"字之異體,卷五竹部重見。

⿰車⿱爫𧘇

曾侯乙 69

○**裘錫圭、李家浩**(1989)輮。

《曾侯乙墓》頁 494

○**滕壬生**(1995)　䡵。

《楚系簡帛文字編》頁 223

⿰車⿱昆心

包山 273

○**劉彬徽、彭浩、胡雅麗、劉祖信**(1991)　韇。

《包山楚簡》頁 38)

○**李家浩**(1999)　“⿰革昆”、“裩”二字的用法。

(19)一乘韋車:……鞎鞅,⿰革昆韋⿰革各。　(《包山》圖版 118・273)

(20)⿰革昆裏。　(《楚系簡帛文字編》216 頁)

“⿰革昆、⿰革各”二字都不見於字書。“⿰革各”即上引簡文(13)“紛⿰黑各”之“⿰黑各”,當是車馬器名。“裩”字見於《集韻》卷二魂韻,是“幝”字的異體,簡文“裩”當與此無關。據包山楚墓簡牘有“紫韋之⿰革冒、紫⿰革各、紫裏、緑裏”等語,“⿰革昆韋⿰革各”之“⿰革昆”和“裩裏”之“裩”,跟上面所説的“緄”一樣,也可能是顔色之字,疑也應該讀爲“緼”,指“赤黄之閒色”。

《中國文字》新 25,頁 147

○**黄德寬、徐在國**(1999)　此字應該隸作“⿰車⿱昆心”,但是不見於後世字書。頗疑此字在簡文中應讀爲“緄”。

《江漢考古》1999-2,頁 77

△**按**　“⿰車⿱昆心”或即“緄”字之異體,卷十三糸部重見。

⿰車發　⿱丵車　⿱⿰丵卩車

天星觀

曾侯乙 126　　曾侯乙 130

○裘錫圭、李家浩（1989）　韄。

《曾侯乙墓》頁 496

○滕壬生（1995）　韄。

《楚系簡帛文字編》頁 224

○何琳儀（1998）　韄，从革，發聲。

　　隨縣簡韄，待考。

《戰國古文字典》頁 953

○李零（1999）　應釋"韄"，疑即古書"靹"字。"靹"是幫母歌部字，"發"是幫母月部字，讀音相近。《説文》："靹，車駕具也。"《國語·晉語》："吾兩靹將絕，吾能止之。"韋昭注："靹，靷也。"

《出土文獻研究》5，頁 143

韍

曾侯乙 122　　曾侯乙 137

○裘錫圭、李家浩（1989）韍。

《曾侯乙墓》頁 496、497

○何琳儀（1998）　韍，从革，訊聲。疑歈之繁文。

　　隨縣簡韍，或作歈、訊。見歈字（**編按**：彼處云"讀贛。地名"，與此處用法不合）。

《戰國古文字典》頁 1455

鞝　　鞝

包山 271　　包山 273

包山牘 1

○劉彬徽、彭浩、胡雅麗、劉祖信（1991）　鞝，讀作象。簡文有鞝牛。象牛爲牛之別稱。象虖，即象桌，以牛皮所作的甲。

《包山楚簡》頁 66

○滕壬生（1995）　　鞦。

《楚系簡帛文字編》頁 224

○劉信芳（1997）　　包山簡二七〇："馭（御）、右二鼎鞁虖，皆䏝羣（胄），紫繡（縢）。"

　　"鞁"字簡文作"鞁"，或隸作"鞦"，與楚帛書乙篇"像"字所從之"象"不類。馬王堆帛書《老子》乙"兕"作"兕"，與上揭"鞁"之右部最爲形近。《説文》解兕字"如野牛而青，象形"。《國語‧晉語八》："唐叔射兕於徒林，殪以爲大甲。""虖"字讀如"甲"，中山王嚳方壺"身蒙荜胄"，"荜胄"即"甲胄"。

　　《考工記‧函人》："犀甲七屬，兕甲六屬，合甲五屬。犀甲壽百年，兕甲壽二百年，合甲壽三百年。"注云："屬讀如灌注之注。謂上旅下旅札續之數也。革堅者札長。"曾侯乙墓所出人甲，其裙甲爲四排，身甲一排，若不計肩甲爲五排；包山二號墓所出人甲，其裙甲爲五排，身甲一排，不計肩甲爲六排。估計曾甲爲"合甲"，包甲爲"兕甲"。曾甲排數少，甲片長，最長者達 26.5 釐米，應是質地特好的堅甲。包甲最長者爲 23 釐米，其皮革質地應較曾甲爲次。秦俑的甲片一般長僅 6 至 7 釐米。估計秦俑之甲用一般的水牛皮。有學者認爲包甲爲公牛皮所製，似不可信。若《考工記》所述準確，則曾甲、包甲都不大可能是牛皮之甲。曾甲曾經過鑒定，惜其未能進一步確定爲何種獸皮。

《中國文字》新 22，頁 193

○李零（1999）　　應釋"鞦"，綟通肆，古音爲心母質部字，辭例"鞦牛之韃、鞦虢（甲）"，均爲皮革名。《楚辭‧九歌‧國殤》"操吳戈兮被犀甲"，簡文此字疑即"犀"字。"犀"是心母脂部字，與"綟"音近可通。

《出土文獻研究》5，頁 143

○李天虹（2002）　　包山 273 號簡云：

　　　鞦牛之革韃

　　（中略）今按信陽楚簡有絹字，其形作：

　　　　　絹信 2.013　　　　　絹信 2.015

右旁肙字上部的"口"，與上揭包山之字所從區別較大；如果將 273 號簡之字的右半與《詩論》《六德》"䤲"及石經古文"逸"字所從兔旁相比，卻可以發現它們更爲接近。因此，上揭包山之字可能應當隸定爲"鞦"。古音犍是群母元部字，與宛相近，"鞦"亦可讀爲"犍"。

《古文字研究》24，頁 402—403

○李家浩（2003）　　"鞘"字亦見於 271 號、273 號簡，現選擇其中一個字形比較清楚的作爲代表：

A 𩍿《包山》圖版二〇八・273

此字左半从"革"是没有問題的，右半《包山》釋作从二"象"，非是。按漢代篆文"銷、捐"二字作如下之形：

錯《滿城漢墓發掘報告》251 頁圖一六六・1

𧵍《漢印文字徵》12.10

將 A 的右半與此二字的"冐"旁比較，顯然是从二"冐"，應當是"鞙"字的繁體。

（中略）"鞙"字在《廣韻》裏有古玄切、胡犬切兩讀，前一讀音與"犍"字讀音在上古音裏都屬見母元部。疑"鞙牛"之"鞙"和"鞙甲"之"鞙"，皆應當讀爲"犍"。《説文》新附："犍，犗牛也。"玄應《一切經音義》卷十四引《通俗文》："以刀去陰曰犍。"字或作"劇"。《廣韻》元韻："劇，以刀去牛勢。"

《古籍整理研究學刊》2003-5，頁 2—3

〇曹錦炎（2004）　在楚簡中，還有一個从革从鑫的字，寫作：

二鼎（頂）𩎟㡓（甲）　牘 1、簡 270

一乘韋車，𩎟牛之革韃　簡 273、牘 1

一乘正車，𩎟牛之革韃　簡 271

《包山》考釋隸作鞻或鞻，在注［635］中指出，"鞻，讀作象，簡文有鞻牛，象牛爲牛之別稱。象㡓，即象皋，以牛皮所作的甲"。按《包山》隸定有誤，鞻字从革从鑫，其偏旁不从三（二）"象"。分析其構形，當是从革，鑫聲。上面討論中已經指出，鑫字的讀音當如冤或弇、掩，頗疑"鞻"字讀爲"犀"，"鞻牛"即"犀牛"，"鞻甲"即"犀甲"。簡文謂"二頂犀甲"，即指二頂用犀牛皮作的甲。古有以犀牛皮作甲者，如《國語・越語》有"水犀之甲"，可證。因推測的成分較多，有待進一步驗證，這裏提出來供大家參考。

《新出土文獻與古代文明研究》頁 114—115

鬲　鬲　　鬲　鬲　鬲

南 貨系 328　　南 貨系 333　　南 陶彙 5・107

南 近出 1119 鐘頃戈　　南 集成 2746 梁十九年亡智鼎　　南 郭店・窮達 2

南 上博二・容成 40　　南 上博五・鬼神 2 背

南 集成 11713 十七年春平侯鈹　　南 集粹

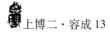上博二·容成 13

○**李學勤**（1983）　（編按:梁十九年鼎）“鬲”讀爲“曆”。金文多見（盂鼎“人鬲”也不例外）。

《古文字論集》1，頁 2

○**蔡全法**（1986）　“豙”字陶量：

　　一件，泥質灰陶，戰國時器。1984 年 11 月，西城 T20 井 8 出土。“豙”陰文，長方形印框，上部邊痕明顯，下部未印出（圖一：18）。應是製量陶工私璽。

《中原文物》1986-1，頁 80

○**高明、葛英會**（1991）　鬲。

《古陶文字徵》頁 269

○**何琳儀**（1998）　鬲，甲骨文作（粹一五四三），象三足食器。西周金文作（盂鼎）、（令簋）、（成伯孫父鬲）。三足或與鬲身斷裂，遂似从羊。春秋金文作（弋叔鬲）。戰國文字承襲兩周金文。或於鬲上加臼，表示鬲有雙耳可持。與三體石經《君奭》鬲作吻合。楚系文字或省鬲身作、。《説文》：“鬲，鼎屬。實五觳。斗二升曰觳。象腹交文。（郎擊切）。瓹，鬲或从瓦。曆，《漢令》鬲。从瓦，厤聲。”（三下四）

　　齊兵鬲，古國名，即《左·襄十四》“有鬲氏”。《漢書·地理志》平原郡有“鬲縣”。在今山東德州東南。

　　梁十九年亡智鼎鬲，讀歷。《説文》：“歷，過也。从止，厤聲。”

《戰國古文字典》頁 763

△**按**　施謝捷、郭永秉（施謝捷《首陽齋藏子範鬲銘補釋》，《中國古代青銅器國際研討會論文集》283—290 頁，上海博物館、香港中文大學文物館 2010 年；郭永秉《釋三晉銘刻“鬲”字異體——兼談國博藏十七年春平侯鈹銘的真僞》，《簡帛》6 輯 217—223 頁，上海古籍出版社 2011 年）均認出戰國文字中的“釐”字。郭氏認爲“釐”即“鬲”字之異體，“圭”乃贅加聲符，可從。

　　蔡全法文釋所謂陶文中的“豙”，字殘泐難辨，然審其殘畫，亦當是从臼之“鬲”。

【鬲山】

○**荆門市博物館**（1998）　（編按:郭店·窮達 2）鬲（歷）山。

《郭店楚墓竹簡》頁 145

○**曹錦炎**（2005）　（編按：上博五·鬼神2背）鬲山，地名。“桀折於鬲山”，典籍舊未載。桀曾敗逃於鬲山，見上海博物館藏楚竹書《容成氏》：“桀乃逃之鬲山氏，湯或從而攻之，降自鳴條之遂，以伐高神之門。桀乃逃之南巢氏，湯或從而攻之。遂逃，去之蒼梧之野。”《太平御覽》卷八十二《皇王部七》引《尸子》佚文“桀放於歷山”，此“歷山”即簡文之“鬲山”。“鬲”“歷”同音通假。又《荀子·解蔽》：“桀死於亭山。”《山海經·大荒西經》：“有人無首，持戈、盾立，名曰夏耕之尸，故成湯伐夏桀於章山，克之。”“亭、章”當即“鬲”之形訛。

　　　　　　　　　　　　　　　　　　　　《上海博物館藏戰國楚竹書》（五）頁315

【鬲山是】

○**李零**（2002）　鬲山是　即“鬲山氏”，或“歷山氏”。按：據此，歷山當在今山西垣曲、永濟一帶。

　　　　　　　　　　　　　　　　　　　　《上海博物館藏戰國楚竹書》（二）頁281

敧　敧

湖南85

○**湖南省博物館**（1991）　敧。

　　　　　　　　　　　　　　　　　　　　《湖南省博物館藏古璽印集》頁17

△**按**　字從支，不從攴。

鬹　鬹

集粹　集粹

○**黃德寬等**（2007）　鬹，秦戈規所從見或作目。《説文》：“鬹，三足釜也。有柄、喙，讀若嬀。從鬲，規聲。”

　　秦文字鬹，人名。

　　　　　　　　　　　　　　　　　　　　《古文字譜系疏證》頁2003

鬹　鬹

秦印

△按　用作人名。

鬴 鬴　舍 釜 釜

睡虎地·日甲 45 背貳

集成 10371 陳純釜

璽彙 0289　　陶彙 3·5

古璽彙考,頁 42　　古璽彙考,頁 42　　新編全本季木藏陶,頁 877

陶彙 3·722　　陶彙 3·1　　陶彙 3·23

上博七·吳命 5

○**顧廷龍**（1936）　釜　《説文》所無,鬲部鬴重文釜,或从金父聲,按陳猷舍、左關之🔲與此同,皆从父从缶,古多用瓦器,字當从缶,金缶形近,或傳寫所誤。

《古匋文舂録》卷 3,頁 2

○**羅福頤等**（1981）　陳猷釜,子禾子釜釜字與此同。

《古璽文編》頁 63

○**何琳儀**（1998）　舍,从缶（或省作古形）,父聲（或省作又形）。疑釜之異文,亦作鬴。《説文》:“鬴,鍑屬。从鬲,甫聲。🔲,鬴或从金,父聲。”

　　齊器釜,讀釜,量名。《左·昭三年》“豆區釜鍾”,注:“四區爲釜。釜,六斗四升。”《管子·輕重》注:“五鏂爲釜,斗二升八合爲鏂。”

《戰國古文字典》頁 594

○**吳振武**（1991）　（**編按**:新編全本季木藏陶,頁 877）齊陶文中曾出現下揭一件印戳陶文:

　　　　公🔲季 68 下（陽文,圖 8）

這件印戳陶文的格式跟前引齊陶量印文“公豆”（陽文）、“公舍（釜）”（陽文）完全一樣,因此可以推知“公”後一字也是量名。但🔲字舊不識,金祥恆先生《匋文編》列於附録（27 頁下）。

　　我認爲此字从“釆”从“月”,應隸定爲“䏰”,有可能讀爲量名“溢”。

　　右邊的🔲即“月”,一見可識,無需贅言。左邊的🔲跟“米”字作🔲不同,即《説文》中的“釆”字（小篆作🔲）。兩周金文“釆”字作🔲,“番、蕃”等字所从的“釆”作🔲、🔲、🔲（金 53—54、39 頁）;信陽楚簡“番”字从🔲（信 2-022）;古璽

“番、鄱、嶓、歕、潘、悉”等字所从的“采”作米、米、米、米（璽文 20、149、157、223、273 頁,470 頁 1 欄）,皆其確證。故字當隸定爲“祤”是無可懷疑的。

《説文》謂:“采,辨別也。象獸指爪分別也,讀若辨。彳,古文采。”又謂:“番,獸足謂之番。从采,田象其掌。蹞,番或从足从煩。𫌋,古文番。”（慧琳《一切經音義》引《説文》作:“从田,采聲。象獸掌文。”）從前有不少文字學家認爲“采”和“番”同出一源,或者乾脆就認爲是一字之異。從古文字看,“采、番”二字的關係確實是非常密切的。郭忠恕《汗簡》和夏竦《古文四聲韻》中的“璠、幡、鱕、播”等字皆可从“采”作。古璽中有𫍣字（補補 13.1 下）,丁佛言《補補》釋爲“繙”;又有𫍥字,或作𫍧、𫍨（璽文 37 頁迷）,《古璽文編》（37 頁）、《字形表》（65 頁）、《類編》（102 頁）等書都誤釋爲“迷”,只有强運開《三補》釋爲“蹯（番）”（2.1 下）,其説可信。古璽中還有𫍩字（璽文 63 頁粥）,《三補》（3.6 下）和《古璽文編》（63 頁）都釋爲“鬻”。其實,這個字很可能應釋爲“彌”。“彌”字見於《玉篇》等書,漢印中也有从“彌”的字（漢徵附錄 5 上 6 欄）。

“祤”字雖然不見於後世字書,但是按照古文字中常見的加注音符情況來看,它有可能就是“采”字的異體,即在“采”上又加注音符“月”。古代“采”和“番”是幫系元部字,“月”是疑母月部字。從韻上看,月、元二部是入聲和陽聲的關係,可以對轉。至於聲母上的差異,大概跟“祤”字要讀“溢”有關。齊文字中多有這種加注音符的例子,如十年陳侯午錞“保有齊邦”之“保”作“儠”（金 558 頁）,刀幣“夳（大）刀”之“刀”作“厎”,陶文、璽印中的“固”作“圁”（匋文編附錄 31 頁上、璽文 561 頁 1 欄）,“臣”作“匜”（金薤留珍・府）等等即是。

“溢”字古爲喻母質部字（有的古音學家定爲影母）。在韻上,“祤”和“溢”顯然是相近的,《詩經》中就有許多月質合韻的情況。在聲母上,“祤”和“溢”也有通轉的可能。古从“番”得聲的字多讀脣音,但“彌”字《玉篇》有“弋粥切”和“扶袁切”兩讀,“弋粥切”即讀喻母。《詩・周頌・維天之命》“假以溢我”,《説文》“諡”下引齊詩作“誐以謐我”。“溢、謐”疊韻,但“謐”讀脣音明母。典籍中“番”和从“番”得聲的字,常常跟“般、反”或从“般、反”得聲的字通;而從古文字中“盤”字的一些寫法來看,“祤”字也極有可能讀作“溢”。古璽“盤”字作“盤”（璽文 552 頁 4 欄,舊不識）,馬王堆帛書《戰國縱橫家書》“盤盂”之“盤”作“皈”,皆从“反”聲;但西周轉盤“轉乍（作）寶盤”之“盤”卻作“𦉥”（三代 17.2 下）,顯然从“益”聲。又,曾侯乙墓編鐘銘文中有“槃”字

（金 508 頁,誤入米部）,當是在"般"上加注音符"采"或在"采"上加注音符
"般"構成的。另外,漢吾作鏡銘"曾(增)年益壽"之"益"作🖎(金續 5.6 上),
似是從"皿""采"聲。

　　　總之,齊陶文中的"公羿"之"羿"讀作量名"溢"是很有可能的。

《考古與文物》1991-1,頁 70—71

○**高明、葛英會**(1991)　(編按:新編全本季木藏陶,頁 877) 脈　《説文》所無。《類
篇》:"脈,縣名,在東萊。"

《古陶文字徵》頁 195

△按　《説文》:"🖎,舗或從金,父聲。"戰國文字或從匋省,或從金。齊陶文🖎
從又,不從月,"又"乃"父"之訛省。

融🖎　蟲蟲

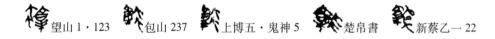

望山 1・123　　包山 237　　上博五・鬼神 5　　楚帛書　　新蔡乙一 22

△按　戰國文字"融"字作"蟲、蟲",詳見卷五鬲部。

膚🖎　膚

睡虎地・日甲 67 肆

新收 1640 之利殘器　　新收 1640 之利殘器

○**何琳儀**(1998)　膚,甲骨文作🖎(前七・五・二),象甑爲上甑下鬲之形。
或作🖎(甲二〇八二),上加虍爲疊加音符。膚,疑紐;虍,曉紐。曉、疑爲喉、牙
通轉,膚爲虍之準聲首。西周金文作🖎(見甗),下訛爲鼎形。春秋金文作🖎(王
孫壽甗),其甑形訛爲目形。戰國文字承襲兩周金文。甑形或作🖎、🖎、🖎、🖎、
🖎,或訛爲鼎形作🖎、🖎,或訛爲貝形作🖎、🖎。《説文》:"🖎,鬲屬。從鬲,虍聲。"

　　　九年將軍戈膚,讀獻。《廣雅・釋詁》二:"獻,進也。"燕璽膚,讀獻,姓氏。
姬姓,晉獻公之後也。見《風俗通》。

　　　趙方足布"膚虎",讀"鮮虞",地名。《禮記・月令》"天子乃鮮羔開冰",
注:"鮮當爲獻,聲之誤也。"《爾雅・釋山》:"小山別大山,鮮。"《釋名・釋山》

鮮作獻。是其佐證。《左・昭十二》:"假道於鮮虞,遂入昔陽。"在今河北正定西北。

望山簡"臕馬",讀"獻馬"。

《戰國古文字典》頁 1010—1011

【臕馬】

○睡簡整理小組(1990)　臕(獻)馬。

《睡虎地秦墓竹簡》頁 191、197

△按　"臕馬"讀爲"獻馬",楚月名,詳見卷十犬部。

鬻　鬻　粥

粥 璽彙 0955　粥 璽彙 1621　粥 璽彙 3777　粥 璽彙 3037　粥 璽彙 2525

○羅福頤等(1981)　鬻粥　璽文不从鬲。

《古璽文編》頁 63

○何琳儀(1998)　粥,从彌省,(《説文》:"彌,歷也。古文亦鬲字。象孰飪五味氣上出也。")从米,會以鬲煮米之意。戰國文字鬲上蒸氣訛爲〈〈、〉〈等形。漢代文字粥(秦漢一八九)訛作〉〉似兩弓相背,或作粥(秦漢一九○)訛作弓,遂爲隸書所承襲。《集韻》:"鬻,糜也。亦書作粥。"《説文》:"鬻,鍵也。从彌,米聲。"或釋粥爲粜。

晉璽粥,人名。

《戰國古文字典》頁 216

鬻　鬻　羹　鹽　盉

羹 睡虎地・秦律 179

羹 上博四・曹沫 11　羹 上博二・容成 21

羹 上博五・三德 13　羹 上博六・平王 3

○郭沫若(1932)　邾王糧(糧)鼎"用羹鬻臘"字例亦同(引者按:指與叔夜鼎"以征以行,用羹用羹"和陳公子甗"用征用行,用羹稻粱"相同)當从釆聲,蓋脈字之異。《説文》:"脈,爛也。从肉,而聲。"《廣韻》作"臑",云"籀文作釃"。从鬲與此同,而聲與采聲古同在之部也。《左傳》宣二年:"宰夫腼熊蹯不熟。"

《金文叢考》頁 223—224

○**楊樹達**(1952)　　銘文鬻字从鬲省,从羔从采,其从鬲从羔,與《説文》鬻、鬻、鬻三文皆相合,余謂此亦羹字也。然則何以从采也? 曰:采者,菜也。夫羹有二:一曰太羹,二曰銅羹。《詩・魯頌・閟宮》云:"毛炰胾羹。"《毛傳》云:"羹,太羹銅羹也。"是其説也。太羹無菜,銅羹則有菜。(中略)銅羹有菜,故此羹字从采也。論其全字,从羔,示羹有肉也;从采,示有菜也;从鬲省,所以和羹也。

《積微居金文説》頁 145—146

○**郭沫若**(1957)　　"鬻"當是腼之古文,《廣韻》腼作"臑",又引籀文作"釃",从鬲而聲,此从古文鬲采聲。采聲與而聲同在之部。

《兩周金文辭大系圖録考釋》頁 159

○**張頷、張萬鍾**(1963)　　此鼎(編按:庚兒鼎)之"鬻"字與"徐王糧鼎"之"鬻"字之偏旁相同,中閒小有區別,徐王糧鼎"鬻"字中的"采"字作"采",此鼎一作"采"一作"釆"。疑爲"鬻"字。《説文》"鬻"亯也。即烹的意思。其"采"或"中"字可能是"者"字的省文。从鬲者聲(見《説文》)。此與"叔夜鼎"銘文"用鬻用烹"的"烹"字(鬻)其意均同(見《攈古録》卷二 39 頁)。

《考古》1963-5,頁 270

○**馬承源等**(1990)　　(編按:邾王糧鼎)鬻从采聲,《説文》所無,疑是鬻字的異體。

《商周青銅器銘文選》(四)頁 381

　　(編按:庚兒鼎)用穌用鬻　用以調合五味,用以烹煮。

　　鬻　糜也,習稱粥。《爾雅・釋言》:"鬻,糜也。"此處當是肉食煮糜之意。

《商周青銅器銘文選》(四)頁 382

○**張守中**(1994)　　《説文》五味盉羹也　小篆从羔从美。

《睡虎地秦簡文字編》頁 40

○**李零**(2002)　　鑑不折骨　"鑑"(編按:"鑑"當作"鑑"),从采聲,疑讀爲"宰"("采"是清母之部字,"宰"是精母之部字,讀音相近),指殺牲。"折骨",是節解的牲肉。參看凌廷堪《禮經釋例・儀禮釋牲上》。

《上海博物館藏戰國楚竹書》(二)頁 266

○**李零**(2004)　　飲不育鬻　第四字也可能是"顯"字的異寫,相當於"沫"字,這裏讀爲“食不二味”。《左傳・哀公元年》：“昔闔廬食不二味，居不重席。”

《上海博物館藏戰國楚竹書》（四）頁 250

○李零（2005）　亞（惡）盉（菜）與飤（食）（編按：“盉”當爲“盍”）。

《上海博物館藏戰國楚竹書》（五）頁 297

○陳佩芬（2007）　醓盉不爨（編按：“盉”當爲“盍”，後同）　“醓”，《説文》所無，疑爲“醢”字，《字彙》：“肉醬也。”“盉”，《説文》所無，疑爲“盍”字，《字彙補》：“與盂同。”盤、盌之屬，盛肉醬器皿。“爨”，讀爲“爨”。《孟子・滕文公上》：“以釜甑爨。”趙岐注：“爨，炊也。”《玉篇》：“爨，竈也。”

《上海博物館藏戰國楚竹書》（六）頁 270

△按　“醓、盉”二字並當爲“羹”字之異體，説詳陳劍《釋上博竹書和春秋金文的“羹”字異體》（2007 中國簡帛學國際論壇論文，2007 年 11 月，收入氏著《戰國竹書論集》231—260 頁，上海古籍出版社 2013 年）；郭永秉《上博藏西周寓鼎銘文新釋——兼爲春秋金文、戰國楚簡中的“羹”字祛疑》（《出土文獻與傳世典籍的詮釋——紀念譚樸森先生逝世兩周年國際學術研討會論文集》81—97 頁，上海古籍出版社 2010 年）。

餌　𩜚　餌

○山西省文物工作委員會（1976）　宗盟類參盟人名。

《侯馬盟書》頁 347

△按　《説文》：“鬻或从食耳聲。”與戰國文字相合。

鬻　𩰖　煮　鬻

○睡簡整理小組（1990）　（編按：睡虎地・日甲 141 正伍“要不鬻”）鬻，疑讀爲鬻，《方言》：“舉也。”此句意爲抬不起腰。

（編按：睡虎地・日甲 60 背貳—61 背貳）乃鬻（煮）萃（貢）履以紙（抵），即止矣。

《睡虎地秦墓竹簡》頁 205、214

○林澐(1992)　147 號簡"陳🔲、宋獻爲王🔲 🔲於🔲",釋文作"🔲(具)盧(?)於泯",按當是"煮盧於海"。

　　🔲上部从者,4 號簡箸字作🔲可證。下部之🔲爲火,不煩舉證。是煮字無疑。🔲从母,曾侯乙墓漆匫民字作🔲,楚帛書民字作🔲,與🔲迥異。古文字中母、每或通用,《説文》侮字古文作🔲,馬王堆帛書《老子》甲本"海内四邦"之海即从母作🔲。至於鹵作🔲而省爲🔲,金文不乏其例。晉姜鼎(嘯 8)覃字作🔲,而覃父乙卣(代 12・50)早已省作🔲。樂司徒鈚(嘯 31)器名作🔲,陳公孫㺇文鈚則作🔲(金文編 368 頁)。《説文》以爲"鹵,西方鹹地也"。但兔盤(代 14・12)"錫兔🔲百🔲",晉姜鼎"易🔲賚千兩",都表明鹵是可計量的製成品,很可能就是粗鹽。今簡文既言"煮盧於海",則盧或可能是鹵之繁體,或甚至就是未加聲符的鹽字初文。有待發現更多的古文字新資料加以驗證。

　　張儀游説秦王時已提到齊國有"魚鹽之利"(《戰國策》)。海鹽之開發當早於此。但本簡是目前最早的言及煮海鹽的記載。頗足珍貴。陳🔲有可能是來自齊國的技師。

《江漢考古》1992-4,頁 84

○劉釗(1998)　簡 147 有字作"🔲",字表釋爲"具"。按字从者从火,應釋爲"煮"。簡文"煮盧",盧乃"鹽"字異構,見於《五音集韻》,"煮盧"即"煮鹽"。

《東方文化》1998-1、2,頁 62

△按　戰國文字"🔲"作"煮",與《説文》或體同。

孚　🔲

🔲 郭店・緇衣 2　　🔲 郭店・緇衣 13　　🔲 上博三・周易 33　　🔲 璽彙 0339　　🔲 璽彙 0922

○何琳儀(1998)　孚,甲骨文作🔲(乙六六九四)。从爪从子,由保所分化。保,商代甲骨文作🔲(保鼎)。截取其右半部🔲即是孚,這與截取益即是易的造字方法相同。故🔲可釋保,亦可釋俘。《説文》保字古文作🔲(俘),尤可證保、俘古本一字,孚則爲俘(保)之部分形體。抱是其形聲字,褓亦其滋乳。保、俘(孚)均屬脣音幽部,故保、孚亦可併爲一聲首。今仍從舊説列爲二聲首。金文作🔲(㪤簋),戰國文字承襲金文。《説文》:"🔲,卵孚也。从爪从子。一曰,信也。🔲,古文孚从禾。禾,古文保。"孚(保)之本義訓抱,參保字。許慎以

"卵孚"釋孚,則爲孚之引申義。（**中略**）

楚璽孚,讀郛。《説文》:"郛,郭也。"（**編按**：璽彙0339"北孚庚〓","庚"字考釋見田煒《古璽探研》226—227頁。）

《戰國古文字典》頁 249

爲

集成 9678 趙孟卅壺　　　集成 2840 中山王鼎　　　集成 9735 中山王方壺

集成 4096 陳逆簋　　　集成 4649 陳侯因育敦　　　石鼓文·作原　　　睡虎地·效律 27

睡虎地·秦律 44　　　睡虎地·日乙 180　　　璽彙 0593　　　澂秋 26

陶彙 5·384　　　陶彙 5·392

集成 2794 楚王酓忎鼎　　　集成 9640 東周左官壺　　　集成 2608 十一年庫嗇夫鼎

集成 4688 上官豆　　　集成 9700 陳喜壺　　　曾侯乙 143　　　信陽 1·65

包山 16　　　包山 15 反　　　包山 94　　　包山 105　　　郭店·老甲 17

郭店·老丙 14　　　郭店·成之 1　　　郭店·性自 43　　　郭店·語一 29

上博一·詩論 5　　　郭店·忠信 6　　　郭店·老乙 3

○**羅福頤**(1981)　　（**編按**：璽彙 1360）身。

《古璽彙編》頁 147

○**曾憲通**(1985)　　按爲字甲骨文作，金文作，从又（爪）从象,示古人服象以助勞。戰國文字略有省變,如楚簡作，楚王酓忎鼎作，左師壺作，中山王兆域圖作，皆與帛文甚近。其構形从象从爪會意,不過象之形簡化作或。、蓋表示象之巨首修鼻,其下二横代表其肢體,與"馬"字仰天湖楚簡作、匽侯毁作,郾王戈作同意。三體石經古文變作、,形稍變而意未失。《説文》古文訛作,許氏又以"象兩母猴相對之形"説之,形義俱乖。然與戰國文字字一系比照,其遞嬗訛變之迹歷歷可尋。

《楚帛書》頁 259

○**睡簡整理小組**(1990)　　（**編按**：睡虎地·秦律 130"爲車不勞"）爲,如果,見楊樹達

《詞詮》卷八。

　　（**編按**：睡虎地・雜抄 4“爲［僞］聽命書”）僞，假裝。

　　　　　　　　　　　　　　　　　　　《睡虎地秦墓竹簡》頁 50、80

○**高明、葛英會**（1991）　　爲。

　　　　　　　　　　　　　　　　　　　　　《古陶文字徵》頁 149

○**康殷、任兆鳳等**（1994）　　金。

　　　　　　　　　　　　　　　　　　　　　　《印典》4，頁 2791

○**徐寶貴**（1994）　　此字見於《古璽彙編》83 頁，編號爲 0593 的姓名私璽：

 將其放到戰國以前的文字中作一比較，其形體顯得奇譎難識。幸運的是，近幾年公布了一些重要的出土文字資料，其中《睡虎地秦墓竹簡》的出版，對此字的釋出增添了可供參證的資料。

　　睡虎地秦簡的“爲”字作以下諸形體：

　　爲語書二　　　　爲語書一三　　　爲秦律十八種六二　　爲效律二七　　爲效律六○

　　爲秦律雜抄二四　　爲法律答問五五　　爲封診式一四　　　　爲爲吏之道三九貳

以上所舉秦簡“爲”字諸形體皆與古璽此字形體相近，可以證明“爲”是“爲”字。

　　古“爲”字本从“象”从“爪”作，而秦簡和此璽則將所从之“爪”寫成“曰”形，而與“象”字連爲一體，這無疑是一種訛變。戰國末期至秦代，秦人在一般場合用字時，字寫得較爲草率，不像在莊重的場合下用字那麼嚴謹不苟，他們常將从“爪”的字所从的“爪”寫成“曰”形，下面舉些實例來證明這一點。睡虎地秦簡从“爪”的字作如下等形體：

　　淫：淫語書三　　　　　爭：爭語書一一　　　爰：爰封診式九一

　　隱：隱秦律十八種一五六　　受：受秦律十八種八

諸字所从之“爪”都訛變爲曰、曰或曰形，“爲”字與之同例。

　　“爲”字形體訛變爲“爲”形，肇始於戰國時期的秦青川木牘。秦青川木牘“十月爲橋”之“爲”作“爲”形，所从的“爪”已與“象”字連在一起，和秦簡將諸字所从的“爪”寫成“曰”形，極爲相近。睡虎地秦簡《秦律十八種》六二簡“爲”字已訛變作“爲”，《法律答問》五五簡再訛變作“爲”，此形則與古璽“爲”字形體幾乎完全相同。現將古文字“爲”字的演變序列表之如下：

　　爲前五・三○・四→爲召鼎→爲召伯段→爲郘𪇳鼎→爲秦宗邑瓦書→爲秦青川木牘→爲秦律十八種→爲法律答問→爲古璽文

觀此表,古璽文"🐘"字和古文字"爲"字的關係以及其演變之迹,已一目了然。字在璽文中爲人名。

此古璽文字的形體只見於戰國末期秦國與秦代的文字,由此可見,這是一方秦人之璽。其製作年代當在戰國末期或秦代。

《考古與文物》1994-3,頁 103

○**施謝捷**(1999)《古璽彙編》一三六○著録如下一私璽:

原釋文作"孟□身"。

按:🔲應釋爲"爲、余"二字合文,右下隅之"="是合文符號。三晉文字中"爲"字作🔲(《金文編》176 頁,十一年鼎)、🔲(《殷周金文集成》一七・一一三二九,王何戈)、🔲(安邑下官鐘,"敔"用作"爲"),古璽文作🔲(《璽彙》二三九六,柏爲。原亦誤釋"身",從李家浩釋,見《從戰國"忠信"印談古文字中的異讀現象》,載《北京大學學報》1987 年第 2 期),可爲其證。戰國文字中"豫"字作🔲(《璽彙》一四九二)、🔲(同上一八三一)、🔲(同上一八三九)、🔲(淳于公戈"喬[驕]豫"合文)等形,對此諸例,劉釗、何琳儀二先生均有專文考釋(參《〈金文編〉附録存疑字考釋》之十《釋象》,中國古文字研究會第八屆年會論文,1990 年太倉;《古璽雜識續》"豫"條,《古文字研究》19 輯 478—480 頁);"豫"字還可寫作🔲(《集粹》卷一・七七,賈豫)、🔲(《包山》簡五二)、🔲(《璽彙》二二一八,人名"豫之"可讀爲"舍之",説詳另文)等形,所從"象"頭部的變化與上舉"爲"的情形相似,亦可比較。而"身"字屢見於古文字資料,古璽文中可確釋爲"身"的字形主要作🔲、🔲、🔲、🔲、🔲等形(參《璽文》215—216 頁。按 215 頁四欄、五欄除二七○○例、六欄二八四三例等例恐非"身"字)直接源自金文🔲、🔲、🔲、🔲一類寫法(參《金文編》583 頁),與上舉"爲"字有明顯的差異。因此原釋文將"爲"釋作"身"顯然不確。《印典》於此璽釋文或承襲《璽彙》(1754 頁)、或釋"孟□"(2967 頁)、"孟金身"(2791頁),前後亦不一致(這種情況在《印典》中很普遍),無疑也是錯誤的。至於合文中的"余"字,同常見之形,視而可識,《印典》釋爲"金",顯係誤認。

《中國古文字研究》1,頁 129—130

【爲皂者】

○**睡簡整理小組**(1990)　(編按:睡虎地・秦律 13"爲皁〈皂〉者除一更")爲皂者,飼牛的人員。

《睡虎地秦墓竹簡》頁 23

坙

上博五·鬼神 7

○**曹錦炎**（2005）　"巠"，上從爪，爲"坙"字繁構。《周禮·秋官·大司寇》："凡萬民之有罪過，而未麗於法，而害於州里者，桎梏而坐諸嘉石。"此對理解簡文"有足而梏，沈坐"句，很有幫助。

《上海博物館藏戰國楚竹書》（五）頁 326

○**李守奎、曲冰、孫偉龍等**（2007）　疑爲"挫"字。

《上海博物館藏戰國楚竹書（一—五）文字編》頁 142

△按　裘錫圭（《説从"㫃"聲的从"貝"與从"辵"之字》，《文史》2012 年 3 期 26—27 頁，中華書局 2012 年）指出："疑此字可隸定爲'印'下加'土'，讀爲'抑'。'印、抑'由一字分化（《説文》'抑'字正篆'从反"印"'），讀音陽入對轉，故此字可讀'抑'。簡文'沈抑'與'發揚'爲對文。"此説可信。清華大學藏戰國竹簡"抑"字作（《祭公》簡 2）、（《周公之琴舞》簡 5），與此字上部相同。

㘎

郭店·語三 5

○**荊門市博物館**（1998）　加。

《郭店楚墓竹簡》頁 209

△按　"㘎"乃"加"之繁構。

坙

璽彙 1907　璽彙 1908　璽彙 1909　璽彙 1910　璽彙 1911

○**羅福頤等**（1981）　坙。

《古璽文編》頁 64

○**吳振武**（1983）　1907 坙傁·坙（采）筥（附）。

1908—1911“⿱采土”字同此釋。

《古文字學論集》(初編)頁502

○**陳漢平**(1989) ⿱采土字从采从土,乃采字古文。《説文》社字古文作䄕,與此類似。《廣韻》《集韻》:“埰,倉代切,音菜,采地也。”揚雄《方言》:“冢或謂之埰。”郭璞注:“古者卿大夫有采地,死葬之,因名。”

⿰⿱采土阝字从邑,⿱采土聲,古書寫作郰。《集韻》:“郰,此宰切,因(**編按**:“因”當爲“音”)彩,地名。”

傳説黄帝之子夷鼓封於采,後代以地名爲氏,古璽⿱采土、⿰⿱采土阝字即姓氏字采字古文。

《屠龍絶緒》頁293

△**按** 此字一般隸定爲“⿱采土”,或以爲“采”字之繁文。然此字在古璽中屢見,應該是當時比較常見的姓氏,采氏恐不足以當之。戰國文字中另有“杢”字,舊或釋爲“杜”,黄盛璋(《試論三晉兵器的國别和年代及其相關問題》,《考古學報》1974年1期24、25頁)以爲非“杜”字,並讀爲“廉”。李家浩(《南越王墓車馹虎節銘文考釋——戰國符節銘文研究之四》,《容庚先生百年誕辰紀念文集》663—667頁,廣東人民出版社1998年)同意黄説,並認爲“杢”即“埶”字所从之“坴”。此字是“杢”字異體的可能性似不能排除,“爪”旁或爲贅符,然視之爲表義偏旁亦無不可,示意以手植木。

⿱爫宅

集成126者㳚鐘

△**按** 詳見卷七宀部“宅”字條。

⿱爫室

望山1·17

○**中大楚簡整理小組**(1977) (**編按**:望山1·17)⿱爫室,即室,與家从爪作⿱爫家同意。

《戰國楚簡研究》3,頁13

○**朱德熙、裘錫圭、李家浩**(1995) (**編按**:望山1·17)“⿱爫室”當爲“⿱爫家”的異體,讀爲“蓍”,看考釋[六]。

（中略）一號竹簡所記占卜工具有“愴豲、寶（或作‘保’）豲、栚豲”等。“豲”或作“𡤫”。考釋[六]説：“‘豕’‘至’古音相近,疑字當分析爲从‘爪’从‘宀’,从‘豕’聲或‘至’聲。簡文此字似當讀爲蓍草之‘蓍’。‘蓍’‘至’音近。”按江陵九店楚簡“亂”字作“𤔔”,與“豲”或“𡤫”結構相同。長沙楚帛書和包山楚簡“亂”字作“𤔲”。“𤔔”所从之“𤔲”即“𤔲”的簡寫。“𤔔”應當分析爲从“爪”从“宀”,从“𤔲”聲。古璽文字中有一個“𢍺”字（《古璽文編》481頁）,也與“豲”或“𡤫”結構相同,應當分析爲从“爪”从“宀”,从“與”聲。這些例子都可以證明考釋[六]對“豲”或“𡤫”的字形結構的分析是正確的。不過據包山二號墓出土的同類竹簡,將“豲”或“𡤫”讀爲“蓍”卻有問題。第一,包山楚簡卜筮類所記,凡是用蓍之類工具占卜的都有卦爻,而用豲占卜的卻没有卦爻。第二,包山楚簡卜筮類有蓍字,原文作“管”,从“竹”,从“旨”聲（見《包山楚簡》圖版八九・二〇一）。根據這兩點,“豲”或“𡤫”不是“蓍”,而應該是別的占卜工具。至於究竟是什麼占卜工具,有待進一步研究。

《望山楚簡》頁 91、104

○**何琳儀**（1998）　𡤫,从爪,室聲。疑室之繁文。參“豲”字。

望山簡𡤫,筮具。

《戰國古文字典》頁 1088

馬

璽彙 3190　　 璽彙 3191

○**羅福頤等**（1981）　馬。

《古璽文編》頁 64

○**陳漢平**（1989）　古璽文有字作 （3190：△迖痏）、（3191：△城旅）,《文編》隸定爲馬,收於卷三爪部而未釋。按馬字从爪从馬,與爲字古文从爪从象,造字方法相類,爲會意字。馬字在璽文爲姓氏字,欲釋此字須自从馬造字姓氏字中求之,而从馬之姓氏字僅馮字可以當之。

《玉篇》：“馮,乘也。陵也。登也。”《爾雅・釋訓》：“馮河,徒涉也。”《易・泰卦》：“包荒用馮河。”疏：“用馮河者無舟渡水,馮陵於河,故訓馮爲陵也。騎馬渡水,水淺則騎馬涉之,水深則牽馬泅之。”此即“馮河”之“馮”字本義。

（中略）《周官・大司馬》：“馮弱犯寡則眚之。”注：“馮謂乘陵也。”《小爾雅・廣言》：“馮，依也。”《左傳・哀公七年》：“馮恃其衆。”注：“馮，依也。”《漢書・酈食其傳》：“食其馮軾下齊七十餘城。”注：“馮，據也。”據此可知，馮字造字本義是騎馬時手有所持據，馬字从爪从馬，會意即表示人以手馮據馬頭。《説文》：“馮，馬行疾也。从馬，仌聲。”馮字本義爲會意字作馬，後世改爲形聲字作馮。人手形與馬之會意文字有二：從後驅馬是爲駿、馭，後世改爲形聲字作御。由前持控馬頭是爲馬，後世改爲形聲字作馮。

《説文》：“鄸，姬姓之國，从邑，馮聲。”按周文王第十五子畢公高之後畢萬封魏，支孫食采於鄸城，因以爲氏。鄸城今作馮城。

3190 號古璽璽文當釋爲“馮去憂”，秦末有丞相名馮去疾，取名意義去馮去痾相近。3191 號古璽璽文當釋爲“馮城旅”，馬城即文獻之鄸城、馮城。

《屠龍絶緒》頁 291—292

○施謝捷（1998）　3190 🐎（馬）去憂・馬（騷）去尤　3191 同此改。

《容庚先生百年誕辰紀念文集》頁 649

豖

郭店・老乙 16　　包山 206　　上博四・柬大 12　　包山 226　　璽彙 3758
望山 1・14　　包山 236　　包山 248　　包山 202　　新蔡乙三 48
楚帛書

○中大楚簡整理小組（1977）　（編按：望山 1・13）豖，从爪从豕，又見於第 16、84、85、86 諸簡，當讀爲家。第 15 簡室从爪作蒙同意。“逞歔以保豖”與“逞歔以保蒙”，家室之意相對應。長沙出土楚帛女月（二月）吉凶辭：“不可以豖女取臣妾。”豖取相對應，是假家爲嫁，假取爲娶。

《戰國楚簡研究》3，頁 12

○朱德熙（1992）　帛書 C8 云：

曰女（如）。可以出帀（師）籖（築）邑，不可以豖女取臣妾。不火得不成。

豖字又見於楚公鐘，乃楚公之名。郭沫若釋爲家字，由於家儀二字古音相近，認爲此楚公即若敖熊儀（《兩周金文辭大系》楚公豖鐘）。據郭釋，帛書豖字自當讀爲嫁。不過這裏有一個問題，豖字屢見於望山楚簡。例如：

　　　齊客張某問【王】于□郢之歲,獻馬之月,乙酉之日,軛臘志以愴(蒼)豙爲恕固貞……(1 號簡)

　　　邾客困□問王于□郢之歲,刑尸之月,癸未之日,郳豹以栂豙……(7 號簡)

　　　……歸豹以實豙爲恕固貞……(13 號簡)

把豙字釋爲家,這些簡文都無法講通。尤其值得注意的是簡文豙字有時寫作鼚。例如 17 號簡:

　　　……歸豹以保(寶)鼚爲恕固貞……

　　　上引簡文都是記某年某月某日某人爲恕固(一號墓墓主人)占卜的事。88 號簡云:

　　　☒痼以黄黿習之

《集韻》黿字云:"黄黿,龜名"。《禮記·禮器》正義引《爾雅》郭注:"今江東所用卜龜黄靈、黑靈者……"簡文黄黿即黄靈。習與襲通。《禮記·曲禮》"卜筮不相襲",鄭注:"卜不吉則又筮,筮不吉則又卜,是瀆龜策也。"從這條簡文可以看出望山簡占問吉凶是龜策並用的。我們認爲上文所引 1、7、13、17 幾條簡文正是說的筮。豙可以寫作鼚,至應該是聲符。由於至和豕都是脂部字,古音相近,反過來我們可以推斷豙字所从的豕也是聲符。簡文豙、鼚二字都應讀爲蓍草之蓍。蓍字从耆得聲。耆和至都是脂部字,所以古人聲訓時往往以至字或从至得聲的致字訓耆。例如《禮記·曲禮》"六十曰耆",釋文引賀瑒云"耆,至也",《左傳·宣公十二年》"耆昧也",杜注:"耆,致也。"

　　　我們對於豙字的分析,不但可以解釋望山簡,也同樣可以解釋楚公豙鐘和帛書。下邊先説楚公鐘。

　　　《左傳·僖公二十六年》記夔子之言曰:"我先王熊摰有疾,鬼神弗赦而自竄于夔。"正義引《鄭語》孔晁注:"熊繹玄孫曰熊摰,有疾,楚人廢之,立其弟熊延。熊摰自棄於夔"(《國語》韋昭注略同)。《史記·楚世家》則謂"熊渠卒,子熊摰紅立。摰紅卒,其弟弒而代之"。摰紅即熊摰,據《史記》曾爲楚君。按摰與至古音極近(《詩·關雎》鄭箋"摰之言至也",又《考工記·弓人》注"摰之言致也"),疑楚公豙就是熊摰。熊渠、熊摰當周厲王時,與楚公豙鐘之形制及銘文字體正合。

　　　至於帛書的豙女則應讀爲"致女"。《春秋·成公九年》:"二月伯姬歸于京。夏,季孫行父如宋致女。"杜注:"女嫁三月,又使大夫隨加聘問,謂之致女。"

後記:李家浩同志認爲𧱸字雖不是从家得聲,但是因爲形式上包含一個家字,所以有時可以讀爲家。這跟窣(狄)字因包含卒字有時讀爲卒的情形是一樣的(看李家浩《楚國官印考釋》,《江漢考古》1984 年 2 期)。按照此說,帛書"不可以𧱸女取臣妾"的"𧱸"仍當讀爲嫁。

《古文字研究》19,頁 296

○**朱德熙、裘錫圭、李家浩**(1995)　(編按:望山 1・1)"愴𧱸"當是占卜用的工具。"𧱸"字一七號簡作"𡋯"。"豕""至"古音相近,疑此字當分析爲从"爪"从"宀",从"豕"或"至"聲。簡文此字似當讀爲蓍草之"蓍"。"蓍""至"音近。《禮記・曲禮》"六十曰耆",鄭注:"耆,至也。"以"至"爲"耆"之聲訓。傳世有楚公𧱸鐘。《左傳・僖公二十六年》記夔子之言曰"我先王熊摯有疾,鬼神弗赦,而自竄于夔",《正義》引《鄭語》孔晁注:"熊繹玄孫曰熊摯,有疾,楚人廢之,立其弟熊延,熊摯自棄於夔。"《國語》韋昭注略同。《史記・楚世家》則謂"熊渠卒,子熊摯紅立。摯紅卒,其弟弑而代立,曰熊延"。摯紅即熊摯,據《史記》曾爲楚君。"摯"與"至"古音極近。《詩・周南・關雎》鄭箋:"摯之言至也。"又《考工記・弓人》鄭注:"摯之言致也。"疑楚公𧱸即熊摯。熊摯當周厲王時,與楚公𧱸鐘形制及字體所反映的時代正合。長沙楚帛書云"可以出師築邑,不可以𧱸女取臣妾"。"𧱸女"當讀爲"嫁女"。因爲"𧱸"字包含"家"字的字形,所以又有"家"音。這跟"窣(狄)"字包含"卒"字的字形,所以又有"卒"音,情形相同(參看《楚國官印考釋》,《江漢考古》1984 年第 2 期)。

《望山楚簡》頁 87

○**何琳儀**(1998)　𧱸,从爪,家聲。

楚璽𧱸,讀家,卿大夫。見家字 a。楚簡"償𧱸、窺𧱸、保𧱸、琛𧱸",同一筮具的不同寫法。"丞𧱸",亦筮具。帛書"𧱸女",讀"嫁女"。《漢書・張延壽傳》:"號爲天子取婦,皇后嫁女。"

《戰國古文字典》頁 484

○**施謝捷**(1998)　3758 益□□𧱸鉨・益□□𧱸鉨。

《容庚先生百年誕辰紀年文集》頁 650

○**李家浩**(2000)　(編按:九店 56・21)"𧱸"字屢見於楚國文字,从"爪"从"宀"从"豕"。在望山一號楚墓竹簡中,此字或寫作"𡋯",从"爪"从"宀"从"至"。朱德熙先生說"豕"和"至"都是脂部字,古音相近,所以這個字以"豕"或"至"爲聲符。詳見《長沙帛書考釋(五篇)》(《古文字研究》第十九輯 292、293 頁)。下二八號簡"亂"字作"𤩴",其字形結構與"𧱸"或"𡋯"相同,此字从"𤩴"聲

（參看下考釋［九三］）。此外，在古璽文字中也有一個與"豙"或"毫"字形結構相同的"𦥑"字（《古璽文編》481頁），此字顯然是從"與"聲。由此可見，朱先生對"豙"字字形結構的分析是十分正確的。不過"豙"字除讀如它所從的"豕"音外，還讀如它所從的"家"音。這跟"狄"字古文"𤝕"包含有"卒"的字形，在楚國文字中或讀爲"卒"的情況相同（參看李家浩《從戰國"忠信"印談古文字中異讀現象》，《北京大學學報（哲學社會科學版）》1987年2期13頁）。此處（編按：九店56·15）的"豙"是作爲"家"字來用的。

　　"豙"字有"家"音，故可以假借爲"嫁"。

　　　　　　　　　　　　　　　　　　　　　　　《九店楚簡》頁71、75

【豙女】

○**李零**（1985）　　豙，曾憲通釋家，楚字家多如此作，如楚公豙鐘、戈，還有楚簡上所見到的"豙"字，上增一爪，仍是家字（楚簡中的毫字上亦從爪），這裏讀爲嫁。臣妾、男女奴隸，見於卜辭與《周易》均是經常卜問的對象。《史記·龜策列傳》所録龜卜之辭亦有"求財物買臣妾馬牛"以及"可以娶婦嫁女"等語。

　　　　　　　　　　　　　　　　　《長沙子彈庫戰國楚帛書研究》頁75—76

○**何琳儀**（1986）　　"豙"，亦見楚王豙鐘、戈，望山楚簡，舊讀"家"。帛書"豙"應讀"嫁"，"嫁女"與"娶臣妾"對文見義（參中山大學古文字研究室《戰國楚簡研究》油印本）。

　　　　　　　　　　　　　　　　　　　　　　　《江漢考古》1986-2，頁84

○**李學勤**（1987）　　"豙"字從"家"聲，曾見於兩周之際的楚公鐘、楚公戈，"嫁女"在秦簡《日書》中常見。

　　　　　　　　　　　　　　　　　　　　　　　《湖南考古輯刊》4，頁113

○**李家浩**（2000）　　豙（嫁）女。

　　　　　　　　　　　　　　　　　　　　　　　《九店楚簡》頁47

【豙子】

○**李家浩**（2000）　　豙（嫁）子。

　　　　　　　　　　　　　　　　　　　　　　　《九店楚簡》頁47

采　采

曾侯乙衣箱　　　包山197　　　郭店·緇衣7　　　璽彙5560

集成 11312 三十三年業令戈　　侯馬 3：18　　上博三・中弓 23

○**山西省文物工作委員會**（1976）　狄　宗盟類參盟人名。

《侯馬盟書》頁 309

○**吳振武**（1983）　5560 公夨之四・公狄之四。

《古文字學論集》（初編）頁 526

○**李家浩**（1984）　見卷十四四部“四”字條。

○**劉彬徽、彭浩、胡雅麗、劉祖信**（1991）　釆，簡文作夨，疑爲卒字異體。卒，《爾雅・釋詁》：“盡也。”卒歲，盡歲，指一年。

《包山楚簡》頁 53

○**何琳儀**（1998）　釆，從爪從衣，會以手脫衣之意。褆之初文。《説文》：“褆，祖也。從衣，易聲。”《玉篇》：“褆，脫衣見體也。”或在衣旁之下弧筆加短橫爲飾，遂似從卒（衣、卒一字之分化）。參三體石經《僖公》狄作夨。釆、褆、狄一音之轉（均定紐支部）。

楚璽釆，讀狄。《廣雅・釋詁》四：“狄，驛也。”包山簡釆，讀易。“釆戠”，讀“易歲”，第二年。曾墓漆書釆，讀褆。《詩・小雅・斯干》“載衣之褆”，傳：“褆，褓衣。”或釋“釆歲”，讀“卒歲”。

《戰國古文字典》頁 756—757

○**李朝遠**（2004）　（編按：上博四・内豊 8）不釆立　“釆”，從爪從衣，似爲“依”的異體。《説文・人部》：“依，倚也。”不倚立即要有站相。

《上海博物館藏戰國楚竹書》（四）頁 227

○**李零**（2004）　（編按：上博四・曹沫 28）釆　同“卒”，是古代軍隊編制的基礎單位。“卒”以下有“什、伍”（五人爲“伍”，十人爲“什”）。“伍”之長叫“伍長”，“什”之長叫“什長”，“卒”之長叫“卒長”（此外還有二十五人的“兩”和五十人的“隊”或“小戎”），參看《周禮・夏官・序官》、《司馬法》佚文和《管子・小匡》等書。

（編按：上博四・曹沫 48）釆　或可讀爲“依”。

《上海博物館藏戰國楚竹書》（四）頁 261、275

【釆匵】

○**湖北省博物館**（1989）　E.67 刻文爲“狄匵”，表示它們原來是用以裝置衣物的。《周禮・内司服》：“掌王后之六服：褘衣、揄狄、闕狄……”鄭玄注：“鄭

司農云'褘衣，畫衣也。揄狄、闕狄、畫羽飾'。狄當爲翟。翟，雉名。"若此，則
"狄匱"當是裝后妃衣服的。

《曾侯乙墓》頁 353—354

賣

曾侯乙 125

○裘錫圭、李家浩（1989）　賣。

《曾侯乙墓》頁 496

籅

璽彙 0436

○何琳儀（1998）　籅，从宀，䍐聲。疑䍐之繁文。
　　晉璽籅，人名。

《戰國古文字典》頁 1472

○施謝捷（1998）　0436 王[image]・王籅。

《容庚先生百年誕辰紀念文集》頁 645

埶　𡎐　㙯

石鼓文・吳人　　　新收 495 𪓊鎛

郭店・尊德 7　　　郭店・尊德 14　　　郭店・尊德 30

郭店・性自 11　　　上博三・彭祖 1　　　郭店・語三 51　　　上博一・緇衣 15

○何琳儀（1998）　埶，甲骨文作[字]（前六・一六・一）。从木从丮，會人雙手
植樹之意。丮亦聲。埶，疑紐；丮，見紐。見、疑均屬牙音，埶爲丮之準聲首。
西周金文作[字]（盠方彝），木下加土表示植樹於土。或作[字]（毛公鼎），丮下
加足趾形上移，遂似女形。春秋金文作[字]（蔡侯申殘鐘）。西周金文或作[字]
（埶馭簋），可隸定狱，右从犬聲。埶，疑紐月部；犬，溪紐元部。見、溪均屬
牙音，月、元入陽對轉。或作[字]（克鼎），右犬旁訛作豕形，可隸定塚。戰國文

字承襲金文𡟬與𡸅形。《説文》：“𡑿，種也。从坴、丮持亚種之。《書》曰，我
執黍稷。”

《戰國古文字典》頁 909—910

○**裘錫圭**（1999）　此章（編按：王弼本第三十五章）第一字，今傳各本及帛書本皆作
“執”，只有簡文作“埶”。“執大象”當然講得通，但“埶大象”也可以講通。
“埶”字上古音與“設”相近，殷墟卜辭、馬王堆帛書、武威漢墓所出《儀禮》簡
以及《荀子》等書中，都有以“埶”爲“設”的用例，“埶大象”也可以讀爲“設大
象”。《易・繫辭上》：“聖人設卦觀象，繫辭焉而明吉凶。”《易・觀卦・彖
傳》：“聖人以神道設教而天下服。”《韓詩外傳》卷五：“上設其道而百事得
序。”“設大象”的“設”，用法跟上舉各例相似。“執”“埶”形近，在古書和出土
文獻中都有互訛之例。《老子》原本究竟作“執大象”抑作“埶大象”，尚難
斷定。

《道家文化研究》17，頁 53

○**李家浩**（2000）　“埶罔𡩋，大吉”（編按：九店 56・31），秦簡《日書》甲種楚除外
陽日占辭無此五字，但乙種楚除成、外陽之日占辭於上考釋［一〇六］所引“利
以祭，之四旁（方）壄（野）外”之下有“熱罔（網）邋（獵），獲”之語。按“熱”从
“埶”聲，故“埶”“熱”二字可以通用。《莊子・人閒世》“吾食也執粗而臧”，陸
德明《釋文》：“執，眾家本並然，簡文作‘熱’。”按“執、埶”二字形近易訛，“執”
當是“埶”字之誤，中華書局影印通志堂本《經典釋文》“熱”字寫作从“埶”就
是很好的證明（參看王念孫《讀書雜誌》卷七之四“執、函”條和卷八之一“執
詐”條）。秦簡“熱罔邋，獲”，當是本簡“埶罔𡩋”的異文。“埶”“設”古音相
近，可以通用。例如：武威漢簡《儀禮》多以“埶”爲“設”（“埶”字原文作
“𡟬”，參看《武威漢簡》162 頁七、168 頁十二等校記）。《大戴禮記・五帝德》
説黃帝“治五氣，設五量，撫萬民，度四方，教熊羆貔豹虎，以與赤帝戰于阪泉
之野”。《史記・五帝本紀》記此事，“設五量”作“蓺五種”。《大戴禮記・文
王官人》“埶之以物而邀（速）決”，《逸周書・官人》“埶”作“設”。按《大戴禮
記》的“埶”跟上引《莊子》的“執”一樣，也應當是“埶”字之誤，讀爲“設”。古
文字中也有以“埶”爲“設”的例子。甲骨卜辭中有一個从“又”从“坴”之字：
“其冒（罟），于東方𤔲，𡊮（擒）。”裘錫圭先生將此字釋爲“埶”，讀爲“設”。甲
骨卜辭中還有一個从“冒”从“𠬪”之字：“先王𤔲冒（罟），𡊮（擒）。”裘錫
圭先生説此字“應該是‘埶冒’之‘埶（設）’的專字”（見《釋殷墟甲骨文裏的“遠”

“犾”（邇）及有關諸字》，《古文字研究》12 輯 94、97、98 頁）。中方鼎説：“隹（惟）王令南宮伐反（叛）虎方之年，王令中先省南或（國），串（貫）行，執王应在夔隌真山。”李學勤先生將此“執”字讀爲“設”（見《新出青銅器研究》15 頁）。本簡的“執”和秦簡的“熱”，也都應當讀爲“設”。“設網”，指設置捕鳥獸的網。賈誼《新書・諭誠》：“湯見設網者四面張，祝曰：自天下者，自地出者，自四方至者，皆罷我網。”秦簡《日書》乙種楚除成、外陽之日占辭於“熱（設）罔（網）邇（獵）獲”之後，還有“作事，吉”三字。

《九店楚簡》頁 90—91

○**裘錫圭**（2001）　　丙四：“執大象，天下往。”今本三十五章“執”作“執”，帛書本同。我在《釋殷墟甲骨文裏的“遠”“犾”（邇）及有關諸字》一文中，已經指出上古“執”“設”二字音近可通，武威《禮儀》簡多以“執”爲“設”，殷墟卜辭中也有這種例子（拙著《古文字論集》7 頁，中華書局 1992 年）。在尚待發表的《古文獻中讀爲“設”的“執”及其與“執”互訛之例》一文中，我又舉出了古文獻中一些應該讀爲“設”的“執”字，並指出這種“執”字有時被誤寫爲形近的“執”。上舉丙四的“執”字也應該讀爲“設”。《易・繫辭上》：“聖人設卦觀象，繫辭焉而明吉凶……”“設大象”的“設”與“設卦觀象”的“設”，用法極爲相近。今本的“執”應是“執”的形近誤字。

《中國哲學》21，頁 187

△**按**　　清代以來學者多以“犾”字及其異體“琢”與“執”爲一字。然自商代甲骨文至西周金文，“犾”與“執”的用法均有不同。裘錫圭（《釋殷虛甲骨文裏的“遠”“犾”［邇］及有關諸字》，《古文字研究》12 輯 85—98 頁，中華書局 1985 年）指出商代甲骨文“犾”字讀爲“邇”。西周金文也用“犾”及其異體“琢”表示“柔遠能邇”之“邇”，從未見“執”字讀爲“邇”的用例。裘文又指出甲骨、金文“執”字多可讀爲“設”。然亦未見“犾”與“琢”二字讀爲“設”的用例。可見“犾”與“琢”二字與“執”字形體、用法判然有別，對這一問題的討論詳見田煒《兩周金文字詞關係零札》（兩則），載《古文字研究》30 輯（134—135 頁，中華書局 2014 年）。

【執臣】

○**荆門市博物館**（1998）　　（編按：郭店・緇衣 21）執（褻）臣。

《郭店楚墓竹簡》頁 130

○**劉信芳**（2000）　　褻臣　《禮記・檀弓下》：“君之褻臣也。”鄭注：“褻，斆也。"

《郭店楚簡國際學術研討會論文集》頁 171

【執罔】

○**李家浩**（2000）　見"執"字條。

睡虎地·爲吏 26 肆

集成 426 配兒句鑃　　集成 427 配兒句鑃

○**沙孟海**（1983）　（編按:配兒鉤鑃）"䭆牲"當讀作"熟臧"。臧,善也。

《考古》1983-4,頁 340

○**曹錦炎**（1989）　（編按:配兒鉤鑃）熟字作䭆,同於伯侄簠,此處讀爲熟。臧,原篆作𤕝,臧孫鐘作𤕟,古鉢作𤖴,此省口。《爾雅·釋詁》:"臧,善也。"

《古文字研究》17,頁 86

○**何琳儀**（1998）　孰,甲骨文作𠫝（京津二六七八）。从刊从亯,（《說文》:"亯,獻也。"）會人於亯（祭享建築）前有所獻之意。引申熟食可獻,即熟之初文。《論語·鄉黨》:"君賜腥,必熟而薦之。"《韻會》:"熟本作孰,後人加火,而孰但爲誰孰字矣。"金文作𤏽（伯到簠）,左从女形乃夊（人足）旁之訛變,古文字中習見。戰國文字承襲金文。秦簡作𤏶（秦漢三·二九）,仍从亯。或作𤏵（秦漢一一·三五）,从辜已有聲化趨勢。孰、辜均屬定紐,雙聲諧聲。即从刊,辜聲。《說文》:"𩛆,食飪也。从刊,辜聲。《易》曰,孰飪。（殊六切）。"（三下七）

配兒鉤鑃孰,讀熟。《荀子·榮辱》"非熟修爲之君子",注:"熟,甚也。"

《戰國古文字典》頁 206

○**周海華、魏宜輝**（2000）　配兒鉤鑃於 1977 年 6 月出土於距紹興城關 4 公里的狗頭山西南麓。沙孟海、曹錦炎兩位先生先後對銘文作了考釋。這裏對於其精到之處不贅述,僅就"余䭆牲于戎攻且武"一句的釋讀提出不同的意見。

沙文將"䭆牲"讀作"熟臧"。臧,善也。"戎攻"又作"戎工、戎公"。"熟臧于戎攻"猶言"精通於戎事"。曹文對此句的釋讀與沙文相同。

我們認爲"䭆"讀作"篤",於文義似更爲貼切。《說文》:"𥳑,讀若篤。"
"𥳑"字《古文四聲韻》引《王存乂切韻》作𥳑,引《古老子》作𥰊。

䇷當即"筥"

䇷爲"篁"之訛體，"篁"即古文"築"字，其亦从㒸得聲。

䠶从㒸得聲，與篤音近可以通假。

《説文》《爾雅・釋詁》都説："竺，厚也"。《釋詁》釋文："竺又作篤。"《廣韻》："篤，厚也。""篤"訓"厚"亦多見於文獻，如：

　　《書・武成》："公劉克篤前烈。"

　　《書・洛誥》："篤前人成烈。"

　　《詩・大雅・皇矣》："則篤其慶。"

　　《左傳・宣公十二年》："是以君子篤於禮而薄于利。"（編按：語出《公羊傳》）

"篤"在此銘文中亦訓"厚"。"篤"和"戕（臧）"在句子中並列作爲謂語，皆言精通於戎事。

《東南文化》2000-5，頁 84

訌 䚜

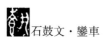石鼓文・鑾車

○**何琳儀**（1998）　《説文》："訌，設餁也。从刊从食，才聲。讀若載。"

　　石鼓文訌，讀載。語首助詞。《爾雅・釋詁》："載，言也。"《詩・鄘風・載馳》"載馳載驅"，傳："載，辭也。"

《戰國古文字典》頁 101

○**徐寶貴**（2008）　"𦎰車訌術"之"訌"通"載"，跟《詩・鄘風・載馳》："載馳載驅"之"載"用法相同。楊合鳴謂之"襯音助詞"。

《石鼓文整理研究》頁 839

巩 玾 娿

娿上博三・周易 47

○**濮茅左**（2003）　"娿"，从女，巩聲，讀爲"鞏"。《説文・革部》："鞏，以韋束也，《易》曰：'鞏用黄牛之革。'从革，巩聲。"《集韻》："鞏，固也。"以牛皮束物。《象》曰："'鞏用黄牛'，不可以有爲也。"

本句馬王堆漢墓帛書《周易》作"初九：共用黄牛之勒"；今本《周易》作
"初九：鞏用黄牛之革"。

《上海博物館藏戰國楚竹書》（三）頁 200

△按　字非从女，仍當分析爲从卂，工聲，"女"旁乃由"卂"旁所从之"夊"訛
變而來。

巩　巩

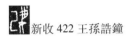新收 422 王孫誥鐘

○劉雨、盧岩（2002）　忌。

《近出殷周金文集録》1，頁 120

○李守奎（2003）　巩　讀爲畏忌之忌。

《楚文字編》頁 175

谻

集成 11578 谻子劍

○劉釗（1997）　《殷周金文集成》11578 號著録一件劍，銘文如下：
"谻"字不見於以往的古文字資料，需稍加考釋。

"谻"字从"谷"从"卂"，"谷"即"谷"字，後世又隸作"㒼"。
字从"谷"从"卂"，應釋爲"谻"。《説文·卂部》："谻，相踦之
也，从卂谷聲。""谻"字後世書中又訛作"谻""谻""谻"。

"谻"所从之"谷"是個以往瞭解不夠的形體，下面試分析一下其形體
演變。

金文有字作：九禾衛鼎　《集成》2831
《金文編》隸作"各"，列於"口"部。林澐先生曾指出此""即"谷"字，其説極
是。《説文》："谷，口上阿也，从口，上象其理。嘟，谷或如此，臄，或从肉
从豦。"

子婬壺有"婬"字作：《集成》9559
所从之""亦"谷"字，字从"女"从"谷"，可隸作"婬"。"婬"字亦不見於
字書。

包山楚簡有"垎"字作：䂴 簡 170

字亦見於銀雀山漢簡《孫臏兵法》,作：垎《秦漢魏晉篆隸字形表》1716 頁

字用爲"天隙"之"隙"。古"谷""𡼈"音近可通,此"垎"應即"隙"之異體。

馬王堆漢墓帛書足臂十一脈灸經"胲"字寫作：胳 朋 同上 267 頁

字從"肉""谷"聲。

銀雀山漢簡"胲"字作：胳 同上 266 頁

所從"谷"字與馬王堆帛書《老子》甲本"谷"字作"谷"類似,形體已經發生訛

變,並爲小篆所取本。

睡虎地秦簡"卻""郤""腳"字分別作：

卻 卻　　　郤 郤　　　腳 腳

其中"腳"字所從之"谷"已類化爲"去",故"卻""腳"二字經隸定後又可寫作

"卻"和"腳"。"𡚾"可類化爲"去",是因爲"𡚾""谷"二字形音皆近的緣故。

馬王堆帛書中的"卻"字作：

卻《老子》乙本卷前古佚書

卻《春秋事語》

卻《縱橫家書》 《秦漢魏晉篆隸字形表》642、643 頁

其中《春秋事語》的"卻"字也已變得近似從"去",而《縱橫家書》的"卻"字則

增加了一個"彳"旁,所從之"谷"字訛變得類似"𡚾"字。"谷""𡚾"二字後世

都可俗書作"𡚾",正説明了二者形近易混的狀況。隸變後的"𡚾"字可俗書作

"𡚾","卻"則作"卻",所從之"口"變作"厶"形,這與"𠮟"字隸變後俗書作

"𠫔"的變化相同。

"谷"字經隸變後大部分類化作"谷",字形與"山谷"之"谷"混同,個別的

類化作"去",如"胲"類化作"胲",使一般的人已不知其本從"谷"聲。

"䚔子之用"之"䚔"應讀作"郤"姓之"郤"。《廣韻・陌韻》:"郤,姓,出

濟陰,河南二望。《左傳》晉有大夫郤獻子,俗從'𡚾'。"

　　　　　　　　　《第三屆國際中國古文字學研討會論文集》頁 454—458

䚹　鋘

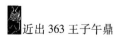近出 363 王子午鼎　　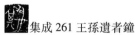集成 261 王孫遺者鐘

○**郭沫若**(1935)　　敫毀(畏誋)。

《兩周金文辭大系考釋》頁 160

○**何琳儀**(1998)　　覒,从禸,其聲。兩周金文習見。

配兒句鑃"威覒",讀"畏忌"。

《戰國古文字典》頁 27

○**李守奎**(2003)　　(編按:王子午鼎)與覒異文。　　(編按:王孫遺者鐘)女爲羨符。

《楚文字編》頁 175

觐

觐 曾侯乙 125　　觐 曾侯乙 128

○**裘錫圭、李家浩**(1989)　　觐。

《曾侯乙墓》頁 496

○**李守奎**(2003)　　歎之變體。

《楚文字編》頁 175

鬪　鬪

鬪 睡虎地·答問 74　　　鬪 睡虎地·日乙 62

○**睡簡整理小組**(1990)　　(編按:睡虎地·答問 74)相與鬪,交傷。

(編按:睡虎地·日乙 62)祠,必鬪見血。

《睡虎地秦墓竹簡》頁 110、234

又　

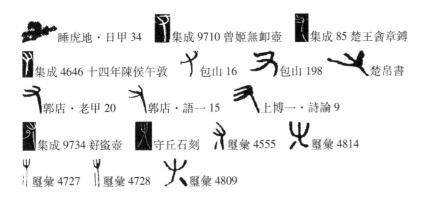

睡虎地·日甲 34　　集成 9710 曾姬無卹壺　　集成 85 楚王酓章鎛

集成 4646 十四年陳侯午敦　　包山 16　　包山 198　　楚帛書

郭店·老甲 20　　郭店·語一 15　　上博一·詩論 9

集成 9734 舒盚壺　　守丘石刻　　璽彙 4555　　璽彙 4814

璽彙 4727　　璽彙 4728　　璽彙 4809

集成 10407 鳥書箴銘帶鉤

○**中大楚簡整理小組**（1977）　（編按：信陽 2·7）"又釦鉤"，又讀作"有"。

《戰國楚簡研究》2，頁 19

（編按：望山 1·23）又假爲有。

《戰國楚簡研究》3，頁 33

（編按：五里牌 17）又假爲有。

《戰國楚簡研究》4，頁 25

○**羅福頤等**（1981）　又　璽文以爲有字。

《古璽文編》頁 64—65

○**何琳儀**（1998）　又，甲骨文作㇒（粹一九四），象右手之形（省五指爲三指）。西周金文作㇈（或鼎），春秋金文作㇈（秦公簋）。戰國文字承襲兩周金文。或於又下加丶、丿、丶、丿、卜、卩等飾筆。或反書作㇈、㇈、㇈，並非ナ字。或作㇈，偶與寸字相混。《説文》："彐，手也。三指者，手之列多略不過三也。（于救切）。"（三下八）

a 陳侯午錞又，讀有，整數與餘數之間的連詞。《書·堯典》："二十有八載。"《史記·封禪書》："朕臨天下二十有八年。"陳侯午錞"保又"，讀"保佑"。

b 燕璽"又衣"，讀"右萃"，參萃字 b。

c 公廚右官鼎"又官"，讀"右官"。晉器"又志"，讀"有志"。《禮記·禮運》："而有志焉。"晉璽"又生"，讀"有生"。《列子·天瑞》："有生不生。"晉璽"又行"，讀"有行"。《孔子家語·執轡》："能行德法者爲有行。"晉璽"有畐"，讀"有福"。《易·泰》："于食有福。"晉璽"勹又"，讀"敷佑"。晉璽"又羌"，讀"有敬"。晉璽"又廈"，讀"右府"。廿七年大梁司寇鼎又，讀有。見 a。中山器又，讀有。守丘石刻又，讀右。

d 楚金又，讀有。見 a。楚簡又，讀有。信陽簡"又道"，讀"有道"。《禮記·禮器》："昔者先王尚有德，尊有道。"包山簡一四〇反又，讀有。見 a。包山簡"又咎"，讀"有咎"。《詩·小雅·伐木》："微我有咎。"包山簡"又伣"，讀"有閒"。《左·昭七》"晉侯有閒"，注："閒，疾差也。"包山簡"又疠"，讀"有病"。包山簡"又牄"，讀"有瘳"。包山簡"又柰"，讀"有祟"。帛書又，讀有。帛書"又㡴乓湝"，讀"有淵其汩"，屬"有 N 其 A"句式結構。《詩經》習見。A，名詞；N，形容詞。"有 N 其 A"猶"NN 然其 A"，或"其 ANN 然"。帛書"千又百歲”,讀“千有百歲”。參 a。帛書“又咎”。見上。

　e 石鼓又,讀有。詛楚文又,讀有,語首助詞,無義。詛楚文“今又悉興其眾”之“又”,復,副詞。秦陶又,姓氏。見《姓苑》。

《戰國古文字典》頁 7

○陳偉(1999)　夫唯是,故德可易而施可遺也。又(或)是施小有利,遺而大有害者,有之。又(或)是施小有害,遺而大有利者,有之。尊德義 37—38

　又,原讀爲“有”,恐當讀爲“或”。“或”亦有“有”的用法,但此處應是“有的”之意。兩個或更多的“或”字引起的句子並列,表示不同狀況的並存,古書習見。如《詩·小雅·北山》“或燕燕居息,或盡瘁事國,或息偃在牀,或不已于行”;《孟子·滕文公上》“或勞心,或勞力”。簡書“或是……或是……”大致是“有的時候(或場合)爲……有的時候(或場合)爲……”的意思。

《武漢大學學報》1999-5,頁 30

△按　六國文字常於“又”下加飾筆而與《説文》“寸”字同形。

【又行】

○羅福頤等(1981)　(編按:璽彙 4557)有行。

《古璽彙編》頁 415

○葉其峰(1983)　“有行”(圖十七)。有德行。《孟子·梁惠王下》:“古之人有行之者”,文中“有行之者”指的就是有德行的人。

《故宮博物院院刊》1983-1,頁 76

圖十七有行

【又志】

○羅福頤等(1981)　(編按:璽彙 4515、4516)有志。

《古璽彙編》頁 412

○陳松長(1991)　此印款亦見《彙編》4515、4516,“有志”乃古人修身自勵之常用語。

《湖南博物館文集》頁 111

【又明上】

○羅福頤等(1981)　(編按:璽彙 4727—4729)又明上。

《古璽彙編》頁 430

○王人聰(1997)　璽文又讀爲有,又與有字通,詳前“宜又萬金”璽考釋。“又明上”即有明上,係有明君在上之義。

《古璽印與古文字論集》,頁 40,2000;原載《故宮博物院院刊》1997-4

【又桀】

○**高明**（1990）　右乘。

《古陶文彙編》頁 80

　集成 2840 中山王鼎　　　秦文字集證 152·308　　　陶彙 5·241　　　璽彙 0280

△按　"右"字《説文》口部、右部重出，詳見卷二口部。

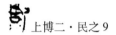

　上博二·民之 9

○**濮茅左**（2002）　（編按：上博二·民之 9）"厷"，《集韻·平·耕》："厷，大通也。通作宏。"《爾雅·釋詁上》："宏，大也。"衛湜《禮記集説》卷一二〇引嚴陵方氏説："大言光輝於外，美言充實於内，盛言無以有加，盡言無有餘藴，起言有加而無已。"

《上海博物館藏戰國楚竹書》（二）頁 168

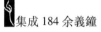
　集成 9735 中山王方壺　　集成 184 余義鐘　　集成 2782 哀成叔鼎　　包山 126

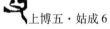
　郭店·成之 31　　　郭店·語一 78　　郭店·語三 1　　　上博五·姑成 6

　侯馬 156：19　　　侯馬 156：21　　睡虎地·日乙 181

○**山西省文物工作委員會**（1976）　宗盟類參盟人名歸父　直父。

《侯馬盟書》頁 300

○**何琳儀**（1998）　父，甲骨文作（鐵二六二·二）。從又持杖，與甲骨文支同形（偏旁中習見）。支、父一字分化，以手持杖爲支，持杖者爲父。支，滂紐；父，並紐；均屬脣音。西周金文作（缶鼎）、（散盤），春秋金文作（魯伯盤），均與支作別。戰國文字承襲兩周金文。或省簡作形（在偏旁甫中尤爲習見）。《説文》："，矩也。家長率教者。從又舉杖。"許慎以矩釋父屬聲訓。

哀成叔鼎“母父”,猶“父母”。盟書父,男子之美稱,亦作甫。《説文》:“甫,男子美稱也。从用、父,父亦聲。”平安君二鼎、魏璽“單父”,地名。魏方足布“甲父”,地名。中山王方壺父,男子之尊稱。《詩·大雅·大明》“維師尚父”,箋:“尚父,吕望也。尊稱焉。”

郱陵君鑑“父佳”,讀“父兄”。《左·隱十一年》“寡人唯是一二父兄不能共憶”,注:“父兄,同姓群臣。”姑馮句鑃“父䚢”,讀“父兄”。

《戰國古文字典》頁 593

窦 雪

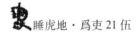睡虎地·爲吏 21 伍

○**睡簡整理小組**(1990)　　某叟之乃(仍)孫。

《睡虎地秦墓竹簡》頁 174

曼 鳳

集成 4596 墜曼簠　　郭店·老乙 12　　上博四·昭王 1　　上博四·曹沫 10

○**荆門市博物館**(1998)　(編按:郭店·老乙 12“大器曼成”)曼,讀作晚。

《郭店楚墓竹簡》頁 119

○**裘錫圭**(1998)　(編按:郭店·老乙 12“大器曼成”)曼,疑當讀爲“趞(慢)”。

《郭店楚墓竹簡》頁 119

○**劉信芳**(1999)　簡乙一二:“大器曼成。”“曼”字帛書乙本作“免”,王本作“晚”。按“曼”讀如“槾”。《説文》:“槾,杇也。从木,曼聲。”杇者,所以塗者也。古銅器、陶器,須依模具製成,而“大器”無模具可依,無規矩可循,只可“塗抹”而自成一器,是“大器”乃創制之器也。

《中國古文字研究》1,頁 109

○**陳佩芬**(2004)　(編按:上博四·昭王 1)曼廷　“曼”讀爲“蹣”。“蹣”,《集韻》:“蹣,踚也。”“曼廷”即踚廷而入。

《上海博物館藏戰國楚竹書》(四)頁 183

○**李零**(2004)　(編按:上博四·曹沫 10)曼　或爲“勖”字之誤寫。

《上海博物館藏戰國楚竹書》(四)頁 250

○**陳偉武**(2006)　　(編按:上博四·昭王 1)疑"曼"可讀爲"邁"。《荀子·正論》:
"曼而饋。"楊倞注:"曼當爲萬。""曼"與"萬"古音均爲明紐元部字,例可通
假。而"邁"从"萬"聲,兩周金文每見"邁"用爲"萬"。故"曼"亦可讀爲
"邁",《爾雅·釋言》:"征、邁,行也。"《詩·周頌·時邁》:"時邁其邦,昊天其
子之。"毛傳:"邁,行也。"

　　(編按:上博四·曹沫 10)頗疑"曼"當作如字讀。曼,美也。魯莊公由衷贊歎自
己聽到曹沫的一席諍言,以倒裝句表强調。因爲心悦誠服,於是就命令毁鐘
型而聽邦政。古代多以"曼"字描摹儀容服飾之美,亦可用以形容言辭之美,
如司馬遷《報任少卿書》:"今雖欲自雕琢,曼辭以自飾,無益,於俗不信,適足
取辱耳。"《文選》李善注:"如淳曰:曼,美也。"

《古文字研究》26,頁 276、277

△**按**　　上博四·昭王 1"曼"字,陳偉(《關於楚簡"視日"的新推測》,簡帛研究
網 2005 年 3 月 6 日)先讀爲"曼",訓爲"干犯"。

　　上博四·曹沫 10"曼"字除上引諸説外,尚有其他意見。陳劍(《上博竹
書〈曹沫之陳〉新編釋文》[稿],簡帛研究網 2005 年 2 月 12 日)讀爲"晚"。
廖名春(《讀楚竹書〈曹沫之陳〉札記》,簡帛研究網 2005 年 2 月 12 日)讀爲
"勉"。季旭昇(《上博四零拾》,簡帛研究網 2005 年 2 月 15 日)讀爲"慢",訓
爲"遲"。

夬 夬

仰天湖 15　　包山 260　　郭店·語一 91　　上博四·采風 3
睡虎地·秦律 157　　睡虎地·雜抄 27　　睡虎地·日乙 197　　睡虎地·日乙 200

○**睡簡整理小組**(1990)　　(編按:睡虎地·秦律 157—158"其有死亡或故有夬[缺]者,爲補之,
毋須時")故有缺,因故出缺。

　　(編按:睡虎地·雜抄 27)傷乘輿馬,夬(決)一革一寸,貲一盾

　　(編按:睡虎地·答問 79"夬[決]其耳")決,撕裂。

《睡虎地秦墓竹簡》頁 56、86、112

○**劉樂賢**(1996)　　整理者釋第 114 號簡(編按:九店 56·96)爲:
　　☐☐生含(陰)虜(陽),夬生於丑,☐生於寅,衰生於卯,夬竟於辰,即☐☐

▨（編按："夐"當隸作"貢"，亦見於郭店・老子甲簡 36，皆讀爲"亡"。下文"夐"字均同。）

簡文夐當讀亡，與生相對爲文。明乎此，則於"衰生於卯"處應讀斷。本簡與第 115 號簡可以綴接，現將兩篇的釋文寫出：

▨□含（陰）牕（陽），夬生於丑，即生於寅，衰生於卯，夬夐（亡）於辰，即夐（亡）於巳，衰夐（亡）於午▨

《華學》2，頁 64

〇**趙平安**（1997）　戰國楚簡裏，夬一般作𤓰（仰天湖二五・一〇）、𤓰（包山二・二六〇）之形，用爲偏旁時，也寫成𤓰（快所從，包山二・八二）或𤓰（契所從，包山二・一三八）。這一點，已爲學術界所公認。如果以此爲基點縱向逆推和橫向系聯，那麼甲骨文中的𤓰（合集九三六七）𤓰（合集九三六八）等字、金文𤓰字（段簋，三代八・五四・一）、古陶文𤓰字（𡣕~，古陶文彙編三・七三九）（編按："𡣕"實當釋爲"瓔"）也應釋爲夬，甲骨文𤓰（合集四八二二）應隸爲盉，古印文𤓰（古璽彙編二四四一）應隸作𤓰。

從殷商到戰國，夬的寫法都很接近。及至秦漢時代，才發生了較大的變化。馬王堆帛書作𤓰（戰國縱橫家書一二五），就是很好的證明，夬的這種寫法和《説文解字》小篆𤓰相似。許慎據小篆解釋夬的形義："分決也。從又，𤓰象決形。"徐鍇補充説："彐，物也；丨，所以決之。"都據訛形爲説，是靠不住的。

夬的形義究竟是什麼？這是一個饒有興趣的問題。本文擬就此進行探討，並在此基礎上，對夬在楚簡中的用法作一番梳理。

我們認爲，夬是由〇和𤓰兩個部分組成的，象人手指上套着一枚圓圈，是一個合體象形字。結合夬和從夬諸字在古書中的用法看，夬的形義應是指射箭時戴在大拇指上、用以鉤弦的扳指。

扳指這個意義古書一般用決表示。如《楚辭・天問》："馮珧利決，封豨是射。"金開誠《楚辭選注》："決：即'扳指'，是用玉石骨角等物做成的指圈，套在右手大指上，拉弓時起護指作用。"有時決拾連言。《詩經・小雅・車攻》："決拾既佽，弓矢既調。"《毛傳》："決，鉤弦也；拾，遂也。"《國語・吳語》："夫一人善射，百夫決捍，勝未可成。"韋昭注："決，鉤弦；拾，拾捍。"鉤弦就是扳指。有時決與遂連用。《儀禮・鄉射禮》："司射適堂西，袒決遂。"鄭玄注："決，猶闓也，以象骨爲之，著右手大擘指，以鉤弦闓體也。遂，射韝也，以韋爲之，所以遂弦者也。"《儀禮・大射儀》："司射適次，袒決遂，執弓，挾乘矢於弓外，見鏃於弣，右巨指鉤弦。""決遂"與上文同義，故鄭玄做了基本相同的注釋。

除了寫作決以外,扳指還可以用玦、抉、彁、夬表示。如《禮記・内則》:"右佩玦、捍管、遰、大觿、木遂。"孫希旦《集解》:"玦當作決。"《逸周書・器服解》:"象玦朱極。"朱右曾《校釋》:"玦,決也……以象骨爲之,著右手大指,所以鉤弦闓體。"《戰國策・楚策一》:"章聞之,其君好發者,其臣抉拾。"鮑彪本抉作"決"。"抉拾"即"決拾"。《詩經・小雅・車攻》"抉拾既佽",《經典釋文》作"夬",説:"本又作決,又作抉。"《周禮・夏官・繕人》鄭玄注引《詩經》作"抉",《集韻》入聲屑韻引作"夬",説:"或从弓。"《國語・吳語》:"百夬決拾。"《補者》:"決文或作夬。"

在決、玦、抉、彁、夬諸字當中,夬是表示扳指的初文,彁爲纍增字,決玦抉爲借字。過去由於没有見到未經訛變的古形,不能確定這一點。現在有了古文字的資料,問題便迎刃而解了。

夬的形義在楚簡中也有所反映:

(1)一綻布之繪,文縲之韋,縫純,又紅組之綏,又骨夬。 (仰天湖二五・一〇)

(2)一奠(鄭)弓,一紛韰,夬昷。 (包山二・二六〇)

例(1)中的"骨夬",就是骨製的扳指。例(2)中,"夬"指扳指,"昷"指臂衣,是射箭時戴在左臂上用以蔽膚、斂衣的東西。劉昭説:

> 字書从"昷"的字皆有"蘊藏""包含"之義,如"韞"字《集韻》上聲隱韻訓爲"藏",《集韻》平聲魂韻又訓爲"韇",而"韇"字《玉篇》謂"弓衣也、韜也","韜"即"套"也。

"套"可以解釋爲臂衣。這種東西古書中有拾、遂、韝、捍等多種異名。孫詒讓《周禮正義》:

> 凡拾、遂、韝、捍,四者同物。韝爲凡袒時蔽膚斂衣之通名,《史記・滑稽傳》云"帣韝鞠𦜕",又《張敖傳》云"朝夕袒韝蔽上食"是也。其射時著之,取其捍弦,故又謂之捍;亦取其遂弦,故又謂之遂。非射時,則無取捍遂之義,故謂之拾。

昷是這種臂衣的另一種異名。

例(2)前面列"一奠(鄭)弓",後面列"夬昷",都是與射箭有關的東西。其中"弓"和"夬"都爲同墓所出實物所證明。"一紛韰"在"一奠(鄭)弓"和"夬昷"之間,表明"韰"與射箭有關。這種東西還見於信陽長臺關一號墓遣策：

> 一蚌齊緅之斂，帛裹，紐緣。 （簡四）
>
> 一兩靮緛，紫韋之納，紛純，紛繢。 （簡十一）

它究竟爲何物，有待於進一步的研究。但是它的質地多樣、紋飾豐富，和射箭有一定的聯繫，是可以肯定的。

例（1）中"一綎布之繢，文緤之韋"和包山楚簡"一會、二骨梢、一綱（綱）縞之緯"（簡二・二六二）中繢與會、韋與緯相對應，應同物。包山楚簡的整理者在"緯"下解釋説："讀如幬"，《説文》："囊也。"那麼，例（1）中的韋也應解釋爲囊（袋子）。"繾純"的"純"是邊緣的意思，這裏指"韋（幬）"的邊緣。"繾"是"純"的修飾語，指"純"的質地而言。仰天湖楚簡有一簡説："一紫綎之笞（簎），續緆文繾之純。"（簡八）其中"繾之純"即"繾純"。"紅組之綏"的綏即綾，是似纓飾的下垂物，它應是"繾純"上的裝飾。

例（1）所出的仰天湖二十五號楚墓，曾先後兩次被盜掘，隨葬品大部分被破壞或盜去，僅存物很少，因而"骨夬"無法與實物對照。例（1）中"繢"與"韋"的意義或意義範圍的確定，有助於證明釋"骨夬"爲骨製扳指的正確性。

夬字還見於下面一簡：

> 九亡童：亓（其）三（四）亡童皆碾衣，亓（其）三亡童皆丹緅之衣，亓（其）二亡童皆素衣，皆赤頸索（素）豕之毛夬。 （望山二・四九）

這個夬字字迹有些模糊，《望山楚簡》一書摹作，我們認爲應是夬字，通帗。《篇海類篇・衣服類・巾類》："帗，帨也。"依照《説文》，帨是帥的異體，是佩巾的意思。"毛夬（帗）"當指毛物做的佩巾。《説文・毛部》："毛，眉髮之屬及獸毛也。"徐灝《注箋》："人獸曰毛，鳥曰羽，渾言通曰毛。""赤頸素豕"爲"毛夬（帗）"的修飾語，"赤頸"是説"毛夬（帗）"相當於頸的部位是紅的。頸本指人頸，引申指器物像頸或相當於頸的部分，如《周禮・考工記・輈人》："參分其兔圍，去一以爲頸圍。"鄭玄注："頸，前持衡者。"《禮記・投壺》："壺頸修七寸。""索（素）豕"又見於望山楚簡："☐霝光之紙，縞裹，索（素）豕之純，組綏。"（簡二・六一）意義不詳。"皆赤頸索（素）豕之毛夬"是説"九亡童"都有赤頸索（素）豕的毛料佩巾。根據發掘報告，同墓所出亡童（即木俑，共十六件，另有七件未記入竹簡）"身著絹衣，爲右衽式，頭上有絲質假髮（並塗黑），臉部施紅彩"。没有關於佩巾的記載，可能是腐爛了。

《第三屆國際中國古文字學研討會論文集》頁 711—718

○**劉信芳**（1997） 包山簡二六〇："一奠弓，一紛斂，夬内。"出土實物有一半月形弓(標本二:二二六),即簡文所記"奠(鄭)弓",一馬鞍形弓(標本二:四四七),即簡文所記"紛歟"。"紛歟"取馬鞍形弓可分可會之意,説參服飾"紛會"條。

所謂"夬內"讀作"夬離",其字又作"決麗",或稱作"決拾、決遂"。依舊注,"決"爲指套,用骨製,射箭時用以鉤弦;"遂"爲臂衣,用韋製,著於左臂,以護臂。《儀禮·大射儀》:"司射適次,袒決遂。"鄭玄注:"袒,左免衣也;決,猶闓也,以象骨爲之,著右巨指,所以鉤弦而闓之;遂,射韝也,以朱韋爲之,著左臂,所以遂弦也。"《儀禮·士喪禮》:"設決麗於擘,自飯持之,設握乃連擘。"鄭玄注:"決以韋爲之,籍有彄,彄內端爲紀(紐),外端有橫帶,設之以紐擐大擘本也。"《詩·小雅·車攻》:"決拾既佽,弓矢既調。"毛傳:"決,鉤弦也。拾,遂也。"《天問》:"馮珧利決,封豨是射。"王逸章句:"決,躲韝也。"按"利決"實爲"夬內"之倒。"夬"又通作"韘",《説文》:"韘,射決也,所以拘弦。以象骨,韋系,著右巨指。从韋,枼聲。"夬、韘乃一音之轉。

核之出土實物,該墓出土指套二件,指套殘留有皮墊,形制與鄭玄、許慎所述相合。又曾侯乙墓出土有"玉韘"一件,形制與上述指套相類而略小。該類器物大小有不同,應是根據使用者的不同要求而特製。

《中國文字》新 22,頁 187—188

○**李守奎**(1997)　(編按:九店 56·96)"夥"當即"夬"字。

《江漢考古》1997-4,頁 67

○**何琳儀**(1998)一絟(疏)布之繪,大纀(襈)之韕(緞),繸純,又(有)紅組之綏(緌),又(有)骨△。(15)

"△"原篆作:夥

史氏釋"耳",余氏釋"扭",郭氏釋"叉"。

按,"△"應釋"夬",參見下列楚簡文字:

夥包山 260　　　　　夥望山

包山簡"夬畠"應讀"夬韞"。《集韻》:"夬,所以闓弦者。"《廣雅·釋詁》四:"韞,裹也。""夬韞"指盛放夬之袋。"夬"即"扳指",詳下文。包山墓出土兩件帶皮墊的骨刺"指套"即"夬"。"皮墊"望山簡"丹緅之載(車)夬""□緅聯(聯)綮之夬"。其中"夬"均讀"槥"。《禮記·禮運》:"三五而闕。"《孔子家語·禮運》"闕"作"缺"。前者"槥"與"車"聯言,應指車鉤心木。《漢書·王吉傳》"其樂豈徒銜槥之間哉",注:"師古曰,槥,車鉤心也。"後者與馬具聯言,應指馬銜。《莊子·馬蹄》"前有橛飾之患",釋文:"橛,司馬云,銜也。崔云,鑣也。司馬云,飾,排銜也。謂加飾於馬鑣也。"簡文"□緅耴"即馬銜之飾。

戰國文字从"夬"字有:

䚕　集成 300・5　　輯證 217・1　　集成 310・3

快　包山 82　　包山 169　　包山 118

叓　包山 138　　包山 150　　包山 194

默　包山 74　　包山 152

曾侯乙墓所出鐘、磬銘"夬"讀"缺",疑是變律的專門術語,如"濁坪皇之䚕""濁獸鐘之䚕""割韠(冼)之䚕"等。

包山簡"快、叓、默"三字均爲人名。

秦漢文字"夬"及从"夬"之字習見,參《秦漢》:

夬　195　　夬　195　　䚕　688

決　801　　抉　867　　陜　1042

快　745　　缺　432

由戰國秦漢文字"夬"還可推溯舊所不識的商周文字"夬":

夬　類纂 358　　䚕　宜桐盂

甲骨文"夬"多見甲橋刻辭,爲方國之名。《説文》:"決,盧江有決水,出於大別山。"刻辭中"夬"似與"決水"有關,估計在河南固始一帶。

春秋晚期徐器桐盂銘"郐王季槀之孫宜桐乍鑄飤盂以宜䚕妹"。其中"宜"爲動詞,不識;"䚕"可讀"厥",物主代詞。參上文引"缺"與"闕"相通之證。

《説文》:"夬,分決也。从又,⺕象決形。"關於"夬"的構形及本義,清代學者多有揣測之辭,兹不具載,詳《説文詁林》。朱駿聲云:"本義當爲引弦彄也。从又,⼍象彄,丨象弦。今俗謂之扳指,字亦作抉。《周禮・繕人》決拾。注,挾矢時所以持弦飾也,箸右手巨指。以抉爲之。《詩・車工》夬拾既佽。釋文,夬本作抉。"朱氏根據小篆分析字形,殊不可據;但以"夬"爲"抉"之初文,十分正確。《集韻》:"夬,所以闓弦者。""夬"从"又","抉"从"手"。"又、手"本一字分化,故"夬"與"抉"爲古今字。《廣韻》:"抉,縱弦彄也。"

甲骨文正象右手套扳指之形,屬於所謂"借體象形字"。扳指有"如環無端"和"如環而缺"兩種。上文所引《集成》著録曾侯乙編鐘"䚕"所从屬"如環無端",屬"如環而缺"。上文所引漢代《縱橫家書》亦屬"如環而缺"者,後來被小篆所承襲。或囿於小篆以爲"夬"从"又",从"乂"殊誤。"夬"的體（編按：當是“形體”）演變列表如次：

$$ \text{（字形圖示）} $$

在典籍中，“夬”除作“抉、觖、決”外，亦作“玦”，即“韘”，乃先秦成年男子經常佩帶之物。《詩·衛風·芄蘭》：“芄蘭之葉，童子佩韘。”傳：“韘，玦也。能射御則佩韘。”箋：“韘之言沓，所以彄沓手指。”《説文》：“韘，射決也。所以拘弦以象骨韋系，箸右巨指。”《儀禮·大射禮》“祖決遂”，注：“以象骨爲之，箸右手巨指，所以鈎弦而闓之。”仰天湖簡文“骨夬”即“象骨”所製之“夬”。扳指在考古遺物中習見，望山 M1 出土 2 件，望山 M2 出土 20 件，多爲骨製。凡此説明，本文“骨夬”的釋讀是可信的。

15 號簡文意謂“一件有畫飾之衣，寬邊緣的蔽膝（《釋名·釋衣服》‘襈，緣也。青絳爲之緣也’），縫合邊緣，有紅色絲組編織的繫帶（《爾雅·釋器》‘繚，綏也’，注‘綏，繫也’），有骨製的扳指”。

《簡帛研究》3，頁 109—111

○**李家浩**（1999）　（編按：仰天湖6）“骨夬”是“紅組之縫”上所繫的佩飾。

《中國古文字研究》1，頁 100

○**李家浩**（2000）　（編按：九店56·96）“夬”字原文作⿰，與下列古文字“夬”寫法相似：⿰（曾侯乙墓石磬“缺”字偏旁，見《曾侯乙墓》上册 559 頁注㉕［編按：當爲注㉔］、580 頁圖二二·6）、⿰（《包山楚簡》圖版一一三·二六〇）、⿰（《秦漢魏晉篆隷字形表》195 頁睡虎地秦簡），故釋文暫且將此字釋寫作“夬”。原簡於“夬”字下有句讀符號，表示所記的“生”於此完結。

《九店楚簡》頁 136

○**程燕**（2003）　M2·49 簡文（編按：望山 2·49）：

　　亓（其）二亡童皆紫衣，皆赤頸，索（素）爹（縫）之毛△

　　△原篆作：⿰

《釋文》未作隷定；但在注釋中疑釋“安”。趙平安先生將其隷作“夬”。筆者曾核對過原簡，此字原篆中手指的象形部分周圍確有零星的淡淡的墨迹，由此可見趙先生的隷定是可信的。

　　按：“夬”讀作“缺”。頭巾的一種，用以固冠者。《集韻》：“缺，卷幘也，結項中，隅爲四綴，所以固冠者。”《儀禮·士冠禮》“緇布缺項青組”（編按：引文“緇布”後缺“冠”字），鄭注：“缺讀如有頍者弁之頍，緇布冠無笄者著頍圍髮際結項中,隅爲四綴以固冠也。”

簡文的大意是:兩個木僮都身著紫色的衣服,紅色的頸子,頭上繫有白色的組帶,項下繫有毛製的頍。望山楚墓的考古發掘報告中有關於出土木僮的記載:“身著絹衣,爲右衽式,頭上有絲質假髮(並塗黑),臉部施紅彩。”“索(素)豙(縌)之毛夬(缺)”可能就是假髮上的一種飾物。而遺憾的是出土的木僮假髮上未發現有遣策簡中記載的這種髮飾,可能是腐爛了。但包山二號楚墓的出土實物卻可以爲我們提供一個旁證。包山二號楚墓也曾出土一批木俑,發掘報告對其中一個木俑(標本2:17)做了如下描述:“體略瘦。一假辮垂至腰部,頭頂經墨繪,頜下繫組纓,結死結。”參看下圖:

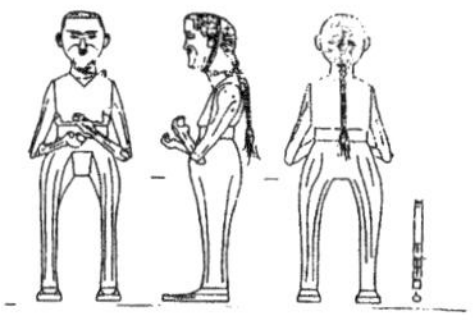

從側圖來看,頜下的組纓是從頭上繫下來的,與上引《儀禮・士冠禮》“圍髮際結項中”正合。這種髮飾就如我們今天所用的髮圈,一方面可以固定頭髮,另一方面又可以起裝飾美觀的作用。

《江漢考古》2003-3,頁89

○**劉信芳**(2003)　《禮儀・大射禮》:“司射適次,袒決遂。”鄭玄《注》:“袒,左免衣也;決,猶闓也,以象骨爲之,著右巨指,所以鉤弦而闓之;遂,射韝也,以朱韋爲之,著左臂,所以遂弦也。”《儀禮・士喪禮》:“設決麗於掔,自飯持之,設握乃連掔。”鄭玄《注》:“決以韋爲之,籍有彄,彄内端有紐,外端有横帶,設之以紐擐大擘本也。”《詩・小雅・車攻》:“決拾既佽,弓矢既調。”毛《傳》:“決,鉤弦也。拾,遂也。”《天問》:“馮珧利決,封狶是射。”王逸《章句》:“決,射韝也。”或稱之爲“韘”,《説文》:“韘,射決也,所以鉤弦。以象骨,韋系,著右巨指。从韋,枼聲。”按:枼、夬一聲之轉。出土實物中有“骨指套”二件(參《包山楚墓》262頁),即古代鉤弦之“夬”,該指套内殘留有皮墊,與《説文》所述形制合。又曾侯乙墓出土有玉韘一件(《曾侯乙墓》431頁),形制與上述指套相類而略小。該類器物大小有不同,應是根據使用者的不同要求而特製。

“昷”讀爲“韞”,劉釗、何琳儀對“昷”已有正確的釋讀(劉釗《包山楚簡文字考釋》,中國古文字研究會第九屆年會論文,1992年,南京;《釋慍》,《容庚先生百年誕辰紀念文集》,廣東人民出版社1998年;何琳儀《仰天湖竹簡選釋》,《簡帛研究》第3輯)。惟釋“夬昷”爲盛放夬的囊,似不妥。“夬昷”應是指套與臂衣的合稱。臂衣即上引鄭注所謂"韝"，亦即皮製護套，纏裹於臂。《廣雅·釋詁》："緼，裹也。""昷"讀爲"緼"。

《包山楚簡解詁》頁 277—278

△按　劉國勝(《楚喪葬簡牘集釋》109 頁，科學出版社 2011 年)認爲望山 249"索豪之屯夬"中的"夬"，"疑讀爲《禮儀·士冠禮》'緇布冠缺項青組，緌屬於缺'之'缺'"。

【夬麗】

○睡簡整理小組(1990)　《説文》："夬，分決也。"《廣雅·釋言》："麗，離也。"夬麗即分離。

《睡虎地秦墓竹簡》頁 249

尹 𡰥 君

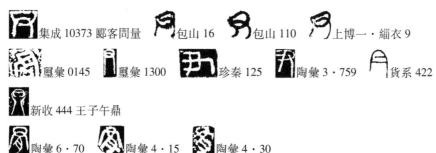

　　集成 10373 郾客問量　　　包山 16　　　包山 110　　　上博一·緇衣 9
　　璽彙 0145　　　璽彙 1300　　　珍秦 125　　　陶彙 3·759　　　貨系 422
　　新收 444 王子午鼎
　　陶彙 6·70　　　陶彙 4·15　　　陶彙 4·30

○顧廷龍(1936)　胤。

《古匋文舂録》卷 4，頁 1

○羅福頤等(1981)　尹。

《古璽文編》頁 65

○高明、葛英會(1991)　尹　君。

《古陶文字徵》頁 80—81

○湯餘惠(1986)　三晉和燕國的器物銘文時常見到"工君、大工君"的職官稱謂。柯昌濟釋"肙"，高田忠周謂"《説文》尹古文作𢁘，疑有寫誤"，於字形全不合，李孝定"疑从尹从肉"。其説雖是，然苦於無證。按古璽此字或作：

𡱭 2768　　　𢍰 2788

字下从肉完全可以肯定，字不見後世字書，疑从肉，尹聲，戰國文字用爲"尹"。

《古文字研究》15，頁 43

○何琳儀(1998)　尹，甲骨文作𠃝(前七·三二·三)。从又，持物。或説，尹、聿一字分化。聿，定紐脂部；尹，定紐諄部。脂、諄爲陰陽對轉。西周金文作𦥑（作册大鼎）、𦥑（牆盤）、𦥑（穆公鼎），後者漸趨對稱形。春秋金文作𦥑（者旨𦥑盤）、𦥑（徐𧊒尹鉦）。戰國文字承襲兩周金文。或作𦥑、𦥑、𠂤等形。《説文》：“𦥑，治也。从又、丿，握事者也。𦥑，古文尹。”古文𦥑乃𦥑（𥄗）之訛。

    c 晉璽尹，姓氏。尹氏，少昊之子封於尹城，因爲氏，子孫世爲周卿士，食采於尹。見《通志·氏族略·以邑爲氏》。韓方足布“尹陽”，地名。見《讀史方輿紀要》河南府。在今河南嵩縣。趙尖足布“尹城”，地名。見上引《通志》。又《路史·國名記》：“尹，般之封，今汾州。鄭樵説故尹地，及周爲尹氏采（有吉甫墓）。”

    d 楚器尹，官名。（中略）

    e 秦璽尹，姓氏。見 c。

    f 古璽尹，官名。

《戰國古文字典》頁 1336

胃，从肉，尹聲。

    b 燕器胃，讀尹，官名。晉璽胃，讀尹，姓氏。見尹字 c。

    c 晉器胃，讀尹，官名或姓氏。見 b。

《戰國古文字典》頁 1337

叙 叙

叙 包山 198　叙 包山 202　叙 包山 213　叙 郭店·老丙 12　叙 郭店·緇衣 26
叙 上博二·容成 27　叙 上博五·鬼神 6　叙 集粹　叙 璽彙 0174

○**李學勤**（1960）　絹書六月之“叙”與“且”相通假，如田齊陶器題銘中“藪”即“苴”，“櫨”即“柤”。

《文物》1960-7，頁 68

○**嚴一萍**（1967）　《爾雅·釋天》：“六月爲且。”按《汗簡》且作叙，是《爾雅》之且與繒書之叙爲一字。郝氏《義疏》曰：“且者，次且行不進也。六月陰漸起欲遂上，畏陽猶次且也。”其義與繒書之“叙司夏”者不相涉。

《中國文字》26，頁 26

○**羅福頤等**（1981）　叙　与小臣遫㲃叙字形近。

《古璽文編》頁 66

○**沙孟海**（1983）　叡即且之繁寫。《詩·叔于田》"洵美且武"，語意近同。

《考古》1983-4，頁 340

○**饒宗頤**（1985）　六月　虘

《爾雅》云："六月爲且。"《唐月令》《玉燭寶典》及《周禮》賈疏皆同作
"且"。帛書作"虘"者，乃繁形益虍旁。帛書祖字作虘。楚簡組字習作繲，
例同。

且之取義，李巡曰："六月陰氣將盛，萬物將衰，故曰且，將也。"訓且爲將，
孫炎云："且之言麁，物麁大。"則讀且爲粗（俱見《玉燭》引也，下同）。郝《疏》
云："且，次且，行不進也。六月陰漸起，欲遂上，畏陽，猶次且也。"讀且爲趄
趑，皆取聲訓爲説，均甚牽強。

《楚帛書》頁 112—113

○**何琳儀**（1986）　"叡"，《汗簡》引王庶子碑"且"作"叡"與帛書合。

《江漢考古》1986-2，頁 78

○**饒宗頤**（1993）　虘即夏六月之且月，於辰爲未，二十八舍未在井、鬼之閒。
《史記·天官書》："東井爲水事。"又云"禍成井，誅成質"。《正義》云："東井
八星，鉞一星，與鬼四星，一星爲質，爲鶉首，於辰在未。"（皆秦之分野）《集
解》引晉灼云："東井主水事，火入一星（按指質爲鶉首）居其旁，天子且以火
敗，故曰禍也。"虘月於辰爲未，與井舍在未同，井爲水事，故辭云"水"。與鬼
五星，其中白者爲質。《正義》引占："鬼星明大，穀成；不明，百姓散。質欲其
沒不明；明則兵起，大臣誅，下人死之。"此辭云"其敔其返，至于其下"者，敔字
殘泐過甚，憲通摹出作敡，偏旁爲昏益攴，昏或爲昏，即謂不明。因質星以沒不
明爲吉。虘月在辰位，其宿爲井，井八星，其一爲質，質昏而不明則其師可復，
且及其下人，否則被誅且敗。

《楚地出土文獻三種研究》頁 337—338

○**王志平**（1998）　六月　虘

六月日躔與歲星同宿於柳或張，於十二次爲鶉火，於十二辰爲建未之月。

從天象上看，六月之"虘"應與柳宿有關。虘爲從母魚部字。而《爾雅·
釋天》"星名"云："咮謂之柳。"《史記·律書》對應的宿名爲"注"。而"咮"爲
端母侯部字，"注"爲章母侯部字。魚、侯二部古韻相近，而從母與端母或章母
雖然不屬一系，但發音部位比較接近。所以"虘"或許應該讀爲"咮"或"注"，
適與柳宿相當。

《華學》3，頁 185

○**何琳儀**（1998）　《説文》：“叝，又卑也。从又，盧聲。”叝與虘（虘）極易相混，參見虘及从虘之字。

齊陶叝，地名。

楚簡叝，除人名外均讀“且”，猶又。帛書“乃取叝遲”，讀“乃娶且徙”。且，猶而。《易・解》：“負且乘。”帛書叝，讀且。見《爾雅・釋天》：“六月爲且。”

《戰國古文字典》頁 571

○**施謝捷**（2000）　見卷二八部公字下【公叝】條。

【叝司頍】

○**饒宗頤**（1985）　原絹此句虘字有摺痕，惟外圍文字“曰虘不可……”句之虘字明顯可辨。仰天湖簡“組”字旁亦从虘作。漢簡“且”字从虘，帛書之虘月，即《爾雅》六月之且。

頍字即夏，三體石經夏作 𣋎，古鉩作 頍，《汗簡》引義雲章同。皆夏之古文。鄂君啟節言“頍 𠂤 之月”，其夏字从日从頁，又益女旁，亦戰國之異形。

《楚帛書》頁 102

【叝州】

○**李零**（2002）　虘州　從文義看，應相當《禹貢》之雍州。其名或與沮水有關。

《上海博物館藏戰國楚竹書》（二）頁 271

【叝遲】

○**饒宗頤**（1993）　以丙篇玄月“可 𠂤 □遲乃咎”句證之，甲篇“乃取虘遲”句，其末字當是从尾从辵。李（零）、何（琳儀）諸家所見悉同。李讀爲徙，何因釋此句爲“方娶且徙”，讀取爲“娶”、虘爲“且”。按“娶妻又轉徙”，説頗勉強。余謂“虘遲”蓋地名，虘即沮水之沮。地名、水名每繫“尾”字，如《禹貢》“陪尾”，宋人稱楚尾皆其例，《史記・天官書》言“山川首在隴蜀，尾没於勃碣”是也。故虘遲可解爲沮水之尾。尾閭字或作浘（見《集韻》），此則爲繁形从辵作遲。

《楚地出土文獻三種研究》頁 345

○**劉信芳**（1996）　乃取虘遲，□子之子曰女 𡥋（豈），是生子四。

虘字多見於包山簡，除人名用字外，例多讀如“且”，簡一九八：“虘（且）志事少遲导。”二一〇：“虘（且）外又不訓。”皆其例。帛書“虘”後一字稍殘，字形與丙篇之九“遲”字相合，包山簡二五〇：“命攻解於漸木立，虘遲其尻而梪之。”“遷”讀如“徙”。由“虘遷”讀“且徙”,可知上文“取”應讀如“趣”(趨),蓋“乃趣”與“且徙”爲互文也。或讀“取”爲“娶”,謂“乃娶且徙”即才娶妻又遷徙,此亦可備一説。

《中國文字》新21,頁70—71

及 　 𨑢

石鼓文・汧殹 睡虎地・效律33 龍崗38 集成2840中山王鼎

郭店・緇衣5 郭店・成之27 郭店・尊德18 上博一・詩論15

侯馬156:4 侯馬156:21 郭店・唐虞24 集成10407鳥書箴銘帶鉤

上博二・容成19

上博四・曹沫52 上博五・鬼神3

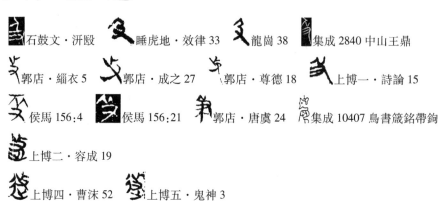

○**山西省文物工作委員會**(1976)　宗盟類　改助及奐卑不守二宮者　宗盟委質類某某及子孫　及群嘑盟者。

《侯馬盟書》頁300

○**荊門市博物館**(1998)　(編按:郭店・唐虞24)秉(及)。

《郭店楚墓竹簡》頁158

○**何琳儀**(1998)　及,甲骨文作(粹六六五)。从人从又,會一人以手逮及另一人之意。西周金文作(保卣),春秋金文作(秦公鎛)。戰國文字承襲兩周金文。或加飾筆作、,或作、(燕系文字),與古文相似。《説文》:“,逮也。从又从人。(巨立切)。,古文(編按:當爲“及”)、秦刻石及如此。,亦古文及。,亦古文及。”

侯馬盟書、中山王(編按:脱“鼎”)及,連詞。《爾雅・釋詁》:“及,與也。”晉璽及,姓氏。及氏,箴姓之分。見《路史》。中山王方壺及,見《廣韻》:“及,至也。”

詛楚文及,連詞。青川牘及,又。見《經詞衍釋》。

《戰國古文字典》頁1373

△**按**　《説文》:“,亦古文及。”戰國文字“及”字或增益義符“辵”作“𨑢”,與《説文》古文同,見卷二辵部。

秉

曾侯乙 5　　　上博一·緇衣 5　　　上博一·詩論 5　　　上博五·三德 12

睡虎地·日甲 36 背壹

○嚴一萍（1967）　　商氏釋“事”。或釋“秉”。以當《爾雅·釋天》三月之“寎”。按釋“秉”可從。《廣韻》引《爾雅》作：“三月爲宭。”《玉篇》：“宭，穴也。筆永切。”《説文》：“寎，臥驚病也，从疒省，丙聲。”故郝氏《爾雅義疏》曰：“然則宭者丙也。三月陽氣盛，物炳炳然也。”蓋古人稱三月爲“丙”聲之月，故繒書以秉爲之。《爾雅》以寎爲之，其含義不必如郝氏所説。今以繒書證之，則“丙”聲所代表者，當爲神名，可斷言也。

《中國文字》26，頁 20

○饒宗頤（1985）　　三月　秉

《爾雅》：“三月爲寎。”（宋本·臺北故宮印）《釋文》本或作宭，《廣韻》引《爾雅》：“三月爲寎云本上作病。”李巡本作病。《玉燭》引《説文》疒部：“寎，臥驚病也。”故借寎爲病。《玉燭寶典》引“《爾雅》曰：三月爲柄”。孫炎曰：“物已絶，地有莖柄也。”（日本尊經閣藏貞和四年抄本）是古本《爾雅》亦有作柄者，與楚帛書之作“秉”正同。

寎之取義，李巡云：“三月陰氣在上，陽氣未壯，萬物微弱，故曰病。”此從病字立訓。郝疏：“宭者，丙也。三月，陽柔盛，物皆炳然也。”則讀爲丙，而訓作炳。

《楚帛書》頁 107

○何琳儀（1986）　　“秉”，即“寎月”，見《爾雅·釋天》“三月爲寎”，又《廣韻》上聲梗韻下引《爾雅》作“宭”。

《江漢考古》1986-2，頁 84

○睡簡整理小組（1990）　　（編按：睡虎地·日甲簡 36 背壹）以棘椎桃秉（柄）以意（敲）其心，則不來。

《睡虎地秦墓竹簡》頁 212

○何琳儀（1998）　　秉，甲骨文作 （後下一〇·一四）。从又从禾，會手持禾束之意。金文作 （班簋）。戰國文字承襲金文。或在豎筆上加一短橫爲飾。《説文》：“ ，禾束也。从又持禾。（兵永切）。”（三下九）

　d 帛書秉,讀寎。《爾雅·釋天》:"三月爲寎。"隨縣簡秉,束(箭束)。者汈鐘秉,見《爾雅·釋詁》:"秉,執也。"《書·君奭》:"罔不秉德明慎。"

《戰國古文字典》頁 712—713

○**王志平**(1998)　三月　秉

　　三月日躔與歲星同宿胃宿,於十二次正當大梁,於十二辰爲斗建辰之月。饒宗頤先生已經指出,"三月名秉,或取義於斗秉。帛書於四隅書四時所主之月名,例曰某司某,與《漢書·魏相傳》相同,'東方之神太皞,秉震執規以司春',而此云'秉司春',句例正同"。又"三月名曰秉,或取義於斗秉,言斗柄盡於春,是爲三月"。

　　按:饒説甚是。我們可以爲此補充一些論證。《夏小正》云:"正月……斗柄懸在下。"又《鶡冠子·環流篇》:"斗柄東指,天下皆春。"十二月建的原理本來就是基於斗柄在初昏時所指的方向而定的。《夏小正》以正月斗柄所指爲立春,而《楚帛書》以三月斗柄所指爲"司春",曾憲通先生認爲:"從帛書'秉司春''虞司夏''玄司秋''荼司冬'看來,秉、虞、玄、荼皆爲季月,而職司四時,則四時似又可稱爲'四季',此或即後世'四季'之名的濫觴。"這可以解釋爲何以三月斗柄所指爲"司春"。

《華學》3,頁 184

△**按**　秦文字或又用"枋"字爲"柄"。

【秉戈】

○**孫稚雛**(1982)　秉戈,指儀仗護衛所持之戈。

《古文字研究》7,頁 107

○**徐在國**(2005)　此外,曾、楚兩國的兵器銘文中還出現過"秉戈",如:

　　　楚公家秉戈(《集成》17·11064)

　　　曾侯養伯秉戈(同上 17·11121)

　　李學勤先生曾對曾侯養伯戈做過考釋,他説:"'秉戈','秉'是執、持的意思。古書談到手持兵器一類器物,常用'秉'字,如《尚書·牧誓》:'右秉白旄以麾。'因此,棗陽趙湖這件戈是曾侯養伯自用之物。"其説可從。《爾雅·釋詁下》:"秉,持也。""秉戈"義與"拱戈"同。

《古漢語研究》2005-1,頁 66

【秉司昔】

○**饒宗頤**(1985)　原物影片放大所見第一字,中从彐,其上爲禾,甚爲顯著,此三字當釋"秉司春"。秉者,即《爾雅·釋天》月名三月之寎,《經典釋文》或作窝,《廣韻》上聲三十八梗:"窝,《爾雅》曰:'三月爲窝,本亦作病。'"字次於"秉"字之下,同音故也。帛書作"秉",从丙聲之字,古每通秉。《史記・天官書》:"斗秉兼之。"《正義》云:"北斗所建,秉十二辰,兼十二州,二十八宿。"錢大昕云"秉即柄字",是其例證。三月月名之秉,應是正字,《爾雅》同音假作窝或病耳。三月名曰秉,或取義於斗秉,言斗柄盡於春,是爲三月。

　　旹字从日屯聲,屯字多加一丿,此如古文風从凡作凮,例同。

《楚帛書》頁 101—102

　　秉即《爾雅》三月之病,釋文或作窝。《廣韻・上聲・三十八梗》,窝字次於秉之下,蓋同音。从丙聲之字,古每通秉。《史記・天官書》:"斗秉兼之。"《正義》:"北斗所建,秉十二辰。"錢大昕云:"秉即柄字。"三月名秉,或取義於斗秉。帛書於四隅書四時所主之月名,例曰某司某,與《漢書・魏相傳》相同,《相傳》云:"東方之神太皥,秉震執規以司春。"而此云"秉司春",句例正同。

《楚帛書》頁 75

○**王志平**(1999)　三月之"秉,司春",饒宗頤先生已經指出"秉"通"柄","三月名曰秉,或取義於斗秉,言斗柄盡於春,是爲三月"。饒説甚是。我們可以爲饒説補充一個論證。《鶡冠子・環流篇》云:"斗柄東指,天下皆春;斗柄南指,天下皆夏;斗柄西指,天下皆秋;斗柄北指,天下皆冬。斗柄運於上,事立於下。斗柄指一方,四塞俱成。"《夏小正》云:"正月初昏,斗柄懸在下,六月初昏,斗柄正在上。"《史記・天官書》云:"分陰陽,建四時,轉節度,定緒紀,皆繫於斗。"(**編按**:所引《天官書》"建四時"後脱"均五行","轉節度"爲"移節度"之誤。)最初"斗建"大約只用來確定四季,斗柄月建的説法,大約是後起的。斗柄東指,適爲春季,這或許就是"秉,司春"的來歷。

《江漢考古》1999-3,頁 56

反 反

集成 309 曾侯乙鐘　　曾侯乙鐘架　　曾侯乙鐘架　　郭店・成之 11
郭店・太一 1　　上博五・姑成 1　　上博四・内豊 6　　睡虎地・日甲 73 背
睡虎地・日甲 154 背　　秦陶 1261　　集成 2360 王后左和室鼎　　燕下都 241・1
貨系 1428

○**黄翔鵬**（1981）　見卷二小部"少"字條。

○**李純一**（1981）　此律楚國叫做吕鐘，"其反爲亙（宣，洹、匼）鐘"。晉之六軰（墰）即相當於後者。這三個律名都爲文獻所失載。反當是半的同音通假字，其本義當是指本律的有效振動弦分的一半，即高八度而言。反字又每加土或口作垽或唇，當係繁寫，而於義無别。

　　（中略）還有，在基本階名前綴以珈字及後綴以反字，如"珈客、客反、少商曾之反"等。這兩字也應爲一對反義詞。反當爲半或判的同音通假字。《素問·五常政大論》的"判商"，《注》："判，半也。"其命名本義當爲減去有效振動弦分的一半後所獲得的高八度。

　　　　　　　　　　　　　　　　　　　　　　　　《音樂研究》1981-1，頁 58、64

○**王文耀**（1984）　"反"也是重的意思。《論語·述而》記載："子與人歌而善，必使反之，而後和之。"《説文》又訓"反"爲"覆"也。"宫反"，即"宫"音之上重疊、覆加的那個高八度音。兩者齊奏，構成八度和聲。

　　　　　　　　　　　　　　　　　　　　　　　　　　《古文字研究》9，頁 399

○**李家浩**（1985）　王后左桐室鼎銘文"九鵯反"之"反"當讀爲"半"。"反、半"古音同屬幫系元部字，音近可通。《莊子·秋水》"是爲反衍"，陸德明《釋文》："反本作畔。""盤"字或體作"柈"，馬王堆漢墓帛書《戰國縱横家書·蘇秦獻書趙王章》作"鈑"。即其證。

　　　　　　　　　　　　　　　　　　　　　　　　　　《古文字研究》12，頁 359

○**曾憲通**（1986）　此外，還有專門爲着高音而作的專名，如宫的高音稱巽，角的高音稱毇，徵的高音稱終，羽的高音稱鼔。甚至還有在高音的巽、毇、終、鼔之後復綴以"反"字的，則表示高音中的更高音。

　　　　　　　　　　　　　　　　　　　　　　　　　　《古文字研究》14，頁 12

○**王恩田**（1989）　山東省滕州市博物館曾在廢品收購站檢選出一件有銘銅戈，長 22.3 釐米。長胡三穿。鑄銘六字，在胡。銘作

　　　王子反鑄寝戈

　　反字作庝，簡報釋"安"，安字應从女，此从又，字形不合。應釋"反"。《説文》："反，覆也。从又、厂，反形。反，古文。"反，《大保簋》作反，與此相近。其上多出的一横爲羨畫。古文字中往往增加點、横以爲裝飾，如元字金文初文作𠂆（父戊卣，代 13.24），象人形而著其頭部，是一個指事字。後來爲書寫方便把象徵頭部的圓點改寫爲一横，作兀（王孫鐘　代 1.63），或再增羨畫

作元(樂書缶　録遺 514)。又如帝字,金文作朵(井侯簋　　代 6.54),象花蒂之形,借爲上帝的帝。或增羨畫作帝(仲師父鼎　代 4.19)。例證甚多,不備舉。《説文》例舉的反字古文,把羨畫書於厂内,與金文略異。

《江漢考古》1989-4,頁 85

○睡簡整理小組(1990)　(編按:睡虎地・日甲 53 正叁)行不反(返)。

(編按:睡虎地・日甲 73 背"臧[藏]東南反[阪]下")《説文》:"坡者曰阪……一曰澤障也,一曰山脅也。"

《睡虎地秦墓竹簡》頁 190、220

○高明、葛英會(1991)　反。

《古陶文字徵》頁 41

○朱德熙、裘錫圭、李家浩(1995)　見卷十四車部"軒"字下【軒反】條。

○何琳儀(1998)　反,甲骨文作反(前二・四・一)。从又,厂聲。金文作反(頌鼎)。戰國文字承襲商周文字。或又下加飾筆作反,或厂下加飾筆作反,與古文吻合。《説文》:"反,覆也。从又。厂,反形。(府遠切)。反,古文。"(三下九)

王后左和室鼎,讀半。《戰國策・秦策》四"韓魏反之",《新序・善謀》反作畔。《左・莊十八》"使鬬緡尹之以叛",釋文叛作畔。是其佐證。

魏器"莆反、甫反",均讀"蒲反",地名。

包山簡反,讀返。曾樂律鐘反,讀變。《詩・齊風・猗嗟》"四矢反兮",釋文:"反,韓詩作變。"《淮南子・原道》"時之反側",《文子・原道》作"時之變則"。是其佐證。

《戰國古文字典》頁 979

○李零(2004)　(編按:上博四・曹沫 51)反帀牁遝　讀"返師將復",疑指回營修整。

《上海博物館藏戰國楚竹書》(四)頁 277

【反其官】

○劉信芳(2003)　簡 99"反官自敚於新大廄","反"謂翻案。簡文指不服判決而另行告狀。《史記・平準書》引如淳説:"杜周治之,獄少反者。"《集解》引如淳説:"其獄少有反者。"《索隱》:"反音番,反謂反使從輕也。"《漢書・雋不疑傳》:"有所平反。"如淳《注》:"反音幡,幡,奏使從輕也。"

《包山楚簡解詁》頁 85

【反芋】

○**朱德熙、裘錫圭、李家浩**（1995）　（編按：望山 2 · 9）信陽二二二號簡有"番芋之□"，"番芋"與"反芋"當是同語的異寫，其義待考。

《望山楚簡》頁 119

【反枳】

○**饒宗頤**（1982）　日書有"反枳"一項，云："一月當有三反枳。"按反枳即反支也。枳與枝同。《爾雅·釋地》："中有枳首蛇焉。"《釋文》：孫炎音支，云蛇有枝首。《廣雅·釋木》："枳、義、股，枝也。"王念孫《廣雅疏證》："岐生莖旁故謂之枝，又謂之枳矣。"《説文》云："枝，木別生條也，是其義也。"可見與枝之通用，枝即是支，故反枳即反支。王符《潛夫論·愛日篇》，明帝敕公車受章，無避反支。《後漢書·王符傳》："公車以反支日不受章奏。"李賢注云：

> 凡反支日，用月朔爲正。戌、亥朔一日反支，申、酉朔二日反支，午、未朔三日反支，辰、巳朔四日反支，寅、卯朔五日反支，子、丑朔六日反支，見陰陽書也。

今觀秦簡云：

> 反枳：子丑朔六日反枳，寅卯朔五日反枳，辰巳朔四日反枳，午未朔三日反（編按：此處漏"枳"字），申酉朔二日反枳，戌亥朔一日反枳。（下略）（簡七四三、七四二反面）

與李賢所引陰陽書完全符合，反枳之即反支，可以論定。

《雲夢秦簡日書研究》頁 17—18

○**劉樂賢**（1994）　《後漢書·王符傳》注："凡反支日，用月朔爲正；戌亥朔，一日反支；申酉朔，二日反支；午未朔，三日反支；辰巳朔，四日反支；寅卯朔，五日反支；子丑朔，六日反支。見陰陽書也。"與簡文相合。按：整理小組把"枳"直接讀爲"支"是正確的。饒宗頤先生爲證明枳、支通用列舉了如下證據：《爾雅·釋地》："中有枳首蛇焉。"《釋文》：孫炎音支，云蛇有枝首。《廣雅·釋木》："枳、義、服，枝也。"（編按：服，饒文原作"股"。）王念孫《廣雅疏證》："岐生莖旁故謂之枳矣。"《説文》云："枝，木別生條也，是其義也。"他説，枳與枝通用，枝即是支，故反枳即反支。這裏可以爲饒氏的論證提供一個新證據。長沙馬王堆出土的醫書《五十二病方》中有"魅：禹步三，取桃東枳（枝），中別爲□□□之倡而笄門户上各一"，這證明楚地在戰國秦漢時代確實有以枳代替枝的現象，本篇反枳就是文獻中的反支。

《睡虎地秦簡日書研究》頁 300—301

【反赦其身】

○**睡簡整理小組**(1990) 見本卷攴部"赦"字條。

○**陳偉武**(1998) 見本卷攴部"赦"字條。

叔 枫 村

睡虎地·日乙 47 貳

睡虎地·秦律 43　睡虎地·日乙 65

○**睡簡整理小組**(1990) （編按:睡虎地·秦律 43）叔（菽）、荅、麻十五斗爲一石。

《睡虎地秦墓竹簡》頁 30

△**按** 《説文》:"枫,叔或从寸。"與秦簡相合。

叟 叟

上博四·曹沫 9　上博五·三德 3　上博五·鬼神 2

郭店·唐虞 2

○**荆門市博物館**(1998) （編按:郭店·唐虞 2—3）而弗利。

《郭店楚墓竹簡》頁 157

○**黄德寬、徐在國**(1999) 我們認爲字即甲骨文扡字的省體,應隸作"叟",釋爲"扡"。《説文·手部》:"扡,有所失也。《春秋傳》曰:'扡子辱矣。'从手云聲。"簡文"扡而弗利"即有所失而不利。

《江漢考古》1999-2,頁 75

○**李零**(1999) 身窮不貪,没而弗利,窮仁矣。（中略）

"没",原不釋。按此字原無水旁,但從字形看,實即"没"字所从,這裏讀爲"没"或"殁",是身死命終的意思。這兩句,"身窮"對"没","不貪"對"弗利",乃互文見義。

《道家文化研究》17,頁 497、499

○**張桂光**(2001) ,見《唐虞之道》第 2 簡。辭云:"身窮不均,而弗利,躬仁嘻批(編按:字當作"北",下文徑改)。"（按:此録原釋文,"躬"字原簡寫作"窮","嘻"字原簡寫作"歖",我認爲當與《性自命出》第 36 簡"近得之壴（矣）"的

“壴”字一樣可讀作“矣”，朼爲才聲之字，此可讀爲哉。）字釋文原形照録，無隸定，無解説。從字形上分析，疑即《説文》訓“入水有所取也，从又在回下。回，古文回。回，淵水也，讀若沬”之“叟”字。原辭當釋爲“身窮不均，叟而弗利，窮仁矣哉！”意謂“身居極位而不求均沾利益，身没（或隱退）亦不謀求私利，真是仁極了呀！”也是文從字順的。

《簡帛研究二〇〇一》頁 189

取  取

集成 9734 舒盜壺　包山 89　郭店·老甲 7　上博三·周易 40
上博四·昭王 6　郭店·語一 72　郭店·語三 46　上博一·性情 3
上博五·競建 10　包山 231　睡虎地·日乙 56　陶彙 5·384
上博一·詩論 23　上博二·子羔 5　璽彙 3338　璽彙 4061
郭店·尊德 13

○**李學勤**（1960）　首先應該指出，絹書的十二月神名就是《爾雅·釋天》中十二月“月名”——陬（娵）、如、窮（窊）、余、皋（高）、且、相、壯、玄、陽、辜、涂（荼）。絹書六月之“叡”與且相通假，如田齊陶器題銘中“蔽”即“苴”，“檣”即“柤”。七月之“龡”蓋从“倉”聲，與“相”通假。八月之“臧”與“壯”皆从“爿”聲，十一月之“姑”與“辜”皆从“古”聲。《爾雅》十二月之“荼”則是“釜”的誤文。只有五月“故”與“皋”，不知其通假之故。由月次方位可知絹書是用建寅的“夏正”。

《文物》1960-7，頁 68

○**嚴一萍**（1967）　取讀聚，與陬同。《爾雅·釋天》陬爲正月。按郭注：“《離騷》云攝提貞於孟陬。”郝氏《義疏》曰：“陬者，虞喜以爲陬訾，是也。按陬訾星名，即營室東壁正月，日在營室，日月會於陬訾，故以孟陬爲名。《説文·敘》云：孟陬之月。《漢書·劉向傳》云：攝提失方，孟陬無紀。《史記·曆書》月名，畢聚，聚與陬同。”繒書以取爲孟春之月，與《爾雅》同。

《中國文字》26，頁 17

○**羅福頤等**（1981）　取。

《古璽文編》頁 66

○**陳夢家**(1984)　帛書自陬至涂的十二月名,似本於天象。《爾雅》"正月爲陬",郝疏云"陬者,虞喜以爲陬訾是也。按陬訾星名,即營室東壁,正月日月會於陬訾,故以孟陬爲名"。《淮南子・天文篇》注引《明堂月令》"孟春之月日在營室"。《爾雅・釋天》:"娵觜之口,營室東壁也。"《東洋天文學史研究》説:"《爾雅》正月爲陬之陬似應爲娵訾之娵,若果然則太陽所在之娵訾(營室)之月即所謂建寅月,故《爾雅》及《離騷》係采用夏正之曆。"(416頁,又見573頁)漢太初元年改曆之詔書曰"月名畢聚,日得甲子,夜半朔旦冬至",聚即陬。《唐書・曆志》大衍曆議日度儀曰"《洪範傳》曰曆記始於顓頊上元始閼蒙攝提格之歲,畢陬之月,朔日己巳立春,七曜俱在營室五度是也",畢陬之月指孟春建寅之月。

《考古學報》1984–2,頁157

○**饒宗頤**(1985)　取即孟陬之月。

《楚帛書》頁71

正月　取

《爾雅》云:"正月爲陬。"此爲周之月名。《離騷》云:"攝提貞於孟陬兮。"《漢書・劉向傳》(編按:實出自《楚元王傳》)載向疏云:"孔子對魯哀公言夏桀、殷紂暴虐天下,故曆失制,攝提失方,孟陬無紀。"楚與魯同用陬作爲正月月名,是沿周稱也。孔子語出《大戴禮・三朝記・用兵篇》。《大戴》異文作"攝提乖方,鄒大無紀"。《玉燭寶典》云:"正月陬,音騶。"故字亦借作鄒。稱曰鄒大者,大與孟義近。《漢書・孟康注》云:"首時爲孟。"故"鄒大"猶言"陬之孟"。《周禮》䄍蔟氏賈疏:"正月作泰。"泰當出自鄒大之"大",借泰爲大。又略去"鄒"字,正月爲歲首開泰之月,故稱曰泰。

陬又作娵與聚。《史記・曆書》:畢聚之月。《索隱》:"聚,音娵。"《尚書考靈曜》:"(曆)元起日旃蒙攝提格之歲,畢娵之月。"《周禮》鄭注陬作娵,説正本緯書。《爾雅》月陽云:"月在甲曰畢。"則月名畢聚,畢謂當甲之辰也。邢昺主是説。

正月曰陬者,其取義有二説,《爾雅》李巡注:"正月萬物萌芽,陬隅欲出,曰陬,陬出之也。"此出《玉燭寶典》所徵引,訓陬爲陬隅。《説文》:"陬,阪隅也。"段注:"正月爲陬,亦謂寅方在東北隅也。"又一説以爲陬得名於十二次之陬訾。郝疏:"陬者,虞喜以爲陬訾是也。陬訾星名即營室東壁。正月,日在營室,日月會於陬訾,故以孟陬爲名。"此謂陬之取義由於十二次當亥辰之陬訾,今字作娵訾。

楚帛書但作取，字不从阜。在文獻資料，其假借字有陬、娵、聚之異。又作鄹曰鄹大，略稱作桼，皆其異文。

《楚帛書》頁 104—106

○**何琳儀**(1986)　“取”，即“陬月”。見《爾雅·釋天》“正月爲陬”。《周禮·秋官·硩簇氏》作“陬”，《史記·曆書》作“聚”。

《江漢考古》1986-2，頁 83

○**睡簡整理小組**(1990)　(編按：睡虎地·答問 168)甲取(娶)人亡妻以爲妻。

《睡虎地秦墓竹簡》頁 133

○**高明、葛英會**(1991)　取。

《古陶文字徵》頁 42

○**何琳儀**(1993)　逯(歸)綪(編按：原文下有△號)完(冠)繲 231

△原篆作，應釋“取”。“取”字或从“寸”，參見古璽(《歷博》1979.1.89)、(《璽彙》0549)等。簡文“取”讀“緅”。《説文新附》：“緅，帛青赤色也。从糸取聲。”若以《禮儀·士冠礼》“爵弁服”，注“其色赤而微黑，如爵頭然，或謂之緅”。解釋簡文“緅冠帶”，十分妥帖。“取”，包山牘或从“糸”作(牘 1)。信陽簡習見。均爲青赤色。

《江漢考古》1993-4，頁 62

○**劉信芳**(1997)　包山簡二三一：“逯綪耵、冠繲於南方。”“耵”从耳从寸，讀如“瑱”。《左傳》昭公二十六年：“縛一如瑱。”疏云：“禮以一條五采横冕上，兩頭下垂，繫黄緜，緜下又縣玉爲瑱，以塞耳。”

《中國文字》新 23，頁 96

○**王志平**(1998)　正月　取

正月日躔與歲星同宿營室，於十二次正當娵訾，於十二辰爲斗建寅之月。《爾雅·釋天》“星名”云：“營室謂之定，娵觜之口，營室、東壁也。”“娵觜”一作“諏訾、娵訾”，《開元占經》卷六四《分野略例》“宿次分野一”云：“諏訾，歎息也。”又：“諏訾者，古諸侯也。帝嚳娶諏訾氏女，生摯、勢，堯兄也。”《史記·五帝本經》：“帝嚳娶娵訾氏女，生帝摯。”“諏訾”兩字皆从言，舊以爲歎息之意。“娵觜之口”，郭璞注爲：“營、東壁星四方，室似口，因名云。”郝懿行《爾雅義疏》引孫炎曰：“娵觜之歎，則口開方，營室、東壁四方似口，故因名也。”

“娵訾、諏訾、娵觜”中諸“娵、諏”等字，皆从取得聲。而《楚帛書》之“取”，《爾雅·釋天》“月名”云“正月爲陬”，郝疏引虞喜曰：“陬者，虞喜以爲陬訾是也。按‘陬訾’，星名，即營室、東壁。正月日在營室，日月會於陬訾，故以孟陬爲名。”李學勤、饒宗頤、陳夢家先生並持此説，與天象冥合無間。

《華學》3，頁 183—184

○**何琳儀**（1998）　取，甲骨文作（前一・九・七）。从又从耳。會以手割取人耳之意。金文作（毛公鼎）。戰國文字承襲金文。《説文》：“，捕取也。从又从耳。《周禮》獲者取左耳。《司馬法》曰，載獻職。職者，耳也。（七庾切）。”（三下九）

　　晉璽取，疑讀娵，姓氏。娵訾，辰名。蓋古之天官，因以爲氏。見《路史》。晉璽“取水”，疑水利之官。

　　包山簡八九、帛書取，讀娶。包山簡二三一取，讀緅。見緅字。帛書丙一取，讀陬，月名。《爾雅・釋天》：“正月爲陬。”帛書“取女”，讀“娶女”。《易・需》：“勿用取女。”

《戰國古文字典》頁 386

【取女】

○**羅福頤等**（1981）　取女。

《古璽彙編》頁 312

○**徐暢**（2001）　《古璽彙編》三三三八號著録一方形陽文鉨印（圖十五），原釋爲“取女”，確不可易。但應是官鉨，卻誤入姓名私鉨類。

圖十五

　　“取女”，典籍又作“娶女”。男方曰娶，女方曰嫁。嫁娶之事在先秦典籍中屢見。《春秋經籍引得》記與“娶女”有關的條目計 52 見。

　　　“晉獻公娶於賈（國），無子……又娶二女於戎。”（莊公二十八年）

　　　“鄭武公娶於申（國）。”（隱一）

　　　“莒子娶於向（國）。”（隱二）

　　　“蔡景侯爲太子段娶於楚（國）。”（襄三十）

　　　“（魯國）臧宣叔娶於鑄（國）……”（襄二十三）

　　　……

　　“娶於某（國）”，即“取女於某國（娶某國之女）”，省略了“女”字。“娶二女於戎”即是常例。《史記・楚世家》：“平王二年，使費無忌如秦爲太子建娶婦。婦好，來，未至。無忌先歸，説平王曰：‘秦女好，可自娶，爲太子更求。’平王聽之，卒自娶秦女，生熊珍。”“娶二女、娶秦女”皆爲“娶女”之繁式。

　　《説文・女部》：“娶，取婦也。”是知“娶”與“取”，同音通假。典籍中，

"取"多作侵占、奪取、占領意,也有作娶之意者:

"子反欲取之(指夏姬),巫臣曰:'是不祥人也!……'"(成二)"子反欲取夏姬,巫臣止之,遂取以行。"(成七)這兩段話裏的三個"取"字皆同"娶"。

(中略)先秦時對於嫁娶的季節也有較爲合理的規定。令我們欣喜的是,在1942年盜掘出土的戰國中期《子彈庫楚帛書·丙篇》中找到了"取女"的確證。

　　余取女　[曰]余:不[可]以作(乍)大事。少杲其□□龍,(其)□取女,爲邦芙(茂)。□

暢按:余月(四月),不可以作大事(指戰爭),以免妨礙農業生產,但可以取女,爲國家生育繁衍。《楚帛書》中涉及取女婚嫁者還有,如月(二月),可以出師打仗,築城邑,不可以嫁女,或取臣妾。秉月(三月),氣温轉暖,意謂牲畜可以生育繁衍,可以取婦嫁女。臧月(八月),不可以築室(宮殿房屋),不可以出師。邦國將大亂,有逃亡之事。取女不吉。欲月(五月),也有取女及取臣妾之事。

綜上所述,我們可以確定,在東周時期,娶女通婚是諸侯之閒的一件大事。既然有鈢印傳世,則説明這是一個辦事機構,或曰官署名稱,專門負責諸侯及王室貴族子弟的聘娶事宜。準此,則"取女"應是官署名;"取女"鈢印應是官鈢,而非私鈢。

《篆刻》2002-4,頁28—29

段 叚 叚

璽彙0604　睡虎地·雜抄1　睡虎地·秦律101

上博三·周易54

○羅福頤等(1981)　叚。

《古璽文編》頁72

○陳玉璟(1985)　"假":《説文·人部》:"假,非真也。从人,叚聲。"

這是"假"的本義。秦簡"假佐"的"假"義,即從此引申而來。這種"假官"制度,秦漢時期語言資料中的例證頗多。

《史記·項羽本紀》:"會稽守通。"裴駰集解引《楚漢春秋》:"會稽假守殷通。"張守節正義:"言假者,兼攝之也。"

又："乃相與共立羽爲假上將軍。"張守節正義："未得懷王命也,假,攝也。"

又《淮陰侯列傳》:"[韓信]使人言漢王:'齊僞詐多變,反覆之國也,南邊楚,不爲假以鎮之,其勢不定。願爲假王便。'"

這裏,張守節兩次指出"假,攝也"。攝就是代理的意思。由此可見,"假佐、假守、假上將軍、假王",都是代理某官或某爵的意思。

據顏師古的説法,"守"與"假"的含義不同,"假"爲"代理"義,那麼"守"爲"試用"義,就確鑿無疑了。

《安徽師大學報》(哲學社會科學版)1985-1,頁78—79

○曹錦炎(1985)　(編按:十七年平陰鼎蓋)叚,讀爲瑕。叚、瑕音同,故得相通。《左傳·成公元年》:"晉侯使瑕嘉平戎于王。"《周禮》鄭玄注作"叚嘉";《説文》訓叚爲借,晉士文伯名匄字伯瑕,楚陽匄、鄭駟乞皆字子瑕,古人名、字相應,則瑕皆當讀爲叚,此叚、瑕相通之證。春秋時周地有瑕(《左傳·昭公二十四年》),楚、隨有瑕(《左傳·成公十六年》、《桓公六年》),晉亦有瑕。鼎蓋銘文字體風格顯屬三晉體系,自當以晉地之瑕論之。晉地之瑕頗有異説,《左傳·僖公三十年》:"許君焦、瑕。"杜預注:"晉河外五城之二邑。"高士奇《春秋地名考略》以此爲河外之瑕,即曲沃,《左傳·文公十二年》"秦復侵晉、入瑕"、《文公十三年》"晉侯使詹嘉處瑕"也即此地。江永《春秋地理考實》據《水經注》河東解縣西南五里有故瑕城,謂瑕在解州,即《左傳·成公六年》之郇、瑕。顧棟高《春秋大事表》則謂郇瑕之瑕,在山西臨晉縣東北十五里,爲晉河東之瑕,與河外之瑕有別。諸説雖異,然河東、河外之瑕,在戰國時均屬魏,則鼎銘之瑕必屬魏地無疑。又河外之瑕在戰國時已稱曲沃,《史記·魏世家》襄王五年"秦圍我焦、曲沃"、八年"秦歸我焦、曲沃",可證。因此,本銘之瑕可以定爲河東之瑕,魏地有瑕陽,應在其附近。

《考古》1985-7,頁633

○黄盛璋(1989)　(編按:十七年平陰鼎蓋)第四字之地名及其地望,曹文釋"叚"並考證爲河東之瑕,但據拓本與摹本,此字左皆作"阝",乃是阜旁,表示地名,丞(編按:當爲"承")曹錦炎同志寄贈之拓本,從阝尤爲清晰。金文"叚"左皆作阝,其下爲兩短橫皆斷不連,右皆從"殳",見《金文編》所收禹鼎、師寰盤、曾伯漆瑚諸"叚"字,並不從阜旁之阝,此則明顯從三橫相連之阝即阜旁,而右從叉,兩邊所從皆不相同,右並不是"殳"所以此字當不是叚,而應是"鄎"字戰國文字之省作。

○**睡簡整理小組**（1990）　（編按：睡虎地·秦律 15 叚（假）铁器（中略）假，借用。

（編按：睡虎地·雜抄》1—2)有興，除守嗇夫、叚（假）佐居守者，上造以上不從令，貲二甲。（中略）守、假，意均爲代理。

《睡虎地秦墓竹簡》頁 23、79

○**楊禾丁**（1993）　叚字古籍通作假，假又與貿同義。《廣雅·釋詁三》："貿……假，易也。"按易通作易，又或作場。《廣韻》訓場爲"交場"，《説文》訓傷之一義爲"交傷"。對此，王筠《説文句讀》謂傷易亦通，而交傷爲"貿易之説"，於義爲近。桂馥《説文解字義證》亦謂"傷者，……換易也；貿，易財也"。王桂二氏之説甚確。此可證叚字義爲交易、貿易。此其一。

《莊子·山木篇》云："子獨不聞假人之亡與？林回棄千金之璧，負赤子而趨。或曰：'爲其布（財帛）與？赤子之布寡矣。'"郭慶藩注："假，國名，晉下邑也。"這是以假爲晉所滅之賈國。朱駿聲《説文通訓定聲》以爲非是，引上述《廣雅》"假，易也"爲證。今按莊周文中並不涉及晉滅賈之事，假爲貿易之義則至確。叚與賈古音皆見母魚部字。《詩·大雅·思齊》："烈假不瑕。"烈假，《群經音辨》作烈嘏，漢石經作厲昍。《詩·周頌·載見》以祜（從古聲）與嘏入韻。《克鐘》："用匄屯叚永令（命）。"句意同於《詩·魯頌·閟宮》之"天錫公純嘏"。屯叚即純嘏。《周禮·犬人》"賈四人"。賈音嫁，亦音古。故假（叚）人即買人，亦即商賈。布謂布帛，與上下文相應。此其二。

《莊子·列禦寇篇》云："朱泙漫學屠龍與支離益，單（殫）千金之家，三年技成。"舊注謂"家"如字，本亦作賈，又作價。再按《管子·侈靡篇》云："請問諸侯之化（貨）？弊（幣）也。弊（幣）也者，家也。"尹桐陽謂"家，賈也"。劉師培亦謂"家"作"易"作"賈"。《説文》："家，居也。从宀，豭省聲。"又豕部曰："豭，牡豕也。从豕，叚聲。"朱駿聲以爲許書必有所本。今按甲文及金文皆有豭字，而頌鼎之家字即以豭字爲之。楊樹達謂"家从豭省聲者，乃以豬之牡擬人之男也"，"含義至精"。此亦可證家之借用作賈或價，猶"叚"之可通假爲"賈"。此其三。

上引《説文》"家，居也"，居謂居處，引申則爲居積財物。段玉裁謂"居"，"从尸，古聲"。《類篇》賈或作"真"；《集韻》作"貼"同。有關財物而從古聲之字，常由居積義引申而有易財諸義，例多不能備舉。《荀子·儒效》："通財貨……君子不如賈人。"楊倞注："賈與估同。"是荀子所説賈人，或估人，即莊子所説之假（賈）人。此其四。

除上所述以外，假之義爲交易，亦有典籍可證，《左傳》隱八年，鄭伯“以太山之祊易許田”；桓元年，“鄭伯以璧假許田”。《史記・魯世家》載此事，集解云：“鄭以祊不足當許田，故復加璧。”

秦簡亦有貿傷一詞。《法律問答》云：“可（何）謂‘瓊’？‘瓊’者，玉檢殹（也）。節（即）亡玉若人貿傷之，視檢智（知）小大以論及以齎負之。”前已説明，叚字本身就有換易及貿易財二義，秦墓主人喜是理解這種涵義的。其於魏律中借“叚”作“賈”，足證此二字當時通用。商賈連文而構成一詞，則是後起之義。後世之不把商賈寫成商叚，是古今之變使然。

下面再釋門字。

《逸周書・皇門解》云：“周公格左閎門，會群門，曰：‘……乃維其有大門宗子勢臣……以助厥辟勤王國王家。’”

趙曦明曰：“家之稱門古矣……‘會群門’，蓋言衆族姓也。又曰‘大門宗子’。”按《爾雅・釋宮》李巡注：家“謂門以内也”。家及門異義，但二者皆具有族姓的涵義，故得相通。《書・吕刑》：“官伯族姓。”孔傳：“官長諸侯；族，同族；姓，異姓也。”據此，群門就是同姓異姓諸臣。古代貴族特權世代相承，卿大夫的嫡子稱爲大門宗子。父死，當繼承父位，即所謂“當代父當門”，故簡稱門子。後世所説“家世寒門”，“上品無寒門，下品無勢族”，猶以門用作族義，這真算是源遠流長了。

這裏沒有敘述商業發展史的必要。據《周禮》所載，國都或城邑的市由司市掌管，關税及城市商税由廛人及司關掌管。臨時設立的軍市，由市司及賈師管理。郊邑有市，如《遺人》“五十里有市，市有候館”，等等。泛言之，官賈當中，庶人在官者尤多。所謂“商農工賈，不敗其業”，業即世守其業之意。從商業知識和專門技能而言，他們是以父子相傳而取得的，亦即《齊語》説的“商之子恆爲商”。這些記載所反映的商業制度及交易活動，是春秋戰國之際列國所共有的。春秋各國皆設有市官，不必再事舉例。而鄭、宋、衛有市官名褚師，後世因以爲氏。這也是世襲之一證。

總上所述，叚門一詞，叚表明其職業，門則表示其家族。時至戰國，獨立手工業商業興起，故魏律的官賈以及一般商賈家族可稱爲叚門。門有宗族之義，宗族與宗門同義。魏律有“宗族昆弟”一語，則更是魏律中門族同義的内證。

○**湯餘惠**（1993）　（編按:十七年平陰鼎蓋）叚，通瑕，春秋爲晉邑，在今河南省靈寶縣之西（一説山西臨猗西南），戰國時爲魏邑。

《戰國銘文選》頁 7

○**何琳儀**（1998）　叚，西周金文作㝅（克鐘）。从受，石聲。（《説文》:"㝅，物落上下相付也。从爪从又。讀若《詩》摽有梅。"）春秋金文作㝅（曾伯霖匿），其ヨ訛作ク形。戰國文字承襲春秋金文。《説文》:"叚，借也。闕。（古雅切）。㝅，古文叚。㝅，譚長説叚如此。"（三下九）小篆右上从コ乃ク形之訛變。譚長所引右上从ヨ則ク之演變，尚可見爪形，與西周金文吻合。兩手相付以見借義，典籍多以假爲之。

　　周王叚戈叚，疑讀赤。叚从石聲，石、赤均屬舌音魚部。石、罕、赤聲系可通。《後漢書·張衡傳》"惟盤逸之無斁兮"，注:"斁，古度字。"《晏子春秋·內篇·諫上》"夫子釋之"，《太平御覽》人事部引釋作赦。可資旁證。《史記·周本紀》:"元王八年，崩。"集解引徐廣曰:"《世本》元王赤也。"十七年平陰鼎蓋叚，讀瑕，地名。《左·成六年》:"必居郇、瑕之地。"在今山西臨猗西南。鼎蓋叚與魏方足布炎均讀瑕，一在河南，一在山西。也可能鼎蓋叚爲河南之瑕，方足布炎爲山西之瑕。二瑕與古本《竹書紀年》"瑕陽"無關。

《戰國古文字典》頁 547

○**陳昭容**（2000）　然後我們仔細地觀察"㝅"字的顯微放大照片（圖版九、十），右旁象人形的部分，在圖版三拓本中還不太清楚，在圖版二拓本中已經筆畫清楚，從顯微放大照片看，有些銹痕被剔筆斷開。"㝅"字下部象手形的部分，筆畫明確，且全無銹痕，這在圖版三拓本中就已經很清楚了。我們猜想這個手形的部分應該是在作圖版三拓本之前可能就已經剔過了。再看"㝅"字左旁關鍵性的"卡"部分，貫串的直筆完全沒有銹痕，三橫畫中的底下兩橫，也沒有銹痕，刻劃較重較深，在圖版三拓本上就已經很明顯了。至於最上面一橫筆，刻痕較淺，布滿自然的銹痕，而且筆畫比下兩橫筆要長出一些，在顯微鏡底下，十分清楚。這很明顯是沒剔過的筆畫。

　　然後觀察"卡"直筆突出於最上一橫筆的部分，除了完全沒有銹色之外，還把原有的向左上方斜出的刮痕打破，而留下一個淺淺的缺口，這表示突出於橫畫之上的直筆部分，晚於斜出的刮痕。豎筆介於上面兩橫筆中間部分，有一個很重而不自然的停頓，這樣的停頓，也出現在被剔爲"王"字那多出來的一筆上，在靠近與舊有筆畫相接近的地方。這樣不自然的停頓，用肉眼看不出來，但在顯微鏡的鏡頭下，卻無所遁形，在這個很重的停頓之後，還有兩個較小的停頓(請特別注意圖版十箭頭所指部位)。這是否意味着剔者在這個地方作了短暫的猶豫和遲疑,之後加重力道分三段剔劃過去?"𡉉"字因此而多了不該有的一個新筆畫,我們懷疑"𨸏"字左半像"阜"的部分也是相同的原因所造成,將原來是"𠂆"的筆畫剔成"𠂤",以致造成釋讀時困難重重。

　　當剔者將舊有的筆畫也重新刻劃過後,説實話,已經很難追尋器物出土時的狀況,更遑論復原器物新造時的原貌,只能從極其細微的地方作一些推測。但是,筆畫的凹槽間完全没有銹色,乾淨如新,刻痕明顯較粗較深,説明剔者曾手持剔刀,憑着自己對銘文的理解,强有力地介入殘損生銹的筆畫之間。

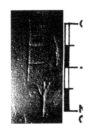 

圖九　"叚"字顯微照片全部　　　　圖十　"叚"字顯微照片局部,箭頭顯示剔筆的停頓

　　對於以上的觀察,我們的推測是,"周王"下的字,應該還是"叚"字,請看金文的"叚"字:

　　𨸏曾伯霥匜　　𨸏襄盤　　𨸏師襄簋　　𠬝師襄簋　　𨸏禹鼎

　　𨸏曾伯陭壺　　𨸏曾伯陭壺　　𠬝盇尊　　𠬝盇方彝　　𠬝克鐘

"𠬝"左上寫成象人形,與曾伯霥匜、曾伯陭壺相似,應是手形的減省或訛誤。右從上下兩手,是象兩手相付形,或取兩手相扶之意,左旁象阜形的部分原來應該作"𠂆","厂"象崖巖之形,"𠂆"象崖石剥落形。"石"字古文作"𥐥",也可説明"厂"可能是崖巖之形。《説文》又部叚"𠬝,借也。闕"。顯然《説文》對其構形原意已不明白。

　　我們猜想,前輩學者如高曉梅先生、周法高先生,都知道這個字最像"叚"字,但又對左旁象阜的"𠂤"部分感到不安,如果他們也看到顯微鏡下的剔痕與銹色,可能就不會被誤剔的筆畫所影響,而樂於把這個字釋爲"叚"字。

　　龍宇純先生認爲:"𠂤"通常爲"阜"字,"𠂆"象崖石剥落形,本自不同,偏旁同化於"阜",並舉"叚"字由金文"𨸏"變爲小篆"叚",説明"𠂤"即"𠂆"的變形。高明先生把"𠬝"釋爲"叚"字,認爲左旁象"阜"的"𠂤"部分,不是"阜"字,而是"𠂆"形的省變,並舉《説文》異體"𠬝譚長説叚如此"爲證。我們認爲這些看法都有一定的道理,《説文》保留"叚"字"譚長説""𠬝"異體,與"叚"字變小篆

"叚"的過程是一致的。雖然《説文》學家對"譚長説"這個異體"叚"的寫法頗多討論,疑爲"段"字誤入,但是從先秦兩漢文字資料看來,"叚"字左旁確實曾經寫與"段"字相同。

我們認爲把"段"字和"叚"字的變化相互參照是很合適的。請看金文"段"字的形體:

　　　　段簋　　　段金糧尊　　　段金糧簋

象从手執工具在崖下椎物也,爲"碫"之本字。左旁所从,與"叚"字完全相同。戰國文字常在橫畫上加一短橫羨筆,从"叚"的字也常在厂上加短橫畫,例如:

　　　睡虎地簡　　　　馬王堆簡相馬經　　　馬王堆老子甲

　　　馬王堆簡縱橫家書　　　馬王堆簡春秋事語

這就是小篆寫作"叚"的由來。"段"字在漢代也作:

　　　銀雀山孫臏簡　　　漢印

但是在漢魏文字資料中,从"叚"的字左旁常寫得和"段"字一樣,例如:

　　　武威簡儀禮　　　禮器碑碑陰　　　三體石經

我們認爲"叚"字異寫作"叚",左旁作"旨"與"段"相同,都是金文厂的異寫,這樣的寫法有其演變的痕迹可循,與(阜)各自不同。這個異寫變化,自戰國晚期簡帛材料中已現端倪,在漢代比較明顯。但不論如何,都不與(阜)字相同。若要將此變化提早到山彪鎮一號墓的年代(約在春秋末期或戰國初期),以牽合解釋周王叚戈的"叚"字左旁,認爲為厂的變形或異寫,恐怕是行不通的。

《古今論衡》5,頁 35—38

○**湖南省文物考古研究所、湘西土家族苗族自治州文物處**(2003)　　[8]134
正:廿六年八月庚戌朔丙子,司空守樛(樛)(1)敢言:前日言競(竟)陵薑(蕩)陰狼(2)叚(假)(3)遷陵公船一,袤三丈三尺,名曰柂(?),以求故荆績瓦,未歸船。狼屬(囑)司馬昌官謁告(4),昌官令狼歸船。（中略）

　　(3)假,借。

《中國歷史文物》2003-1,頁 11

△**按**　清華大學藏戰國竹簡另有寫作"刅"的"叚"字。

【叚人】

○**睡簡整理小組**(1990)　　（編按:睡虎地・秦律 126）假人,借用者,此處應指按規定領用牛車的吏和官長。

《睡虎地秦墓竹簡》頁 49

【叚子】

○**睡簡整理小組**(1990)　假父、假子，義父、義子。

　　　　　　　　　　　　　　　　　　　　《睡虎地秦墓竹簡》頁98

【叚父】

○**睡簡整理小組**(1990)　見【叚子】條。

【叚門】

○**睡簡整理小組**(1990)　假門，讀爲賈門，商賈之家。

　　　　　　　　　　　　　　　　　　　　《睡虎地秦墓竹簡》頁175

友 𦥑　叜 叜 叜

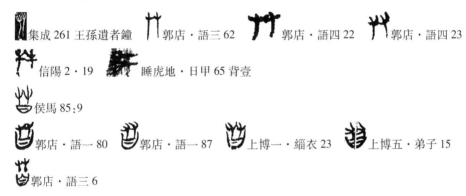

○**山西省文物工作委員會**(1976)　宗盟類　參盟人名。

　　　　　　　　　　　　　　　　　　　　《侯馬盟書》頁300

○**何琳儀**(1998)　友，甲骨文作𦥑(菁一·一)。从二又，會二人攜手爲友之意。又亦聲。西周金文作𦥑(夨令彝)，春秋金文作𦥑(王孫鐘)。戰國文字承襲兩周金文。或加曰爲飾，演變爲古文叜。《說文》：“𦥑，同志爲友，从二又相交也。（云久切）。𦥑，古文友。叜，亦古文友。”（三下十）

　　君子友與戠友，姓氏。魯公子季友之後。見《姓氏考略》。

　　　　　　　　　　　　　　　　　　　　《戰國古文字典》頁13

△按　《說文》：“𦥑，古文友，叜，亦古文友。”與戰國文字相合。

度 庋 庹

睡虎地·效律33

集成10372 商鞅量　　陶彙5·398

○**高明、葛英會**(1991)　度。

《古陶文字徵》頁 93

○**何琳儀**(1998)　度,甲骨文作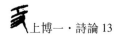(類纂○九六八)。从又,石聲。戰國文字承襲甲骨文。石旁或作、形,又或作攴。《說文》:",法制也。从又,庶省聲。"(三下十)庶亦从石聲。見庶字。

　　晉璽度,姓氏。古掌度之官,因以命氏焉。見《尚友録》。(**編按**:字作"",裘錫圭釋"度",見本卷攴部。)

　　秦詔版"度量",見《周禮·夏官·合方式》(**編按**:當作"合方氏"):"同其器數,壹其度量。"《禮記·月令》"同其度量",注:"丈尺曰度,斗斛曰量。"睡虎地簡度,計。《禮記·少儀》"不度民械",注:"度,計也。"

《戰國古文字典》頁 547

【度縣】

○**睡簡整理小組**(1990)　(**編按**:睡虎地·秦律 23)度縣,稱量。

《睡虎地秦墓竹簡》頁 26

攷

上博一·詩論 13

△按　"攻"字之異體,詳見本卷攴部。

叹

上博一·詩論 11上博一·詩論 12

△按　"改"字之異體,詳見本卷攴部。

𢼊

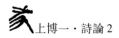上博一·詩論 2

△按　"寺"字之異體,詳見本卷寸部𢼊。

攴

郭店・老丙8　郭店・尊德14

△按　"鞭"字之異體,詳見本卷革部。

叏

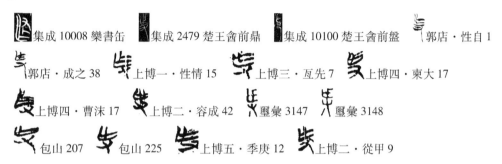

集成 10008 欒書缶　　集成 2479 楚王酓前鼎　　集成 10100 楚王酓前盤　　郭店・性自 1

郭店・成之 38　　上博一・性情 15　　上博三・亙先 7　　上博四・柬大 17

上博四・曹沫 17　　上博二・容成 42　　璽彙 3147　　璽彙 3148

包山 207　　包山 225　　上博五・季庚 12　　上博二・從甲 9

○張政烺(1979)　叏,从又,乍聲,字書不見,讀爲作。

《古文字研究》1,頁 221

○高智(1997)　《古璽彙編》著録如下諸印:

(中略)2、 3147　　 3148

(中略)2、以上兩印中的"叏"字,《古璽彙編》缺釋,《古璽文編》收入附録,按此字上从"屮"與上面所釋"屮"實爲一字,正與金文中"乍"作"屮"(《齊鎛》)形同,下从"寸",在古文字中从"寸"與从"又"往往無別,可以互作,如:"事"古璽作"叏"(1714),又作"叏"(1796),金文"寺"作"叏"(《鳳羌鐘》),又作"叏"(《吳王光鑑》)等,因此此形當與金文"叏"作"叏"(《酓肯鐘》),與包山楚簡中"作"作"叏"(二○六)、"叏"(二一六)、"叏"(一二六)、"叏"(一三一)等所从相同。與"胙"作"叏"(二○五)所从亦同,故此字當釋爲"叏"即"作"字。

《第三屆國際古文字學研討會論文集》頁 852—853

○何琳儀(1998)　叏,从又,乍聲。疑拃之異文。《集韻》:"拃,摸也。"

晉璽叏,讀作,姓氏。祭公後有作氏。一云,周公之子胙侯,子孫避地改爲作氏,見《路史》。中山王方壺"叏歈",讀"作歈"。《墨子・辭過》:"原作歈於百姓。"

楚金叏,讀作。包山簡"逗叏",讀"歸胙"。見胙字。

《戰國古文字典》頁 577

△按　“𠂇”即“作”之本字，从攴以表行動之義。

【𠂇色】

○濮茅左（2004）　“𠂇色”，同“乍色、作色”。《禮記·哀公問》：“孔子愀然作色而對曰……”《韓詩外傳》卷八：“景公悖然作色。”

　　　　　　　　　　　　　　　　　　《上海博物館藏戰國楚竹書》（四）頁 210

△按　作色，信陽楚簡作“𣥓色”，从止亦表行動之義，“𠂇、𣥓”當是一字之異體。

【𠂇鑄】

○胡光煒（1934）　曰“𰎱鑄喬鼎”者，𰎱即𠂤之異文，古𠂤或加攴作𰎱（《攈古録金文》二之二姞氏敦），作𰎱（《貞松堂集古遺文》六中𱅄□簠）。此加从又，猶从攴。又古器銘言製器，每有以作鑄連文者。今所見有叔皮父敦（《攈古録金文》二之三）、守敦（三之一）、中𱅄□簠（《貞松堂集古遺文》六），知此言𰎱鑄即作鑄矣。

　　　　　　　　《胡小石論文集三編》頁 180，1995；原載《國風》4:6

【𠂇斂】

○于豪亮（1979）　（編按：中山王方壺）“乍斂”在古籍中亦作“作斂、籍斂、措斂、租斂”。《墨子·辭過》：“厚作斂乎百姓。”《非樂上》：“厚措斂乎萬民。”《管子·宙合》：“厚籍斂於百姓。”《晏子·諫上》：“厚籍斂而忘民。”《墨子·節用上》：“今天下爲政者，其使民勞，其籍斂厚。”《淮南子·主術》：“人主租斂於民，必先計歲收，量民積聚。”故“乍斂”就是租斂，“乍斂中”意思是租稅適當。

　　　　　　　　　　　　　　　　　　　　《考古學報》1979-2，頁 180

○徐中舒、伍士謙（1979）　（編按：中山王方壺）作是徭役，斂是賦斂；皆並舉兩兩相關之事。《墨子·辭過》“必厚作斂於百姓”，與此言作斂同。

　　　　　　　　　　　　　　　　　　　　《中國史研究》1979-4，頁 88

○黄盛璋（1982）　（編按：中山王方壺）𠂇（作）：“𠂇斂中而庶民伏（服）”，朱、裘釋“藉”，李同，蓋用朱、裘釋，但無說，今按此字从“乍”从“又”，與鼎銘“作”字从“言”从“乍”，皆是“乍”字繁文。壽縣出土楚王鼎：“楚王酓肯作鑄鈕鼎。”“作”字正上从“乍”下从“又”，與此字同作，又湖北當陽趙家湖 43 號戰國墓出土番仲戈，“作”字亦上从“乍”下从“又”。《墨子·辭過》“苦於厚作斂於百姓”（下文還有三處講到厚作斂於百姓，足見“作斂”已爲先秦熟語），王引之以爲“作斂”與籍斂同，藉古讀如昨，《節用上》節“其藉斂厚”，朱、裘釋“藉”，並謂《墨子》借“作”爲“籍”，皆據王說。按“藉斂”即“聚斂”，主要表租稅，而

"作斂"實與"藉斂"不同,《墨子》一書中即有證明。王説未諦,似不足據。《辭過》篇原文云:"(以其常)役,修其城郭,則民勞而不傷,以其常正(征),收其租税,則民費而不病,民所苦者非此也,苦於厚作斂於百姓。"則作表勞作,爲力役之徵,斂表租賦,爲布粟之徵,雲夢秦律文書常見"系作、作官府",漢代還常見"輸作""居作","作"皆表勞作,《辭過》篇下文還有三處提到"厚作斂於百姓",可見"作斂"已爲先秦熟語,並且所述内容正包括力役與賦税兩者,王引之不明"作"字古義,一定要以"作"通假"藉"解釋"作斂",不僅無此必要,且將包括力役與賦税兩方面含義,縮小僅有賦税,反失原義。于文也以爲"作斂"即"藉斂",亦即租斂,"作斂中就是租税適當",都只限於租税一面,至張文隸定此字上從"亡"下從"又",釋爲"賦"字,所釋非是。

《古文字研究》7,頁 79—80

○曾憲通(1992)　戰國中山王響方壺"夏(作)酱(斂)中則庶民筥(附)",張政烺先生引《墨子・辭過》"當今之主……必厚作斂於百姓"證之,謂"斂是租税,作是勞役"。"作"解勞役,當是耕作、勞作一義的引申。又《周禮・地官・稻人》:"掌稼下地,以瀦畜水,以防止水……以澮寫水,以涉揚其芟,作田。"説的是稻人在窪地耕種,必須以淵池畜水,以隄防止水……以溝澮瀉去積水。於是舉鐮刀芟去新生之草,然後方可耕作種植。鄭注"作田"爲"治田種稻",用的正是作的本義,可與卜辭"作田"印證。

《古文字研究》19,頁 412

　　璽彙 1448　　　璽彙 3216

△按　"叞"爲"敊"之異體,詳見本卷支部"敊"字條。

　　璽彙 3289　　璽彙 3768　　璽彙 3971

○羅福頤等(1981)　尋。

《古璽文編》頁 45

○陳漢平(1989)　古璽文有字作(3289:△)、(3768:司馬△)、(3971:

上官△),字在古璽中俱爲人名。按此字从寸,品聲,先秦古文字从寸與从手可以通用,而品旁爲叒字之所从。《説文》:"操,把持也。从手,叒聲。"古璽文𡩀字从寸,叒省聲,故當釋爲操。操字在古代爲習見人名,不僅見於先秦,三國時代還有曹操。

《屠龍絶緒》頁 291

○施謝捷(1998)　3289 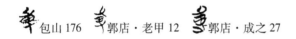(尋)‧金厷(叁)又。

《容庚先生百年誕辰紀念文集》頁 649

叀

包山 176　　郭店‧老甲 12　　郭店‧成之 27

△按　"專"字之異體,詳見本卷寸部。

兛

上博一‧緇衣 11

△按　"克"字之繁構,詳見卷七克部。

昮

上博一‧詩論 24

△按　字从手持貝,示意獲得,乃"得"之本字。《説文》卷八下"尋,取也。从見从寸"。"尋"即"昮"字之訛。《説文》卷二又以"尋"爲"得"字之古文。"尋、得"本一字,《説文》析爲二。詳見卷八見部與卷二彳部。

叔

陶彙 3‧980　　陶彙 3‧981

△按　"啟"字之異體,詳見本卷攴部。

叀

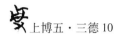上博五・三德 10

△按　“兑（弁）”字之異體，詳見卷八兒部。

叙

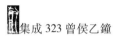集成 323 曾侯乙鐘

△按　“叙”字之異體，詳見本卷支部。

搜

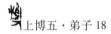上博五・弟子 18

△按　“相佑”之“相”之專用字，詳見卷四目部“相”字條。

敓

上博六・競公 1

○濮茅左（2007）　（編按：上博四・競公 1）敓戠不已　“敓”，從又，俞聲，或亦“揄”字，在古文字中，凡從“手”與從“又”多相通。《説文》：“揄，引也。從手，俞聲。羊朱切。”有延長之意。“敓”，或讀爲“逾”，《玉篇》：“逾，越也，遠也，進也。”“戠”，楚文字“歲”字。言病情拖延，年而未痊愈。意近“彌歲不已”。（中略）

本句《春秋左傳・昭公二十年》作“期而不瘳”（《晏子春秋・外篇・景公有疾梁丘據裔款請誅祝史晏子諫》同），《晏子春秋・内篇諫上・景公病久不愈欲誅祝史以謝晏子諫》作“期年不已”。

《上海博物館藏戰國楚竹書》（六）頁 164

△按　“敓”當爲“愈”字之異體，即“逾”字。從又、從止均表行動之義。楚簡“作色”一詞或作“复色”，或作“歪色”，可爲佐證。

夐

上博四・曹沫 9

△按　詳見卷四蕁部。

麆

麇包山 190　　麇郭店・尊德 17　　麇郭店・語二 5　　麇郭店・語三 10

麇郭店・語三 44　　麇上博一・詩論 28　　麇上博二・子羔 5　　麇上博四・曹沫 11

○丁佛言（1924）　曼　麇古匋曼丘遷。

《説文古籀補補》頁 13,1988

○劉彬徽、彭浩、胡雅麗、劉祖信（1991）　（編按：包山 190）麆。

《包山楚簡》頁 31

○吳振武（1992）　見本部"麆"字條。

○何琳儀（1993）　（編按：包山 190）△原篆作麇,應隸定"麆",釋"麆"。參見"叔"
作麇 202。《爾雅・釋獸》："麕,其子麆。"

《江漢考古》1993-4,頁 62

○朱德熙、裘錫圭、李家浩（1995）　（編按：望山 2・47）此字亦見四八號簡。或疑
爲"蔞（苴）"之簡體,但仰天湖簡此二字並見,是否一字異體尚未能定。

《望山楚簡》頁 125

○滕壬生（1995）　麆　《説文》所無,從鹿省從取。

《楚系簡帛文字編》頁 764

○裘錫圭（1998）　（編按：郭店・性自 17）"即麆"似當讀爲"次序、次度"或"節
度"。第二字與"叔"有別,但亦應從"且"得聲,疑即"麆"字異體。"且"與
"度""序"古音皆相近。

（編按：郭店・語一 60）"麆"應讀爲"且"。

（編按：郭店・性自 20）"麆即"如讀爲"度節",似不可通,但如讀爲"序次"又與
簡文以"舍"爲"敍"矛盾,也許"即"應讀爲"次","麆"應讀爲"度",待考。

《郭店楚墓竹簡》頁 182、200、182

○**李家浩**(1998)　　本文(4)望山二號楚墓竹簡釋文"叔序"之"叔",原文寫法見於郭店楚墓竹簡(張守中等《郭店楚簡文字編》52頁,文物出版社2000年),與《汗簡》卷中之二夕部和《古文四聲韻》上聲軫韻引《石經》古文"閔"相近,當是"閔"字的古文。

《著名中年語言學家自選集・李家浩卷》頁294,2002;
原載《徐中舒先生百年誕辰紀念文集》

○**何琳儀**(1998)　　麠,從鹿(或省鹿足),取(且之繁文)聲。麠之繁文。《集韻》:"麠,麞子也。"又:"鹿子曰麠。"

仰天湖簡、望山簡麠,讀珇。《説文》:"珇,琮玉之瑑。從玉,且聲。"又《集韻》:"珇,玉文。"借麠爲珇,猶借駔爲珇。《周禮・春官・典瑞》:"駔圭璋璧琮琥璜之渠眉。"駔應讀珇。詳《周禮正義》)。包山簡麠,讀駔,姓氏。駔闕,齊公子名。見《集韻》。

《戰國古文字典》頁573

○**劉信芳**(1998)　　望2・47:"四膚,皆𧤢㔷。"報告於"𧤢"字未隸定,且注云:"此字亦見四八號簡,或疑爲'麤'(且)之簡體,但仰天湖簡此二字並見,是否一字異體尚未能定。"

按該字又見於包簡190,劉釗先生謂"字從鹿省從取,應釋爲'麠'",是正確的。《爾雅・釋獸》:"麠,牡麕,牝麜,其子麑。""麠"乃鹿屬動物名。"𧤢㔷"者,以麠之皮所作"膚"之"㔷"也。楚簡凡"㔷"字用作器物名,皆謂包裹器物之外套,字讀如"裹"。

望2・48:"二韋囩,二𧤢笓。""韋囩"謂熟牛革(韋)所製之"囩"。"𧤢笓"謂麠皮所衣之"笓"。"𧤢笓"之器形未詳,然古有竹器而衣者,則"𧤢笓"應是非常講究的器物。

《簡帛研究》3,頁38—39

○**李零**(1999)　　1:1章:"必度以過",裘按讀"必且以過"。按第二字原作"廈",第四字原作"訛"。前者在簡文中多用爲"且",但也有不少例子是用爲"度",如《性自命出》簡17、20、22、65,《語叢三》簡10、41、44、69a、71a(讀"度"的理由,下文另有討論)。另外,這個字還與"詐、遮"等字讀音相近("詐"是莊母鐸部字,"遮"是章母魚部字,"廈"是牀母魚部字)。這句話也有可能讀爲"必詐以訛",或"必遮以過"。

《道家文化研究》17,頁479

○**陳偉**(2000)　　(編按:郭店・語一)禮因人之情而爲之一31即廈(節度)者也。

一 97

（中略）《禮記・坊記》全句説：“禮者，因人之情而爲之節文，以爲民坊者也。”類似表示在古書中還可以看到一些。如《管子・心術上》説：“禮者因人之情，緣義之理，而爲之節文者也。”《淮南子・齊俗訓》説：“故禮因人情而爲之節文，而仁發怦以見容。”《禮記・檀弓下》：“辟踊，哀之至也，有算，爲之節文也。”《孟子・離婁上》：“仁之實，事親是也。義之實，從兄是也……禮之實，節文斯二者是也。”則是對這類觀念的具體闡述。關於“節文”，《禮記・坊記》鄭注云：“此節文者，謂農有田里之差，士有爵命之級。”《禮記・檀弓下》孔疏云：“故辟踊有算，爲準節文章。”也就是説，“節文”是圍繞禮的等級制度和規定，亦即禮外在的表現形式。依這種觀念，“人之情”只是禮的基礎，“節文”才是禮的具體表現。由此看來，31 號簡之後應該接有類似的内容。

（中略）在本條簡文中，“即廈”似以讀爲“節度”爲長，指規則、分寸，與傳世典籍中的“節文”相當。

《郭店楚簡國際學術研討會論文集》頁 143—144

○李天虹（2000）　本文擬從郭店簡入手，對廈作進一步的分析。爲方便研討，兹先行列出各條相關的簡文：

（1）行此廈也，然後可逾（？）也。（《尊德義》一七）

（2）詩、書、禮、樂，其始出皆生於人。詩，有爲爲之也。書，有爲言之也。禮、樂，有爲舉之也。聖人比其類而論會之，觀其先後而逆順之，體其義而即廈之，理其情而出入之。（《性自命出》一五—一八）

（3）其先後之序則義道也，或序爲之即則廈也。致容貌，所以廈即也。（《性自命出》一九—二〇）

（4）拜，所以□□［也］，其諜廈也。（《性自命出》二一—二二）

（5）……進欲遜而毋巧，退欲爲而毋輕，欲皆廈而毋憍。（《性自命出》六四—六五）

（6）有命有廈有名，而後有縣。（《語叢一》四—五）

（7）禮因人之情而爲之。（《語叢一》三一）
　　　即廈者也。（《語叢一》九七）

（8）正不達廈生乎不達其然也。（《語叢一》六〇—六一）

（9）賓客，清廟之廈也。（《語叢一》八八）

（10）廈生於禮，專生於廈。（《語叢二》五）

（11）追習廈章，益。（《語叢三》一〇）

（12）踊，哀也；三踊，廈也。（《語叢三》四一）

（13）廈依物以情行之者。（《語叢三》四五）

（14）命與廈與。（《語叢三》七一上）

（15）凡説之道，級者爲首。既得其級，言必有及之。及之而不可，必廈以謵，毋令知我。（《語叢四》五—六）

（16）東反人登環、屈貯，廈繮。（《包山》190）

（17）四膚，皆廈宐。（《望山》M2：四七）

（18）二廈笲。（《望山》M2：四七）

（19）一羸徟，又廈。（仰天湖：二）

（7）中的兩支簡，整理者分置兩處，陳偉先生認爲二簡應當連讀，作"禮因人之情而爲之即廈者也"，語相當於《禮記·坊記》"禮因人之情而爲之節文"，其説甚然。比照兩者的字句，不同之處僅在於簡書"即廈"，《坊記》作"節文"。即與節之相通轉是沒有任何問題的，那麽，這裏的關鍵就是廈字了。檢以傳世典籍，與簡文（7）、《坊記》相似的文句亦見於《禮記·檀弓下》《孟子·離婁上》《管子·心術上》《史記·叔孫通傳》《淮南子·齊俗訓》等等，其相當於簡文"即廈"之處，一律同《坊記》，作"節文"。又典籍裏的"節文"一語，都是針對"禮"而言的。（2）的後四句話，分指詩、書、禮、樂，其中"體其義而即廈之"，是講聖人對禮所作的規劃，"即廈"亦與"禮"相應。這使我們懷疑廈應該是一個可以讀作文的字；而且，這一點在郭店簡中還有頗具説服力的旁證。（11）云"追習廈章"，將廈讀作度或序等均不通，而若將廈讀作文，語義便十分暢達了。"文章"爲一古語，傳世文獻習見。由此出發，考察楚簡中各條相關的辭例，我們發現，如果把廈讀作文，除文義不明的（1）（6）（8）（14）四例外，餘者的文義均能得到通解。兹試爲疏解如下：

（4）（5）（9）（10）（12）（13）中的廈，大概均同"節文"之"文"，指禮樂制度。《論語·子罕》載子曰："文王既没，文不在兹乎？天之將喪斯文也。"朱熹注："道之顯者謂之文，蓋禮樂制度之謂。"《文選·李康〈運命論〉》："文薄之弊，漸於靈景。"李善注引鄭玄曰："文謂尊卑之差別也。"（4）云"其詙廈也"。（5）云"欲皆廈而毋憍"。（12）云"三踊，廈也"，其意可能是説悦順的容貌，人欲的釋發，喪禮中的三次跳躍，都是或者都有禮儀上的規定。（13）所云與（7）大體相當。

（15）云"必廈以訛"，廈可能是文飾之意。《論語·子張》載子夏云："小人之過也必文。"何晏《集解》引孔安國曰："文飾其過，不言情實。"

（16）出自包山簡，其中的廈用爲姓氏。古有文氏，見《通志·氏族略四》。包山 42 號簡“靈里子之州加公文壬”。春秋末年越國大夫文種，均爲文氏。

（17）（18）出自望山簡，膚、箅均爲器物名稱。膚，整理者以爲可能是金文“膚（膚）”字的訛體，但其義不明；箅，“是用篝竹之類編成的盛物之器”。廈於此當作紋飾解。《説文》文部：“文，錯畫也。”王筠《句讀》解云：“錯者，交錯也。錯而畫之，乃成文也。”簡文“廈宮、廈箅”的意思大概是説宮（劉信芳先生謂“宮”指“包裹器物之外套”）、箅上分別有繡繪、編織的花紋。從文義、辭例考慮，（19）中的廈亦應解作花紋。

綜合上述，基本可以肯定，楚簡中的廈應當讀作“文”。

《華學》4，頁 85—86

○**湯餘惠等**（2001）　　豎　用作文。

《戰國文字編》頁 183

○**馬承源**（2001）　　(編按：上博一·詩論 28)《爾雅·釋獸》：“麠、牡麔、牝麎。其子麘。”“廈、麘”可能是一字之異。

《上海博物館藏戰國楚竹書》（一）頁 158

○**濮茅左**（2001）　　(編按：上博一·性情 10)“廈”字，今本作“且”。“節廈”與今本的“節取、取節”意近。

　　(編按：上博一·性情 11)廈，或讀作“度、文”。

《上海博物館藏戰國楚竹書》（一）頁 234、236

○**李學勤**（2001）　　在《汗簡》和《古文四聲韻》裏，還有另外寫法的“閔”字。需要舉出的，一個在《汗簡》卷中之二心部，作🜊，另一個在卷下之一民部，作🜊，均云出“史書”。這兩個寫法可隸定爲“惽”或“悤”，從“昏（昏）”聲。大家知道“昏”字《説文》云或從“民”聲，“民”爲明母真部，從“昏”之字或在明母真部，或在明母文部，是“惽”讀爲“閔（後世或作“憫”）”，殊屬自然。

“閔”的這兩個古文寫法，所從“昏”上部的“民”，與前舉石經“閔”字古文的上部近似。這指示我們，石經古文其實也是從“民”聲的，正因爲這樣，才得以讀爲“閔”。

根據這一思路，我們回過頭來看簡文上的那個字，便能發現以前大家想其上部爲“鹿頭”，實際錯了。字的上部，和石經古文一樣，是從“民”，或者嚴格一點，是從“民”省聲。

(中略)再看該字的下部。

石經"閔"字古文的下部,左側是很清楚的,其偏上部分是"目",偏下部分是"又"。簡文該字同樣,是从"目"从"又",只有個別幾個例子中間加了一橫。這是什麼字呢? 我認爲,是《説文》"旻"字的古文寫法。

《説文》第四旻部有"閔"字,其字後世訛寫爲"閔"。《汗簡》卷上之二把"旻"寫成⿱,从"又","閔"字古文也是一樣。我們知道,从"攴"與从"又"每每通用,所以這個現象並不奇怪。"閔"字,據《説文》是从"旻","門"聲,"門"是明母文部,"閔"同樣在明母文部。

於是我們知道,簡文與石經古文的字,應理解爲从"旻""民"聲,同"閔"乃是一個字的異寫。由於音同,其讀爲"閔"或"文"是合乎情理的。

《中國古代文明研究》頁 229—230,2005;原載《孔子·儒學研究文叢》1

○**李零**(2002) "文"字(1:1 章:簡 6)。

上述寫法特殊的"文"字,在郭店簡中出現很多,寫法相同的字凡十七見,其上半所从與虎頭(虎旁)有別,與鹿頭(鹿旁)相近,下半从且从又(與簡文用爲"且"字的"⿱"相似)。過去我們的隸定和讀法都是錯誤的。陳偉先生指出,《語叢一》的簡 31 和簡 97 可以綴合,讀作"禮因人之情而爲之節文也",其語相當《禮記·坊記》的"禮因人之情而爲之節文"(《〈語叢〉一、三中有關"禮"的幾條簡文》),這是釋讀突破的關鍵(雖然他還是從裘錫圭先生説釋"度",沒有直接把這個字讀爲"文")。李天虹先生則進一步搜集有關文例,指出《語叢三》簡 10 的相關辭例應讀"起習文章"(按:第一字从乇从己,己下有口,應即"起"字,李文曰"其用義待考",這裏直接作"起"),其他各例也應讀爲"文"(按:其實不一定,我們在以後的各有關部分還會討論)(《釋楚簡字"⿱"》)。李學勤先生有類似的意見(李天虹文附記引李學勤説)。這些考釋都是受文例啟發,字形分析乃是"事後諸葛亮",可見還是大道理管小道理。簡文此字應怎樣分析,學者有不同看法。李天虹先生推測,可能是與"麟"字有關,好像不太可靠。李家浩先生認爲它就是《汗簡》《古文四聲韻》引《石經》的"閔"字(張富海《北大中國古文獻研究中心"郭店楚簡研究"項目新動態》引李家浩説),比前者有根據,但它記錄的只是讀法。這個字原來是什麼字,其實還可討論。

按《汗簡》"閔"字有兩類寫法,一類作**忞**(16 頁背引《義雲章》),與簡文的寫法無關;一類作⿱(48 頁背引《石經》)(按:《隸續》卷四錄石經《左傳》"閔"字同),或⿱(59 頁正、67 頁正引《史書》),則和簡文的寫法相近,特別是《石經》的寫法,下从又,不从心,與簡文更爲接近。《古文四聲韻》除照錄這四種寫法,還加上一種,是作𦱦(卷三 14 頁正引《説文》),也是屬於《汗簡》的後一類寫法。這些不同寫法,黃錫全先生曾加以討論(《汗簡注釋》161、322、379、426 頁)。他認爲第一類的那個字,上半是嬰,下半是山;第二類的四個字都是"惛"字。後者的字形,上半是"民"字之訛,略同於《説文》《石經》"民"字的古文;下半,是由"日"字和"心"字組成(鄭珍認爲此字下半是"思"字)。這對我們的理解很有幫助。但黃先生説《汗簡》《古文四聲韻》的後一類寫法是從民從日從心,現在看來值得修正。因爲第一,這個字的上半(即除去它下面的心或又字),在《古文四聲韻》中其實是"敏"字的古文(卷三 14 頁背引《義雲章》作𦱮);第二,《説文》《石經》"民"字的古文,比較這種寫法可知,戰國時期上出歧頭,内有兩點的"民"字,其實是借"每"爲"民"或混"每"爲"民"(或更準確地説,是混合早期"每、民"二字的特點而成),而不是"民"的本字;第三,簡文此字,中閒作"且",也顯然不是"日"字("昏"所從的"日"是由"且"訛變)。所以,雖然我們還不太清楚,簡文作"且"的部分是從何而來(或許我們應該把它與又合併考慮,視爲又旁的變體),但這個字大體應相當於"敏",我想是没有多大問題的。

簡文此字是借"敏"字爲之,這有兩條證據:

第一,早期寫法的"敏"字,無論甲骨卜辭還是西周金文,它們都從又不從攴,而簡文和《石經》的這個字也正好是從又("敏"字從攴,見於戰國秦兵器,後世寫法可能與秦系文字有關,參看何琳儀《戰國古文字典》上册 130 頁)。

第二,雖然有人會説,"每"是明母之部字,而"民"是明母真部字,兩者的讀音有一定差距,但《楚辭·九章》"離慜而不遷兮",《史記·屈原賈生列傳》作"離滑而不遷兮",正是楚地"每、民"通假的例證。《玉篇》等書也是把"慜"字當作"湣"字的異體。

準此理解,我們還可對《汗簡》《古文四聲韻》"閔"字的寫法提出分析。我們認爲,《石經》的"閔"字(帶又旁的字)是相當於"敏"字,《史書》和《説文》的"閔"字(帶心旁的字)是相當於"慜"或"湣"字(前者是後者的本字,後者的"敉"是"敏"的變體)。

在郭店楚簡一書中,這個字有兩種用法。一種是用爲"文"字,一種是用爲"敏"字。在下面的討論中,我們會隨文説明。

　　　　　　　　　　　　　　　　　《郭店楚簡校讀記》(增訂本)頁 53—55

○李天虹(2003)　　2000 年 10 月,在北京大學中國古文獻研究中心"郭店楚簡研究"項目小組舉行的例會上,李家浩先生指出:將𢝊讀作"文"是正確的,但是筆者對字形的解釋並不合理。實際上廌見於《汗簡》和《古文四聲韻》引石經(《汗簡》卷中之二彡部引作𢒈,《古文四聲韻》上聲軫韻引作𢒈),是古文"閔"字。隨後,2000 年 11 月,在清華大學思想文化研究所簡帛講讀班上,李學勤先生宣講《試解郭店簡讀"文"之字》一文,從《汗簡》《古文四聲韻》所引古文閔字的形體出發,對廌字形體提出了另外一種解釋。他認爲:《汗簡》卷中之二心部、卷下之一民部列有閔字,分別作𢙽、𣄴,均云出"史書",可隸定爲"惛"或"㥁",從"昏(昏)"聲。《説文》云"昏"或從"民"聲。古民爲明母真部,從"昏"之字或在明母真部,或在明母文部,而"閔、文"都在明母文部,是"惛"讀爲"閔"是很自然的事情。"閔"的這兩個古文寫法,所從"昏"上部的"民",與上舉石經"閔"字古文的上部近似,這提示我們,石經古文其實也是從"民"聲的,正因爲這樣,才得以讀爲"閔"。根據這一思路,再來看簡文廌,原來大家認定的鹿頭,實際上和石經古文一樣,是從"民"的。楚文字的民,一般作𢆶或𢆶,有時作𢀩或𢀩,後一種寫法的民字上半,與鹿字之頭完全相同。而楚文字從"鹿"之字,鹿旁都有足形,沒有省作鹿頭的。廌從民省聲,自然可以讀作文。最後,從偏旁分析的角度來看,簡文廌和石經古文閔,可以理解爲從"民"從"旻"從"彡"。旻,從民聲,與《説文》旻部的"闔"乃是一個字的異寫。"闔"從門聲,古"門"是明母文部字,與"民、閔、文"均相通。"彡",《説文》訓"毛飾畫文也",凡從"彡"之字多有文飾之義。那麼,總的來説,簡文與石經的該字,實可隸定爲"𢒈",就是《説文》從"彡"從"文"的"彣"字,也就是文章之文。

今按,從現有資料來看,廌從"民"省聲的可能性似乎更大,然而字形上的證據也不是非常充分。我們期待將來有新的資料或證據出現,爲廌字字形的解釋劃上圓滿的句號。

《郭店竹簡〈性自命出〉研究》頁 21—22

○李零(2004)　(編按:上博四·曹沫11)居不褻廌　讀"居不設席"。(中略)"廌"讀"席","廌"是精母魚部字,"席"是邪母魚部字,讀音亦相近。

《上海博物館藏戰國楚竹書》(四) 頁 250

○何琳儀(2004)　(編按:上博二·子羔5)(4)或以𥁕而遠(簡五)

"以"下之字當隸定"瞖",與《古文四聲韻》"閔"作𢒈形體吻合。"瞖、閔"一聲之轉,《字彙》:"瞖,閔也。"簡文"瞖"當讀作文。

《上博館藏戰國楚竹書研究續編》頁 446

○陳劍（2004）　　下面我們來看同樣跟“敃”讀音相近的戰國文字裏的“古文閔”字的情況。

在郭店楚墓竹簡中，多次出現一個上從所謂“鹿頭”形、中閒從“目”形或者“且”形、下面從“又”的字，有的還在旁邊又加上兩斜撇。此選取幾種有代表性的形體羅列於下：

🦌《尊德義》17　🦌《語叢三》10

🦌《語叢二》5　🦌《語叢三》44

這類形體以前已經在仰天湖、包山、望山二號墓楚簡中出現過，舊多隸定作“廈”，其實並未真正認識。郭店簡資料發表以後，經過衆多學者的遞相探討，其形音義現在已經比較清楚了。

陳偉先生首先將郭店簡原來分置兩處的《語叢一》簡31“禮因人之情而爲之”與簡37（編按：當爲簡97）“即（節）廈者也”連讀，跟《禮記·坊記》“禮，因人之情而爲之節文，以爲民坊者也”相對應；李天虹先生通過全面分析此字的用例，肯定了它在楚簡中大都應該就讀作“文”；李家浩先生進一步指出，“這個字見於《古文四聲韻》《汗簡》引石經，爲古文‘閔’字”。

我們先把“古文‘閔’字”之形引在下面：

🦉《古文四聲韻》上聲“軫”韻“閔”字下引石經

🦉《汗簡·乡部》“閔”字下引石經

它又見於洪适《隸續》卷四《魏三體石經〈左傳〉遺字》，字形訛變更甚，且無下邊的“又”形。

李學勤先生隨後對這類形體作了很好的分析。他指出：石經古文“閔”這類形體上半是從“民”聲或者説“民省聲”的，楚簡文字所謂的“廈”上半所從可以跟九店楚簡的一類比較特別的“民”字相比較，也是“民”。“民”聲字跟“閔、文”均可相通。

楚簡此字右旁或從兩斜撇，可以認爲跟楚文字“胃”字、“膚”字等常常在旁邊加兩斜撇一樣，是裝飾性筆畫。這類作兩斜撇的飾筆，在有些字中也可以寫作三斜撇即“彡”形。所以，像李天虹先生和李學勤先生那樣將楚簡這類字形分析爲從“彡”旁，也是可以的。

現在剩下的問題是，除掉上半的“民”和右旁的兩斜撇或“彡”旁，楚簡和石經此字的下半當如何分析？其中閒部分，有的寫作“目”形，有的寫作“目”下多一横形，按楚簡文字從“虘”聲之字的“虘”旁，其中的“且”既可以寫作“目”下多一横形,也可以就寫作"目"形。所以舊隸定爲"且"粗看也是有道理的。但跟石經古文"閔"字對應上之後,正如李學勤先生已經指出的那樣,其中閒所從的就可以肯定應該是"目"了。那麽,楚簡這類"古文閔"字可以隸定作"曼"。

"曼"形中除掉上半的"民",剩下的從"又"從"目"可以隸定爲"叓"的部分,不正是我們上文所討論過的黽方尊的"🌿"字麽? 根據上文的結論,"叓"等字的讀音皆應與"敀"字相近,那麽它出現在所謂"古文閔"字的"曼"形裏,就很好解釋了。正如"閔"字所從的"門、文"都是聲旁一樣,"曼"字所從的"民"和"叓"也都是聲旁。

《北京大學中國古文獻研究中心集刊》4,頁 85—88

○濮茅左(2005)　(編按:上博五·季庚9)"牀虘中",即"臧文仲",音通。

《上海博物館藏戰國楚竹書》(五)頁 215

○顔世鉉(2006)　《曹沫之陳》簡 11:"居不褻🌿,食不二沬(味)。"首句,李零先生釋讀作"居不褻(設)虘(席)"。與此"🌿"相關之字,李天虹先生原釋作"虘",讀爲"文";李家浩先生首先指出,此字見於《汗簡》《古文四聲韻》,是古文"閔"字,可讀爲"文";李學勤先生則以爲此字是從"叓、民"聲,同"閔",可讀爲"閔、文"。李零先生則以爲此字是"敏"字,不用爲"文"。廖名春先生説,"居不褻席","褻"爲"褺"之訛,此句即"居不重席"。陳劍先生讀爲"居不褻文"。又《容成氏》簡 21:"衣不褻美,食不重味。""褻美",李零先生讀作"鮮美",陳劍先生同。

鉉按,"褻",當如廖文所言,爲"褺"之訛。"褺"讀爲"襲",朱駿聲《説文通訓定聲》"褺"字云:"《漢書·敘傳》'思有短褐之褺',經傳'褿襲、掩襲'皆以襲爲之。"廖文所引王念孫《讀書雜誌》亦云:"褺與襲聲相近,故《漢紀》《文選》皆作襲。"《曹沫之陳》"褻🌿"、《容成氏》"褻美",當讀爲"襲文、襲美",二者意義相近,都指衣著華美之意。(中略)

《列女傳》卷六:"後宫衣不重采,食不重味。"

《容成氏》"衣不襲美","美"亦可指服飾盛美意。《國語·魯語下》:"穆子曰:'楚公子甚美,不大夫矣。'"韋注:"美,謂服飾盛也。"《曹沫之陳》"衣不襲文"猶"衣不重采",《曹沫之陣》"居不襲文",亦有"衣不重采"之意,"文"猶"彩"也。《説文新附》:"彩,文章也。"《禮記·樂記》:"五色成文而不亂。"清王夫之《讀四書大全説·論語·泰伯十二》:"異色成彩之謂文,一色昭著之謂章。"

《簡帛》1,頁 196—197

○**李守奎**（2007）　曼　按：从民聲，讀"文"。

《上海博物館藏戰國楚竹書（一—五）文字編》頁 157

○**張富海**（2007）　711.閔🔲🔲（隸石）　🔲（汗石）　🔲（韻石）

《汗簡》和《古文四聲韻》所引石經古文从古文"民"从目、又，加三撇飾筆。《隸續》所録寫脱"又"旁。小徐注："古文閔，从思、民。"《説文》古文上所从爲古文"民"之訛，"囟"爲"目"之訛，又去"又"旁改加意符"心"。此字見於仰天湖、包山、望山二號墓楚簡以及郭店簡，如郭店《語叢一》60 號簡作🔲，與《汗簡》和《古文四聲韻》所引字形基本相同。此字在簡文中都用爲"文"，"文"與"閔"音相近。關於此字的結構分析見陳劍《甲骨金文舊釋"尤"之字及相關諸字新釋》，《北京大學中國古文獻研究中心集刊》第四輯 85—88 頁，北京大學出版社 2004 年。

《漢人所謂古文之研究》頁 154

△**按**　"虜"字又見於上博九《成王爲城濮之行》甲本簡 1、2、3，分別寫作🔲（簡1，兩見）、🔲（簡 2）、🔲（簡 3），整理者陳佩芬（《上海博物館藏戰國楚竹書》［九］144、146、148 頁，上海古籍出版社 2012 年）隸定爲"虜"，讀爲"蘧"。整理者所釋有誤，陳偉、蘇建洲等（陳偉《〈成王爲成濮之行〉初讀》，簡帛網 2013 年 1月 5 日；蘇建洲《初讀〈上博九〉札記》［一］，簡帛網 2013 年 1 月 6 日）均指出此字當讀爲"文"。

虘

🔲璽彙 1302　🔲璽彙 3775　🔲珍秦・戰 113

○**丁佛言**（1924）　覃。

《説文古籀補補》頁 24，1988

○**羅福頤等**（1981）　虘。

《古璽文編》頁 108

○**湯餘惠**（1985）　我們知道，西周中、晚期金文盧字多从卣作，寫作🔲、🔲等形，晚周盧氏幣、邵鐘銘从🔲，古璽或从🔲（3418），大概就是前形之變。值得注意的是🔲即"西"之一體，大概是由於戰國人對盧字的構形已不甚了然（戰國文字不見从卣的盧字可證），所以繼此而衍化出許多从🔲、🔲形"西"的虘和从虘的字。這些字以往大多没有識出，有的識錯了，例如：

🔳《璽》3328

左旁从虍,字下加＝爲飾筆(詳後),寫法與山東博山香峪村出土的莒邦殘刀幣文此旁略同,幣文🔳字裘錫圭先生釋"莒",謂"从竹,虍聲",至確。璽文从土,虍聲,應即"壚"之古文。段注本《説文》云:"壚,黑剛土也。"該是本義。

🔳《香録》附編第 21 頁　🔳《璽》3775　🔳《璽》1302

以上三例虍旁寫法略有歧異,但無疑都是一個字。次例《補補》5·9 釋"覃",不可據。按此字下方从🔳即又,殆从又,虍聲。古文从又、从手、从攴往往無別,疑即《玉篇》"戲",《集韻》"攎"的古文。攎、戲均有"斂"義,當是一字之異。

a 🔳《香録》1·2　b 🔳同上　c 🔳《璽》3755　d 🔳《匋文編》附録第 22 頁

上揭 a、b 兩例出自齊國陶文,用爲邑里名稱。齊文字"西"多作四筆交叉,b、d 兩例又攴之上加橫畫,與中山方壺🔳字同例,均屬繁飾,以上四例从艸(或屮),虍聲,疑心皆"蘆"之古文。《香録》1·2 從丁佛言説,云"當是蕈字,在陶文爲鄆之借字",非是。《季木》2·1 有🔳字,从🔳與从🔳、🔳者同,徐中舒先生主編《字形表》釋"蘆"(第 20 頁),得之。

🔳《季木》53·1　🔳《鐵雲》87·1　🔳《匋文編》附録 45 頁

以上三例陶文,左旁"阜"下加"土"爲繁構,字殆从阜,虍聲,古文从阜與从土每通用,《説文》"塊"之或體作"𡑛",又"地"之古文作"墬",均其遺例。"隥"有可能是"壚"的異文。

🔳《璽》3921

可隸定爲"繪",應是纑字古文。《説文》糸部:"纑,布縷也。从糸,盧聲。"丁佛言《補補》13·2 釋"縵",殊誤。

🔳《璽》3561

此字《補補》10·3 釋"煙"。諦審字形,殆从火,虍聲,當釋爲"爐"。字見《玉篇》。

🔳《璽》2107　🔳《璽》2106

均爲私名璽姓氏,右从邑,知原本是地名。"酈"即"𨛕",亦即地名"盧"字古寫。古來以"盧"爲名地者有二:一在山東,一在河南。從文字本身的線索考慮,字中"西"形皆作三筆交叉,與齊文字四筆交叉者有異,因此不大可能是山東的盧邑。而以西漢時地屬虢州的盧氏縣可能性較大。

○**吳振武**（1992）　　三晉璽印中有一個寫作⿸广、⿸广等形的字：

　　（1）⿸广魠（?）《季》二五·一一　　（2）司馬⿸广《璽彙》三七七五　　（3）胡君⿸广同上一三○二

或從“邑”作⿰⿸广邑：

　　（4）⿰⿸广邑武《璽彙》二一○七　　（5）⿰⿸广邑瘍同上二一○六

（中略）我們認爲，（1）—（3）從“又”從“盧”，應隸定爲“虜”，釋爲“攄”。古璽中有⿱土盧字：

　　（6）⿱土盧尚《璽彙》三三二八

黃賓虹先生在《賓虹草堂鉢印釋文》中釋爲“墟”是正確的。不過他把此字分析爲從“虍”從“圼”則不準確，應分析爲從“土”“盧”聲。“墟”字見於《説文·土部》。齊“莒邦”殘刀面文中有⿱竹盧字：

　　（7）⿱竹盧邦囗《發展史》82 頁

曾毅公先生在《山東金文集存先秦編》中釋爲“簹”，並將此刀列於莒器下。裘錫圭先生在《戰國貨幣考（十二篇）》（《北京大學學報》哲學社會科學版 1978年 2 期）一文中指出，此字從“竹”“盧”聲，應釋爲“莒”。二先生所釋甚是。從上引古璽“墟”字作“墟”和下引楚簡“纑”字作“纑”，齊陶文“蘆”字作“蘆”以及《説文》“臚”字籀文作“膚”來看，此“簹”字很可能就是見於《説文·竹部》的“簋”字，在幣文中借爲“莒”。《説文》謂“攄”字從盧得聲，而“盧”又從“膚”得聲，故“虜”字可釋爲“攄”。古璽“墟”（墟）字和齊刀“簹”（簋）字無論在字形上，還是在結構上，都足以證明⿸广、⿸广等字應釋爲“攄”。“攄”字見於《説文·手部》。

　　上引（1）—（3）三璽中的“虜”（攄）字或用作姓氏，或用作人名。在用作姓氏時，無疑應讀作典籍和漢印中習見的盧氏之“盧”（看《漢徵》五·八及《漢補》五·二）。下述戰國文字中的從“盧”得聲之字多從“膚”作，是其力證。在用作人名時，也可能應讀作“盧”。漢印所見人名中有“趙盧、王盧、祝父盧”（《漢徵》五·八），可見古人常以“盧”爲名。

　　認出了“虜”字，（4）（5）也就不難解決了。

　　（4）（5）在原璽中皆用作姓氏，可隸定爲“鄜”。（中略）

　　戰國齊陶文中又有一個從“巾”從“虜”的字：

　　（16）⿱巾虜丘遷《夢盦藏陶》　　　（17）⿱巾虜丘遷《春録》附編一五下

後者《説文古籀補補》既誤摹作⿱巾虜，又誤釋爲“曼”（三·八）；《古匋文春録》和《匋文編》則列於附録（附編一五下、附録二二上）。但《古匋文春録》同時又從《説文古籀補補》誤釋爲“曼”（二·三遷及八·一丘字條下）。

其實,這個字也應該是"蘆"字異體。和上引(10)(編按:璽彙3755█)比較,只是從"屮"和從"艸"之別而已。而作爲義符,"屮""艸"二旁義亦相近。古有閭丘邑,地在今山東省鄒縣東北。又有閭丘氏。東周閭丘戈"閭丘"作"闖丘"(《三代》一九・三八・三,王國維釋)。"闖""蘆"二字的基本聲符都是"膚",可知(16)(17)中的"蘆丘"應讀作"閭丘"。這也是釋█爲"虜—蘆"的一個有力佐證。

這裏需要指出的是,齊陶文中也有從"艸"從"虜"的"蘆"字:

(18)█(《鐵雲藏匋》四三・三)

(19)█(《季》二・一)

(20)楚辇遷█里賞(同上四五・二)

(21)王叚(廄)█里导(同上三七・七・九、一一)

(22)█衆□阤夌(陵)鈢(璽)(《陶鈢文字合證》一)

丁氏《說文古籀補補》卷一"蘆"字條下曾收錄(18),注云:"吳愙齊(引者按:即吳大澂)以爲蘆字。"(一・四)我們認爲,吳氏此釋是非常正確的,可惜他既未在有關論著中加以闡述,同時又令人難以理解地把和(18)(19)顯係一字的(20)誤釋爲"𧅄"(見同書一・五葦字條下引)。而丁氏雖然同意吳氏把(18)釋爲"蘆",可他自己卻又誤入歧途,將(20)(21)誤釋爲"葦"(一・五)。後出的《古匋文香錄》和《匋文編》皆從丁說,乾脆把(19)—(22)都釋爲"葦"(一・二・5頁)。只有徐中舒先生主編的《漢語古文字字形表》才重新肯定了吳氏的釋"蘆"說,但也只僅僅收錄(19)一例而已(20頁)。

綜觀上述,下列齊國陶文和璽印中的一系列從"膚"或從"虜"之字就都可以辨釋出來了。

(23)█ (《鐵雲藏匋》一七・三)   (24)█里宝 (《季》三三・二)

此二字皆應隸定爲"虜",釋爲"攄"。後者《說文古籀補補》摹寫既不正確,又誤釋爲"覃"(五・九);《古匋文香錄》和《匋文編》改釋爲"叔"(三・三、二〇頁),亦不可信。

(25)█ (《季》一五・八)   (26)█ (同上一五・一〇)

此二字從"糸"從"虜",應釋爲"纑"。前者《說文古籀補補》引吳大澂說釋爲"羅"(七・一一),顯不可信。《古匋文香錄》和《匋文編》都將此二字釋爲"繹"(一三・1、83頁),亦誤。

(27)█ (《季》一二・一一)   (28)█臣 (《璽彙》三六〇六)

(27)從"心"從"虜",應是"慮"字異體。《說文》謂"慮"字從"思""虍"聲,裘錫圭先生在《戰國貨幣考(十二篇)》一文中根據漢且盧丞印中的"盧"字作▨（《漢徵》一〇·一五），指出"盧"本从"虍"聲，其説甚是。"虙、盧"皆从"虍"得聲，故"懥"字可釋爲"盧"。（28）所从之▨和古璽"盧"字所从之"虍"作▨者極近（《古璽文編》109頁），必爲"盧"字無疑。《左傳·昭公十四年》中有"盧癸"，可證古有盧氏。此二字《説文古籀補補》分別釋爲"罹"和"廱"（七·一一、九·六），殊誤。《古匋文舂録》和《古璽文編》則分別列於附録（附編三一下、452頁第二欄）。

　　　　（29）蒦(?)圜▨左里𣪘(廠)□□　（《季》七九·六）

此字从"艸"从"虍"，顯然應釋爲"蘆"。上述古璽"壚"字作"塘"、齊刀"簉"字作"簉"及楚簡"繡"字作"繡"，皆可與此互證。

　　　　（30）楚辜遷▨里何　（《季》四五·一）

　　　　（31）王卒左𣪘(廠)□圜▨里宔　（同上六〇·九——一二）

　　　　（32）城圜▨里宔　（同上三九·三一五、七四·二）

　　　　（33）城圜▨里淳豆　（同上三八·一一一三九·二）

此四字《説文古籀補補》和《古匋文舂録》《匋文編》也皆誤釋爲"葦"（一·五、一·2、5頁）。從辭例上看，（30）和上述齊陶文（20）同，（31）和（21）相近，又都和"里"連爲一詞。故此四字很可能就是"蘆"字異體，皆从"櫨"得聲。"櫨"字見於《説文·木部》。

　　　　（34）□▨　（《璽彙》三六八二）

此字从"竹"从"糸"从"虙"，當是"簉"或"繡"之異體。其所从的"虙"旁，和（33）齊陶文所从之"虙"最爲近似。《古璽文編》將此字列於附録（578頁第五欄）。

　　在結束"虍""虙"討論之前，我們再順便談談《文物》1984年第1期刊布的浙江紹興所出徐王盧銘文中的一個从"膚"之字。盧銘云：

　　　　（35）邾(徐)王之□□孤之少(小)▨

關於銘文中的最後一字，原簡報和曹錦炎同志《紹興坡塘出土徐器銘文及其相關問題》一文皆釋爲"戾(炙)胃(爐)"二字。其實，此字从"門"从"膚"(臚)，應隸定爲"闤"。齊陶文"闤"字作▨（《季》三八·二、四、六、七、八），可資參校。"闤"即"閭"字異體。前舉東周閭丘戈"閭"字作"闤"，是其證。本銘中的"闤"字應讀作"盧"。王子嬰次盧"盧"字作"盧"（《金文編》272頁），"闤""盧"(盧)皆从"膚"聲，例可通假。

　　（中略）補記

　　［一］本文係據筆者博士論文《古璽研究·〈古璽文編〉校訂》（1984年10

月)中的部分内容改寫而成。稿成後,見同窗湯餘惠君在提交中國古文字研究會 1984 年年會論文《略論戰國文字形體研究中的幾個問題》(油印本)中,也將本文所談到的(1)—(3)釋爲"攎",將(12)和(15)分別釋爲"纑"和"爐",將(4)(5)釋爲地名"盧"字古寫,並疑(10)(17)(20)(21)皆"蘆"字古文,與筆者不謀而合。又,齊陶文中又有𤲃字(《鐵雲藏匋》八七·一"蒦圜匋里人𤲃"),湯文疑即"攎"之異構,可從。齊璽中還有𩎖字(《古璽彙編》五六七五"牆[將]𩎖"),和本文所述(11)同,也應釋爲"臚"。侯馬盟書有𤲃字(《侯馬盟書》341 頁,人名),舊或釋爲"叡"。其實應隸定爲"虡",釋爲"攎"。

　　　　　　　　　　《古文字研究》19,頁 490—491、493—495、498

○吳振武(2001)　叡。

　　　　　　　　　　　　　　　《珍秦齋藏印》(戰國篇)頁 85

叡

 郭店·窮達 6　　 郭店·窮達 7

○荊門市博物館(1998)　叡(釋)。

　　　　　　　　　　　　　　　《郭店楚墓竹簡》頁 145

○湯餘惠等(2001)　叡　同擇。

　　　　　　　　　　　　　　　《戰國文字編》頁 184

龑

 信陽 1·42

△按　"龑"爲"鼻"之異體,詳見本卷奴部。

燮

 上博二·昔者 4

△按　"燮"字之異體,卷二𣥠部重見。

變

睡虎地・語書 5

△按　"變"字之異體,本卷攴部重見。

ナ　ﾄ

陶彙 5・273

○高明、葛英會(1991)　ナ　《説文》:"ナ,手也,象形。"按此爲左手象形,古用爲左。

《古陶文字徵》頁 8

【ナ釜司寇】

○裘錫圭(1993)　釋文:左鞭(偏)司寇

此三晉官印

《説文・三下・革部》"鞭"字古文作䖊,古璽文作䖊䖊等形,見《古璽文編》三,三九上鞭字。此印䖊字,下部亦从又,當即䖊之異體。"便""扁"古音相近。《論語・季氏》"友便佞",《説文・三上・言部》"諞"字下引此文,"便"作"諞"。《史記・司馬相如列傳》"媥姺徶循"之"媥",《漢書・司馬相如傳》《文選・上林賦》皆作"便"。《説文・十一下・魚部》"鰸"字或體作"鯿"。皆可證。故"左鞭"可讀爲"左偏"。《古璽彙編》所收三晉印中有"文朵西彊(疆)司寇"(0079)、"左槀司馬"(0044)等印,朱德熙先生讀古璽"槀"字爲郭,"左郭"之郭當指城郭,"西疆""左郭"之文例與"左偏"相近。

《珍秦齋古印展》2 號璽釋文

○何琳儀(1998)　見本卷革部"鞭"字條。

卑　卑

集成 2840 中山王鼎　　侯馬 1:37　　侯馬 85:2　　陶彙 5・384
燕下都 20・1　　璽彙 3525　　璽彙 0234
集成 37 秦王鐘　　郭店・老甲 20　　郭店・緇衣 23　　上博二・容成 3

卑 侯馬 16:36　　卑 侯馬 35:7　　卑 璽彙 3677

○**山西省文物工作委員會**(1976)　卑　宗盟類　而敢或𢦏改助及奐卑不守二宫者。

《侯馬盟書》頁 312

○**李瑾**(1980)　(編按：秦王卑命鐘銘文)卑，與俾通。俾有使的意思：《爾雅·釋詁》："俾，使也。"《書·大禹謨》"勸之以九歌，俾勿壞"，《僞孔傳》解説爲"使政勿壞"。《詩·魯頌·閟宫》"俾民稼穡"，鄭玄《箋》解作"使民知稼穡之道"。《詩》以下還有句："俾侯於魯"，"俾侯於東"，"俾爾熾而昌"……所有這些"俾"都作"使"字講。因此，"秦王卑命"，即"秦王使命"之意。到此，這個句子還没完，應與"競庸"連讀，它的語法結構是一個兼語式句："競"既是謂語"卑命"的賓語，又是"庸"的主語。圖解如下：

```
秦王 ‖ 卑命 |
(主語)(謂語) |　　競　　　‖　　庸
　　　　　　　　(賓語)　　　　(謂語)
　　　　　　　　(主語)
```

《江漢考古》1980-2，頁 55

○**羅福頤等**(1981)　卑。

《古璽文編》頁 66

○**商承祚**(1982)　(編按：集成 2840 中山王鼎)卑讀俾。古文俾皆作卑，俾、卑一字，後世分，在此意爲從。

《古文字研究》7，頁 51

○**馮時**(1986)　(編按：侯馬 1:51)"卑"同"俾"，訓使。"二宫"指宗廟中的親廟和祖廟，"守二宫"就是守護宗廟。

《考古》1986-7，頁 635

○**高明、葛英會**(1991)　卑。

《古陶文字徵》頁 36

○**黄錫全、劉森淼**(1992)　鉦銘"秦王卑命"之卑，過去多主張讀爲俾，訓使。我們則認爲"秦王卑"之卑，乃秦之名，如同秦始皇"及生名爲政"(《秦始皇本紀》)，或稱"秦王政"(《世本》)。楚共王名審，銅器銘文稱"楚王酓審"。秦據史書記載是從秦惠文王十三年(前 325)才開始稱王的，這裏的"秦王"如不是當時秦曾稱過王,就應該理解爲是作器者按楚人的習慣稱呼秦君,並不能據此就將此鐘的年代定在秦惠文王十三年之後。《文選·江淹〈雜體·班婕妤詩〉》:"畫作秦王女,乘鸞向煙霧。"李善注謂秦繆(穆)公之女。這是按後來秦已稱王的習慣稱呼"秦公"爲"秦王",與此鐘楚人按楚之習慣稱秦君爲"秦王"有某些類似之處。春秋晚期秦國國君有秦景公、后伯車、秦哀公、秦惠公、秦悼公、秦厲公等。根據銘文内容,我們認爲"秦王卑"就是秦哀公畢。

《史記·秦本紀》:"景公立,四十年卒。子哀公立。"而《秦始皇本紀》哀公作"㻫公"或"畢公"(今本)。梁玉繩曰:"謚法無畢字,當依《春秋傳》作哀公。"大家知道,秦君世系諸公多缺名,如夷公、惠公、悼公等。"哀公"之名,史無明文,唯賴《秦始皇本紀》及此鐘銘文才得以確定。是秦哀公本名畢或卑,《秦始皇本紀》誤記爲"畢公"或"㻫公"。這種現象,類似《吳越春秋·闔閭内傳》將"秦哀公"誤記爲"秦恆公"。

卑,古音屬幫母支部,畢屬幫母質部,二字不僅雙聲,而且韻部也近,相互通假是没有疑問的。如典籍中從卑、從畢的字多與從辟之字相通。《周禮·秋官·大司寇》:"使其屬躃。"鄭注:"故書躃作避。"《禮記·禮運》:"其燔黍捭豚。"《釋文》捭注作擗。又作擘。《史記·吳太伯世家》:"子句卑立。"《吳越春秋》作"句畢"。同爲人名,一作卑,一作畢,與我們討論的秦哀公之名正合,秦哀公在位年代爲公元前536—前501年,正好在我們按鐘制所推定的年限之内。

○**湯餘惠**(1993)　(編按:集成2840中山王鼎)卑,通比,親近。《詩經·大雅·皇矣》:"王此大邦,克順克比。"《詩集傳》:"比,上下相親也。"

○**李零**(1996)　現在我們的看法和黄先生略有不同。我們懷疑,"秦王卑命"是秦王從命之義,"卑"讀俾,是順從之義(參《爾雅·釋詁》),不是人名。

○**何琳儀**(1998)　卑,西周金文作🔲(彧簋)。從攴從甲,會擊甲之意。敊之初文。《説文》:"敊,毁也。從攴,卑聲。"春秋金文作🔲(鮑氏鐘),或省攴爲又而作🔲(□卑匜)。戰國文字承襲兩周文字。甲旁下或從攴,或從又,或稍有變異。

a 齊璽"卑🔲",讀裨將。《史記·衛將軍驃騎傳》:"自大將軍出,未嘗斬裨將。"《漢書·項籍傳》"籍爲裨將",注:"裨,助也。相副助也。"齊璽卑,姓氏。鄭卑諶之後。見《姓氏急就篇》。

　　b 燕陶卑，姓氏，見 a。

　　c 侯馬盟書卑，讀俾。《爾雅·釋言》：“俾，職也。”中山王鼎卑，謙卑。《詩·大雅·皇矣》“克順可比”，《禮記·樂記》引比作俾，據中山王鼎知本應作卑。中山雜器卑，讀避。《國語·齊語》：“踰太行與辟耳之谿拘夏。”《管子·小匡》“辟耳”作“卑耳”。是其佐證。“吉之玉麻（麛）不卑”，意謂吉玉可避邪。

　　d 秦王鐘卑，讀俾。《爾雅·釋詁》：“俾，使也。”帛書卑，讀蜱。《儀禮·既夕禮》“脾析蜱醢”，注：“蜱，蚌也。”亦作蠯。《説文》：“蠯，蜌（據段注改）也。脩爲蠯，圜爲蠇。”《集韻》：“蠯，蚌狹而長者爲蠯。”帛書“爲卑爲萬”，讀“爲蠯爲蠇”，均指蚌類，與《説文》“脩爲蠯，圜爲蠇”吻合無閒。五里牌簡卑，讀甁。參錍字 b。

　　e 秦陶卑，讀裨，佐助。參 a。

《戰國古文字典》頁 771

○**施謝捷**（1998）　5683 🀆□吉鉨·卑□吉鉨。

《容庚先生百年誕辰紀念文集》頁 651

【卑士】

○**廖名春**（2000）　“卑士”，《禮記·緇衣》《逸周書·祭公》皆作“嬖御士”。“御”爲衍文，“嬖御士”當爲“嬖士”，即“僻士”，意與“卑士”同。

　　《禮記·緇衣》之“莊士”，楚簡和《逸周書·祭公》皆無，當涉上文而衍。王念孫曰：“上文之莊后對嬖御而言，此文之莊士對嬖御士而言，大夫卿士又尊於莊士，故並及之，若無莊士二字則失其本旨矣。”從楚簡來看，其説顯誤。

《郭店楚簡國際學術研討會論文集》頁 117

【卑御】

○**廖名春**（2000）　“卑”，《禮記·緇衣》《逸周書·祭公》皆作“嬖”。《説文》：“卑，賤也。”“嬖，便嬖，愛也。”從楚簡可知，“嬖”當讀爲“僻”，爲形容詞，意爲偏，修飾名詞“御”。“卑御”與“嬖（僻）御”同意，皆指地位低下的嬪妃。

　　楚簡和《逸周書·祭公》“御”後皆無“人”字，可知《禮記·緇衣》“人”爲衍文。

《郭店楚簡國際學術研討會論文集》頁 116

【卑醫】

○**湯餘惠**（1993）　《古璽彙編》0234 著録一鈕白文方璽，陰刻六字，云：

　　　卑醬匠芻仢鈢

首字筆畫不甚明晰,以往無釋,該書釋文此字亦付缺如,次字僅隸定而未能釋出。

　　今按首字細審作𤰈,當釋爲"卑"。其形與散氏盤作𤰈、中山王鼎作𤰈略同,可以互證。次字從臧,即臧字或體,西周金文屢見。此字從酉臧聲,當是醬字的異體。《説文》古文醬作"𤖕",從酉卝聲與此聲類相同。因此,這方印的頭兩個字,應即"卑醬"二字。

　　璽文"卑醬"當讀爲"裨將",武職名。裨將之職見於《史記》,《楚世家》:

　　　(楚懷王)十七年,與秦戰丹陽。秦大敗我軍,斬甲士八萬,虜我大將軍
　　屈匄、裨將軍逢侯丑等七十餘人,遂取漢中之郡。

又《白起王翦列傳》:

　　　(秦昭王四十七年)四月,齕因攻趙,趙使廉頗將,趙軍士卒犯秦斥兵。
　　秦斥兵斬趙裨將茄。

由以上兩條史料可知,裨將(或裨將軍)一名的出現,應不晚於戰國之世。

　　裨將,舊多解爲軍之副將,或云裨將軍即副將軍。此解雖無大誤,但可惜未中肯綮。今按裨將一職又見於漢代官印及秦漢以後史書,爲主帥麾下分掌一軍的將領。兹以《漢書》三事爲證:

　　(1)秦末項梁、項籍叔侄起兵反秦,殺會稽守,"梁爲會稽將,籍爲裨將,徇下縣"。二人分兵兩處,各掌一軍,但有主裨之別。

　　(2)西漢元朔六年大將軍衛青出兵定襄進擊匈奴,其下分設中將軍、左將軍、右將軍、前將軍、後將軍和強弩將軍統領各路軍旅。右將軍蘇建兵敗軍亡,隻身逃歸,有司或議其罪,云:"自大將軍出,未嘗斬裨將。今建棄軍,可斬,以明將軍之威。"是蘇建身爲右將軍,而在裨將之列。

　　(3)西漢永光二年秋,名將馮奉世出兵隴西擊羌,分兵三處,奉世自率中軍,"典屬國任立、護軍都尉韓昌爲偏裨",分別統領右軍和前軍。次年二月凱旋回京,馮奉世賜爵關內侯,食邑五百户,"裨將、校尉三十餘人,皆拜"。前稱"偏裨"而後稱"裨將",名略異而實同,皆指分領一軍的將官而言。

　　由上可知,漢代的裨將即偏裨,偏、裨古音近字通,以古書"偏師"又稱"裨師"之例推考,裨將或即偏將的異稱。裨將是對主將而言的,主將統領主力軍隊(一般爲中軍)或總攝各軍,裨將則統領非主力偏師。裨將當即偏師之將。歷史是延續的,戰國時代的情況大概也是如此。

《考古與文物》1993-5,頁 80

史

睡虎地・答問 94　　故宮 407　　陶彙 5・384

包山 168　　上博二・子羔 1　　上博三・中弓 14　　上博五・競建 6

包山 138　　包山 159　　上博二・从甲 18　　上博四・曹沫 39

侯馬 156:21　　璽彙 1833　　璽彙 1903

○ **山西省文物工作委員會**（1976）　史　宗盟類參盟人及被誅討人姓氏。委質類　而敢不巫覡祝史。

《侯馬盟書》頁 303

○ **羅福頤等**（1981）　事。

《古璽文編》頁 66—68

○ **高明、葛英會**（1991）　史。

《古陶文字徵》頁 43

○ **睡簡整理小組**（1990）　（編按：睡虎地・爲吏簡 13 伍）將發令，索其政，毋發可異史（使）煩請。

《睡虎地秦墓竹簡》頁 173

○ **何琳儀**（1998）　史，甲骨文作（粹一〇一）。从又从中，會意不明。或說，从又从由之變體。由亦聲。西周金文作、（史見卣）、（元年師兌簋），春秋金文作（吳王姬鼎）。戰國文字承襲兩周金文。《說文》：“，記事者也。从又持中。中，正也。（疏士切）。”（三下十）

晉璽史，姓氏。史氏出自周太史佚之後，子孫以官爲氏。見《唐書・宰相世系表》。晉璽“鄏史、睘史”，均讀“縣吏”，官名。

秦璽史，姓氏。見 c。秦陶史，見《論語・衛靈公》“吾猶及史之闕文也”，疏：“史者，掌書之官也。”秦器“内史”，官名。

《戰國古文字典》頁 104

吏，从史，中閒竪筆加圓點（、）或橫筆（、、），或彎曲竪筆（、、）。史亦聲。史、吏一字分化，即由、演變爲、、。或省作，頗爲罕見。《說文》：“，治人者也。从一从史，史亦聲。（力置切）。”（一上一）史與吏形體有別（參史字），辭例中往往互用。

a 陳喜壺“立吏”,讀“蒞事”。

b 燕璽吏,讀史,姓氏。見史字 c。

c 晉器吏,讀史,姓氏。見史字 c。晉璽“吏君”,讀“事君”。《論語·學而》:“事君,能致其身。”晉璽“敬吏”,讀“敬事”,箴言。魏璽“䛊吏、鄡吏”,讀“長史、縣吏”,官名。

《戰國古文字典》頁 105

○**陳偉**(1999)　二、三言以爲史不足(甲1~2)

　　吏,原釋爲“弁”,讀爲“辨”。李零先生指出這個字的寫法同於 35 號簡讀爲“使”的字,“並非借讀爲‘辨’的‘弁’,按即‘史’或‘吏’字,這裏可能也讀爲‘使’。馬王堆甲、乙本和王弼本作‘文’,乃‘吏’之誤”。丁原植先生認爲:“‘辨’字有‘使’之義。”簡文此字“不論作‘辨’或‘使’,均指:‘針對施政方向所采取的處置措施’”。劉信芳先生將此字徑釋爲“史”。幾年前張桂光先生就曾指出,楚系文字中原來釋“弁”或釋作從“弁”的字有的其實是“史”或從“史”之字。依據當時公布的資料,他提出辨別二字的兩條標準:一,“弁”下部從“人”,而“史”從“又”;二,“弁”也有從“又”而不從“人”者,此時上部表示冠冕的部分往往於兩側加上兩個短筆以示區別。在郭店簡中,《性自命出》43 號簡釋文釋作“用身之弁者,兑爲甚”一句中的“弁”字上部兩側各有一向下的短筆,下部所從似爲“人”,比較合於張氏所説“弁”字的標準。《五行》21 號簡“不弁(變)不兑”、32 號簡“顏色容貌溫弁(變)也”,因爲可以與馬王堆帛書《五行》對讀,相信釋“弁”不誤。這兩個“弁”字的下部均從“又”,上部兩側各有一向下的短筆,亦與張氏釋“弁”的標準相近。在釋“吏”之字方面,大多於上部右側有一短筆。由於上下文語意的限定,可以有把握地釋爲“吏”,讀爲“使”或“事”。如《尊德義》第 21—22 號簡“民可吏(使)道之,不可吏(使)知之”;《性自命出》9 號簡“其用心各異,教吏(使)然也”;《六德》14 號簡“吏(使)之足以生,足以死”;同篇 17 號簡“謂之[臣],以忠吏(事)人多”。這種構形的字只有《性自命出》第 32—33 號簡中的兩處似不宜釋爲“吏”。裘錫圭先生按云:簡文此字似將“吏(使)、弁”二字混而爲一,懷疑當釋爲“弁”,讀爲“變”,將這句話讀作“其聲弁(變)則[其心弁(變)],其心弁(變)則其聲亦然”。另外,《語叢四》17 號簡“善吏(使)其下”的“吏”與《五行》第 21、32 號簡釋“弁”之字略同,上部兩側各有一向下的短筆,但據文意可知只應釋爲“吏”。由以上分析可見,“弁、吏”二字雖大致有別,但也存在混同的場合。釋讀時,除分辨形體外,還需結合語句考察。《老子》甲 2 號簡中的這個字,確如李零先生所説,與 35 號簡釋爲"吏"、讀爲"使"的字完全一致。下部从"又",上部兩側没有添加的短筆,與上揭釋"弁"及"吏"之字均有不同。35 號簡中的這種字,對照傳世本《老子》,可知當釋爲"吏"("心使氣曰强")。這樣,從字形上説,《老子》甲 2 號簡中的這個字,當依李零、劉信芳先生所云,釋爲"吏"或"史"。

不過,劉氏於此處"史"字未作解釋,李氏的進一步申説則似乎未可遽從。"史"有偏重文辭的意思。《論語·雍也》:"質勝文則野,文勝質則史。"何晏集解引包咸曰:"史者,文多而質少。"《儀禮·聘禮》:"辭多則史,少而不達。"賈疏云:"按《周禮》大史、内史皆掌策書。《尚書·金縢》云'史乃策祝',是策書祝辭。故辭多爲文史。"《韓非子·難言》云:"捷敏辯給,繁於文采,則見以爲史。殊釋文學,以質信言,則見以爲鄙。"在這些場合,"史"皆與文采相關,而與質、鄙相對。在傳世《老子》諸本及馬王堆帛書《老子》甲、乙本中,與簡文對應的字皆作"文"。如果將此字釋爲"史",理解爲"繁於文采",則與各種版本的《老子》在意義上保持一致,並且同後文"視素保樸"的説法呼應。

《江漢論壇》1999-10,頁 11—12

○**張桂光**(1999) 一是甲組第二簡之**叓**字。釋文隸作"叟",注〈4〉謂從李家浩説釋爲"弁",而於"三言以爲叟不足"句中則讀爲"辨",作"判也、别也"解。考**叓**字楚簡中屢見,本人曾於《楚簡文字考釋二則》一文中詳加考證,以爲字當釋史,並廣引《信陽楚簡》《天星觀楚簡》及《包山楚簡》的辭例加以印證。今郭店楚簡出土,則更加堅定了我釋**叓**爲"史"的信心。因此字除見於《老子》甲組第二簡外,尚見於第三十五簡,簡文"心叓燹曰勞",與傳世本及帛書本之"心使氣曰强"句對照,字當釋爲"史"而讀作"使"無疑,事實上,釋文也在自覺不自覺間把它讀爲"使"了:"心叓(使)燹(氣)曰勞(强)。"因爲釋叟爲"弁",是無法與"使"字搭得上界的;若釋叟爲"史",則史、事、使古本一字在古文字學界已早成共識,因此,第二簡之**叓**字,亦當釋"史"無疑。簡文"三言以爲史不足","史"亦當讀爲"使",作"用"字解,意謂"以上面提到的'三言'爲用尚不足夠",正與傳世本及帛書本之"三言以爲文不足"句意相仿,彼"文"字作"理論"解也好,作"文治法度"解也好,作"文飾"解也好,在句中均有"用"字之意,全句解作"以上三條'消極的原則'作爲理論是不夠的"也好,解作"用這聖智、仁義、巧利三樣東西,作爲文治法度,是不足以治國的"也好,都與我們上解句意相近,因此,**叓**字還是以釋"史"爲妥。

《古文字論集》頁 171—172,2004;原載《江漢考古》1999-2

○**張桂光**(2001) **叓**、**叟**、**學**諸文,楚簡中屢見。一般多從李家浩先生之説,統釋爲“弁”。本人於《楚簡文字考釋二則》一文中,曾對這三個字作過辨析,認爲𠭁字可從李家浩先生釋“弁”,而𡉚字各家釋“弁”亦自不誤,只是𠭁字則當以釋“史”爲妥。郭店楚簡的出土,正好爲鄙説提供了佐證。簡文中起碼有 15 個𠭁字據文義是只能讀作“使”而不能讀爲“弁”的,而史、事、使古本一字,在古文字學界已是早有共識的了,𠭁當釋“史”,應是不爭的事實。但是,拙文顯然没能引起《郭店楚墓竹簡》編者的注意,他們或者没有看到,或者是未能接受拙文的觀點,始終未有將𠭁與𡉚區別開來,釋字時一併隸作“叀”,注釋中明確表示從李家浩先生釋作“弁”;而釋文時,囿於文意,又不能不將 10 多處只能讀“使”而不能讀“弁”的𠭁字作“叀(使)”處理。“弁”字無論從音的角度抑或從義的角度講,都是無法與“使”搭得上界的,在釋字與釋義之閒也就不能不陷入難以自圓其説的尷尬局面了。書中對“叀(使)”的釋文未能做任何解釋,原因就在這裏。

　　事實上,𠭁與𡉚的區別雖然細微,但卻是明確的。使用時不排除因形近商(編按:“商”當係誤字)訛混的可能,但混淆的實例並不多見。本人在寫作《楚簡文字考釋二則》一文時,曾對《包山楚簡》做過考察。其讀“史”之𠭁(161)、𠭁(138)、𠭁(158)、𠭁(159)、𠭁(54)、𠭁(168)等,右側雖時有羨筆,左側卻甚整然,而讀“變”之𡉚(240)、𡉚(245)等,兩側均有明晰的短筆與𠭁字相區別。現從郭店楚簡看,情形也是這樣。釋文讀作“使”或“事”的 16 例中,除《語叢》四第 17 簡“善使其下,若蚩蛁之足,衆而不害,害而不僕”的“使”字訛作𡉚外,其餘 15 例均寫作𠭁:

　　1.心𠭁(使)氣曰强。(《老子》甲組第 35 簡)

　　2.民可𠭁(使)道之,而不可𠭁(使)知之。(《尊德義》第 22 簡)

　　3.而學成𠭁(使)之也。(《性自命出》第 8 簡)

　　4.其用心各異,教𠭁(使)然也。(同上第 9 簡)

　　5.凡交毋刾(編按:“刾”爲誤字),必𠭁(使)有末。(同上第 60 簡)

　　6.教此民爾𠭁(使)之有向也。(《六德》第 2 簡)

　　7.有𠭁(使)人者,有事人者。(同上第 9 簡)

　　8.𠭁(使)之足以生,足以死。(同上第 14 簡)

　　9.以義𠭁(使)人多。義者,君德也。(同上第 15 簡)

　　10.以忠𠭁(事)人多。忠者,臣德也。(同上第 17 簡)

　　11.聖生仁,智率信,義𠭁(使)忠。(同上第 35 簡)

　　12.是故先王之教民也,不𠭁(使)此民也憂其身。(同上第 41 簡)

13.故曰:民之父母親民易,◇(使)民相親也難。(同上第 49 簡)

14.善◇(使)其民者,若四時一遣一來,而民弗害也。(《語叢》四第 20 簡)
而釋文讀作"變"的 3 例,其字均寫作◇:

1.不◇(變)不悅。(《五行》第 21 簡)

2.顏色容貌溫◇(變)也。(同上第 32 簡)

3.教此以失,民此以◇(變)。(《緇衣》第 18 簡)
另有《老子》甲組第 2 簡"三言以爲◇不足"一例,字作◇(史),釋文釋作"弁",讀作"辨",拙文《〈郭店楚墓竹簡·老子〉釋注商榷》已辨其非,並論定其字仍當以釋"史"讀作"使"爲妥。◇釋"史",◇釋"弁",兩字無論形狀、用法均判然有別,確實是不宜混淆的。

《簡帛研究二〇〇一》頁 186—187

〇**曹錦炎**(2002)　竹簡本《老子》甲有云:"賹(益)生曰祥(祥),心◇燍(氣)曰强。"此句見今本《老子》五十五章,作:"益生曰祥,心使氣曰强。"帛書甲、乙本同。對讀之下,知簡文"叀"當讀作"使"。《郭店楚墓竹簡》(以下簡稱《郭店》)隸定爲"叀",隨文加括弧注爲"使",根據該書體例可知,整理者是將"叀"看作"使"的假借字或異體字。

叀字又見竹簡本《老子》甲:"三言以爲叀不足。"《郭店》隸定作"叀",同上,但加括弧注爲"辨",注釋[四]引李家浩先生釋作"弁",並謂"在句中'叀'讀作'辨'"。按此句見今本第十九章,作"此三者以爲文不足",帛書甲、乙本作"此三言也,以爲文未足",對勘之下,知"叀"相對應之字爲"文"。

按同一"叀"字整理者不應於兩處作不同解釋,更何況"使""辨"兩字古音相去甚遠,自相矛盾顯而易見。事實上,此即"史"字,寫作叀應是楚簡文字特有的構形。

史字甲骨文作◇、◇,金文作◇、◇,戰國文字作◇、◇、◇,特別是後一例,與簡文尤爲接近。使字所從的"吏"與"史"本一字分化,而使、事古字形相同,甲骨文作◇,金文作◇、◇,《侯馬盟書》作◇,古璽作◇、◇,《三體石經》作◇,詛楚文和中山王器始見从人旁的"使"字。從"使(事)"字構形演變情況看,也可以佐證楚簡"史"字的構形。當然,如把◇直接看成是"使(事)"字,可能性也是存在的,問題在於楚簡"事"字構形作◇、◇,同見竹簡《老子》甲、乙本和《緇衣》篇,有今本可以對讀。特別是◇字在包山楚簡中,其用法,有的用爲表示姓氏的"史",有的用爲史官之"史",也有的用爲"吏",釋爲"使"或"事"無法直接讀通文句(必蕰[編按:"蕰"當作"須"]用通假),只有釋爲"史"才文通義順。同樣上述《老子》“三言以爲🔲不足”句，從承接上文來看，讀爲“三言以爲史不足”，顯然比讀爲“三言以爲辨不足”合理，至於今本“史”作“文”應是以義近之字而改之。

　　所以，我以爲楚簡文字“史”字寫作“叓”，其目的是爲了區別“事”字構形，避免兩者相混。而“事”字構形作🔲，也是出於同樣的道理。但不管怎樣改，兩字之間共有的淵源關係還是很明顯的，只有出現了加人旁的“使”，才能與“事”字加以分清。

　　附帶提及，李家浩先生所考釋的“弁”字，其構形，《侯馬盟書》寫作🔲、🔲、🔲、🔲等形；《信陽長臺關楚簡》弁字作🔲，笲字作🔲；《曾侯乙墓竹簡》辮字作🔲、🔲；楚簡笲字或體寫作🔲、🔲。李文發表至今已有 20 餘年，從不斷出土的楚簡資料來看，其説是經得起時間檢驗的。從楚簡文字看，弁字構形楚簡應作🔲，與楚簡史字作叓之構形不同，區別在於上部，一作🔲，一作🔲。至於弁字所從之🔲，是否是🔲之省變，尚難確定。由於李文影響較大，所以有關楚簡字典往往將叓字也誤釋爲“弁”了。

　　郭店楚簡中，“弁”字寫作🔲、🔲，均見《五行》篇，與“史”字構形可以區分。但是應當指出，在郭店楚簡中，有些“史”字構形或作🔲、🔲，右側加點，這種現象應是書手因書寫習慣所致而造成的裝飾點，同樣情況也見於郭店楚簡的“事、卑、歔”等字構形，可參看。至於郭店楚簡《語叢四》“史”字寫作🔲（簡 17），左側也多了一點，從上下文可以看出，此是誤筆，並非“弁”字，似應讀爲“使”。

《揖芬集》頁 323—324

事　事

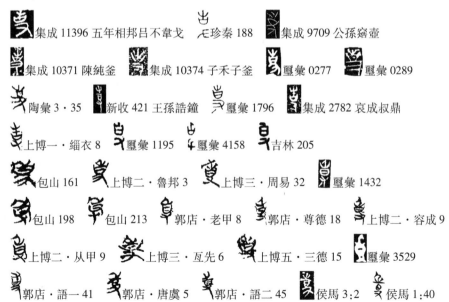

璽彙 3655　　璽彙 4573　　璽彙 2188　　集成 2840 中山王鼎　　侯馬 85:15

睡虎地・秦律 108

睡虎地・日甲 136 背

○山西省文物工作委員會(1976)　事　宗盟類　以事其宗。

《侯馬盟書》頁 312

○羅福頤等(1981)　吏　與事爲一字,事字重見。

《古璽文編》頁 1—2

○趙振華(1981)　台事康公　台即以。事,《詩・采蘩》:"公侯之事。"注:"之事,祭事也。"與《侯馬盟書》宗盟類"以事其宗"同。

《文物》1981-7,頁 68

○吳振武(1983)　2188　都(蔡)事。

《古文字學論集》(初編)頁 505

○蔡運章(1985)　"事",《易・震》:"無喪有事。"虞注:"事,謂祭祀之事。"《周禮・天官・宮正》:"凡邦之事蹕。"鄭氏注:"事,祭事也。"

《中原文物》1985-4,頁 59

○高明、葛英會(1991)　事。

《古陶文字徵》頁 11—12

○施謝捷(1998)　1195 周　・周事。

3529 敬　・敬事。

《容庚先生百年誕辰紀念文集》頁 646、650

○何琳儀(1998)　事,甲骨文作(甲四〇)。从史,上分叉分化爲事。西周金文作(盂鼎),春秋金文作(秦公簋)。戰國文字承襲兩周金文。齊系文字或作、,晉系文字或作、,楚系文字或作、、。《說文》:",職也。从史,之省聲。(鉏史切)。,古文事。"(三下十)事从史,史亦聲。史、吏、事一字孳乳,往往互用。

　　a 齊器"立事",讀"蒞事"。齊璽"事人",讀"使人"。《左・宣十三》:"使人不至。"

　　b 燕璽事,姓氏。見《姓苑》。

　　c 晉器事,見《增韻》:"事,奉也。"盟書"事丌主",讀"事其主"。《左・襄十九》:"事吳敢不如事主。"晉器事,姓氏。見 b。晉璽"事上",見《禮記・表記》:"以下事上也。"趙兵"立事",見 a。魏器"眂事",讀"視事",官名。

　　d 楚金事,姓氏。見 b。楚簡"事王",見《韓詩外傳》:"子之事王未耳,何怨于我。"天星觀簡"事人",見 a。隨縣簡"慶事",讀"卿士"。

　　e 秦金"詔事",官名。睡虎地簡"冗事",讀"冗吏"。

　　　　　　　　　　　　　　　　　　　　　　　《戰國古文字典》頁 108

○田煒(2006)　　吉林 205　　事。

　　　　　　　　　　　　　　　　　　　　　《湖南省博物館館刊》3,頁 218

△按　趙平安(《雲夢龍崗秦簡釋文注釋訂補——附論"書同文"的歷史作用》,《新出簡帛與古文字古文獻研究》377 頁,商務印書館 2009 年)指出睡虎地秦簡"事"多數作𢃇,偶爾作𢃇,龍崗秦簡"事"作𢃇,"吏"作𢀸。換而言之,睡虎地秦墓竹簡𢃇(吏)字可以兼表{事}和{吏},同時也用𢃇(事)字表示{事},而龍崗秦簡𢀸(吏)字只表示{吏},{事}則只用𢃇,説明𢀸、𢃇二字已經徹底分化了。趙平安還明確指出這種變化和秦"書同文字"政策有關。《里耶秦簡》(壹)8-461 號木方記載的"書同文字"的具體規定中有"吏如故,更事"一條,陳侃理(《里耶秦方與"書同文字"》78 頁,《文物》2014 年 9 期)結合秦文字用字情況指出這句話的意思是"將原來經常通用的'吏、事'二字(主要是用'吏'表示{事})根據詞義作了區分,記錄官吏之{吏}仍用'吏'字,記錄事務之{事}改用'事'字"。可爲趙説佐證。

【事少如長】

○商承祚(1982)　　古文,史、使、事同字,此事用作使。

　　　　　　　　　　　　　　　　　　　　　　　《古文字研究》7,頁 54

支 支

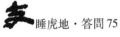

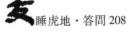

○睡簡整理小組(1990)　　(編按:睡虎地・答問 75)鬬折脊項骨,可(何)論? 比折支(肢)。

　　　　　　　　　　　　　　　　　　　　　《睡虎地秦墓竹簡》頁 111

肄 肄 肄

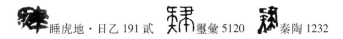

睡虎地・日乙 191 貳　　　璽彙 5120　　　秦陶 1232

○**羅福頤等**（1981）　　肄。

《古璽文編》頁 69

○**李學勤**（1986）　　《藏印集》（編按：《香港中文大學文物館藏印集》）177 壇鈕小璽，璽面朱文"肄"字。釋文云："璽文肄从吳从聿，與篆文同。段玉裁以肄从隶而隸作肄爲例，改篆文肄从隶，不確。"按《説文》"肄"字籀文从"彖"，這個寫法也見於璽印，如秦半通印"大夫肆"，可作王國維先生秦用籀文的又一例證。至於"肄"字，《説文》云："从長，隶聲。"先秦時期此字怎樣寫，目前還不清楚。戰國齊璽有㑇字，多釋爲"馬"，唐蘭先生則主張："或釋隶字，即肄字。司肄官名，等於司市，是管理市場的。"尚待深入討論。不過，這個字釋"馬"確有可商。齊陶文有名"司人馬敢旨"，見《季木藏陶》58.3 等，"馬"字近於《古璽彙編》0064，和上述㑇字有異，可見有關的字很需要研究。

《文博》1986-5，頁 20

○**睡簡整理小組**（1990）　　（編按：睡虎地・日乙 191 貳"辰不可以哭、穿肄[殔]，且有二喪"）殔，《儀禮・士喪禮》注："埋棺之坎也，掘之於西階。"

《睡虎地秦墓竹簡》頁 248

○**高明、葛英會**（1991）　　肄　肄。

《古陶文字徵》頁 194

△**按**　《説文》："𦘒，籀文肄。𦘒，篆文肄。"

肅　肅　素

集成 261 王孫遺者鐘　　包山 174　　　上博一・詩論 5

○**李天虹**（1995）　　《説文》："素，古文肅从心从卩。"

　　按：金文肅字作㪅（禹鼎）、㪅（蔡侯盤譆从）、㪅（王孫鐘），所从肅旁有近似心者，疑古文从心从卩，乃肅字之訛。

《江漢考古》1995-2，頁 76

聿　聿

集成 309 曾侯乙鐘　集成 130 者汈鐘　　包山 209　　包山 226　　包山 234

聿 郭店・語一 6　　聿 郭店・語三 56　　聿 郭店・語四 15　　聿 上博二・從甲 14

聿 上博二・容成 49　　聿 上博三・中弓 25　　聿 上博四・曹沫 8　　聿 璽彙 3263

○**郭沫若**（1958）　　（編按：者汈鐘）“光之于聿，女其用茲”者，聿讀爲肆。《周禮・小胥》“凡懸鐘磬，半爲堵，全爲肆”，鄭玄云“二八十六枚而在一虡謂之堵，鐘一堵、磬一堵謂之肆”。鄭說不可靠，不僅所言數目與歷來出土古器物不合，即肆之含義亦不盡符。邵鐘有“大鐘八聿”，齊洹子孟姜壺有“鼓鐘一鎊”，則僅編鐘若干可謂之肆。鼄段“公錫鼄宗彝一阵，錫鼎二，錫貝五朋”，則非鐘磬亦可言肆。是則一肆猶一套之意。諸咎病除，其父作鐘若干以紀其慶，或諸咎自作而托辭於其父。

《考古學報》1958-1，頁 4

○**吳振武**（1983）　　3263 聿君・聿君。

《古文字學論集》（初編）頁 514

○**何琳儀**（1989）　　（編按：者汈鐘）“光之于聿（筆）”　“聿”，“筆”之初文。《說文》：“聿，所以書也。”楚王領鐘“其聿其言”，吳闓生曰：“聿，筆也。”本銘與楚王領鐘的“聿”均指銘文所載的文辭。《釋名・釋書契》：“筆，述也，述而書之也。”或讀“聿”爲“肆”，李讀“于”爲“虡”，均非是。按，《國語・晉語》“歌鐘二肆”之“肆”，金文作“鎊”（洹子孟姜壺）、“牆”（多友鼎）、“劃”（繁卣）等形，而與本銘“聿”無涉。

《古文字研究》17，頁 152

○**何琳儀**（1998）　　聿，從聿（筆之初文）從彡（或省彡），會書寫有文采之意。《說文》：“聿，聿飾也。從聿從彡。俗語以書好爲聿。讀若津。”在偏旁中聿或省作聿。

侯馬盟書聿，讀盡。《廣韻》：“盡，竭也。”晉璽聿，讀盡，姓氏。見《奇姓通》。

楚簡聿，讀盡。《玉篇》：“盡，終也。”曾樂律鐘“劃聿”，讀“姑洗”。

《戰國古文字典》頁 1154

○**施謝捷**（1998）　　（編按：者汈鐘）“聿”，（中略）疑讀爲“盡”。舊釋“聿”，失之。

《吳越文字彙編》頁 567

【聿采歲】

○**劉彬徽、彭浩、胡雅麗、劉祖信**（1991）　　采，簡文作采，疑爲卒字異體。卒，

《爾雅・釋詁》:“盡也。”卒歲,盡歲,指一年。

《包山楚簡》頁 53

○何琳儀(1993)　書(盡)卒戠(歲)197

　　△原篆作𡱀,應隸定“裻”,(“衣”與“卒”一字分化)與三體石經“狄”作𡱀形體吻合。“狄”“易”音近可通。《左・僖十七》“易牙”,《大戴禮・保傅》作“狄牙”。《楚辭・天問》“簡狄”,《史記・殷本紀》索隱作“簡易”。是其確證。故“裻戠”應讀“易歲”,指第二年。

《江漢考古》1993-4,頁 59—60

○曾憲通(1993)　包山卜筮簡屢見“盡卒歲”一語(見簡 197、199、201),卒字作𡱀,《包山楚簡》編者疑爲卒字異體,考釋云:“卒歲即盡歲,指一年。”(見該書考釋 344)按“卒歲即盡歲”與“盡卒歲”義嫌重複。𡱀與三體石經狄之古文作𡱀者相同,王國維《魏正始石經殘石考》疑是褐字之訛而假作狄。古狄、易同聲,故《説文》逖古文作逿,《史記・殷本紀》簡狄舊本作簡易,《漢書・古今人表》作簡逿,《山海經》《竹書》之有易,《楚辭・天問》作有狄。然則卒歲即易歲,取寒暑易節之義。意指次年。簡文“自酉层之月以商卒歲之酉层之月”,商字作𠂤,舊釋爲庚,然簡文干支之庚作𠂤,上部明顯不同。此字亦見於鄂君啟節,朱德熙、李家浩釋爲帝,與商同字,讀爲適,訓爲往(見《鄂君啟節考釋》,中國古文字研究會成立十周年學術研討會論文,1988)。望山殘簡有“適集歲之酉(层)”,字正作適,訓爲至。簡文“自酉层之月以商卒歲之酉层之月”,語意欠明,以下文有“盡卒歲”推之,“商”下當奪去“卒歲之”三字,宜作“自酉层之月以商酉层之月”,意謂自今年的酉层之月以至次年的酉层之月,他簡習見“自酉层之月以商集歲之酉层之月”,其下亦有“盡集歲”,可資佐證。

《第二屆國際中國古文字學研討會論文集》頁 405—406

書　書

集成 10008 樂書缶　　新收 1640 之利殘器　　曾侯乙 1　　侯馬 16:3

璽彙 2541　　璽彙 5187　　璽彙 5189　　陶彙 9・12　　睡虎地・效律 29

陶彙 5・384

○馬國權(1964)　書,作器者之名。此言“畜孫書”者,又與“儔兒鐘”“曾孫儔兒”爲同例矣。

（中略）按欒書之名見於《左傳》，宣公十二年（前 598 年）記邲之戰云："夏六月，晉師救鄭，荀林父將中軍，先縠佐之，士會將上軍，郤克佐之；趙朔將下軍，欒書佐之。"以此器形制、銘文考之，時閒當在春秋，則《傳》之欒書與彝銘之欒書爲一無人疑矣。考欒氏於春秋閒爲晉世族，書之高祖賓、曾祖共叔，祖枝（字貞子）父盾，均軍功顯赫，昭彰史乘。欒書，一名武子，又曰欒伯。乾隆閒學人范照藜對其生平考述頗詳，見所著《春秋左傳釋人》卷六。略謂"欒書於成四年（前 588 年）將中軍，爲政凡十四年，救鄭者二，伐鄭者六，侵蔡楚沈者各一，敗秦者一，敗楚鄭者一，同盟者三，執諸侯之君者二"。振拔有爲，功業彪炳。卒於魯成公十八年（前 574 年）。

《藝林叢録》4，頁 247—248

○**山西省文物工作委員會**（1976）　　宗盟類　　序篇衛書之言。

《侯馬盟書》頁 323

○**陳玉璟**（1985）　《語書》："良吏……有（又）能自端殹（也），而惡人辨治，是以不爭書。"

注釋："疑讀爲署，處理事務。"

又："惡吏……毋公端之心，而有冒柢（抵）之治，是以善斥（訴）事，喜爭書。"

又："爭書，因恙（佯）瞋目扼指（腕）以視（示）力，訐訽疾言以視（示）治，誣認醜言厤斫以（示）險，阮閬强肮（伉）以視（示）强，而上猶智之殹（也），故如此者不可不爲罰。"

整理小組用音近代替的辦法，把"書"作爲"署"的假借字，義爲"處理事務"。以此與原文對照，似有扞格難通的感覺。細玩文意，"書"仍爲記載、銘書義。《語書》所用三"書"字，均爲"書功、書勳"的省略。以此義代入上文，就情通意順了。

"書功"是古代的一種制度。

《周禮·夏官·司勳》："凡有功者，銘書於王之大常，祭於大烝，司勳詔之。大功，司勳藏其貳。"

鄭玄注："生則書於王旌，以識其人與其功也，死則於烝先王祭之。"

又："貳猶副也。功書藏於天府，又副於此者，以其立賞。"

"書勳"連用，先秦時也有例證：

《左傳·昭公四年》："孟孫爲司空以書勳。"

杜預注："勳，功也。"

可見,所謂"書",就是記載,銘書功勳的意思。

○**睡簡整理小組**(1990)　（編按:睡虎地·語書 10"是以不爭書"）書,疑讀爲署,處理事務。

○**高明、葛英會**(1991)　書。

○**何琳儀**(1998)　《説文》:"書,箸也。从聿,者聲。"
侯馬盟書"韋書",疑指皮韋所繫竹書,所謂"韋編"。
隨縣簡書,書寫。

○**林清源**(2002)　壽春鼎爲戰國晚期的楚國器,鼎蓋右銘的首字作"叠"形,湯餘惠先生釋作"書",應可信從。缶銘"書"字作"𩫝"形,與壽春鼎構形大致相似,説明二者可能是同一區域文字。

【書也】

○**王冠英**(1990)　（編按:書也缶）"余畜孫書巳"的"巳",過去學者或釋兄,或釋老,或以爲屬下讀,讀如"以",這都不一定可靠。書兄、書老和畜孫連言,文意扞格,文氣亦不順。下文連用兩個"以"字,都用本字,此處假巳而爲之,亦不可解。其實,以文意推之,"余畜孫書巳"與陳眆簠"余陳仲産孫鰲叔和子"、邵鐘"余畢公之孫、邵伯之子"的句式是一樣的。"余"係作器者自稱,"畜孫書巳"則是"余"的同位語。"畜孫"即孝孫。《禮記·祭統》:"祭者,所以追養繼孝也。孝者,畜也。順於道不逆於倫,是之謂畜。""書巳"即書嗣,巳假爲嗣。古漢語巳讀如"以",而與祀、祠相通假,如大盂鼎"故喪師巳"、趙孟壺"台(以)作祠器",巳、祠皆即祀字。《國語·鄭語》有"其後皆不失祀",《漢書·地理志》作"其後皆不失祠"。嗣从司,聲與祠同,與巳同屬邪母之部,古音極近,故可通假。《詩·大雅·江漢》"召公是似",似从以得聲,毛傳亦曰似即嗣字。由是可知,"余畜孫書巳"乃是説余孝順之子孫、欒書之後人的意思。銘末"欒書之子孫"云云,正應此爲句,不是説欒書和書巳是一個人。

○**林清源**(2002)　器主"書也"的姓名稱謂,究竟應該如何理解? 現有的説法,就筆者所知,共有下列三種:(1)"書"爲名或字,"也"爲綴加在人名後面

的語助詞,二者共同構成人名詞組;(2)"書"爲名或字,"也"爲句末語氣詞;
(3)"書"爲氏,"也"爲名或字。

　　第(1)説由林素清小姐提出,她認爲缶銘"書也"的稱謂方式,猶如《論
語》常見的"雍也、賜也、回也"之例。"名或字+也"的稱謂結構,在先秦文獻
中確實不乏其例。典籍中這類稱謂的具體用法,根據筆者粗略考察的印象,
多數見於對話場合,而且基本上用於自身謙稱,或是長輩對晚輩的親切稱呼,
也可用於平輩互稱,前者如孔子自稱"丘也",中者如孔子稱呼門生顔淵爲"回
也"、子貢爲"賜也",後者如《左傳·昭公二十一年》華豹稱呼公子城爲"城
也"。

　　典籍"名或字+也"的稱謂結構,若與缶銘"余畜孫書也"比較,至少可以
得出如下三項差異:其一,前者多見於對話場合,而後者則爲器主自白之詞,
二者使用情境有别。其二,前者在名或字之前一般不會冠上表示輩份的修飾
語,後者在"書也"之前冠上表示輩份的"畜孫"一詞,二者詞語搭配不同。其
三,前者多用於謙稱或暱稱,如"丘也、回也、城也"之類,罕見流露驕傲矜誇語
氣。然而,在商周銅器銘文中,器主自敘其先祖時,多數含有炫燿身世的意
味。欒書缶的鑄造動機,器主明言是爲紀念皇祖而造,缶銘在名字之前特别
冠上"余畜孫"三字,藉此與"皇祖"一詞遥相呼應,末尾又自稱是"欒書之子
孫",炫燿身世的意味相當濃厚,與典籍謙稱或暱稱相比,二者態度口吻有明
顯差異。綜合上述三個觀點來看,缶銘"余畜孫書也"一語,與典籍"名或字+
也"的稱謂結構不同,二者不宜互證,缶銘"書"後的"也"字並非綴加在人名
後面的語助詞。

　　第(2)説是由黄德寬先生提出,他認爲缶銘"書也"的詞語結構,若與《左
傳》"余,而所嫁婦人之父也"(宣公十五年)、"余,長麅也"(哀公十四年)、
"子,周公之孫也"(哀公十五年)等句相比,辭例大致相同,其中的"也"字均
爲句末語氣詞。

　　不過,倘若仔細比較缶銘與上引《左傳》文句,即可發現二者辭例並非完
全平行,不宜互相佐證。"余畜孫書也"一語,僅是一個結構比較複雜的名詞
性詞組,在缶銘中當作主語使用,所以其下緊接着"擇其吉金,以作鑄缶,以祭
我皇祖"云云。至於《左傳》"余,長麅也"句,"長"字應訓爲"長養",全句可譯
作"我(清源按:指宋公)把麅(源按:指宋國的桓麅)養大了",主語、謂語、賓
語一應俱全,是個結構完整的陳述句。上引《左傳》另兩個例句,可以分別譯
作"我,是你所嫁女人(源按:指魏武子的愛妾)的父親""您,是周公的後代",

顯然都是判斷句。因此，缶銘“余畜孫書也”一語，與上引《左傳》例句相比，明顯分屬於兩種不同的語法層次。

退一步設想，缶銘“余畜孫書也”中的“也”字，假若確實是語氣詞，則該語似應理解爲“余乃畜孫欒書是也”，已經是個可以獨立運用的陳述句，無法作爲整段銘文的主語，顯然與缶銘語法結構不合。況且，此類“我乃某某人是也”的口氣，似嫌狂妄自大，與整篇缶銘氛圍扞格不合，在商周彝器銘文中也無類似例證。因此，缶銘“也”字爲句末語氣詞的說法，應該也是不合宜的。

第(3)說由黃錫全先生提出，他認爲器主“書也”是欒書的後人，遂以先祖欒書之名爲氏，“也”則爲器主之名或字。以先人之名或字爲氏，是先秦姓氏主要來源之一。以語助詞之類的虛詞命名，在商周金文中不乏其例，譬如“邲其”（《録遺》274 二祀邲其卣）、“沈子也”（《三代》9.38.1 沈子簋）、“句也”（《録遺》492 句也盤）、“梁其”（《録遺》96）、“子之”（《文物》1979.1 中山王礜鼎）等等，即是如此。

若采此說，則“余”“畜孫”“書也”即可理解爲三個同位語，它們共同構成一個名詞性詞組，當作整段銘文的主語，最能契合缶銘的語法結構。不過，此說也還存在一點遺憾，即在已知的先秦文獻中尚未發現以“書”爲氏的直接證據，這樣難免會啟人疑竇，使其說服力減弱。雖然如此，相對於前述第(1)(2)兩說的缺陷而言，筆者認爲第(3)說仍是現階段比較合理的說法了。

《史語所集刊》73 本 1 分，頁 28—30

△按　李守奎（《清華簡〈繫年〉“也”字用法與攻䣅王光劍、欒書缶的釋讀》，《古文字研究》30 輯 374—380 頁，中華書局 2014 年）認爲“也”爲虛詞。

【書府】

○**王輝**(1987)　睡虎地秦墓竹簡提到臧府、書府。《内史雜》：“勿敢以火入臧府、書府中。”“節（即）新爲吏舍，毋依臧府、書府。”臧府及收藏器物的府，書府是收藏文書的府。

《中國考古學研究論集》頁 351

○**睡簡整理小組**(1990)　（編按：睡虎地·秦律 198）書府，收藏文書的府庫。

《睡虎地秦墓竹簡》頁 64

○**周曉陸、陳曉捷**(2002)　書府，半通。“府”字下部殘。約爲“尚書”之屬，參見《集》一.二.36。《漢書·郊祀志》：“史書而臧（藏）之府。”注：“府，臧書之處。”《雲夢睡虎地秦簡·秦律十八種》一九七：“毋敢以火入臧府、書府中。”

《秦文化論叢》9，頁 264

△按　楚簡多用"箸"字爲"書",詳見卷五竹部。

盡

上博一·緇衣 12

○陳佩芬(2001)　盡　从聿,皕聲。《説文》所無,疑即《説文》"盡"字之省
文。《説文》:"盡,傷痛也,从血、聿,皕聲。《周書》曰'民罔不盡傷心,讀若
憙'。"段玉裁注:"按當作讁,言部曰:讁,痛也。音義皆近。"

《上海博物館藏戰國楚竹書》(一),頁 188

○馮勝君(2007)　(編按:郭店·緇衣 23)4.恖(🌱):盡(🖼):疾

　　盡字金文寫作🖼(多友鼎,《集成》2835),从聿从皕从皿。上博簡本寫作
🖼,所从之"皕"當是"皕"之形誤。《説文·血部》:"盡,傷痛也。从血、聿,皕
聲。《周書》曰:民罔不盡傷心。"又从"皕"聲。《説文·皕部》:"皕,二百也。
凡皕之屬皆从皕。讀若祕。"《説文》中从"皕"的字只有兩個,一個是"盡",一
個是"奭"。《説文·皕部》:"奭,盛也。从大从皕,皕亦聲。此燕召公名。讀
若郝。《史篇》名醜。🖼,古文奭。""奭"的古文亦从"皕",而前面也已經提到
"盡"上博簡从"皕",那麽《説文》所謂的"皕"字可能本來就作"皕",通過
"盡"字的金文形體來看,"皕"應該是"皕"字的訛體。古文字中尚未發現獨
體的"皕"字,郭店簡本的"恖"和"盡"都應該是从"皕"聲的,今本與之相對應
的字是"疾","疾"是從紐質部字,那麽"皕"的讀音也應該與之相近。這從
《説文》中也能得到一些線索,如"皕"《説文》謂"讀若祕","祕"正是質部字,
燕召公名"奭",《史記》作"醜","醜"是照三系昌紐,與從紐也很接近。郭店
簡本的"恖"一般認爲是"息"字的異體,《説文·心部》:"息,喘也。从心、自,
自亦聲。"中山方壺寫作🖼(《金文編》1711 號),也从"自"聲。"自"是從紐質
部字,與"皕"音近,也有可能"皕"是從"自"分化出來的。"恖"从"皕",與一
般的"息"字有別,而"盡"也从"皕",所以李零先生認爲"恖"或許是"盡"的省
體,也是有可能的。

《郭店簡與上博簡對比研究》頁 143—144

畫　畫　肅

🖼集成 4688 上官豆　🖼睡虎地·爲吏 1 伍　🖼璽彙 0725　🖼璽彙 1519

曾侯乙 1　曾侯乙 13　曾侯乙 88

上博二・子羔 10　港藏 3

○**羅福頤等**（1981）　畫　上官登畫字與璽文同。

《古璽文編》頁 69

○**睡簡整理小組**（1990）　（編按：文見《語書》簡 13"府令曹畫之"）畫，讀爲過。《吕氏春秋・適威》注："過，責。"

《睡虎地秦墓竹簡》頁 16

○**何琳儀**（1998）　畫，金文作𦘕（小臣宅簋）。从聿（筆之初文）从周（彫之初文），會用筆彫畫之意。或作𤕨（吴方彝），从妻（規之初文），从周省，會規畫之意。妻亦聲。戰國文字承襲金文。聿或與乂相連作𤓷形，一變爲古文小，再變爲小篆𠃌。周旁均省變爲田形。遂距初文甚遠。《説文》："𦘕，界也。象田四界，聿所以畫之。（胡麥切）。𤕨，古文畫省。𫜹，亦古文畫。"（三下十一）

戰國文字畫，除人名之外，均繪畫之意。《釋名・釋書契》："畫，繪也，以五色繪物象也。"

《戰國古文字典》頁 737

○**馬承源**（2002）　（編按：上博二・子羔 10）《説文・聿部》："𤕨，古文畫省。劃亦古文畫。"《集韻・入・麥》："劃，裂也。或从劙。"又《説文・刀部》："錐刀曰劃，从刀从畫，畫亦聲。"是"劃"爲"畫"的古文。

《上海博物館藏戰國楚竹書》（二）頁 194

【畫趄】

○**裘錫圭、李家浩**（1989）　"畫趄"亦見於 7 號簡。"趄、轅"古音相近可通。《説文・走部》："趄，趄田易居也。"《國語・晉語三》《漢書・地理志》"趄田"均作"轅田"。簡文"畫趄"似應讀爲"畫轅"。

《曾侯乙墓》頁 508

晝　𣈆　晖

睡虎地・日乙 159　睡虎地・日乙 177

九店 56・71　上博四・曹沫 10　楚帛書

○**嚴一萍**（1967）　晝　《説文》曰："晝，日之出入，與夜爲界，从畫省从日，𣈆"

籀文畫。”下正無一横。《群經正字》曰：“今經典作畫，隸省。漢桐柏廟碑，晝夜作晝，後遂因之。”

《中國文字》26，頁 16

○**何琳儀**（1998）　畫，金文作𣈏（𣈏簋）。從日，聿聲。晝與聿均屬舌音，晝爲聿之準聲首。《説文》：“𣇆，日之出入與夜爲界。從畫省，從日。𣈏，籀文畫。”

戰國文字晝，白晝。

《戰國古文字典》頁 361

隶　隶

郭店·尊德 31　　 郭店·尊德 31　　 璽彙 2411

○**羅福頤等**（1981）　隶　與邰鐘隶字同。

《古璽文編》頁 69

○**裘錫圭**（1998）　（編按：郭店·尊德 31）“隶”，讀爲“逮”。

《郭店楚墓竹簡》頁 175

隸　隸

睡虎地·秦律 61　　 睡虎地·雜抄 38　　 集成 10384 高奴禾石權

○**何琳儀**（1998）　隸，從隶，柰爲疊加音符（隶、柰均屬舌音）。《説文》：“隸，附箸也。從隶，柰聲。（郎計切）。隸，篆文隸，從古文之體。”（三下十一）或歸隸爲月部。

秦器“隸臣”，徒刑之名。《漢書·刑法志》：“隸臣妾一歲免爲庶人。”語出《國語·晉語》二：“晉國其誰非君之群隸臣也。”

《戰國古文字典》頁 1245

【隸臣】

○**張政烺**（1958）　隸臣見《漢書·高惠高后孝文功臣表》，凡五見。《刑法志》記漢成帝時減刑的決議，關於男子的罪名是“完爲城旦，滿三歲爲鬼薪，鬼薪一歲爲隸臣，隸臣一歲免爲庶人”。這是從城旦罪降爲隸臣，這種隸臣是已經服刑四年還要服刑一年的人。“隸臣滿二歲爲司寇，司寇一歲免爲庶人”，這是正罪是隸臣，這樣的隸臣服刑至少是三年。漢法沿襲秦制，上郡戈銘的隸臣大體説來就是這種刑徒。

城旦、鬼薪和隸臣都是官奴隸,他們從事冶鑄銅兵器,上郡守是監造的地方最高官吏,工師和丞是技術指導和管理督查者。

《張政烺文史論集》頁 367—368,2004;
原載《北京大學學報》1958-3,頁 181

○李學勤(1959) "鼻"是私名,"隸臣"是他的刑徒身份。秦國的刑制爲漢代沿用,但其間也有不同。截至現在,在秦題銘中發現鑄戈的刑徒,即有期限的奴隸,已有城旦(録遺 583)、鬼薪、隸臣三種,他們都是男性的。

《文物》1959-9,頁 61

○李學勤(1985) 末行丞名下的隸臣某,是冶鑄本戈的工匠,其身份爲刑徒。秦器銘的刑徒工匠,常冠以"工"字,如廿五年上郡守戈"工鬼薪詘"之類,省去"工"字的較爲罕見。

《古文字研究》12,頁 333

○睡簡整理小組(1990) 刑徒名,見《漢書·刑法志》,注:"男子爲隸臣,女子爲隸妾。"隸臣身高不滿秦尺六尺五寸爲小,見下《倉律》。此處的小隸臣應爲充任牧童的隸臣。

《睡虎地秦墓竹簡》頁 24

○王輝(1990) 秦王之有四十年者,只昭王一人,故張、李二先生定此戈爲昭王四十年物,甚是。

隸臣爲刑徒,見《漢書·刑法志》及《高惠高后孝文功臣表》,張先生已有考釋。睡虎地秦簡《均工律》:"隸臣有巧可以爲工者,勿以爲人僕、養。"可見秦時用有技藝專長的隸臣作工匠,而不使之作趕車、烹炊的勞役,鑄造兵器爲工匠之一種。

《秦銅器銘文編年集釋》頁 71

○陳平、楊震(1990) "隸臣",爲一歲之刑徒名稱。《漢書·刑法志》云:"罪人獄已決,完爲城旦、春,滿三歲爲鬼薪、白粲,鬼薪、白粲一歲爲隸臣、妾。隸臣、妾一歲,免爲庶人。"顏師古注曰:男爲隸臣、女爲隸妾。

《考古》1990-6,頁 552

○王輝、程華學(1999) 陳平注意到,工匠猗在十二年戈中身份爲"更",十五年戈中卻淪爲"隸臣",説道"可以窺見秦法之酷烈和戍卒命運之悲慘"。更的身份爲庶民,而隸臣爲一歲之刑徒名稱。《漢書·刑法志》:"罪人獄已決,完爲城旦、春,滿三歲爲鬼薪、白粲,鬼薪、白粲一歲爲隸臣、妾,隸臣、妾一歲,免爲庶人。隸臣、妾滿二歲爲司寇；司寇一歲及作如司寇二歲皆免爲庶人。"隸臣有自鬼薪、白粲遞減及本罪爲隸臣兩種,其總的服刑時閒皆超過四年。觭原爲庶人,三年後爲刑徒,但工的身份未變。

《秦文字集證》頁 46

○李丁生(2000)　　"隸臣"是刑徒。

《文物研究》12,頁 260

【隸妾】

○睡簡整理小組(1990)　見【隸臣】條。

○湖南省文物考古研究所、湘西土家族苗族自治州文物處(2003)　　〔8〕157

背：正月戊寅朔丁酉,遷陵丞昌(6)劦(郤)之啟陵,廿七戶已有一典,今有(又)除成爲典,何律令？ 應尉已除成,勾爲啟陵郵人,其以律令。/氣手。/正月戊戌日中,守府快行。

　　正月丁酉旦食時,隸妾冉(7)以來。欣發。壬手(8)。(中略)

　　(7)隸妾,刑徒。

《中國歷史文物》2003-1,頁 13—14

郭店・語三 52

　包山 179　　　郭店・緇衣 17　　　郭店・五行 23　　　郭店・五行 24

　郭店・語四 12　　上博一・詩論 10　　上博二・容成 39　　上博五・弟子 15

　上博一・緇衣 10

○何琳儀(1993)　　周嫛(賢)179

　　△原篆作嫛,應釋"嫛"。《玉篇》："嫛,動也。"又見《璽彙》3864、3955,均人名。

《江漢考古》1993-4,頁 62

○荊門市博物館(1998)　(編按：郭店・緇衣 17、郭店・語三 52)嫛(賢)。

《郭店楚墓竹簡》頁 130、211

○陳劍(1999)　　柞伯簋是近年發現的西周前期重要有銘青銅器。《文物》1998 年第 9 期發表了此器的詳細資料及銘文考釋,第 11 期又發表了李學勤

先生的考釋,銘文內容基本已經弄清。本文擬就其中較爲關鍵的"██"字(以下用"△"代表)談一點意見。先將全銘隸釋如下:

佳(惟)八月辰才(在)庚申,王大射才(在)周。王令(命)南宫率王多士,師𠭯父率小臣。王遟赤金十反(鈑)。王曰:"小子、小臣,敬又△隻(獲)則取。"柞(胙)白(伯)十禹(稱)弓無瀘(廢)矢。王則畀柞(胙)白(伯)赤金十反(鈑),迠易(賜)稅見。柞(胙)白(伯)用乍(作)周公寶尊彝。

"柞"即文獻中的胙國。這是首次發現的胙國青銅器,又記載了向爲大家所關心的"周禮"中的"射禮",其重要性不言而喻。銘文敘述王在宗周舉行大射禮,並陳列赤金十鈑作爲獎品,謂"小子、小臣,敬又△獲則取",胙伯十發十中,王就把赤金十鈑賞給了他。其中的"△"字現在有"又"和"夬"兩種釋法。我們受到新出的郭店楚簡的啟發,認爲此字應該釋讀爲"賢"。

在新出郭店楚墓竹簡的《唐虞之道》篇中,與"△"寫法相同的一個字多次出現。今舉見於簡6的字形爲例:

██(以下也用"△"代表)

在簡文中此字都表示"賢"這個詞。而柞伯簋銘的"△"字,如果讀爲"賢",文義正好十分妥帖。

"賢"在古代有"多於、勝過"一類的意思。如《吕氏春秋·順民》"則賢於千里之地"高誘注:"賢猶多也。"《小爾雅·廣詁》:"賢,多也。"《論語·陽貨》"爲之,猶賢乎已"皇侃疏:"賢猶勝也。"《淮南子·説山》"無以歲賢昔、日愈昨也"高誘注:"賢、愈,猶勝也。"賢、愈可互訓,愈又常訓爲"勝",材料很多,不具引。"多於"和"勝過"在意義上有相通之處,勝過的具體表現往往就是在某一方面多於相比較的對象。這種用法的賢字,在古書有關射禮和相類的投壺禮的記載中屢次出現。例如:

1.《儀禮·鄉射禮》:"釋獲者東面於中西坐,先數右獲……司射復位,釋獲者遂進取賢獲,執以升,自西階,盡階,不升堂。告於賓。若右勝,則曰:'右賢於左。'若左勝,則曰:'左賢於右。'以純數告……"鄭玄注:"賢猶勝也。"

2.《儀禮·鄉射禮》:"司射釋弓視筭如初;釋獲者以賢獲與鈞告如初。"與上兩例基本相同的話又見於《儀禮·大射儀》,不具引。

3.《禮記·投壺》:"(司射)遂以奇筭告曰:'某賢於某若干純。'"段玉裁《説文解字注》"賢"字下引戴震對此的解釋:"賢,多也。"

　　4.《大戴禮記·投壺》:"有勝則司射以其算告曰:'某黨賢於某黨,賢若干純。'"

　　5.《詩經·大雅·行葦》:"敦弓既堅,四鍭既鈞;舍矢既均,序賓以賢。"鄭玄箋:"謂以射中多少爲次第。"

　　《儀禮·鄉射禮》"獲者坐而獲"鄭玄注説:"射者中,則大言獲。獲,得也。射講武,田之類,是以中爲獲也。"射禮起源於田獵,而田獵是以射中禽獸爲"獲"的,因此射禮中射中目標也叫"獲"。把簋銘的"△獲"讀爲"賢獲",把"有賢獲"解釋爲"射中目標的次數比別人多",顯然文從字順。周王陳列赤金十鈑作爲獎品,對全體參射人員説"敬又(有)賢獲則取",即恭敬而又射中次數多的人可以取得這赤金十鈑。"敬"是最基本、最普通的要求,"有賢獲"則是取得獎品的條件。胙伯十發全中,自然是比別人射中的次數都要多,因此周王獎給了他這赤金十鈑。"胙伯十稱弓無廢矢"正是緊扣"有賢獲"而説的,前後文意銜接得非常緊密。

　　《儀禮》對射禮的記載幾次出現"賢獲",應該説是我們把簋銘"△獲"讀爲"賢獲"的很好的證據。但必須要指出的是,二者雖然能相印證,卻並不一定就完全同義。《儀禮》"賢獲"的"獲"指的是"算籌","賢獲"指勝利一方多出來的、超過對方的算籌。射禮中算籌是用來計算射中次數的,"一籌(算)"就代表"一獲"。獲指"算籌",是"射中目標"這一意義的進一步引申,已經成爲射禮中專用的術語。柞伯簋時代較早,當時的射禮中是否已經使用算籌,尚不能確知。如果使用,是否就已經出現把算籌稱作"獲"這樣的術語,也還是問題。考慮到這一點,我們上文没有把簋銘的"獲"理解爲"算籌",而把"有賢獲"釋作"射中目標的次數比別人多"。當然,直接依《儀禮》把"有賢獲"解釋爲"有比別人多的算籌",文義同樣講得通。不管怎樣理解,都不影響我們把簋銘"△"字釋讀爲"賢"。

　　下面,我們想對"△"字本身作一番文字學上的考察,弄清楚它的本義究竟是什麽。爲了討論的方便,我們先來看一個造字方法及演變情況跟"△"很相似的字。

　　族名金文中有一個寫作"𝔈"形的字(《金文編》附錄上 478;以下隸定作"又"),裘錫圭先生釋爲"拿"的前身"挐"的表意初文。這個字也見於小篆的偏旁,漢印中的"奴"字和"弩"字所從的"奴"大都從"又"或其變形(看《漢印文字徵》12.12 下、12.21 上)。挐、奴音近,把奴寫作從又,是把表意偏旁改成形近的音符。以後,又以奴爲聲符爲又造了後起的形聲字"挐"。《説文·手部》有訓"持也"的"挈",又有訓"牽引也"的"挈",其實二字古書常常通用無別,應看作一字異體,它的表意初文"又"本象握物於掌中,"牽引"是其引申義。

與"又"相同,"△"也是一個出現很早的表意字。殷墟甲骨文自組卜辭中有一個寫作"⿰"形的字(看《甲骨文編》第 926 頁、《殷墟甲骨刻辭類纂》第 358 頁),大多用作貞人名。古文字填實與勾廓每無別,它與"△"應該是同一個字。"△"字字形表示的本義是用手持取、引取一物(與象用手持"耳"的"取"字造字意圖相似),結合其讀音與"賢"相近考慮,我們認爲它應該是"搴"與"挈"共同的表意初文。"搴"與"賢"聲韻皆近,古書中常訓爲"手取、拔取",它應該是爲"△"字本義造的後起字。持取、引取義可以很自然地引申出"牽引"義,與"挈"引申出牽引義情況相同。"挈"與牽引的"牽"古多通用,它就是"牽引"這個引申義的後起字。搴、挈音義皆近,應是一語分化,其共同的表意初文正是"△"字。

郭店簡中除用"△"字表示"賢"這個詞外,還使用賢所從的聲符"臤"字。簡文中"臤"有兩類寫法,少數從臣從又(如《語叢三》53 簡),大多寫作如下之形:

⿰(以下用"A"代表)

這類寫法的臤字在以前看到的戰國和秦漢文字中也曾作爲偏旁屢次出現。"A"與一般從臣從又的"臤"字比較,其特徵是所從的"又"上面還有一筆。這一筆除郭店簡中較長較粗的那類寫法外,在戰國秦漢從"臤"的字中另有各種變形。例如:中山王器銘文中變作一斜撇,見《金文編》第 429 頁;戰國璽印文字中多變爲一小點、兩小點、兩短橫或兩斜橫,見《古璽文編》6.9 上、9.6 下,《故宮博物院藏古璽印選》150,《印典》第 1228、1231 頁等;漢碑隸書中變作一點,並有寫入"又"中作"叉"者,見禮器碑側"賢"、費鳳碑陰、西狹頌"堅"等。這類寫法中多出來的部分,過去一般解釋爲没有實在意義的飾筆。現在從郭店簡"A"聯繫"△"字看,應該重新考慮。我們認爲這類寫法除掉"臣"之後剩下的"又"和多出來的部分就是"△"字的變形。"△"即"挈"字的表意初文,讀音與"臤"相近,所以"臤"把所從的"又"寫成形近的"△",起表音的作用。後來,又以"臤"爲聲符,爲"△"造了後起的形聲字"挈"。△、挈和從△的"臤"這三個字的關係,與又、挈和從又的"奴"這三個字的關係,情況完全相同,二者適可互證。

由此看來,郭店簡中用來表示"賢"的"△"字本是"搴"與"挈"的表意初文,嚴格地説與同樣表示"賢"的"臤"字並不是一個字。不過,△字早在西周前期的柞伯簋銘文中就已經用作"臤(賢)",它在戰國時代也有可能已經不再用來表示它的本義和引申義即搴、掔等義,而只用來表示"臤"和"賢"。像郭店楚簡的整理者那樣把它看作"臤"的異體,直接釋爲"臤(賢)",應該説也未嘗不可。

最後附帶談一下其它古文字材料中的兩例"△"字。

戰國貨幣中的早期平肩弧足空首布面文有"△"字(見《中國歷代貨幣大系·先秦貨幣》531、《鐵雲藏貨》一六六),今人或釋"叉(爪)",或釋"夬(刪)",疑也應釋"掔",爲貨幣鑄造地點名。《公羊傳》定公十四年經文:"公會齊侯、衛侯於堅。"《釋文》:"堅,本又作掔。"《左傳》經文作"牽"。地在今河南濬縣北。

曾侯乙墓竹簡62:"黃□馭△慶(卿)事(士)之阩車("阩車"原作合文)。""馭"下一字也有可能應當釋"掔"。此字用法奇特,簡文中慶事、卿士數見,"某某馭某某之某車"的説法也多次出現,唯獨此簡多出一個"掔"字,其具體含義待考。

《傳統文化與現代化》1999–1,頁 50—52

○陳佩芬(2001)　(編按:上博一·緇衣10)肶　《説文》所無,"臤"之形變,郭店簡作"臤",今本作"賢"。

《上海博物館藏戰國楚竹書》(一)頁 185

△按　《説文》臤部謂"臤""古文以爲賢字",與戰國文字相合。

緊　緊

上博四·曹沫39　　上博四·曹沫39

○李零(2004)　緊(堅)。

《上海博物館藏戰國楚竹書》(四)頁 268

堅　堅　堅　努

睡虎地·秦律145　　集粹

鐵續

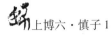上博六·慎子 1

包山 85

○**劉彬徽、彭浩、胡雅麗、劉祖信**（1991） （編按：包山 85）努（賢）。

《包山楚簡》頁 22

○**李運富**（1997） （編按：包山 85）字當楷作"努"，釋爲"堅"。

《楚國簡帛文字構形系統研究》頁 125

○**李朝遠**（2007） （編按：上博六·慎子 1）朗弝昌立志　"朗"，堅；"弝"，强。

《上海博物館藏戰國楚竹書》（六）頁 276

△**按**　秦印"堅"字或從支作。楚簡"堅"字從力與"强"字從力相類。

豎 豎　豎 豎 僵

豎侯馬 1:92

豎包山 94　豎上博五·競建 10　豎上博五·鮑叔 5　豎侯馬 200:39　豎璽彙 0440

豎璽彙 1719　豎璽彙 3181　豎陶彙 4·38　豎璽彙 0605　豎璽彙 5334

豎十鐘

○**羅福頤等**（1981）　豎。

《古璽文編》頁 70

○**山西省文物工作委員會**（1976）　宗盟委質類　參盟人名。

《侯馬盟書》頁 349

○**羅福頤等**（1981）　塱　省月，與保卣望字同。

《古璽文編》頁 215

○**高明、葛英會**（1991）　豎。

《古陶文字徵》頁 222

○**李家浩**（1998）　"鋀"字原文作鋀，舊釋爲"鈺"，非是。此字所從右旁是燕國文字"豆"特有的寫法，與下録諸字所從的"豆"旁寫法相同可證：

（中略）豎　豎　《古璽文編》215·0605

這種寫法的"豆"，與燕國文字"匜"字聲旁"圭"所從的"王"同形。燕國文字

“匡”見《古璽文編》299‧3856 等。

《著名中年語言學家自選集‧李家浩卷》頁 155,2002；
原載《中國文字》新 24

○**劉釗**（1998）　燕國的壴字是個寫法很特殊的形體。燕璽壴字作“”（○三六八），喜字作“”（○三九五），與燕王喜劍喜字作“”正合。戰國時期“壴”字下部已經訛變爲“豆”，如此“”“”所從之“”“”就應是“豆”字。

　　（**中略**）《古璽彙編》有兩方燕璽作如下之形：

 五三三四　　　　 ○六○五

“”舊皆釋“堲”，其實是錯誤的。戰國文字中王字從無寫作“”“”形者。“”正是燕國的“豆”字。字從臣從豆，應隸作“”，釋爲“豎”。三晉璽豎字作“”（二三四二）、“”（三一八一），結構與“”字相同。豎字見於《說文》，在璽文中用爲人名。

《古文字考釋叢稿》頁 188—189,2004；原載《考古與文物》1998-3

△**按**　戰國文字“豎”字或增益人旁作“僵”，卷八人部重見。

臣 臣

集成 9734 羆盗壺　　集成 11374 二十七年上守趞戈　　集成 10384 高奴禾石權

曾侯乙 12　　包山 7　　郭店‧緇衣 21　　上博五‧鮑叔 5　　楚帛書

睡虎地‧日乙 42 壹　　璽彙 0891　　璽彙 1222　　陶彙 3‧998　　貨系 199

郭店‧魯穆 3

○**張政烺**（1979）　（編按：中山王圓壺）臣，以爲臣。《孟子‧萬章上》“舜之不臣堯”，注：“不以堯爲臣也。”《戰國策‧秦策》：“而欲以力臣天下之主。”皆與此處用法同。

《古文字研究》1,頁 217

○**何琳儀**（1998）　臣，甲骨文作（甲二九○四）、（前四‧三一‧三），象人俯首時目立之形。引申爲臣伏、臣僕。金文作（臣辰卣）、（克鼎）。戰國文字承襲金文。或加飾筆作、。《說文》：“臣，牽也。事君也。象屈服之形。

（植鄰切）。”（三下十二）以牽釋臣屬聲訓。

　　周空首布臣，姬之省文。見姬字 a。中山王器“臣宔”，讀“臣主”。《新書·過秦》：“臣主一心。”

　　帛書“臣妾”，見《書·費誓》“臣妾逋逃”，傳：“役人賤者，男曰臣，女曰妾。”

《戰國古文字典》頁 1125

【臣邦】

○**黃盛璋**（1985）　《秦律》有“臣邦真戎君長”，臣邦亦即屬邦，而稱之爲“真戎君長”，也證明這一點，M2 墓墓主顯然也就等於《秦律》中之“臣邦真戎君長”。

《古文字研究》12，頁 347

【臣邦君長】

○**睡簡整理小組**（1990）　臣邦君長，簡文或作臣邦君公，指臣屬於秦的少數民族的領袖。《後漢書·南蠻傳》載秦惠文王併巴中，“以巴氏爲蠻夷君長”。

《睡虎地秦墓竹簡》頁 110

【臣妾】

○**李零**（1985）　男女奴隸，見於卜辭與《周易》，均是經常卜問的對象，《史記·龜策列傳》所録龜卜之辭亦有“求財物買臣妾馬牛”以及“可以娶婦嫁女”等語。

《長沙子彈庫戰國楚帛書研究》頁 76

○**曹錦炎**（1985）　臣妾，一般指家内奴隸。《尚書·費誓》“臣妾逋逃”，僞孔傳：“役人賤者，男曰臣、女曰妾。”取得臣妾不外乎通過兩種手段：一是戰爭，《史記·秦本紀》：“晉……既虜百里傒，以爲秦穆公夫人媵於秦。”《孟子·梁惠王下》：“殺其父兄，係累其子弟。”《雲夢秦簡》：“寇降，以爲隸臣。”師袁簋：“毆俘士女牛羊。”以俘虜作奴隸，是其謂也。二是買賣，《周禮·質人》“掌成市之貨賄、人民、牛馬、兵器、珍異”，鄭注：“人民，奴婢也。”《漢書·王莽傳》：“秦無道，……置奴婢之市，與牛馬同蘭。”置奴婢之市，當然不始於秦，然亦可見奴隸買賣之一斑。

《江漢考古》1985-1，頁 64

○**饒宗頤**（1993）　臣妾連言，猶《書·費誓》：“臣妾逋逃。”

《楚地出土文獻三種研究》頁 272

臧　臧

睡虎地·日甲 80 背　　睡虎地·日乙 46 壹　　璽彙 0611

○**睡簡整理小組**（1990）　（編按：睡虎地·答問 1）五人盜，臧（贓）一錢以上，斬左止，有（又）黥以爲城旦。

《睡虎地秦墓竹簡》頁 93

【臧府】

○**王輝**（1987）　睡虎地秦墓竹簡提到臧府、書府。《内史雜》：“勿敢以火入臧府、書府中。”“節（即）新爲吏舍，毋依臧府、書府。”臧府乃收藏器物的府，書府是收藏文書的府。

《中國考古學研究論集》頁 351

○**睡簡整理小組**（1990）　（編按：睡虎地·秦律 198）藏府，收藏器物的府庫。

《睡虎地秦墓竹簡》頁 64

【臧律】

○**睡簡整理小組**（1990）　關於府藏的法律。

《睡虎地秦墓竹簡》頁 83

【臧蓋】

○**睡簡整理小組**（1990）　藏蓋，下簡又作蓋藏，意爲收藏。《史記·平準書》“齊民無藏蓋”，《漢書·食貨志》作“民亡蓋藏”。

《睡虎地秦墓竹簡》頁 233

○**劉樂賢**（1994）　藏蓋，下簡又作蓋藏，意爲收藏。《史記·平準書》“齊民無藏蓋”，《漢書·食貨志》作“民亡蓋藏”。按：《禮記·月令》“孟冬之月：‘命百官，謹蓋藏。’”注：“謂府庫囷倉有藏物。”

《睡虎地秦簡日書研究》頁 321

△**按**　“臧”字僅見於秦文字，戰國古文多用“戕”字爲“臧”，詳見卷二口部。

瓶

璽彙 2628　　　璽彙 3085　　　貨系 645　　　貨系 661　　　貨系 672

○**羅福頤等**(1981)　臧　安臧幣文作𢍜與此同。

《古璽文編》頁 71

○**何琳儀**(1998)　𦣞,从臣,爿聲。疑臧之省文。見臧字。

周空首布𦣞,疑讀藏。《集韻》:"𦣞,物所畜曰藏。"《列子・黄帝》:"俄而范氏之藏大火。"

《戰國古文字典》頁 700

𦣲

集成 9735 中山王方壺　包山 164　包山 192　璽彙 2500　璽彙 5512
集成 11317 三年脩余令韓譙戈　璽彙 1461　璽彙 1875　璽彙 1907　璽彙 2765

○**張政烺**(1979)　𦣲,古璽文中常見,皆用爲人名,無義可尋。按字从臣付聲,讀爲附。《淮南子・主術》"所任者得其人,則國家治、上下和、群臣親、百姓附",注:"附,從。"

《古文字研究》1,頁 221

○**李學勤、李零**(1979)　卅五行从臣从付聲的字,即臣附之附,《補補》第七有此字,誤釋爲守。

《考古學報》1979-2,頁 153

○**羅福頤等**(1981)　臤。

傁。

《古璽文編》頁 69、212

○**商承祚**(1982)　傁爲付之或作,在此用爲附,下第三十九行"隹惪傁民"同。

《古文字研究》7,頁 70

○**吳振武**(1983)　1461 陳臤・陳𦣲(附)。

1875 和傁・和𦣲(附)。

2162□傁・□𦣲(附)。

2262 芋臤・芋𦣲(附)。

3100 桌傁・桌𦣲(附)。

《古文字學論集》(初編)頁 498、501、504、505、512

○**陳漢平**(1985)　古璽文有字作𫝀(2162)、𫝀(1875)、𫝀(3100)、𫝀(1907)、𫝀(2765),舊不識,《古璽文編》隸定爲傁而不釋。按此字从臣从付,付聲。中山王方壺銘：“隹德附民”，“作斂中則庶民附”。附字作🔲，與此字形同，知此字當釋附。

《出土文獻研究》頁 236

〇**裴大泉**（1998）　包山楚簡中有“🔲”這樣一個字，凡四見，句例如下（在以下所引例句中，此字的古文字形用符號“～”表示，例句釋文均作寬式處理）：

　　　　（1）陰之戠客或執～之兄娌　　（包 135 反）

　　　　（2）義～　　　　　　　　　（包 49）

　　　　（3）大廏登～　　　　　　　（包 164）

　　　　（4）陳人龔～之人　　　　　（包 192）

“～”字諸家隸爲“莅”，在第（2）（3）（4）例中作人名用字，在第（1）例中，從簡文句意看，應該是第一人稱代詞，《包山楚簡》“注釋”（252）云：“莅，讀作僕。”中山王𰯽壺銘文也有此字，其形體作“🔲”，從構形上看，它與包山楚簡的“～”是一個字，所以，一般也把該字隸爲“莅”。其所在句例是：

　　　　（5）作斂中則庶民～　　　　（中山）

　　　　（6）隹德～民，隹義可長　　（中山）

《金文編》卷三：“莅，《説文》所無，從臣付聲，有臣服歸附之意。”有人以爲此字是“歸附”之“附”的本字。那麼，“莅”到底是什麼字呢？《包山楚簡》中有一條與第（1）例句式相同的簡文，句例如下：

　　　　（7）佘之正國執儓之父遊　　（包 135）

把例（1）和例（7）對讀，可以發現，兩例句式一致，語法功能完全相同，顯然，“莅”和“儓”完全可以互換。這可以讓我們下一個判斷：“莅”和“儓”都是“僕”的異體字，下面就對此試作解釋，並請讀者指正。

先説“儓”字，此字《包山楚簡》直接注爲“僕”，是正確的，有學者認爲是“臣僕”的合文，可能性並不太大，其所從之“臣”應該是“僕”字贅加的義符。爲了表意準確而贅加義符的現象，在戰國文字中極爲常見，如“敬”字，蔡侯盤作“🔲”，楚帛書作“🔲”，石鼓文作“🔲”，中山王𰯽壺則作“🔲”，《汗簡》也作“🔲”，後兩形附加了“心”旁，以強調“敬意”要發自内心；再如“戶”字貨幣文作“🔲”，小篆作“🔲”，《汗簡》作“🔲”，陳貽戈則作“🔲”，《説文》古文作“🔲”，《汗簡》也作“🔲”，後三形贅加“木”旁是強調窗户的質料。“儓”字當然也是贅加義符“臣”所致。但如此疊牀架屋，明顯不便於書寫，我們根據《楚系簡帛文字編》作一小計，“儓”字條下收錄了 34 個形體，其中包山楚簡 25 個，江陵磚瓦廠楚簡 8 個，望山楚簡 1 個，從形體上來看，包山有 14 例，“人”“𡙁”“臣”

各偏旁形體之分還判然有別,包山的另外 11 例和江陵磚瓦廠楚簡 8 例以及望山的 1 例,"僕"字所從之"人"旁卻已省變爲"丿",甚至與"臣"旁合爲一體,與"𦣻"字已形相仿佛,這應該是"僕"之《說文》古文"𦣻"的形體祖本。《望山楚簡》就直接把這一形體隸爲"𦣻"(望二第 11 號簡),可謂卓識。

　　那麼,𦣻和筐又有什麼關係呢? 這應該是聲符代換的關係,在戰國文字中,文字異形的情況相當複雜,就形聲字而言,就有一種很常見的用字形象(編按:"形象"疑當爲"現象"),即:兩個形旁相同,聲旁音近或音同的字可以互用,這些通用的字相當一部分是異體關係;有的作爲常用字保留下來,其異體則未傳於後世。如:

譙　　𧮶《說文》小篆　　　𧮫《說文》古文　　　𧮫《古璽彙編》1668

　　先秦古音"焦"屬精母宵部,"肖"則屬心母宵部,二字韻同,聲紐爲同一聲類,其文獻通用例極多。《史記·黥布列傳》:"數使使者誚讓呂布。"《漢書·英布傳》"誚"作"譙"。《方言·七》:"譙,讓也。"郭璞注:"譙或作誚。"

鑄　　𨮯小篆　　　鈄　　中山王譽壺"鈄爲彝壺"

　　"鈄","據文義,這個字用爲動詞,當是'鑄'字的異體,不少從'寸'的字古音在幽部,與從'壽'得聲的字相通。"張政烺先生也說:"鈄字見上官鼎、大梁司寇鼎,從金,肘省聲,鑄之異體。"《詩經·小弁》"怒焉如擣",《釋文》:"擣",本或作"㿃",《韓詩》作"疛",可以作爲旁證。戰國以後,"鑄"仍爲常用之字,"鈄"字則未見於字書,失傳。

　　這樣的例子在戰國文字中還很多,"筐"字正屬此類,其形體和音讀,如《金文編》所言,是"從臣付聲",而"𦣻"(也即僕字),則是"從臣業聲";古音"付"屬幫母侯部,"業"屬並母屋部,兩字聲紐同屬脣音,韻可陰入對轉。先秦文獻中,從付之字、從業之字與從卜之字都有通用之例,如:《史記·秦始王本紀》"執棰拊以鞭笞天下",《集解》引徐廣曰:"棰拊一作搞朴。"《史記·酷吏列傳》:"斲雕而爲朴。"《漢書·酷吏傳》朴作樸。《老子》:"敦兮其若樸。"河上本樸作朴。可見𦣻、筐通用不成問題。

　　在詞義上,"筐"有"附屬"之意(見前舉中山王譽壺之例句),"僕"也有"附屬"之意,《詩·大雅·既醉》"君子萬年,景命有僕",毛傳:"僕,附也。"《莊子·人閒世》:"適有蚉虻僕緣,而拊之不時。"王念孫《讀書雜誌·十六·餘論編上》:"蚉虻僕緣……僕之言附也,言蚉虻附緣於馬體也,僕與附聲近而義同。"《文選·子虛賦》注引《廣雅》曰:"僕,謂附著於人。"可見,將中山王譽壺銘文中的"筐"換成"僕"也文從字順,義無滯礙。

綜上所述,我們可以肯定地説,"僮、䑛、𦩻"都是"僕"字的異體。

從我們現在所掌握的材料看,"僕"字一直作爲正體使用,兩周金文習見。在戰國文字中,爲了表意準確,"僕"贅加了義符"臣",繁化爲"僮",在書寫習慣趨簡的支配下,省簡成"䑛",此字既比"僮"簡化,又比"僕"表意性强。然而,其筆畫仍不勝其繁,正是在這種情況下,"𦩻"作爲一個新字應時而生,它保留了形旁"臣",其聲旁則作了簡化處理,將"業"换爲"付",所根據的用字規律是:聲旁音近或音同的形聲字可以通用。從中山王𗂼壺銘文和包山楚簡中的"𦩻"所揭示的形音義來看,把"𦩻"看成是"僕"之異體,毫無問題。這正像現代人抄寫漢字,仍繁簡兼用一樣。作爲正體,"僕"字的使用時間最長,從古至今一直在用,"䑛"只是一個短時的過渡用字,"僮"見於包山楚簡,但其所從之"僕"形已有省變,這可能是由於過繁所致,"𦩻"則見於中山王𗂼器、包山楚簡,也見於古璽文,可能是當時使用頻率較高,範圍較廣的一個字,秦統一後的規範字運動卻將它廢而不用了。

《簡帛研究》3,頁 30—33

○**何琳儀**(1998)　𦩻,從臣,付聲。

中山王方壺"𦩻",讀附。《淮南子·主術》"百姓附",注:"附,從。"三年𦩻余戈"𦩻余",讀"扶予"。參付字 d。戰國在韓、魏、楚之閒。

《戰國古文字典》頁 391

○**吳振武**(1999)　八、𗂼——𦩻　　𗂼——佢

古璽中常見𗂼字,多用作人名。《古璽文編》釋爲"𠃹"(69 頁),不可信。我們在《訂補》一文中曾改釋爲"𦩻"。在這裏,乚畫爲"亻、臣"二旁所共用。古璽"侗"字可作𗂼或𗂼,與此同例。中山王𗂼方壺"复(籍)歛中則庶民𦩻(附)""隹(唯)悳(德)𦩻(附)民"等"𦩻"字作𗂼。𗂼、𗂼一字無疑。"𦩻"字不見於後世字書,當是依附之"附"的異體。又古璽中還有一個𗂼字,《古璽文編》釋爲"臣"(71 頁),亦不可信。我們在《訂補》中曾改釋爲"佢"。"佢"字見於漢印(《漢印文字徵》八·九),《集韻》謂是訓爲"仕"或"閹人"的"宦"字異體"倌"的省寫。

《古文字研究》20,頁 312—313

【𦩻余】

○**何琳儀**(1996)　《集成》11317、11319 著録三件晉系兵器銘文。其内容除"冶"之人名不同之外,其它完全相同。下面僅隸定 11317 銘文:

三年,△余命(令)𢫾(韓)譙,工帀(師)𦩻𤷾,冶隔(?)

“△”三戈銘原篆作：

　　　11317　　　　　11318　　　　　11319

或釋“脩”，讀“脩余”爲“修魚”。筆者撰文中也曾沿用此説。近見 11319 始知 11317、11318 均其訛誤。據 11319“△”應釋“𦳕”，戰國文字“𦳕”或“臣”在“付”之上，參見《璽彙》0524、1875、2162、2765；或“臣”在“付”之下，參見：

　　　中山王方壺　　　　　瘢𦳕陶罐　　　　　包山 164　　　　　包山 192

戈銘“𦳕余”即包山簡之“付睪”91 或“邡睪”34。“余”“與”聲系可通。如《禮記·曾子問》“遂輿機而往”，注：“輿機或爲餘機。”《爾雅·釋草》“蕍車芎輿”，《釋文》：“輿衆家並作蕍。”《論語·鄉黨》“與與如也”，皇疏：“與與，猶徐徐也。”《説文》：“嬩讀爲餘。”帛書《戰國縱橫家書》：“秦餘楚爲上交。”《戰國策·趙策》一有同類句式“秦與韓爲上交”，均其佐證。

晉兵“𦳕余”與楚簡“付睪”既爲同一地名。其地望則應於今河南南部求之，疑即“扶予”。

首先，“付”與“夫”聲系可通。《淮南子·人閒》“俞跗”，《群書治要》引作“俞夫”。《爾雅·釋草》“莞，苻蘺”，《説文》作“夫蘺”。均其佐證。

其次，“余”與“予”、“與”與“予”相通，典籍習見。

“扶予”，見《水經注·瀙水》“瀙水出瀙陰縣西北扶予山東過其縣南。《山海經》曰，朝歌之山瀙水出馬，東南流，注於滎，經書扶予者，其山之與名乎？”蓋“扶予”本爲山名，但由包山簡 91“𦳕（扶）睪（予）之閭（關）人”可知“扶予關”亦爲地名，在今河南泌陽西北瀙水發源處。

今河南泌陽一帶，正是戰國楚、魏交界之處。魏之“𦳕余”與楚之“付睪”似乎反映這一地區“朝秦暮楚”領土更疊的現象。

《考古與文物》1996-6，頁 70—71

○吳振武（1998）　《集成》第十七册 11317 至 11319 號三戈銘文如下：

三年，𦳕余命（令）尌（韓）譙（譙），工帀（師）罕瘳（?），冶□。
三年，𦳕余命（令）尌（韓）譙（譙），工帀（師）罕瘳（?），冶𦥑。
三年，𦳕余命（令）尌（韓）譙（譙），工帀（師）罕瘳（?），冶竈（灶）。

三戈中的地名“𦳕余”，黄盛璋先生曾在前引那篇討論三晉兵器的文章中作過考證（15 頁）。黄先生釋作“脩余”，認爲即韓邑脩魚（《史記·秦本紀》作“修魚”）。這一釋法有不少學者是相信的，《集成》編者在爲此三戈定名時亦受影響。

今按黄説非是。“余”前一字原作下揭諸形：

　　　11317　　　　　11318　　　　　11319

拿它跟三晉璽印中真正的"脩"字比較：

《璽彙》53·0302　　　同上 367·3980

可知釋"脩"是不能成立的。字實從"臣""付"聲，應隸作"䢔"。中山王䜌方壺"叔（籍）斂中則庶民䢔（附）""隹（唯）悳（德）䢔（附）民"等"䢔"字作。（編按："。"當爲"："）

《金文編》206 頁

與戈銘此字同。

　　"䢔余"似應讀作"負黍"。"䢔"從"付"聲，"付""負"古音近可通。戰國文字資料中從"付"得聲的"府"字常從"負"聲作"賡"（《金文編》657 頁"府"下引中山王䜌兆域圖，《璽彙》53·0304、487·5392）或"賓"（《文物》1972 年 6 期 24 頁長陵盉，羅振玉《三代吉金文存》18·31 上三年杖首、20·59 上中府戈錞，《璽匯》483·5343），即其明證。又"䢔"字在中山王䜌方壺銘文中均讀作"附"，而"附"通"負"在古書中亦有證。如《莊子·大宗師》"彼以生爲附贅縣疣"之"附"，《荀子·宥坐》楊注引作"負"。"余"和"黍"同爲魚部字，聲母都是舌音，古音亦近。《呂氏春秋·先識覽》"晉太史屠黍見晉之亂也"中的"屠黍"，《説苑·權謀》作"屠餘"；而古書中所見的"餘子"，在三晉官璽中皆作"余子"（《璽彙》19·0109—0111。參裘錫圭《嗇夫初探》，《雲夢秦簡研究》244 頁，中華書局 1981 年，北京），是"余"字可讀作"黍"。

　　負黍原是周邑，戰國時屬韓。《史記·鄭世家》："（繻公）十六年，鄭伐韓，敗韓兵於負黍。"又《韓世家》："（桓惠王）十七年，秦拔我陽城、負黍。"其地在今河南省登封縣西南。

《容庚先生百年誕辰紀念文集》頁 554—555

豎

包山 94　　上博五·競建 10　　上博五·鮑叔 5

△按　"豎"爲"豎"字之異體，本卷臤部重見。

斈

郭店·老甲 2　　郭店·老甲 13　　郭店·語四 18

△按　詳見本卷業部"僕"字條。

幾

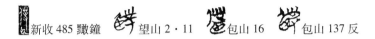新收 485 鱻鐘　望山 2·11　包山 16　包山 137 反

△按　詳見本卷業部"僕"字條。

殳 殳

集成 11567 曾侯郎殳　睡虎地·爲吏 23 叁　近出 1249 十九年殳

○**裘錫圭**（1979）　文曰："曾侯郎之用殳。"過去只知道殳是無刃的，因此這幾件有刃殳引起了人們的注意，如果把簡文關於殳的記録跟出土實物結合考察，可以發現這座墓裏不但有上述有刃殳，也有跟一般古書所説相合的無刃殳。《詩·衛風·伯兮》毛傳："殳長丈二而無刃。"《説文·殳部》："殳，以杸殊人也。禮，殳以積竹八觚，長丈二尺，建於兵車，旅賁以先驅。"同部又出"杸"字，注曰："軍中士所持殳也，从木从殳。"《考工記·廬人》："殳長尋有四尺……凡爲殳，五分其長，以其一爲之被，而圍之，參分其圍，去其一以爲晉圍，五分其晉圍，去一以爲首圍。"鄭衆注："晉，謂矛戟下銅鐏也。"鄭玄注："首，殳上鐏也。"從上引材料可以知道殳是長一丈二尺（約當現在八九尺）的八觚形竹木杖。據《考工記》注，殳的兩端還有銅套。墓中出土了十四根長三米強的旗杆形物，一端有橫剖面爲八觚形的銅鐏，另一端有橫剖面爲圓形的銅帽，帽頂有一個半圓形紐。這種東西的形制和長度都跟古書裏所説的無刃殳相近，應該就是這種殳的實物遺存。簡文所記的殳正好也有兩種，一種稱"杸"，一種稱"晉杸"。

《古文字論集》頁 410,1992；原載《文物》1979-7

○**張吟午**（1989）　1978 年湖北隨縣戰國早期曾侯乙墓出土 7 件三棱刺狀長杆青銅兵器，其中三件的刃上有相同的篆書銘文"曾侯郎之用殳"，當是曾侯乙的先君之器。

　　殳，據《考工記》所載，歷來被列爲先秦車戰五大兵器之一，五兵爲戈、戟、殳、酋矛、夷矛。但殳的形制究竟如何一直不清楚，文獻記載較少，且頗有異議，即使出土了殳，也不能認識它。在較早的文獻中對殳的形態和用途有簡

單描述,如《詩經·衛風·伯兮》:"伯也執殳,爲王前驅。"傳:"殳長丈二而無刃。"《説文解字》:"殳,以杖殊人也。《禮》,殳以積竹,八觚,長丈二尺,建於兵車,旅賁以先驅。"依上述説法,殳爲無刃兵器,長丈二尺,八棱積竹柄,出行時起先導作用。

　　曾侯乙墓北室所出的殳:通長 3.29—3.4 米,殳頭長約 13—18 釐米。青銅殳頭上段作三棱矛狀,刃部堅利;下段爲浮雕龍紋球狀或刺球狀的箭,箭内呈八棱形中空。殳杆是八棱形積竹木柲(木芯外周以竹條),外以絲線纏繞成寬帶狀,再髹一層黑漆和一層紅漆。殳杆上段套一個浮雕龍紋球狀青銅箍。殳鐓(柲尾端套的飾件)牛角質,八棱筒形,無底。這種有刃兵器與古書記載相異,卻自銘爲"殳"。

　　該墓北室與各種兵器放在一起的還有 14 件長杖,通長 3.13—3.23 米。杖杆兩端各套一銅飾,一端爲圓筒形,頂面有半圓環紐,可作穿繫繩類之用;另一端爲八棱筒形。杖杆皆爲積竹木柲。此種長杖與古文獻所説的無刃殳大致相符。墓中簡文恰好記有兩種殳,一種稱"祋",一種稱"晉祋"。據現存簡文統計,前者有 7 件,後者共 9 件。祋,《説文》釋爲"軍中士所持殳也,从木从殳,司馬法曰執羽從祋"。祋與殳同義。這樣看來,大約"祋"應是三棱有刃殳,"晉祋"則是杖形無刃殳。作爲五兵之一的殳,有刃殳的形制具有較强的殺傷力,而無刃殳則不然,從其形制及古書所述的作用上看,可能屬儀仗性兵器。

　　殳作爲兵器出現和流行主要在春秋戰國時期,以後則隨着車戰的消失而逐漸儀仗化了。唐代"元日冬至大朝會"時就有 250 人執殳的儀仗隊。"曾侯邸之用殳"的發現,爲我國兵器史的研究提供了可靠資料,澄清了對古殳的概念。基於這種認識,通過歷史文獻與出土實物的相互印證,我們得以知道,我國各地歷年來出土的殳(有刃和無刃)數量不少,只是由於不識而誤命以它名。我們對古殳的認識將隨着文物考古工作的不斷發現而愈益全面。

《文物天地》1989-4,頁 28—29

○**睡簡整理小組**(1990)　　(編按:睡虎地·效律45) 殳(音書),用竹束成的長棒形武器。

《睡虎地秦墓竹簡》頁 74

○**王輝**(1996)　"殳"是此器之自名。器爲鐏(《禮記·曲禮》鄭注云平底曰鐏,用於矛戟,鋭底曰鐏,用於戈。但從出土實物看,矛亦有平底者。據《説文》,鐏爲"柲下銅",包鐓在内,此處稱鐏,不加區別)而自名爲"殳",乃因此鐏用於殳柲,爲殳之部件,故省稱之。

此鐏自名爲殳,爲我們探討殳的形制、用途提出了新的課題。

《説文》:"殳,以杸殊人也。《禮》殳以積竹,八觚,長丈二尺,建於兵車,旅賁以先驅。从又,几聲。"段玉裁本改"杸"爲"杖","禮"前補一"周"字。段注云:"殊,斷也。以杖殊人者,謂以杖隔斷之。"今按段氏改"杸"爲"杖",乃依《太平御覽》引文,不足據。實則"杸"爲"殳"之異體,《急就章》第十七:"鐵垂椎杖桃秘殳。""殳"顏師古本、《玉海》本皆作"杸",師古曰:"杸與殳音義同。"又隨縣曾侯乙墓殳自名"殳",簡文亦稱"晉杸"(詳後)。"禮"前加"周"字並無版本根據,此段氏之武斷也。但段氏對殳功能的解釋則頗可信。

《釋名·釋兵》:"殳矛殳,殊也,長丈二尺而無刃。有所撞挃於車上,使殊離也。"開頭"殳矛"二字,學者多以爲衍文。王先謙《釋名疏證補》引畢沅曰:"殳無刃,不當稱矛,《御覽》引無此二字,當爲衍文。"又引葉德烱曰:"《北堂書鈔》武功部十二引亦無'殳矛'二字,是唐人所見本即如此。畢以爲衍文,良是。"

《詩·衛風·伯兮》:"伯也執殳,爲王前驅。"毛傳:"殳長丈二而無刃。"孔穎達疏:"《考工記》云:'殳長尋又四尺。'尋八尺,又加四尺,是丈二也。《冶氏》爲戈戟之刃,不言殳刃,是無刃也。"又《淮南子·齊俗訓》:"昔武王執戈秉鉞以伐紂勝殷,摶笏杖殳以臨朝。"高誘注:"殳,木杖也。"又《左傳·昭公二十三年》:"(莒子)庚輿將出,聞烏存執殳而立于道左,懼,將止死。"杜預注:"殳長而無刃。"又《新唐書·儀衛志上》記皇帝元日、冬至、大朝會時,"又有殳仗、步甲隊將軍各一人檢校。殳仗左右千人,廂別二百五十人執殳,二百五十人執叉,皆赤地雲花襖、冒、行縢、鞋襪,殳、叉以次相閒"。又《宋史·儀衛志三》也記皇帝郊祀,儀仗隊中有前隊殳仗與後隊殳仗。

殳亦可解爲兵器之柄。《方言》卷九:"三刃枝,南楚、宛、郢謂之匽戟,其柄自關而西謂之柲,亦謂之殳。"

關於殳之形制,《周禮·考工記·廬人》云:"凡爲殳,五分其長,以其一爲之被而圍之。參分其圍,去一以爲晉圍。五分其晉圍,去一以爲首圍。"鄭玄注:"被,把中也。圍之,圜之也,大小未聞。凡矜八觚。鄭司農云:'晉,謂矛戟下銅鐏也……'玄謂'晉'讀如'王搢大圭'之'搢',矜所捷也。首,殳上鐏也。爲戈戟之矜,所圍如殳。"

綜合以上所引文獻,我們可以得到以下幾點認識:

1.殳是一種儀仗兵器,可建於兵車,也可由兵士手執,後世還由多名執殳士兵組成儀仗隊。

2.殳多爲尊貴者如王、諸侯所用。

3.殳無刃,其本體積竹木爲之,略與後世之杖、棒相當,殳也與他器之秘柄相當,故在有些方言中以殳代秘。

4.殳末端有鐏,鐏或有觚棱(《廬人》鄭注説“凡矜八觚”,“八”殆爲概數,實際可少於此數),亦稱“晉”。殳首端有的也有上鐏,或稱“首”。鐏或首要裝在殳本體上,所以殳的“晉圍”(“圍”爲圓周)和“首圍”比殳本體小,即殳兩頭細,以便納入鐏、首之銎。

5.鐏、首是殳的部件而不是殳的本體,没有本體部件無所依附,所以附件並非必不可少,多數殳可以只有一種附件或一件也没有。

以上所説第三點,亦爲出土文獻所證實。

《睡虎地秦墓竹簡·法律答問》:“小畜生入人室,室人以投(殳)梃伐殺之,所殺直(值)二百五十錢,可(何)論? 當貲二甲。”整理者讀“投”爲殳,説這是“小畜生進入他人家中,家裏的人用棍棒將牲畜打死”。簡文“殳”與“梃”(木棍)連言,可見二者同類。又漢代畫像石與壁畫中有伍伯執殳,其殳也都無刃。

殳的出土實物極爲罕見。近年雖有零星出土殳,但對其認識,學者們意見頗不一致。

1977 年,湖北隨縣曾侯乙墓出土有 7 件殳,可分二型。A 型爲三棱矛形,刃下端箭作八棱形,外飾浮雕狀之粗壯蟠螭紋。三件刃上有鑄銘“曾侯邸之用殳”。箭上接八棱形積竹木秘,纏絲線髹漆,殳秘距箭 50 釐米左右亦有飾浮雕蟠螭的銅箍一個。B 型同於 A 型,唯箭與箍作刺環狀。秘上距箭部 34 釐米處有一短棘球形銅箍。這兩型殳,發掘簡報、報告、裘錫圭《談談隨縣曾侯乙墓出土的文字資料》、馬承源主編《中國青銅器》、杜迺松《青銅器鑒定》、朱鳳翰(編按:“翰”當作“瀚”)《古代中國青銅器》以及陝西兵工局等編的《中國古代兵器》等皆有討論。簡報説:“此種殳與古代記載不同,而自銘爲‘殳’。”諸家多認爲三棱矛形刃器爲殳,或稱殳頭,唯《兵器》認爲“其棘刺和花球狀銅箍應爲本體,頂端三棱矛形刃器,則爲殳之改進後的附加物”,不把矛形刃器看作殳之本體。

曾侯乙墓還出有另一種殳,共 14 件,我們姑稱爲 C 型。此型殳積竹秘,頂端裝圓形銅冒,上有一小紐;末端裝八棱形銅鐏。簡報稱此爲“帶環長杖”,又説:“這些長杖與其它的兵器放在一起,但它既無刃也無鋒,很可能是古書上所説的殳。"《兵器》稱此爲"仗形殳"。杜迺松以爲此殳八棱筒形一端爲首,有紐的一端爲末。馬、朱二書未收此型殳,似乎疏漏。同墓出土簡文説有"投"和"晉投"兩種殳,裘錫圭説:"'投'就是有刃的殳,'晉投'則是兩端有銅套的無刃殳。"

秦始皇兵馬俑三號坑還出有一種圓筒形物,頂端呈三棱椎狀,學者也多稱之爲殳。

《兵器》還收有寶雞市博物館、扶風縣博物館等所收藏的一種圓球狀兵器。該器周外有棱刺,時代約在西周晚期。這種器物内蒙古等地亦有出土,據説有鄂爾多斯系文化特徵。

用文獻來比勘出土實物和各家之説,我們有幾點看法:

1.隨縣 C 型殳應以圓形銅冒有紐的一端爲首,而以八棱形的一端爲末鐏,後者應即《廬人》鄭注所説的"凡矝八觚",杜氏之説可商。

2.隨縣 A、B 兩型殳之三棱矛形中空器應爲殳鐏,是殳之部件而非其本體,如《兵器》所説。此兩型殳之首爲角質冒,猶 C 型殳以圓形帶紐的一端爲首。裘先生、馬先生、杜迺松、朱鳳翰(編按:"翰"當作"瀚")、《兵器》皆以三棱矛形一端爲首,似皆可商。朱氏將前引《釋名》一段話標作"殳,矛殳,殊也",不知開頭"殳矛"二字爲衍文;又據此謂"殳是一種長柄的矛形的兵器",不可信。《釋名》緊接着説"(殳)長丈二尺而無刃",矛形則有刃,與《釋名》所説不合。裘先生謂"'投'就是有刃的殳",亦可商。或問:"A 型自名爲'曾侯郔之用殳',何以解爲鐏?"答曰:"此是殳鐏,是殳的一個部件,故得簡稱爲'殳'。猶十九年商鞅殳鐏是鐏,而自名爲'殳';亦猶晉公車器自稱'晉公之車'(《商周金文録遺》533、534),實則僅是車之部件,此皆以大名代小名。且鐏從未見自名爲'鐏'者。"至於鐏有作矛形者,殷墟侯家莊 M1001 即出有 6 件,見朱書261 頁插圖四·一四,1,讀者可以參看。

3.始皇陵兵馬俑三號坑出土圓筒形器究竟是殳首還是殳鐏,目前尚難於肯定。但從簡報看,其出土時三棱椎一端向下,多成束放置,似以末鐏的可能性爲大,其三棱椎殆是曾侯乙殳鐏三棱矛形的褪化或改進。

4.因爲殳是積竹木爲之,八棱形或圓形,容易散亂,爲了加固,所以或纏絲線,或加箍箍。從這一點上説,隨縣 A、B 型殳之箍箍乃是殳之部件,而非其本體。

5.殳既爲棍棒類無刃兵器,故首冒、末鐏、箍並非必不可少之物。大量的殳因爲是竹木所作,纏絲髹漆,易於腐爛,故出土絶少。殳之少量部件如無銘文,則難於被確認,一般會把這些附件看作矛、鐏、箍而不予重視。因此,曾侯乙殳鐏、十九年商鞅殳鐏及其銘文對人們認識殳之形制,意義非同尋常。

6.寶雞、扶風等地所徵集球形有刺器有鄂爾多斯系文化特色,與中原殳差距較大,是否應稱作殳不無疑問。即使是殳之部件,大概也只能是所謂箍。

前面我們說過,殳爲王或諸侯之儀仗兵器,則十九年商鞅殳當是商鞅所監造的秦孝公儀仗器。

殳既爲尊貴者所用儀仗兵器,故它在兵器中的地位也很高。《睡虎地秦墓竹簡·效律》:"殳、戟、弩、髹汾(彤?)相易殹(也),勿以爲贏、不備,以職(識)耳不當之律論之。"此律兵器以殳爲首,殳等塗漆黑紅錯亂。以律論處。因爲這個原因,殳有時也用爲兵器的代稱。《說文解字·敘》說"秦書有八體","七曰殳書",段玉裁注云:"按言'殳'以包凡兵器題識,不必專謂殳。"是段氏以殳爲兵器總稱,殳書即兵器刻銘。

今所見戰國中晚期秦兵器刻銘,以十三(?)年商鞅戟、十六年商鞅鐏及此殳鐏爲最早。這些刻銘纖細剛勁,但也比較草率,即所謂"草篆",是秦隸亦即古隸的先河。同是商鞅監製的十八年方升,左壁刻銘"十八年齊遙(率)卿夫=(大夫)衆來聘冬十二月乙酉大良造鞅爰積十六尊(寸)五分尊(寸)壹爲升"及前壁刻銘"重泉",則爲標準的小篆。如"年"字,方升作"秊",十六年鐏作"秊";"造"字,方升作"遙",十六年鐏作"遙",十九年殳鐏作"遙",稍晚的十三年相邦儀戈、王四年相邦張儀戈略同。

關於殳書,徐鍇《說文繫傳》云:"臣鍇按蕭子良云:'殳書伯氏之職,而古既記筍,亦書殳。'臣以爲古盤盂有銘,几杖有誡,故殳有題。殳體八觚,隨其勢而書之也。"對小徐這句話不應作硬性的理解,其本意大概是說殳書刻在有棱的殳鐏(或其他兵器)上,因爲受形體的影響,故筆畫草率苟簡。唐蘭先生《中國文字學》第二十六節說:"(殳書)這種文字是較方整的,隨着觚形而產生的,所經(編按:當爲"所以")我認爲秦代的若干觚形的權上較方整的書法,像枸邑權,就是殳書。"唐先生對小徐的話有所誤解,小徐分明說"殳有題",即殳這種兵器有題識;小徐說"殳體八觚",指的是殳而不是權。八棱形權,僅見大馳、枸邑二權,二權皆非發掘品。這兩枚權,商承祚先生《秦權辨僞》、巫鴻《秦權研究》都以爲僞物,所以唐先生的例子也是不可靠的。殳書爲兵器上的草率篆書,這一點,大概已是研究秦文字的學者的共識。

《考古與文物》1996-5,頁22—25

○何琳儀(1998)　　殳,甲骨文作𣪊(乙一一五三),象右手持殳(兵器)之形。

借體象形。𣪊形參見曾侯乙墓出土實物。或作𣪊（偏旁習見），殳柄向左彎曲。金文作𣪊（趞曹鼎）（編按："趞曹鼎"一般作"趞曹鼎"），其殳形則有省變。戰國文字承襲金文。《説文》："𣪊，以杸殊人也。《禮》殳以積竹八觚，長丈二尺，建於兵車，車旅賁以先驅。从又，九聲。"九不成字，應删。又《説文》以鼛从九聲，亦非是。參勹字。

曾侯郙殳殳，兵器之名。《詩·衛風·伯兮》"伯也執殳"，傳："殳，長丈二而無刃。"

《戰國古文字典》頁 373

○**王輝、程學華**（1999）　"殳"是此器之自名。器爲鐏（《禮記·曲禮》鄭注云：平底曰鐓，用於矛戟，鋭底曰鐏，用於戈。但從出土實物看，矛亦有平底者。據《説文》，鐏爲"柲下銅"，包鐓在内。此處稱鐏，不加區別）而自名爲"殳"，乃因此鐏用於殳柲，爲殳之構件，故省稱之。

此鐏自名爲"殳"，爲我們探討殳的形制、用途提出了新的課題。

《説文》："殳，以杸殊人也。《禮》殳以積竹，八觚，長丈二尺，建於兵車，旅賁以先驅。从又，几聲。"段玉裁本改"杸"爲"杖"，"禮"前補一"周"字。段注云："殊，斷也。以杖殊人者，謂以杖隔斷之。"今按段氏改"杸"爲"杖"，乃依後出之《太平御覽》引文，不足據。實則"杸"爲"殳"之異體，《急就章》第十七："鐵垂棰杖桃柲殳。""殳"顔師古、《玉海》二本作"杸"，師古曰："杸與殳音義同。"又隨縣曾侯乙墓簡文亦稱"晉杸"（詳下）。"禮"前加"周"字亦無版本根據，此段氏之武斷也。但段氏對殳功能的解釋卻頗可信。

又《釋名·釋兵》："殳矛殳，殊也，長丈二尺而無刃。有所撞挃於車上，使殊離也。"開頭"殳矛"二字爲衍文，王先謙《釋名疏證補》引畢沅云："殳無刃，不當稱矛，《御覽》引無此二字，當爲衍文。"又引葉德炯曰："《北堂書鈔》武功部十二引亦無'殳矛'二字，是唐人所見本即如此。畢以爲衍文，良是。"

《詩·衛風·伯兮》："伯也執殳，爲王前驅。"毛傳："殳長丈二而無刃。"孔穎達疏："《考工記》云：'殳長尋有四尺。'尋八尺，又加四尺，是丈二也。《冶氏》爲戈戟之刃，不言殳刃，是無刃也。"又《淮南子·齊俗訓》："昔武王執戈秉鉞以伐紂勝殷，搢笏杖殳以臨朝。"高誘注："殳，木杖也。"又《左傳·昭公二十三年》："（莒子）庚輿將出，聞烏存執殳而立於道左，懼，將止死。"杜預注："殳長而無刃。"又《新唐書·儀衛志上》記皇帝元日、冬至、大朝會時，"又有殳仗、步甲隊將軍各一人檢校。殳仗左右千人，廂别二百五十人執殳，二百五十人執叉，皆赤地雲花襖、冒、行縢、鞋襪，殳、叉以次相間……"又《宋史·

儀衞志三》也記皇帝郊祀，儀仗隊中有前隊殳仗與後隊殳仗。

殳亦可解爲兵器之柄。《方言》卷九："三刃枝，南楚、宛、郢謂之匽戟，其柄自關而西謂之柲，亦謂之殳。"

關於殳之形制，《周禮·考工記·廬人》云："凡爲殳，五分其長，以其一爲之被而圍。參分其圍，去一以爲晉圍。五分其晉圍，去一以爲首圍。"鄭玄注："被，把中也。圍之，圜之也，大小未聞。凡矜八觚。鄭司農云：'晉，謂矛戟下銅鐏也……'玄謂'晉'讀如'王搢大圭'之'搢'，矜所捷也。首，殳上鐏也。爲戈戟之矜，所圍如殳。"

綜合以上所引文獻，我們可以得到以下幾點認識：

1.殳是一種儀仗兵器，可建於兵車，也可由兵士手執，後世還由多名執殳士兵組成儀仗隊。

2.殳大多爲尊貴者如王、諸侯所用。

3.殳無刃，多以積竹木爲之，略與後世之杖、棒相當。殳也與他器之柲、柄相當，故在有些方言中以殳代柲。

4.殳末端有鐏，鐏或有觚棱（《廬人》鄭注説"凡矜八觚"，"八"殆爲概數，實際可少於此數），亦稱"晉"。殳首端有的有上鐏，或稱"首"。鐏或首要裝在殳本體上，所以殳的"晉圍"（"圍"爲圓周）和首圍比殳本體小，即殳兩頭細，以便納入鐏、首之銎。

5.鐏、首是殳的部件而不是殳的本體，沒有本體部件無所依附，所以部件並非必不可少，多數殳可以只有一種附件或一件也沒有。

以上所説第三點，亦爲出土文獻所證實。

《睡虎地秦墓竹簡·法律答問》："小畜生入人室，室人以投（殳）梴伐殺之，所殺直（值）二百五十錢，可（何）論？當貲二甲。"整理者讀"投"爲殳，説這是"小牲畜進入他人家中，家裏的人用棍棒將牲畜打死"。簡文"殳"與"梴"（木棍）連言，可見二者同類。又漢代畫像石與壁畫中有伍伯執殳，其殳也都無刃。

殳的出土實物極爲罕見。近年雖有零星出土殳，但對其認識，學者閒意見頗不一致。

1977年，湖北隨縣曾侯乙墓出土有7件殳，可分二型。A型爲三棱矛形，刃下端箅作八棱形，外飾浮雕狀之粗壯蟠螭紋。三件刃上有鑄銘"曾侯郕之用殳"。箅中接八棱形積竹木柲，纏絲線髹漆，殳柲距箅50釐米左右亦有飾浮雕蟠螭紋的銅箍一個。B型同於A型，唯箅與箍作刺球狀。柲上距箅部34

釐米處有一短棘球形銅箍,骱部亦作粗棘球形。這兩型殳,發掘報告《曾侯乙墓》、裘錫圭《談談隨縣曾侯乙墓出土的文字資料》、馬承源主編《中國青銅器》、杜迺松《青銅器鑒定》、朱鳳瀚《古代中國青銅器》、陝西兵工局等編的《中國古代兵器》皆有討論。諸家多認爲三棱矛形刃器爲殳,或稱殳頭;唯《古代兵器》認爲"其棘刺和花球狀銅箍應爲本體,頂端三棱矛形刃器,則爲殳之改進後的附加物",不把矛形刃器看作殳之本體。

曾侯乙墓還出有另一種殳,共十四件,我們姑稱爲 C 型。此型殳積竹柲,頂端裝圓形銅冒,上有一小紐;末端裝八棱形銅鐏。簡報稱此爲"帶環長杖",又説:"這些長杖與其它的兵器放在一起,但它既無刃也無鋒,很可能是古書上所説的殳。"《古代兵器》稱此爲"杖形殳";杜迺松稱八棱筒形一端爲首,有紐的一端爲末;馬、朱二書未收此型殳。同墓出土簡文説有"杸"和"晉杸"兩種殳,裘錫圭説:"'杸'就是有刃的殳。'晉杸'則是兩端有銅套的無刃殳。"

秦始皇陵三號兵馬俑坑還出有一種圓筒形物,頂端呈三棱椎狀,學者也多稱之爲殳。

《古代兵器》還收有寶雞市博物館、扶風縣博物館等所藏的一種圓球狀兵器。該器周多有外出棱刺,時代約在西周晚期。這種器物內蒙古等地亦有出土,見於《內蒙古出土文物選集》,據説有鄂爾多斯系文化特徵。用文獻來比勘出土實物和各家之説,我們有幾點看法:

1.隨縣 C 型殳應以圓形銅冒有紐的一端爲首,而以八棱形一端爲末鐏,後者應即《廬人》鄭注所説的"凡矜八觚",杜氏之説可商。

2.隨縣 A、B 兩型殳之三棱矛形中空器應爲殳鐏,是殳之部件而非其本體,如《古代兵器》所説。此兩型殳之首爲角質冒,猶 C 型殳以圓形冒帶紐的一端爲首。裘先生、馬先生、朱鳳瀚、杜迺松、《古代兵器》皆以三棱矛形一端爲首,似皆可商。朱氏將前引《釋名》一段話標作"殳,矛殳,殊也",不知首"殳矛"二字爲衍文;又據此謂"殳是一種長柄的矛形的兵器",不可信。《釋名》緊接着説"(殳)長丈二尺而無刃",矛形則有刃,與《釋名》所説不合。裘先生謂"'杸'就是有刃的殳",亦可商。或問:"A 型自名爲'曾侯郕之用殳',何以解爲鐏?"答曰:"此是殳鐏,是殳的一個部件,故得簡稱爲'殳'。猶十九年商鞅殳鐏是鐏,而自名爲'殳';亦猶晉公車器自稱'晉公之車'(《商周金文錄遺》533、534),實則僅是車之部件,此皆以大名代小名。且鐏從未見自名爲'鐏'者。"至於鐏有作矛形者,殷墟侯家莊 M1001 即出有 6 件,見朱書 261 頁插圖四·一四·1,讀者可以參看。

3.始皇陵三號坑出土圓筒形器究竟是殳首還是殳鐏,目前尚難於肯定。但從簡報看,其出土時三棱椎一端向下,多成束放置,似以末鐏的可能性爲大,其三棱椎殆是曾侯乙殳鐏三棱形的褪化或改進。

4.因爲殳是積竹木爲之,八棱形或圓形,容易散亂,爲了加固,所以或纏絲線,或加箍箍。從這一點上説,隨縣 A、B 型殳之箍箍是殳之部件,而非其本體。

5.殳既爲棍棒類無刃兵器,故首冒與末鐏並非必不可少之物。大量的殳因爲是竹木所作,易於腐爛,故出土絕少。殳之少量附件如無銘文,則難於被確認,一般會把這些附件看作矛、箍、鐏而不予重視。因此,曾侯郕殳鐏、十九年商鞅殳鐏及其銘文對人們認識殳之形制、用途,意義非同尋常。

6.寶雞、扶風等地所徵集球狀有刺器有鄂爾多斯系文化特色,與中原殳差距較大,是否應稱作殳不無疑問。即使是殳之部件,大概也只能是所謂箍。

前面我們説過,殳爲王或諸侯之儀仗兵器,則十九年商鞅殳當是商鞅所監造的秦孝公儀仗器。

殳既爲尊貴者所用兵器,故它在兵器中的地位也很高。《睡虎地秦墓竹簡·效律》:"殳、戟、弩、藂汨(彤?)相易殹,勿以爲贏、不備,以職(識)耳不當之律論之。"此律兵器以殳爲首,殳等塗漆黑紅錯亂,以律論處。因爲這個原因,殳有時也用爲兵器的代稱。《説文解字·序》説"秦書有八體","七曰殳書",段玉裁注云:"按言'殳'以包凡兵器題識,不必專謂殳。"是段氏以殳爲兵器總稱,殳書即兵器刻銘。

今所見戰國中晚期秦兵器刻銘,以十三年(?)商鞅戟、十六年商鞅鐏及此殳鐏爲最早。這些刻銘纖細剛勁,但也比較草率,即所謂"草篆",是秦隸亦即古隸的先河。同是商鞅監製的十八年方升,左壁刻銘"十八年,齊遫(率)卿夫ᝉ(大夫)衆來聘,冬十二月乙酉,大良造鞅爰積十六尊(寸)五分尊(寸)壹爲升"及前壁刻銘"重泉",則爲標準的小篆。如"年"字,方升作"秊",十六年鐏作"秊";"造"字,方升作"遚",十六年鐏作"遚",十九年殳鐏作"遚",稍晚的十三年相邦儀戈、王四年相邦張儀戈略同。

關於殳書,徐鍇《説文繫傳》云:"殳體八觚,隨其勢而書之也。"對小徐這句話不應作硬性的理解,其本意大概是説殳書刻在有棱的殳鐏(或其他兵器)上,因爲受形體的影響,故筆畫草率苟簡。唐蘭《中國文字學》第二十六節説:"(殳書)這種文字是較方整的,隨着觚形而產生的,所以我認爲秦代的若干觚形的權上較方整的書法,像栒邑權,就是殳書。"唐先生對小徐的話有所誤解,小徐説的只是殳類兵器,而不是權。秦權上的廿六年、元年詔文字固然也有簡省的,但比之兵器刻銘還是要整齊規範得多,其非殳書,是可以斷定的。至於枸邑權作八棱形,同例僅有大魏權,二權皆非發掘所得。這兩枚權,商承祚《秦權辨僞》、巫鴻《秦權研究》都以爲僞物,所以唐先生舉的例子也是不可靠的。殳書爲兵器上的草率篆體,看來已是研究秦文字的學者們的共識。

《秦文字集證》頁 25—30

杸 柕

殳 曾侯乙 62　　曾侯乙 68　　曾侯乙 99　　陶彙 9·96

○**裘錫圭**(1979)　“杸”就是有刃的殳。

《古文字論集》頁 410,1992;原載《文物》1979-7

○**高明、葛英會**(1991)　杸。

《古陶文字徵》頁 127

○**何琳儀**(1998)　杸,從木從殳,殳亦聲。殳、杸古今字。《説文》:“杸,軍中所持殳也。從木從殳。《司馬法》曰,執羽從杸。”

隨縣簡杸,同殳。

古陶“羽杸”,疑與《司馬法》“執羽從杸”有關。

《戰國古文字典》頁 373

毃 毃　毃 敲

毃 睡虎地·答問 132　　毃 睡虎地·日乙 59

毃 上博二·容成 22　　毃 上博三·周易 1

○**睡簡整理小組**(1990)　(編按:睡虎地·日甲 59 正壹—63 正)本條毃疑讀爲罄,《爾雅·釋詁》:“盡也。”

(編按:睡虎地·日甲 11 正貳“□□□□□可名曰毃[擊]日”)擊,抵觸,乖戾。《荀子·修身》:“非擊戾也。”注:“擊戾,猶言了戾也。”王念孫云:“擊戾者,謂有所抵觸也。”俞樾云:“拂戾也。”

(編按:睡虎地·日甲 33 正“毃[繫],亟出”)繫,亟出,囚禁的人很快就會釋放。《史記・龜策列傳》：“卜繫者出不出。”

《睡虎地秦墓竹簡》頁 189、182、186

○**劉樂賢**（1994）　　本條及下條的斁字，整理小組讀爲繫，鄭剛讀爲擊，二說皆可通。讀繫則“斁以葦”是繫以葦索的意思，讀擊則“斁以葦”是擲以葦杖的意思。古人認爲鬼害怕葦。

《睡虎地秦簡日書研究》頁 246

○**李零**（2002）　　(編按：上博二・容成22)敵（撞）鼓。

《上海博物館藏戰國楚竹書》（二）頁 267

○**裘錫圭**（2004）　　《容成氏》22 號簡講禹建鼓以開言路之事說：

禹乃建鼓於廷，以爲民之有訢告者斮焉。䜌鼓，禹必速出，冬不敢以滄辭，夏不敢以暑辭。(《上博(二)》114 頁，看考 267 頁釋文、注釋)

(中略)從文義看，使鐘出聲可以說撞鐘，使鼓出聲似沒有說撞鼓的，而“擊鼓”之語則常見。《淮南子・氾論》：“禹之時以五音聽治，懸鐘鼓磬鐸，置鼗，以待四方之士，爲號曰：教寡人以道者擊鼓，諭寡人以義者擊鐘，告寡人以事者振鐸，語寡人以憂者擊磬，有獄訟者搖鼗。”此亦言禹事，而於鼓、鐘、磬皆用“擊”字。

再來看字形。我們所討論的字，其左旁顯非“童”字，但跟在古文字中與“童”相通的“重”字的一般寫法，的確很相近。然而我們所能看到的楚簡中的“重”字，中部作“目”形，下部作“壬”或“全”形（張守中等《郭店楚簡文字編》121 頁，文物出版社 2000 年），與此字左旁明顯有別。所以此字既不從“童”，也不像是從“重”的，似難讀爲“撞”。

《說文》以爲“敵”字從“殳”從“㯥”（《三下・殳部》）。從“㯥”之說是有問題的。漢印“敵”字左旁作“東”下加“凵”之形（羅福頤《漢印文字徵》3・18下，文物出版社 1978 年）。秦簡及西漢前期簡帛“敵”字與之相近（張守中《睡虎地秦簡文字編》45 頁，文物出版社 1994 年。漢語大字典字形組《秦漢魏晉篆隸字形表》204 頁，四川辭書出版社 1985 年。有的“敵”字，左旁“東”的上端二小斜筆定得較平，被摹寫者摹成了一橫，如前一書所收“敵”字第一例）。西漢前期簡帛一般在“東”的豎畫下部加一橫畫，並往往將其下的“凵”的寬度寫得較小（陳松長《馬王堆簡帛文字編》123 頁，文物出版社 2001 年。駢宇騫《銀雀山漢簡文字編》106 頁，文物出版社 2001 年）。後來，“敵”字左旁“㯥”所包含的“東”被寫成“車”，就演變出了《說文》“㯥”形和隸楷的

"叀"形。

　　我們所討論的字,右旁作"攴",左旁似可分析爲"🐛"和"土"兩部分。古文字中"殳""攴"兩個偏旁往往相通。秦漢文字(包括《説文》篆文)从"殳"的字如"毆"和"殺",楚簡就都从"攴"(參看滕壬生《楚系簡帛文字編》258—259頁,湖北教育出版社 1995 年)。楚簡字形頂端的"🐛"形,有些是從"屮"形變來的。例如楚簡一般借"眚"字爲"性"和"百姓"的"姓",此字上部可簡化爲"屮"(見上博藏《孔子詩論》16、20、24 號簡等,馬承源主編《上海博物館藏戰國楚竹書[一]》28、32、36 頁,上海古籍出版社 2001 年),而在郭店簡中此字上部則絶大多數作🐛(上引《郭店楚簡文字編》63—64 頁)。楚簡等戰國楚文字中的"陳"字(由"東"下加"土"的字形變來),其所从"東"字上端也寫成了🐛(上引《楚系簡帛文字編》1035—1037 頁。"東"的中豎下部兩側的斜筆,則被移到了中部"田"形兩側)。所以我們所討論的字,可以分析爲从"土"从"毄"省,即"墼"字,在簡文中讀爲與之同从"毄"聲的"擊"。

　　張家山二四七號西漢早期墓所出竹簡中的"毄"字,其左旁偶有作🐛者(《二年律令》90 號簡二見,《張家山漢墓竹簡[二四七號墓]》14 頁),寫法與我們所討論的字的左旁頗爲相近。由此看來,這個字就是"毄"字異體的可能性,似乎也不能排除。不管怎樣,這個字在簡文中都應該讀爲"擊"。

《古文字研究》25,頁 316—317

△按　楚簡🐛、🐛當即"毄"字之異體。

十鐘

△按　此字在印文中爲人名用字。

殹　殹

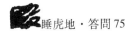睡虎地·答問 75

○**睡簡整理小組**(1990)　(編按:睡虎地·答問 75)臣强與主奸,可(何)論? 比殹主。

《睡虎地秦墓竹簡》頁 111

殿 𣪊 厰

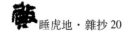 睡虎地·雜抄 20

○**睡簡整理小組**（1990）　（編按：睡虎地·雜抄 17"省殿"）考察時産品被評爲下等。

　　（編按：睡虎地·封診 82"繆繪五尺緣及殿［純］"）純，《爾雅·釋器》："緣謂之純。"注："衣緣飾也。"

《睡虎地秦墓竹簡》頁 84、161

○**黄文傑**（1992）　"殿"字在秦簡中出現 18 例，均作𣪊，整理小組釋"殿"。古文字未見"殿"字。《説文》小篆作𣪊，从殳，屍聲。《説文》對"屍"的解釋是："髀也。从尸，下丌居几。"段注認爲"丌"即"下基"、"几"即"牀"，"屍"是指人之下基（指臀部）坐於牀。西漢甘泉山題字作屍，《漢印文字徵》作殿，東漢白石神君碑作殿，可以看出，今文字與《説文》小篆形近而與秦簡此字形異。鄭剛同志謂"屍，不見於古文字，構形不明"，"屍爲屍之訛變"，似可商。

　　按，"屍"實从"尸""天"聲。曾侯乙墓匫器漆書"天"作夭，三體石經《君奭》"天"作夭，《汗簡》"殿"作屍，"天"作夭，"屍"所从夭與夭、夭、夭形近。東漢無極山碑"天"作夭。《千甓亭古專圖釋·吳天紀塼》"天"作夭，均與"屍"所从夭形近。古音"天"屬透母真部，"殿"屬端母文部，端透旁紐，真文旁轉，二字語音相近，故"殿"可讀"天"聲。"屍"从"尸""天"聲，應無問題。

　　秦簡此字作𣪊，从"攴""展"聲。秦簡中"殳"旁有同化作"攴"的現象，如"轂"字雖多作轂、轂，从"殳"，但 689 號簡此字卻作轂，从"攴"；"殼"字出現兩例，均作殼，从"攴"。"厰"字共出現 18 例，均从"攴"，比較特殊。秦簡此字聲符"展"應从"典"聲。"典"古音與"殿"同，故"典"與"天"語音十分相近，因知"厰"與"殿"是聲符通用的異體字。

《江漢考古》1992-4，頁 63

殿 𣪊 敃 戝

 睡虎地·答問 210　　石鼓文·汧殿　　集成 12108 新郪虎符

近出 362 王子午鼎　　包山 105　　郭店·語四 27　　上博二·魯邦 6

 包山 116

医 上博二・魯邦 3　医 上博六・孔子 14

○**湯餘惠**（1993）　殹，相當於"也"，語尾助詞，表決定語氣。

《戰國銘文選》頁 52

○**何琳儀**（1998）　医，从匸矢聲。《説文》："医，盛弓弩矢器也。从匸从矢。《國語》曰，兵不解医。"據《説文》則會意兼形聲。

《説文》："殹，擊中聲也。从殳，医聲。"

秦器殹，語末助詞。舊讀也，或讀矣。

《戰國古文字典》頁 1218

殴，从攴，医聲。疑殹之異文。見殹字。

包山簡殴，人名。

《戰國古文字典》頁 1218

○**濮茅左**（2002）　(編按：上博二・魯邦 6）殹（也）。

《上海博物館藏戰國楚竹書》（二）頁 210

○**馬承源**（2002）　(編按：上博二・魯邦 3）殹，讀作"也"，古通假字，在此用爲語助詞。

《上海博物館藏戰國楚竹書》（二）頁 207

○**何琳儀**（2004）　(編按：上博二・魯邦 3）"殹"，整理者屬上讀爲"也"，恐不確。從現有資料看，只有秦文字以"殹"爲"也"，楚文字則無其例。按，此字當屬下讀爲"繄"，用作語首助詞。《左傳》隱公元年："爾有母遺，繄我獨無。"

《上博館藏戰國楚竹書研究續編》頁 447

○**俞志慧**（2004）　(編按：上博二・魯邦 3）第三簡"否"下之字，當依何琳儀釋爲"繄"，屬下讀，爲語首助詞。"繄"字處在前後二個問句之閒，當讀爲同樣爲語首助詞的"抑"，意義相當於或者，這樣就能使文氣貫通起來。

《上博館藏戰國楚竹書研究續編》頁 512

○**濮茅左**（2007）　(編按：上博六・季桓 14）"殴"，《上海博物館藏戰國楚竹書（三）・周易》井卦有"剭"，字上半與"殴"形近。又《上海博物館藏戰國楚竹書（四）・季庚子問與孔子》（第八簡）"殴"字，與"殴"應是繁簡之別。疑"剭"字異文。《玉篇》："剭，唯芮切，籀文銳。"《博雅》："剭，傷也。"《集韻》："剭，小傷也。""銳，《説文》'芒也'，亦姓。籀作剭，或作梲，亦省（作兑）。"字亦見《包山楚簡》（一七四、一八六）等，字或爲"烈"之或體。

《上海博物館藏戰國楚竹書》（六）頁 212

○陳佩芬（2007）　（編按：上博六・莊王 3）殹四骻呂［逾虖］　（中略）“殹”，讀爲“繄”。《左傳・隱公元年》：“爾有母遺，繄我獨無。”杜預注：“繄，語助詞。”

《上海博物館藏戰國楚竹書》（六）頁 245

△按　陳劍（《出土文獻與古文字研究》2 輯 176 頁，復旦大學出版社 2008 年）對楚簡中“戝”字的形體和“殹”的用法有比較詳細的討論，指出：

《上博（二）・魯邦大旱》簡 3“戝”字作：

戝

同篇簡 6 作“歐”。“攴”旁、“殳”旁與“戈”旁常可通作，“戝、歐”無疑並即“殹”字異體。戰國文字中“矢”形、“大”形常互作，“大”又往往斷爲兩截書寫。如“厌（侯）”字或作＜（《殷周金文集成》15.9616 春成侯壺，三晉兵器、記容銅器銘文中“侯”字作此類形者多見），“因”字作＜（郭店《成之聞之》簡 18）或＜（郭店《六德》簡 14；楚簡文字“因”从“矢”形者多見），皆可爲釋簡文此字爲“戝”之證。

“殹”讀爲“抑”表轉接，前已見於《上博（二）・子羔》簡 9（陳劍 2003，56 頁）（編按：陳劍《上博簡〈子羔〉、〈從政〉篇的竹簡拼合與編連問題小議》，《文物》2003 年 5 期）；上引《魯邦大旱》簡 3 的“戝”字，俞志慧（2004，頁 512）（編按：見上引俞文）也已提出當讀爲“抑”，但説用爲“語首助詞”“意義相當於或者”則不確。裘錫圭（2006）（編按：指裘錫圭《〈上海博物館藏戰國楚竹書［二］・魯邦大旱〉釋文注釋》，《裘錫圭學術文集》2）指出，《魯邦大旱》讀爲“抑”的兩“殹”字皆應用爲“轉接連詞”。又《上博（六）・莊王既成、申公問靈王》簡 3—4（釋文用寬式）：“載之専（？）車以上乎？歐（殹）四骻（？）以逾乎？”“歐（殹）”字亦應讀爲表轉接的“抑”（凡國棟 2007）（編按：指凡國棟《讀〈上博楚竹書六〉記》，簡帛網 2007 年 7 月 9 日）。

【歐兒】

○何琳儀（2000）　三骹（雄）一魭（雌），三骻（瓠）一萁（柢），一王母保三殹（嬰）兒（婗）。

《語叢四》26—27

○何琳儀　“骻”讀“瓠”。《説文》：“瓠，匏也。”“萁”讀“柢”，參高亨《古字通假會典》461。《説文》“柢，木根也”，“殹兒”讀“嬰婗”。《説文》：“嬰，嬰婗也。”《釋名・釋長幼》：“人始生曰嬰兒……或曰嬰婗。”《禮記・雜記》注“驚彌”、《孟子・梁惠王》注“繄倪”，與“嬰婗”皆一音之轉。簡文以動物，植物，人類爲喻，深得修辭之三昧。

《文物研究》12，頁 204

○劉釗(2000)　《語叢》四説:

　　　一家事乃有賢,三雄一雌,三觭一莫,一王母保三殹兒。

按"一王母保三殹兒"的"保"字應讀作"抱"。古文字保字作"𤗽",本爲"抱負"之"抱"的本字。"三殹兒"之"殹兒"應讀作"嫛婗","嫛婗"乃"嬰兒"的異寫。《釋名·釋長幼》:"人始生曰嬰兒,胸前曰嬰,抱之嬰前,乳養之也。或曰嫛婗。"《説文》:"嫛,婗也,从女殹聲。"又:"婗,嫛婗也。从女兒聲,一曰婦人惡貌。"《禮記·雜記》:"中路嬰兒失其母焉,何常聲之有?"鄭注:"嬰,猶鷖彌也。"按"鷖彌"即"嫛婗",也就是"嬰兒"。

　　　　　　　　　　　　　　　《郭店楚簡國際學術研討會論文集》頁 81

○林素清(2000)　嫛婗,簡文省女旁。按,古文繁省無別。嫛婗,嬰兒。《説文解字》:"嫛,嫛婗也。"段注:"《釋名》:'人始生曰嬰兒,或曰嫛婗。嫛,是也,言是人也;婗,其啼聲也。'《雜記》曰:'中路嬰兒失其母焉。'注:'嬰,猶鷖彌也。'按,嬰彌即嫛婗,語同而字異耳。"

　　　　　　　　　　　　《郭店楚簡國際學術研討會論文集》頁 394—395

段　叚

○高明、葛英會(1991)　段。

　　　　　　　　　　　　　　　　　　　　《古陶文字徵》頁 137

○黃盛璋(1991)　左、右伐器相當於左、右庫,器下一字當爲"段"字,兵器鑄出以後,還要經過撻鍛,然後鋒刃才能鋒利,最近自然科學史研究所何堂坤同志檢驗北京房山琉璃河出土周初燕國兵器,也加以證實。"撻劑"即包括撻鍛的工序在內,這是鑄造兵器的最後工序,"伐器"之下,大多皆直接以工師,足證工師是屬於左、右伐器的,至於中加"段"字,當説明該工師所主管之工序,而不是表示人名。

　　(中略)附記:1990 年 11 月,我在上海博物館鑒驗館藏春平侯兵器。六件鈹(十五年 1 件、十七年 4 件、三年 1 件)皆微刻如米,對驗原器,可證馬承源摹本正確,均非僞器。此外《小校》及《善齋》收録之"三年武平劍"(鈹)亦藏該館,"武"下非"平","右庫"之下、"工師"之上有"段"字,兵器須鍛撻,證實我的撻劑説,更重要者是爲先秦兵器鑄造技術提供了一條新信息。

《考古》1991–1,頁 62—63

○**何琳儀**(1998)　　段,金文作🔲(段簋)。从殳从石,會於石上鍛打之意。石亦聲。段、石均屬定紐,段爲石之準聲首。戰國文字承襲金文。或易殳爲攴(🔲由🔲訛變)。《説文》:"🔲,椎物也。从殳,耑省聲。"

戰國文字段,人名。

《戰國古文字典》頁 1031

殺 🔲 🔲

🔲睡虎地·秦律 40

○**睡簡整理小組**(1990)　　(編按:睡虎地·秦律 40"殺禾以臧[藏]之")殺,《禮記·禮運》注:"法也。"即仿效。

《睡虎地秦墓竹簡》頁 29

役 🔲 🔲

🔲郭店·五行 45　　🔲上博二·容成 3　　🔲上博二·容成 16

○**顔世鉉**(1999)　　(編按:郭店·五行 45)𢓜,《郭簡》作返,注云:"返,帛書本作'役'。"按,此字作🔲,右上所从疑爲"殳"字,《汗簡》役字作🔲,殺字有作🔲;《説文》殺字古文作🔲🔲。右邊所从與簡文近似。簡文此字釋作"𢓜",應即"役"字。

《張以仁先生七秩壽慶論文集》頁 389

○**魏啟鵬**(2000)　　"心之返也",帛書本作"心之役也"。"返"字不識,待考。疑"反"字似"殳"之異構。

《簡帛〈五行〉箋釋》頁 50

○**袁國華**(2000)　　《郭店楚墓竹簡·五行》45 號簡有一字字形頗爲特殊,字形作:🔲

《五行》45、46 號簡云:

　　耳目鼻口手足六者,心之🔲也。心曰唯,莫敢不唯;如(諾),莫敢不如(諾);進,莫敢不進;後,莫敢不後;深,莫敢不深;淺,莫敢不淺。和則同,同則善。

《五行》亦見馬王堆漢墓帛書第 209 號簡,簡云:

　　(上略)耳目鼻口手足六者,心之役也。

故《郭店楚墓竹簡·五行》注釋[六十]云:

　　返,帛書本作"役"。

雖然從異文互勘,可知"返"與"役"乃對應的字,因此,有學者懷疑"返"字所從的"辰"是"殳"字的異構,但是由"返"字的構形觀察,字的右旁所從,未必就是"殳"字。"役"字,《説文解字》云:

　　戍邊也。从殳从彳。㣤古文役从人。

　　由此可見"役"字右旁所從應爲"殳"字無疑。唯《郭店楚墓竹簡·五行》"返"字右旁所從,作:辰

與目前能夠確認的楚系文字中的"殳"字,作:

　　　殳曾侯郞殳　　　殳曾侯乙簡(杸字所從)

頗有差別,故不宜將"返"字直接讀同"役"字。拙意疑字當从"辵""度"聲。"度"字的構形,《説文解字》云:

　　法制也。从又庶省聲。

從古文字發展的情況考察,"庶"字本从"石","广"是"石"的訛體,林義光云:

　　《説文》云:"度,法制也。从又庶省聲。"按:又象手形,則本義當爲量
　　度。庶本从石得聲,則度亦石聲。

至於"度"字的構形的演變,裘錫圭先生云:

　　　秦權量詔文中的"度"字閒有作庹、庹等形的(容庚《金文續編》3·9
　　下—10 上),正是"度"字由从"石"變爲从"广"的中閒環節。"又"旁和
　　"攴"旁在古文字裏往往可以通用……从"又"的大概是簡體。由此可見
　　"度"字本來應該是从"攴"从"石"聲之字。

既然"度"字的構形本來是从"攴""石"聲,"攴"又可訛爲"又",故字亦可从"又""石"聲。由秦詔版"法度量則"句"度"字作:庹,睡虎地秦簡爲吏之道簡19"喜度民力"句作:庹,可證戰國文字"度"字,的確是既可从"攴""石"聲,亦可从"又""石"聲的。至於"返"字从"辵"从"又"从辰,辰乃"石"字之省。楚文字"石"字一般書作:

　　　后　后　后

亦有作省寫的。如 1978 年,湖北隨縣發現時代屬戰國早期的曾侯乙墓,墓中

出三件多格的長方形漆盒,在盒蓋上分別刻寫了"姑洗十石又三才(在)此"
"新鐘與少羽曾之反十石又四才(在)此""閏音十石又四才(在)此"等文字。
其中"石"字即書作:厈

　　對於這些銘文的内容以及盒子的用途,陳振裕先生有很詳細的説明:

　　　　姑洗、新鐘、少羽曾之反與閏音等,均是關於音律的名稱。這種器物
　　也是由蓋與器身相扣合而成,整器呈長方盒狀,平頂蓋,兩端有短把,把
　　上有凹槽以纏縛繩索,盒裏有十三格或十四格。蓋上陰刻"十石又三"或
　　"十石又四"的文字,恰與盒裏的十三格或十四格相符,而且每格的裏面
　　均爲兩端低而中閒高的弧形,又恰與石磬之弧形相符,從而説明這類多
　　格長方形盒是放置石磬的。

由此可知,曾侯乙墓三件多格的長方形漆盒蓋上的"石"字乃指"石磬";又
《尚書·益稷》"擊石拊石"句中的"石"字即指"石磬",亦可以證"石"字有
"石磬"義。據此,"十石又三"意謂有"磬十三件";"十石又四"即指有"磬十
四件"。

　　既然"厈"乃"石"字的省體,則將从"辵"从"又"从"石"字省體的"遚"字
隸定作"遚",讀同"度",理應可從。《郭店楚墓竹簡·成之聞之》16號簡有
"故君子不貴徶(庶)物而貴與"句,"庶"字从"彳"从"庶"省,字形作:徶

　　其中"庶"字所从"庐"(石)即省作"厈"。又古陶文中,有兩個字,何琳儀
先生隸定爲"度",字形分別作:厈5.296、厈5.297,如何氏釋讀無誤,更可證明
將"遚"釋作"遚"之可信。

　　既然"遚"應釋作"遚"。"遚""役"二字,古音殊遠。"役"上古音屬余紐
錫部;"度"上古音屬定紐鐸部,似無通假的可能。"遚"可从"度"得聲,故字
當有"限度"義。

《中國文字》新26,頁170—174

○李零(2002)　（編按:上博二·容成3)思役百官而月青之　願其聽用於百官而月
月請謁之。

　　（編按:上博二·容成16)戲役　（中略)這裏讀爲"癘疫"或"痾疫"。

《上海博物館藏戰國楚竹書》(二) 頁253、262

△按　趙平安(《説"役"》,《金文釋讀與文明探索》78—83頁,上海古籍出版
社2011年;原載《語言研究》2011年3期)認爲此字所从乃是手持戈之形。

㲹

集成 12110 鄂君啟車節

△按　"㲹"爲"攻"之異體,詳見本卷支部。

殺

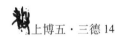上博五・三德 14

○李零(2005)　弗殺不隉　"弗殺(滅)"與"不隉(隕)"同義,指天災綿綿不絶。

《上海博物館藏戰國楚竹書》(五) 頁 298

政

集成 12113 鄂君啟舟節　　　郭店・語一 67

△按　"政"爲"政"之異體,詳見本卷支部。

政

郭店・語一 112

△按　"政"爲"政"之異體,詳見本卷支部"政"字條。

殺

集成 11040 叔孫戈

△按　"殺"爲"誅"之異體,詳見本卷言部。

毅

郭店・語一 43

△按 "毃"爲"教"之異體,詳見本卷教部。

毁

郭店·語二 42

△按 "毁"爲"敓"之異體,詳見本卷支部。

殼

![印]集成 12112 鄂君啟車節

△按 "殼"爲"啟"之異體,詳見本卷支部。

毀

郭店·語一 50　　![字]郭店·語一 51　　![字]郭店·語一 52

○裘錫圭(1998) （編按:郭店·語一 50）毀,亦可隸定爲"敀"或"敀",當讀爲"治"或"司"。下同。

《郭店楚墓竹簡》頁 200

敾

金符 38　![印]故宮 447

△按 "敾"爲"敠"之異體,詳見本卷支部"敠"字條。

毀

![印]集成 12110 鄂君啟車節　![印]集成 12113 鄂君啟舟節

△按 "毀"爲"敓"之異體,詳見本卷支部。

毃

璽彙5379

○施謝捷（1998）　5379·殳巢。

《容庚先生百年誕辰紀念文集》頁651

毃

集成12110鄂君啟車節

△按　“毃”爲“敗”之異體，詳見本卷攴部“敗”字條。

殺 殺 敠 希

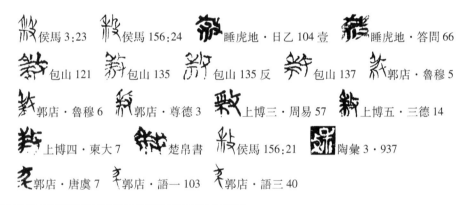

○山西省文物工作委員會（1976）　委質類　遇之行道弗殺。

《侯馬盟書》頁326

○李零（1985）　“殺”上一字殘，右半似是又旁或攴旁。殺，與《說文》殺字的古文、、，特別是《侯馬盟書》的殺字（）非常相像，這裏釋爲殺。我國古代月令之書皆以春正月爲養生之時，忌諱獵殺動物，帛書這句話可能是同樣意思。

《長沙子彈庫戰國楚帛書研究》頁74

○何琳儀（1986）　“敠”，原篆作“”。舊不識。按，從禾與從木往往互作，下文“利”作“”是其證。然則“”與三體石經《僖公》“敠”作“”實爲一字。《說文》：“敠，楚人謂卜問吉凶曰敠。”

《江漢考古》1986-2，頁83

○**李學勤**(1987)　　"殺"字寫法與侯馬盟書相同。"不可以殺",語見於雲夢睡虎地秦簡《日書》甲種:"春三月甲乙不可以殺,天所以張生時;夏三月丙丁不可以殺,天所以張生時;秋三月庚辛不可以殺,天所以張生時;冬三月壬癸不可以殺,天所以張生時。此皆不可殺,小殺小央(殃),大殺大央(殃)。"所謂"殺"可能不只指殺人,也包括一般的殺生而言。

《湖南考古輯刊》4,頁 111

○**何琳儀**(1989)　　第五字原篆作"𣪠",《通釋》根據三體石經"㪋"作"𣪠",而釋"㪋",也即"㪋"。然諸家多釋"殺",其實"㪋"與"殺"音近可通。沈兼士早就指出"祟"通"希",即"殺之古文"。(《希殺祭古語同源考》,《沈兼士學術論文集》222 頁。)帛書"㪋"讀"㪋",抑讀"殺",起決於對上文"巳則至"和下文"北征"的理解。若讀"巳"爲"範",則可讀"㪋"爲"㪋","北征"指北行;若讀"巳"爲"犯",則可讀"㪋"爲"殺","北征"指征伐北方(參李丁)。字從"殳",隸定"殺"較妥。

《江漢考古》1989-4,頁 52

○**饒宗頤**(1993)　　𣪠,李零釋殺。右旁與《説文》殺古文之𣪠略近。何琳儀據三體石經僖公㪋作𣪠,謂是一字。《顏氏家訓・風操篇》:"偏旁之書,死有歸殺。"殺俗作煞。唐吕才《百忌曆》有《喪煞損害法》。清人言北人逃煞,南人接煞。此處煞字上必爲動詞,惜殘泐不明。

《楚地出土文獻三種研究》頁 268

○**曾憲通**(1993)　　此字李零釋殺,可從。按《説文》殺字古文作𣪠、𣪠、𣪠三體。甲骨文殺字作𣪠,同第三體;三體石經古文作𣪠或𣪠,同第二體;帛書此文則與第一體右半作𣪠者形近,左旁之𠘨(即介字)或以爲殺之聲符(蔡惠堂《説文古文考證》有此説)。何琳儀據三體石經《僖公》"㪋"作"𣪠"釋此字爲㪋即㪋。但細審照片,帛文左上非從禾,殆非一字。帛文殺指殺生,秦簡日書多見之。

《長沙楚帛書文字編》頁 76

○**劉信芳**(1996)　　不可㠯殺　　"殺"字帛書作"𣪠",何琳儀先生隸定作"㪋"。按包山簡"殺"字作"𣪠"(簡八四),凡二十餘例,與帛書"殺"字同形。該句謂不可殺燕,古以燕爲祥瑞之鳥,以燕至之日爲合男女之時,故殺之不祥。

《中國文字》新 21,頁 99

○**何琳儀**(1998)　　殺,西周金文作𣪠(斦妜比鼎)。從攴從杀,(象散髮之形,疑散之異文。)會擊殺之意。春秋金文作𣪠(庚壺)。齊系文字作𣪠與三體石經《僖公》𣪠、《文公》𣪠所從吻合。燕系文字𣪠疑由𣪠演化,即兩短竪筆下移(參坪、坺之兩筆下移)，遂聲化从介。杀、介均屬月部。晉系文字作𣎳、𣏼，中閒加=、-表示割殺(參折作𣃈)。或作𣏼，介旁不顯，然而與《古文四聲韻》五·一二殺作𥻕所从吻合。楚系文字作𣏼、𣏼、𣏼、𣏼，由晉系文字而演變，大同小異。齊系文字或作𣏼，似亦受晉系文字殺之影響。秦系文字作𢼒，下从米，疑由燕系文字𣏼省變，小篆因之从术作𣏼。其上从乂，亦有割殺之義。(《説文》："乂，芟艸也。从丿从丶相交。刈，乂或从刀。")乂亦聲(殺、乂均屬月部)。秦系文字殺為乂之準聲首。或説秦系文字杀，从术(秌)从乂，會割秌之意。乂亦聲。兩説存參。《説文》："𣏼，戮也。从殳，杀聲。（所八切）。𣏼，古文殺。𣏼，古文殺。𣏼，古文殺。"(三下十三)𣏼左从介聲，參上引燕、晉文字。𣏼乃友之變，殺、友均屬齒音月部，故可借友為殺。

《戰國古文字典》頁 940

○**陳偉**(1998)　孝之殺　《唐虞之道》七

　　殺，釋文隸定為"方(下从虫)"，讀為"方"。實則此即"殺"字異構，見《説文》"殺"字古文、《汗簡》所引《尚書》以及《古文四聲韻》卷五所引《崔希裕纂古》"殺"字等。"殺"有衰減的意思。《禮記·文王世子》"其族食世降一等，親親之殺也"；同書《祭統》"此之謂親疏之殺也"；同書《喪服》"恩之殺也"；《荀子·禮論》"文理省，情用繁，是禮之殺也"，均是其例。

《江漢考古》1998-4，頁 69

○**周鳳五**(1999)　孝之殺，愛天下之民：殺，郭簡原讀作"方"。陳偉根據《説文》古文與《汗簡》引《尚書》以及《古文四聲韻》引《崔希裕纂古》的"殺"字改釋，可從。殺有衰減義。《禮記·文王世子》"親親之殺也"注："殺，差也。"

《史語所集刊》70 本 3 分，頁 747

○**何琳儀、黃德寬**(1999)　檢《説文》3 下 13：

　　𣏼，戮也。从殳，杀聲。𣏼，古文殺。𣏼，古文殺。𣏼，古文殺。

其他傳抄古文"殺"字或作：

　　　　𣏼魏三字石經集録 11　　　　　　𥻕古文四聲韻 5.12

小篆失收"杀"字，西周金文和晚周齊系文字則保存若干从"杀"之字，可與三體石經、《説文》古文第二體比較：

　　　　𣏼斵攸比鼎　　　𣏼庚壺　　　𣏼子禾子釜　　　𣏼璽彙 3233　　　𣏼璽彙 3233

晚周晉系、楚系文字則可與《説文》第一體和《古文四聲韻》隸定古文比較：

　　　　𣏼侯馬 326　　　𣏼楚帛書　　　𣏼包山 84　　　𣏼包山 90

凡此説明,《説文》古文第一體爲晉系文字、楚系文字所訛變,(左从“介”旁爲迭加音符,“殺、介”均屬月部。)三體石經和《説文》古文第二體(後者乃前者訛變)則承襲齊系文字。《説文》古文第三體與三體石經“蔡”字形體全合,卻與上揭晚周文字“殺”字,乃至傳抄古文“殺”字形體迴異,無法牽合。因此,直接隸定此字爲“殺”與直接隸定此字爲“蔡”,同樣是不夠精確的。

《東南文化》1999-5,頁105—106

○**李零**(1999)　“不可㠯□殺”,月令類古書每於春正月强調“毋覆巢,無殺孩蟲胎夭飛鳥,無麛無卵”(《吕氏春秋·孟春紀》)。李文引雲夢秦簡《日書》甲種:春三月甲乙、夏三月丙丁、秋三月庚辛、冬三月壬癸皆“不可以殺,無所以張生”(794、793、792、791),也提到“不可以殺”。

《古文字研究》20,頁173

○**何琳儀**(2000)　孝之殺,悉(愛)天下之民。　《唐虞之道》7

“殺”原篆作,《釋文》誤釋爲“蚉”(方)。此字又見《語叢一》103“禮不同,不奉(豐)不殺”。《語叢三》40“愛親則其殺愛人”。凡此均與《説文》“殺”之古文作吻合無閒。《禮記·文王世子》“其族食降一等,親親之殺也”,注:“殺,差也。”《漢書·韋玄成傳》“親疏之殺”,注:“殺,漸也。”“殺”與“”(讀“蔡”)爲一字之變,因其用法各異,故形音略有不同,參見拙文《説蔡》(載《徐中舒先生百年誕辰紀念文集》)。該文第二稿(載《東南文化》1999年5期)涉及郭店簡諸“殺”字,然仍沿襲舊釋“不害不殺”。最近始見陳偉《郭店楚簡别釋》(載《江漢考古》1998年4期),以《禮記·禮器》“不豐不殺”對讀郭店簡“不奉(豐)不殺”,可謂精鑿不磨,頓開茅塞,特此志之。

《文物研究》12,頁200

○**徐在國**(2001)　《五行》33有字作,簡文爲“其愛人”。馬王堆漢墓帛書本《五行》經文作“其繼愛人”,《五行》説文作“其殺愛人”。陳偉先生將“”字釋爲“殺”,甚確。但陳先生對此字形體未加分析。今補充如下。

“殺”字甲骨文作、,牆盤作;莒叔之仲子平鐘作、,庚壺作;包山楚簡作、,江陵磚瓦廠楚簡或作。從甲骨文到戰國文字,“殺”字的形體雖有變化,但是象人頭髮形的“、”,殺人用的武器卻都保留着。春秋晚期在髮形“”的下面又加了“人”旁,所會之意更加明顯。楚簡“”形下部所从均“人”形訛變。“”字从“支”从“人”,所从“”似是“”形訛變。“”字當釋爲“殺”。簡文“其殺愛人”意思與《唐虞之道》七“孝之殺

愛天下之民"略同,義爲衰減。

《簡帛研究二〇〇一》頁 184

○**李零**(2002) "孝之施"(3 章:簡 7)

"施",釋文从虫从方,讀爲"方",舊作讀爲"放"。陳偉先生指出,寫法相同或相近的字見於《説文》(卷三下殳部)、《汗簡》(41 頁正、75 頁正)、《古文四聲韻》(卷四:16 頁背、卷五:12 頁正)等書,是古文"殺"字的一體(《郭店楚簡別釋》),甚確。但陳先生以此字爲"衰殺"之"殺",似與文義不合,這裏讀爲"施"("殺"是生母月部字,"施"是書母歌部字,讀音相近)。"施"有延易、推廣之義,與下文"禪之傳"的"傳"用法相近,兩句乃互文見義。

(中略)"愛親則其施愛人"(4:4 章:簡 40)。

"施",釋文从虫从方,讀爲"方",舊作讀爲"放"。按此字又見《唐虞之道》簡 7。陳偉先生指出,此字即《説文》《汗簡》《古文四聲韻》等書所收古文"殺"字的一體(《郭店楚簡別釋》),甚確,但陳先生以此字爲"衰殺"之"殺",似與文義不合,這裏讀爲表示延易、傳播、給予等義的"施"字。簡文"愛親則其施愛人",應是表示推其愛親之心以愛他人。參看《唐虞之道》補注(二)。

《郭店楚簡校讀記》(增訂本)頁 98—99、154

○**彭裕商**(2002) 《唐虞之道》云:"孝之蚄,愛天下之民。"蚄字《郭店楚墓竹簡》釋文讀方,學者或讀放,或讀殺。今按:此字應即蚄字,見《集韻》。本爲蟲名,讀音與方同,古時又作方。《禮記·樂記》:"方以類聚。"鄭注云:"方,謂行蟲也。"郭店楚簡蚄字應讀爲方,即旁字,晉侯蘇鐘"方死霸"即"旁死霸"。《説文》:"旁,溥也。"《廣雅·釋詁》:"旁,廣也。"旁在古書中多有廣遍之意,如《書·洛誥》"旁作穆穆迓衡",《説命》"以形旁求於天下""旁招俊乂"等。"孝之蚄"即"孝之廣",謂將孝推而廣之,而愛天下之民。此句與《孟子》"老吾老以及人之老,幼吾幼以及人之幼"同意。

《古文字研究》24,頁 392—393

○**陳偉**(2003) [一]殺,原篆(以下以 B 代之)見表 7-3。原隸爲"蚄",讀爲"方"。此字應是"殺"字異構。類似寫法見《説文》"殺"字古文與《古文四聲韻》

表 7-3 殺

老	示	㐱
唐虞之道 7	説文古文	古文四聲韻

卷五所引《崔希裕纂古》"殺"字等。"殺"有衰減的意思。《禮記·文王世子》

云“其族食世降一等，親親之殺也”；同書《祭統》云“此之謂親疏之殺也”；同書《喪服》云“恩之殺也”；《荀子·禮論》云“文理省，情用繁，是禮之殺也”，郭店簡書《五行》云“愛父，其殺愛人，仁也”，均是其例。

相同字形還見於《語叢一》103 號簡和《語叢三》40 號簡，相關文句是“禮不同、不豐、不 B”和“愛親則其 B 愛人”。《禮記·禮器》引孔子語云“禮不同、不豐、不殺”。前一句簡文當與相同。後一句簡文則與上引簡書《五行》近似。這可以驗證對於此字的認識。

《郭店竹書別釋》頁 65—66

△按　戰國文字“殺”字或从攴作“敎”。《説文》：“𣏌，古文殺，𣏌，古文殺，𣏌，古文殺。”前二形均从攴，與戰國文字相合。

寸 𢩵

𢩵 睡虎地·雜抄 9

○高明（1990）　又。

《古陶文彙編》頁 61

○高明、葛英會（1991）　（編按：𢩵陶彙 3·1378）寸。

《古陶文字徵》頁 78

△按　陶彙 1378 出土於山東，可能是齊陶，若是，則當依高明（1990）説釋爲“又”，詳見本卷又部又字下按語。

寺 𡉅 㞢

𡉅 睡虎地·秦律 182　　𡉅 集成 11250 二年寺工戈　　𡉅 官印 0008

𡉅 陶彙 5·249　　𡉅 石鼓文·田車　　𡉅 集成 157 𢱫羌鐘

𡉅 侯馬 3:8

𡉅 集成 298 曾侯乙鐘　　𡉅 集成 9700 陳喜壺　　𡉅 包山 234　　𡉅 郭店·窮達 6

𡉅 上博一·詩論 2　　𡉅 上博四·相邦 1　　𡉅 楚帛書

𡉅 陶彙 3·999

○劉節（1931） （編按：鷹羌鐘“武偅寺力”）寺乃恃之借字。

《古史考存》頁 91,1958；原載《國立北平圖書館館刊》5 卷 6 號

○吳其昌（1931） （編按：鷹羌鐘）按“寺”從“虫”從又，即“之”也。“寺”“之”古聲同紐。寠侯簠（夢郼草堂續編頁 13）云，“寠侯作叔姬寺男賸簠”，“寺男”即“之男”也。又攻盧王皮難鐘云，“永保用寺”，即其他鐘銘之“永保用之”也。是“寺”即“之”之明證也。武偅者，人名也。言此“征秦，逃齊，入郕城，會平陰”者，皆有此武偅之力也。

《國立北平圖書館館刊》5 卷 6 號，頁 49

○唐蘭（1932） （編按：鷹羌鐘“武偅寺力”）寺，是也。

《唐蘭先生金文論集》頁 4,1995；原載《國立北平圖書館館刊》6 卷 1 號

○徐中舒（1932） （編按：鷹羌鐘“武偅寺力”）寺、恃同。邾公輕鐘“分器是寺”，又以爲持字。

《徐中舒歷史論文選輯》頁 215,1998；原爲單行本《鷹氏鐘銘考釋》

○黃盛璋（1961） （編按：陳喜壼）第四行第四字原文摹寫爲寺，釋爲“持”字之假，審視銘文，寺字之右還有一個“丮”旁，爲摹本所忽去。此字隸定就是“持”字，在這裏實假爲“侍”。

《文物》1961-10,頁 37

○山西省文物工作委員會（1976） 峙 寺 同内室類參盟人名。

《侯馬盟書》頁 322

○睡簡整理小組（1990） （編按：日甲 65 背壹—66 背壹“人妻妾若朋友死，其鬼歸之者，以莎芾、牡棘枋［柄］，熱［熱］以寺［待］之，則不來矣”）待，《國語・魯語下》注：“猶禦也。”

《睡虎地秦墓竹簡》頁 217

○高明、葛英會（1991） 寺。

《古陶文字徵》頁 78

○湯餘惠（1993） （編按：鷹羌鐘“武偅寺力”）寺，通持，《呂氏春秋・至忠》：“其愚心將以忠於君王之身，而持千歲之壽也。”高誘注：“持，猶得也。”

《戰國銘文選》頁 11

○劉釗（1996） “日書甲種”簡六五背壹—六六背壹説：

人妻妾若朋友死，其鬼歸之者，以莎芾、牡棘枋（柄），熱（熱）以寺（待）之，則不來矣。

《秦簡》一書在“寺”字後注以“待”字，注釋謂：“熱，燃燒。待，《國語・魯語下》注：‘猶禦也。’”按將“寺”讀爲“待”似不妥。“熱以寺之”的“熱”與“寺”

是一對有因果聯繫的持續行動,在此應是指某種非常具體的動作,而不會是《國語·魯語下》訓爲"猶禦也"的"待"。簡文前言以"以莎芾、牡棘枋(柄)",是説用"莎芾"和"牡棘柄"製成"炬",則"寺"似應讀作"持"。簡文之意是説手持點燃的用莎芾和牡棘柄製成的火把,則鬼就不來了。

《古文字考釋叢稿》頁311,2004;原載《簡帛研究》2

○**何琳儀**(1998)　寺,西周金文作(洀伯寺簋)。从又,止聲。持之初文。《説文》:"持,握也。从手,寺聲。"春秋金文作(邾公牼鐘)。戰國文字承襲兩周金文。晉系文字或作,下从又之繁文。秦系文字或作,下似从寸旁。許慎以寺从寸,以偏概全。《説文》:",廷也。有法度者也。从寸,之聲。"(三下十四)

陳喜壺"寺民",讀"持民"。《晏子·内篇·問下》"與持民而遺道乎",注:"持,扶也,保也。"

屬羌鐘"寺力",讀"恃力"。《史記·商君傳》:"恃德者昌,恃力者亡。"

楚簡"寺王",讀"侍王"。《説文》:"侍,承也。"段注:"承者,奉也,受也。凡言侍者,皆敬恭承奉之義。"帛書"寺雨",讀"時雨"。《書·洪範》:"時雨若。"

秦器"寺工",官名。石鼓寺,讀持。秦陶"寺水",疑與"寺互"有關。《漢書·百官公卿表》:"中尉,秦官……屬官有中壘、寺互、武庫、都船四令丞。"注:"如淳曰,《漢儀注》有寺互都船獄令,治水官也。"

《戰國古文字典》頁44

【寺人】

○**蔡運章**(2001)　"寺人。""寺"字刻於相字之上,"人"字與相字重合,顯出加刻的痕迹。《詩·車鄰》:"寺人之令。"毛傳:"寺人,内小臣也。"《周禮·寺人》:"寺人掌王之内人,及女宫之戒令。"這裏的"寺人"當是太子府内宫的閹人。

《文物》2001-6,頁70—71

【寺工】

○**陳直**(1963)　《敦煌漢簡校文》8頁有簡文云:"□刀一完,鼻緣刃麗,麗不硜硜,神爵四年繕。盾一完,神爵元年寺工造。"《小校經閣金文拓本》卷十一池陽宫鐙,有"上林寺工重三斤十□兩"(上字劉書未釋,在原拓本上很分明)之銘文。同書同卷永光鐙有"永光四年寺工弘"之題名。又《十鐘山房印舉》舉二有"寺工"陽文半通式印。寺工應係官工,諸漢器皆爲上林寺工所造。據

《漢書·百官公卿表》,上林令屬於水衡都尉,水衡之官,設於武帝元鼎二年。上林苑令已見於《張釋之傳》,時在西漢文景時,應先屬於少府。上林苑興建於秦時,呂不韋戈之寺工,是否屬於上林之寺工,抑相國府中專職之寺工,現在尚不能肯定。又戈上方有"可"字,當爲編次之號碼,漢五銖錢範題字,有"第一可"及"第四遂"字樣,此戈用"可"字編號,與錢範題字正同。至於工之題名在丞之上,與漢代漆器題字亦完全相同。

《考古》1963–2,頁 83

○無戈(1981)　秦始皇陵從葬區出土的大批戈、矛、劍等兵器的一定部位上,刻有秦篆"寺工"字樣作標記。

關於"寺工",史無記述。

據秦墓竹簡《工律》:"縣及工室聽官爲正衡石贏(累)、斗用(桶)、升,毋過歲壺(壹)。"秦代縣有"工室"之設。《漢書·百官公卿表》中有"少府,秦官",設"考工室"官署,漢承秦制,或其名略異,仍掌百工及官營手工業,製作兵器亦當其職。漢武帝太初元年,更名考工室爲"考工"。據《漢書新證》考工條下引《再續封泥考略》卷二第 12 頁,有"左工室印"封泥,13 頁有"右工室丞"封泥。疑考工室在漢分爲左右。"寺工"疑如武帝時之"考工"。《漢書·百官公卿表》衛尉,師古注曰:"《漢舊儀》云,衛尉寺在宮內。"寺者,治所也。《漢書·外戚傳》載"時宣帝養於掖庭,號皇曾孫,與廣漢同寺居",師古注曰:"寺者,掖庭之官舍。""寺工",也當是工之寺,百工之官署也。故"寺工、考工"皆爲秦漢時中央所設置管理百工之官署,此其一意也。

《史記·五帝本紀》載:"舜曰:'誰能馴予工?'皆曰垂可。於是以垂爲共工。"這裏的"共工"當爲"供工"的省文,並非共工氏(人名)。"共工"主百工之官,或爲司空,同理百工之事。《史記》集解:"春秋時齊、魯、宋、楚等國設置'工正'之官,楚或稱'工尹',亦是掌管百工及官營手工業者。"又"西漢時,蜀、廣漢、河內等郡設'工官'"。《漢書新證》指出,考工令屬吏多見出土銅器銘文,如護工卒史、工官長丞等。秦兵器銘文所示,"寺工"亦可爲官名,此其二意也。

秦俑坑出土青銅兵器有"寺工"銘文者,例如:

一式、二式青銅矛各一件,均標"寺工";

"三年相邦呂"青銅戈一件,文右側標"寺工"字樣;

"十年相邦呂不韋造寺工□□□"青銅戈一件,文側亦標"寺工"二字;

"十七年寺工□工□"青銅短劍一件,文爲正面銘,背面又有"寺工、子王五”的字樣。

上述各例，凡一器一刻“寺工”者，疑爲官署名；一器兩刻“寺工”者，正文中“寺工”，疑爲官名，另一“寺工”，疑爲官署名，即官營造器之標記。按秦律規定，“公甲兵各以其官名刻久之”（秦墓竹簡之《工律》）。“久”者，標記也。凡官造各器，必標官署及工官姓名，以示負責於法。

《漢書新證》例引《居延漢簡釋文》附錄《敦煌漢簡校文》有“盾一完，神爵元年寺工造”文字，作者指出“疑亦指考工室寺之工所造也”。秦有“寺工”，漢亦有“寺工”，是漢承秦制之又一新證也。

《人文雜志》1981-3，頁 122

○陳平（1983）　　“寺工”爲近代著錄、出土之秦漢銅器銘文所習見。其中近代著錄或出土的秦兵器有兩件，即《陶齋吉金錄》著錄之“二年寺工聾、金（丞）角、□□”戈（該戈内背還有鑄款“寺工”二字），和 1957 年湖南長沙左家塘出土的“四年相邦吕⼯（不）□□、寺工聾、丞□、□□”戈（該戈内背有殘銘鑄款，漫漶難識。原簡報云似爲“可”字，我疑其亦爲“寺工”二字）。近年，陝西臨潼始皇陵兵馬俑一號與二號坑又有一批戈、矛、鈹等兵器上刻有“寺工”字樣。據我所知，其中已發表者共九件。它們是：秦俑一號坑出土的“寺工”銅矛兩件，“三年相邦吕、寺工”和“七年相邦吕不韋造、寺工□□□”銅戈各一件，十五年寺工鈹與十七年寺工鈹各一件；秦俑二號坑“寺工”銅矛三件。秦兵銘文中有“寺工”者共得上述十一件。漢承秦制，仍有“寺工”之設。這除無戈同志文所引敦煌漢簡中之例證外，還可再舉兩證。一爲作於西漢永光四年（公元前 40 年）的銅行鐙，另一爲作於西漢竟寧元年（公元前 33 年）的銅雁足鐙。這兩器上都刻有作爲官名的“寺工”字樣。

關於“寺工”，有關秦漢的史籍均無記述。但我們仍可以從戰國晚期與秦代秦兵刻銘、陶文及古文獻對與“寺工”密切相關的“寺”和“寺人”的記載中窺見其梗概。

秦兵器銘中兩刻“寺工”者，其正文中之官名“寺工”，有的在“丞”之前，沒有“丞”的就在“工”前。這實際上是銘中省去了“丞”，其實仍應理解爲在“丞”之前。在與“寺工”諸器年代大致相近的秦兵刻銘中的官名，還有“工師”和“詔事”在銘文中的位置正好與“寺工”相同，也處於“丞”的前面。其中“丞”前爲工市（師）者目前可得六器，如“二十七年上郡守趄造、漆工師道、丞抾、工隸臣積”戈銘；“丞”前爲“詔事”者可得三器，如“五年相邦吕不韋造、詔事圖、丞戠、工寅”戈銘爲例（該戈内背有鑄款“詔事”二字，情況與“二年寺工釁戈"内背有"寺工"鑄款一樣)。秦兵器銘文中之"詔事"與"寺工"如此相像,兩者不但同爲史書所無,而且它們在秦兵銘文中的位置、鑄刻情況也都相同。這表明"寺工"與"詔事",在秦的地位、職能應都與同在"丞"前的工帀(師)相仿,是負責主造兵器的官署或官名。在漢代,其地位職能除與無戈同志文中提及的"考工"相似外,與漢代其它銅器刻銘中的主造官如"供工"也相差不多。"寺工"除負責主造兵、盾之外,漢代還兼管銅鐙之類的生活起居用器。《雲夢睡虎地秦簡·秦律·工律》曰:"公甲兵各以其官名刻久之。"可見,戰國晚期至秦代秦之官造兵器一律要標刻其監造或主造的官署、工官職稱、姓名,是秦律的明文規定。秦亡,這種制度又爲漢所承襲,在秦之工官中與"寺工"字眼酷似、關係密切者還有"寺水"一稱。從"寺水"銘文多印於磚瓦上看,他應爲主造磚瓦的官署或官名。在秦陶文中主造磚瓦者不僅有"寺水",還有都司空、左右司空、大匠、宮水、大水、左右水、北司等多種。從"寺工"與"寺水"並存於秦分析,這兩者應是都從屬於同一個上級機構——"寺",因分工不同(一主兵器,一主磚瓦)而平行並列的官置(編按:疑爲"署"之誤)和官名。

關於"寺",史書有多種解釋,主要有:一、《漢書·外戚傳》顏師古注曰:"寺者,掖庭之官舍。"二、《文選·吳都賦》注引漢代《風俗通義》佚文曰:"今尚書、侍御史、謁者所止皆曰寺。"三、《後漢書·光武紀》注引《風俗通義》佚文云:"寺,司也。諸官府所止曰寺。"在這三種講法中,第一是專指帝王之掖庭宮禁,第二由第一擴大到包括尚書、侍御史、謁者這類中央高級官署,第三又由第二進一步擴大到泛指"諸官府"。我看這三種説法都不能算錯。它們實際上反映了"寺"這個概念在使用中隨時代進展適用範圍不斷擴大的事實。拙見以爲第一個説法最古老。"寺"最初當專指帝王之掖庭宮禁。這可以取《周禮·天官冢宰·寺人》的有關記載爲證:"寺人,掌王之内人及女宮之戒令,相道其出入之事而糾之。若有喪紀、賓客、祭祀之事,則帥女宮而致於有司。佐世婦治禮事,掌内人之禁令。凡内人弔臨於外,則帥而往,立於其前而詔相之。"此外,《詩經》有寺人孟子;《左傳》除有寺人孟張、寺人披外,還有"寺人惠牆、伊戾爲太子内師而無寵"的記載,這些足以與《周禮》"寺人掌王之内人及女宮之戒令"的説法相映證。可見,"寺人"之得名,就因爲他們是執事於"寺"中的人,最初的"寺"是王之掖庭内宮。秦漢銅器銘文中"寺工"之"寺",其義正與此同。因此,儘管寺工因其主造兵器等而與工師、考工職能相仿,但他們之間決不能劃等號。關鍵的問題是,寺工與工師、考工所屬的上一級官署不同。工師與考工可能爲一般中央與地方行政機構的屬員,但寺工卻直屬於帝王的掖庭機構。主管"寺工"這個官署的如不是相當於後來人們所説的太監的"寺人",就是由寺人直接管轄的其他人。其所造的器物,也應首先是爲了滿足王室的儀仗、扈從、祭祀、起居、喪葬、婚娶等重大活動的需要。

《人文雜志》1983-2,頁 122—123

○**黃盛璋**(1983) 漢上林寺工鐙,證明寺工屬上林,所以陳直先生認爲"諸漢器皆上林寺工所造"(指一、二兩鐙)。《漢書·百官公卿表》上林屬水衡都尉,屬官並無寺工。但水衡都尉乃漢武帝元鼎二年始設,而上林苑早建於秦。陳直先生以爲原屬少府,按《百官表》已交代"初,御羞、上林、衡官及鑄錢皆屬少府",但《百官表》少府下屬官有考工室,亦無寺工。據上引漢器銘刻,寺工既和考工一樣皆爲官府,並有令有丞,既有考工,亦當有寺工,不應遺漏,倘後來改爲他名,亦應有交代,今《百官表》有考工而無寺工,其中必有舛訛。《百官表》記"中尉,秦官……屬官有中壘、寺互、武庫、都船四令丞","初,寺互屬少府,中屬主爵,後屬中尉",我們以爲"寺互"即"寺工"之訛。一則"寺互"於義無可解釋,"互"字必有講誤(編按:"講誤"不辭,有誤);二則隸書"工"字或寫成"互",漢碑、漢印常見,後代仍然如此,與"互"字相差極微,"寺工"錯成"寺互",極爲容易;三則寺互漢初仍屬少府,漢制實來自秦,上林原屬少府,所以上林寺工亦屬少府,與考工同屬,也是很合情理的。

竟寧元年寺工與考工同爲内者造鐙,考工一直屬少府,此時寺工亦必同屬少府,永光與竟寧皆元帝年號,永光四年在竟寧元年前七年,所屬當一樣。至於上林寺工鐙,雖然還刻有"池陽宫銅行鐙重十二兩,甘露四年工虞德造",字迹拙劣,一望而知乃是仿另一池陽宫鐙銘補刻,容庚也指出"出於後刻",故年代全不可據,此鐙雖不詳何年,但時代較早,此時寺工屬上林,而上林當屬少府,鐙之作年必在武帝元鼎二年設水衡都尉前。《百官表》云:"少府,秦官,掌山海池澤之税,以給共養。"少府即小府(居延簡皆寫作"小府"可證),與大府對,乃王家私府之意,"以給共養",即供給王室之開支,與大府管理國家財政相對,所以少府全爲王室服務,其屬官亦多具此性質,上林爲王室私苑,所以寺工屬少府,而寺工又屬上林,主要爲王室造作服務,竟寧元年鐙爲中宫内者造,正證明這一點。

以上僅就漢制討論,"漢承秦制",此乃就漢初而言,職官制度常有發展變遷,漢代後期與前期就有所不同,所以不能認爲漢制即秦制。漢初寺互(工)屬少府,秦少府亦造兵器,有"十三年少府工憺"矛可證,秦寺工所見以兵器銘刻最多,但與少府之工有別。《百官表》武庫與寺互(工)皆屬中尉,而"中尉,秦官,掌徼巡京師",與武事有關,故武庫、寺互(工)、都船皆屬之,此點還可看到寺互(工)來自秦寺工之形迹。由秦陵兵器多刻寺工,瓦多刻"寺×",秦寺工當屬少府,掌管陵墓建造,武庫在中央者亦必與寺工同屬。漢初寺工屬少府,即承秦舊制。秦漢雖皆有寺工,但由於後來發展,制度仍有些不同。漢寺工有令,有丞,而秦寺工有工師、有丞,不見有令,其以寺工爲主造者,此寺工是令或工師,抑或即稱爲寺工,皆有可能,但今尚不能決。秦器中的工有時可爲工師之省略,作爲主造之寺工,很有可能即寺工師之略。如二年寺工師壺之例,但此壺也僅能作一旁證而已。上引"寺工"半通官印當爲秦印,而非漢印,據上引秦俑坑出土三年寺工戈,秦寺工最高長官即名寺工,而漢不能,漢寺工有令而無工師。是其差異之處。

秦漢寺工所造,迄今所見皆爲銅器、兵器,他類器尚未見到。但秦陵陵園內發現磚瓦上有"寺水、寺系、寺嬰、寺顛、寺梘"等,其中以"寺水"最多,在秦陵園範圍內大量發現,其餘僅一、二見。寺工爲王室製作服務,不能僅限於銅器,亦當製造其他器,特別是營造陵墓,所以陶印之"寺"當即寺工,"寺水"則爲寺工所屬工種,其餘寺×僅一、二見的,當爲寺工工人之名。特別可注意的,在"陵的封土北側的寢殿和便殿建築遺址出土的帶字瓦,絕大多數是'寺水'印記","寺水"類戳記主要見於板瓦和筒瓦上,少量的見於磚和脊瓦上,瓦上一律只題"寺水",只有磚上才在"寺"字後具人名,由此可斷"寺水"主要是生產板瓦和筒瓦,而板瓦和筒瓦只能用於陵園寢殿建築上的屋瓦覆蓋,是專門燒造供給秦始皇陵園建築用的,它和寺工爲王室製造服務的性質符合,所以寺水必爲寺工所屬的某一工種。秦陵出土的印記還有"大水、左水、右水"陶印,也僅見印於板瓦、筒瓦,與"寺水"同,則"寺水"至少還分左右。即左水、右水。由於生產數量巨大,非一個燒造作坊、工場所能完成,"水"前加"大、左、右"等當表作坊或工場的區別。

(中略)迄今所見秦器銘刻之寺工,凡明記年代的大抵皆屬秦始皇,其未記年代而與有秦始皇紀年之寺工兵器同出於秦俑坑,大致皆屬同時寺工所造,但皆在秦統一六國以前,即戰國時代晚期,此時秦已設立寺工。秦處西方,本較落後,商鞅變法始奮起直追,仿效中原諸先進國家,特別是與秦接壤的三晉,所以秦法律制以及文字都和三晉最爲接近。我們已經查明秦的職官多前見於三晉,但三晉兵器、銅器銘刻至今尚未發現寺工,僅三晉之趙有"导工",亦屬少府,見於西溝畔戰國墓所出銀節約(《文物》1980 年 7 期)。导工亦分左、右，“左尋工”合書見於易縣辛莊頭戰國墓所出金飾件(《中國古代度量衡圖録》172頁)，而東周亦有尋工，並分左、右，屬於中府，見於金村所出銀器，凡此已經我一一考明，另詳專文。尋工應即考工、寺工之屬，但不名寺工。鄭韓故都所出韓國所造兵器分別爲左、右、武、𢀋等庫所造，“𢀋”字裘錫圭同志釋爲“市”，但“市庫”製造顯然講不通。其字寫法有多種變化，但上皆“止”即“之”，與“寺”字所從相同，“寺”從“之”從寸，“之”亦聲，我以爲其字可能是“寺”，“𢀋庫”即“寺庫”。寺庫有工師，有冶，而三晉之冶，秦皆叫工，秦之寺工似有可能由韓寺庫變來的。

　　(中略)附記：1981年5月漢武帝茂陵東側一號無名冢從葬坑中出土大批西漢銅器，其中有一竹節銅熏爐，蓋銘有“内者未央尚臥，金黄塗竹節熏爐一具……四年内官造，五年十月輸……”，座銘作“四年寺工造”(《文物》1982年9期)，其餘文字同，足證寺工爲内官。而所造又爲未央皇室用器，此時寺工必屬少府，漢制承秦，秦寺工亦必屬少府。《漢志》云：“初寺互(工)屬少府，中屬主爵，後屬中尉。”“初”指漢初，陽信家銅器出土，證明直到漢武帝時寺工仍屬少府，秦亦必如是，上文所論，可以落實。又寺原屬於内庭，《周禮·天官》有“寺人，掌王之内人及女宫之戒令，相道其出入之事而糾之。若有喪紀、賓客、祭祀之事，則帥女宫而致於有司，佐世婦治禮事，掌内人之禁令，凡内人弔臨於外，則帥而往，立於其前而詔相之”，可見寺人爲内庭之官，所掌爲内人與女宫之事，《詩·小雅·巷伯》有“寺人孟子，作爲此詩”，序：“巷伯刺幽王也，寺人傷於讒，故作是詩也。”箋：“巷伯、奄官，寺人内小臣也。”是西周確有寺人，設於内庭，屬於内臣一類，《左傳》記晉有寺人披(僖二十四年)、寺人孟張(成十七年)、宋有“寺人惠牆伊戾，爲太子内師而無寵”(襄二十六年)，亦内官之證，杜預謂“寺人奄士”。寺人既掌内人與女宫，寺原必設於宫内，《漢書·外戚傳》顏注謂“寺者，掖庭之官舍”，是也，至於後用爲官府之通稱，乃屬應用之擴大，並和寺由内庭而擴至外庭有關。如此寺工原必屬於内府之工，故屬少府；至於屬上林、中尉等，乃漢代故制，近見陳平同志《“寺工小議”補議》引據上述材料認爲“最初的寺是王之掖庭内宫”其説甚是。因文早成，特爲補論如上。

《考古》1983-9，頁831—833

○**王學理**(1983)　“寺工”只銘及兵器和軍械，爲他物所少見。看來，這是關涉到鑄造兵器的權限問題。

　　在此之前，“寺工”見載的有十一處：一、咸陽塔兒坡寺工師初鐘；二、“二

年寺工鲁金角"殘戈;三、"二年寺工龍金角"鉤戟;四、長沙出土四年吕不韋
戈;五、西安三橋出土"寺工獻"羊頭車書;六、敦煌漢簡"盾一完,神爵元年寺
工造";七、"寺工"印;八、漢池陽"上林寺工"宫鐙;九、漢"永光四年(公元前
40 年)寺工弘"行鐙;十、《愙齋集古録》收有漢竟寧元年(公元前 33 年)的雁
足鐙;十一、最新的材料是《文物》1982 年第 9 期刊登茂陵從葬坑出土未央宫
之竹節銅熏爐,係建元四年(公元前 137 年)"寺工造"。其中屬於兵器四件,
車馬器一件,量器一件,而秦又占 5/6。

　　有説"寺"是地名。但古籍中無"寺"地的記載。實際上刻銘中的"寺工"
都是同兵器、軍用車馬器發生關聯。不但秦戟、銅鈹和"二年寺工鲁金角"殘
戈的成文刻銘中有"寺工□",而且在内的外側、鈹格、矛和車馬器上,或鑄,或
刻,或朱書"寺工"二字。況且,在始皇陵園多有冠"寺"陶文的發現。如果以
"寺"地"工"某解釋,則有不能通釋之嫌。

　　《説文解字》:"寺,廷也。"《説文通訓定聲》引《三倉》"寺,官舍也"。《漢
書·元帝紀》師古注:"凡府廷所在皆謂之寺。"所以,以"寺"命名的官署就像
太僕寺、大理寺、鴻臚寺等等即是。在此,我以爲單書"寺工"者,指的是設立
於京師專門從事軍工生産的官署,也可作爲中央官營作坊"百工"(官工)的統
稱;"寺工□"中的"寺工"即官營作坊的工匠某人。《漢書·百官公卿表》:
"少府,秦官。"屬於管手工業生産和"掌山海池澤之税"的政府機構。"寺工"
在秦自然屬少府,在漢代則是少府屬官上林的官工之寺,故漢器多爲"上林寺
工"所造。可見"寺工"在秦漢兩代是通有的。

　　武器的製造權嚴格地掌握在國家之手,民間是不得私鑄的。"寺工"專事
軍工生産,而代表秦政府進行督造的則是相邦(丞相),鑄製地點多在雍、櫟
陽、咸陽等秦的首都,藏之於諸武庫。而由郡守替國家督造的,其數量以上郡
爲最多,其地點見有漆(今陝西葭縣)、高奴(今陝西延川)、圖等,它如蜀郡、河
東郡的臨汾、隴西郡的西縣都有製造,藏之於郡的武庫,如蜀郡"武"、臨汾庫、
隴西郡"武庫"等。這裏的"武"與"庫"都應是"武庫"之省。當然,武庫不僅
藏器(設有庫冶作坊)。那麼,秦俑坑的實用武器實際也是産於首都咸陽王廷
之作坊而藏之於武庫的,俟裝備軍陣俑時才運來入於地下的。

《考古與文物》1983-4,頁 76—77

○**袁仲一**(1984)　寺工一名不見於文獻記載。考究其來源,寺通作侍,取意
侍御宫廷之意。秦代侍御宫廷者多稱作宫某或寺某。如主王犬者稱爲宫狡
士,宫中主巡查者稱爲宫均人;爲宫廷及陵園建築燒造磚瓦的機構有宫水、寺

水等。寺工是爲宫廷製作器械的官署名。咸陽曾出土的始皇二年寺工師初壺一件,寺工師是官職名,全稱應是寺工工師某。已發現的帶有寺工銘文的器物中,刻寺工師某者僅一例,其餘都爲寺工某,如寺工矕、寺工周、寺工獻等。這些都是簡稱,全稱應是寺工工師周、寺工工師獻等。

　　寺工製作的産品多爲宫廷的御用物,似爲少府的屬官,和少府工室當爲並列的兩個主作器械的官署機構。

《考古與文物》1984-5,頁 106

○**王輝**(1987)　寺工或説即中尉屬官寺互(互爲工之訛文),漢初亦屬少府,寺當作侍,爲侍御宫庭之意,亦當爲製造器械之官署。

《中國考古學研究論集》頁 354

○**華義武、史潤梅**(1989)　"寺工"一詞史書無載,但在秦漢時代的銅器銘文中多次出現。如秦代"二午(編按:當爲"年")寺工矕金(丞)角","四年相邦吕不(韋)(造),寺工,矕,丞□□□";陝西臨潼秦俑坑出土的秦兵器有 13 件刻有"寺工"字樣。漢代宣帝時製的"池陽宫行鐙"銘爲:"……甘露四年工虞德造□林寺工……""竟寧雁足鐙"銘:"竟寧元年寺工護爲内者造銅雁足鐙。"這些資料都證明,由秦代延續到漢代的官府之内,確有"寺工"這樣一個主管手工業生産的管理機構。據《三倉》記載:"寺,官舍也。"《漢書·元帝紀》"城廓宫寺",顔師古注:"凡府廷所在皆謂之寺。""寺工"是主管手工業的官名,這應該不會有什麽問題。

　　(中略)此銅矛刻辭與河北燕下都"少府"銘銅矛比較,可知"寺工"與"少府"的官職相似,都是主管手工業生産的機構。

《文物》1989-6,頁 73—74

○**王輝**(1990)　迄今所見秦器刻銘之寺工,凡明記年代的大抵皆屬秦始皇,學者們考辨已多,此不重複。不過我以爲此壺的年代卻當屬莊襄王,不當屬始皇。第一,此壺以外的所有刻寺工的秦漢器物,都只稱寺工,不稱寺工師,而昭王以前的器物均有工師,"寺工師"的刻銘兼有"寺工"與"工師",體現了昭王及始皇兩個時代的刻銘特點,可見它是昭王至始皇過渡時期的器物。第二,從二年寺工戈,三年、四年、五年吕不韋戈我們知道,始皇二至五年寺工工師名矕,不名初,而秦之寺工在同一時期有兩位工師的先例没有出現過。第三,秦王政初即位時,年十三歲,"年少,委國事大臣",所以在始皇二年之前,秦的制度、機構不會有大的變動,其變動恐多在莊襄王時。莊襄王據《史記·秦本紀》索隱所説,乃"三十二而立",他曾爲質於趙,深受三晉制度、文化的影響,他即位之後,又重用在趙時的老朋友吕不韋爲相,企圖有一番作爲,他在位時仿效三晉,對秦制度作一些變更,是合乎情理的。而始皇初即位時,仍用吕不韋爲相,所以只是守舊規而已。河南新鄭所出韓國兵器銘文提到"芶庫",黃盛璋說"芶"可能當釋寺。"寺庫有工師、有冶,而三晉之冶,秦皆叫工,秦之寺工似有可能由韓之寺庫變來的"。他的推測當有一定道理。

《秦銅器銘文編年集釋》頁74—75

○陳曉捷(1996)　"寺工毋死",另有"寺工毋□",按内容可知應爲"寺工毋死"。

寺工不見於史籍。以前僅在兵器、日用銅器和一些車馬器上發現有"寺工"刻銘或朱書題記。另外在敦煌漢簡中有"盾一完,神爵元年寺工造"。寺工最早見於始皇二年戈和壺上,這說明寺工似始置於秦始皇時期,"職責主要是製造兵器,另外兼做車馬器和部分生活用銅器"。《漢書·百官公卿表》"中尉,秦官……屬官有中壘、寺互、武庫、都船令丞……初,寺互屬少府,中屬主爵,後屬中尉"。黃盛璋先生認爲寺互當爲寺工之誤,其說甚是。寺工爲少府屬官,其職責除主持兵器、車馬器和部分生活用銅器製造外,還掌管燒造磚瓦,"寺工"陶文的發現說明了這一問題。此類陶文在咸陽和阿房宮遺址未曾發現,在此應爲專門所設。"毋死"爲陶工名。秦丞相馮去疾、漢將軍霍去病之名與此相類。

《考古與文物》1996-4,頁1

○黃留珠(1997)　秦的工官體系,是一個已經積累了大量資料,但迄今尚未完全說清楚的問題。如秦兵器、車馬器及銅器銘文中常見的"寺工"便是典型實例。目前發現的帶寺工銘文的秦器已達40餘件,出土地相對集中於始皇陵兵馬俑坑和秦都咸陽附近。寺工一名典籍無載。一般認爲寺通作侍,取侍御宮廷之意,寺工是爲宮廷服務的工官官署名稱。無疑,這種理解是不錯的。但寺工的主管官員爲何名稱? 卻始終不明。有研究者甚至認爲寺工銘下連文則表示寺工裏工師的職稱。新發現秦封泥中的"寺工之印、寺工丞印",使這些問題迎刃而解。寺工的主官爲令或長,輔官爲丞。據此,現有的寺工銘文幾乎均可得到合理通釋。這裏不妨任舉一例以作說明。秦俑坑出土的編號爲01392的戟(戈)銘曰:"五年,相邦吕不韋造,寺工讋,丞義,工成。"意謂:秦王政五年,相邦吕不韋督造(省造),寺工讋、寺工丞義主造,造器人工成。過去一些著述中把"寺工讋"理解爲"寺工工師讋",而將"丞"理解爲"工師的副手",現在看來就難以令人信服了。

《西北大學學報》1997-1,頁27

○王輝(2001)　　新出土秦封泥"寺工之印""寺工丞印"(《集證》圖版 142・148—150)。寺工亦屢見於秦銅器銘文,如二年寺工壺:"二年寺工師初,丞拊……"十六年寺工鈹:"十六年寺工敏,工黑。寺工。"(《秦銅》73、97 頁)

《漢書·百官公卿表》中尉屬官有"寺互",云:"初寺互屬少府,中屬主爵,後屬中尉。"黃盛璋以爲"寺互"爲寺工訛,或是。

此印單稱寺工,乃機構印。

《四川大學考古專業創建四十周年暨馮漢驥教授
百年誕辰紀念文集》頁 302、304

【寺工師】

○**李光軍**、宋蕊(1983)　　銘文中的"寺"當爲官署名。"工師"是春秋時齊魯等國設置的官吏,戰國時各國沿置,其職爲掌管百工和官營手工業,其輔佐稱"丞"或"佐"。"寺工師"爲史書所未載,爲傳世銅器銘文所未有,是第一次發現。寺,初爲官者所居之所,後"凡府庭所在皆呼爲寺"(《漢書·元帝紀》師古注)。秦漢時期銅器銘刻"寺工"者不少。"寺工師"則似與"工師"同,很可能宮廷內主造器皿的官吏稱"寺工"和"寺工師",而外郡或京都主造器皿的官吏稱"工"或"工師"。漢承秦制,然而亦有所省廢。疑"寺工師"至漢代遂省,故銅器銘文中僅有"寺工"二字。

《考古與文物》1983-6,頁 5

○王輝(1987)　　"寺工師"當是寺工工師之省文。寺工多見於秦器物刻銘,也見於漢器刻銘。近年來秦俑坑發現多件兵器刻有寺工,引起人們的注意,於是有無戈、秦兵、陳平、黃盛璋四位同志在《人文雜志》及《考古》上發表文章,對寺工加以考釋。綜合他們的意見,知寺原設於宮內,也就是《漢書·外戚傳》顏注所説的:"寺者,掖庭之官舍。"後用爲官府,寺工有丞有工。寺工在漢初屬少府,後屬中尉,《漢書·百官公卿表》中尉屬官"寺互",黃氏説即寺工之訛。

迄今所見秦器銘寺工者,大抵皆屬始皇時代,學者們考辨已多,此不贅。不過我以爲此二壺(編按:二年寺工壺、雍工敔壺)刻銘年代當定於莊襄王,不應屬始皇。第一,此壺以外的所有銘曰寺工的秦漢器物,都只稱"寺工",而不稱"寺工師"。唯昭王以前的器物才有工師之稱,"寺工師"的刻銘兼有"寺工"與"工師",體現了昭王以前及始皇時代兩種刻銘特點,可見它是昭王至始皇過渡時期的器物。第二,從二年寺工戈及三年、四年、五年呂不韋戈可知,始皇二至五年寺工工師名聾,不名初,而秦之寺工在同一時期有兩位工師的先例沒有出現過。第三,秦王政初即位時,"年十三歲","年少……委國事大臣",所以在始皇二年之前,秦的制度不會有大的變更,其變更的開始時間恐怕在莊襄王時。據《史記・秦本紀》索隱記載,莊襄王乃"三十二而立",他曾爲質子於趙,受三晉文化、制度的影響頗深,即位之後,又重用呂不韋爲相,企圖有一番作爲,他在此時仿效三晉,對秦制度作一些變更,是合乎情理的。而始皇初即位時,仍用呂不韋爲相,很可能只是墨守舊規而已。新鄭所出韓國兵器銘文提到"寽庫",黃盛璋説"寽"似應釋寺。"寺庫有工師、有冶,而三晉之冶,秦皆叫工,秦之寺工似有可能從韓之寺庫變來的"。他的推測有一定道理。

　　　　　　　　　　　　　　　　　　　　《人文雜志》1987-3,頁 82—83

○湯餘惠(1993)　　寺工師,"寺工工師"的省稱。"寺工"一詞僅見於秦器,是戰國晚期秦國獨有的官署名。本器所用之地爲秦王宮寢,另外,秦始皇陵西部的兵馬坑出土的銅矛、銅鈹也常署有"寺工"字樣,"寺工"可能是專爲王室宮寢和宮廷衛隊製造日常用器和兵器的有司。

　　　　　　　　　　　　　　　　　　　　　　《戰國銘文選》頁 27

【寺水】

○袁仲一(1987)　　寺水類陶文本書共收錄四十七件,均見於秦始皇陵園出土的磚瓦上,其他遺址不見。陶文的内容有寺水、寺、寺係、寺嬰、寺顚、寺眛等(拓片 847—893)。其中以寺水印記的數量最多。寺是寺水的省稱,係、嬰、顚、眛爲陶工名。寺水類陶文主要見於板瓦和筒瓦上,磚和脊瓦上比較少見。瓦上的印記都是寺水,即只有官署名不見陶工名,而在磚上的印記則在人名前冠有官署名。

　　"寺水"之名不於文獻記載,就字義講,寺是官舍,凡府廷所在皆謂之寺。寺又與侍通,有親近侍御之義。秦始皇時代在京師設有製造兵器和車馬器的官署機構寺工。而寺水和寺工相對應,一主金屬冶鑄,一主磚瓦,都爲宮廷服務,這可能是寺工和寺水得名的來源。

　　　　　　　　　　　　　　　　　　　　　《秦代陶文》頁 42—43

【寺從】

○羅福頤主編(1987)　　寺從當是宦者。

　　　　　　　　　　　　　　　　　　《秦漢南北朝官印徵存》頁 2

○王輝(1990)　　寺與侍通,侍從應指宦者。《詩・大雅・瞻卬》:
"匪教匪誨,時維婦寺。"毛傳:"寺,近也。"孔穎達疏:"寺即侍也。"
北魏楊衒之《洛陽伽藍記・昭儀尼寺》:"太后臨朝,閹寺專寵。"清
顧炎武《日知録・寺》:"三代以上,凡言寺者皆奄豎之名。"

《文博》1990-5,頁 243

將 將

睡虎地・效律 46　　秦駰玉版　　官印 0027　　詛楚文

○**睡簡整理小組**(1990)　　(編按:睡虎地・日甲 26 背貳)入人醯、醬、滫、將(漿)中。

《睡虎地秦墓竹簡》頁 213

△**按**　六國文字"將軍、將行"之"將"均作"牆"("牆"字从酉爿聲,"醬"字之異
體,見卷十四酉部)。晉璽"將行"取將行伍之意,與《百官公卿表》之"將行"非
一官。詳見田煒《古璽探研》(78—83 頁,華東師範大學出版社 2010 年,又《戰
國古璽所見官名研究三則》,《中山大學學報》2010 年 5 期 64—66 頁)。

【將長】

○**睡簡整理小組**(1990)　　(編按:睡虎地・答問 208)將長,見《墨子・號令》。《商君
書・境内》:"五人一屯長,百人一將。"

《睡虎地秦墓竹簡》頁 143

【將牧】

○**睡簡整理小組**(1990)　　(編按:睡虎地・秦律 1)將牧,率領放牧。從下文可知這
種放牧歷經若干縣,有遊牧性質。

《睡虎地秦墓竹簡》頁 24

【將馬】

○**王輝**(1990)　　"將馬"之將意爲監督、管理。秦簡《倉律》:"宦者、都官吏、
都官人有事上爲將,令縣貸之。"睡虎地秦墓竹簡整理小組注:"將,督送。"又
《司空律》:"仗城旦勿將司;其名將司者,將司之。""葆子以上到贖死,居於官
府,皆勿將司。"整理小組注:"將司,監管。"前舉"銍將粟印"將亦管理義。漢
代以後,這種意義用監而不用將。《百官表》太僕屬官有龍馬、閑駒、橐泉等
"五監長丞",陳介祺《陳簠齋手拓印集》收有漢印"未央廄監","廄監"與"廄
將"同義。張良作"廄將",正是秦稱將而不稱監的史證。

“將馬”似乎也可以讀作“馬將”，但考慮到秦印多按“右上—左下—左上—右下”的順序讀，且據《通典・職官七》云，後世如北周有典牝、典牡上士、中士，又有典駝、典羊、典牛中士，典亦主管之義，所以仍以讀作“將馬”爲是。

《文博》1990–5，頁 245）

○**王人聰**（1990） 19.龍廄將馬 鼻鈕 著録：《齊魯古印攈》

　　20.左廄將馬 鼻鈕 著録：《十鐘山房印舉》

　　21.左廄將馬 鼻鈕 邊長 2.5×2.5 釐米，厚 0.5，通高 1.5 釐米 著録：《十鐘山房印舉》

　　22.右廄將馬 鼻鈕 邊長 2.1×2.5 釐米，厚 0.6，通高 1.6 釐米 著録：《上海博物館藏印選》

　　23.右廄將馬 鼻鈕 著録：《碧葭精舍印存》

　　24.小廄將馬 鼻鈕 著録：《共墨齋藏古璽印》

以上六印，第一印羅福頤釋印文首字爲“龍”，讀印文爲“龍馬廄將”。陳直釋印文首字爲“童”，讀印文爲“童馬將廄”，並云“印文之將廄，疑與傳文（按指《史記・留侯世家》文）之廄將相似”。今按印文首字羅釋“龍”，可信，陳釋“童”不確。羅、陳二氏讀印文爲“龍馬廄將”或“童馬將廄”均不可從。此印與 20 至 24 五印，同一形式，有田字格，印文從右上角讀起，作交叉讀，各印應讀爲“龍廄將馬、左廄將馬、右廄將馬、小廄將馬”。這六方印都是廄官所用之印，而非軍官廄將之印。秦漢之際的半通印中有“廄印”及廄印封泥，是廄官有印的明證。《漢書・百官公卿表》“太僕，秦官，掌輿馬……屬官有大廄、未央、家馬三令……又車府、路軨、騎馬、駿馬四令丞，又龍馬、閑駒、橐泉、騊駼、承華五監長丞”，注：“如淳曰：橐泉廄在橐泉宮下，騊駼，野馬也。”據如淳所説，可知龍亦爲廄名，印文之“龍廄”可能即是龍馬廄之省稱。其他各印之“左廄、右廄、小廄”也是廄名。前述 1976 年秦始皇陵東側馬廄坑出土秦代陶器刻辭，記有秦馬廄名稱如“左廄、小廄”，正可與印文互爲印證。將馬，當係掌管飼養、放牧廄中馬匹事務的官吏名稱。秦簡《廄苑律》：“將牧公馬牛，馬【牛】死者，亟謁死所縣，縣丞診而入之……其大廄、中廄、宮廄馬牛，以其筋、革、角及賈【價】錢效，其人詣其官。”簡文中的“將牧公馬牛”，意思就是率領牧放公家的馬牛，也即是簡文中所提到的大廄、中廄、宮廄所豢養的馬牛。主管其事的官吏名稱，簡文雖未提及，但與印文參照，可能就是印文所署的“將馬”。秦代官名與“將”字連稱的還有“將行、將作少府”（見《漢書・百官公卿表》）、“將粟”（見下秦“鈺將粟印”），這些都可作爲釋“將馬”爲官稱的旁證。

25.左中將馬　鼻鈕　邊長 2.2×2.2 釐米,厚 0.5 釐米,通高 1.4 釐米　著錄:《十鐘山房印舉》

此印之字體、形制與"龍廄將馬"等各印相同,亦係秦印。印文右起自上而下順讀,"左中"當是廄名,"將馬"是官稱,詳前"龍廄將馬"印考釋。

《古璽印與古文字論集》頁 56,2000;原載《秦漢魏晉南北朝官印研究》

○**趙平安**(2001)　(一)左廄將馬(《十鐘山房印舉》)

　　　　　　(二)左廄將馬(《十鐘山房印舉》)

　　　　　　(三)右廄將馬(《碧葭精舍印存》)

　　　　　　(四)右廄將馬(《上海博物館藏印選》)

　　　　　　(五)章廄將馬(《齊魯古印攈》)

　　　　　　(六)小廄將馬(《共墨齋藏古璽印》)

　　　　　　(七)小廄將馬(古陶文明博物館藏封泥)

這些都屬於廄印。左廄、右廄、章廄、小廄都是廄名,左廄、小廄還見於秦始皇陵東側馬廄坑出土的陶文。(中略)

新出秦封泥中還有另一類廄印,如"左廄丞印、右廄丞印、章廄丞印、小廄丞印、中廄丞印"(古陶文明博物館藏封泥)。施田字格,但不作對角讀。廄的官吏稱丞,可與《漢書・百官公卿表》對照:

太僕,秦官,掌輿馬,有兩丞……屬官有大廄、未央、家馬三令,各五丞一尉。

詹事,秦官,掌皇后、太子家,有丞……屬官有……廚、廄長丞。

主爵都尉,秦官,掌列侯……又(有)【右】都水、鐵官、廄、廚四長丞皆屬焉。

這證明《漢書・百官公卿表》所述廄的官制也適合秦,廄的負責人稱令、長、丞。

兩種廄印,一稱"將馬",一稱"丞"(令長丞制),特別是"左廄、右廄、章廄、小廄",廄名相同官稱各異,不會是偶然的。王氏解釋"將馬"時所引《廄苑律》所述爲戰國制度,與"將馬"相類的"左田將騎"印爲戰國齊的遺物,又"將馬"一詞秦漢以後再不見行用,因此,"將馬"印的時代應較早,屬於戰國。"丞"印較晚,屬於秦代。

【將陽】

○**睡簡整理小組**(1990)　(**編按**:睡虎地・答問 163"未盈卒歲得,以將陽有[又]行治[答]")將陽,見《尚書大傳》,係疊韻連語,在此意爲遊蕩,參看朱駿聲《説文通訓定聲》。

《睡虎地秦墓竹簡》頁 131

得 尋　敤 骆 融

新典 49　三晉 129

睡虎地・日甲 13 正貳　睡虎地・日甲 32 正

新蔡乙一 12　新蔡乙一 18　新蔡乙四 15　上博六・競公 10

上博五・鬼神 7

上博一・詩論 16

○**劉釗**(1996)　《秦簡》一書有如下釋文:

A.寇(冠)、觐車、折衣常(裳)、服帶吉。(日書甲種簡一三正貳)

B.可取婦、家(嫁)女、觐(制)衣常(裳)。(日書甲種簡三二正)

C.六月己末,不可以裁新衣,必死。(日書甲種簡一五背)

D.凡製車及寇(冠)、□□□□申,吉。(日書乙種簡一三〇)

其中 A 的觐字、B 的觐字、C 的裁字、D 的製字分別作附圖 8、9、10、11 諸形。《秦簡》一書解釋 C 的裁字説:"所從之折從屮從斤從卂,斤反書。"按細加觀察就會發現,所謂的"屮"其實是兩個上下排列的"又"字,字既不從斤,也不從卂,這個字與 D 的製字顯然是一個字。兩個字都從"衣"作,只是 C 省去了所從的"寸"旁。秦漢時期的尋字結構是從兩個"又"(此從甲骨文、金文形體演變而來),從"舟"從"寸"。馬王堆帛書《五十二病方》和"老子甲、乙本"有公認的尋字見附圖 12、13、14、15 之形(**編按**:文中無 14、15,此據《簡帛研究》2 補),差別是字上部所從的二"又"和"舟"的左右位置有變化。漢印中有字作附圖 14、15、16 之形,我們在一篇題爲《璽印文字釋叢(一)》(載《考古與文物》1990 年 2 期)的小文中將其釋爲"尋"。同馬王堆帛書的尋字比較,其結論是沒有問題的。秦簡這四個字其實也應是尋字或從尋的字,同馬王堆帛書和漢印的尋字比較起來,只是 A、B 兩個尋字所從的"舟"旁左側一筆寫得較長,字左側的兩個"手"形與"舟"旁相連而已。D 所从之"舟"旁很清楚,而 A、B 的"舟"旁中間兩筆則變成了連書。所以 A、B 兩個字應該釋爲"尋",C、D 兩個字應該釋爲"褥"。"尋""褥"二字在簡文中似都應讀作"探"。尋字甲骨文本从"西"(簞)聲。典籍探字又作撣或揯。《周禮·撣人》:"撣人掌誦王志,道國之政事,以巡天下之邦國而語之。"序官注:"撣人主撣序王意,以語天下。"《釋文》:"撣,他南反,與探同。"《集韻》平聲二十四監韻:"揯,取也,或作探。"《説文·手部》:"撣,探也。"《説文·手部》:"探,遠取之也。"《正續一切經音義》卷五十五《太子本起瑞應經》卷上"即探"條:"他含反,《爾雅》:探,取也。注云:謂探取也。《説文》:探,取也。亦試也,嘗試之也。"《爾雅·釋言》:"探,試也。"簡文"尋""褥"讀作"探",應訓爲"試","尋(探)車""褥(探)車""尋(探)衣裳""褥(探)新衣"即"試車""試衣裳""試新衣"之意。又尋字典籍或訓"用",見於《左傳》莊公廿八年、僖公五年、昭公元年注和《小爾雅·廣詁》等,尋訓爲"用",按之秦簡亦可通。

8　9　10　11　12　13　14　15　16

《古文字考釋叢稿》頁 308—311,2004;原載《簡帛研究》2

○**何琳儀**(1998)　尋,甲骨文作◁(前二·二六·三),象伸兩臂度量長八尺之形。或變形作▷(佚五七七),或从西(簞之初文)聲作◁>(前四·四·六)。《字彙補》嘦即其訛變。西周金文作◁(卾簋),春秋金文作◁(湛邡鐘)加口旁爲飾。春秋金文或作◁(齊侯鑄鄩作▷),省豎筆。戰國文字承襲春秋文字。小篆來源从西聲之尋,其演變序列爲◁>(前四·四·六)、尋(老子乙二二九)、尋(衡方碑)、尋(漢徵三·二○)。《説文》:"尋,繹理也。从工从口从又从寸,工、口,亂也。又寸分理之。彡聲。此與嬲同意。度人之兩臂爲尋。八尺也。(徐林切)。"(三下九)

周方足布"北尋",讀"北鄩",地名。周方足布"尋尾",地名,疑即"尋口"。《史記·張儀傳》:"下兵三川,塞什谷之口。"集解:"徐廣曰,什一作尋,成皋鞏縣有尋口。"索隱:"一本作尋谷。尋、什聲相近,故其名惑也。"在今河南鞏縣境内。

《戰國古文字典》頁 1407

○**李零**(2002)　敔聖之絽　即"尋聲之紀","尋"有順沿之意,這裏似指"十二佶"是從十二律推演而來。

《上海博物館藏戰國楚竹書》(二)頁 275

○**李零**（2002）　《葛覃》,（中略）"覃"是定母侵部字,"尋"是邪母侵部字,讀音亦相近,郭店楚簡《成之聞之》簡 34"簟席"的"簟"字就是从尋得聲。

《中華文史論叢》68,頁 12

○**李守奎**（2002）　此字可以隸作"紬"。疑爲雙聲字。在此讀爲"籀"。"由"與"籀"都是定紐幽部字。《説文》:"籀,讀書也。""禹籀"就是禹被諷頌,與下文"萬之見歌也"同義。

　　（中略）文章甫成,董蓮池先生指出"菁紬"當讀爲"葛覃",即《國風・周南》中的第二篇。

《古籍整理研究學刊》2002-2,頁 9

○**何琳儀**（2002）　"尋"與"覃"聲系相通。《淮南子・天文訓》"火上蕁",注:"蕁讀若《葛覃》之覃。"《淮南子・原道訓》"故雖游於江潯海裔",注:"蕁讀若《葛覃》之覃。"《爾雅・釋言》:"流,覃也。覃,延也。"《釋文》:"覃本又作潯。"是其佐證。

《上博館藏戰國楚竹書研究》頁 249

○**張桂光**（2002）　紬之字形或與敢有聯繫,"敢"與"覃"有侵、談旁轉關係,可惜定、見紐相隔太遠,不易説通。

《上博館藏戰國楚竹書研究》頁 341

○**周鳳五**（2002）　下字（編按:紬）从尋,讀爲"覃"。

《上博館藏戰國楚竹書研究》頁 161

○**黄德寬、徐在國**（2002）　關於"紬"字,左邊所从的"彐"乃"尋",參上"蕁"字條。右邊所从疑是"由",郭店簡由字作𠧢、𠧢可證。"紬"字當隸作"紬",从"尋"聲,在簡文中當讀爲"覃"。（中略）"禫"與"導、道"通。如:《禮記・喪大紀》:"禫而内無哭者。"鄭注:"禫或皆作道。"《儀禮・士虞禮》:"中月而禫。"鄭注:"古文禫或爲導。""廸""道"古通。如《書・益稷》:"各廸有功。"《史記・夏本紀》"廸"作"道"。《書・君奭》:"我道惟寧王德延。"《釋文》:"道,馬本作廸。"可見由、道、覃關係密切。疑"紬"所从"由"乃是贅加的聲符。

《安徽大學學報》2002-2,頁 4

○**董蓮池**（2003）　紬讀作"覃"。

《古籍整理研究學刊》2003-2,頁 14

○**李天虹**（2004）　李學勤先生認爲紬左旁是"尋"字。尋、覃古音相近,如《淮南子・天文》高注:"蕁讀若《葛覃》之覃。"《原道》高注:"潯讀《葛覃》之覃也。”今按甲骨文尋字或作：

　　　　🔺合二七八〇五　　　🔺合三二二二一　　　🔺合二七八〇七

　　春秋銅器鏻鎛有“🔺”，《金文編》入於附録（下 284 號），李孝定先生據甲骨之“尋”將此字釋作“郹”。🔺左旁與此字左旁在形體上的相似性顯而易見，故此釋可爲李學勤先生之説提供一例佐證。但可惜字形的發展序列尚存在缺環，字形上的證據稍嫌薄弱。（中略）

　　16 號簡兩見“古”字，作“🔺”形，與🔺右旁有别，🔺右旁當是“由”字。

　　如此，🔺很可能應當隷定作“融”，字从“尋”爲聲，讀作“覃”。

　　　　　　　　　　　　　　　　　　　　　　《新出簡帛研究》頁 103—104

○曹錦炎（2005）　尋。

　　　　　　　　　　　　　　　《上海博物館藏戰國楚竹書》（五）頁 326

○李守奎、曲冰、孫偉龍（2007）　“尋”字異體。

　　添加飾符“口”。

　　　　　　　　　　　《上海博物館藏戰國楚竹書（一—五）文字編》頁 65、166

○濮茅左（2007）　“散”，同“嫩、美”。

　　　　　　　　　　　　　　　《上海博物館藏戰國楚竹書》（六）頁 186

△按　上博一·詩論 16🔺字讀爲《葛覃》之“覃”，左旁是“尋”，右旁是“由”，不少學者已經指出“尋、覃”讀音相近，因此“尋”有表聲作用。有的學者認爲右旁的“由”也有表聲的作用，這種意見是正確的。上古音“由”屬定母幽部，“覃”屬定母侵部，聲母相同，韻部幽侵對轉（裘錫圭對幽侵對轉的現象有專門討論，請參看裘錫圭《從殷墟卜辭的“王占曰”説到上古漢語的宵談對轉》，《中國語文》2002 年 1 期 70—76 頁）。

【㝷衣常】

○睡簡整理小組（1990）　（編按：睡虎地·日甲 32 正）製亦作服字解，謂始服新衣。

　　　　　　　　　　　　　　　　　　　　　《睡虎地秦墓竹簡》頁 185

○劉樂賢（1994）　製衣也可理解爲裁製衣服。

　　　　　　　　　　　　　　　　　　　《睡虎地秦簡日書研究》頁 56

○劉釗（1996）　見“㝷”字條。

○李家浩（2000）　秦簡甲種（編按：指睡虎地·日甲）“尋”字原文作🔺，乙種一三〇號簡還有一個从“尋”的“褥”字作🔺，《睡虎地秦墓竹簡》一書將前一字釋作“㓥”，讀爲“制”，後一字釋作“製”。按古文字“制”作🔺、🔺（《金文續編》四·八下）、🔺（《漢印文字徵》四·十六下）、🔺（《秦漢魏晉篆隷字形表》284 頁）等形,與上引秦簡二字所从偏旁寫法有別,可見把這兩個字釋作"製、製"是有問題的。古文字"尋"或作![字形](《文物》1983 年 12 期 3 頁圖一○)、![字形](《秦漢魏晉篆隸字形表》209 頁)、![字形](《漢印文字徵》附録 3 頁下,參看劉釗《璽印文字釋叢[一]》,《考古與文物》1990 年 2 期 49 頁)。將秦簡![字形]、![字形]與之比較,顯然也是"尋"字,把"叉"旁寫在左邊,跟上引古文字"尋"第三體相同。秦簡《日書》有"尋車"(甲種一三正貳)、"尋衣常(裳)"(甲種三二正)、"凡祷(尋)車及寇〈冠〉"(乙種一三○)等語。細繹文義,這些"尋"字與"作"義近。秦公簋銘文説:"虔敬朕祀,乍(作)尋宗彝,曰(以)卲(昭)皇且(祖)。""作尋"猶言"作爲"。"爲"也是"作"的意思。秦簡和秦公簋銘文都是秦人的文字,很可能與"作"義近的"尋"是秦人方言的説法。

《九店楚簡》頁 97—98

【𢯱車】

○**睡簡整理小組**(1990)　(編按:睡虎地・日甲 13 正貳)製,讀爲制,制有服義,《左傳・宣公十二年》石制字子服是其證。制車疑即服車,亦即乘車。

《睡虎地秦墓竹簡》頁 182

○**劉樂賢**(1994)　製車也可理解爲造車。

《睡虎地秦簡日書研究》頁 27

○**劉釗**(1996)　見"𢯱"字條。

○**李家浩**(2000)　見【𢯱衣常】條。

專　![字形]　叓

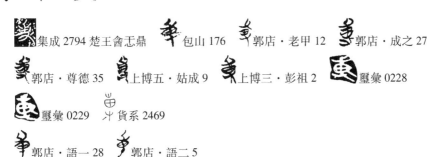

　　![字形]集成 2794 楚王酓忑鼎　![字形]包山 176　![字形]郭店・老甲 12　![字形]郭店・成之 27

　　![字形]郭店・尊德 35　![字形]上博五・姑成 9　![字形]上博三・彭祖 2　![字形]璽彙 0228

　　![字形]璽彙 0229　![字形]貨系 2469

　　![字形]郭店・語一 28　![字形]郭店・語二 5

○**朱德熙、裘錫圭**(1972)　見【專室】條。

○**羅福頤等**(1981)　專。

《古璽文編》頁 73

○**吳振武**(1983)　見【專室】條。

○**王人聰**（1983）　　見【尃室】條。

○**曾憲通**（1983）　　🔣即尃字，尃从甫聲，甫从父（銘作🔣）聲，甫、父字通，古代男子之美稱。

《古文字學論集》（初編）頁 369

○**湯餘惠**（1986）　　此璽（編按：璽彙 0228）尃字作🔣，與曾侯乙編鐘作🔣、🔣（鎛字所从，見《集録》九一八器銘文）略同，字下又旁右上加點爲楚文字特徵之一。楚王酓忎鼎銘隻字作🔣，釱字作🔣，"大寶"璽寶字作🔣（○一二七），均其例證。璽文"尃"舊皆以爲"尃"字讀爲"傅"。今按"尃"之字上从叀，皆呈正三叉形無斜傾之例，與"尃"字所从之"甫"正斜互見有别。"尃室"疑當讀爲"簿室"，是古時貯藏簿籍的地方，説詳另文。

《古文字研究》15，頁 94

○**韓自强**（1988）　　見【尃室】條。

○**黄盛璋**（1993）　　見【尃室】條。

○**曹錦炎**（1996）　　誌勞賻諸侯　賻字原銘作"尃"，賻从尃得聲，故可通。古代以財物助喪稱"賻"，《史記・魯仲連傳》："鄒魯之臣，生則不得養，死則不得賻襚。"《正義》："衣服曰襚，貨財曰賻，皆助生送死之禮。"又《荀子・大略》："貨財曰賻，輿馬曰賵……賻賵所以佐生也。"越滅吴後，稱霸東方，"當是時，越兵橫行於江、淮東，諸侯畢賀，號稱霸王"。朱句時仍憑藉先輩餘威，"三十四年滅滕，三十五年滅郯"，霸風猶存。所以，其孫之喪才會有諸侯賻贈之舉。前文言"喪"，此處言"賻"，正與典籍相合。同時也可反證前文"喪"字不能改釋他字。

《于省吾教授百年誕辰紀念文集》頁 91

○**何琳儀**（1998）　　甫，甲骨文作🔣（類纂二一九七）。从田从屮，象園圃有蔬菜之形。合體象形。圃之初文。《説文》："圃，種菜曰圃。从囗，甫聲。"西周金文圃作🔣（御尊）、🔣（召卣），外加囗表示園圃之界，或加又繁化。加又者可隸定爲尃。或作🔣（叔尃父盨），中已聲化爲父（甫、父聲韻均近）。春秋金文作🔣（蔡侯申殘鐘），亦从父聲。戰國文字承襲兩周金文。上或从屮，或从父。齊系文字又旁或作十、🔣，晉系文字、秦系文字又旁作寸形，楚系文字又旁或加飾筆作🔣。《説文》："尃，布也。从寸，甫聲。"尃，秦漢文字作🔣（繹山碑）、🔣（蒼頡篇二六），尚且从甫與先秦文字吻合。唯小篆甫訛作甫形，遂以尃从甫聲。舊歸尃爲甫之準聲首，非是。據甲骨文尃應獨立爲聲首，據晚周文字尃應爲父之準聲首。尃，典籍或訛作夢。

趙三孔布"上專、下專",讀"上博、下博",地名。

畬乇鼎專,疑讀傅,姓氏。商相傅説之後,築於傅巖,因以爲氏。見《通志·氏族略·以地爲氏》。楚金版專,讀郭,地名。參見郭字。楚璽"專室",讀"簿室"。《漢書·宣帝紀》"爲取暴室嗇夫許廣漢女",注:"應劭曰,暴室,宮人獄也。今曰簿室。"簿、暴一音之轉。包山簡,疑讀傅,姓氏。見上。

《戰國古文字典》頁 597—598

○陳偉(1999) 及其專(溥)長而厚大也則聖,人不可由與墠(單)之 成之聞之 27—28

專,讀爲"溥",廣大的意思。《詩·大雅·公劉》"既溥既長",亦以"溥、長"並言。

《武漢大學學報》1999-5,頁 29

○劉國勝(2001) (編按:信陽 2·15)博,原文作專,字形與郭店楚簡《尊德義》35 號簡"專(博)不足以智(知)善"之"專"同,讀爲"博",指寬度。《禮記·喪禮》:"適博四寸,出於衰。"鄭玄注:"博,廣也。"

《江漢考古》2001-3,頁 67

○李朝遠(2005) (編按:上博五·姑成 9)姑或豢父專長魚嚣"專",讀爲"捕"。有關這一段,《左傳·成公十七年》記:"郤犨與長魚矯爭田,執而桔之,與其父母妻子同一轅。"

《上海博物館藏戰國楚竹書》(五)頁 248

○李守奎、曲冰、孫偉龍等(2007) (編按:上博五·姑成 9)苦成家父縛長魚矯。

《上海博物館藏戰國楚竹書(一—五)文字編》頁 913

△按 許全勝《包山楚簡姓氏譜》(北京大學 1997 年碩士學位論文)也以包山楚簡人名中的"專"爲姓氏,轉讀爲"傅",與何琳儀説同。

【專室】

○朱德熙、裘錫圭(1972) 傳車行遠,必有供給車馬及飲食休息的地方。《國策·魏策四》:"令鼻之入秦之傳舍,舍不足以舍之。"《莊子·天運》:"仁義,先王之蘧廬也。"蘧當讀爲傳遽之遽,《釋文》引司馬彪及郭象注並云"蘧廬猶傳舍也"。《十鐘山房印舉》1·7 有一枚圓形古印(亦見西泠印社重輯《周秦古鉨》、《鉨苑》下·15 等),文如下:

跟下引陶文傳字比較,可知第一字是専字:

 《古匋文香録》附 30 上

第二字與下揭"戠(織)室之鉨"的室字比較,可以確定是室字:

　這枚古印的全文當釋爲"専室之鉨",専讀爲傳,傳室猶言傳舍。《籀齋古印集》1·27 有一枚秦或漢初官印,文曰"傳舍之印",與此印同類。

　　除蘧盧、傳舍、傳室之外,原指傳車的傳字本身也可以引申來指驛傳的盧舍。《釋名·釋宮室》"傳,傳也。人所止息而去後人復來,轉轉相傳無常主也"(第二個轉字據畢沅校本加),《廣雅·釋言》"傳,舍也",並可證。傳既可以指傳舍,同樣,馹也可以指傳舍。印文的遽馹、置馹和傳舍、遽盧一樣,也是指供應驛傳車馬及飲食休憩的機構。不過印文遽馹、置馹之前都冠以都邑之名,可見是設在都邑、規模較大的驛傳機構。《孟子·公孫丑上》"速於置郵而傳命",焦循《正義》云:"按置郵傳三字同爲傳遞之稱,以其車馬傳遞謂之置郵,謂之驛,其傳遞行書之舍,亦即謂之置郵,謂之驛。"焦循這個説法是很對的。

　　　　　　　　　　　《朱德熙文集》5,頁 47—48,1999;原載《考古學報》1972-1

○羅福頤等(1981)　(編按:璽彙 0228、0229)専室。

　　　　　　　　　　　　　　　　　　　　　　　《古璽彙編》頁 39

○吳振武(1983)　0228 専室之鉨·専(傳)室之鉨。　0229 同此釋。

　　　　　　　　　　　　　　　　《古文字學論集》(初編)頁 490

○王人聰(1983)　《彙編》編號 0228 及 0229 還著録兩方"専室之鉨",從其璽文的書法風格可知也是楚印。璽文之専即傳,是傳字的簡寫。室,段注《説文》云:"《釋名》曰:室,實也,人物實滿其中也。引申之則凡所居皆曰室。"舍字,朱駿聲《説文通訓定聲》云:"按客居也。《周禮》之盧也,路室也,候館也,皆是。"所以専(傳)室也即是文獻中的傳舍。《籀齋古印集》1·27 著録一方秦漢之際的官印,印文爲"傳舍之印"可以爲證。以上所考的傳遽之鉨和兩方専室之鉨,都是楚國傳遽機構所用的官璽。

　　　　　　　《古璽印與古文字論集》頁 28—29,2000;原載《古文字學論集》(初編)

○湯餘惠(1986)　見"専"字條。

○韓自强(1988)　専讀爲傳。傳室在秦漢以降多稱傳舍,是供給驛傳車馬及行人飲食、休息的地方。《史記·酈生傳》:"沛公至高陽傳舍,使人召酈生。"

《金石索》及《秦漢瓦當文字》等均收有"嬰桃轉舍"漢瓦當,轉舍也即傳舍。

在羅福頤先生主編的《古璽彙編》中,收入兩方"專室之鉨"(0228、0229)。其形制、字形與阜陽博物館藏品十分相近,尤以 0228 號最爲肖似,很可能是當時官方統一製作的。

此印文字形體具有楚國文字特徵。據捐獻者介紹本係當地出土。這些對於確定這類璽印的國別,應有一定的參考價值。

《文物》1988-6,頁 88

○**黃盛璋**(1993)　此印徵集於阜南縣阮城樓,即印出土地,正屬楚境,但決定性的證據在於"止(之)鉨"的寫法。《古璽彙編》收有兩方"專室之鉨"。其中 0228 號印文和此印筆畫吻合,0229 號印文寫法雖同,但筆畫參差。"專室"即傳室,漢稱"傳舍",等於馹,而馹甚多,都需要有官印,故鑄印必多,應用模鑄,此印和 0228 號印似出一模,出土印之阮城樓附近可能爲楚馹所在。

《文物》1993-6,頁 81

○**何琳儀**(1998)　見"專"字條。

○**韓自强、韓朝**(2000)　1965 年徵集於阜南縣阮城樓。今藏阜陽博物館。銅璽圓形鼻鈕,直徑 1.9 釐米,通高 0.9 釐米,白文有邊闌。

璽文專作 , 包山簡作 (176)。室作 , 包山簡作 (233)。專室之璽,專讀爲傳,楚國的傳室即漢代的傳舍。《廣雅·釋言》:"傳,舍也。"《釋名·釋宮室》:"傳,傳也,人所止息而去,後人復來,轉轉相傳無常主也。"傳室是楚國供應驛傳車馬及飲食休憩的機構。《古璽彙編》中收有兩方相似的"專室之璽",但沒有出土地點,這方"專室之璽"出土於楚國故地,當爲楚璽無疑。

《古文字研究》22,頁 179

導 衛

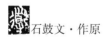石鼓文·作原

△**按**　《說文》辵部"道"字之古文作 ,从寸,實亦當爲"導"之異體,是借"導"爲"道"。

耴

包山 231

△按　"耴"爲"取"之異體,詳參本卷又部"取"字條。

尗

睡虎地·秦律 43　　 睡虎地·日乙 65

△按　"尗"爲"叔"之異體,詳見本卷又部"叔"字條。

皮 皮

石鼓文·汧殹　　 郭店·緇衣 18　　 上博四·柬大 10　　 睡虎地·雜抄 16

集成 9734 虘弻壺　　 上博三·周易 56　　 璽彙 3998　　 三晉 115

璽彙 3089　　 上博五·鬼神 6　　 上博一·緇衣 10　　 集成 11126 陳子皮戈

陶彙 3·1170　　 新收 1640 之利殘器

○羅福頤等(1981)　皮。

《古璽文編》頁 73

○高明、葛英會(1991)　皮。

《古陶文字徵》頁 166

○張政烺(1979)　(編按:集成 2840 中山王鼎)皮,讀爲彼。

《古文字研究》1,頁 242

○何琳儀(1998)　皮,西周金文作(叔皮父簋)。構形不明。或説,从又从革省,會剥取獸革之意。春秋金文作(者減鐘)。戰國文字承襲兩周金文。六國文字革分爲與兩部分,演化爲、。秦簡則與隸書十分接近。《説文》:",剥取獸革者謂之皮。从又,爲省聲。(符羈切)。,古文皮。,籀文。"(三下十四)

韓戈皮,姓氏。周卿士樊仲皮之後。見《風俗通》。魏幣"皮氏",地名。《史記·魏世家》襄王六年:"秦取我汾陰、皮氏。"今山西河津。中山王圓壺皮,讀彼。指示代詞。

之利殘片皮,疑讀彼,指示代詞。

石鼓皮,讀彼,指示代詞。睡虎地簡"皮革",見《左·隱五》:"皮革齒牙,骨角毛羽。"疏:"有毛爲皮,去毛爲革。"

《戰國古文字典》頁 885

【皮氏】

○**睡簡整理小組**(1990)　皮氏,魏地,今山西河津西。《史記・六國年表》:"秦擊皮氏,未拔而解。"事在秦昭王元年。

《睡虎地秦墓竹簡》頁 8

○**陳曉捷**(1996)　"皮氏卯、皮□"(**中略**)皮氏,縣名。《漢書・地理志》:"皮氏,耿鄉,故耿國。晉獻公滅之以賜大夫趙夙。"戰國時皮氏屬魏。《史記・秦本紀》秦昭王十七年,"秦以垣易蒲反、皮氏……二十一年,募徒河東"。"惠文君九年,渡河取汾陰皮氏"。皮氏在今山西河津市西。"卯"爲陶工名。

《考古與文物》1996-4,頁 2

【皮自】

○**朱德熙、裘錫圭**(1973)　見卷十四自部"自"字條。

○**吳振武**(1983)　3998 北宮皮自・北宮皮官。

《古文字學論集》(初編)頁 520

【皮難】

○**裘錫圭**(1998)　"者減鐘"銘中的王名"皮難",唐蘭先生認爲指諸樊("樊"是"皮然"的合音,説見其《石鼓年代考》,《故宮博物院院刊》1958 年 1 期 9 頁)。此説至少要比《彙編》(**編按**:《吳越文字彙編》)所提到的關於"皮然"的有些説法合理,但編者卻没有引到。

《文教資料》1998-3,頁 127

攴 攴

陶彙 3・506　　陶彙 3・507　　貨系 530

○**高明、葛英會**(1991)　攴。

《古陶文字徵》頁 111

○**何琳儀**(1998)　《説文》:"攴,小擊也。从又,卜聲。"
　　齊陶攴,人名。

《戰國古文字典》頁 394

啟 啟　戶 戶 叔 啟 戲

集成 9734 舒逘壺　包山 13　郭店·老乙 13　上博三·周易 8

上博四·柬大 9　睡虎地·日乙 177　十鐘　集成 12112 鄂君啟車節

陶彙 3·980　陶彙 3·981

集成 11306 二十一年啟封令癰戈

○**羅福頤等**(1981)　戶　與戶戶戶字形近。

啟。

　　　　　　　　　　　　　　　　　　　　　　　　《古璽文編》頁 72、73

○**高明、葛英會**(1991)　啟。

　　　　　　　　　　　　　　　　　　　　　　　　《古陶文字徵》頁 49

○**何琳儀**(1998)　戶,甲骨文作𢰅(菁七·一)。从又从户,會以手啟户(門)
之意。啟之初文。《正字通》:"戶,啟同。"金文作𢰅(齊方彝)。或作𢰅(羑
鼎),又旁繁化爲攴旁。戰國文字承襲金文,或从又,或从攴。戶爲户之準
聲首。

　　b 燕璽戶,讀啟,姓氏。姒姓,夏啟之後也。見《通志·氏族略·以名爲
氏》。

　　c 趙君壺、晉璽戶,讀啟,姓氏。見 b。廿一年啟封令戈"戶封",讀"開
封",地名。《書·堯典》"啟明",《史記·五帝紀》作"開明"。《儀禮·士昏
禮》"贊啟會",注"今文啟作開"。是其佐證。《史記·韓世家》釐王二十一
年:"載走開封。"在今河南開封南。

　　e 秦璽戶,讀啟,姓氏。見 b。

　　　　　　　　　　　　　　　　　　　　　　　　《戰國古文字典》頁 743

　　啟,甲骨文作𢾅(鐵二四五·一)。从戶,口爲分化符號。西周金文作𢾅
(啟卣),春秋金文作𢾅(王子啟疆尊)。戰國文字承襲兩周金文。甲骨文𢾅(前
五·二一·三),乃𢾅之省文。《説文》:"启,開也。从户从口。(康禮切)。"
(二上十)許慎誤以省文启爲啟之初文。《説文》:"啟,教也。从攴,启聲。
《論語》曰:不憤不啟。"戶、戶、启、啟、启一字之變。或歸脂部。

　　c 中山王器啟,同启。《小爾雅·廣詁》:"啟,開也。"中山王圓壺"大啟邦

汙”,參《詩・魯頌・閟宮》:“大啟爾宇。”

　　d 包山簡啟,見 c。

　　e 啟狀戈“啟狀”,疑讀“隗狀”。秦相。見《史記・秦始皇紀》。廿一年啟封令戈“啟封”,讀“開封”,地名。見攺字 c。睡虎地簡啟,見 c。“啟封”,地名。見上。

　　　　　　　　　　　　　　　　　　　　　《戰國古文字典》頁 743—744

○**湯餘惠等**(2001)　(編按:攺)同啟。

　　　　　　　　　　　　　　　　　　　　　　　　《戰國文字編》頁 192

【攺邦】

○**羅福頤等**(1981)　0861 長啟邦。

　　　　　　　　　　　　　　　　　　　　　　　　《古璽彙編》頁 105

【啟封】

○**黃盛璋**(1981)　戈内正面銘刻分令、工師、冶三級,令爲監造者。工師爲主造者,冶爲製造者,這是三晉的銘刻格式與製造制度,“工師”兩字合書以及“冶”字的寫法,都可確證是三晉所造的兵器,至於究爲三晉哪一國,則取決於啟封這個地名。

　　雲夢秦簡《編年紀》中有秦昭王“卅二年攻啟封”,按之《史記・韓世家》即開封,我們知道漢景帝名啟,西漢河南郡開封縣原來的名字應是“啟封”,爲避景帝諱才改名開封的。不過這個改動不僅記載不見,並且在景帝之前《史記》的記載皆稱爲開封,例如《高祖本紀》:“酈商爲將,將陳留兵,與偕攻開封。”《曹相國世家》:“西至開封,圍趙賁開封城中。”《周勃世家》:“攻開封,先至開封城下爲多。”此外《高祖功臣侯者年表》有開封侯陶舍,以高祖十一年十二月丙辰封,都是在高祖時代,《史記》仍名開封,不名啟封,啟封之名僅見古器物銘中,宋人王復齋《鐘鼎款識》有“漢啟封鐙”“啟封一斤十二兩十二朱容一升”,清代錢獻之、吳侃叔並云“啟封當即開封”,當時所見只有一例,現在啟封戈與秦簡《編年紀》出土,從而可以確定開封原名啟封這一歷史地理問題。

　　古開封與今開封並非一回事,今開封市戰國爲魏都大梁,漢爲浚儀縣屬陳留郡,後梁及宋皆東京開封府,宋只是設浚儀爲祥符縣,明清皆爲開封府,這就是今開封市的名稱由來。至於漢開封則屬河南郡,唐貞觀初省開封入浚儀始合爲一,到延和初復置,移入郭下(但仍爲二縣)。後梁、宋的開封府取名就是因此。明初再入祥符,自此才無此縣,故城據《舊唐書・地理志》及《北道刊誤志》都説在開封南五十里。戰國究屬何國,亦無確載,但是根據:(一)距魏都大梁甚近;(二)《史記·韓世家》:"(韓釐王)二十一年使暴鳶救魏,爲秦所敗,鳶走開封。"而《秦本紀》亦載此事:"(昭王)三十二年(公元前 275 年)相穰侯攻魏,至大梁,破暴鳶,斬首四萬,鳶走魏,入三縣請和。"秦簡《編年紀》昭王"卅二年攻啟封",時閒、地點皆相符合,鳶走開封與魏人三縣以和既爲一事,開封應爲魏地;(三)是銘刻格與魏兵器四年咎奴戈、九年戈丘戈、十四年州戈、廿九年高都戈銘相同,故可定爲魏國兵器。

　　至於背銘"啟封"與正面"啟封"寫法不同,特別是"封"字,背銘應是秦刻,秦兵器往往於銘文另一面刻寫地名,表示兵器置地,這是秦銅器一個特點,俘獲他國兵器也是如此,例如九年戈丘戈內刻銘係魏國兵器,但胡刻"高望"斷屬秦刻,我在《試論三晉兵器的國別和年代及其相關問題》已指出這一點。其次背銘"啟封"和出現於馬王堆漢墓帛書中二字的寫法很是相似。"漢承秦制"書體也是如此,所以它是入秦後所刻,表兵器置用之地,是沒有多少疑問的。

《考古》1981-4,頁 332、345

○**睡簡整理小組**(1990)　　魏地,古書作開封,係避漢文帝諱而改,在今河南開封縣西。

《睡虎地秦墓竹簡》頁 8

【啟陵】

○**湖南省文物考古研究所、湘西土家族苗族自治州文物處**(2003)　　[8]157正:卅二年正月(1)戊寅朔甲午,啟陵鄉夫(2)敢言之:成里典(3)、啟陵郵人缺,除(4)士五(伍)成里匄成(5),[成]爲典,匄爲郵人。謁令、尉以從事,敢言之。

　　(2)啟陵,鄉名。

　　[16]9 正:廿六年五月辛巳朔庚子,啟陵(1)鄉□敢言之。(中略)

　　(1)啟陵,鄉名。

《中國歷史文物》2003-1,頁 13、22—23

徹 㣙

睡虎地·日乙 50 壹

○**睡簡整理小組**（1990）　（編按：睡虎地·日甲 59 正叁）徹，通道。《穆天子傳》卷二："阿平無險，四徹中繩。"

《睡虎地秦墓竹簡》頁 190

上博三·彭祖 8

上博五·君子 1

○**李零**（2003）　（編按：上博三·彭祖 8）朕孳不勄（敏），既㝵（得）昏（聞）道，忑（恐）弗能守。

《上海博物館藏戰國楚竹書》（三）頁 308

○**張光裕**（2005）　（編按：上博五·君子 1）韋（回）不愍（敏），弗能少居也。

《上海博物館藏戰國楚竹書》（五）頁 254

△**按**　从力者言力之敏，从心者言心之敏，皆"敏"字之異體。從具體用例看這兩個字的用法並無區別。"愍"字又可用爲"謀"與"誨"，見本卷言部。

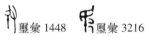集成 2228 中啟鼎　　睡虎地·日甲 54 背貳

璽彙 1448　　璽彙 3216

睡虎地·秦律 62

○**羅福頤等**（1981）　啟　與兮甲盤啟字同。

《古璽文編》頁 74

○**王輝**（1987）　"雍工啟"之"啟"黃氏釋"賡"，但戰國時三晉、中山國器銘之府作等形，而啟字作，字形不類，且三晉有中府、少府、府，未見有工府，再說雍爲秦舊都，秦府字作，不作賡，故"工賡"無法解釋。此"啟"乃雍地工師之名。西安高窯村出土銅權，銘云："三年，漆工熙，丞詘造，工隸臣年。"又河北易縣出土昭王十八年上郡戈，銘云："十八年，杕（漆）工□□□，丞巨造，工正。"李學勤先生説此二"漆工"均"漆垣工師"之省（李學勤、鄭紹宗《論河北近年出土的戰國有銘青銅器》，《古文字研究》第七輯）。以是例之，

"雍工啟"亦當解爲"雍工師啟"之省文。

《人文雜志》1987-3,頁 83

○**睡簡整理小組**(1990)　（編按:睡虎地·秦律62"女子操啟紅及服者"）啟,讀爲文,指文綉。

（編按:睡虎地·日甲54背貳"爲桃更[梗]而啟[揞]之"）揞,撫摩。

《睡虎地秦墓竹簡》頁 35、218

○**何琳儀**(1998)　啟,從又,民聲。疑啟之省文。

晉璽啟,人名。

《戰國古文字典》頁 1167

《説文》:"啟,彊也。从攴,民聲。"

中啟鼎"中啟",疑讀"中民"。《莊子·徐無鬼》"中民之士榮官",釋文:"善治民也。"

《戰國古文字典》頁 1167

孜 敄

集成 9735 中山王方壺

○**張政烺**(1979)　孜,讀爲務,《説文》:"務,趣也。"

《古文字研究》1,頁 220

○**商承祚**(1982)　務,各器皆作孜,如毛公厝鼎等。《説文》孜,"彊也",務,"趣也"。務爲後起。

《古文字研究》7,頁 69

○**陳邦懷**(1983)

務𥝢方壺　　務才是孴 57 頁

按,此字從攴從矛,非務字。當釋孜。《説文》攴部:"孜,彊也,从攴,矛聲。"壺銘借孜爲務,取同聲也。

《天津社會科學》1983-1,頁 69

攺 𢽾

𢽾包山 142　𢽾包山 143　攺郭店·窮達 7　攺上博五·季庚 11

○**劉彬徽、彭浩、胡雅麗、劉祖信**(1991)　　(編按:包山142)敀愴,讀作帛倉。

《包山楚簡》頁50

○**何琳儀**(1998)　《説文》:"敀,迮也。从攴,白聲。《周書》曰常敀常任。"

包山簡敀,疑讀伯。《書・立政》"常伯常任",《説文》引伯作敀。是其佐證。《爾雅・釋親》:"夫之弟爲叔。"與之相應夫之兄爲伯,均存後世俗語之中。

《戰國古文字典》頁601

○**裘錫圭**(1998)　　(編按:郭店・窮達7)"敀"讀爲"伯","嫛"讀爲"牧"。《韓詩外傳》卷七言百里奚事有"爲秦伯牧牛"語。

《郭店楚墓竹簡》頁146

○**李零**(2002)　　(編按:上博二・容成8"與之言豊[禮],敂敀曰不逆。")敀　似可讀爲"薄","薄"有依附之義。

《上海博物館藏戰國楚竹書》(二)頁256

○**蘇建洲**(2003)　　(編按:上博二・容成8)簡文的"敀"似應釋爲"博"。"博"有廣泛、普遍的意思,《玉篇・十部》:"博,廣也。"

《〈上海博物館藏戰國楚竹書(二)〉讀本》頁133

○**濮茅左**(2005)　　(編按:上博五・季庚11)"敀",《説文》:"敀,迮也。"《玉篇》:"敀,附也。"《廣韻》:"敀,同迫。逼也,近也,急也,附也。"急附之意。

《上海博物館藏戰國楚竹書》(五)頁219

效　敂

睡虎地・效律17　　珍秦185　　璽彙5293

○**羅福頤等**(1981)　效。

《古璽文編》頁74

○**睡簡整理小組**(1990)　　(編按:睡虎地・秦律17—18"以其筋、革、角及其賈[價]錢效")效,《漢書・元后傳》注:"獻也。"

(編按:睡虎地・秦律162"效")效,此處爲律名,關於核驗官府物資財産的法律。

《睡虎地秦墓竹簡》頁24、57

○**孟蓬生**(2002)　《魯穆公問子思》簡6、7、8:"夫爲其[君]之古(故)殺其身者,效录(禄)舊(爵)者也。(恆)□□□之亞(惡)者,遠录(禄)舊(爵)者

□□義而遠禄爵,非子思,虖(吾)亞(惡)昏(聞)之矣。”

生按:“效”當讀爲“徼”或“要”,義爲“追求、求取”,與“遠禄爵”相對。古音交聲、敫聲或要聲相通,故“效”可以通“徼、要”。《論語·陽貨》:“惡徼以爲智者。”《經典釋文》:“鄭本作絞。”《文選·西京賦》:“徼行要屈。”薛注:“要或爲徼。”《呂氏春秋·順民》:“願一與吳徼天下之衷。”高注:“徼,求也。”《左傳·文公二年》:“寡人願徼福於周公、魯公以事君。”杜注:“徼,要也。”《孟子章句·告子下》:“今之人,修其天爵以要人爵。”趙注:“要,求也。”《呂氏春秋·直諫》:“將以要利也。”高注:“要,求也。”《淮南子·主術》:“是故臣盡力死節以與君,君計功垂爵以與臣。是故君不能賞無功之臣,臣亦不能死無德之君。”臣下“盡力死節”即“爲其[君]之故殺其身”,目的是換取國君的“計功垂爵”,亦即“效(徼、要)禄爵”。

《簡帛語言文字研究》1,頁 29—30

【效代者】

○**睡簡整理小組**(1990)　　(編按:睡虎地·秦律 162)效代者,核點物資向新任官員交代。

《睡虎地秦墓竹簡》頁 57

故 故

故 上博二·容成 48　　故 睡虎地·日乙 257　　故 陶彙 5·77

○何琳儀(1998)　《說文》:“故,使爲之也。从攴,古聲。”

望山簡“不故”,或作“不殆”,或“不殀”,讀“不辜”,鬼名。見“殀”字。帛書故,讀古。

《戰國古文字典》頁 473

【故大夫】

○**睡簡整理小組**(1990)　　(編按:睡虎地·雜抄 7)故大夫,本爵爲大夫,《漢書·高帝紀》:“故大夫以上賜爵各一級。”

《睡虎地秦墓竹簡》頁 81

【故秦人】

○**睡簡整理小組**(1990)　　(編按:睡虎地·雜抄 5)故秦人,即《商君書·徠民》的

"故秦民",指秦國本有的居民,與原屬六國的"新民"對稱。

《睡虎地秦墓竹簡》頁 80

【故倉】

△按　故倉,秦咸陽倉名。

政　政　敃

集成 428 冉鉦鍼　曾侯乙 123　包山 81　上博二·魯邦 2

上博五·三德 4　上博四·曹沫 6　侯馬 156:19　睡虎地·爲吏 7 伍

璽彙 1003　璽彙 5126

集成 12113 鄂君啟舟節　郭店·語一 67

○**郭沫若**(1958)　(編按:鄂君啟節)政同征。

《文物參考資料》1958-4,頁 5

○**殷滌非、羅長銘**(1958)　(編按:鄂君啟節)政讀征,古徵稅的征作政。

《文物參考資料》1958-4,頁 10

○**山西省文物工作委員會**(1976)　政　宗盟類　參盟人名政　委質類　被誅討人名郵政。

《侯馬盟書》頁 312

○**湯餘惠**(1993)　(編按:鄂君啟節)政,通征,指徵收商稅。

《戰國銘文選》頁 49

○**湯餘惠等**(2001)　同政。

从攴。

《戰國文字編》頁 192、196

○**劉信芳**(2003)　鄂君啟節:"見其金節則毋征。"征謂征稅。《周禮·天官·小宰》:"聽政役以比居。"鄭玄《注》:"政謂賦也,凡其字或作政,或作正,或作征,以多言之宜從征,如《孟子》交征利云。"鄭玄所引見《梁惠王上》。古代卿大夫供祭祀之田不征田賦,《禮記·王制》:"夫圭田無征。"鄭玄《注》:"征,稅也。"《孟子·滕文公上》:"卿以下必有圭田,圭田五十畝。"趙岐《注》:"古者卿以下至於士皆受田五十畝,所以貢祭祀也。"

《包山楚簡解詁》頁 79

攺  攺

攺 郭店·尊德37　　攺 郭店·尊德37

○**荆門市博物館**(1998)　　(編按:郭店·尊德37—38)夫唯是,古(故)悳(德)可昜而
攺(施)可迥也。又(有)是攺(施)少(小)又(有)利,迥而大又(有)憲(害)
者,又(有)之。又(有)是攺(施)少(小)又(有)憲(害),迥而大又(有)利者,
又(有)之。

《郭店楚墓竹簡》頁174

○**黄德寬等**(2007)　攺,從攴,它聲。《集韻》:"攺,《說文》敷也。或作攺。
通作施。"《說文》:"攺,敷也。從攴,也聲。讀與施同。"

郭店簡攺,讀"施"。《集韻》:"施,惠也。"《國語·晉語》二:"夫齊侯好
示,務施與力,而不務德。"韋昭注:"施,惠也。"

《古文字譜系疏證》頁2291

△按　《說文》"攺"字所從之"也"乃從"它"旁訛變而來。古文字"它、也"二字
區別甚嚴,秦漢文字"它、也"形近,故從它之字多變爲從也。詳參徐寶貴《以
"它""也"爲偏旁文字的分化》(《文史》2007年3輯227—256頁,中華書局)。

敷 敽

敽 包山142　　敽 包山144　　敽 璽彙0335

○**羅福頤等**(1981)　敷。

《古璽文編》頁74

○**吳振武**(1983)　3122 羿里·攼至。

《古文字學論集》(初編)頁512

○**劉彬徽、彭浩、胡雅麗、劉祖信**(1991)　敷。

《包山楚簡》頁27

○**曹錦炎**(1996)　(編按:搏武鐘)敷,見《詩·大雅·常武》:"鋪敦淮濆。"韓詩
"鋪"作"敷",同。西周金文作"尃、博、載",或作"戴",均爲同音通假字,讀爲
"搏"。《廣雅·釋詁》:"搏,擊也。""搏入吳疆",打到吳國境內。

《于省吾教授百年誕辰紀念文集》頁92

○何琳儀（1998）　《説文》："敷，攲也。从攴，尃聲。"

　　（編按：包山 142"小人牉敷之"）包山簡敷，讀搏。《説文》："搏，索持也。从手，尃聲。"搏武鐘敷，讀溥。《説文》："溥，大也。"

《戰國古文字典》頁 598

○施謝捷（1998）　3122敷（技）巠・敷巠。

《容庚先生百年誕辰紀念文集》頁 649

○董楚平（2002）　（編按：搏武鐘）第五字是尃字，讀作溥，普遍，廣泛。《爾雅・釋詁》："溥，廣也。"《詩・小雅・北山》："溥天之下，莫非王土。"《左傳》昭七、《孟子・萬章上》等，均引溥作普。

《追尋中華古代文明的踪迹》頁 48

○劉信芳（2003）　（編按：包山 142）讀爲"捕"或"縛"。

《包山楚簡解詁》頁 143

數　斀　斝

睡虎地・效律 12　　　睡虎地・日乙 107 壹　　　秦印

集成 2840 中山王鼎

○李學勤、李零（1979）　正始石經婁字古文作斝，鼎銘四十九行的數字則从言从婁字古文省。

《考古學報》1979-2，頁 158

○孫稚雛（1979）　如果説從上下文還能辨别出"詐鼎"就是"作鼎"的話，那麽鼎銘"方斝百里，剌城斝十"的斝，就不容易看出它是個什麽字了。可是當我們掌握了銘文的書寫者喜歡增加言旁的特點以後，先不管下面的"言"，再用會意去理解其餘的部分，我以爲這個字很可能就是後來的捔字。《玉篇》："捔，測角切，音齪，同攫。又剌取也。"地方奪得了上百里，城市占領了成十個，聯繫上下文，豈不是文從字順了嗎？

《古文字研究》1，頁 284

○徐中舒、伍士謙（1979）　斝，同數。秦嶧山碑"世無萬數"之數作斀。斝，象兩手持角之形，與此字所从之甬同，再就上下文通讀，應爲"數"字。

《中國史研究》1979-4，頁 91

○于豪亮（1979）　　嚳从言陶聲,甲骨文有𤔲字,金文有𤔲字,也都是从陶聲,唐蘭同志《殷虚文字記》云:“嚳（編按:“嚳”當作“陶”）象兩手持角,以象意字聲化例推之,當爲从臼（編按:“臼”當作“𦥑”）角聲。《爾雅·釋器》‘角謂之觷’,《説文》無觷字,徐鉉新修十九文有之,云‘治角也’,疑本當作觷矣。”其説甚是。觷从角聲,角與數古音同在侯部,故嚳得讀爲數。

《考古學報》1979-2,頁 174

○張政烺（1979）　　嚳:从言,觷聲,讀爲數。按《説文》:“數,計也。从攴,婁聲。”婁从女,而上部之“串”篆文古籀各不相同,許氏解説亦紛亂莫衷一是。詛楚文數从𡭈,馬王堆帛書《老子》甲乙本數从𡭈,其結構皆不明了,唯此處𡭈字形完具,與三體石經《春秋》古文婁从𡭈合,可確認爲从臼从角。《爾雅·釋器》“角謂之觷”,疑即此字。《廣韻》觷有三音而皆與角近,知角亦聲也。

嚳,从言,觷聲,又見嚳鼎“闢啟封疆,方嚳百里,列城嚳十”,皆讀爲數。按《説文》數“从攴,婁聲”,而婁“从母,从中女”,其籀文“从人中女,臼聲”,分析字形不夠明白,又出一古文似从角从女,今據此字知婁字蓋从女觷聲,《説文》之正篆、籀文、古文雖稍有訛誤,猶依稀可辨。觷字字書不見,《爾雅·釋器》講到“治樸之名”,説“角謂之觷”,大概就是這個字。

《古文字研究》1,頁 228、240

○陳邦懷（1983）　　嚳𤔲　張政烺謂:嚳,从言陶聲,讀爲數……唯此處𤔲字形完具,與三體石經《春秋》古文婁从𡭈合,可確認爲从臼从角。《爾雅·釋器》“角謂之觷”,疑即此字。大鼎　方嚳百里　刺城嚳十　　七十七頁

按,張政烺同志謂嚳从言,陶聲,讀爲數。𤔲字與三體石經古文婁从𡭈合。其説甚確。余謂此𤔲字此从言,婁省聲,當是《説文》言部謱字,而讀爲數。數與謱皆爲婁聲字也。

《天津社會科學》1983-1,頁 69

○陳漢平（1985）　　中山王鼎銘有二字作𤔲、𤔲。此二字从言,婁省聲,字當釋爲謱。《説文》:“謱,謰謱也。从言婁聲。”鼎銘曰:“方謱百里。”“刺城謱十。”字於銘中或讀本字本義;或假爲數字,讀爲“方數百里”,“列城數十”。

《出土文獻研究》頁 232

○睡簡整理小組（1990）　　（編按:睡虎地·秦律62“邊縣者,復數其縣”）數,即名數,《漢書·高帝紀》注:“名數,謂户籍也。”

數,户籍,見《秦律十八種》中的《倉律》“隸臣欲以人丁粼者二人贖”條注

［四］。

《睡虎地秦墓竹簡》頁 35、127

○**周寶宏**（1996）　《文物資料叢刊（4）》（1981 年，文物出版社）載承德市避暑山莊博物館杜江《河北隆化發現西漢墓》發表提梁鉤鐷銘文拓片和器形照片，並將提梁鉤銘文釋爲“大高銅枸胤一，容一斤”其中胤字原銘作 形。按：此字當釋爲“數”字。睡虎地秦簡數字作 、 等形（見張世超先生、張玉春先生撰集《秦簡文字編》），馬王堆漢墓帛書作 、 、 ，銀雀山漢墓竹簡作 等形（以上形體俱見《秦漢魏晉篆隸字形表》）。隆化出土提梁鉤護銘文之 字形體正與上列秦簡漢帛漢簡的數字形體相同，因此此字可釋爲數字。

《于省吾教授百年誕辰紀念文集》頁 284

○**陳秉新**（1998）　至於中山器銘的 ，各家釋數，張政烺先生説：“ ，从言，矞聲，讀爲數……《爾雅·釋器》‘角謂之觷’，疑即此（ ）字。《廣韻》觷有三音而皆與角音近，知角亦聲也。”戴家祥先生謂“ 字从言，婁省聲，似可釋護”，讀爲數。今按：各家據文意讀 爲數，確不可易，但析形尚有可商。前文已經指出，陶即𤕟之省文，不是矞字，婁本从陶从女會意，故陶也不是婁之省，因此，説 从言、陶（矞）聲或从言、婁省聲，都是不合適的。我們認爲， 即數字古文。《説文》：“數，計也。从攴，婁聲。” ，从言，陶（拥的初文）聲。計數必以言，故从言。拥，《廣韻》又音士角切，與數爲牀山旁紐，屋侯對轉，故數之古文 以陶爲聲。中山王器銘之 用爲數詞，相當於幾。

《吉林大學古籍整理研究所建所十五周年紀念文集》頁 22—23

○**何琳儀**（1998）　《説文》：“數，計也。从攴，婁聲。”

詛楚文數，見《廣雅·釋詁》一：“數，責也。”

《戰國古文字典》頁 336

 ，从言，陶聲。疑護之省文。《説文》：“護，譝護也。从言，婁聲。”《廣韻》：“護，譝護，小兒語。”

中山王鼎 ，讀數。《説文》：“數，計也。从攴，婁聲。”

《戰國古文字典》頁 337

○**王子今**（2002）　（編按：睡虎地·日甲 6 正貳）以見君上，數達。聯繫下文“毋咎”二字，劉樂賢寫道：“這句話的意思是説，去見長官，多次都能見到，没有災害。《日書》甲種的‘吏篇’及乙種的‘入官篇’都是講何日何時入官府、見長官，有無吉凶的。”今按：此説可以商榷。簡文説“陰日”事，事在一日之内，“去見長

官”似不必追求“多次”。此處“數”,可以解釋爲“速”。《爾雅·釋詁下》:
“數,疾也。”《莊子·天地》:“挈水若抽,數如洗湯。”陸德明《釋文》:“數如,所
角反。李云:‘疾速如湯沸溢也。’”《禮記·曾子問》:“日有食之,不知其已之
遲數,則豈如行哉!”鄭玄注:“‘數’讀爲‘速’。”《韓非子·難二》:“簡子投枹
曰:‘烏乎!吾之士數弊也。’”陳奇猷《集釋》:“《呂氏春秋·貴直篇》‘數弊’
作‘遬弊’,高注云:‘遬,猶化也,遬弊,言變化弊惡。’按此文‘數’當即‘遬’之
同音通假字。《説文》遬乃速之籀文,則遬、速同字。”

《睡虎地秦簡〈日書〉甲種疏證》頁 29

敿 敼　玟 玬

集成 122 者汈鐘　上博二·子羔 12　楚帛書

上博三·中弓 20　上博四·曹沫 16

○**饒宗頤**(1958)　玟今作扞。《説文》作敼,止也。

《長沙出土戰國繒書新釋》頁 13

○**商承祚**(1964)　玟同扞,《説文》作敼,金文作玟(毛公鼎省作玬)。

《文物》1964-9,頁 16

○**嚴一萍**(1967)　玟　大鼎作𤣩,者沪鐘作𤣩。《汗簡》有𢼸字釋悍。鄭珍
《箋正》曰:“悍當作捍。《説文》敼止也。引《周書》曰敼我于艱。”《周書》係
文侯之命文,石經作“扞”。段玉裁曰:“敼扞古今字,扞行而敼廢矣。毛詩
《傳》曰:干扞也。謂干爲扞之假借,實則干爲敼之假借也。”按毛公鼎之敼省
作𤣩。《説文·玉部》,珡古文作珡。而从手之字古文每从攴作,是繒書之玟與
干、扞、捍、敼,初無軒輊,其分別當在後世也。

《中國文字》26,頁 10

○**何琳儀**(1989)　(編按:者汈鐘)“玬”,原篆作“𤣩”,與《汗簡》“捍”作“𤣩”正
合。“玬”,同“扞”。《左傳》桓公十二年“請無扞采樵者以誘之”,注:“扞,
衛也。”

《古文字研究》17,頁 150

○**湯餘惠等**(2001)　敼[玟]。

《戰國文字編》頁 197

○李零(2004) （編按：上博四・曹沫 15—16）亓城固足吕玫（捍）之。

《上海博物館藏戰國楚竹書》(四)頁 252—253

【玫敔】

○饒宗頤(1985) 玫敔爲複詞。《毛公鼎》：“目乃族干䣌王身。”猶《詩》言“公侯干城”，干䣌與玫敔語例音義不殊。玫即扞。《説文》亦作“敳，止也”。止有禁禦之意。《周書》：“敳我于難。”《文侯之命》作“扞”。䣌即敔，與禦同。《一切經音義》：“禦，古文敔同。”《爾雅・釋言》：“禦、圉，禁也。”敔字所从之臾聲，即金文臾字。《商从盨》：“臾龢从复畀小宮。”楊樹達讀臾爲畀（《積微》272 頁）中鼎銘“兄畀”即“䫏畀”。《説文・丌部》：“畀，相付與之，約在閣上也。”《禮記・祭統》：“夫祭有畀……畀之爲言與也。能以其餘畀其下者也。”敔即畀之繁形。玫敔應讀爲扞蔽。《爾雅・釋言》：“干，扞也。”郭注：“相扞衛。”孫炎注：“干楯，所以自蔽扞也。”《説文》云：“盾，瞂也；所以扞身蔽目。”扞蔽，即扞衛、干吾（禦），與玫敔俱爲古之謰語。

《楚帛書》頁 26—27

○李零(1985) 玫同扞，毛公鼎：“玫（扞）敔（禦）王身。”敔，永盂銘錫畀之畀作臾，唐蘭先生説此臾字即《周禮・夏官司馬》“司弓矢”所提到的痹矢（《永盂銘文解釋》，《文物》1972 年 1 期）。今按此字實際上也就是《方言》所記之鍪，所謂“[箭鏃]其廣長而薄鐮，謂之鍪”，這裏敔字从攴臾聲，應讀爲敝即蔽（金文中的 🐾 即應釋爲蔽）。

《長沙子彈庫戰國楚帛書研究》頁 71

○何琳儀(1986) “扞擇”，原篆均从攴旁。古文字攴與手旁往往互作。“擇”，原篆作“🐾”。饒、李釋“擇”。按，戰國文字“目”可作“田”形，參甲篇注[13]“胃”條下。欒書缶“擇”作“🐾”，與“🐾”實乃一字。帛書“擇”應讀“掖”。《周禮・考工記・弓人》“春液角”，注“液讀爲醳”。《釋名・釋形體》“腋，繹也”是其證。《説文》：“掖，以手持人臂投地也。”引申爲扶持，如《詩・陳風・衡門》序“誘掖其君”，箋：“扶持也。”

《江漢考古》1986-2，頁 81

○董楚平(2002) 扞蔽，即捍衛，古恆語，或作蔽捍。四神造了天蓋（覆），使之旋轉，並以五色木之精加固之。青、赤、黃、白、黑，與五行説的五色相同。

《古文字研究》24，頁 349；又《中國社會科學》2002-5，頁 154

△按 玫，“敳”之異體。《集韻》翰韻：“敳，《説文》：‘止也。’引《周書》：‘敳我於艱。’古省。”

敳 敳

上博一·緇衣 21

○陳佩芬(2001)　敳　《説文》:"有所治也。从攴,豈聲。"《廣韻》:"敳,有所理。"《集韻》:"敳,改理也。"郭店簡从刀作"剴"。今本作"毒"。

　　　　　　　　　　　　　　　《上海博物館藏戰國楚竹書》(一)頁 197

○李零(2007)　"豈",原从攴从豈,原書説相當今本"毒"字,今本此句作"小人毒其正",鄭玄注説"正當爲匹字之誤也",但今本"毒"不能肯定是相當於簡文的"豈"字。

　　　　　　　　　　　　　　　　　　　《上博楚簡三篇校讀記》頁 49

△按　此字郭店·緇衣作"剴",整理者讀爲"豈"。"剴、敳"當爲一字之異體,"刀、攴"爲義近形旁。

敆 敆 敆

金符 38　故宮 447

○羅福頤主編(1982)　敆。

　　　　　　　　　　　　　　　《故宮博物院藏古璽印選》頁 80

○湯餘惠等(2001)　从殳。

　　　　　　　　　　　　　　　　　　　《戰國文字編》頁 197

改 改 改

上博一·緇衣 9　　上博二·从乙 5　　上博四·曹沫 52　　上博五·三德 5

△按　古文字"改、改"一字,本卷"改"字重見。

變 變 變

詛楚文

變 睡虎地・語書5

○**睡簡整理小組**（1990）　（編按：睡虎地・封診85“甲到室即病復［腹］痛，自宵子變出”）《説文》：“姅（音判），婦人污也……漢律曰：‘見姅變，不得侍祠。’”《玉篇》：“姅，婦人污，又傷孕也。”桂馥《説文解字義證》指出“傷孕”就是小産，因此本條的變出或變意即流産。

《睡虎地秦墓竹簡》頁 162

△**按**　“變化”之“變”，秦文字用“變”字表示，六國文字多用“弁”或从弁得聲之字表示。

更 雪 敢

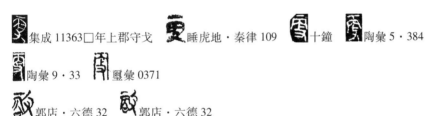

集成 11363□年上郡守戈　　睡虎地・秦律 109　　十鐘　　陶彙 5・384

陶彙 9・33　　璽彙 0371

郭店・六德 32　　郭店・六德 32

○**羅福頤等**（1981）　更。

《古璽文編》頁 75

○**陳平**（1987）　“工更長猗”中之“長猗”，爲人名；“工”，標明其人爲鑄造兵器的工匠；“更”，即更卒，乃秦以平民身份服第一期徭役者的專稱。《漢書・食貨志》云：秦用商鞅法，“月爲更卒。已，復爲正一歲，屯戍一歲。力役三十倍於古。”顔師古注曰：“更卒，謂給郡縣一月而更者也。”這就是説，“更”之得名乃取其僅服役一月即期滿更換他人之義。

《中國考古學研究論集》頁 321

○**黃盛璋**（1988）　最值得注意的就是工的身份“更”，《漢書・食貨志》：

　　至秦則不然，用商鞅之法，改帝王之制……月爲更卒，已復爲正，一歲屯戍，一歲力役，三十倍於古……漢興循而未改。

顔師古注：“更卒謂給郡縣一月而更者也。”又《史記・吳王濞傳》正義：

　　更有三品，有卒更，有踐更，有過更。古者正卒無常人，皆當迭爲之，一月一更，是謂卒更也。貧者欲得雇更錢者，次直者出錢雇之，月二千，是謂踐更也。天下人皆直戍邊三日，亦名爲更，漢律所謂繇戍也。雖丞相子亦在戍邊之調,不可人人自行三日戍。又行者當自戍三日,不可往便還,因便住一歲一更。諸不行者當出錢三百入官,官以給戍者,是謂過更也……此漢初因秦法而行之也。

按秦爵有不更與左、右、中更,不更意謂不爲更卒,而左、右、中更則應是管更之官,所以戈銘中工身份之更即戍邊服兵役之更卒。上郡正屬秦邊郡,秦兵器直接鑄造之工,除刑徒、隸屬、鬼薪外,還利用戍邊之更卒,這是值得指出的。

《文博》1988-6,頁 39

○**黃盛璋**(1989)　依秦兵器,有工,即工匠,有"更",即庶民服"更役"者。

《古文字研究》17,頁 46

○**睡簡整理小組**(1990)　(編按:睡虎地·秦律 13"爲旱〈皂〉者除一更")更,古時成年男子有爲封建政權服役的義務,一月一換,稱爲更。一更指服一次更役。《漢書·昭帝紀》注引如淳云:"更有三品,有卒更,有踐更,有過更……《食貨志》曰:'月爲更卒,已復爲正一歲,屯戍一歲,力役三十倍於古。'此漢初因秦法而行之也。"

(編按:睡虎地·日甲 54 背貳"爲桃更[梗]而敓[撢]之")桃梗,桃木刻的人像,用以避鬼。

《睡虎地秦墓竹簡》頁 23、218

○**陳平、楊震**(1990)　"更",特指秦漢時期以庶民身份輪番更換服役守邊的戍卒。如淳曰:"便一歲一更。"即服役滿一歲即以他人更替之,故曰更。此制起於秦之商鞅,兩漢相沿不改。

《考古》1990-6,頁 552

○**高明、葛英會**(1991)　更。

《古陶文字徵》頁 121

○**劉樂賢**(1994)　(編按:睡虎地·日甲 117 正貳"辟門,成之即之蓋,二十歲必富,大吉,二十歲更")更,改建。

《睡虎地秦簡日書研究》頁 150

○**何琳儀**(1998)　《說文》:"𩁺,改也。从攴,丙聲。"

上郡戈更,更卒。《漢書·食貨志》"月爲更卒",注:"更卒謂給郡縣一月而更者也。"秦璽更,姓氏。魏有更嬴,見《戰國策》,當爲五更者之後,以爲氏。見《姓氏尋源》。秦陶"不更",爵名。青川牘更,更改。

《戰國古文字典》頁 711—712

○**荆門市博物館**（1998）　(編按:郭店・六德 32) 酸,疑即《説文》作"叟"的
"更"字。

《郭店楚墓竹簡》頁 190

【更言】
○**睡簡整理小組**（1990）　(編按:睡虎地・封診 4) 改變口供。

《睡虎地秦墓竹簡》頁 148

【更隸妾】
○**睡簡整理小組**（1990）　(編按:睡虎地・秦律 54) 更,輪番更代。更隸妾,當爲以
部分時間爲官府服役的隸妾。

《睡虎地秦墓竹簡》頁 33

取　取　取

郭店・尊德 13

○**荆門市博物館**（1998）　取。

《郭店楚墓竹簡》頁 173

△**按**　戰國文字"取"爲"取"之異體,與《説文》訓"使也"之"取"形同實異,
見本卷又部"取"字條。

斂　斂　斂

睡虎地・爲吏 7 叁　　璽彙 3862　　燕下都 347・2　　璽彙 2814

集成 9735 中山王方壺　　包山 149　　郭店・緇衣 26　　上博一・緇衣 14

○**張政烺**（1979）　斂,斂下加曰旁,疑表示收藏之意。《爾雅・釋詁》:"斂,
聚也。"

　　《墨子・辭過》言"當今之主……必厚作斂於百姓",作是勞役,斂是租税。
此言中則非厚矣。

《古文字研究》1,頁 221

○**趙誠**（1979）　斂乃斂之繁體。《爾雅・釋詁》:"斂,聚也。"

《古文字研究》1,頁 253

○**羅福頤等**(1981)　歛。

《古璽文編》頁 75

○**商承祚**(1982)　歛,賦税也。"作歛"見《墨子·辭過》:"苦于厚作歛百姓。"

《古文字研究》7,頁 70

敽 歗

敽 侯馬 3:1　　歗 璽彙 3626

○**曾志雄**(1998)　原字作敽(3:1),當爲"敽"字之殘,見於該書頁 362。"委質類"盟書被打擊對象有趙喬,"喬"字亦寫作"勫";"喬、勫、敽"可視爲一字之變化,因此"敽"字可隸定爲"喬"。參盟人有"史勫"(《附錄》119 號)一名,與此"喬"未知是否同爲一人。

《容庚先生百年誕辰紀念文集》頁 509

【敽坿】

○**吳振武**(1983)　3626□□之坹·坿(市)敽。

《古文字學論集》(初編)頁 517

陬 隊 戗

陬 上博四·曹沫 2 背

△**按**　戰國文字"陬"字或作"戗",見卷十二戈部。

救 救 救

救 集成 37 秦王鐘　　救 集成 38 酅鶱鐘　　救 包山 249　　救 上博五·季庚 20

救 上博五·三德 4　　救 十鐘　　救 包山 228　　救 新蔡零 6

救 包山 247　　救 集成 2840 中山王鼎　　救 集成 9735 中山王方壺

○**張政烺**(1979)　救,從戈,求聲,救之異體。戰國秦漢閒文字,從支常改從戈,蓋形近致誤,馬王堆帛書中其例不可勝舉。

　　救,讀爲仇。

《古文字研究》1,頁 219、231

○**于豪亮**(1979)　救即救字,一作执,讀爲仇。《管子·中匡》:"安卿大夫之家,而後可以危救敵之國。"所謂"救敵之國"即"仇敵之國"。《方言·三》:"执,仇也。"

《考古學報》1979-2,頁 176

○**徐中舒、伍仕謙**(1979)　"救人在旁",則指齊言。救與壺銘"曾無一夫之救"同从戈,求聲,義亦當相同。救,亦可釋讎,救、讎古之韻字,亦可通。但以"讎人在旁"承上文"鄰邦難親"言,語意重複,似非原文本意,仍以釋救爲是。

《中國史研究》1979-4,頁 92

○**趙誠**(1979)　救,救字異體。

《古文字研究》1,頁 252

○**商承祚**(1982)　救爲仇字。

《古文字研究》7,頁 61

○**李零**(1992)　(編按:䈫簹鐘銘文"晉人救戎於楚境")第二句,晉人是指三晉之人:救戎,救是救援的意思,記載戰國史實的古書經常有某國救某國的記載,救字不應作其他解釋,戎字據湖北當陽出土"秦王卑命"鐘"王之定救秦戎",可能指秦。

《古文字研究》19,頁 140

○**郝本性**(1994)　"救桼晉"的救,在此不做援救解。救字,《説文》訓止,《論語·八佾篇》:"季氏旅於泰山,子謂冉有曰:'女弗能救與?'"孔子希望冉有去阻止季氏祭祀泰山的行爲。

《楚文化研究論集》4,頁 538

○**李零**(1996)　"定救秦戎"是指訂婚於秦,"救"應讀爲"逑"(即"君子好逑"的"逑")或"仇",乃配偶之義。也就是説,銘文是講楚秦聯姻而不是楚出師救秦。

《傳統文化與現代化》1996-6,頁 23

○**趙誠**(1998)　《䈫簹鐘》爲楚器,1957 年出土於河南信陽長臺關一號墓,僅有銘文十二字:"隹䈫簹屈柰,晉人救戎於楚境。"隹用作唯,爲語首助詞,無義。䈫簹用作荆曆,即楚曆(見朱德熙《䈫簹屈柰解》)。屈柰,即《睡虎地秦墓竹簡》之屈夕,爲楚曆二月的月名,相當於秦國的十一月。以上均爲學術界共識,不必贅述。關鍵是銘文中的"救",一般皆釋爲營救之救。《商周青銅器銘文選》(四)更明確指出是"楚國欲滅戎蠻,晉人前去營救之史事"(426頁注二)。如果真是這樣,楚國没有得到好處,何以要鑄這一套器?顯然與常理不合。據《左傳·哀公四年》:"單浮餘圍蠻氏,蠻氏潰。蠻子赤奔晉陰地。司馬起豐、析與狄戎,以臨上雒。左師軍於菟和,右師軍於倉野,使謂陰地之命大夫士蔑曰:'晉、楚有盟,好惡同之。若將不廢,寡君之願也。不然,將通于少習以聽命。'士蔑請諸趙孟。趙孟曰:'晉國未寧,安能惡於楚?必速與之!'士蔑乃致九州之戎,將裂田以與蠻子而城之,且將爲之卜。蠻子聽卜,遂執之與其五大夫,以畀楚師於三户。司馬致邑立宗焉,以誘其遺民,而盡俘以歸。"説的是晉國在楚國的威逼下(楊樹達《讀左傳》:"時晉不競,畏楚殊甚,故有此事。"),用計謀詐騙召集九州之戎,並執蠻子赤及其五大夫,交給楚師(與《春秋經》所説"晉人執蠻於赤歸於楚"相合),遂使得楚師終於"盡俘以歸"。楚大獲全勝,於是産生了《齠篙鐘》那一篇銘文以作紀念。由此可知,銘文所説"晉人救戎於楚境",並非是説"晉人前去營救",而是説"晉人用計謀詐騙召集",則救非營救之義,而是聚集之義。即銘文之救用作勼。《集韻·尤韻》:"勼,《説文》'聚也',古作救,通作鳩。"也可爲證。

《江漢考古》1998-2,頁67

○**何琳儀**(1998)　《説文》:"救,止也。从攴,求聲。"

　　楚器救,救助。《廣雅·釋詁》二:"救,助也。"

　　詛楚文救,救助。秦璽救,姓氏。漢有諫議大夫救仁。見《風俗通》。

《戰國古文字典》頁178

　　戦,从戈,求聲。救之異文。參救字。

　　中山王方壺戦,讀救,救助。中山王鼎"戦人",讀"仇人"。《易·鼎》:"我仇有疾。"馬王堆帛書仇作救。是其佐證。《韓非子·揚權》:"彼求我予,假仇人斧。"

　　包山簡戦,讀救。

《戰國古文字典》頁179

○**劉信芳**(2003)　簡63作"求"。求謂索取,捕捉。《戰國策·齊策》"欲有求於我也",《注》云:"求,索。"睡虎地秦簡多見"求盗",即捕盗。"求適",謂向苛譻等人索取苛適。

《包山楚簡解詁》頁61

△按 "救"爲"救"字異體,包山簡"救、救"互作,"戈、攴"爲義近形旁。

敚 敚 敚

包山 39　　 包山 164　　 郭店·語二 21　　 郭店·語三 4

上博一·詩論 14　　 上博一·緇衣 19　　 上博五·三德 15　　 上博五·三德 16

陶彙 3·1337　　 陶彙 3·1340

集成 11092 敚戟　　 郭店·語二 42

○**劉節**(1931)　　敚,即奪字,《說文》曰:"强取也。"

《古史考存》頁 92,1958;原載《國立北平圖書館館刊》5 卷 6 號

○**徐中舒**(1932)　　敚,古奪字。《說文》:"敚,彊取也,《書》曰敚攘矯虔。"此《尚書·呂刑》文,今本敚作奪。

《徐中舒歷史論文選輯》頁 215,1998;原爲單行本

○**顧廷龍**(1936)　　敚,《說文》彊取也。《周書》曰:"敚攘矯虔。"今經典通作"奪"。

《古匋文舂録》卷 3,頁 4

○**高明、葛英會**(1991)　　敚。

《古陶文字徵》頁 114

○**劉彬徽、彭浩、胡雅麗、劉祖信**(1991)　　敚,借爲説。《石刻篆文編》3·6 上引《魏一體石經〈論語·學而〉》,以"敚"作"説"。《周禮·春官·大祝》:"掌六祈以同鬼神示……六曰説。"説是爲了解除憂患而進行的祭禱。

《包山楚簡》頁 53

○**李零**(1993)　　命辭最後一句通常都是"以其故奪之",其中的"奪"字也很關鍵。"奪"原作"敚",有時還加有示旁,或从示从兑。後一種寫法的"奪"字(簡 211)與"祝"字相似,但並非"祝"字。這種用法的"奪",古書亦作"説"(《周禮·春官·大祝》)或"兑"(《淮南子·泰族》)。睡虎地秦簡《日書》乙種也提到"説盟(盟)詛(詛)"(簡 23 壹),整理者注爲"解除"。這種解釋不能説錯,但"説"並非解脱義,而是來自奪取、奪去之義。早期寫法是作"敚"。《説文》:"敚,彊取也。"經典作"奪"。包山簡"文書類"的《疋獄》提到"以奪其後"(簡 93)、"以奪其妻"(簡 97),"奪"字亦作"敚"。這些都可説明,簡文

此字只能讀爲“奪”，是攘奪之義（按：“攘”的本義就是攘奪）。

《中國典籍與文化論叢》1，頁 435

○**曾憲通**（1993）　“以其古敓之”在包山卜筮簡中出現頻率最高，達十九次之多。此語究竟表示什麼意思，有必要加以考察。

　　先看“以其古敓之”在筮辭中的地位和作用。綜觀卜筮簡的所有筮辭，其結構大體上可以分爲序辭、命辭、前占辭、後占辭和驗辭五個部分。驗辭僅見於前幾組簡文。所以，就大多數筮辭而言，實際上只包涵前面四個部分而已。就在前占辭與後占辭之間，幾乎毫無例外地出現“以其古敓之”這個短語，並由它帶出一系列的祭禱和攻解之類的活動。由此可見，“以其古敓之”及其相關活動，是在由前占辭過渡到後占辭中起着關鍵性作用的。

　　再看看前占辭與後占辭的關係。前占辭是貞人根據卜筮或卦象所示對求貞人邵𨑔貞問事項所作的初步判斷，主要指出兩個方面，即從長遠來看雖有吉祥之兆，可是近期卻存在種種的憂患與災禍。於是，簡文中隨之而來的便出現了“以其古敓之”及其相關的內容，而經過“敓之”之後的後占辭，一般都能達到“占之曰吉”的預期效果。由此看來，“以其古敓之”及其相關活動在筮辭中是起着解除憂患和災禍的作用的。

　　既然“以其古敓之”在筮辭中起着逢凶化吉的作用，則其所含的意義也就可以得到説明。“古”在此當讀爲故，《周禮·占人》：“以八卦占筮之八故。”鄭玄注謂“八故”爲“八事”。孫詒讓《周禮正義》云：“故，事義同。《公羊·昭十一年傳》云‘習乎邾婁之故’，何注云‘故，事也’。”簡文“以其故”之故，乃指邵𨑔志事遲得及自身憂患之事。望山簡有“以其古，以册告”，即以墓主惡固生病之事，册告神明。因此，“以其故”可視爲“以其故，以册告”之省略。“敓之”之敓爲奪之古文，在此讀爲挩。《説文》：“挩，解挩也。”段玉裁注：“今人多用脱，古則用挩，是則古今字之異也，今脱行而挩廢矣。”望山殘簡：“又（有）見祝，以其古敓之”，“不見票，毋以其古敓之”。二者意思正相反。祝讀爲祟，神禍也；票據楚帛書乃福字，祐也。二句意謂，若有神禍出現，則以其事告諸先君神祇以求解脱；若不見神之祐助，則不必以其事告諸先君神祇，凡以其事告諸先君神祇以求解脱者，其所引出的一系列活動，便是求得解脱的具體辦法。

　　從簡文分析，貞人爲貞問者解脱憂患或災禍主要靠兩種手段：一是向祖宗神明舉行祭禱，以求其賜福去災；二是向作祟的鬼神舉行攻解之祭，以求解祟。二者互相配合使用，相輔而相成。

《第二屆國際中國古文字學研討會論文集》頁 406—408

○**李家浩**（1997）　"以其故說之"的"說"，和下面將要談到的"逐某人之說"
"興某人之說"的"說"，原文有"敓、祝、禜"等不同寫法。許多學者指出，這些
字都應該讀爲《周禮・春官・大祝》"掌六祈以同鬼神"之一的"說"。這一意
見無疑是正確的。九店五六號楚墓竹簡 34 號說："利以敓（說）盟詛。"此也是
以"敓"爲"說"，可以參證。

《第三屆國際中國古文字學研討會論文集》頁 564

○**何琳儀**（1998）　《說文》："敓，彊取也。从攴，兌聲。"

厵羌鐘敓，讀奪。《廣韻》："敓，强取也。古奪字。"

楚簡敓，讀挩。《說文》："挩，解挩也。"亦作脫、稅。《廣雅・釋詁》三：
"脫，離也。"《公羊・昭十九》"脫然愈"，注："脫然疾除貌也。"包山簡九三、九
七敓，讀奪。

《戰國古文字典》頁 1032—1033

○**劉信芳**（2003）　《說文》："敓，彊取也。"經、傳多以"奪"爲之。

（中略）其字又作"禜"（207、208 等）、"祝"（210、214 等）。文獻作"說"，
《周禮・春官・大祝》："掌六祈以同鬼神示，一曰類，二曰造，三曰襘，四曰禜，
五曰攻，六曰說。"鄭玄《注》："攻、說則以辭責之……董仲舒救日食祝曰：炤炤
大明，瀳滅無光，奈何以陰侵陽，以卑侵尊。是之謂說也。襘未聞焉。造、類、
襘、禜皆有牲，攻說用幣而已。"按鄭玄所述與楚簡記載的祭祀祈禱有較大差
異，據簡文所記，凡經占卜而得知有鬼神作祟（所謂神禍），即以"說"祈禱鬼神
降福免災。"說"的具體操作方式，或攻解（197、210、248、249 等）；或罷禱、舉
禱、賽禱（199、210 等），且多用牲。若無鬼神作祟，則無"說"，簡 235："無咎，
無禜。"該簡即無以"說"祈鬼神的記載。

《包山楚簡解詁》頁 90、212

○**濮茅左**（2003）　九二：車敓復　"車"，亦通"輿"。今本《周易・困》"困于
金車"，《經典釋文》："金車本亦作金輿。"今本《周易・賁》"舍車而徒"，《經典
釋文》："張本作輿。""敓"，讀爲"脫"。"復"，讀爲"輹"，縛車身與車軸的繩。
《說文・車部》："輹，車軸縛也。从車，復聲。《易》曰：'輿說輹。'""車敓復"，
即《說文》"輿說（脫）輹"、《左傳・僖公十五年》所謂"車說（脫）其輹"，車、輪
失聯，無法運行。《象》曰："'輿說輹'，中无尤也。"

本句馬王堆漢墓帛書《周易》作"九二：車說緮"；今本《周易》作"九二：輿
說輹"。

《上海博物館藏戰國楚竹書》（三）頁 167

○**沈培**(2007)　《周禮》鄭玄《注》說“攻、說,則以辭責之”。李學勤先生認爲“說”指“告神的祝詞”,“只‘陳論其事’,沒有責讓的意思”,“攻則確是責讓”,鄭玄《注》把“攻”和“說”混爲一談是不對的。李家浩先生同意此說並認爲:

> “以其故說之”的意思是:把前面占辭所說的那種將會發生的災禍之事向鬼神祈說。其下講的祭禱文字即“說”的内容。

李先生還指出《周禮》鄭玄《注》說“說”只用幣不用牲的說法也有問題,因爲包山簡的“敓(說)”不僅用幣,而且也用牲。有李先生參加整理的望山簡中也常有“以其故敓之”的話,其書對於此句話的解釋是“應將其事向鬼神陳說以求解脱”。

李零先生把“敓”讀爲“奪”,(中略)我們認爲,對於“敓”的解釋,要同時注意它有兩方面的特點。一方面它作爲“六祈”之一,應當具有“祈”所具有的特點;另一方面,“說”的目的是爲了驅除災害,而不僅僅是“陳論其事”的意思。如果單純強調了其中一個方面的特點,就會產生認識上的偏頗。

鄭玄對“祈”的解釋是:

> 祈,噭也。謂爲有災變,號呼告於神,以求福。天神人鬼地祇不和,則六癘作見,故以祈禮同之。

可見“六祈”皆與“號呼、求福”有關。“說”是“六祈”之一,當然有“號呼、求福”的特點。新蔡簡也確實反映“舉禱”之類的祭祀行爲跟“祈福”有關:

(29)☒祈福於北方,舉禱一佩璧。☒　(甲一:11)

(30)☒之,祈福,舉禱文君大牢,饋之☒　(甲三:419)

(31)☒以其故說之。舉禱楚先:老童、祝融、鬻熊,各兩牂。祈[福]☒(甲三:188、197)

再看“說”有除去災害的特點。《周禮·秋官·庶氏》說:

> 掌除毒蠱,以攻說禬之,嘉草攻之。

鄭玄《注》:“攻說,祈名,祈其神求去之也。”

由此看來,僅僅把“敓”讀爲“陳論其事”的“說”是不夠的。再者,上引例(21)(22)等(編按:此二例省略)新蔡簡有“敓祟”的說法,“敓”顯然不能解釋爲“陳論其事”的“說”。近來新發表的上博簡《魯邦大旱》《競建内之》都有這種用法的“敓”字:

(32)庶民知敓(說)之事鬼也,不知刑與德。(《魯邦大旱》2)

(33)鮑叔牙答曰:“害將來,將有兵,有憂於公身。”公曰:“然則可敓

（説）與？"隰朋答曰："公身爲亡道,不遷於善而敚（説）之,可乎哉!"（《競建內之》5—6）

這些例子中的"説"如果都解釋成"陳論其事",其義是不準確的。大家都知道,從"兑"之字多有解除、捨去義。上引戰國簡"敚"的對象都是"祟",把"敚祟"理解成除祟是很通順的。早在1977年,中山大學古文字研究室在《戰國楚簡研究（三）》中就指出:

敚,古奪字,此借爲脱,《公羊傳·昭公十九年》:"則脱然愈。"《注》:"疾除皃。"又《漢書·枚乘傳》:"百舉必脱。"注:"脱者,免於禍也。"義爲免除疾病禍難。

這種解釋雖然指出了"敚"有免、除等義,但沒有把它跟《周禮·春官·大祝》的"説"聯繫起來,是其不足。曾憲通先生進一步指出:

"敚之"之敚爲奪之古文,在此讀爲挩。《説文》:"挩,解挩也。"段玉裁《注》:"今人多用脱,古則用挩,是則古今字之異也。今脱行而挩廢矣。"

此外,包山簡231有"攻祝"之説,曾先生讀爲"攻説",並結合秦簡《日書》"兑不羊（祥）""兑明（盟）祖（詛）"的現象,認爲:

六祈之官,爲內外常祭之外專司祈禱告祭之事,鄭玄以日食鳴鼓及董仲舒救日食祝辭以説"攻説"之義,是證二者皆有責讓之辭。

這種看法與前引李學勤先生的看法不盡相同。曾先生還認爲:

字書於解、敚、説三字亦往往互相訓釋……簡文"攻解"或作"攻敚",或作"攻説",用字雖異,義則相同,皆指以攻祭之禮責讓作祟神靈,以求解脱。

可見,曾先生既認爲"説"祭中包含"以辭責讓",也包含使祟解除的意思。正因爲如此理解,曾先生是把"以其故敚之"後面的話看作"其所引出的一系列活動,便是求得解脱的具體辦法"的。我們認爲這種看法是正確的。"以其故敚之"的"敚"與其後面的祭禱內容確實有對應的關係,下引新蔡簡把一般所説的"以其故敚之。舉禱……"説成:

(34)☑□以其故舉禱文[君]☑ （新蔡乙三:8）

不過,這裏有一個問題需要交代。上引曾文所引《國語》韋昭《注》所説的用於"除"義的"説",《漢語大詞典》《故訓匯纂》都注與"脱、挩"音義同。而《周禮》"六祈"之一的"説"一般都注與"言説"的"説"同音。在戰國時代,"六祈"之一的"説"跟一般用於"除"義的"説"到底讀音有無區別,有待進一

步研究。但不管怎樣,把"以其故敚之"的"敚"看成是《周禮》"六祈"之一的
"説",把它後面有關祭禱内容的話看成是將要進行的具體的祭祀行動,這應
該是没有問題的。

《古文字與古代史》1,頁 413—417

【敚穆】

○**李零**(1999)　　"寂寥",上字原从攴从兑,爲《説文》"奪"字的古文;下字原
从糸从穆,相當今"繆"字,王弼本作"寂寥"(馬甲、馬乙本除用通假字,並加
兩"呵"字,略同),疑簡本仍讀"寂寥"。但"寂"是覺部字,而"奪"是月部字,
不能通假。按簡文上字見於楚占卜簡或加示旁,與"祝"字相似,疑是"祝"字
之誤,"祝"是章母覺部字,"寂"是從母覺部字,古音相近;"繆"是明母覺部
字,"寥"是來母幽部字,古音亦相近。

《道家文化研究》17,頁 465—466

○**白於藍**(2001)　　又(有)𢿱(蟲)成[五一],先天陞(地)生,敚穆,蜀(獨)立
不亥(改),可以爲天下母。(《老子》甲簡二一)

　　[注五一]"𢿱,从'彐''首'聲,疑讀作'道'。帛書本作'物',即指'道'。
'蟲'即昆蟲之'昆'的本字,可讀爲'混'"。

　　此段文字中的"敚穆"一詞,原注釋中未作解釋。此詞於今本《老子》中寫
作"寂兮寥兮",於馬王堆漢墓帛書《老子》甲本中寫作"繡呵繆呵",乙本中寫
作"蕭呵漻呵"。由於"蕭、寂"古音極近,均是齒頭音覺部字,而"寥、繆、漻"
三字又都从"翏"聲,故而學者一般認爲帛書本之"繡呵繆呵"和"蕭呵漻呵"
都應從今本讀爲"寂呵寥呵"。關於今本《老子》之"寂兮寥兮",河上公《注》:
"寂者無聲音,寥者空無形。"蘇轍《注》:"寂兮無聲,寥兮無形。"

　　關於簡本《老子》之"敚穆"一詞,魏啟鵬先生認爲當讀爲"悦穆",並舉
《文子·精誠篇》"夫道者,藏精於内,棲神於心,静寞恬淡,悦穆胸中,廓然無
形,寂然無聲"一段話爲證。其説可信。現可補充論述如下:"敚、悦"俱從
"兑"聲,自可相通。郭店簡《緇衣》篇之"則民致行己以悦上"(簡一一)和《魯
穆公問子思》篇之"公不悦"(簡二)的"悦"字均寫作"敚",即其例。

　　《淮南子·泰族訓》:"今夫道者,藏精於内,棲神於外心,静漠恬淡,訟繆
胸中……聖主在上,廓然無形,寂然無聲,官府若無事,朝廷若無人。"劉文典
《淮南鴻烈集解》引王引之云:"訟乃説字之誤,説古悦字。繆于(編按:"于"當爲
"與")穆同,穆亦和悦也。《大雅·烝民》箋曰:'穆,和也。'《管子·君臣篇》:
'穆君之色。'尹知章曰:'穆,猶悦也。''悦穆胸中'者,所謂'不改其樂'也。"

《文子》和《淮南子》此兩段文字在語義上與上引《老子》中的那段話頗有關聯,均是講述關於"道"的問題。尤其是其中"廓然無形,寂然無聲"一語,顯然就是《老子》之"寂兮寥兮",故而郭店簡此"敚(悦)穆"當即《文子》和《淮南子》"悦穆胸中"之"悦穆"。至於簡本之"敚(悦)穆"一詞爲何會在今本中寫成"寂兮寥兮",二者到底孰是孰非,尚需今後進一步研究。

○**黎廣基**(2002)　又(有)牄蟲(蟲)成,先天陞(地)生。敚纆(穆),蜀(獨)立不亥(改),可以爲天下母。

"敚纆",馬王堆帛書甲本作"繡呵繆呵",乙本作"蕭呵漻呵",王弼本作"寂兮寥兮"。按:今王本"寥"字,古或作"寞"。范應元《老子道德經古本集注》云:"'寞'字,王弼與古本同。河上公作'寥'。"考傅奕《道德經古本篇》作"寂兮寞兮",而陸德明《釋文》出"寞"字,云:"音莫。河上云:'寥,空無形也。'鍾會作'飂',云:'空疏無質也。'"是范氏所見王、河二本與《釋文》同,足證王弼原本字當作"寞"。又景龍碑本、遂州碑本、敦煌本斯 0798 及 6453 均作"寂漠",無兩"兮"字或"呵"字,與簡本句型相同。

"敚",《説文》:"彊取也。"段玉裁注:"此是爭敚正字。後人假奪爲敚,奪行而敚廢矣。"是"敚"爲"奪"之正字。這裏用爲通假字。魏啟鵬説:"敚讀爲悦,經籍多以'説'爲之。《廣雅·釋詁一》:'悦,喜也。'《吕氏春秋·不苟》:'賢主之所説。'高注:'説,猶敬也。'"趙建偉説:"'敚'疑讀爲'悦'或'娩',《説文》'悦,好也,與娩同'。"

然而,筆者認爲簡本"敚"字,似不當讀爲"悦"或"娩",理由有二:

其一,本文上句"又(有)牄蟲(蟲)成,先天陞(地)生",帛書甲、乙本皆作"有物昆成,先天地生",李榮注云:"然'道之爲物,唯恍唯惚',不可以有無議,不可以陰陽辯,混沌無形,自然而成,故曰'混成'。""敚纆",疑爲近義連字詞,正形容此混沌無形、天地未分的狀態。類似這種對道的形容,《老子》書中屢見,如帛書乙本:

淵呵佁(似)萬物之宗……湛呵佁(似)或存。吾不知其誰之子也,象帝之先。(對應王弼本第四章)

一者,其上不謬,其下不忽。尋尋呵,不可命也,復歸于無物。是胃(謂)無狀之狀,無物之象,是胃(謂)沕(忽)望(恍)。(對應王弼本第十四章)

道之物,唯望(恍)唯沕(忽)。沕(忽)呵望(恍)呵,中又(有)象呵。望

（恍）呵沕（忽）呵，中有物呵。幼（窈）呵冥呵，其中有請（精）呵。其請（精）甚真，其中有信。（對應王弼本第二十一章）

據此，知老子對道的描摹，或謂之"淵湛"，或謂之"沕望"，或謂之"幼冥"，皆深遠無形之貌。可見不論讀"敓纗"之"敓"爲喜悦之悦或娬好之娬，皆與全書義旨不符。

其二，"敓纗"，今王弼本與河上公本作"寂兮寥兮"。王弼注："寂寥，無形體也。"河上公注："寂者無音聲，寥者空無形。"二注並以"無形"爲訓，與上文所引之"沕（忽）望（芒）"義近，而與"喜悦、娬好"之義無涉。

由此可見，將"敓"字讀爲"悦"或"倪"（娬），並不恰當。丁原植説："此處似指'幽微'之狀。"其説近是。

按："敓"，當讀爲"蕝"或"鋭"，"蕝、鋭"二字古通。考"敓、蕝"（鋭）皆从"兑"得聲，月部疊韻，其聲則定喻準旁紐，聲近韻同，故得通假。《方言》卷二："蕝，小也……凡草生而初達謂之蕝。"郭璞注："（蕝）音鋭。鋒萌始出。"錢繹《箋疏》："草木初生而銛鋭，其狀如鍼，皆能刺人，即有小義。秒爲禾芒，束爲木芒，莱爲草芒，蕝爲鋒萌，砦爲石芒，皆是也。"是"蕝"爲草初生之鋒萌，與"芒"字同義。《説文·艸部》："芒，艸耑也。"又《金部》："鋭，芒也。"可見"蕝、鋭"相通，本義爲芒，並寓小義。《廣雅·釋詁二》："蕝，小也。"王念孫《疏證》："蕝之言鋭也……凡物之鋭者，皆有小義……小謂之鋭，故兵芒亦謂之鋭，草初生亦謂之蕝。"是其證。

上引帛書《老子》乙本："是胃（謂）無狀之狀，無物之象，是胃（謂）沕（忽）望（芒）。"考"忽"字亦微小之義，與"芒"字通，二字近義連文。《方言》卷十三："忽，芒也。"《説文通訓定聲》："（忽）字亦作惚。《廣雅·釋詁四》：'惚，微也。'"是"蕝、鋭、忽、芒"四字義並近。又"幼（窈）呵冥呵，其中有請（精）呵"，"精"亦小義。《莊子·秋水》："夫精，小之微也。"蓋古人以爲天地之生，本於精氣。《易·繫辭上》云："精氣爲物，遊魂爲變。"蓋精氣細微，視之不見，故謂之"無形"。帛書《老子》乙本："視之而弗見，[命]之曰微。"（對應王弼本第十四章）《鶡冠子·泰録》："精微者，天地之始也。不見形爨，而天下歸美焉。"《漢書·律曆志》："物繇忽微始，至於成著。"同篇注引孟康曰："忽微，若有若無，細於髮者也。"是微小與無形，二義通貫。可見本文"敓"字，讀爲"蕝"，訓爲微芒，符合老子對道的描述。

斁　斁

集成 9735 中山王方壺　　新蔡甲三 303　　璽彙 1220　　璽彙 1001

璽彙 2777　　璽彙 2857　　香續一 18

○**嚴一萍**（1967）　斁　毛公鼎"肆皇天亡斁"，吳大澂釋斁，《金文編》從之。繒書加"攵"，當即此字。《説文》："斁，解也。"《詩·周南·葛覃》："服之無斁。"毛傳："斁，厭也。"商氏釋爲"鬼"之別構，誤。

《中國文字》26，頁 10—11

○**于豪亮**（1979）　（編按：中山王方壺）"斁（擇）郾（燕）吉金"，以虜掠燕國的銅器製造器物。

《考古學報》1979-2，頁 177

○**張政烺**（1979）　（編按：中山王方壺）斁（擇）郾（燕）吉金。

《古文字研究》1，頁 209

○**趙誠**（1979）　（編按：中山王方壺）斁，用爲擇。《詩·思齊》"古之人無斁"，鄭箋作擇。

《古文字研究》1，頁 247

○**羅福頤等**（1981）　斁。

《古璽文編》頁 75

○**商承祚**（1982）　（編按：中山王方壺）擇，金文從廾作斁。沇兒鐘："斁其吉金，自作龢鐘。"欒書缶作"斁其吉金，以作鑄鉊"。其字形與《詩·國風·周南·葛覃》"服之無斁"（音亦）同。金文手、又、攴每通用，故擇可作斁。

《古文字研究》7，頁 61

○**劉信芳**（1996）　"斁"讀如"釋"，《説文》："斁，解也。"又："釋，解也。""釋"乃祭祀之名，謂"釋奠"（見《周禮·春官·旬祝》）、"釋菜"（見《禮記·文王世子》）之類。"逴攻斁之"，謂以橦干招魂並行釋祭之禮也。

《中國文字》新 21，頁 81

○**何琳儀**（1998）　《説文》："斁，解也。从攴，睪聲。《詩》云，服之無斁。斁，猒也。一曰，終也。"

　　晉璽"斁之"，讀"釋之"，習見人名。參《史記·張釋之列傳》。中山王方壺歝,讀擇。樂書缶歝,讀擇。

《戰國古文字典》頁 555

【歝之】

○**羅福頤等**(1981)　(編按:璽彙 4062)歝之。

《古璽彙編》頁 374

○**羅福頤等**(1981)　(編按:璽彙 0859)合文　歝之。

《古璽文編》頁 363

△**按**　漢印有人名"澤之"(見《漢印文字徵》11・8),與"歝之"爲一名之異寫。

赦 赦 赦

睡虎地・爲吏 1 叁

○**睡簡整理小組**(1990)　(編按:睡虎地・爲吏 22 壹"反赦其身")赦,疑讀爲索,反赦其身即反求於自己。

《睡虎地秦墓竹簡》頁 168

○**陳偉武**(1998)　《爲吏之道》:"反赦其身,止欲去顗(願)。"整理小組注:"赦,疑讀爲索,反赦其身即反求於自己。"

　　今按,赦當如字讀,釋爲舍。《爾雅・釋詁》:"赦,舍也。"郭璞注:"舍,放置。"《説文》:"赦,置也。从攴,赤聲。"朱駿聲《通訓定聲》:"經傳多以舍爲之。"段玉裁《注》:"《网部》曰:'置,赦也。'二字互訓,赦與捨音義同,非專爲赦罪也。後捨行而赦廢,赦專爲赦罪矣。"《玉篇》:"舍,施也。"赦、舍(捨)既有釋免義,又有施爲義,正如置有棄置義,又有置立義;除有去除義,又有施予義;施有遺棄義,又有布施義;遺有喪失義,又有贈送義。此即詞義相因相生之理。故秦簡"反赦其身"猶言反施其身。

《胡厚宣先生紀念文集》頁 208;又《中國語文》1998-2

○**湯餘惠等**(2001)　《説文》:"赦或从亦。"

《戰國文字編》頁 199

△**按**　《説文》:"赦,赦或从亦。"與秦簡相合。

攸 攸

集成 2840 中山王鼎　集成 4694 郯陵君豆　郭店・老乙 16　郭店・六德 47

上博四・柬大 13　 璽彙 4496　 璽彙 1946

郭店・老乙 16　 郭店・老乙 17

○**李零、劉雨**（1980）　（編按:郳陵君豆）"攸"字三見,末一字並連"官"字爲讀,似是動詞,其讀法還可以研究。（原注:攸字,或讀爲《國語・周語》"脩其簠簋"的脩,是置備之義。）

《文物》1980-8,頁 29

○**羅福頤等**（1981）　攸　師西敦作,與璽文略同。璽文假作脩字。

修　與鬲攸從鼎師西敦攸字書法同。璽文以爲脩字,吉語印脩身。

《古璽文編》頁 75、226

○**李家浩**（1986）　"郳陵君"是封號,"王子"是身份,"申攸"是名字。據下文"攸莅歲嘗""攸無疆"這兩句中的"攸"所處的語法位置看,"申攸"應當是一字一名。"攸莅歲嘗"是說王子申攸莅歲賞,"攸無疆"是說王子申攸無疆。古人的名和字有意義上的聯繫。"脩"從"攸"聲,故"脩"或以"攸"爲之。秦會稽刻石"德惠攸長",漢張表碑"德令攸兮",司農劉夫人碑"極攸遠索",委壽碑"魯祖父攸春秋",此四句中的"攸"並當讀爲"脩"。疑鑑銘"申攸"之"攸"也應當讀爲"脩",訓爲"長"。"申、伸"古通。"引伸"之"伸"亦有"長"義,與"脩"義正好相合。這也可以證明把"申攸"認爲一字一名是合理的。

《江漢考古》1986-4,頁 83

○**何琳儀**（1998）　攸,甲骨文作(前二・一六・六)。從攴從人,會以杖擊人處危境之意。《左・昭十二年》"湫乎攸乎",注"懸危之貌"。金文作(井鼎),漢代文字作(秦漢三・四一),與甲骨文一脈相承,應隸定伎。（《六書統》:"伎,籀文侮。從人從攴。戲以攴擊人。"來源不詳,與古文字伎無關。）攸,金文或作(毛公鼎),中從丬爲水之省簡。戰國文字水旁或作丬、二、彡。秦文字作(繹山碑),亦從丬。小篆誤聯丬爲丨。故攸實爲從水伎聲的形聲字。典籍亦作浟。《楚辭・大招》"弱水浟浟只",注"流皃"。或作滺。《詩・衛風・竹竿》"淇水滺滺",傳:"滺滺,流貌。"《説文》:",行水也。從攴從人,水省。（以周切）。,秦刻石繹山文攸字如此。"(三下十七)。伎爲攸之假借,攸爲浟之初文。伎爲會意,攸爲形聲,本非一字,西周文字已混爲一體。戰國文字攸所從攴或省作又旁。

c 晉璽"攸身",讀"脩身"。《禮記・曲禮》:"脩身踐言。"《禮記・大學》:

“壹是皆以修身爲本。”中山王鼎“於虖攸绰”,讀“於乎悠哉”。《詩·周頌·訪落》“於乎悠哉”,傳:“悠,遠也。”

　　d 郳陵君器“攸绰”,讀“悠哉”。《詩·周南·關雎》“悠哉游哉”,傳:“悠,思也。”郳陵君器“攸立、官攸”之攸,讀由,猶用(《古書虛字集釋》六八)。包山簡攸,讀條。楚璽“攸身”,見 c。

　　　　　　　　　　　　　　　　　　　　　　《戰國古文字典》頁 207

○**施謝捷**(1998)　　1946 郐(徐)攸·徐攸。

　　　　　　　　　　　　　　　　　《容庚先生百年誕辰紀念文集》頁 647

○**施謝捷**(1999)　　《璽彙》1946 著録下揭一私璽:

　　　　　原釋文作“郐□”,人名字不識。

　　　　　我們認爲,人名字應該釋爲“攸”。此字右半所从“𣪘”即“殳”,古璽文“鑿”字作:

　　　　𦥑《璽彙》3666,堂亡鑿(鐸——數)

傳抄古文“役”字作:

　　　　𠈏《説文》殳部“役”古文

漢初簡帛文字中“鼓、殺”字作:

　　　　𣪠《篆隸》204 頁,孫臏 30　　　　𣏒同上 207 頁,古地圖

可資比較。左半所从“亻”即“人”之異體,先秦古文字中的“攸”或从“攸”字屢見,一般寫作下列諸形:

　　　　𢓊《金文編》217 頁,攸鼎　　　　𢓊同上,攸簋

　　　　𢓊同上,攸簋　　　　　　　　　𢓊同上 908 頁,録伯簋“鑒”所从

　　　　𢓊《璽彙》4496,攸(修)身　　　𢓊同上 3980,空侗脩“脩”所从

　　　　𢓊同上 2289,莜系“莜”所从　　𢓊同上 4498,攸(修)身

最後一例將从“攴”寫作“又”,與上揭璽文將从“攴”寫作“殳”的情況相類似,因爲在先秦古文字中,作爲形符的“又”與“攴”、“殳”與“攴”往往可以通用。從已確識的“攸”或“从攸”字看,中閒所从可作二畫,也可作三畫,可見我們將上揭私璽人名釋爲“攸”字是非常合適的。

　　　　　　　　　　　　　　　　　　《語言研究集刊》6,頁 78—80

【攸身】

○**羅福頤等**(1981)　　修身。

　　　　　　　　　　　　　　　　　　　　　　《古璽彙編》頁 410

○**李東琬**（1997）　見卷九彳部"修"字【修身】條。

改 攲

○**賈連敏**（2003）　☐之少多我攲☐。

《新蔡葛陵楚墓》頁 218

○**李零**（2004）　改（撫）又（有）天下。

《上海博物館藏戰國楚竹書》（四）頁 245

△**按**　新蔡零 302 攲，整理者隸定爲"攲"。該字左旁作ٽ，或當隸定爲"改"。

敦 𣪘

𣪘 集成 10371 陳純釜　𣪘 璽彙 4033　𣪘 上博 32　𣪘 睡虎地・答問 164

𣪘 璽彙 0646　𣪘 秦代印風 163

○**羅福頤等**（1981）　敦。

《古璽文編》頁 75

○**李零**（1987）　敦與盞是近親器種，除"盞式敦"可以自銘爲"敦"以外，還有以下兩點證據：

（1）楚幽王墓出大府盞，自名爲盞，但器形卻是一件半敦，説明盞、敦名稱可以互假。

（2）《廣雅・釋器》："盞……案盞……盂也。"説明敦、盞、盂是同類器物。

古書上所説的敦分有足和無足兩種，無足的敦叫"廢敦"，《禮儀・士喪禮》提到"廢敦"，鄭玄注："廢敦者，敦無足者，所以盛米也。"上述銅器中的無足者，應即屬於廢敦。

《江漢考古》1987-4，頁 73

○**何琳儀**（1998）　《説文》："敦，怒也，詆也。一曰，誰何也。从攴，㒼聲。

陳純釜敦，見《詩・魯頌・閟宮》"敦商之旅"，箋："敦，治。"《孟子・公孫丑》下："使虞敦匠事。"齊璽"敦于"，讀"淳于"，複姓。

《戰國古文字典》頁 1335

【敦于】
○羅福頤等（1981） 合文 敦于。

《古璽文編》頁 361

○湯餘惠（1986） 敦于 𩰚（《璽》4023）。

《古文字研究》15，頁 24

○吳振武（2000） （14）古璽"敦于"合文不借筆者可作𩰚（《古璽彙編》四〇二三）或𩰚（帶鈎璽，《周金文存》卷六補遺）。敦（章）于，複姓，漢印作"淳于"（《漢印文字徵》十一・十二—十三）。

《古文字研究》20，頁 316

【敦者】
○湯餘惠（1993） （編按：陳純釜）敦者，督造者。敦，督促。《孟子・公孫丑下》："前日不知虞之不肖，使虞敦匠事。"

《戰國銘文選》頁 16

○何琳儀（1998） 見"敦"字條。

【敦長】
○睡簡整理小組（1990） （編按：睡虎地・雜抄 13"敦［屯］長、僕射弗告"）屯長，隊長，《史記・陳涉世家》："發閭左適戍漁陽，九百人屯大澤鄉，陳勝、吳廣皆次當行，爲屯長。"《漢書・陳勝傳》注："人所聚曰屯，爲其長帥也。"

《睡虎地秦墓竹簡》頁 82

【敦愨】睡虎地・語書 9
○睡簡整理小組（1990） 敦愨（音確），忠厚誠實。

《睡虎地秦墓竹簡》頁 15

敗 敗 敗 殷

○劉彬徽、彭浩、胡雅麗、劉祖信（1991） 敗，借作害，又敗即有害。

《包山楚簡》頁 42

○曹錦炎(1993)　　敗,失敗、失利。

《江漢考古》1993-1,頁 70

○李零(1993)　　(編按:阩門有敗)似指升堂開庭而審理失敗。

《李零自選集》頁 137,1998;原載《王玉哲先生八十壽辰紀念文集》

○葛英會(1996)　　《爾雅・釋言》:"敗,覆也。"《冬官・考工記》注:"詳察曰覆。"《包山》簡文及先秦典籍中,楚司寇之職皆稱司敗,敗字似乎就是取其劾察之義。簡文"阩門有敗"當即將治獄文書上報司寇並乞以詳察。

《南方文物》1996-3,頁 93—94

○何琳儀(1998)　　敗,金文作𣪠(師旋簋)。从攴从二貝,會擊毀之意。貝亦聲。六國文字承襲金文,秦國文字省一貝。《説文》:"敗,毀也。从攴、貝。敗、賊皆从貝會意。𣀷,籀文敗从賏。"許慎"从賏"説應改"从𧵫"。《説文》:"賏,頸飾也。从二貝。"與𧵫(貝之繁文)之形音義皆有別。

包山簡"司敗",官名。包山簡"又敗",讀"有敗",疑指敗訴。隨縣簡"鞭敗",或作"鞭貝"。冉鉦鍼"勿敗",見《呂覽・尊師》:"能全天之所生,而勿敗之。"注:"敗,毀也。"

《戰國古文字典》頁 948

○劉信芳(2003)　　"阩門又敗"猶言敗壞法廷。

《包山楚簡解詁》頁 32

○李家浩(2006)　　(編按:阩門有敗)"登聞有敗"跟漢律"登聞道辭"科應該有一定的關係,大概是説如果受期者不按照文件所説的指示辦,就以上聞有敗論處。

《出土文獻與古文字研究》1,頁 20

△按　《説文》:"𣀷,籀文敗从賏。"與戰國文字相合。包山簡屢見"阩門有敗"一語,見卷十四𨸏部。

寇 寇　宼 庡 廄 寇

睡虎地・日乙 130　侯馬 93:1　侯馬 96:8

侯馬 156:19　侯馬 156:21

侯馬 194:5　侯馬 195:7

上博三・周易 1　上博三・周易 37　上博四・昭王 4

○**郝本性**（1972）　司寇在金文中習見，但不作𡨥，而作寇，古文字从攴與从戈每相通，如肇可作肇，則寇亦可作𡨥。司寇主刑罰。中國古代兵和刑無別，兵器也要由司寇監管。所以《國語・晉語》（六）云：“今吾司寇之刀、鋸日蔽而斧、鉞不行。”兵器與刑具均歸其管轄。説明“鄭命（令）”與“司寇”是兵器的督造者和監管者。

《文物》1972-10，頁 36

○**山西省文物工作委員會**（1976）　宗盟委質類　被誅討人複姓司寇。

《侯馬盟書》頁 327

○**睡簡整理小組**（1990）　（**編按**：睡虎地・日甲 13 正貳“寇〈冠〉”）“寇”應爲“冠”字之誤。隸書“寇、冠”二字常不分。《隸釋・徐氏紀産碑》“弱冠”寫作“弱寇”，是其證。《隋書・經籍志》有《臨官冠帶書》一卷。

《睡虎地秦墓竹簡》頁 182

○**孫敬明、蘇兆慶**（1990）　寇多从攴，故謂“从人从攴在宀下會意”（《金文編》219 頁），此説至確。此戈銘“寇”从人从戈在宀下會意，與新鄭兵器銘刻相同。古文字从攴與戈每無別，如救作𢼨（中山王𧨼鼎、壺）、敀作戉（王孫𦅸鐘）等，均是其例。

《文物》1990-7，頁 40

△**按**　戰國文字“寇”字或从戈作“𡨥”。

收 𢼸

上博四・曹沫 47　　 包山 147　　 璽彙 3299　　 睡虎地・答問 195

○**栗勁**（1984）　夫盜千錢，妻所匿三百，何以論妻？妻知夫盜而匿之，當以三百論爲盜；不知，爲收。（**編按**：見《法律答問》簡 14）

原注：收，收藏。

按：“收藏”不類罪名。“收”當爲“收孥”的收，即適用連坐法。《漢書・刑法志》：“孝文二年，又詔丞相、太尉、御史：‘法者，治之正，所以禁暴而衞善人也。今犯法者已論，而使無罪之父母妻子同産坐之及收，朕甚弗取。其議。’左右丞相周勃、陳平奏言：‘父母妻子同産相坐及收，所以累其心，使重犯法也。收之之道，所由來久矣，臣之愚計，以爲如其故便。’”簡文中的“收”恰

似漢文帝、周勃、陳平語中的"收",對無罪家屬適用連坐法。(中略)

葆子以上,未獄而死若已葬,而甫告之,亦不當聽治,勿收,皆如家罪。(編按:睡虎地・答問107)

原譯:葆子以上有罪未經審判而死或已埋葬,才有人控告,也不應受理,不加拘捕,都和家罪同例。

按:將"收"譯爲拘捕,甚爲不當。當事人已死或已埋葬,如何拘捕?《法律答問》:"甲殺人,不覺,今甲病死已葬,人人乃後告甲,甲殺人審,問甲當論及收不當,告不聽。"注:"收,即收孥。"這兩條簡文中的"不收"均應作"不收孥"解。秦律對已死亡的犯罪,不追究本人的刑事責任,也不適用連坐法,即不收孥。

《吉林大學社會科學學報》1984-5,頁93、95

○**睡簡整理小組**(1990) (編按:睡虎地・答問14"夫盜千錢,妻所匿三百,可[何]以論妻?妻智[知]夫盜而匿之,當以三百論爲盜;不智[知],爲收")收,收藏。

(編按:睡虎地・答問68"問甲當論及收不當")收,即收孥,《史記・商君列傳》有"舉以爲收孥",索隱釋爲"糾舉而收録其妻子,没爲官奴婢"。《鹽鐵論・周秦》也説"秦有收孥之法"。

(編按:睡虎地・答問77"問死者有妻、子當收")收,此處指收尸。

《睡虎地秦墓竹簡》頁97、109、111

○**何琳儀**(1998) 《説文》:"收,捕也。从攴,丩聲。"

包山簡收,徵收之賦税。《漢書・宣帝紀》:"毋收事。"注:"師古曰,收謂租賦也。"

《戰國古文字典》頁163

【收責】

○**睡簡整理小組**(1990) (編按:睡虎地・秦律77)收責,收回,詞見《漢書・昭帝紀》。

《睡虎地秦墓竹簡》頁39

攷 尌 敊 敊

新收431 王孫誥鐘　　上博一・詩論14　　上博二・容成48　　上博四・柬大9

上博四・曹沫52

集成 326 曾侯乙鐘

包山 95

集成 323 曾侯乙鐘

○**何琳儀**（1998）　鼓，甲骨文作（京都一八三九）。从攴从壴，會擊鼓之意，本爲動詞。壴亦聲。西周金文作、（師嫠簋），从支爲从攴之變，爲小篆所本。春秋金文作（蔡侯申鐘）、（王孫舅鐘），从喜爲从壴之繁化（參喜字）。戰國文字承襲春秋金文。《説文》：“，郭也。春分之音，萬物郭皮甲而出，故謂之鼓。从壴，攴象其手擊之也。《周禮》六鼓，靁鼓八面，靈鼓六面，路鼓四面，鼖鼓、皋鼓、晉鼓皆兩面。，籀文鼓从古聲。”許慎以郭釋鼓屬聲訓。籀文从古，疑甘（甘）之訛，而甘乃口之繁化。

《戰國古文字典》頁 479

△**按**　“鼓、鼔”古本一字，《説文》析爲二而一訓以“擊鼓”，一訓以“郭”。

攷 攷

郭店·老甲 1　　郭店·性自 45　　上博三·周易 18　　上博四·内豊 7

○**荆門市博物館**（1998）　（編按：郭店·老甲 1）攷（巧）。

《郭店楚墓竹簡》頁 111

○**裘錫圭**（2000）　甲一“絶攷棄利”的“攷”字，是見於《説文》的常用字。但今本跟它相當的字不是“攷”而是“巧”，所以仍需從字形上稍加解釋，即要説明“攷”確可讀爲“巧”。這兩個字都从“丂”聲，古音很接近。《説文·五上·丂部》“丂”字下説：“古文以爲亏（于）字，又以爲巧字。”“考”與“攷”在“考察”的意義上自古以來可以通用。例如：《尚書·舜典》“三載考績”，《尚書大傳》“考”作“攷”。《周禮·夏官·職方氏》“攷乃職事”，《逸周書·職方》“攷”作“考”。而“考”和“巧”在古代也可以相通。例如：《尚書·金縢》“予仁若考”，《史記·魯世家》“考”作“巧”。《易·履·上九》“視履考祥”，《蠱·初六》“有子考”，馬王堆帛書本“考”皆作“巧”。可見“攷”没有問題可以讀爲“巧”。像這種很明顯的通用關係，在要求寫得簡明的注釋裏，當然就

可以不必舉出證據了。

○濮茅左(2003)　(編按：上博三・周易 18)攷。

《上海博物館藏戰國楚竹書》(三)頁 161

【攷叟】
○李朝遠(2004)　(編按：上博四・內豊 7)"攷"通"考",讀爲"巧",善也。《郭店楚墓竹簡・老子甲》"絕巧棄利"之"巧"亦寫作"攷"。"叟"讀爲"變",詳李家浩《釋"弁"》(《古文字研究》第一輯)。整句《大戴禮記・曾子事父母》作"孝子唯巧變,故父母安之"。

《上海博物館藏戰國楚竹書》(四)頁 226

敂　敂

郭店・性自 23　上博三・周易 41　上博五・姑成 9

○裘錫圭(1998)　疑(中略)"敂"當讀爲"厚"。

《郭店楚墓竹簡》頁 182

○陳偉(1999)　然後其內(入)拔(祓)人之心也敂(昫)　性自命出 23

裘錫圭先生按云:"疑'拔'當讀爲'撥','敂'當讀爲'厚'。"拔似應讀爲"祓"。《廣雅・釋詁下》:"祓,除也。"《國語・周語上》云:"民之所急在大事,先王知大事之必以衆濟也,是故祓除其心,以和惠民……祓除其心,精也……今晉侯……以惡實心,棄其精也。"看後文,可見"祓除其心"是指去掉心中的不純成分。依此來理解簡文"入拔(祓)人之心",應該說是合適的。敂,也可能讀爲"昫"。《説文》:"昫,日出温也。"段注:"昫與火部煦義略同。"《玉篇・日部》:"昫,暖也。"簡文大概是説用樂來陶冶情操,去除惡念,受者會感到温和而不生硬。

《武漢大學學報》1999-5,頁 30

○李零(2002)　"然後其入撥人之心也夠"(9 章:簡 23)。

"夠",原作"敂",裘按讀"厚",舊作從之,今疑讀爲"夠",是多的意思。《文選》卷六左思《魏都賦》"繁富夥夠",李善注引《廣雅》曰:"夠,多也。"

《郭店楚簡校讀記》(增訂本)頁 113

○陳偉武(2003)　敂:上博簡《性情論》3:"金石之有聲也,弗扣不鳴。"周鳳五先生云:"此句各家釋文作'弗扣不鳴'。按,《禮記·學記》:'善待問者如撞鐘,叩之以小者則小鳴,叩之以大者則大鳴。'則作'叩'爲是。"今按,《禮記》用"叩問"義當然以"叩"爲是,至於撞鐘擊磬,欲使金石有聲,則以用"扣"字爲是。論其專字,或許應作"敂"。字見於《性情論》14 和《性自命出》簡 23,讀爲"厚",字用借義。王力先生認爲"在叩擊的意義上,'叩、敂、扣'實同一詞"。

《華學》6,頁 102

○濮茅左(2003)　　上六:係而敂之,從乃疇之。王用宣于西山■　　"敂",《玉篇》:"敂,或作扣。""疇",同"畦",《集韻》:"畦,或作疇。"讀爲"繻",或讀爲"維"。《説文·系部》:"繻,維綱中繩也。从糸䌛聲。讀若畫,或讀若維。"拘係不從者,既服從,則綏之以德,以係屬其心,中心悦而誠服。《象》曰:"'拘係之',上窮也。"

《上海博物館藏戰國楚竹書》(三)頁 161

攻攷　攺攷攻

集成 10373 鄽客問量

集成 11577 大攻尹劍

集成 11712 七年相邦鈹

包山 110

郭店·老甲 39

上博四·曹沫 36

楚帛書

睡虎地·雜抄 35

曾侯乙 120

包山 116

新蔡零 552

上博四·相邦 3

陶彙 4·2

陶彙 4·93

陶彙 4·97

陶彙 4·108

璽彙 0148

璽彙 0149

上博一·詩論 13

集成 12110 鄂君啟車節

郭店·成之 10

上博二·容成 2

○裘錫圭(1980)　　見【攻坼】條。

○羅福頤等(1981)　　攻。

《古璽文編》頁 76

○湯餘惠(1986)　　(右攻弩牙)商周古文攴旁作、等形,此篆分離兩處,古璽敬字或作𩐞(4234),畋字或作𣀉(1492),例同。

《古文字研究》15,頁 20

○**周曉陸、張敏**(1987)　又《荀子・議兵》"械用兵革攻完便利者強",楊注:"攻當爲功。"《戰國縱橫家書》中,言"攻(某國、某地)",即作功。"成……功",也是較早出現的辭語,《沈子簋》:"告刺成工(功)。"《班簋》:"廣成厥工(功)。"可見攻、功、公、工等字,古音相同,義亦相近,故通用。

《東南文化》1987-3,頁 73

○**睡簡整理小組**(1990)　(編按:睡虎地・秦律 56)不操土攻(功),以律食之。

(編按:睡虎地・日甲 143 正貳)丁亥生子,攻(工)巧,孝。

《睡虎地秦墓竹簡》頁 33、203

○**高明、葛英會**(1991)　攻。

《古陶文字徵》頁 111—112

○**裘錫圭**(1992)　見【攻坏】條。

○**武健**(1992)　"攻"字(編按:𢼠)下有兩點,係裝飾符號,參看何琳儀《戰國文字通論》231 頁。"攻"讀爲"工"。

《文物》1992-11,頁 91

○**何琳儀**(1998)　《説文》:"攻,擊也。从攴,工聲。"

　　a 齊璽"攻帀",讀"工師"。見工字 e。

　　b 燕器攻,讀工,工匠。燕器"攻君",讀"工尹",官名。《左・文十年》"王使爲攻尹",注:"掌百工之官也。"

　　c 晉兵攻,讀工,工匠。趙兵"攻君",讀"工尹"。見 b。

　　d 楚器"攻尹",讀"工尹"。見 b。楚簡攻,祭名。《周禮・春官・大祝》"五曰攻",注:"鄭司農云,攻,祭名。玄謂,攻,用幣而已。"帛書"共攻",讀"共工",神名。帛書"攻城",見《孫子・作戰》:"攻城則力屈。"攻敔王夫差器"攻敔",讀"句吳",國名。見工字 d。

《戰國古文字典》頁 413

○**黃德寬、徐在國**(2002)　"㝉"字簡文作𣂪,从"又""工"聲,攻字或體。黏鎛"攻"字作𢻧,攻吾臧孫鐘"攻"字作𢻦,又作𢻧(《金文編》219 頁)可證。

《安徽大學學報》2002-2,頁 4

△**按**　戰國文字"攻"字或从戈作"戓","攴、戈"爲義近形旁。

【攻五】

○**李家浩**(1989)　　見【攻敔】條。

【攻帀】

○**羅福頤等**(1981)　　(編按：璽彙 0147—0150)攻師。

《古璽彙編》頁 25—26

○**吳振武**(1983)　　0147 喝攻師鈢·喝(唐)攻(工)師鈢。　　0148—0150“攻”字同此釋。

《古文字學論集》(初編)頁 489

【攻尹】

○**李學勤**(1957)　　“大攻尹”即大工尹,也見於後面將提到的楚國題銘。工尹是管理手工業的官吏,高於工師。《管子·問》説:“工尹伐材用,毋於三時,群材乃植,而造器定冬,完良,備用必足。”這一官名當係自楚國傳入韓國。

《文物》1959-8,頁 60—61

○**周世榮**(1987)　　“攻(工)尹”見《左傳》:“工尹路請曰:‘君王命剥圭以爲鍼柲,敢請命。’”又:《檀弓》有“工尹商陽”語。注:“工尹,楚官名。”即管理手工業的官吏。

《江漢考古》1987-2,頁 88

○**何琳儀**(1988)　　見卷一艸部“莫”字【莫囂】條。

○**李零**(1988)　　銘文對研究楚國官制和鑄造制度很重要。它提到三類官名:(1)莫敖、連敖;(2)工尹、工佐、少工佐;(3)槧尹、少槧尹。第一類是雝地的地方長官,第二、三類是前者下設的屬官。説明楚地方設有與中央相似的機構。戰國時期,各國銅器鑄造,從兵器銘文看,往往分省、主、造三級。省者(監造者)一般是中央或地方的負責官吏,如相邦、司寇、郡守、縣令,而主者(負責製造者)一般爲“工師”和“工師”的佐官(三晉叫“冶尹”,秦叫“丞”),造者(直接製造者)一般爲“冶”(三晉)或“工”(秦)。過去,我們從鄂君啟節已經知道,楚國的工官,最高一級是叫“大工尹”,而與該器鑄造有關,還有“槧尹、歲尹、歲令”等官;而在朱家集楚器中,我們則注意到,這批銅器很多都是由被稱爲“鑄器客”或“鑄客”的官員的監造,其直接製器的工匠是叫“冶師、冶佐”。並且這些銘文還常常提到作器對象,即銅器的置用之所或守藏者,如“王后六室”和“大府、小府”,以及可能與之有關的隸屬於“槧尹”的各種官員。對照此銘,我們似可歸納,楚國的鑄造制度,其省者是中央或地方的負責官吏,主者是“工尹、工佐、少工佐”或“鑄客”;造者是“冶師、冶佐”(據兼陵公戈,亦可省稱爲"冶")。"寠尹"往往是銅器的直接守藏者,所以也參加銅器的監造。

○**劉信芳**(2003)　職官名。鄂君啟節有"大攻尹",長沙銅量有"工尹穆丙、工佐競之……少工佐李癸",曾簡145、152有"大攻尹",185有"攻尹"。"攻尹"一職《左傳》屢見,文公十年楚王命子西爲攻尹,杜預《注》云:"掌百工之官。"此注原本不錯,但簡224記云:"攻尹之䄍執事人䐡嬰、衞妝爲左尹庀舉禱於新王父司馬子音特牛。"類似句式又見簡225。由此知楚工尹兼領神職。《左傳》哀公十八年:"王(楚惠王)曰:寢尹、工尹,勤先君者也。"所謂"勤先君"即奉事先君,則楚工尹兼領神職,已肇自春秋。

《包山楚簡解詁》頁100

【攻佐】

○**周世榮**(1987)　"攻差(佐)競之"。差、佐皆从左聲,可通用。"國差罉""國差立事即齊之國佐也"(見《金文編》)。

（中略）(編按:少攻差)少爲"副貳"之意。

《江漢考古》1987-2,頁88

○**何琳儀**(1988)　見卷一艸部"莫"字下【莫囂】條。
○**李零**(1988)　見【攻尹】條。

【攻坼】

○**裘錫圭**(1980)　長沙楊家灣6號楚墓出土的漆耳杯,（中略）"市攻"當讀爲"市工",意即市所屬的工官或工匠。

《古文字論集》頁464,1992;原載《考古學報》1980-3

○**裘錫圭**(1992)　本文提到的出打有楚"市攻"印的漆杯的長沙楊家灣6號楚墓,原報告認爲其時代可能"在戰國末期與西漢初期之間"(《考古學報》1957年1期101頁)。除此漆杯外,鄂城鋼74號墓所出漆尊(《考古學報》1983年2期247頁圖二五)和雲夢睡虎地35號墓所出漆奩的底部,也都有同文戳印,寫法大致相同,鋼74號墓的時代,《鄂城楚墓》定爲"秦漢之際或西漢初"(《考古學報》1983年2期251頁,參看此文所附墓葬登記表)。睡虎地35號墓的時代,《湖北雲夢睡虎地秦漢墓發掘簡報》定爲漢初(《考古》1981年1期44—45頁。其實此墓時代很可能早於漢初,但不會早到此地爲秦占領之前)。這些墓爲什麼會出打有楚印的漆器,是一個有待研究的問題。在馬王堆3號墓出土的、秦占領楚地後由楚人用秦篆抄寫的帛書上,有不少字的構造同於戰國晚期的楚國文字。由此看來,秦占領之後,楚地某些工匠仍舊使用楚印的可能性,應該是存在的。又按照一般印文由右向左讀的慣例,我們所討論的這種印文當讀爲"攻市"(鄂城及睡虎地二例皆"攻"字在右"市"字在左。長沙一例爲反文故"攻"字在左"市"字在右)。那麼"攻"也許應當工人講,"市"爲工人之名。

《古文字論集》頁 467—468

【攻君】

○李學勤(1957)　見【攻尹】條。

【攻城】

○劉信芳(1996)　攻城　秦簡《日書》七六九:"攻軍韋(圍)城。"九三八作:"攻軍入城。"

《中國文字》新 21,頁 104

【攻敔】

○周曉陸、張敏(1987)　攻敔,《者減鐘》《姑發閂反劍》作工䳒,《甚六鼎》作敔盧,《是樊戈》《趙孟介壺》作邘,另兩柄《光劍》作攻敔,而《元詝劍》《夫差戟》作攻敔,與之同。此外,《吳王光鑑》作吳,《夫差鑑》作攻吳,《宋公䜌簠》作勾敔,而《左傳》《世本》《國語》《史記》等俱作勾吳,實皆爲吳國的稱謂。

《東南文化》1987-3,頁 71

【攻敔】

○容庚(1935)　銘"攻敔王光自"五字,(中略)背胡上一字不可識。《史記·吳太伯世家》:"太伯之奔荊蠻,自號句吳。"或引作勾吾。攻吳王夫差鑑作攻吳,工䳒王鐘作工䳒,此作攻敔,皆吳之別稱也。

《容庚文集》頁 284,2004;原載《燕京學報》17

○李家浩(1989)　"攻五"即"勾吳"。也就是吳國,銅器銘文或作"攻敔、攻敔、攻吳、工䳒"(編按:"䳒"當作"䳒")等。

《古文字研究》17,頁 140

○高明(1996)　吳王夫差劍全銘作"攻敔王夫差自乍其元用"10 字。"攻敔"乃吳之古語,《史記·吳太伯世家》:"太伯奔荊蠻,自號'句吳'。"

《高明論著選集》頁 226,2001;
原載《商周青銅兵器暨夫差劍特展論文集》

○王人聰(2005)　劍銘攻敔或作攻敔,敔即敔字,攻敔指吳國,《史記·吳太伯世家》作句吳。金文吳國之名除作攻敔外,亦作攻吳或工䳒,王國維云:"吳戲同音,工戲亦即攻吳,皆句吳之異文。"

《黃盛璋先生八秩華誕紀念文集》頁 305

【攻敘】

○**劉信芳**(2003)　(編按:包山 211)敘:即簡 229"攻敘"。敘,述也。攻解之禮多以辭責之,是所謂"攻敘"也。

《包山楚簡解詁》頁 228

【攻閒】

○**睡簡整理小組**(1990)　(編按:睡虎地·秦律 126)攻,《小爾雅·廣詁》:"治也。"閒,《爾雅·釋詁》:"代也。"攻閒,意爲修繕。

《睡虎地秦墓竹簡》頁 49

△**按**　陳送文(《戰國秦漢簡帛字詞補釋》[五則],《寧夏大學學報》[人文社會科學版]2013 年 1 期 23 頁)讀"攻閒"爲攻簡,"簡"有檢視、檢查義,引《後漢書·馬融傳》"車徒既簡,器械既攻"以"簡"與"攻"對言爲證,請參看。

【攻解】

○**劉信芳**(2003)　攻解:祭祀鬼神以祈福禳災。"解"謂解除,《莊子·人閒世》:"故解以牛之白顙者,與豚之亢鼻者,與人有痔病者,不可以適河。"郭象《注》:"巫祝解除,棄此三者。"《論衡·解除篇》:"世信祭祀,謂祭祀必有福,又然解除,謂解除必去凶。解除初禮,先設祭祀。"《周禮·春官·大祝》:"掌六祈以同鬼神示……五曰攻。"鄭玄《注》:"攻如其鳴鼓然。"簡 229:"攻敘於宮室。"攻敘即攻説也。

《包山楚簡解詁》頁 212—213

【攻廥】

○**劉彬徽、彭浩、胡雅麗、劉祖信**(1991)　(編按:包山 172)攻廥,讀作工府。

《包山楚簡》頁 52

敚　敪

敚上博三·周易 33

○**濮茅左**(2003)　六五:悬亡,陞宗齧肤,敚(往)可(何)咎　(中略)"敚可咎"讀爲"往何咎"。《象》曰:"'厥宗噬膚',往有慶也。"(中略)

　　本句馬王堆漢墓帛書《周易》作"六五:悬亡,登宗筮膚,往何咎";今本《周易》作"六五:悔亡,厥宗噬膚,往何咎"。

《上海博物館藏戰國楚竹書》(三)頁 181

敁 𣃦

𣃦睡虎地·爲吏 10 伍

○**睡簡整理小組**(1990)　(編按:睡虎地·爲吏 5 伍—6 伍"賢鄙溉辟,禄立[位]有續執敁上?"睡虎地·爲吏 9 伍—10 伍"不賃[任]其人,及官之敁豈可悔")敁,亂。下面"及官之敁"的"敁"字同。

《睡虎地秦墓竹簡》頁 174

敔 敔　敔 敔 敔

𣃦包山 70　　敔包山 124　　𣃦包山 125　　敔上博四·曹沫 26　　敔上博五·三德 10

𣃦上博五·三德 17

𣃦石鼓文·霝雨

𣃦包山 34　　敔上博二·從甲 17

○**湯餘惠**(1993)　𣃦敔 124　　敔司马 125　　敔,指牢獄。敔、圉、圄古通。卜辭圉作圉、圄,疑皆圄或體,本象人手戴械囚於圍土之形,即牢獄字。見於卜辭的商代獄名有"林圉、弘圉、爻圉"等,又有所謂"六圉",蓋其統稱,《説文》:"圉,囹圉,所以拘罪人。"又寫作圄,《玉篇》:"圄,禁囚也。"又稱囹圄,《禮記·月令》"省囹圄",注:"囹圄,所以禁守繫者,若今別獄矣。"是圉、圄、囹圄本一事。簡文"敔"从吾聲,與"圉"同聲,又通"圉",《禮記·月令》(又《明堂位》)"枳敔",《釋文》並云"敔本作圉",因疑 124 簡"死於敔或東敔"、125 簡"死於小人之敔",敔字皆指牢獄而言。125 簡又有"東敔公、敔司馬"等官名,大概相當於後世獄丞、獄吏一類職官。

《考古與文物》1993-2,頁 72

○**劉信芳**(1996)　"敔"讀如"圉",意即牢獄,見於以下諸例:

付舉之關敔公周童耳受期。(簡三九)

笙敔公若骹受期。(簡七〇)

郢^或東^敔。(簡一二四)

東^敔公舒痹,^敔司馬陽牛皆言曰:邸易之酷倌黃齊、黃鼉皆以廿^臣之^奐月死於小人之^敔。(簡一二五)

鄝^或磢^敔郢君之^脂邑人黃欽。(簡一四三)

按"^敔公、^敔司馬"是看守牢獄的官吏。《禮記・月令》:"省囹圄。"鄭玄注:"囹圄所以禁守繫者,若今別獄矣。"周人或稱圄爲"圜",《周禮・秋官・司圜》:"掌收教罷民,凡害人者弗使冠飾,而加明刑焉,任之以事而收教之。能改者,上罪三年而舍,中罪二年而舍,下罪一年而舍,其不能改而出圜土者殺。"鄭司農注:"圜土謂獄城也。"

《簡帛研究》2,頁26—27

○**徐少華**(1997) "付與之關"所在的楚"^敔"縣,簡文整理者未作說明,我們認爲應是西漢楚國、東漢彭城國所屬的"梧"縣,梧、^敔均从"吾"得聲,音同義通。漢梧縣的地望,後世文獻失載,清末學者王先謙《後漢書集解・郡國三》彭城國"梧"縣條引李兆洛云:"當在今徐州境。"亦未能明言;譚其驤先生主編的《中國歷史地圖集》將其定在今江蘇徐州市西南、安徽濉溪市東北不遠處,可從。其位於秦漢符離縣西北八九十里,古離山以北四五十里,相去不遠。漢梧縣當沿戰國楚縣舊制而來,秦漢符離縣,或因楚符離之塞而置。

另簡125有一條關於"東^敔公"的記載,此"東^敔",當亦是符離之塞所在之^敔縣,同條簡文所載的"^敔司馬陽牛",顯然是"東^敔司馬"的簡稱,即可說明。"^敔"前貫以"東"字,當與^敔縣位於楚"東國"之範圍有關。

此外,簡文之卜筮祭禱簡內有數條祭禱文坪夜君、郶公子春等先祖的記錄(見簡200、203、206、240、248),從簡文內容和有關稱謂關係看,郶公子春當爲墓主邵佗之曾祖,曾爲楚郶縣之縣公,此"郶"縣,簡文整理者認爲即春秋魯之郶城,"魯被楚滅後,郶地屬楚",與史實不符。

其一,從邵佗先祖的輩份關係看,其曾祖子春任楚郶縣縣公約在公元前400年前後,即戰國早期的楚聲王、悼王時期,而楚滅魯則在公元前256年,若楚滅魯後郶地屬楚,則楚根本不可能於戰國早期於魯之郶邑設縣。

其二,據《春秋》文公七年:"三月甲戌,取須句,遂城郶。"杜預注:"郶,魯邑,卞縣南有郶城。"漢於此地置郶鄉縣,故址在今山東泗水縣東南,即魯國都城曲阜以東百里左右,戰國早期,位於此郶城以南、以東的邾、倪(小邾)、滕、薛、費諸小國均未滅,而魯、宋仍有一定的實力,楚國不可能跨越宋、薛、滕、邾諸國取得魯都近旁之郚邑而置縣。我們認爲,郚公子春之"郚"不是魯之郚邑,而是符離之塞所在的楚郚縣,兩漢之"梧"縣,郚、敔均从"吾"得聲,郚公子春,簡 250 又作"吾公子春"亦可爲證。

　　秦漢之符離、梧縣一帶,位於淮河中游以北、淮泗之閒,西周時期當屬東夷集團範圍,秦時期爲楚、吳、宋、齊諸强爭奪的中閒地帶,戰國初年越滅吳後,楚則趁機沿淮東進,於惠王四十二年(公元前 447 年)滅蔡,占領了淮河中游下蔡(今安徽鳳臺)以西的廣大土地;接着又"東侵,廣地至泗上",並於楚惠王四十四年滅杞,楚簡王元年(公元前 437 年)"北伐滅莒",勢力擴展到今山東東南及沂、沭水流域。則位於淮河中游以北的今安徽濉溪、宿縣一帶,當於其閒被納入楚的勢力範圍,楚人於此設置郚(敔)縣和符離之塞,以加强對東土的管理和防禦是十分可能的。

《武漢大學學報》1997-4,頁 106—107

○**何琳儀**(1998)　《説文》:"敔,禁也。一曰,樂器,椌楬也。形如木虎。从攴,吾聲。"

　　包山簡"東敔",地名。攻吳王夫差劍、宋公罷匠"攻(句)敔",讀"句吳",吳國。

　　石鼓敔,見《釋名·釋樂器》:"敔,衙也。衙,止也。"

《戰國古文字典》頁 507

○**劉信芳**(2003)　敔公:簡 39 作"敔公",又見 70、125。職官名,參簡 70 注。整理小組注云:"關敔公,守關官吏。"按:"關敔公"不當連讀。

　　讀爲"圄",意即牢獄(湯餘惠説)。"敔公"即看守牢獄的官吏。簡 39 有"付擧之關敔公",34 作"敔公",125 有"東敔公",又有"敔司馬",並是牢獄官。《禮記·月令》:"省囹圄。"鄭玄《注》:"囹圄所以禁守繫者,若今別獄矣。"周人或稱圄爲"圉",《周禮·秋官·司圜》:"掌收教罷民,凡害人者弗使冠飾,而加明刑焉,任之以事而收教之。能改者,上罪三年而舍,中罪二年而舍,下罪一年而舍。其不能改而出圜土者殺。"鄭司農《注》:"圜土謂獄城也。"或謂"邑包含於敔中","因而很難把'敔'看作牢獄"(陳偉《包山楚簡初探》頁 75)。按:"敔"下有行政單位"邑"(簡 124),這並不奇怪,秦始皇築阿房宮,用"隱宮徒刑者七十餘萬人"(《史記·秦始皇本紀》。"宮"應爲"官"字之誤),是"敔"中之"邑"乃刑徒、隱宮之居住區。依秦律,刑徒免罪爲庶人,留居於服刑地從事勞作,稱"隱宮"。"隱宮"既爲庶人,自然就要設立地域行政單位"邑",以從事管理。至於包 143"鄡蒮碦敔鄅君之泉邑人黄欽",是説

"黄欽"的身份是"郚君之泉邑人",該簡不可作爲"敢"下設"邑"之例。

《包山楚簡解詁》頁 47、69—70

○**李守奎**(2003)　疑爲敃字異體。敃字見《説文》卷三。

《楚文字編》頁 702

△**按**　"哉"乃"敃"之異體,"戈、攴"爲義近形旁。

【哉王】

○**陳佩芬**(1996)　稱敃王的僅有本盉一例,敃字寫作致,按以上敃、吳通例,敃王夫差即爲吳王夫差。

《上海博物館集刊》7,頁 20

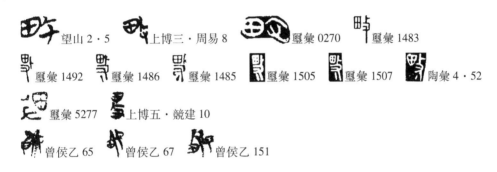

─────────────────

○**羅福頤等**(1981)　畋。

畤。

《古璽文編》頁 76—77、330

○**吳振武**(1983)　0270 畤鉨・畋鉨。

《古文字學論集)(初編》頁 490

○**高明、葛英會**(1991)　畋。

《古陶文字徵》頁 112

○**吳振武**(1996)　《古璽彙編》(以下簡稱"璽彙")46 頁 0270 和 60 頁 0347 是下揭兩方陰文官璽:

46・0270　　60・0347

這這兩方官璽從風格上看,皆可斷爲楚物。

　　兩璽的第二字都從"金""尔"聲,是"璽"字的古寫。

0270 的第一個字,《璽彙》隸作从"田"从"守"(《古璽文編》同,見該書 330 頁;此書以下簡稱"璽文"),十多年前筆者曾改訂爲"畋"。這個釋法幸能得到一些著作的認同。《璽彙》260·2717"右畋"璽(三晉,陽文)和 478·5277"畋"字璽(同上),顯然跟這方"畋璽"璽是同一類職官所用之璽。曾侯乙墓竹簡中有"畋尹",可證古代確有畋官。"畋"字在古書中既當"治田"講(《説文》:"畋,平田也……《周書》曰:'畋爾田。'"《尚書·多方》"畋爾田"孔疏"治田謂之畋,猶捕魚謂之漁"),也當"田獵"講。從"畋"字的用法看,這類帶有"畋"字的官璽應是掌管農事或掌管田獵的官員遺留下來的。不過用斷代的眼光綜合古書和出土文字資料來看,筆者一直傾向於把它們看作是掌管田獵的官員(略相當於《周禮·天官》中的"獸人")所用之璽。這一點跟我們接下來要討論的 0347 號璽不無關係。

0347 那方的第一個字,《璽彙》隸作从"勹"从"羔"(《璽文》同,見該書 229 頁)。這個隸定法曾見幾種著作襲用,但未見有人解説。無人解説的原因大概很簡單,即如此隸定根本就無法解釋。

筆者很久以來一直懷疑此字可能是"魚"字的變體。理由是此璽跟上面討論的 0270"畋璽"璽無論在文字風格上,還是在璽文格式上,都是一致的;而讀"魚"爲"漁",從文義上講,正可以和筆者的釋"畋"説相呼應。但這個猜想在很長一段時間裏,一直苦於找不到硬證。及至曾侯乙墓竹簡和包山楚簡刊布,我們看到這兩批竹簡中"魚"字的寫法,始知這個猜想是可以成立的。事有湊巧,不久前承澳門收藏家蕭春源先生惠助,得見日本著名篆刻家菅原石廬先生收藏並刊布的幾方戰國璽印,其中居然有可以落實筆者猜想的硬證:

此璽文字風格和璽文格式跟上揭二璽亦相同。文曰"魿璽",顯即等於 0347"魚璽"。《周禮·天官》有"歔(漁)人",《釋文》曰:"歔音魚,本又作'魚',亦作'魿',同。"段玉裁在《説文》"漁"下謂:"捕魚字古多作'魚',如《周禮》'歔人'本作'魚'。此與取鱉者曰'鱉人',取獸者曰'獸人'同也。《左傳》:'公將如棠觀魚者。'魚者,謂捕魚者也……《周禮》當從古作'魚人',作'魿'者次之,作'歔'者非也。"按取獸曰"田",取魚曰"漁",古書中當田獵和捕魚講的"田漁"一詞,也作"畋漁"(《逸周書·文傳》)或"畋魿"(《文選·張衡〈西京賦〉》,李善注:"《説文》曰:'魿,捕魚也。'音魚。")今比觀璽文,既見"畋璽",又見"魚璽"或"魿璽",則後者顯然是掌管漁事的官員所用之璽。這種掌漁官的具體責守,可參看《周禮·天官》中的"歔人"一職。包山楚簡中有"大魿尹",漢印中有"上沅漁監",亦可資參校。

《金景芳九五誕辰紀念文集》頁 190

攺 𣃓 攺

侯馬 156:8　　郭店·緇衣 17　　郭店·尊德 4　　郭店·六德 19

上博一·詩論 10　　上博三·周易 47　　十鐘　　港藏 1

上博一·詩論 11　　上博一·詩論 12

○**山西省文物工作委員會**（1976）　改　宗盟類　而敢或叟改助及兔卑不守二宮者。

《侯馬盟書》頁 308

○**高明、葛英會**（1991）　（編按：陶彙 6·72、6·73）攺　《說文》所無，《集韻》：“攺，音節，治也。”

《古陶文字徵》頁 111

○**何琳儀**（1998）　《說文》：“攺，毅改，大剛卯，以逐鬼魅也。从攴，巳聲。讀若巳。”

　　侯馬盟書攺，讀改。參妃字或作妃，記字或作記。又記或通志、識，可證牙音之己與舌音之巳頗易相混。《說文》：“改，更也。从攴、己。”

《戰國古文字典》頁 64

（編按：陶彙 6·72、6·73）攺，从攴，卪聲。《集韻》：“攺，治也。”

　　韓陶攺，人名。

《戰國古文字典》頁 1095

○**李學勤**（2002）

一

　　1993 年冬在湖北荆門郭店一號戰國楚墓出土的竹簡，其中《緇衣》《尊德義》和《六德》三篇都出現“改”字。例如《緇衣》第 17 簡有：

　　　　《寺（詩）》員（云）：其頌（容）不改……

今傳本《禮記·緇衣》作：

　　　　《詩》云：彼都人士，狐裘黃黃，其容不改……

所引《小雅·都人士》，《毛詩》文與《禮記》相同。由此證明簡文“改”字釋讀無舛。

　　郭店簡的"改"字,左側从"𠃌"或"𠄟"形,這與《説文》有明顯的差異。按《説文》大徐本:

　　　改,更也。从"攴"从"己"。李陽冰曰:"己有過,攴之即改。"

小徐本則作:

　　　改,更也。从"攴""己"聲。李陽冰曰:"己有過,攴之即改。"臣鍇曰:"从戊己之己。"

段玉裁注遵小徐本,以爲"改"从"己"聲,不同意大徐本會意之説。古音"己"和"改"均在見母之部,所以段説是有理由的。

　　徐鍇强調"改""从戊己之己",是由於《説文》另有从"巳"的"改"字,云:"毅改也,大剛卯,以逐鬼魅也。"

　　也有《説文》學者不贊成"改"字从"己"之説。朱駿聲在《説文通訓定聲》中,提出"改"从"巳"聲,而"巳"與"𢀜"同字,於是把"改"字的篆文寫成从"𢀜"。這個見解,長期以來没有引起大家注意。郭店簡"改"字顯然不从"己",在很大程度上證實了朱説。

　　與郭店簡寫法相同的"改"字,曾見於 1965 年末發現的侯馬盟書:

　　　……敢不闢(判)其腹心,以事其主,而敢不盡從嘉之盟者,定宮及平峙(時)之命者,而敢或弁(變)改……

此係春秋晚期文字。更早的,還有兩周晚期的改盨,"改"字左作"𠄟"形。

　　看改盨可知,"改"字確是从已經的"已"的。大盂鼎有"𠄟"即"已"字,文云:

　　　已! 女(汝)妹辰又(有)大服。

可對照《書·大誥》:"已! 予惟小子。"孔傳稱"已"是"發端歎辭"。因此,方濬益《綴遺齋彝器考釋》論改盨説:"今此文从'攴'从'已'。《説文》:'已,已也。'按古辰巳之'巳'與已止之'已'本一字。凡事止則有更改之義,疑古文'改'本从'已',篆文分'改、攺'爲二。'毅改,大剛卯,以逐鬼魅',新莽時語,非古訓。"

　　大家知道,辰巳的"巳"在殷商西周甲骨金文中本作"子",與子孫之"子"同形。這是因爲"巳"音邪母之部。"子"音精母之部,故得相通。後換用"𠄟"形,應認爲是"巳"的本字。吴大澂等學者説"古文巳、已爲一字",是合乎事實的。至於"𢀜",《説文》云"从反'巳'",卻是另一個字。朱駿聲和劉心源等堅持"已、𢀜"爲一,就古文字而言,是不正確的。更改之"改",乃是从"攴"、"巳"聲的字。

<h1 style="text-align:center">二</h1>

《説文》訓"改"爲更,本於《詩·緇衣》毛傳。以下兩條殷墟卜辭中的"改",都是變更的意思。

第一條是《甲骨文合集》(以下簡稱《合集》)36909:

> 韋自(師)褒(燎),弜改,亡宧(服),王其乎(呼)宧(服)于京自(師),又(有)囗,若。

這是商末的黃組卜辭。韋、京均爲地名,韋在今河南滑縣東南,京在今河南滎陽東南。"弜"是否定詞,義同於"勿"。"服"在此當指服事之人。辭意大致是説:在韋師舉行燎祭,不要變更,如没有服事之人,商王將自京師召唤。

第二條是《合集》36418:

> 弜改,其惟小臣臨令,王弗每(悔)。

這也是黃組卜辭,大意是説:不要變更,施命於小臣臨。

"弜改"是卜辭習語,常見於歷組、無名組、何組卜辭,只不過寫作"弜已"了。這是由於"改"從"已"聲,即省"改"爲"已"。過去,學者都把字讀爲"巳",以爲是祭祀的"祀",辭意遂不可通。例如《合集》30757 是何組卜辭,有:

> 癸卯卜狄貞,其兄(祝)。
>
> 癸卯卜狄貞,弜已,兄(祝)。

先卜祝,繼卜不要更改,仍然行祝。如釋作不祀而祝,便自相矛盾。同版又有:

> 甲子卜狄貞,王異其田,亡巛(災)。
>
> 甲子卜狄貞,王勿已田。

"異"訓爲別,"王異其田"是換到别的處所田獵;"王勿已田"即"王勿改田",是不要變更田獵所在,正好與上辭相對。

這類卜辭裏面,"弜已(改)"多置於命辭之首,如:

> 弜已,衆戍春受人,亡戈(災)。 《合集》26898
>
> 弜已,奉于之,若。 《合集》27370
>
> 弜已,兄(祝)于之,若。 《合集》27553、30763
>
> 弜已,卲(禦)。 《合集》30759
>
> 弜已,告,乎(呼)壴(往),又(有)戈(災)。 《合集》30760
>
> 弜已,告小乙。
>
> 弜已,告且(祖)辛。 《小屯南地甲骨》656
>
> 弜已,用羌。 《小屯南地甲骨》4325

更多的,則是作爲獨立的命辭,如《合集》27558、28412、30447、30764、30766、30767、32390、32654 等等。《合集》38115 有貞辭"弜已",又有占辭"吉",足知"弜已"是命辭,不是占辭。

　　黄組卜辭"弜改"作爲獨立命辭的也不少,如《合集》39465、39466、39469等,和上述對照,"弜已"無疑就是"弜改"。

　　在更早的賓組卜辭内,我們則看到"勿已",如:

　　　　貞,勿已,臣皋……　《合集》4091

　　　　癸酉卜王貞,余勿已,我亩畞……用。　《合集》15496

另外還有:

　　　　……劦,毋已,于藟。一月。　《合集》7002

　　　　貞,已,亦不以婡(艱)。　《合集》12898

"已"似皆可讀爲"改"。在"勿已、毋已"以外,又有正面的"已",值得注意。

三

　　令人極感興趣的是,在陝西周原發現的西周卜辭中,也有"弜已(改)"這一習語出現。最明確的例子是岐山鳳雛 H11:114 卜甲:

　　　　弜已,其若(?)及,凶(思、斯)正。

"弜已"置於命辭之首,與前舉殷墟卜辭一致。此辭原刻成向左轉行的三直行,"弜已,其"爲第一行,因而絶不能倒過來把"弜已"放到辭的後面。

　　鳳雛 H11:134 與 141 兩片卜甲,都有:

　　　　弜已。

對比殷墟卜辭,不難知道都是獨立的命辭。

　　鳳雛的西周卜辭也有"已",如

　　　　已,厥燎師氏自燎。　　　　H11:4

　　　　已,其……　　　　H11:200

　　　　已,惟……　　　　H31:1

同殷墟賓組卜辭的"已"一樣,也可能讀爲"改",與"弜改"相對。

　　鳳雛 H11:76 有:

　　　　邵曰:已。

H11:5 有:

　　　　邵曰:已。

　　　　邵曰:其……

扶風齊家村采集 94 卜骨二見:

□曰:已。

首字亦很可能是"攺"。

按"攺"字《説文》釋爲"卜問",與"貞"字同訓,舊皆不解。現在看西周甲骨,其用法確和"貞"字相同。于周原卜辭,還可舉出:

攺曰:並,囟(思)克事。

□,囟(思)克事。　　H11:6+32

攺曰:毋。　　H31:4

前一辭云"思克事","思"與"斯"通。命辭以"思……"收尾,不僅見於西周甲骨,也見於戰國竹簡所載卜辭,其意義和"尚……"相似。後一辭在甲片上獨立,字形較大,同其右方卜辭是分開的,也應當是一條命辭。由此可知,"攺"的意義實同於"貞",用在命辭的前面。

1991年,在河北邢臺南小汪H75出土一片西周卜骨,上有兩條卜辭,一條僅餘一"其"字,另一條完整,作四行,我曾有小文,説明當從左面起讀,向右轉行,釋爲:

攺曰:已,四白駓、騜陟(騭),其事。

與上引周原各例相仿,命辭前有"攺曰",開頭有"已(改)"。有學者提出這條卜辭應從右面第一行起讀,釋爲"其事騜陟四白駓,攺曰:已(祀)",但這與本文上述西周卜辭文例不合。

在商周古文字中,直書而向右轉行的例子雖然不多,然非絶無僅有。這片卜骨上出現此種現象,我在過去小文裏已説到:"可能是因爲該辭是與鄰近的兩或三個鑽鑿有關,而卜灼的次第是從骨臼的一方開始的,從而卜辭也要由靠近骨臼一方起刻。"我們在殷墟卜甲位於"千里路"右側的卜辭中,很容易找到向右轉行的例子。

我以前解説南小汪這條卜辭,把"已"字訓作止。現在考慮,還是應該讀爲更改的"改",以與殷墟、周原卜辭類似文例一致。

《中國古代文明研究》頁16—20,2005;

原載《石璋如院士百歲祝壽論文集》

○陳偉(2003)　(編按:郭店·尊德)已,從攴,原釋爲"改"。在此與"沮"相對,疑當釋爲"已",爲止、去之義。忌,憎惡,妒忌。勝,超過,壓倒。《荀子·榮辱》所舉"小人之所務而君子之所不爲"諸事中,即有"直立而不見知者,勝也"。楊倞注:"直立,謂已直人曲。勝,謂好勝人也。"《語叢二》25—27號簡説:"惡生於性,怒生於惡,乘(勝)生於怒,惎(忌)生於乘(勝),賊生於惎(忌)。"可與本篇參讀。"爲人上者",同"爲君",古書習見。

《郭店竹書別釋》頁 136—137

○濮茅左(2003)　六二:改日乃革之,征吉,亡咎　《象》曰:"'巳日革之',行有嘉也。"

　　本句馬王堆漢墓帛書《周易》作"六二:巳日乃勒之,正吉,无咎";今本《周易》作"六二:巳日乃革之,征吉,无咎"。

《上海博物館藏戰國楚竹書》(三)頁 200

【改訡】

○李零(2004)　(編按:上博四·曹沫55)改訡　讀"改始",指回到從前。

《上海博物館藏戰國楚竹書》(四)頁 280

敘　敍　敓

包山 138 反　　 包山 145　　 包山 211　　 新蔡零 148

包山 229　　 上博二·从甲 5

郭店·尊德 3　　 上博二·容成 27　　 楚帛書

○嚴一萍(1967)　《説文》古字从扌之字,皆可从手。此字疑即捈字。《説文》:"捈,臥引也;从手余聲。"讀"同都切"。段注:"臥引,謂横而引之。"《法言·問神篇》"捈中心之所欲",注云:"捈,引也。"

《中國文字》26,頁 32

○劉彬徽、彭浩、胡雅麗、劉祖信(1991)　(編按:包山 138 反)敍,《説文》:"次第也。"次序。

《包山楚簡》頁 49

○劉釗(1998)　敘字應讀作"除"。除,去也。"除於宫室"即"被除於宫室"之意。

《東方文化》1998-1、2,頁 65

○湯餘惠等(2001)　同除。

《戰國文字編》頁 203

○劉信芳(2003)　敘:即簡 229"攻敘"。敘,述也。攻解之禮多以辭責之,是所謂"攻敘"也。

《包山楚簡解詁》頁 228

【敔州】

○**李零**（2002） 敔州 即“豫州”，見《禹貢》等書。

《上海博物館藏戰國楚竹書》（二）頁 271

【敔故】

○**賈連敏**（2003） 敔故。

《新蔡葛陵楚墓》頁 213

【敔故】

○**饒宗頤**（1968） “敔攷不義於四□”句，敔即敘繁形，卜辭有敘字（前 6.10.3），敔攷爲謰詞，猶言除去。去與驅通。《左傳・僖公十五年》：“千乘三去。”《文選・東京賦》云：“成禮三毆。”即《易・比》之三驅。故“敔攷”猶云“除毆”，即毆除、驅除之倒言。

《史語所集刊》40 本上，頁 26

○**唐健垣**（1968） 丙篇四行一段二節敔攷不義於田

敔字嚴先生疑即捈字，解作臥引，攷字未釋，云待考。田字釋作四，云：“以下應尚有文字。繒書例結束處皆加□以標明也。”

竊疑此可釋敔攷不義於亩，讀作“除去不義於啚”。田釋亩，借作啚，詳上發啚興荒條。敔字之口乃多加者，古文字加口常見。《玉篇》：“除，去也。”從“阝”，無掃除之義，解作除去者當是敘字，從攴有動作之意。《説文》：“敘，次第也。”《釋名》：“敘，抒也；抒洩其實，宣見之也。”仍有除去之意。攷字從攴，當是除去之去本字。《論語・鄉黨》“去喪”，何晏解“孔曰：去，除也”。《左傳・隱公六年》：“爲國家者，見惡如農夫之務去草焉，芟夷蘊崇之，絕其本根，勿使能殖。”去亦除也。除去不義於啚者，將國中不服王命之諸侯掃蕩，猶《左傳》之“去惡”。繒書丙篇四行二段二節：“利侵伐，可以攻城，可以聚衆，會諸侯，刑首事，剹（戮）不義。”**（中略）**

補：敔攷我讀爲除去，日本林巳奈夫先生來函贊同。饒師新釋亦讀除去。我所持之見解，以爲敔攷加攴乃表示用手除去動作之專字，除字下加口乃古文繁形。今檢羅氏《璽印文字徵》古印“去疾”去字作𨒅，從辵，乃來去之去專字，益信古代來去之去、消除之去，各有專字作𨒅作敔也。

《中國文字》30，頁 14—15

○**許學仁**（1983） 敔繒書丙 20・10

繒書丙篇四行一段二節曰：“敔攷不義于啚。”嚴氏《新考》疑“敔”即“捈”字，而訓爲“引”。攷則未釋。饒氏《疏證》謂“敔即敘繁形”。讀敔攷爲謰語，猶言除去。唐氏《拾遺》以“敊”字加攴者,係表示用手除去之動作之專字,而除下加口乃古文繁形。今按:鄂君啟節“毋舍桯飲”,舍字作🔲(車9·7;舟8·9),于思泊釋爲余。魏石經舍古文作🔲(多士;君奭),並與繒書所从同,知“敊”即“敍”,契文作🔲(前6·10·3),从又;古文中从又从攴一也,故敊从攴,🔲从又,皆表動作之義符。“敊敓不義于畾”,猶丙篇第四行第二段第二節之“𢦏不義”,亦《禮記·月令》《淮南子·時則訓》《吕覽·孟秋紀》“專任有功,以征不義”之謂。

《中國文字》新7,頁129—130

○**曹錦炎**(1985)　敊,蓋爲敍之或體,《説文》“敍,次第也”;《爾雅·釋詁》“敍,緒也”,《疏》“敍謂次敍”。

《江漢考古》1985-1,頁66

○**何琳儀**(1986)　“捨抶”,原篆皆从“攴”。古文字偏旁从“攴”與从“手”每多通用。《廣雅·釋詁》:“抶,去也。”“不義”,者沪鐘銘“勿有不義”。

《江漢考古》1986-2,頁85

○**劉信芳**(1996)　敊敓　讀如“除去”,與包山簡二二九“攻敍”意近。

《中國文字》新21,頁103

○**李零**(2000)　“敊敓”,饒文、李文讀除去,何文讀捨去。按本章似與磔攘之事有關。《禮記·月令》“(季春之月)九門磔攘”,孫希旦《集解》:“磔,磔裂牲體也。九門磔攘者,逐疫於國外,因磔牲以祭國門之神,欲具攘除凶災,禁止疫鬼,勿使復入也。”《史記·秦本紀》:“(德公)二年,初伏,以狗禦蠱。”《十二諸侯年表》:“(德公)二年,初作伏,祠社,磔狗邑四門。”皆其事,但與此時閒不合。這裏應讀“除去不義於四方”。

《古文字研究》20,頁175—176

【敍逜】

○**陳佩芬**(2005)　(編按:上博五·鮑叔1)九月敍逜　“九月”,一年之中第九月。《詩·豳風·七月》:“七月流火,九月授衣。”毛亨傳:“九月霜始降,婦功成。”“敍逜”,讀爲“除路”,即“除道”,謂修治開通道路。“敍”,讀作“除”。《上海博物館藏戰國楚竹書(二)·從政》“敍十怨”,“不恭則亡,無以敍辱”,字皆讀爲“除”。“逜”,从各从辵,與从各从足同,假爲“路”。《包山楚簡》第一二一簡“逜”讀爲路。《説文·足部》:“路,道也。”《漢書·郊祀志》:“郡國各除道,道九原,抵雲陽。”

《上海博物館藏戰國楚竹書》(五)頁182

牧 牪

![曾侯乙 145] 曾侯乙 145　　![郭店·性自 47] 郭店 · 性自 47　　![上博四·相邦 1] 上博四 · 相邦 1　　![上博四·采風 3] 上博四 · 采風 3

![睡虎地·秦律 84] 睡虎地 · 秦律 84

○ **睡簡整理小組**（1990）　（編按：睡虎地 · 答問 76"臣妾牧殺主"）牧，讀爲謀。

《睡虎地秦墓竹簡》頁 111

○ **裘錫圭**（2003）　郭 47（編按：郭店 · 性自 47）："有其爲人之快如也，弗牧不可。"《郭簡》釋"弗"下一字爲"牧"。上 38 相應之字爲"敓"。劉信芳《關於上博藏楚簡的幾點討論意見》（發表於簡帛研究網站），釋其字爲"養"，並説："'養'字原簡字形從攴羊聲，整理者隸作'牧'，與字形不合。其字郭店簡《性自命出》47 作'牧'。就其文義分析，應以作'養'（從攴羊聲）爲正，郭店簡'牧'字與'養'義近……"劉文釋'敓'爲'養'，其確（劉文舉出了郭店簡"養"作"敓"的三個例子，《説文》"養"字古文亦作"敓"）；但以"牧、養"義近溝通郭店簡與上博簡，恐不一定妥當。郭店簡被釋爲"牧"的那個字，字形跟一般"牧"字有明顯區別，疑即"敓"之誤摹。

《華學》6，頁 52

【牧人】
○ **裘錫圭、李家浩**（1989）　《周禮 · 地官》有牧人。掌牧六牲。

《曾侯乙墓》頁 529

攷

![郭店·語四 15] 郭店 · 語四 15　　![上博四·曹沫 30] 上博四 · 曹沫 30　　 中原文物 1992-3，頁 93

○ **牛濟普**（1992）　"攷"，隸爲"技"形聲字。"十"爲"十"，"攴"據《説文》："小擊也，從又卜聲。"

《中原文物》1992-3，頁 95

○ **徐在國**（2001）　《語叢四》15 有如下二字攷鎚，簡文爲"書（盡）之而悆（疑），必攷鎚其遷。女（如）牂（將）又敗，鳩（雄）是爲割（害）"。首字原書未釋。我們認爲此字从“攴”“十”聲，隸作“攼”，《緇衣》47“二十又三”之“十”字作✝，與此字左旁同。“攼”字不見於後世字書，在簡文中疑應讀爲“執”。古音“十”屬禪紐緝部，“執”屬章紐緝部，聲紐均爲舌上音，韻部相同，“攼”字又从“十”聲，故“攼”字可讀爲“執”。《吕氏春秋·孟春紀》“蟄蟲始振”，《吕氏春秋·音律》“蟄蟲入穴”。高注並曰：“蟄，讀若《詩·文王之什》。”朱珔《説文假借義證》：“《詩·螽斯》：‘宜爾子孫，蟄蟄兮。’毛傳：‘蟄蟄，和集也。’蟄當爲揖之假借。”什、揖並从“十”聲，均與从“執”聲的蟄字通。此二例可爲證明。

《簡帛研究二〇〇一》頁 179

○**陳劍**（2004）　（編按：郭店·語四 15）许可隸定作“攼”，徐在國先生分析爲从“攴”“十”聲，可從。“攼鉛”疑可讀爲“審喻”（“鉛”可讀爲“喻”是裘錫圭先生的意見）。從讀音來講，“十”古音在禪母緝部，“審”在書母侵部，聲母相近且韻部有對轉關係，兩字中古音皆爲開口三等；分别从“十”和“審”得聲的“汁”字與“瀋”字音義皆近，“針”之異體“箴”可與“審”相通。與“鉛”聲旁相同的裕、浴、欲等字古音在餘母屋部，“喻”字古音在餘母侯部，聲母相同且韻部有對轉關係，中古亦皆爲開口三等字。從意義來講，“審喻”見於《禮記·文王世子》：“大傳（編按：當爲“傅”）審父子、君臣之道以示之；少傅奉世子，以觀大傅之德行而審喻之。”《漢語大詞典》“審喻”條解釋爲“明白地告知”。

《新出簡帛研究》頁 321

○**李零**（2004）　（編按：上博四·曹沫 30）　攼　疑即“枚”字。

《上海博物館藏戰國楚竹書》（四）頁 262

放

拡　郭店·緇衣 1　　拡　上博三·中弓 13

○**周鳳五**（1999）　則民臧㐱而刑不屯（《緇衣》簡一）：《郭簡》隸定如此，注云：“㐱，疑爲‘它’字異體，亦屢見於包山簡。《禮記·檀弓》‘或敢有他志’注：‘謂私心。’屯，似讀作‘蠢’。《爾雅·釋詁》：‘動也’，‘作也’。此句今本作‘則爵不瀆而民願，刑不試而民咸服’。”又引裘錫圭説，以爲㐱字似當釋“放”。按，“臧㐱”費解。臧，當是“咸”之訛；放，从力从攴，會意，爲“以力服人”的專字。此字甲骨文作𤉹（《粹》四四七）、西周金文作𠬚（大盂鼎），皆取象於以力服人而形構更爲明白。

《張以仁先生七秩壽慶論文集》頁 351

○**白於藍**(2000)　　典籍中服與葍常可相通,其例甚多。葍與从棘聲之僰音近可通。(中略)而从力聲之朸與棘字亦多可相通。(中略)可見,攽可讀作服。

《華南師範大學學報》2000-3,頁89

○**劉信芳**(2000)　　臧攽,今本作“咸服”。“攽”字《郭店》隸作“旀”,裴按釋“攽”,裴説是也。信芳按:《左傳》宣公十二年:“執事順成爲臧。”“攽”字从攴,力聲,字書未見。就其字形而言,應是“扐”之異構,从攴與从手不甚別,如楚簡“捕”之作“敷”,馬王堆漢墓帛書《老子》“損”之作“敗”,《説文》“播”之古文作“敵”,皆其例。段注《説文》“扐”字云:“權度多少中其節謂之扐。”蓋執政者好惡分明,則民知其節度而扐擇之,此“臧攽”之謂。孔子認爲,國君能效法先王,民知貴賤之度,則國治而有序(參下引)。是“臧攽”之引申義,謂民順適君王之好惡,以別貴賤善惡之度也。

《郭店楚簡國際學術研討會論文集》頁165—166

○**孔仲温**(2000)　　郭店楚墓竹簡(以下簡稱《郭店》)《緇衣》簡1有釋文作:

好婉(美)女好茲(緇)衣,亞(惡)亞(惡)女(如)亞(惡)迣(巷)白(伯),則民臧(臧)旀(它?)而型(刑)不屯。

其中“旀”原簡作“**𢼊**”,《郭店》考釋云:

旀,疑爲“它”字異體,亦屢見於包山簡。《禮記·檀弓》“或敢有他志”,注:“謂私心。”

此字的釋讀,裴錫圭先生在審閲該書之時,曾以爲“**𢼊**”不作“旀”,“似當釋‘攽’”,個人以爲裴氏之説是也。且考包山楚簡“旀”字作 𢽀 218、𢽀 221,从它的形體與从攴顯然有別,《郭店》辨識偶疏。再就其上下文言之,簡文:“則民臧攽,而刑不屯。”“臧”《郭店》以爲“臧”的異體,讀作“藏”,“臧”爲“臧”的異體,包山楚簡、楚帛書、先秦古璽都是常見的,所以没有疑義,只是讀作“藏”,倘與“旀”複合作“藏它”,譯釋作“隱藏私心”的意思,恐怕不十分貼切。儒家思想的精義,在於内在的感化服膺,而非隱藏私心,所以“臧”讀作“藏”也不可從。個人以爲“臧攽”,“臧”釋爲“善”,“攽”爲“服”的假借。許慎《説文》:“臧,善也。”《爾雅·釋詁》:“臧,善也。”又“攽”字形構擬作“从攴力聲”,“力”上古音聲母屬來母*l-,韻母屬職部*-ək,“服”上古聲母屬並母*b'-,韻部也屬職部*-ək,二者聲母不同,韻部相同,屬疊韻假借。且“臧攽”何以釋作“善服”,蓋今本《禮記·緇衣》作:“則爵不瀆而民作愿,刑不試而民咸服。”與《緇衣》簡略異,個人以爲“民作愿”與“民咸服”正是《緇衣》簡的“民臧扐(服)"。《説文》:"愿,謹也。"《廣雅·釋詁》:"愿,善也。"是以"民臧扐"即"民善服",意指百姓謹善而順服。

《古文字研究》22,頁 243—244

○**李零**(2002)　"臧力",原作"臧扐",今本作"臧服",上字是"臧"之誤,下字讀爲"力"(是盡力、竭力的意思)。

此字以力爲聲旁,這裏讀爲"力"。其用法如"力田、力戰"之"力",是盡力之義。

《郭店楚簡校讀記》(增訂本)頁 63、66

○**徐在國、黄德寛**(2002)　此蓋假"努、扐"爲"服"。

《古籍整理研究學刊》2002-2,頁 1

○**李鋭**(2003)　《緇衣》簡 1:臧扐

"臧"字上海簡作"咸",可知郭店本的"臧"字有訛,李零、李學勤先生等已有説。"扐",原釋文解爲"它"而加問號,表示不太確定。裴錫圭先生按語認爲當釋爲"扐"。周鳳五先生以爲:扐,從力從攴,會意,爲"以力服人"的專字。李零先生則認爲:此字以力爲聲旁,這裏讀爲"力"。其用法如"力田、力戰"之"力",是盡力之義。劉信芳先生云:應是"扐"之異構。孔仲温先生則以爲"扐""從攴力聲",與"服"屬疊韻假借。

相應之字上海簡隷定作努,原注:從𠂒從力,《説文》所無。郭店簡作"扐",今本作"服"。

李零先生認爲:應釋"扐",這裏讀爲"力"。陳斯鵬先生不同意李零説,指出:不若讀如今本之"服"。扐、服並職部字,聲亦可通。李學勤先生指出:該字本係"服"字,因形近誤爲楚文字的"扐",又被誤認爲"扐",轉寫爲"努"。黄錫全先生云:上海簡的這個字從力,箙省聲。箙、服自然可以假借。郭店楚簡的扐,就應該理解爲從力、攴聲的形聲字。攴,滂母屋部。服,並母職部。二字聲母同屬脣音。林素清先生以爲:上博簡從力,來聲,與"服"古同爲之部字,故可通假。

按:上海簡努字構形奇特,上部所從是否爲"手"待考。此字、郭店簡"扐"字當皆從力得聲。"力"與"協"在古代有通用的例子,但二字古音並不相近,疑屬於同義换讀現象。此處"力"宜讀爲"協",《爾雅·釋詁上》:"協,服也。"

《華學》6,頁 85

○**李朝遠**(2003)　悥(弛)而恙(倦)扐(力)之(中略)　"扐",從力從攴,讀爲

“力”。“恭(倦)放(力)”,勞損民力,引申爲徭役。

《上海博物館藏戰國楚竹書》(三)頁 272—273

○**黄錫全**(2004)　郭店楚簡的放,就應該理解爲從力、攴聲的形聲字。攴,滂母屋部。服,並母職部。二字聲母同屬脣音。

《新出簡帛研究》頁 95

○**馮勝君**(2007)　上博簡《中弓》篇中也有“放”字:

孔子曰:迪(陳)之【11】備(服)之,緩㤅(施)而恭放之【13】。

很多學者也把上引簡文中的“放”讀爲“服”,如季旭昇先生讀“恭放”爲“順服”;黄人二、林志鵬先生讀“恭放”爲“倦服”,也認爲“放”字“爲誤摹,見於上海博物館藏楚竹書(一)《緇衣》‘民咸服’之‘服’”,同樣是不正確的。另外,古文字材料中讀爲“服”的字多寫作“備”,如兩簡本《緇衣》引《詩》“衣服不改、服之無斁”之“服”均作“備”(郭緇 16、41;上緇 9、21);上舉《中弓》簡文中也有讀爲“服”的“備”字,那麼同簡的“放”也不宜再讀爲“服”。李零先生認爲兩簡本《緇衣》“放”和“扐”應該讀爲“力”,“其用法如‘力田、力戰’之‘力’,是盡力之義”。李零先生的意見,對於解釋兩簡本《緇衣》相關簡文比較合適,但無法讀通上引《中弓》簡文。

我們認爲“放、勑”應該讀爲“飭”,訓爲“整治”。“放、勑”從力聲(“勑”也可能是個雙聲字),來紐職部;飭,透紐職部。韻部相同,聲紐同爲舌頭音,古音相近。“勑、敕、飭”相通,典籍常見。《廣韻・職韻》:“敕,今相承用勑。”《經義述聞・爾雅上》“倫敕愉庸勞也”條王引之引錢曰:“敕,當爲勑,即勞來之來。”《説文・攴部》:“敕,誡也。一曰舌地曰敕。從攴、束。”段注:“《小雅》毛傳曰:‘敕,固也。’此謂‘敕’即‘飭’之假借。飭,致堅也。”《廣雅・釋詁二》:“飭,備也。”王念孫疏證:“飭、勑、敕古通用。”

兩簡本《緇衣》“則民咸放(勑)而莝(刑)不屯(剉)”,應該讀爲“則民咸飭而刑不屯(頓)”,《吕氏春秋・季秋紀第九・精通》:“聖人行德乎己,而四荒咸飭乎仁。”《中弓》篇“恭放”一詞疑應讀爲“申飭”,《説苑・君道》:“冠者,所以別成人也,修德束躬,以自申飭,所以檢其邪心,守其正意也。”

《郭店簡與上博簡對比研究》頁 74—75

坄

上博二・容成 2

【坄嚳】

○徐在國（2003）　　"仕"字簡文作：

F（編按：即 ^字 字，下同）

相同的形體又見於仰天湖十二號簡（《楚系簡帛文字編》971 頁）。均應分析爲從"攴"，"士"聲。馬王堆帛書《式法》（過去或稱爲"篆書陰陽五行、隸書陰陽五行"）中"責"條"仕者，三遷"，陳松長《馬王堆帛書藝術》隸書本作"事者，三遷"。"小生"條"仕者，再遷"，隸書本作"士者，再遷"。其中"仕"字寫法與 F 相同，可證 F 當釋爲"仕"。"仕"在簡文中當讀爲"事"。仕、事二字古通。如：《詩·大雅·文王有聲》："武王豈不仕？"《晏子春秋·諫下》引仕作事。《禮記·曲禮上》："大夫七十而致事。"《白虎通·致事》引事作仕。凡此均可證"仕"可讀爲"事"。

　　"仕"下一字，作者説"見中山王大鼎，用爲'數'字"（252 頁）。此説可從。

　　簡文"仕數"當讀爲"事數"。《説文》："事，職也。"古漢語中"數"字用法較多。《周禮·地官·大司徒》："三曰六藝：禮、樂、射、御、書、數。""數"是六藝之一。《左傳·僖公十五年》："龜，象也；筮，數也。""數"指筮數。"數"又指曆數。《淮南子·氾論》："萇宏，周室之執數者也。"高誘注："數，曆數也。"我們暫取後説。"事數"指職掌天文。

《學術界》2003-1，頁 99—100

○劉信芳（2004）　　"坄數"即"枚數"，"枚"本爲計數之籌，《左傳》襄公二十一年"識其枚數"，孔疏："今人數物猶云一枚二枚也。"簡文"枚數"謂計數。

《古文字研究》25，頁 326

○何琳儀（2004）　　"坄謢"，疑讀作部婁。《左傳》襄公廿四年"部婁無松柏"，注："小阜。"

《上博館藏戰國楚竹書研究續編》頁 451

○李若暉（2004）　　"坄"則改聲符爲土，爲"敱"之易旁字。"坄"在此當讀爲劋，義爲治土。

　　（中略）綜上所論，"坄嚳"當讀爲"劋壏"，義爲刨土使鬆。

《上博館藏戰國楚竹書研究續編》頁 393—395

攺

集成 11237 郾王戎人戈　　　　集成 11536 郾王戎人矛

○**湯餘惠**(1993)　攴,通劇,砍擊。乇、度古聲通,古書"託"亦作"度"(參高亨《古字通假會典》第 896 頁),故"攴"可讀爲"劇"。《左傳・隱公十一年》:"山有木,工則度之。""度"即《爾雅・釋器》"木謂之劇"的"劇"。

《戰國銘文選》頁 64

○**馮勝君**(1998)　攴鋸、巨攴鋸

鋸,即文獻中的瞿、钁。參上引《尚書・顧命》文。攴,讀爲捶,訓爲擊。則攴鋸猶言擊殺之戈,巨攴鋸爲大型的擊殺之戈。

《華學》3,頁 245

○**何琳儀**(1999)　燕王職兵器銘文中,兵器"鋸、鈳"往往冠以前綴。

戟　郾(燕)王職乍(作)𠂤鋸　　　(《三代》20・16・1)

戟　郾(燕)王職乍(作)巨𠂤鋸　(《三代》20・17・1)

矛　郾(燕)王職乍(作)𠂤鈳　　(《三代》20・38・1)

矛　郾(燕)王職乍(作)巨𠂤鈳　(《三代》20・37・4)

兵器名稱的前綴字,或釋"扦、牧、攴"等。其中只有隸定爲"攴"是正確的。"乇"作"𠂤"形,是演變爲"斥"的濫觴。"乇、斥"古本一字,可參中山王鼎"宅"作:

辰《中山》25

其中"斥"與"𠂤"有明顯的演變軌迹。

或據詞例謂"攴"有"攻擊之意",也是合理的推測。下面試闡明"攴"何以訓"擊"。

檢《説文》"𠂹"之古文作"𢆷"形。其中"𠂤"旁,清代小學家早已指出即"乇"。以《説文》"宅"之古文"庈"、《玉篇》"𠂹"之古文"𥊚",交相驗證,當無疑義。至於"𢆷"旁,則可能由"攴"(攴)旁演變而來。曾子斡鼎"敓"作:

𢼏《集成》2757

所從"攴"旁,可資佐證,然則燕兵銘之"攴",即《説文》"𠂹"之古文。

"𠂹",《説文》訓"艸木華葉下𠂹",典籍多以"垂"爲之。《説文》古文作"攴",應是假借。"攴"從"乇"得聲,屬透紐,魚部;"垂",屬禪紐,歌部。禪紐古讀定紐,透定均屬端系;魚歌例可旁轉。檢《莊子・知北遊》"大馬之棰鉤者",釋文"棰,郭音丁果反",正與"攴"音讀相合。另外,《説文》"唾讀若埵","𦦒讀若住",《集韻》"埵、崜"均"都戈切",《廣韻》"唾,湯臥切","棰,徒果切",亦均屬此類聲轉。

燕兵銘"攲",應據《説文》古文讀"捶",音若"朵"。檢《説文》"捶,以杖擊也",引申泛言"擊殺"。《廣雅·釋詁》三"捶,擊也",《後漢書·杜篤傳》"捶驅氏蹷",上揭戟、矛等自名"攲鋸、攲鈘",顯然都指擊殺之武器而言。

《劍吉》下二十著録一件戈銘:

　　左軍之𢦏僕大夫殷之卒公孳(思)里脽之□,工杙里瘋之𢦏戈。

"攲僕"即"捶僕",見《後漢書·申屠剛傳》"捶僕牽曳於前"、《後漢書·左雄傳》"加以捶僕"。或作"捶樸",見《三國志·魏志·何夔傳》"加其捶樸"。燕兵銘"捶僕大夫",大概是隸屬於"左軍"的下級軍官。至於"攲戈",與"攲鋸、攲鈘"均指擊殺兵器。

最後從語言學方面考察,"攲"也有"打擊"之意、"攲"的語根是"度"(戈)或"打"。《周禮·地官·司市》"凡市入則胥執鞭度守門",注"必執鞭度,以威正人衆也。度謂殳也"。王引之曰:"《方言》曰,矝,宋衛之閒謂之欘矝,或謂之度。郭璞注曰,矝,今連枷,所以打穀者。殳亦杖名也,今江東呼打爲度。《廣雅》曰,殳、度,杖也。然則,古人謂殳爲度,以打得名。"按,王氏説甚確。"攲、度、打"均一音之轉。"捶",本訓"以杖擊也",與"度"音義相涵,顯然亦屬一音之轉。另外,《集韻》:"拆,擊也。"似也與"攲"有關。

《考古與文物》1999-5,頁87—88

【攲矛】

○徐在國(2005)　此外,燕國兵器銘文中常見"攲鋸、攲矛、鍺劍"之稱。"攲"字或讀爲"捶",或讀爲"劇",均訓爲"擊"。"鍺"訓爲"斫"。"擊、斫"與"殺"義近。

《古漢語研究》2005-1,頁65

敇

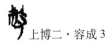
上博二·容成3

△按　此"敇"字之異體,詳參卷七朿部。

敀

包山101

○劉彬徽、彭浩、胡雅麗、劉祖信(1991)　敀,讀如"巨",《説文》:"規巨也。"

字亦作矩。

《包山楚簡》頁 46

○劉釗(1998)　簡 101 有字作“𢀝”,字表隸作“攺”。按字從“巨”、從“攴”。古文字中“攴”旁與“手”旁在用爲表意偏旁時可以通用,故此字應釋爲“拒”。“拒”字見於《玉篇》等書。

《東方文化》1998-1、2,頁 58

○何琳儀(1998)　攺,從攴,巨聲。《字彙補》:“攺,圍之四圍也。”
　包山簡攺,圍之四圍,引申爲圍。

《戰國古文字典》頁 495—496

○白於藍(1999)　即《説文》拒字。偏旁攵、手可通用。

《中國文字》新 25,頁 179

攽

 港藏 2

○饒宗頤(1997)　(編按:港藏 2《周易》“牛攽丌人”)楚簡此本作“攽”者,因諸羍、挈、契均從刧爲聲,《説文》四下:“刧,巧刧也,從刀,丰聲。”又丰字云:“艸蔡也,象艸生之散亂,讀若介。”攽字從介爲聲,與刧之丰聲讀若介正同音,可借用。《説文》角部:“羍,一角仰也,從角刧聲,《易》曰其牛羍。”今本《易經》羍作掣。《集韻》去聲十三祭:掣字下同音字共二十,掣又作摩,與羍、挈爲一字。足見楚簡之“攽”,乃丰、刧之音借。

《第一屆國際訓詁學研討會論文集》頁 3

攽

 新收 491 鼄鎛　　新收 496 鼄鎛　　上博三・周易 10

○張亞初(1993)　攽字從攴從比,好幾件器字形十分清晰,有的器或作匕、比。按銘文内容看,應以攽爲正字。攽字據扙作扶、敆作播、敤作攘、敆作措之例,應即後世的批字。《廣雅・釋詁三》:“批,擊也。”“攽者”即“批者”,指鐘師、鎛師樂工之奏樂者。

《第二屆國際中國古文字學研討會論文集》頁 306

○**馮勝君**（1998）　攽者礣靐

攽，即比，加攴爲動符。比爲“雜次”之意，《禮記・樂記》“比物以飾節”，陸德明《釋文》：“比，雜也。”《周禮・春官・世婦》：“世婦，掌女官之宿戒，及祭祀，比其具。”鄭玄注：“比，次也。”

　　　　　　　　　　《吉林大學古籍整理研究所建所十五周年紀念文集》頁 42

○**李家浩**（1998）　攽者礨磬

《方言》卷六：“器破而未離謂之壐，南楚之閒謂之攽。”鐘銘的“攽”當非此義。張文說：“攽字據扷作扶、歔作播、歔作攘、散作揩（**編按**：張文原作“散作揩”）之例，應即後世的批字。《廣雅・釋詁三》：‘批，擊也。’”此說可從。

　　　　《著名中年語言學家自選集・李家浩卷》頁 74，2002；原載《北大中文研究》

○**濮茅左**（2003）　六四：外攽之，亡不利　“攽”，讀爲“比”。“亡不利”，即“無所不利”。馬王堆漢墓帛書《繆和》：“子曰：‘亡不利者，無過之胃（謂）也。’”《象》曰：“外比于賢，以從上也。”

本句馬王堆漢墓帛書《周易》作“六四：外比之，貞吉”；今本《周易》同。

　　　　　　　　　　　　　　《上海博物館藏戰國楚竹書》（三）頁 150

攽

湖南 84

攱

○**饒宗頤**（1968）　“攱攷不義於四☐”句，攱即敘繁形，卜辭有敘字（前 6.10.3），攱攷爲讕詞，猶言除去。去與驅通。《左傳・僖十五年》：“千乘三去。”《文選・東京賦》云：“成禮三毆。”即《易・比》之三驅。故攱攷猶云“除毆”，即毆除、驅除之倒言。

　　　　　　　　　　　　　　　　《史語所集刊》40 本上，頁 26

○**許學仁**（1983）　攷繒書丙 20・9

饒氏讀“攱攷（攲）”爲“除去”之讕語，唐健垣釋“攲”，云“當是除去之本字”，並據《璽印文字徵》所錄“去疾”古印去作㝬，从辵，云：“古代來去之去、消除之去,各有專字作𢕥作𢼜也。"考《十鐘山房印舉》(十四・三)著録古鉢一,字分兩面,文作𢼜、𢼜,去字一作"𠇮",一作"𢕥",與繒書𢼜字相比照,知皆"去"字,加辵加攴,旨在强調動作。來去重行,故從辵;而消除之去,乃加"攴"爲義符。

《中國文字》新 7,頁 130—131

△按 其餘諸説見本部"敘"字【敍故】條。

砓

璽彙 3211

○**羅福頤等**(1981) 砓。

《古璽文編》頁 77

○**裘錫圭**(1992) 六國古印文字裏有一個从"攴"从"石"的字,《文》隸定爲"砓"(77 頁)。這個字見於"砓贄"印(《彙》3211)和"砓遝(?)"印(《二百蘭亭齋古銅印存》3・13。《文》未收此例),兩處都用作姓氏。我們認爲它就是"度"字的古體。

《説文・三下・又部》:"度,法制也。从又,庶省聲。"從古文字看,"庶"字本从"石","庐"是"石"的訛變之形。林義光在《文源》"庶"字條裏指出"庶""古作炗(毛公鼎),从火石聲"(11・6 下),在"度"字條裏又指出"庶本从石得聲,則度亦石聲"(同上),認爲"度"字所从的"庐"本來也應作"石"。他的意見顯然是正確的。秦權量詔文中的"度"字閒有作厇、庹等形的(容庚《金文續編》3・9 下—10 上),正是"度"字由从"石"變爲从"庐"的中閒環節。"又"旁和"攴"旁在古文字裏往往可以通用。例如金文"啟"字有从"又"、从"攴"二體(《金文編》209—210 頁),"攻"字或从"又"(同上 219 頁),"敬"字也有寫作从"又"的(同上 652 頁),類似的例子不勝枚舉。秦權量詔文中的"度"字大部分从"攴",新莽嘉量"度"字也从"攴"(《金文續編》3・9 下—10 上)。从"又"的大概是簡體。由此可見"度"字本來應該是从"攴""石"聲之字。

古文字的偏旁配置比較自由,變化較多。小篆中偏旁配置作上下重疊式的字,在先秦文字中往往寫作左右並列式。例如"齋"字在金文中作"禰"(《金文編》10 頁),"禦"字在金文中多作"神"(同上 16 頁),"男"字在甲骨文和金文中多作“助”(《甲骨文編》524 頁,《金文編》900、901 頁)等等。所以六國古印文字中的“砐”沒有問題就是後來的“度”字。

前面説過,“砐”在印文中用作姓氏,度氏在古代的確是存在的。東漢有荆州刺史度尚,山陽湖陸人,《後漢書》有傳,《隸釋》卷七有桓帝永康元年所立的度尚碑,碑文説:“其先出自顓頊,與楚同姓,熊嚴之後(中缺)亦世掌位,統國法度。”《元和姓纂》(去聲十一暮)度氏條説:“古掌度支之官,因以命氏。”《通志·氏族略第四》度氏條引《西京雜記》,謂“漢成帝時侍郎度安世,居山陽胡陸”,戰國時代應該已有度氏。

殷墟甲骨文中有一個從▱(“石”之初文)從“殳”的字,大概是“殸”的異體(《甲骨文編》386 頁“磬”字條),似與“度”字無關。

《文博研究論集》頁 85

敗

包山 23

○劉彬徽、彭浩、胡雅麗、劉祖信(1991)　敓。

《包山楚簡》頁 18

○黃錫全(1992)　敀當是敀字。旦字甲骨文作吕,下從丁。古璽丁字多作▮(《古璽文編》7·3),三體石經古文作▮。同一人名,簡 97 作昰,而 96 作㝵(但),可證。

《湖北出土商周文字輯證》頁 193

○李天虹(1993)　古文字旦本從丁聲,(中略)簡 76 但字從旦作㝵,亦從丁聲,其形與此字左旁相同,故此字當隸定作担,疑讀作担。古文字攴、手互通,此不贅舉。

《江漢考古》1993-3,頁 85

○劉樂賢(1997)　《包山楚簡》第 23 號云:

八月己巳之日,邻少司敗臧(臧)未受期,九月癸丑之日不遲邻大司敗以絫邻之愢里之敀無又(有)李亥由,阩門又(有)敗。

敀字作敀,整理組原釋敓。現據第 96 號簡但字的寫法,改釋爲敀。敀在簡文中是什麼意思?

李天虹女士説,敀“疑讀作担”。

劉信芳先生釋該簡大意爲：

　　　　至期約之日，没有進行法庭調查，即没有讓鄰大司敗通過盟誓以證明鄰之楝里爲旦者之中是否有景思其人。

似將敓讀爲旦，解作官名。

　　讀“担”，在簡文中似不好講通。讀“旦”，解作官名，根據大概在第 78 號簡。簡文云：

　　　　夐月己亥之日，長郢（沙）旦墮倚受期。

但是，現在還没有證據能證明里中曾設有這樣的官職。下面，我們想提出一種新的解釋。

　　我們認爲，此敓字和下引第 90 號簡中的旦字同義：

　　　　競得訟絲丘之南里人蘚（龔）怴、蘚（龔）酉，胃（謂）殺其軛（兄）。九月甲辰之日，絲丘少司敗遠憙蓑（複）竽，言胃（謂）：絲丘之南里信又（有）蘚（龔）酉，酉以甘臣之歲爲偏於䣄，居□里。絲易旦無又（有）蘚（龔）怴。

　　簡文説，競得控告絲丘之南里人龔怴、龔酉殺害了他的兄長。奉命查辦的絲丘少司敗報告説，絲丘之南里“信有龔酉”，絲易（易疑是丘之誤，或絲丘又可叫絲易）“旦無有龔怴”。信是誠、確的意思，“信有龔酉”，是説確有龔酉其人。旦當讀爲亶。《爾雅·釋詁》：“亶，信也。”“亶，誠也。”簡文的“旦無有龔怴”，是説確無龔怴其人。

　　第 23 號簡的敓字，也應讀爲亶。“鄰之楝里之敓無有李奕由”，是説鄰之楝里確無李奕由其人。第 23 號簡大概是説，由於鄰之大司敗未能證實鄰之楝里確無李奕思其人，以致“阶門有敗”。

　　　　　　　　　　　《第三屆國際中國古文字學研究會論文集》頁 624—626

○**何琳儀**（1998）　敓，從攴，旦聲。疑担之異文。《玉篇》：“担，拂也。”

　　包山簡敓，人名。

　　　　　　　　　　　　　　　　　　　　　　　《戰國古文字典》頁 1020

○**白於藍**（1999）　即《説文》担字。偏旁攴、手可通用。

　　　　　　　　　　　　　　　　　　　　　《中國文字》新 25，頁 179

敓

集成 11611 郿王劍

○**黄德寛**（1986）　　“攼”即“作”的異文，鳥蟲書作 （越王州勾矛），或作 （吳王光逗戈）、 （楚王璋戈），在此作 （去紋飾），多一偏旁“攴”，與姑氏簋作 、鄶王劍作 相同，這種寫法還見於仲櫟盨、虢文公鼎。从“攴”只是爲了强調“作”的動作性，所以夲肯鼎等器或又从“又”。此字爲“作”字異體無疑。（中略）“威教”一詞在這裏是“作”的賓語，“作”訓“興”，“作威教”即“興威教”。

《文物研究》2，頁 95—96

攺

睡虎地·日甲 143 正伍

○**睡簡整理小組**（1990）　　（編按：睡虎地·日甲 143 正伍“丁巳生子，子毅［穀］而美，有攺”）攺，疑讀爲秩。有秩，有俸禄。一説，爲敚字之訛，有敚即有聞。

《睡虎地秦墓竹簡》頁 205

敀

包山 155　　　　　璽彙 0268

○**朱德熙**（1983）　　敀（廐）右馬鉨。

敀字亦當讀爲廐。這枚古鉨據傳出土於壽縣，文字也是楚風格的，當是楚印無疑。

《朱德熙文集》5，頁 164，1999；原載《古文字學論集》（初編）

○**吳振武**（1983）　　0268 □馬鉨·敀□馬鉨。

《古文字學論集》（初編）頁 490

○**陳偉**（1996）　　（編按：包山 155）“敀客”疑爲“喪客”，負責操辦安葬王士。

《包山楚簡初探》頁 123

○**何琳儀**（1998）　　敀，从攴，白聲。

楚璽敀，讀廐。《説文》廐之古文作𢉙。《釋名·釋宮室》：“廐，勼也。”簋，西周金文作殷，戰國秦銅器軌簋作軌。均其佐證。《説文》：“廐，馬舍也。”

《戰國古文字典》頁 165

○劉信芳（2003）　字从九聲,讀爲"究",謀也。《詩・大雅・皇矣》:"爰究爰度。"毛《傳》:"究,謀。"《爾雅・釋詁》:"究,謀也。"該句謂:鄢少司城龔頡徵用葬王士之地時,將符節交與鄢之邑大夫相合以作憑信。

《包山楚簡解詁》頁 161

【故左馬】

○羅福頤等（1981）　0268　□□馬鈢。

《古鈢彙編》頁 45

○朱德熙（1983）　見"故"字條。

政　政

鈢彙 0280

郭店・語一 112

○羅福頤等（1981）　政。

《古鈢文編》頁 74

○陳松長（2000）　"䇇",此字見於《語叢一》簡 112。釋文隸定爲"政",無注。

　　按,此字應釋爲"政"字。《語叢一》簡 67 上有"政其然而行息安"之句,其中"政"字作"䇇",字形與此非常相似,所不同者只是其"正"字的上面二横没有連在一起而已。其實,"正"字的上面本就是一筆,只是楚文字中多有一羨筆而成兩筆,其他戰國文字似並無定式。《古鈢彙編》5221 中的"正"字就寫作"𝌆",其形與《語叢》簡上的寫法基本相同。因此我們將此字隸定爲"政",其字形當無疑義。此外,從文意來看,這支簡單寫"樂政"二字,應是對《語叢一》這批簡的內容的一個總括。我們知道,"樂政"在《周禮》中可是很重要的事情。《周禮・春官宗伯》記載:"樂師,掌國學之政,以教國子小舞。凡舞,有帗舞,有羽舞,有皇舞,有旄舞,有干舞,有人舞,教樂儀,行以《肆夏》,趨以《采薺》……凡射,王以《騶虞》爲節,諸侯以《貍首》爲節,大夫以《采蘋》爲節,士以《采蘩》爲節。凡樂,掌其序事,治其樂政。""樂政"又可讀爲"樂正",在《禮記》中,"樂正"乃是一個司掌"樂政"的官名,《論語》《孟子》中有"樂正子春"的記載。是"子春"身爲"樂正"的顯例。在《禮記》中且有"大樂正""小樂正"之别,如《禮記・文王世子》云:"凡祭與養老、乞言、合語之禮,皆小樂正詔之於東序,大樂正學舞干戚,語説命乞言,皆大樂正授數,大司成論説,在東序。”

《古文字研究》22,頁 257—258

○**肖毅**(2001)　　上贛尹之詆璽　　0008《四通》
　　右斯政璽　　0280　　《璽訂》
　　李家浩認爲詆當是諝之異體,爲小吏之名,《周禮·天官·序官》“胥有十二人”。鄭注:“胥,讀如諝,謂其有才知(智)爲什長。”

《江漢考古》2001-2,頁 43

○**劉釗**(2003)　　(編按:郭店·語一 112)樂疏
　　(中略)“樂疏”與上句“樂繁”正相反。

《吉林大學古籍研究所建所二十周年紀念文集》頁 70

㪅

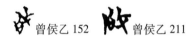

曾侯乙 152　　曾侯乙 211

○**裘錫圭、李家浩**(1989)　　㪅。

《曾侯乙墓》頁 498、500

○**何琳儀**(1998)　　㪅,从攴,加聲。
　　隨縣簡㪅,人名。

《戰國古文字典》頁 841

敂

九店 56·17　　九店 56·19　　集成 11402 枎里瘋戈

○**劉信芳**(1997)　　九店 13 上
　　敂　秦簡或作“作”。按古音从乍从皮之字音近,如“鈹”又稱“鉏”(見《廣雅·釋器》),“作”假爲“詛”,《詩·大雅·蕩》“侯作侯祝” 即“侯詛侯祝”,是秦簡“作”乃“敂”或“彼”之音近借字。

《第三屆國際中國古文字學研討會論文集》頁 519

○**何琳儀**(1998)　　敂,从攴,皮聲。披之異體。《説文》:“披,從旁持曰披。从手,皮聲。”

《戰國古文字典》頁 885—886

○**李家浩**(1999)　　九店 13 上：畟於午

　　“畟”不見於字書，字當从“皮”得聲。“畟”，秦簡《日書》楚除甲種作
“彼”，乙種作“作”。“畟、彼”二字所从聲旁相同，可以通用。“彼、作”二字形
近，“作”當是“彼”字之誤。

《九店楚簡》頁 64

敆

 睡虎地·日甲 157 背

○**饒宗頤、曾憲通**(1982)　　敆字見《廣韻》《集韻》，在去聲三十二霰：“敆，散
也。”(音先見切)云“先敆兒席”猶言“先布兒席”。

《雲夢秦簡日書研究》頁 44

○**劉信芳**(1991)　　“敆”，同“跣”，“敆兒席”謂跣足於兒席之上，然後祝辭。
《說文》：“跣，足親地也。”《禮記·少儀》：“凡祭祀於室中，堂上無跣，燕則有
之。”鄭注：“祭不跣者，主敬也，燕則有跣爲歡。”《日書》之馬禖爲民閒之儀，
或有“跣足”之舉。至今湖北民閒端公降神，仍赤腳起舞。賀潤坤同志謂“敆
乃散之義”恐不妥。

《文博》1991-4，頁 67

○**劉樂賢**(1994)　　敆，疑爲“牧”字之誤。按：饒宗頤先生云：“敆字見《廣韻》
《集韻》，在去聲三十二霰：‘敆，散也。’云‘先敆兒席’猶言‘先布兒席’。”劉信
芳云：“‘敆’，同‘跣’，‘敆兒席’謂跣足於兒席之上，然後祝辭。《說文》：‘跣，
足親地也。’《禮記·少儀》：‘凡祭祀於室中，堂上無跣，燕則有之。’鄭注：‘祭不
跣者，主敬也，燕則有跣爲歡。’《日書》之馬禖爲民閒之儀，或有‘跣足’之舉。
至今湖北民閒端公降神，仍赤腳起舞。”以上饒說與劉說皆可通。

《睡虎地秦簡日書研究》頁 310

△**按**　　郭永秉(《睡虎地秦簡字詞考釋兩篇》,《古文字與古文獻論集》230 頁,上
海古籍出版社 2011 年；原載《出土文獻與古文字研究》3)疑此字當讀爲“選”。

敊

 璽彙 3864　　　璽彙 3955

○**羅福頤等**（1981）　敊　《説文》所無，玉篇：敊，動也。

《古璽文編》頁 78

牧

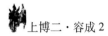上博二·容成 2

【牧需】

○**李零**（2002）　牧需　即"侏儒"，矮人。

《上海博物館藏戰國楚竹書》（二）頁 251

敓

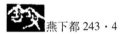燕下都 243·4

○**湯餘惠等**（2001）　敓。

《戰國文字編》頁 205

敚

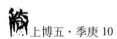上博五·季庚 10

△**按**　"敚"爲"殺"之異體，詳見本卷殺部。

敏

璽彙 3863

○**羅福頤等**（1981）　敏。

《古璽文編》頁 78

敁

陶彙 3·320

○**湯餘惠**（1986）　陶文有（《季本》）（编按：當是《季木》）57・8）字,舊不識,《匋文編》收入附録（第 26 頁）。按此字从攴、从各。各旁加尾飾,與前舉客字所从相同,應釋作"敋"。《玉篇》:"敋,古伯切,事也。"當即格鬥、格事的本字,後世又寫作"格"。

《古文字研究》15,頁 50

○**何琳儀**（1998）　敋,从攴,各聲。疑挌之異文。《説文》:"挌,擊也。从手,各聲。"

戰國文字敋,讀格,姓氏。

《戰國古文字典》頁 486

敉

上博一・性情 38

△**按**　《説文》以爲"養"之古文,簡文亦用爲"養",見卷五食部。

敠

包山 99　　郭店・五行 35　　璽彙 3090　　郭店・五行 38　　上博二・容成 25

陶彙 3・935

○**羅福頤等**（1981）　　敠。

《古璽文編》頁 72

○**陳漢平**（1983）　《古璽彙編》3090 號璽文爲"",釋文爲"敠肯",前一字爲族氏字,後一字爲人名,此二字皆有可説者。

　族氏字字,《文編》所釋篆文作,楷書隸定作敠,皆未確。按《説文・攴部》未收敠字,《説文・殳部》有毀字,但字从殳作而不从攴作,敠、毀二形有所不同。若按字形嚴格隸定,此字當作敠。《廣韻》:"敠,芻注切,音蔟。"《集韻》:"敠,芻數切,音蔟。"《廣雅・釋詁二》:"敠,勇也。"《玉篇》:"敠,爲也。"而古今姓氏書未見敠字,又古文字攴、殳作爲形旁或可通用,故疑古璽文敠字與《説文》毀字爲一字之異體。《説文》:"毀,縣擊也。从殳,豆聲。古文役如此。度侯切。"《玉篇》:"毀,遥擊也。古爲投字。"《説文》:"投,擿也。从手从殳。度侯切。"按毀即投字古文,《説文》所收一字二體,分列兩部者多見,如轄—羣,伴—扶,殳與投字又爲一例。投氏來源有二支,一支爲周王伐鄭,郇伯投先驅以策,其後因以爲氏;一支爲春秋時晉國逝敖之後代,以投爲氏。

《屠龍絶緒》頁 295

○**劉信芳**(1996)　以反其官　反官自訴　包山簡一三〇至一三九記有一典型的翻案上訴案件,原告舒慶報告官府,謂苟冑、宣卯殺害他的兄長旫,隨着案情發展,舒慶有殺人嫌疑,被拘押入獄,舒慶越獄逃跑,上訴直至楚王,楚王發令重審此案。簡一五至一七記五師宵倌之司敗若不服新造迅尹的審案,"以告君王",亦屬於翻案上訴。

　　對於翻案上訴的法律行爲,簡本稱之爲"反官自訴",例如:

　　　　魚月辛酉之日,鄂易之佸笑筊公遲,敎令峕訟其官人番甗、番台、番具,以其反官自敓(訴)於新大廐之古(故)(簡九九)

　　　　八月壬午之日,楚斨(莊)司敗耕須訟陽路斨邑籩軍、耦,以反其官。(簡八八)

"反"即翻案,即不服判決另行告狀。《史記·平準書》:"杜周治之,獄少反者。"索隱:"反音番,反謂反使從輕也。"《漢書·雋不疑傳》:"有所平反。"如淳注:"反音幡。幡,奏使從輕也。"

　　對於要求翻案重審的上訴行爲,秦律稱之爲"乞鞫",《法律答問》(簡一一五):"已乞鞫及爲人乞鞫者,獄已斷乃聽。且未斷猶聽也?獄斷乃聽之。"

　　上引簡九九、簡八八的文意不十分清楚,僅從字面意思分析,似乎"反官自訴"者,"以反其官"者反而成爲被指控的對象,這與簡文記有翻案上訴的實例是互相矛盾的。出現這種情況的原因目前可以歸納爲兩點:其一,楚律對翻案上訴有嚴格的程式規定,嚴格到一般人很難翻案上訴。上引秦律對於翻案上訴"獄斷乃聽之"的規定,即案件判決後才受理"乞鞫",既如此,"乞鞫"在執行過程中對於平民已沒有什麼實際意義。其二,簡文所記兩則翻案上訴案例的當事人身份都不一般,上訴至於楚王才被允許重審;而簡九九、簡八八的上訴當事人爲小臣,並且均是上訴控告其直接上司,這或者爲當時楚律所不允許,以至上訴者反而成了被告。當然這只是表面的分析,對於楚律"反官自訴",還得繼續研究。

《簡帛研究》2,頁 24—25

○**劉信芳**(1997)　九店 45

　　"敳邦"即樹邦。

《第三屆國際中國古文字學研討會論文集》頁 529

○**何琳儀**(1998)　敊,从攴,豆聲。《廣雅・釋詁》:"敊,勇也。"

　　晉璽敊,讀豆,姓氏。楚有豆氏。見《路史》。

　　包山簡敊,疑讀誜。

《戰國古文字典》頁 370

○**李家浩**(1999)　九店 45:敊邦

　　《玉篇》攴部:"敊,爲也。"簡文"敊"字即用此義。戰國璽印文字和陶文中也有"敊"字,舊釋爲"殳"(見丁佛言《説文古籀補補》三・一○等),非是。

《九店楚簡》頁 111

○**李零**(2002)　(編按:上博二・容成 25—26)東敊(注)之洧(海)。

《上海博物館藏戰國楚竹書》(二)頁 269

○**劉信芳**(2003)　郭店簡《五行》35:"又(有)大皋而大敊之。"其字帛書本作"誅"。《墨子・耕柱》:"古之善者不誅。"善者不誅猶郭店簡《老子》乙本 15"善述者不説"(説參拙搞《郭店簡"善述者不説"及其相關問題》,《中華文史論叢》第六十七輯),知簡文"自誅"猶言自我陳述,自我解説。

《包山楚簡解詁》頁 94

敺

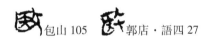

　　包山 105　　郭店・語四 27

△按　"毆"字之異體,詳見本卷殳部。

敊

　　上博二・從甲 7

○**張光裕**(2002)　敊(持)善不猒　"敊",讀爲"持"。"持善"猶言"敦善、爲善"。《禮記・曲禮上》:"博聞强識而讓,敦善行而不怠,謂之君子。"《郭店楚墓竹簡・五行》第十八簡:"[君]子之爲善也,又(有)與司(始),又(有)與冬(終)也。"故"持善不厭"亦君子之道也。

《上海博物館藏戰國楚竹書》(二)頁 225

敳

上博三·周易 54

△按　《説文》“徵”字之古文作𢽾，此又省“口”旁。卷八部𡈼部重見。

敠

上博六·用曰 19

○張光裕（2007）　進退敠立。

《上海博物館藏戰國楚竹書》（六）頁 305

敁　戬　戠　戜

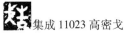集成 4694 䣜陵君王子申豆　　上博三·彭祖 7　　上博四·曹沫 2 背

璽彙 0131　　集成 11693 卅三年鄭令劍　　集成 11052 宜鑄戈

集成 11023 高密戈

璽彙 2066

○沈之瑜（1963）　（編按：𣊒並果戈）竝果是人名，敁即敢字。《説文》𣇧進取也，从受古聲。或有疑“古”乃占字之訛。秦《詛楚文》敢字从甘作𣇦，“甘”“敢”平上同音，“占”“敢”疊韻，“古”“敢”雙聲。諸字形雖小異，聲實相通。此戈敢字，省甘爲口，如《周公段》《師遽段》之敢字然。敢戈者，明戈之用義而自勉也。

《文物》1963-9，頁 61

○黄茂林（1973）　韓鄭兵器銘刻最後有時贅一“戜”字，郝文一律釋“造”。銘末贅以此字，是三晉兵器銘刻中一個特點，不限於韓，趙、魏也有。趙兵器如“十二年，肖（趙）命（令）邯鄲，右庫工帀（師）翠紹，冶倉戜”（《巖窟吉金録》下 56 戈），魏兵器如“七年，宅陽命（令）隖餡，右庫工帀（師）夜疵，冶起戜”（《小校》10·74·6 矛），吳大澂在《説文古籀補》中説：“戜，古賁字，《周禮·考工記·韗人》謂之賁鼓，《釋文》本或作戜。”所據字體即此“七年宅陽

矛”。按此字寫法有好幾種，最常見的作“敤”，簡寫爲“敤”，但也有寫成“敤”（四年□雍矛）或“敤”（十七年嚌戈）。其字从“攴”从“員”从“丫”既爲大多數寫法所同，可隸寫爲“敤”，其字不見字書，應表兵器製造某種工序，如同“執齊”之類，只是目前我們還不能詳知。

《考古》1973–6，頁 379

○**孫稚雛**（1982）　（編按：郯並果戈）之下一字，雖然與《説文》裏的敢字有些相像，但和銅器銘文中敢字的形體卻有相當大的距離（參看《金文編》四・一九所收各例）。更重要的是，“□□□之敢戈”這種文例，在金文中，就我所見，尚無其他的例證。而且“敢戈”是什麽意思呢？“敢戈者，明戈之用義而自勉也”。這種説法很牽強，所以之下一字釋作敢字，尚難令人首肯。

我以爲這個字應釋作敊，即造字，理由如下：

首先，從字形看，金文中的造字，往往將“告”中閒的一直筆屈其首作告，《金文編》二・二一“造”下引銅器十五件，其中告字屈首的，就有十例。其他還有一些《金文編》未著録，或著録而未收此字的銅器，如

　　　　□子之舿戈（《三代吉金文存》二十、十一、二，下稱《三代》）

　　　　宋公尋之賠戈（平凡社《書道全集》一零三）

　　　　□□之告戈（《商周金文録遺》五六八，下稱《録遺》）

　　　　闌丘爲脽造戈（《三代》十九、三八、三，《金文編》著録此器，未收造字）

　　　　郙侯之宬戈（《三代》十九、四八、一，《金文編》著録，未收宬字）

等，其所从之告皆屈首。楚國文字寫“告”字時往往將豎筆的屈頭改成一小撇，這種寫法亦見《録遺》五六六著録的“邦之新郜（造）”戈，其中新郜的“郜”即如此作。過去大家把這個郜字釋作“都”，但“新都”一詞在這裏很難講得通，裘錫圭同志根據隨縣擂鼓墩竹簡改釋作“郜（造）”（見《文物》1979年第 7 期 26 頁），是正確的。兩柄銅戈，造字的告旁寫法相同，正好可以互證。

其次，從文例來看，金文中“□□□之□戈”這種格式，戈上一字往往是說明該戈爲誰所造，屬於某人所用，或者是指在某種特殊場合下才使用的限定詞。具體用字，就管見所及，約有如下十種：

一、造戈　説明該戈爲誰所造。這種例子很多，略如上述，不再一一具引。

（**中略**）在這種“□□□之□戈”類型的銘文和其他戈銘中，皆未見有“敢戈”之稱。

再從文義來看，“敢戈”不詞，而“郯並果之造戈”則文從義順。所以這個

字不管是從字形來分析,從文例、文義各方面來看,都以釋造爲優。

《古文字研究》7,頁 104—105,107

○吳振武(1983)　0131 𢼸府之鉨・敔(造)府之鉨。

《古文字學論集》(初編)頁 489

○湯餘惠(1986)　《小校》10・74・6 著録的宅陽矛銘文(見圖版貳 1)末尾一
字寫作𢻮,吳大澂釋"散(貢)"。此字又見新鄭兵器銘文,郝本性先
生釋"造",無説。按此字釋"造"是對的,此字不省之形作:

圖版貳 1

　　　　𢼸新鄭銅劍　《文物》1972 年第 10 期第 40 頁　圖二五

　　　　𢼸新鄭銅矛　同上　圖版肆 2

字左上均从告,宅陽矛告旁从口因上下筆畫而省作,晚周陶文賞字
或作𢼸(《匋文編》6・45),口旁可以互證。此字隷寫應作"𢻮",或隷
爲"散"似不確。銘文用爲"製造"的"造",字不見後世字書,殆爲从
告得聲的形聲字。

《古文字研究》15,頁 12

楚國的官璽有:

　　𢼸寶(府)之璽(0131,見圖版三 7)

圖版三 7

首字即"敔(造)"字的訛寫。楚文字"敔"之作𢼸(汭並果戈)、𢼸
(郘陵君銅豆之一)、𢼸(郘陵君銅鑑)、𢼸(郘陵君銅豆之二)等形
者與之形近,故可同釋。

　　　　造府,戰國楚器物銘文屢見,又作"佫府"。楚璽(2550)及楚銅
器兵器銘文都有關於"佫府"的資料(詳拙作《楚器銘文八考》),但迄今爲止
似乎沒有看到楚以外其他各國有關於"佫府"的銘文記載,説明造府是專設於
楚的官署名稱。遺憾的是載籍書闕有閒竟無隻言片語可資印證。《録遺》578
著録的戟銘云:

　　陳眭(旺)戟₌(之戟),佫(造)寶(府)之貳(戟)。

玩味銘文辭意,造府可能是職掌器物製造和貯藏的有司,與中原各國的中府、
少府相當。

《古文字研究》15,頁 32

　　璽文𢼸,隷定爲"戱",告、貝兩旁的結體方式類似前文所考宅陽矛"散
(造)"字。此字右从戈,疑爲"散"之異文。古文字戈、攴形近,字義亦相關聯
(詳前文),故每互作。晚周文字"寇"之作𢼸(七年矛)、"救"之作𢼸(中山方

壺)、"敁"之作![image: char](信陽楚簡),爲同類現象。信陽二〇四號簡文敁(造)字作![image: char],更是"敊"可作"敁"的力證。

《古文字研究》15,頁 94

○黃盛璋(1989) （編按:安邑下官鍾）"敁之"原釋啟(陷)之,此字左半草率,依銘文通例定爲从"告"即"造"字。

《古文字研究》17,頁 6

○周曉陸、紀達凱(1995) "敁"即"造"字,金文中所見"造"字構形多變,戰國楚郙陵君鑑、郊並果戈寫法與此戈一致。

《考古》1995-1,頁 76

○黃盛璋(1998) （編按:襄城公競雎戈）"所造"爲戰國銅器銘刻上常見的用語。惟此造字右邊从"攵",左不从"告"而下加一直如"可",但在此仍爲"造"無疑。

《考古》1998-3,頁 65

○何琳儀(1998) 敁,从攴,告聲。疑捁之異文。《集韻》:"捁,打也。"
　　楚器敁,讀造。楚璽"敁府",讀"造府"。

《戰國古文字典》頁 171

　　敋,从貝从敁,疑敁之繁文。
　　韓兵敋,讀造。

《戰國古文字典》頁 171

　　戠,从戈,告聲。
　　戰國文字戠,均讀造。

《戰國古文字典》頁 173

　　戭,从貝,戠聲。
　　楚璽戭,人名。

《戰國古文字典》頁 173—174

△按　字从攴,乃"製造"之"造"之本字。上博四·曹沫用"敁"爲"曹"。

【敁府】

○吳振武(1983) 見"敁"字條。

○湯餘惠(1986) 見"敁"字條。

敊

 楚帛書

○**嚴一萍**(1967) 《説文》从手之字或从,如手部揚之古文作,播之古文作,扶之古文作,《古籀補補》扶鼎之扶作。皆易右旁之爲左旁之,據此以例繒書从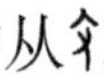之字,當可易以手旁。則孜即捊字。《説文》曰:“捊,引取也。”段本作:“引堅也。”注云:“堅各本作取,今正。《詩》釋文作堅,今本訛爲取土二字,非也。堅義同聚,引堅者,引使聚也。《玉篇》正作引聚也。《大雅》捄之陑陑,《傳》曰:捄,虆也;陑陑,衆也。《箋》云:捄,捊也;度,投也。築牆者捊聚壤土盛之以虆而投諸版中,此引聚之正義,箋與傳互相足。”

《中國文字》26,頁12—13

○**饒宗頤**(1968) 孜字从孚从攴,讀爲敷。《説文》:“敷,䟽也。”孜奠即施奠。宰字从羊甚顯。古之帝王“載時以象天,絜誠以祭祀”(五帝德)。祝融亦如是,故繒書有“三天紹思,敷奠四宰”之語。

《史語所集刊》40本上,頁9

○**何琳儀**(1986) “思孜”,疑讀“兹保”,“思”與“絲”音近,《釋名·釋器》:“緦,絲也。”“孳”,《説文》籀文作“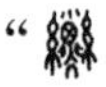”,从絲得聲。此“思”可讀“孳”之證。“孜”即“捊”,同“抱”。參《説文》“捊,引取也。抱,捊或从包”。而“抱”又是“保”的同源字,又《説文》“保”古文作“俘”,均“孜、保”相通之證。《國語·周語》“慈保庶民”,注:“慈,愛也。保,養也。”

《江漢考古》1986-2,頁82

○**饒宗頤**(1993) 何琳儀讀孜爲“保”是也。《説文》:“保,古文作俘。”保即神保。《詩·楚茨》:“神保降臨。”《書·召誥》言“格保”,《君奭》言“陳保”。思保者,《楚辭·九歌》:“思靈保兮賢姱。”(《東君》)是也。洪興祖云:“古人云:詔‘靈保,召方相’説者曰靈保,神巫也。”

《楚地出土文獻三種研究》頁244—245

○**劉信芳**(1996) 字同《説文》“捊”,或體作“抱”,持也,守也。《老子》:“聖人抱一爲天下式。”抱一即“守一”。《孟子·萬章下》:“抱關擊柝。”抱關即持守關門。

《中國文字》新21,頁82

○**李零**(2000) “孜奠”,應從饒文,讀爲“敷奠”是布定的意思。

《古文字研究》20,頁172

𢼊

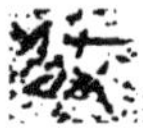集成9707 安邑下官壺 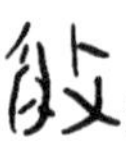新收367 三年垣上官鼎 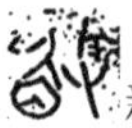新收1737 滎陽上官皿

○**李學勤**（2003）　香港中文大學文物館收藏的這件青銅器，應稱爲滎陽上官皿，係北山堂惠贈，於 1992 年入藏，館藏編號 92.111。器體呈略扁的球形，高 15.9 釐米。口徑 10.2 釐米，有窄折沿。腹徑 19.5 釐米，肩部有一對獸面形環耳，有垂環，腹面光素。低圈足，略侈，足徑 11.9 釐米。器重 1840 克，容積（至口沿）3030 毫升。

器上刻有兩處銘文。

（**中略**）另一處在腹正面，共 19 字，排爲四豎行：

十年九月，

廎（府）嗇夫

成、岩（左、佐）史

枲（狄）敊之，

少一益（溢）六分

益（溢）。

（**中略**）"敊"字左旁舊誤認爲从"臽"，皿銘非常清楚，是从"角"作。

（**中略**）保藏兩器的"府"爲什麼要加刻一段銘文？ 理解的關鍵在銘文中的"敊"字。這個字从"角"聲，動詞，當即讀爲"角"。《禮記・月令》"同度量，均衡石，角斗甬，正權概"，注："同、角、正，皆謂平之也。"《吕氏春秋・仲春紀》注即訓"角"爲平。清人朱駿聲《説文通訓定聲》説明，"角"與"斠"通，也就是"校量"的"校"。"十年九月，府嗇夫成、佐史狄角之"，乃是對兩器進行校量的記録。

對滎陽上官皿、安邑下官鍾，或許還有其他現在没有看到的器物進行的這次校量，是在什麼地方操作的？ 這牽涉到器的國别問題。上文已説到，皿的兩處銘文上下對應，當爲同時所刻，鍾的兩處銘文風格有别，彼此應有先後。因此，校量的銘文與滎陽上官屬於同國，也便是韓國。進行校量的機構"府"，當爲韓國朝廷所設，地點自在韓都新鄭。

《文物中的古文明》頁 321—324，2008；原載《文物》2003–10

○**蔡運章、趙曉軍**（2005）　"敊"，構形與安邑下官鍾和滎陽上官皿"敊"字相同。此字因安邑下官鍾銘文磨泐，致使學者誤認爲其左旁从"臽"，或从"告"。李學勤先生依據滎陽上官皿銘文指出，它應是从攴、角聲的敊字，是正確的。敊，通作角。（**中略**）"敊"字所以爲意符"攴"，有敲擊之義。故"敊"應是"角斗甬"之"角"的本字，而"角"則是借用字。

○**李學勤**（2005）　鼎上第二處銘文乃器的校量者所刻,其文字爲（依原行款）：

　　　三年,已

　　　觡,大十六

　　　奊。

　　（**中略**）"已觡（角）"就是已經校量。

《文物》2005-10,頁 93

○**吳振武**（2005）　此鼎銘文大別可分兩部分,從内容看,當非同時寫刻。（**中略**）

　　（2）三年,巳（已）觡（角）,大十六奊（斠）。（鼎身後部,見圖 2）（**編按:**图略）

第（2）部分中的"觡",可讀作"角"或"斠",當校量講,曾見於香港中文大學文物館收藏的滎陽上官皿和陝西咸陽塔兒坡出土的安邑下官鍾,李學勤先生曾作過精彩的考證。

《吉林大學社會科學學報》2005-6,頁 5

庋

 集成 10372 商鞅量　 陶彙 5·398

△**按**　"庋"爲"度"之異體,詳見本卷又部。

牪

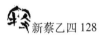 新蔡乙四 128

○**賈連敏**（2003）　兄（祝）亓（其）大牪（牢）。

《新蔡葛陵楚墓》頁 208

△**按**　"牪"當爲"牢"之繁構。

啟

 上博六·用曰 18

○**李朝遠**（2007）　 敃。

《上海博物館藏戰國楚竹書》（六）頁304

敬

新蔡乙四 134

────────────

○**賈連敏**（2003）　晉縣爲酓相之敬告大□。

《新蔡葛陵楚墓》頁209

散

集成 9735 中山王方壺　　上博五・三德 6　　璽彙 1968

────────────

○**張政烺**（1979）　散,從攴,昔聲,讀爲措。《論語・爲政》孔氏本“舉直措諸枉則人服,舉枉措諸直則人不服”,鄭玄注:“措,猶投也。謂投之於枉者之上位。”

《古文字研究》1,頁 215

○**趙誠**（1979）　 散,《説文》失收,在此當借爲穡。《左傳》襄公九年“其庶人力于農穡”注:“種曰農,收曰穡。”穡爲收穫、收藏之意。進賢穡能,連文對舉,意爲獲得並進用賢能之臣。又鼎銘均用窖爲昔,則散又當爲散字,此似借爲惜,憐愛之意。張政烺同志以爲措之借字,“措能”與“進賢”意近。

《古文字研究》1,頁 250

○**李學勤、李零**（1979）　 措,義爲設置,“進賢措能”義同於上文“舉賢使能”。

《考古學報》1979-2,頁 152

○**商承祚**（1982）　 敃即措,古文手、攴同用。《説文》扶之古文作扷、揚之古文作敭、播之古文作敤(金文同),皆從攴。又金文邾公釛鐘之揚亦作敭,可證。

《古文字研究》7,頁 65

○**陳邦懷**（1983）　 散𩁹　讀爲措
　　　方壺　進擧散能　　　 57 頁
　　按,番爲昔字異體。大鼎“昔者”之昔作𥤚,凡四見,與此同。措從攴,與《説文》揚古文作𢾭、播古文作𢿨相同。可知古文從手之字有從攴者。

《天津社會科學》1983-1,頁 67

○吳振武(1983)　　1968 郾䈭·郾(燕)散(措)。

　　　　　　　　　　　　　　　　　　　　《古文字學論集》(初編)頁502

○徐寶貴(1988)　　見本卷爨部"𤑔"字條。

○林素清(1990)　　(98)附録一二𩰚,可釋爲散。中山王𡭫鼎昔字作𥎆,與𡭫文左旁同。

　　　　　　　　　　　　　《金祥恆教授逝世周年紀念論文集》頁110

○何琳儀(1998)　　散,从攴,昔聲。疑措之異文。《説文》:"措,置也。从手,昔聲。"

　　　中山王方壺散,讀措。

　　　　　　　　　　　　　　　　　　　　《戰國古文字典》頁586

○李零(2005)　　(編按:上博五·三德6)建五官弗散(措),是胃(謂)反逆。

　　　　　　　　　　　　　《上海博物館藏戰國楚竹書》(五)頁292

【散木】

△按　　北京文雅堂藏有下揭"右桁散木"齊璽:

　　"散木",施謝捷(《古璽彙考》49頁,安徽大學2006年博士學位論文)釋爲"散(措)木",孫慰祖(《中國印章歷史與藝術》48頁,外文出版社2010年)釋爲"錯木"。

　　齊璽中類似的内容還有"廩木"("廩"字原从亩从米从攴)、"正木",此類璽印形制皆相似——印體呈圓柱形,中空,乃用於納木烙印之用。裘錫圭(《戰國文字釋讀二則》,《于省吾教授百年誕辰紀念文集》,吉林大學出版社1996年,下引裘説同)謂"廩"當訓爲"給、予",可從。"廩木"指衡所分發、給予之木。"正木",裘錫圭謂即"主管收木材税的官",我們懷疑當指衡所徵收之木。

敀

包山270

○劉彬徽、彭浩、胡雅麗、劉祖信(1991)　　敀。

　　　　　　　　　　　　　　　　　　　　《包山楚簡》頁38

○湯餘惠(1993)　　字隸爲"敀",當讀爲"磚",《説文》:"磚,小盌有耳蓋者。"

　　　　　　　　　　　　　　　　　　　　《考古與文物》1993-2,頁78

○**何琳儀**（1993）　應釋“敤”，“搏”之異文。《説文》：“搏，以手圜之也。”簡文“彫敤”應讀“彫榑”。《禮記・雜記》上“載以輲車”，注：“輲讀爲輇。或作榑。”又《集韻》：“榑，柩車也。”

《江漢考古》1993-4，頁 63

○**劉信芳**（1997）　“敤”乃“戟”之異體，“敤、剛”並讀如“彫”，彫戟謂戟的戈頭上鏤有花紋。

《中國文字》新 22，頁 190

○**何琳儀**（1998）　敤，从攴，專聲。疑搏之異文。《説文》：“搏，圜也。从手，專聲。”

　　包山簡敤，讀榑。《集韻》：“榑，柩車也。”

《戰國古文字典》頁 1025

○**李家浩**（1998）　兩相對照，（5）的“雕敤、雕樀”即（6）的“雕輈、雕榎”。《説文》“潮”字古文作“淖”，“从水，朝省聲”。簡文“敤”字所从左旁與“淖”字所从右旁相同，應當分析爲从“攴”“朝”省聲。“朝”與“輈”、“缶”與“榎”古音相近，可以通用。“輈”从“舟”聲，《説文》篆文“朝”也从“舟”聲。上古音“缶”屬幫母幽部，“榎”屬並母覺部，幫並二母都是脣音，幽覺二部陰入對轉。《方言》卷九：“轅，楚衛之閒謂之輈。”如果簡文的“輈”用的是此義，那麼“樀、榎”二字大概都應當讀爲“輹”，指伏兔。

《簡帛研究》3，頁 10

○**劉信芳**（2002）　“敤”字从攴，从朝省聲，讀爲“輈”。

《古文字研究》24，頁 377

敏　敀

🔲包山 2 　🔲包山 143 　🔲集成 12110 鄂君啟車節 　🔲集成 12113 鄂君啟舟節

○**郭沫若**（1958）　歲敏（令）。

《郭沫若全集・考古編》6，頁 179，2002；原載《文物參考資料》1958-4

○**商承祚**（1962）　（**編按**：新弨戈）“敀”爲命字的異體，與《鄂君啟節》的敀字形同義異，此用作命，而節文用爲令。

《文物》1962-11，頁 58

○**李零**（1989）　（**編按**：新弨戈）“敏”應同曾侯乙墓遣冊的“宮廄敏、新官敏”等等,讀爲"令",是新任的"弨自"之令。

《古文字研究》17,頁 285

○**何琳儀**(1998)　　敆,从攴,命聲。疑拎之異文。《玉篇》:"拎,手懸捻物也。"

　　新郘戟敆,讀名。見命字 d(編按:彼處云:"名,命名。")。楚器敆,讀令,官署之長。見令字 e。隨縣簡"右敆",讀"右領",官名。《左‧哀十七》:"右領差車與左史老皆相令尹、司馬以伐陳。"《左‧昭二十七年》"鄢將師爲右領",注:"右領,官名。"

《戰國古文字典》頁 1147

○**湯餘惠等**(2001)　　同命。

《戰國文字編》頁 192、207

○**劉信芳**(2003)　　楚簡凡職官"令"多作"敆",鮮有例外。鄂君啟節"敉敆",曾侯乙簡 1"右敆"、簡 7"左敆","敆"並讀爲"令"。《左傳》昭公二十七年:"鄢將師爲右領。"杜預《注》:"右領,官名。"哀公十七年:"臣懼右領與左史有二俘之賤。"又:"右領差車與史老皆相令尹、司馬以伐陳。""右領"即"右令"。

《包山楚簡解詁》頁 7—8

敊

望山 2‧45　　 包山 254　　 包山 270

○**朱德熙**(1989)　　望山二號墓遣册中屢見一個从"攴"的字,下邊摘舉數例:

此字左側所从是"周"字。由於中閒豎筆左曳(望山楚簡豎筆多向左挑),上端省去一橫畫,同時"口"字又寫得略大一些,就不容易看出是"周"字了。其實這個字規範的形體應該是:

左邊顯然从"周"。

　　我們把這個字釋作"敊",可以合理地解釋遣册開頭的一段話:

　　　　□之歲,八月辛□□□車與器之箅。

此簡上殘,但可以看出是以事記年之辭。天星觀一號墓簡文説:

齊客公孫緁問王於葴郢之歲,十月丙戌之日,鹽丁以長保爲邸昜君番

勑貞:峕(待)王……

比照起來看,遣册很可能是以某人聘問周王朝一事記年。

遣册"敯"字在簡文中的用例有二。一是放在名詞前邊作修飾語。例如:

……一敯桱(桯),一房柜…… （四五號）

……敯杯廿合,一大羽翣,一大竹翣,一少(小)篓,一少(小)敯羽

翣…… （四七號）

二是用作謂語:

……軓八十,紫盍(蓋),軥、杠皆敯…… （一一號）

……衡厄(軛),骨玹,剷(漆)敯。 （六號）

無論是用作修飾語還是用作謂語,"敯"字都當讀爲"彫"。"彫"除了刻鏤的

意義之外,還有畫飾的意思。《廣雅·釋詁四》,又《左傳·宣公二年》"厚斂

以彫牆"杜注並云:"彫,畫也。"《一切經音義》卷二引《三蒼》:"彫,飾也。"遣

册"彫桯""彫杯""彫羽翣"的"彫"顯然都是畫飾的意思。信陽楚簡有從"彡"

的"彫"字,也有修飾語和謂語兩種用例:

……一彫鼓…… （二〇三號）

……二方濫(鑑),屯彫裡…… （二〇九號）

……二彫□,二彫,一之斦,三彫斦…… （二一一號）

……丌(其)木器:十埅豆,屯剷(漆)彫,之□…… （二二五號）

前三例用作修飾語,後一例用作謂語。望山簡"敯"字的用例與信陽簡"彫"字

全同,再比較簡文之義,可以坐實"敯"是"彫"的借字。

《朱德熙文集》5,頁 185—186,1999;原載《古文字研究》17

○**劉彬徽、彭浩、胡雅麗、劉祖信**(1991) 敯,讀如彫。《説文》:"琢文也。"

《荀子·大略篇》"天子彫弓",注:"彫畫爲文飾。"

《包山楚簡》頁 59

○**陳偉武**(2003) 敯:字見於包山簡和望山簡,或作"彫",見於信陽簡。朱德

熙先生指出"敯"或"彫",在楚簡中用爲"畫飾"之義。傳世文獻多寫作"雕"。

其實"敯"和"彫"都是"畫飾"義的專用字。朱先生以"敯"爲"雕"之借字未

確,"敯"從"攴"旁即有攻治的意思,畫飾猶攻治也。《集韻·尤韻》:"敯,禦

也。"我們不應泥於後世韻書的訓釋。

《華學》6,頁 102

○**劉信芳**(2003) 仰天湖簡作"剾",信陽簡作"彫",鏤、琢、刻、畫皆可謂

“彫”,簡文“敝”謂刻鏤。

《包山楚簡解詁》頁 255

△按　朱德熙釋出“敝”字並進而指出“敝”當讀爲“彫”,甚是,然“敝”字並非
“彫”之借字。陳偉武指出“攴”旁即有攻治之意,並謂“敝”與“彫”皆爲表示
“畫飾”義之專用字,可從。

【敝㮵】

○**李家浩**(1994)　（編按:望山 2 · 45）望山“矮足案”一,（中略）案面繪有朱繪圖
案,所以望山簡稱爲“雕㮵”。

《國學研究》2,頁 547

敊

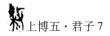上博五 · 君子 7

○**張光裕**(2005)　“敊”,讀爲“摇”。行容應端莊,不宜顧盼摇晃。《禮記 ·
玉藻》:“凡行容惕惕,廟中齊齊。”

《上海博物館藏戰國楚竹書》(五)頁 259

啟

新蔡乙四 61

△按　“肩”字之繁構,詳見卷四肉部。

敎

曾侯乙 95

△按　蕭聖中(《曾侯乙墓竹簡釋文補正暨車馬制度研究》94 頁,科學出版社
2011 年)據紅外影像釋出。

數

上博三 · 周易 1

△按　"殼"字之異體,詳見本卷殳部。

敕

集成 10371 陳純釜

○馬承源等(1990)　敕。

《商周青銅器銘文選》(四),頁 555

○何琳儀(1998)　敕,从攴,柬聲。疑柬之繁文。《集韻》:"柬,擇也。或从手。"

陳純釜敕,讀柬或揀。

《戰國古文字典》頁 999

毀

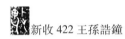新收 422 王孫誥鐘

△按　"畏"字之繁文,詳參卷九甶部。

敔

曾侯乙 11

○裘錫圭、李家浩(1989)　疑敔即訓爲鍬的"臿","兼"讀爲"鎌"。

《曾侯乙墓》頁 512

○何琳儀(1998)　敔,从攴,舀聲。(《説文》:"舀,齊謂舂曰舀。从臼,午聲。讀若膊。")疑舀之繁文。

隨縣簡敔,讀緔。《説文》:"緔,綬維也。从糸,逆聲。"《漢書・翟方進傳》"赤韍緔",注:"服虔曰,緔,即今之綬也。師古曰,緔者,系也。謂逆受之也。"

《戰國古文字典》頁 514

○劉信芳(2006)　敔,讀爲"臿"。《方言》卷五:"臿,燕之東北,朝鮮洌水之間謂之䰏。"䰏者銚也(《説文通訓定聲》),有如敔亦謂之挑。銚乃兵器,《呂氏春秋・簡選》:"鉏櫌白梃,可以勝人之長銚利兵。"高誘注:"銚,長

矛也。"

《簡帛》1,頁 5

攲

上博六·競公 2 正

○濮茅左(2007)　"攲",不見於字書,據文意當讀爲"欲"。

《上海博物館藏戰國楚竹書》(六)頁 168

㪉

上博一·緇衣 22

△按　今本作"仇",郭店本作"載",詳見卷十二戈部。

敊

包山 170

○劉彬徽、彭浩、胡雅麗、劉祖信(1991)　敊。

《包山楚簡》頁 30

○何琳儀(1998)　敊,从攴,盍聲。《集韻》:"敊,敲也。"
　　包山簡敊,人名。

《戰國古文字典》頁 1425—1426

敳

集成 159 屬羌鐘

○劉節(1931)　敳,即《説文》敳字。古文从攴、从支、从又,皆可通。敳者編鐘之原始語義也。字當讀如鬲(今作魚綺切者乃一聲之轉)。古者鐘鼓皆從量出,古量大者儲酒儲米,小者可作食具。故鍾、鐘,經典皆相通。而鼓从豆从支與敳之从鬲从支,蓋同一語變方法也。《晏子春秋》:"齊舊量四:豆、區、釜、鍾。"《管子·輕重丁》:"今齊西之粟,釜百泉,則鏂二十;齊東之粟,釜十

泉,則鏂二泉。"然則區亦可作鏂,而與从瓦之甌同。節按:《説文》:"敲(編按:當作"敲"),三足鍑也。"《方言》:"吳揚之閒,謂之鬲。"《説文》曰:"江淮之閒謂釜曰敲。"又曰:"鬲曰䰞。"《詩·采蘋》"維錡及釜",釋文曰:"錡,三足釜也。"《説文》又有鬵字,曰:"三足釜也,有柄喙。"《廣雅》:"鬵,䰞也。"然則,區、鏂、甌、敲、鬲、鬵、錡七字,實一器之異名,其聲皆在一類。由是又可推知䰞、鍑、釜、釜,亦一器之異稱。故《方言》:"釜自關而西或謂之鍑。"《廣雅》:"䰞,鍑也。"《三蒼》:"鍑,小釜也。"區與釜之説既畢,然後論鍾。《左傳·昭公三年》"釜十則鍾",杜注曰:"六斛四斗爲鍾。"《考工記·栗氏》"量之以爲䰞",鄭注:"六斗四升。"《説文》有鬴字,曰:"䰞也。"《臧庸汪萊別傳》謂孝嬰得漢陵陽子明釜鬴二。大者文曰:"蜀郡楊旦(夏燮跋曰實昌字)造,傳子孫。"小者曰:"陵陽子明受王孫釜作鬴用沸。"是可證鬴、鍾、鐘,亦一器之異稱。則《晏子春秋》所謂區、釜、鍾者,即敲、䰞、鬴,亦可曰錡、鍑、鐘。則鐘之原始,乃由匋器出,其初爲食具可知。故現存各鐘無商代器,而甲骨文中有**敲**字,上虞羅氏謂即徹之古文。按从又从鬲,乃卒食之意,與从支从鬲乃擊缶之意義亦相通。蓋古代民族燕享畢,必有歌舞,即席鼓豆擊鬲爲樂器;此鼓與鐘之來源也。《商頌·烈祖》:"鬴假無言,時靡有爭。"《中庸》引作"奏假",《左傳·昭公二十年》引作"鬴嘏",實即鐘鼓也。《陳風·東門之枌》"越以鬴邁",亦即鐘邁。鐘之作鬴者,皆古義也。

(中略)《釋樂》曰:"大鐘謂之鏞;其中謂之剽;小者謂之棧。"孫炎曰:"鏞深長之聲。"釋文云:"剽者,聲輕疾。"鏞與剽既狀其聲,則棧之亦狀其聲,復何疑。節按:剽者鎛也,棧者鉦也。(唐蘭鳧氏爲鐘解謂,"兩樂謂之銑","鼓上之銑"皆以聲取義。)《説文》徹字古文从敲,聲亦相近。足證釋樂之説蓋以聲之大小爲別。朱駿聲曰:"大鐘曰庸,次曰鎛,小者曰編鐘。"由此更可推知庸出於鬴,鎛出於鬴,編鐘即敲之遺制也。是鐘取敲之名,蓋用古義,故不煩辭費而申述之。

《古史考存》頁 88—90,1958;原載《國立北平圖書館館刊》5 卷 6 號

○**唐蘭**(1932) 敲,讀若擊,樂器名。《皋陶謨》:"戛擊,鳴球。"戛擊,《明堂位》作揩擊,《長揚賦》作拮隔。《荀子》《大戴禮》《史記》作膈;本皆當作敲,象以支擊鬲,與鼓、磬,敲等字同。後世鐘之所托始者,已詳見余《古樂器小記》中。

《唐蘭先生金文論集》頁 2,1995;原載《國立北平國書館館刊》6 卷 1 號

○**徐中舒**(1932) 敲古徹字,《説文》徹古文作徹,此省彳,甲骨文同(見《殷

墟書契前編》九葉）。敔人名。

（中略）韓宗敔疑即《左傳》之韓起，敔與起義正相應，或即韓起之字。

《徐中舒歷史論文選輯》頁 214、218，1998；原爲單行本

○唐蘭（1933）　麤羌鐘曰：“唯廿又再祀，麤羌乍伐乒辟斁宗敔。”以文法例之，敔當爲器名。其同時出土者，有麤氏鐘，銘曰：“麤氏之鐘。”兩鐘大小殊而形制則同，然一曰“敔”，一則曰“鐘”，可明其爲同屬矣。

方余等初得見此鐘之打本時，吳君其昌立以爲“敔”即“鐘”之別構，其後劉君節撰《麤氏鐘考釋》，其主張亦與吳同；大意謂“敔”即《説文》之“敔”字，敔爲三足鍑，鬵爲釜屬，義得相轉；鬵即漢器之鍾。鐘、鍾本一字，則鐘即鍾也。

吳、劉二君敏鋭之觀察，余夙所心折；然若謂“敔”爲即“鐘”，則考之尚未諦審也。敔字當讀若擊，象手持卜擊鬲也，鬲亦聲，與“殸、鼓、瑴、敳”等字同意。《説文》徹古文作㣇，當从敔得聲，而挩敔字則以小篆中此字已亡佚也。《尚書·皋陶謨》云：“戛擊鳴球，搏拊，琴，瑟，以詠。”鄭注謂：“戛擊鳴球三者，皆總下樂，擽擊此四器也。”鄭氏謂戛擊“磬”“搏拊”，“琴”及“瑟”四器，以“戛擊”爲動詞，其實誤也。《禮記·明堂位》曰：“拊搏，玉磬，揩擊，大琴，大瑟，中琴，小瑟，四代之樂器也。”“揩擊”即“戛擊”，“玉磬”即“鳴球”。《記》文與《尚書》正合，則知“戛擊”實器名矣。《文選》揚雄《長揚賦》作“拮隔鳴球”，注引韋昭曰：“古文隔爲擊。”“拮隔”亦即“戛擊”也。《荀子·禮論》：“尚拊之隔。”之，蓋衍字，《史記》、禮書正作“尚拊膈”，膈亦即擊，舊以爲懸鐘格，非也。古語多複音，“戛擊”之即“擊”，正猶“搏拊”之即“拊”；“擊”字亦作“隔”，《説文》以“璥”讀若鬲，“鼜”讀若隔，“鬷”讀若擊，是从鼜聲之字與鬲聲之字聲讀相近。擊、隔、膈，蓋皆假借字，其本字當即麤羌鐘之“敔”字，其器爲陶製之鐘屬。鄭君於《明堂位》注又誤以“揩擊”爲“柷敔”，然《皋陶謨》下文又云“合止柷敔”，可知其非一物也。

“敔”象擊鬲，《考工記》曰：“陶人爲鬲，實五觳，厚半寸。”是鬲亦量器也。《説文》：“鬲，鼎屬，實五觳，斗二升曰觳，象腹交文，三足。”又：“鬵，歷也，古文亦鬲字，象孰飪五味氣上出也。”許以鬲爲鼎屬，本之《爾雅》，然鬲實由容器之尊所嬗變，故其字作鬲，長頸廣腹，與酉字爲近。《殷墟書契前編》卷四第十六葉有𩰲字，當釋爲滷，卷六第五十五葉又有𩰳字，就此兩字之偏旁，由酉變鬲之迹，更爲明顯。蓋尊本爲圓底，不適於平置，故爲之足，則漸變而爲烹煮器，以其款足，故謂之鬲。若鬵字，則甲骨文中本作𤐫，象三足之鍑下有火煮之，金文中𤐥、𤐦、𤐧、𤐨諸字，尚與甲骨文同形，𤐩、𤐪、𤐫、𤐬諸字，則變作𩰛，小篆又

盡變爲𩰋,惟𩰋之重文尚作𩰊,作𩰋,而已變羔爲美,古文象形之意盡失,故許遂誤以𩰋與鬲爲一矣。

在今世發見之陶器中,尚未聞有長頸似罌而又有足之鬲,固有待於將來之證實。然以字形考之,殆無疑蘊也。然則在陶器時代,懸此有耳之鬲而擊之,以爲樂,其名曰𣪂。至青銅器時代,仿其形制,而名曰鐘。𣪂者,擊也;鐘者,撞也。義雖相通,聲則遠隔,鬲聲之𣪂,僅如曇花一現,九九歸原,復反於甬聲之鐘矣。驫羌雖生於東周之世,觀其棄年而稱祀,知猶秉殷禮,則稱鐘爲𣪂,蓋亦襲殷世之舊文。我人於此可以推知𣪂與鐘之過渡時期,當在殷世也。

鐘之沿革,今圖示之如左(編按:圖示見右):(有△符號者爲樂器,其餘爲容量器。)

《尚書》之"擊",自秦而後,莫知其爲何物,而銅器時代之鐘,爲摹仿鬲形而製,亦我人意識中之所不能推測者。向非驫羌鐘之出土,則我人於此二事,終將茫然無所知矣。

《唐蘭先生金文論集》頁 348—349,1995;原載《燕京學報》14

○朱德熙(1985)　唐蘭先生也主張在"𣪂"字下斷句,但他認爲"𣪂"是鐘的古名。這個説法終因證據不足,同意的人很少。我們認爲"𣪂"應從陳夢家説釋爲從"虜"之字,鐘銘"韓宗𣪂"即韓景侯虔。陳夢家《六國紀年》(68 頁):

> 《韓世家》索隱云"《紀年》及《世本》皆作景子名虔",《史記》同而稱景侯。考景子之世韓始稱侯,其未侯之前當稱景子。前述《紀年》"晉烈公十一年,韓景子與趙、魏伐齊入長城",亦見周威烈王二十二年之驫羌鐘,鐘銘曰"厥辟韓宗𣪂",即景子虔也。其字從鬲從攴,即獻字之省,陳侯午敦獻從鼎從犬,亦省虎頭⋯⋯古音"獻""虔"音近,故知銅器之韓宗即《紀年》之景子矣。

此説甚確,因爲:(1)字形上有根據。"虜"字作爲偏旁時可以省去虎頭,除陳侯午敦"獻"字外,虘鼎(《攈古録金文》一之二 81)"獻"字(借爲"虘")作"獻",也是很好的例證。(2)字音密切吻合。"獻"和"虔"都是古元部字,聲母同屬見系。(3)揆之史實,也若合符契。鐘銘説:"唯廿又再祀,驫羌⋯⋯征秦迮齊,入長城,先會于平陰。"《水經注·汶水》引《紀年》:"晉烈公十二年,王命韓景子、趙烈子、翟員伐齊,入長城。"晉烈公十二年正當周威烈王二十二年。

《朱德熙文集》5,頁 169,1999;原載《中國語言學報》2

〇**湯餘惠**(1993)　韓宗徹,即韓景侯虔。

《戰國銘文選》頁 11

敗

新蔡乙二 3、4　新蔡乙三 47

〇**賈連敏**(2003)　疾遫(速)敗(損)。

《新蔡葛陵楚墓》頁 203

△**按**　宋華强(《新蔡葛陵楚簡初探》389 頁,武漢大學出版社 2010 年)引蔣禮鴻説謂:"損爲病愈,義取於減也。"可從。

⿰⿱臼土攵

上博二・從甲 18

△**按**　"毀"字之異體,詳參卷十三土部。

⿰金攵

楚帛書

〇**饒宗頤**(1985)　"⿰金攵"乃"⿱艹金"之異寫,增攴旁。

《楚帛書》頁 85

〇**李零**(1985)　月名"⿱艹金",這裏作⿰金攵。

《長沙子彈庫楚帛書研究》頁 80

⿰蚤攵

璽彙 1925

〇**施謝捷**(1998)　1925 并・并⿰蚤阝(搔)。

《容庚先生百年誕辰紀念文集》頁 647

攲

攲包山 134、 攲包山 134、 攲上博一·緇衣 4

○**劉釗**（1998） 簡 133、134 有字作"攲"，字表隸作"攲"。按字从攴从堇，應釋爲"攤"。攤字見於《説文》。

《出土簡帛文字叢考》頁 31，2004；原載《東方文化》1998-1、2

○**陳佩芬**（2001） 攲 从攴，堇聲。《説文》所無。《詩·大雅·抑》"謹爾侯度"，《左傳·襄公二十二年》《晉書·傅亮傳》引"謹"作"慎"。郭店簡作"懂"，今本作"慎"。

《上海博物館藏戰國楚竹書》（一）頁 178

【攲客】

○**劉彬徽、彭浩、胡雅麗、劉祖信**（1991） 戴（編按："戴"當作"攲"），疑讀作勤。勤客，負責勤務之人。

《包山楚簡》頁 49

○**周鳳五**（1994） 似爲捕盜之官。

《文史哲學報》41，頁 14

○**何琳儀**（1998） 攲，从攴，堇聲。疑攤之異文。《説文》："攤，飾也。从手，堇聲。"

包山簡攲，疑讀覲。《爾雅·釋詁》："覲，見也。"

《戰國古文字典》頁 1322

○**李家浩**（2004） 近年荊門包山二號楚墓出土竹簡中也有"戴（戴）"字，其所从"童"亦作"堇"，與印文同。字或作"攲"，从"攴"：

陰之戴（戴）客。 《包山》62·135 反

戴（戴）客百宜君。 《包山》60·138

陰之戴（戴）客。 《包山》58—59·133、134

戴（戴）客百宜君。 《包山》59·134

王國維説："凡从'攴'、从'戈'，皆有擊意，故古文字往往相通。"

（中略）上引 0310 號印"戴交"之"戴"和包山楚簡"戴客"之"戴"，也都應該讀爲"職"。《周禮·秋官》的《掌交》："掌以節與幣巡邦國之諸侯及其萬民之聚者，道王之德意志慮，使咸知王之好惡，辟行之……"《掌客》："掌四方賓

客之牢禮,饌獻、飲食之等數與其政治……”“職交、職客”當分別是“掌交、掌客”的異名。

《出土文獻研究》6,頁 15—16

△按　“戦、戰”爲一字之異體,“戰”字見卷十二戈部。

敕

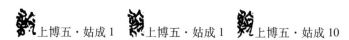 上博五·姑成 1　　　　上博五·姑成 1　　　　上博五·姑成 10

【敕公】

○李朝遠(2005)　即晉厲公,公元前 580 至前 573 年在位。

《上海博物館藏戰國楚竹書》(五) 頁 241

敫

 上博五·季庚 18

△按　《説文》以爲“樹”之籀文,詳見卷六木部。

歐

 石鼓文·吾車　　　　侯馬 1:40　　　　陶彙 3·743

 璽彙 3226

○山西省文物工作委員會(1976)　歐　宗盟類　參盟人名史歐齕。

《侯馬盟書》頁 349

○吳振武(1983)　3226 赤駼·赤歐(驅)。

《古文字學論集》(初編) 頁 513

○湯餘惠等(2001)　歐。

《戰國文字編》頁 191

△按　此字《説文》以爲“驅”之古文,从攴有持物驅使之義。傳世文獻“歐”字屢見,多與“驅”同。侯馬盟書有人名“歐齕”,亦用“歐”爲“驅”。

攽

曾侯乙 25　　曾侯乙 56

○**何琳儀**（1998）　攽，从攴，貧聲。疑攽之繁文。《説文》“攽，分也。从攴，分聲。《周書》曰，乃惟孺子攽。亦讀與彬同”。

随縣簡攽，讀紛。見紛字。

《戰國古文字典》頁 1358

【攽韌】

○**裘錫圭、李家浩**（1989）　“攽韌”之“攽”所代表的詞，他簡或用“繽、貧、紛”等字表示。“貧”从分聲，“繽”當是“紛”的異體，而“攽”則應當是“放”的異體。天星觀一號墓竹簡“紛韌”作“紛紉”。

《曾侯乙墓》頁 502

○**白於藍**（2005）　簡文之“貧（或攽、繽）韌”很可能就是《小戎》“文茵暢轂”之“文茵”。

《中國文字》新 30，頁 202

敘

包山 121　　上博二・容成 3　　鴨雄緑齋藏中國古璽印精選 2

○**吳振武**（1996）　見本部“畋”字條。

○**何琳儀**（1998）　敘，从攴，魚聲。漁之異文。《正字通》：“敘，同漁。”（中略）

包山簡“敘尹”，官名。

《戰國古文字典》頁 502

【敘尹】

○**何琳儀**（1998）　見“敘”字條。

【敘澤】

○**李零**（2002）　即“漁澤”，打魚於澤。

《上海博物館藏戰國楚竹書》（二）頁 253

敠

璽彙 3214

○**何琳儀**（1998）　敠，从攴，翏聲。疑摎之異文。《說文》：“摎，縛殺也。从手，翏聲。”

　　古璽敠，讀摎，姓氏。嬰齊在長安時取邯鄲摎氏女。見《漢書·西周夷兩粤朝鮮傳》。

《戰國古文字典》頁 238—239

𢼸

集成 9975 陳璋壺

○**郭沫若**（1935）　言“大臧□□”者臧殆㭘之異，讀爲“咸劉厥敵”之咸，謂剪滅也。

《兩周金文辭大系考釋》頁 220,1957

○**周曉陸**（1988）　（編按：陳璋壺）“𢼸”字从臧从攴，丁山先生與大字連讀爲“大將”，大將軍之意，不確。郭沫若先生讀爲“‘咸劉厥敵’之咸，謂剪滅也”，意思較近。按《說文》：“臧，善也，从臣戕聲。”林義光說：“字从臣，本義當爲臧獲臧奴也。”《說文》：“攴，小擊也，从又卜聲。”段注：“又者手也。”這個字當讀作臧，含正義的征伐之意，又是一個不及物動詞，有戎起兵興之意。

《考古》1988-3，頁 260

○**李學勤、祝敏申**（1989）　“齊臧”，方壺作“大臧”。“臧”原从攴作，讀爲“藏”。“齊”，《史記·平準書》集解云“皆也”，與“大”意近。“戋”即“戈”，齊兵器銘文常見，方壺上此字被銹掩去。“孤”，舊釋“子”或“孔”，細察方壺照片、摹本，右側縱筆長而向左拱曲，近上端有一下垂橫筆，與侯馬盟書“弧”所从相似，故字當爲“孤”，讀爲“弧”。“弧”便是弓。大臧或齊藏戈弧，就是把兵器收藏起來，是停止戰鬥的意思。（中略）

　　“臧”所从的“爿”，寫法可以反映東西文字的區別。考古材料中秦文字的“爿”作“𠁣”，合於《說文》正文（《說文》無單列爲部首的“爿”）；東土文字則作

"**肖**",合於《説文》"腊、漿、醬"等字古文所從,陳璋方壺的寫法亦如此。

《文物春秋》1989 創刊號,頁 14—15

○**馬承源等**(1990)　大斁(壯)□孔陞(陳)璋内(入)伐匽(燕)亳邦之隻(獲)
器乃壯武的陳璋入伐燕的亳邦所得。即指桓公午五年伐燕之事。

　　大斁□孔　斁,銘作臧,即臧的繁文,此讀爲壯。《易·大壯》:"大壯,利
貞。象曰:大壯,大者壯也。"孔穎達《疏》:"壯者,强盛之名。以陽稱大,陽長
既多,是大者盛壯,故曰大壯。"大壯是盛大雄壯的意思。孔上闕一字,孔爲嘉
美字,《説文·乙部》:"孔,通也。從乙從子。乙,請子之候鳥也。乙至而得
子,嘉美之也。古人多名嘉字子孔。"大斁□孔是陳璋的自我贊美之辭。

《商周青銅器銘文選》(四),頁 560

○**曹錦炎**(1990)　齊臧鈌孔、陳璋

　　從摹本看,此句首字當是"齊",但陳璋壺此字則作"大",從《劫掠》所附
的照片來看甚清楚。從文義上説,此字當以作"齊"爲長。臧鈌孔,人名。臧
氏,姬姓,魯孝公之子彄食邑於臧,因以爲氏。先秦典籍中記臧氏者多見,不
煩引。鈌,《集韻》以爲"同於鍋"。從字形上看,此字釋鈌無甚不可。然而,在
古文字裏,戈旁往往有用爲弋旁的現象,如邚作邙;代作伐;忒作忒;貣作貣等
等,是其例。所以,"鈌"字也可能應該釋爲"鈒"字。鈒音弋,是一種附耳鼎的
名稱,《爾雅·釋器》"鼎附耳外謂之鈒",郭璞注:"鼎耳在表。"

《東南文化》1990-1、2,頁 212

○**何琳儀**(1998)　臧,從攴,臧聲。

　　陳璋壺臧,讀將。《説文》:"將,帥也。"

《戰國古文字典》頁 704

斁

𣪘 上博四·曹沫 32

○**李零**(2004)　斁(量)。

《上海博物館藏戰國楚竹書》(四)頁 263

敨

楚帛書　　郭店·緇衣 40　　郭店·語四 10　　璽彙 0630　　璽彙 0631

○**何琳儀**（1986）　“敼”，从丙，“丙”《説文》“讀若三年導服之導”。“導”即“禪”（詳《儀禮·士虞禮》注）。“丙”，乃“簟”之初文，象席形（見《古文字學導論》58 頁）。“敼”疑“撣”之異文。“撣”，《説文》訓“探”，《蒼頡篇》訓“持”。

《江漢考古》1986-2，頁 84

○**朱德熙**（1989）　帛書 C6：

　　　曰取（陬）。云則至。不可以□殺。壬子、丙子凶。乍□北征，銜（帥）
　又（有）咎。武□□亓（其）敼。

末一字亦見於馬王堆篆書陰陽五行：

　　　敼茅屋而堉之，大凶。

又戰國私印亦有此字，不過字形略有變異：

　　　　　　　敼王《古璽彙編》630

今考此字左側所从實乃曷字。古印文中曷字偏旁最常見的寫法是：曷
與長沙帛書和馬王堆帛書曷字的區別是上端簡化爲▼，下方增加了口字。羅振玉在《古璽文字徵》序文中説：

　　　其與《汗簡》合者，如《汗簡》葛作藺，謁作讋，羯作羯，揭作揭，碣作碣，
　渴作渴，蝎作蝎，可據以知璽文之歇即歇，謁即謁，蝎即蝎，渴即渴，閼即閼。
羅釋从曷諸字甚是。曷字這種寫法在秦漢古隸中還可以見到，只是下邊不从口，例如：

　　　謁　謁　馬王堆帛書《戰國縱橫家書》10

　　　渴　渴　馬王堆帛書《老子》乙本 177 下

　　　渴　渴　馬王堆帛書《相馬經》69 上

《説文》認爲曷字从曰匃聲，匃顯然是凶形的訛變。

　　上引馬王堆帛書“敼茅屋而堉（？）之”的敼當讀爲蓋。曷與盍都是祭部見系字，音近古通。《説文》“蓋，苫也”。《爾雅·釋器》“白蓋謂之苫”，郭注：“白茅苫也。今江東呼爲蓋。”《左傳·昭公二十七年》正義引李巡曰：“編菅茅以覆屋曰苫。”帛書敼字與“茅屋”連文，讀爲蓋，文義很協調。這反過來可以説明上文關於曷字的考釋是可信的。《周易》井卦：“汔至亦未繘井。”馬王堆帛書《周易》作：

　　　敼（敼）至亦未汲井

乞與曷古音相近。敼大概是以乞爲聲符來注曷的音。帛書此字可以讀爲汔，也可以讀爲渴。汔與渴音近義通。《説文》：“汔，水涸也。”《廣雅·釋詁一》：

"汔,盡也。"《説文》:"渴,盡也。"《爾雅・釋詁》:"涸,渴也。"

　　釋出了長沙帛書和馬王堆《陰陽五行》的敳字,我們就知道下邊四個見於西周銅器的字也都从曷:

　　　　剺□簋　　　　　剺伯臣　　　　　剺弔盨　　　　師橪鼎

只要把剺伯臣曷字偏旁所从的吕移至上方,就跟長沙帛書的曷字偏旁完全一樣了。師橪鼎銘云:

　　唯八月初吉,王姜易(錫)旗田三于待剺。師橪酓兄,用對王休,子子孫孫其永寶。

郭沫若《關於眉縣大鼎銘辭考釋》(《文物》1972 年 7 期)説:

　　"于待剺":"于"是與字義,古文多如此用法。"剺"殆是刈字,象田中有禾穗被刈之意。"錫旗田三于(與)待刈",是説將三個田和田中有待收穫的禾稻一併授予。鑄器的時期是在"八月初吉",還未到秋收的時節。《國風・豳風・七月》言"十月穫稻",又言"十月納禾稼",可見距收穫還早兩個多月。

按曷與刈都是祭部字,聲母同屬見系。郭氏雖然不知剺所从,但他把此字讀爲刈,不僅字音密合,文義也協洽而無窒礙,實具卓識。

　　剺伯簋、剺弔盨作爲國名的剺,可能即《孟子・滕文公下》"湯居亳,與葛爲鄰,葛伯放而不祀"的葛。

　　長沙帛書敳字句有缺字,意義難明,待考。

　　　　　　　　　　　　　　《朱德熙文集》5,頁 207—209,1999;原載《古文字研究》19

○**何琳儀**(1989)　末字原篆作"敳",朱釋"敳",甚確。按,"敳"應是"揭"之異文。

　　　　　　　　　　　　　　　　　　　　　　　　　　《江漢考古》1989-4,頁 52

○**劉信芳**(1996)　敳　朱德熙先生釋"敳",饒宗頤先生云:"當是弼字,而益吕旁。"該字上文有殘,謹闕疑。

　　　　　　　　　　　　　　　　　　　　　　　　　　《中國文字》新 21,頁 100

○**荆門市博物館**(1998)　(編按:郭店・緇衣 40)敳,於此讀作"弼",字亦通作"第"。《詩經・衞風・碩人》"翟茀以朝"傳:"茀,蔽也。"即車蔽。裘按:今本此字作"軾","敳"从"曷"聲,疑可讀作"蓋",指車蓋。

　　(編按:郭店・語四 10)敳,從朱德熙先生釋,讀作"弼",字亦通作"第"。第,車蔽。裘按:"車敳"疑當讀爲"車蓋",參看《緇衣》篇注一〇一。

　　　　　　　　　　　　　　　　　　　　　　　　《郭店楚墓竹簡》頁 136、218

〇**白於藍**（2002）　　長沙楚帛書丙篇 6 中有一字作“䯄”，朱德熙先生釋爲
“䫇”。該字亦見於郭店楚墓竹簡，凡兩見，原篆作：

　　　　䫇《緇衣》簡四〇　　　　䫇《語叢四》簡一〇

分別出現在如下之辭例當中（以下以“△”號代替該字）：

　　　　句（苟）又（有）車，必見其△；句（苟）又（有）衣，必見其必幣（敝）。
（《緇衣》簡四〇）

　　　　車△之莖酺，不見江沽（湖）之水。佖（匹）婦禺（愚）夫，不智（知）其向
（鄉）之小人、君子。　（《語叢四》簡一〇、一一）

《郭店楚墓竹簡》一書的釋文和注釋當中亦將該字釋爲“䫇”，其中《緇衣》注
[一〇一]云：“䫇，從朱德熙先生釋（《長沙帛書考釋》，《古文字研究》第十九
輯）。䫇，於此讀作‘弼’，字亦通作‘第’。《詩·衛風·碩人》‘翟茀以朝’傳：
‘茀，蔽也。’即車蔽。裘按：今本此字作‘軓’，‘䫇’從‘曷’聲，疑可讀作
‘蓋’，指車蓋。”《語叢四》注[八]云：“䫇，從朱德熙先生釋，讀作‘弼’，字亦
通作‘第’。第，車蔽。裘按：‘車䫇’疑當讀爲‘車蓋’，參看《緇衣》篇注一
〇一。”

　　由上引兩處注釋可以看出，儘管原郭店楚墓竹簡整理小組和裘錫圭先生
都同意朱德熙先生的看法，即都認爲該字當釋爲“䫇”，但在對該字的具體用
法上雙方卻存在着明顯分歧，整理小組認爲該字當讀爲“弼”，亦通作“第”，指
“車蔽”。裘錫圭先生則認爲該字當讀爲“蓋”，指“車蓋”。

　　筆者以爲，以上兩種看法均可商榷。首先，整理小組將“䫇”讀爲“弼”，從
音韻學的角度看，是很難令人滿意的。“䫇”從“曷”聲，上古音曷爲匣母月部
字，而弼爲並母物部字，兩字韻部相隔雖不算太遠，但聲母卻差別很大，一爲
喉音，一爲脣音。典籍中亦從未見有從“曷”聲之字可與弼字相通的例證。因
此，將“䫇”讀爲“弼”，實難令人信服。裘錫圭先生之所以不同意這種看法，大
概也是朝這方面考慮的。但是，裘先生認爲該字用爲“蓋”亦可商榷。因爲，
據上引《語叢四》的上下文義，該段話應該是説，由於車上之“△”的遮擋，車内
之人便會無法看到“江湖之水”。可見，“△”顯然應是一種車上的遮擋物（尤
其可能是一種置於車前方的遮擋物），從而可以阻隔車内之人向外望出的視
線。而“車蓋”若説可以起遮擋人的視線的作用的話，也只能是遮住向上望的
視線，是無法阻擋車内之人看到“江湖之水”的。由此看來，以上兩種看法均
難以令人信服。

　　筆者以爲，要想對該字作出合理的解釋，還需要重新回到該字的考釋工

作上來,即"△"到底是不是"敔",如果不是,該是何字。按,從字形分析來看,"△"當分析爲從攴"𦥑"聲,而"𦥑"則分析作從"囪"吕聲,"囪"乃"囟"字,《說文》:"囟,舌皃(編按:當作"兒"),從谷省,象形。𡆥,古文囟。讀若'三年導服'之導。一曰竹上皮,讀若沾。一曰讀若誓。弼字從此。"《說文》:"弼,輔也。重也。從弜囟聲。"楚簡中"弼"字很常見,作"𢏟"(包山楚簡35)、"𢏚"(曾侯乙墓竹簡4),其所從之"囟"旁與"△"字左下所從相同。郭店簡中"教"字可寫作"𢻥"(《尊德義》簡4),亦可作"𢻷"(《緇衣》簡18),從言爻聲。"△"之構形,蓋與"𢻥"相仿。故"△"可隸定爲"敔"。循其字音推求,筆者以爲"△"於上引兩段簡文中當讀爲"禦"。上古音禦爲疑母魚部字,吕爲來母魚部字,兩字疊韻。從吕聲之"莒、筥"爲見母魚部字,其聲母與"禦"同屬喉音。可見"禦"與"吕"古音極近。

禦從御聲,典籍中禦、御與從牙聲之訝、迓常可相通,茲略舉數例。《書·牧誓》:"弗迓克奔。"陸德明《釋文》:"迓,馬本作禦。"《史記·周本紀》作"不禦克犇"。《詩·召南·鵲巢》:"之子于歸,百兩御之。"鄭玄《箋》:"御,迎也。"陸德明《釋文》:"本亦作訝,又作迓。"《荀子·榮辱》:"或監門御旅。"楊倞《注》:"御讀爲迓。"《禮記·曲禮上》:"大夫士必自御之。"鄭玄《注》:"御當爲迓。"

牙、與古音極近,典籍中與及從與聲之字亦常可與從牙聲之字相通,裘錫圭先生即認爲與字從牙聲。而從與聲之舉字可與吕及莒字相通。如《左傳·成公二年》:"君子謂華元、樂舉於是乎不臣。"《吕氏春秋·安死》高誘《注》引"樂舉"作"樂吕"。《春秋·定公四年》:"蔡侯以吳子及楚人戰于柏舉。"《公羊傳》"柏舉"作"伯莒"。《穀梁傳》作"伯舉"。《史記·范睢蔡澤列傳》:"而從唐舉相。"司馬貞《索隱》:"唐舉,《荀卿書》作'唐莒'。"可見,"△"可讀爲"禦"。

現在我們來看將"△"讀爲禦,上引簡文是否可通。《爾雅·釋器》:"輿革前謂之鞎,後謂之笰;竹前謂之禦,後謂之蔽。"郭璞《注》:"(禦),以簟衣軾。(蔽),以簟衣後戶。"郝懿行《義疏》:"竹者,簟也。《說文》:'簟,竹席也。'禦者,《詩》正義引李巡曰:'竹前,謂編竹當車前以擁蔽,名之曰禦。禦,止也。'孫炎曰:'禦,以簟爲車飾也。'毛《傳》:'簟,方文席也。'"可見,禦是一種遮擋在車前的簟席。

郭店簡《緇衣》"句(苟)又(有)車,必見其△",今本作"苟有車,必見其軾"。上引《爾雅》郭璞《注》:"(禦),以簟衣軾。"此說雖然不是十分確切,但亦可從中看出禦和軾的關係是十分密切的。可以説,禦是遮擋在軾前方的一種簟席,所以郭璞將其理解爲"以簟衣軾"。也正因爲如此,對於車外之人來説,軾前若有禦遮擋,便只能看到禦,而無法看到軾。故而簡本《緇衣》遂將今本中"苟有車,必見其軾"之"軾"改爲"△(禦)"。

　　(中略)由此可見,上引《語叢四》之"車△之蓳酟,不見江沽(湖)之水"是説(由於)車禦之蒙蔽,(使車内之人)看不到江湖之水。其語義蓋與我們現在經常説的"一葉障目,不見泰山"相仿。上揭郝懿行《爾雅義疏》所引李巡曰:"竹前,謂編竹當車前以擁蔽,名之曰禦。"正可與本簡文相參證。

　　由此看來,將"△"釋爲禦,上引郭店楚墓竹簡中的兩段簡文均文通字順,毫無滯礙。據以上分析,筆者以爲"△"所从之"曡"旁很可能正是《爾雅·釋器》"竹前謂之禦"之"禦"的專字,"曡"字从㢴吕聲,唐蘭先生認爲"㢴"字本象簟形,李孝定先生進而指出"㢴"本即"簟"字古文,此正與車前之"禦"本是一種簟席相合。蓋後世"曡"及"斂"字廢,遂以音近之"禦"代之。

　　本文開頭所提到的長沙楚帛書中的"△"字,其辭例是

　　　曰取(陬)。雲則至。不可以□殺。壬子、丙子凶。乍□北征,銜(帥)又(有)咎。武□□亓(其)△。

由於"△"字前有缺字,文義難明,待考。

　　金文中有一字作一下諸形:

　　　[金文字形]□簋　　　　[金文字形]伯簋　　　　[金文字形]弔盨　　　　[金文字形]師栒鼎

該字从刀"曡"聲,(師栒鼎所从之"吕"字訛變作"田"字),可隸定作"劊"([金文字形]□簋"㢴"上从"[字形]",師栒鼎"㢴"上从"[字形]",殆是"艹"和"竹"字之省寫,爲有意追加之義符)。其中前三例都用作國名,待考。第四例出現在如下之辭例當中:

　　　唯八月初吉,王姜易(錫)旟(旗)田三于待劊。

郭沫若認爲"[金文字形]"殆是刈字,象田中有禾穗被刈之意。並云:"'錫旟田三于(與)待刈',是説將三個田和田中有待收穫的禾稻一併授予。"朱德熙先生從之,但認爲"[金文字形]"當釋爲"剹",讀爲刈。陳直先生則認爲該字是"割字之古文",義爲收割。唯獨史言先生將"待劊"解釋爲地名,他説:"'于待劊'(引者按,史言先生原文中將該字隸作'劊'),'于'爲介詞,'待劊'爲地名,即賜給旟的三田在待劊這個地方。"並舉敔簋"易田于敓五十田,于早五十田……"和大克鼎"易女田于埜,易女井家淠,易女井家纍田于晻,曰乒臣妾,易女田于康,易女田于匽,易女田于陣原,易女田于寒山……"爲證。從辭例比較來看,史言先生

的看法顯然要較以上三位先生的看法合理。但是史言先生將"🔲"隸作"劀",
釋爲"剟",亦不可信。地名"待劀",待考。

另外,包山楚簡有一人名用字作"🔲"(簡88),當隸作"齲",待考。

以上是筆者對"△"字的看法及相關問題的解釋,下面我們再回過頭來簡
要分析一下朱德熙先生對該字的考證過程。朱先生之所以將該字釋爲"攲",
是因爲古璽中"曷"字作"🔲",另外馬王堆漢墓帛書中又有如下諸字:

🔲(謁)《戰國縱橫家書》10　　🔲(渴)《老子》乙本 117 下

🔲(渴)《相馬經》69 上　　　🔲(骰)《周易・井卦》

朱先生認爲以上"曷"字及"曷"旁均與"△"左旁形近,故而認爲"△"字
應當釋爲"攲"。其實,上引"曷"旁既不從"吕",也不從"丙",均與"△"字左
旁存在明顯差異,可見其説難以令人信服。

《古文字研究》24,頁 355—358

○李零(1999)　"轍",原從車從曷,整理者讀"弼",裘按讀"蓋",這裏讀"轍"
("曷"是匣母月部字,"轍"是定母月部字,讀音相近)。"世",原作"菜",不
釋,疑即"菜",爲"葉"字之訛,讀爲"世"。我們理解,此章是説掉在車轍中的
肉羹,它那點汁水怎麼能同江河之水相比,愚夫愚婦見識短淺,就連同鄉的君
子小人都分不清楚,一輩子糊裏糊塗,除了年年吃韭菜什麼也不知道。

《道家文化研究》17,頁 480

○陳高志(1999)　第四十簡:句又車,必見其🔲。句又衣,必見其🔲。人句又
言,必🔲其聖。句又行,必見其成。

今本:苟有車,必見其載。苟有衣,必見其敝。人苟或言之,必聞其聲。
苟或行之,必見其成。

🔲,裘錫圭先生據朱德熙之説,將之隸定爲攲,此地讀作"弼",字也通作
"第",由語音關係,"疑可讀作'蓋'"。此字也見於《楚帛書》,饒宗頤先生釋
之爲"攲","當是弼字"。仔細查看簡文,"酉"字上方二筆,並作回轉倒曲狀,
此字應隸作"攲",甲金文"酋"字未見,楚系文字多見從酉之字群,此字所從實
是尊字上半的"酋",字隸作"攲"而讀作"楢"。從攴之字幾乎都有敲打擊撲
之義。《説文・木部》:

楢,柔木也。工官以爲耎輪。

段玉裁《注》:"工官,若周之輪人,漢之考工室也。耎輪者,安車之輪也。
郭注《山海經》云:'楢,剛木,中車材。'剛木即柔木,蓋此木堅韌,故柔剛異稱
而同實耳。"段《注》之見解實難令人滿意。所謂"柔木"之説,應作"煣木爲

輪”解釋,柔之與揉、煣、輮皆出於語言之孳生。《周易·説卦》:“坎爲水,爲溝瀆,爲隱伏,爲矯輮。”孔《疏》:

　　使曲者直爲矯,使直者曲爲輮。

《急就篇》顔師古《注》説:

　　輮,車輞也。關西謂之輮,言其柔曲也。

將“敵”視爲輪。簡文“苟有車必見其輪”,與今本“苟有車必見其軾”對照而讀,其文意是非常順暢的。

　　　　　　　　　　　　　　　《張以仁先生十秩壽慶論文集》頁 367—369

○**劉信芳**(2000)　子曰:句(苟)又(有)車,必見其敵。句(苟)又(有)衣,必見其幣(蔽)。人句(苟)又(有)言,必䎽(聞)其聖(聲);句(苟)又(有)行,必見其成。《寺(詩)》員(云):“備(服)之亡懌。”(簡 40—41)

　　敵　今本作“軾”,鄭玄注:“軾謂載也。”按“敵”字依朱德熙釋。該句以“敵、幣”爲韻,“敵”應是月部字。《語叢四》簡 10:“車敵之莝(㒸)酺(鮪),不見江沽(湖)之水。”“車敵”讀爲“車轍”(另解),“轍”亦月部字。“必見其敵”者,謂苟有車,必見其馳行之轍。《郭店》讀“敵”爲“第”,裘按讀作“蓋”。由於該字辭例尚不充分,未可論定,謹録以存參。

　　　　　　　　　　　　　《郭店楚簡國際學術研討會論文集》頁 177

○**劉信芳**(2001)　郭店《語叢四》11:“車敵之莝酺,不見江沽(湖)之水。佖(匹)婦禹(愚)夫,不智(知)向(鄉)之小人、君子。”

　　“敵”字朱德熙先生隸作“敵”,《郭店》據以釋作“第”,解爲“車蔽”。裘錫圭先生讀“車敵”爲“車蓋”。按釋“敵”爲“第”或“蓋”,恐怕是有問題的,郭店《緇衣》40:“句(苟)又(有)車必見其敵。句(苟)又(有)衣,必見其幣。”敵、幣爲韻,“幣”之古音在月部,若從音讀的角度分析,朱德熙先生釋“敵”爲“敵”當屬可信。“車敵”應讀爲“車徹”,“徹”亦月部字。

　　　　　　　　　　　　　　　　　《簡帛研究二〇〇一》頁 204—205

○**徐在國**(2004)　我們雖然説把 A(編按:郭店·緇衣 40 𩊚)釋爲“敵”在字形上有問題,但是許多學者根據這種釋法把 A 讀爲“轍”值得注意。宋夏竦《古文四聲韻》5·薛·15 上“轍”字引《古老子》《義雲章》分別作如下之形:

　　　　　𣏟《古老子》　　　　　𥎊《義雲章》

A 的左旁與《古老子》古文“轍”的右旁相似。在古文字中,往往在類似圓形筆畫的中閒加點。例如“玄”字金文作𢀇,或作𢀈。(中略)頗疑《古老子》古文“轍”

的左旁當是"手"之訛。考慮到古文字中"攴、手"二旁相通,上揭古文"轍"與A 大概是一個字的不同寫法。以《説文》"徹"字古文"𢁫"在古文字中作"敢"例之,A 應是"敢"的異體。

《古文字研究》25,頁 347

敒

包山 164

○**劉彬徽、彭浩、胡雅麗、劉祖信**(1991)　敒。

《包山楚簡》頁 29

○**何琳儀**(1998)　敒,從攴,無聲。疑撫之異文。《説文》:"撫,安也。從手,無聲。一曰,循也。𢳚,古文從𣥠、亡。"

包山簡敒,讀鄦(許),地名。

《戰國古文字典》頁 613

○**劉釗**(1998)　按字從攴從無,應釋爲"撫"。撫字見於《説文》。

《東方文化》1998-1、2,頁 69

敽

信陽 1·24

○**劉雨**(1986)　播。

《信陽楚墓》頁 125

○**何琳儀**(1998)　敽,從攴,番聲。播之異文。《説文》:"播,穜也。一曰,布也。從手,番聲。敽,古文播。"

信陽簡敽,讀播。

《戰國古文字典》頁 1061

△**按**　《説文》:"𢿨,古文播。"

敯　䣧

新蔡乙一 12　 新蔡乙一 18　 新蔡乙四 15　 上博六·競公 10

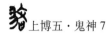 上博五·鬼神 7

△按 "𧖻"字之異體,詳見本卷寸部。

敠

 包山 4

○劉彬徽、彭浩、胡雅麗、劉祖信(1991) 敠,讀如皋,借作致。《周禮·地官·遂人》:"凡治野,以下劑致甿。"鄭注:"致猶會也。"此言會聚。

《包山楚簡》頁 40

○何琳儀(1998) 敠,从攴,皋聲。《篇海》:"敠,音姑。"似爲辜字之誤,與簡文敠無涉,惟義近而已。

包山簡敠,讀罪。

《戰國古文字典》頁 1274

○劉釗(1998) 簡 4 曰:"凡君子二夫,敠是,其著之。"考釋(14)謂:"敠讀如皋,借作致。"按"敠"應讀作"最"。"敠"从"皋"聲,"皋、最"二字一爲從紐微部,一爲精紐月部,古音較近。最,聚也。此言君子二人會聚於此,著於名籍是也。

《東方文化》1998-1、2,頁 48

○劉信芳(2003) 字从攴,皋聲,疑讀爲"自",朱駿聲謂"皋"从"自"聲。"敠是"猶言"自此"。

《包山楚簡解詁》頁 11

斂

 信陽 2·13　包山 204　包山 260　上博二·從甲 19　璽彙 5602
璽彙 5594　璽彙 1587

○羅福頤等(1981) 斂。

《古璽文編》頁 78

○劉雨（1986）　（編按：信陽2・13）2-08　一斂（鐱）□。

《信陽楚墓》頁129

○劉彬徽、彭浩、胡雅麗、劉祖信（1991）　一紛斂。

《包山楚簡》頁38

○郭若愚（1994）　信2-08

　　斂同繪。《玉篇》：“綵畫也。”《小爾雅》：“雜彩曰繪。”《論語・八佾》：“繪事後素。”鄭注：“繪，畫文也。”

《戰國楚簡文字編》頁75

○劉信芳（1997）　一馬鞍形弓（標本二：四四七），即簡文所記“紛斂”。“紛斂”取馬鞍形弓可分可會之意。

《中國文字》新22，頁187

○何琳儀（1998）　斂，从攴，會聲。疑擓之異文。《集韻》：“擓，收也。”

　　楚璽斂，疑讀會。《禮記・哀公問》“不廢其會節”，疏：“會，猶期也。”信陽簡、望山簡斂，讀繪。

《戰國古文字典》頁893

○劉釗（1998）　“斂”字讀作“繪”，《說文》：“繪，會五彩繡也。”字又作“繢”。

《容庚先生百年誕辰紀念文集》頁482

○李家浩（1999）　在楚簡所記的隨葬服飾中，有一種信陽二－〇一三號簡和包山二六〇號簡作“斂”，仰天湖一五號簡作“繪”。這兩個字都从“會”，無疑是一種服飾之名的不同寫法。“斂”不見於字書，但“繪”見於字書。“繪”有繡、畫二義，皆與簡文不合。爲敘述方便，我們先從“斂”字說起。

　　從表面上看，“斂”跟“繪”字一樣，从“會”得聲。但是只要我們稍微注意一下有關的古文字資料，就會發現這一種說法是有問題的。信陽二－〇二五號簡說：

　　（1）二斂豆。

我們曾在一篇小文裏指出，“斂豆”就是包山二六六號簡的“𠤳豆”。“𠤳”是古文“合”。古文字“攴”作“𢼄”，“斂”即“歛（𢼄）”字的異體，在此讀爲“合”。“合豆”指有蓋的豆。於此可見，“斂”字所从的“會”是作爲“𠤳”字來用的。“會、𠤳（合）”二字通用的例子很多。例如：楚簡裏雕杯的量詞，五里牌四〇六號墓八號簡作“會”：“敞（雕）杯十會。”望山二號墓四七號簡作“𠤳”：“敞（雕）杯廿＝（二十）𠤳（合）。”包山楚簡卜筮類貞人“郦會”或作“郦𠤳”。《老子》第五十五章“未知牝牡之合而全作”，馬王堆漢墓帛書《老子》乙本“合”作

"會"。"會"字《説文》古文从"合"聲作"佮",《玉篇》古文作"佮"。"會"爲什麼能作"佮(合)"字來用呢？第一,"會"與"佮(合)"字形相近。第二,"會"與"佮(合)"字音相近。"會"有古外切、黃外切兩讀,"合"有古沓切、侯閣切兩讀,都分別屬見母和匣母,聲母相同。二字韻也相近。上古音"會"屬月部,"合"屬緝部,古代緝、月二部的字音有關。就拿从"合"聲的字爲例,《史記·貨殖列傳》:"糵麴鹽豉千荅。"司馬貞所見本"荅"作"蓋"。"蓋"屬月部。第三,"會"與"合"字義相同。《詩·小雅·杕杜》:"會言近止。"鄭玄箋:"會,合也。"《國語·楚語下》:"於是乎合其州鄉朋友婚姻,比爾兄弟親戚。"韋昭注:"合,會也。"由於形、音、義三個方面的原因,所以"會、佮(合)"二字可以通用。既然信陽二-〇二五號簡的"敵"是"敆"字的異體,信陽二-〇一三號簡和包山二六〇號簡的"敵"也應該是"敆"字的異體。

　　已知信陽二-〇一三號簡和包山二六〇號簡的"敵"是"敆"字的異體,那麼與此兩簡用法相同的仰天湖一五號簡"繪"字,其所从的"會"旁顯然也是作爲"合"字來用的,可以把此字釋爲"給"。

　　不過問題並非像上面所説的那樣簡單。衆所周知,在形聲字裏,"糸、衣"二字作爲形旁往往通用。高明先生在他所著的《中國古文字學通論》裏舉有此二旁通用的例子十多個,大家可以參看。在楚國文字裏,也有"糸、衣"二旁通用的情況。下文所引簡文(2)的"裏"寫作从"衣",(7)的"裏"寫作从"糸",即其例。因此,我認爲仰天湖一五號簡的"繪"既不是繪畫的"繪",也不是《説文》訓爲"相足也"的"給",而是作爲"袷"字來用的;信陽二-〇一三號簡和包山二六〇號簡的"敵(敆)",則是"袷"字假借。"袷",夾衣。《漢書·匈奴傳》:"服繡袷綺衣、長襦、錦袍各一。"顏師古注:"服,言天子自所服也。袷者,衣無絮也。繡袷綺衣,以繡爲表,綺爲裏也。"《急就篇》卷二:"襜褕袷複褶袴褌。"顏師古注:"衣裳施裏曰袷。"字或作"裌",見《玉篇》等。

　　現在把有關"袷"的簡文分條疏釋於下。

　　信陽二-〇一三號簡説:

　　(2)一友齊緅之敵(袷),帛裏,組緱(繸)。

　　"緅"字屢見於楚簡文字,是一種絲織品名字。"友齊"大概是指這種絲織品的花紋或顏色。袷衣是夾層的。"帛裏"是説袷衣的裏層是用帛作的。

　　"組緱"常見於楚簡文字。《爾雅·釋器》:"繸,綬也。"郭璞注:"即佩玉之組,所以連繫瑞玉者,因通謂之繸。"有學者據此指出,簡文的"組緱"是指佩玉的帶子。

包山二六〇號簡説：

（3）一紛斂（袷），夬昷。

“紛袷”之“紛”，與信陽二-〇二八號簡“紛純”之“紛”同義：

（4）一兩靲婁（屨），紫韋之納，紛純，紛曾。

“紛純”見於《周禮·春官·司几筵》。原文説：“依前南鄉設莞筵紛純，加繅席畫純，加次席黼純。”鄭玄注：“鄭司農曰：‘紛’，讀爲‘豳’，又讀爲和粉之‘粉’，謂白繡也……玄謂‘粉’如綬，有文而狹者。”先鄭與後鄭的説法不同。先鄭對於“紛”雖然有“豳、粉”兩讀，但“以後讀爲正，故釋其義”。《司几筵》以“莞筵紛純”與“繅席畫純、次席黼純”並列，“畫、黼”都是指“純”的花紋，那麽“紛”也應該是指“純”的花紋。從這一點來看，先鄭的説法是可取的。簡文（3）的“紛袷”與“紛純”文例相同，按照先鄭的説法，“紛袷”當是指繡有粉白色花紋的袷衣。

“夬昷”是對“紛袷”的説明。《吕氏春秋·必己》：“單豹好術……不衣芮温。”高誘注：“芮，絮也。”嚴元照説：“《釋名·釋首飾》云：‘毳冕，毳，芮也。畫藻文於衣，象水草之毳芮，温暖而潔也。’‘芮温’之義如此。高氏訓爲‘絮’，義亦相類。”陳奇猷説：“此‘芮温’當從《釋名》之義。不衣芮温。謂不衣細頓暖温之衣。”按陳氏的説法，實本孫詒讓。孫氏《札迻》卷二於《釋名·釋首飾》“毳冕，毳，芮也……”之語後説，“案：‘芮’，疑即‘頓’之假字”，並批評《吕氏春秋·必己》高注“芮，絮也”未確。但是，楊樹達、蔣禮鴻都不同意孫氏“芮”是“頓”之假字的説法。楊氏説：“‘芮’當讀爲‘熱’，‘芮’從内聲，‘熱’從埶聲，内聲、埶聲之字多通作……文云‘不衣芮温’，即不衣熱温也。”蔣氏説：“按：《玉篇》：‘鈉，奴答切，鈉夬也。’《廣雅》入聲二十七合韻：‘鈉’，腜兒。芮義與鈉同。”按“芮、鈉”二字皆從“内”得聲，蔣氏意似把“芮温”之“芮”讀爲“鈉”。此説顯然要比其他各家説法合理得多。上古音“夬、芮”都是月部字。《方言》卷四：“複襦，江湘之間或謂之筩褹。”郭璞注：“褹，即袂字耳。”玄應《一切經音義》卷一一：“炳，古文‘爇’同。《説文》欠部“歔”字從“叕”聲，重文“映”從“夬”聲。《戰國策·秦策二》：“則秦且燒炳猶君之國。”《史記·張儀傳》記此語，“炳”作“掇”。從“夬”聲之字與從“埶”聲或“叕”聲之字通用，從“埶”聲或“叕”聲之字又與從“芮”聲之字通用，那么“夬”與“芮”也應該可以通用。“温”從“昷”聲。疑簡文（3）的“夬昷”應該讀爲上引《吕氏春秋·必己》“不衣芮温”的“芮温”，也就是“鈉温”，指“紛袷”細頓温暖。

仰天湖一五號簡説：

　　（5）一綖（疏）布之繪（袷），大繎之□，繧純，又（有）紅組之綏，又（有）骨夬（決）。

此簡開頭四字，原簡圖版照片不甚清楚，釋文是根據郭若愚先生摹本釋寫的。

　　“綖”字還見於仰天湖二號、三號、一一號等楚簡。《玉篇》糸部：“綖，亦疏字。”簡文“綖”正是作爲“疏”字來用的。古書中屢見“疏布”，指質地比較粗的紡織品。

　　《左傳》閔公二年“大布之衣，大帛之冠”，杜預注：“大布，麤布；大帛，原繒。”簡文“大繎之□”與此“大布之衣，大帛之冠”文例相同，“繎”當是紡織品之名。楊雄《蜀都賦》説：“自造奇錦，紌繎雗綩。”中山大學古文字研究室戰國楚簡整理小組指出，簡文的“繎”就是《蜀都賦》所説的奇錦之一的“繎”，可從。

　　“大繎之”之下一字，原文殘泐，郭若愚先生摹本摹寫作“韋”，有人據之讀爲“褘”。“褘”是蔽膝，見《方言》卷四等。據簡文文例，“大繎之□，繧純”是對“疏布之袷”上的裝飾的説明，而不是附屬的服飾，否則應該像該句下文“又（有）紅組之綏，又（有）骨夬（決）”一樣，在句首加“又”字。於此可見，把此殘文摹寫作“韋”，讀爲“褘”，是有問題的。

　　“繧”字還見於下列仰天湖二號、一一號兩簡：

　　（6）中君之綖（疏）衣，繧純，紃縞之緒（紃）。

　　（7）一紫綌（錦）之筥（席），繢（黃）緸（裏），大繧之純。

此字原文作 A：

　　　　A 𦀇

舊有“繼、繡”等不同釋法，皆不可信。按“厚”字《説文》古文和宋版《古文四聲韻》上聲厚韻引《古尚書》作如下之形：

　　　　垕《説文》　　　　　垕《古尚書》

《玉篇》土部所收古文“厚”有兩種寫法。一種從“后”作“垕”，一種從“石”作“𡊹”。商承祚《説文中之古文考》説：“《玉篇》有𡊹云，古文厚。其字從土上石，厚意也，古文石作𠨍，省之則爲𠂆，遂與后形同矣。垕從石土會意，非從后聲也。”上引《古尚書》“厚”，正作從古文“石”，可證商説甚是。包山楚簡中有一個從“辵”之字，作 B1、B2 二形：

　　B1 𨒪《包山》圖版四二·99　　　B2 𨓱《包山》圖版七七·170

其所從偏旁與古文“厚”形近。《包山楚簡》把這兩個字都釋寫作“遟”，顯然認爲 B 所從偏旁爲"厚"字古文"至"。郭店楚簡"厚"或作如下二形：

𩫏《郭店》三·五　　　𩫏《郭店》五二·三九

前者從"石"，後者從"石"省。在古文字中，獨體的"石"也有省去"口"的：

𩫏《曾侯乙墓》上册 146 頁圖六六、147 頁圖六七·1

此省寫的"石"見於曾侯乙墓裝石磬的木匣上，原文説："姑洗十石又三才（在）此。"意思是説姑洗律的磬十三枚裝在此匣裏。《尚書·舜典》："予擊石拊石。"僞孔傳："石，磬也。"按古文字方向不很固定，正寫、反寫無別。例如郭店楚簡的"可、方"二字，既有正寫的，又有反寫的。據此，疑 A 的右旁從反古文"石"的省寫，從"土"從"止"，可以釋寫作"緾"。"止、辵"二字作爲形旁，可以通用。"緾"所從的"𡉄"，與 B 當是同一個字的異體。

以上説的是"緾"的字形，現在説"緾"的字義。《廣雅·釋器》："縠，綃也。"王念孫説："《説文》：'綃，生絲也。'《衆經音義》卷十五引《通俗文》云：'生絲繒曰綃。'縠，曹憲音苦木反。《論衡·量知篇》云：'染練布帛，名之曰采；無染之治，名之曰縠纚。''無染之治'，既所謂生絲也。'縠'與'縠'通。"根據前面所説，"緾"字當從"厚"字古文"至"聲。"縠"從"後"聲。上古音"厚、後"都是匣母侯部字，可以通用。例如《戰國策·東周策》："收周最以爲後行。"《史記·孟嘗君傳》記此事，與此相當的一句，"後行"作"厚行"。《釋名·釋語言》："厚，後也，有終後也，故青徐人言厚如後也。"疑簡文"緾"即"縠"字的異體。"縠純"，指用生絲繒作的緣邊。

"紅組之綏"之"綏"，中山大學古文字研究室戰國楚簡整理小組説："疑即繸，而不是登車用的挽索。"把（5）與（2）對照一下，就可以清楚看到（5）的"紅組之綏"與（2）的"組繸"相當，可見"綏"確實是"繸"。上古音"綏、繸"都是精組微部字，音近可通。《周禮·天官·夏采》："以乘車建綏復于四郊。"鄭玄注："故書'綏'爲'禭'。"段玉裁等人指出，鄭注的"禭"當作"𧝓"，"𧝓"即《説文》於部"旞"字的重文。此是"綏"與"繸"可以通用的例子。據上引《爾雅·釋器》"繸，綏也"，"繸"就是《禮記·玉藻》所説的"綏"："天子佩白玉而玄組綏，公侯佩山玉而朱組綏……"鄭玄注："綏者，所以貫佩玉相承受者也。"

"骨夬"是"紅組之繸"上所繫的佩飾，何琳儀先生説，"骨夬"指骨製的扳指，並據《詩·衛風·芄蘭》"童子佩韘"毛傳，説古代男子有佩帶決的習慣。其説可從。《詩·小雅·車攻》："決拾既佽，弓矢既調。"毛傳："決，鉤弦也。"陸德明《釋文》"決"作"夬"，注云："本又作'決'，或作'抉'，同古穴反。"《禮記·內則》：“右佩玦、捍、管、遰、大觿、木燧。”孔穎達疏：“玦，當作‘決’，以象骨爲之，著於右手大指，所以鉤弦闓體。”

根據以上所說，簡文(5)的意思是：一件粗布袷衣，它的“□”是用“大纀”作的，緣邊是用生絲繒作的。另外還有紅組的佩帶，其上繫有骨決。

《中國古文字研究》1，頁 96—100

○劉信芳(2003)　信陽簡 2-028 作“紛會”。《說文》：“襘，帶所結也。”《左傳》昭公十一年：“衣有襘，帶有結。”《周禮·夏官·弁師》：“王之皮弁，會五采玉璂。”鄭司農《注》：“沛國人謂反紛爲襘。”蓋衣之交領，可分可會，此所以稱衣領爲襘。信陽簡“紛會”爲履之附屬物，應指繫履之絲帶。包山簡之“紛敊”附於“一鄭弓”後，疑指出土之馬鞍形弓(標本 2∶226)，取其弓與弦可分可合之意。

《包山楚簡解詁》頁 277

△按　羅小華(《說拾》，簡帛網 2010 年 5 月 24 日)認爲“紛敊”應該讀爲“紛拾”，即“紛韝”，指紛製的套袖。

【敊豆】

○劉雨(1986)　(編按∶信陽)2-025　二鎗豆

(中略)9、“敊”

　　2-025：“二敊豆”；

　　2-08：“一敊□”；

　　2-013：“一草齊緂之敊”；

“敊”即金文的“鎗”，亦即文獻之“會”。容庚先生首倡此說，陳昉簋蓋銘：“用追壽於我皇妣鎗。”容庚指出“末一字似爲鎗，讀爲會。《儀禮·公食大夫禮》‘宰夫東面坐，啟簋會’，《鄭注》‘簋蓋也’”(《善齋彝器圖錄》考釋 23 頁)。陳夢家先生亦謂“殷之蓋曰會，《士虞禮》‘啟會’注：‘會謂敦蓋也。’羅振玉藏一乇氏鎗，形如殷蓋，而自銘曰鎗”(《海外中國銅器圖錄·中國銅器概述》17—18 頁)。

今按：會，合也，兩物相合之謂也。故凡相合者即可名會，不必僅指簋也。2-025 簡所述即爲有蓋之豆，徵之出土物，正有帶蓋木豆若干件。

有蓋的豆形銅器其自名見於著錄者，有魯元豆，其自名爲“善匝”(《三代》10，48—50)；信陽光山縣新出的黃子豆，自名爲“行器”，乃共名(《考古》1984年 4 期)。此簡可爲戰國時代此類銅器的定名提供一個新的線索。

2-08 號簡的“一敊□”與“盌、匜”並記，當亦爲有蓋的某種容器。至於

2-013 號簡的"敆",可能爲一絲織品之專名,因其並記者多爲絲織品之故。

《信陽楚墓》頁 130、135—136

○**郭若愚**(1994)　二敆豆

敆,同繪。采畫也。釋見一-○八簡。豆、食肉器。釋見二-○六簡。

《戰國楚簡文字編》頁 96

○**李家浩**(1994)　古文字"敆"作"敆"。"敆"與"敆"形近,應當是"敆"字的異體,在此讀爲"合"。

《著名中年語言學家自選集・李家浩卷》頁 250,2002;原載《國學研究》2

【敆坿】

○**羅福頤等**(1981)　(編按:璽彙 5602)□往。

《古璽彙編》頁 510

○**吳振武**(1983)　5602 敆往□鉨・敆坿(市)□鉨。

《古文字學論集》(初編) 頁 526

敱　敱

(郭店・性自 10)

(郭店・性自 10)

○**荆州市博物館**(1998)　(編按:郭店・性自 9—10)凡眚(性)或敱(動)之。

《郭店楚墓竹簡》頁 179

(編按:郭店・性自 10—11)凡敱(動)眚(性)者,勿(物)也。

《郭店楚墓竹簡》頁 179

○**李守奎**(2003)　重、童音近。敱、敱爲一字異寫。

《楚文字編》頁 207

敿

(上博四・曹沫 13)　(上博四・曹沫 20)

△按　簡文用作"敀蔑"(即曹沫)之"蔑","蔑"字之異體。

廄

侯馬 156:19　　侯馬 156:24　　侯馬 179:14

○山西省文物工作委員會（1976）　廄　委質類　廄綈繹之皇君之所。

《侯馬盟書》頁 350

○何琳儀（1998）　廄，从攴，鳶聲。

　　侯馬盟書廄，讀薦。廄、薦聲韻均隔，然形體相關（薦从鳶从艸會意），故典籍亦往往以廄爲薦。《易・豫・象傳》“殷薦之上帝”，釋文：“薦，本或作廄。”《儀禮・士冠禮》“薦脯醢”，釋文“薦或作廄”。是其佐證。

《戰國古文字典》頁 758

鼜

璽彙 3679

○湯餘惠等（2001）　鼜。

《戰國文字編》頁 211

叡

上博三・周易 28　　上博三・周易 29

○濮茅左（2003）　初六：叡亚，貞凶，亡卣利　“叡”，同“叡”，《説文・叔部》：“叡，深明也，从叔从目从谷省。睿，古文叡。”與“浚”通，鄭本作“濬”。“叡亚”，亦讀如“浚恆”，求恆之深。《象》曰：“浚恆之凶，始求深也。”

　　本句馬王堆漢墓帛書《周易》作“初六：复恆，貞凶，无攸利”；今本《周易》作“初六：浚恆，貞凶，无攸利”。

《上海博物館藏戰國楚竹書》（三）頁 175

斀

郭店・窮達 7

○**裘錫圭**（1998） “敀”讀爲“伯”，“攵”讀爲“牧”。《韓詩外傳》卷七言百里奚事有“爲秦伯牧牛”語。

《郭店楚墓竹簡》頁 146

敪

曾侯乙 67　包山 77　新蔡零 377　曾侯乙 65

○**裘錫圭、李家浩**（1989） “敪”字左旁見於古印文字（《古璽彙編》518·5701），上部與簡文“兓”（乘）字上部相同。望山二號墓竹簡所記車馬器有“黃鞭（緶）組之繜、組繜”等。“繜”與“敪”皆从“乑”聲，當指一物。把 63 號簡“紛剶，紫組之敪”跟 54 號簡“貪剶，紫組之綏”對照起來看，“敪”（繜）與“綏”似爲同類物。

《曾侯乙墓》頁 517

○**劉彬徽、彭浩、胡雅麗、劉祖信**（1991） 敪，（中略）从乘省，讀如乘。《淮南子·氾論》“强弱相乘”，注：“加也。”此指擴大土地面積。

《包山楚簡》頁 44

○**何琳儀**（1993） “敪田”或作“賛田”，又見“以賗賛”。“賛”與“贅”音近可通。《書·立政》：“虎賁綴衣。”《文選·西都賦》注引“綴”作“贅”。《公羊·襄十六》：“君若贅旒然。”釋文：“贅本又作綴。”《老子》第二十四章：“餘食贅行。”敦煌唐寫本“贅”作“餟”。《荀子·富國》：“嚽菽飲水。”注：“嚽與啜同。”均其佐證。《説文》：“贅，以物質錢。从敖、貝。敖者猶放，謂貝當復取之。”“敪田、賛田”均讀“贅田”，這涉及到戰國土地買賣，顯然十分重要。隨縣簡“敪”50、望山簡“繜”均應讀“綴”。

《江漢考古》1993-4，頁 57

○**劉釗**（1998） 簡 77 有字作“”，字又見於 94 作“”，字表分別隸作“敪”和“賗”。按此二字乃一字之異構。貝上所从並不是“乘”字，而是“叕”字。望山楚簡“繜（綴）”字作“”，天星觀楚簡作“”，古璽“賛”字作“”（《古璽彙編》5701），陶文作“”（《古陶文彙編》3·1269），曾侯乙墓竹簡“敪”字作“”，壽縣楚器“腏”字作“”，以上材料均證明簡文“、”即“叕”字。（中略）“敪田”和“賛田”都應讀作“輟”。輟，已也，止也，歇也。輟田即停耕。

《東方文化》1998-1、2，頁 53—54

○**史傑鵬**（2001）　二"田"上之字,皆从"乘"得聲,李家浩先生懷疑讀爲"徵","徵田"與"征田"同義。

《簡帛研究二○○一》頁 24

○**湯餘惠等**（2001）　斁。

《戰國文字編》頁 211

○**劉信芳**（2003）　讀爲"畷",《説文》:"畷,兩百閒道也,百廣六尺。从田,叕聲。"畷可理解爲田界,(中略)"畷田"亦即重修田閒之道而正封疆,簡文"斁田"實指非法擴大田界。

《包山楚簡解詁》頁 74—75

○**賈連敏**（2003）　斁。

《新蔡葛陵楚墓》頁 220

△**按**　字或不从攴,見卷六貝部。

斁

曾侯乙 158　　包山 157　　包山 168

△**按**　此字亦見於西周金文,用作"賞賚"字,參卷六貝部"賚"。

歝

上博二·容成 50　　上博二·容成 53

○**李零**（2002）　即"勩",是贊助之義。

《上海博物館藏戰國楚竹書》(二)頁 290

敫

上博三·周易 47　　新蔡甲三 214　　新蔡零 231　　新蔡零 254、162

新蔡乙四 109

○**濮茅左**（2003）　九晶:征凶,革言晶敫,又孚"革言",革之言論。"晶",即"三"。"敫",字待考,讀爲"就"。《説文·京部》:"就,高也,从京、尤。尤,異於凡也。"徐鍇曰:"尤,異也,尤高人所就之處也,語曰:'就之如日。'日高人就之,會意。"《廣韻》:"就,成也,迎也。"意躁於變革,以是而行,則有凶,當審察革之言論慎重、再三,能爲眾所信。《象》曰:"'革言三就',又何之矣。"

　　本句馬王堆漢墓帛書《周易》作"九三:正凶,貞厲,勒言三就,有復";今本《周易》作"九三:征凶,貞厲,革言三就,有孚"。

《上海博物館藏戰國楚竹書》(三)頁200

△**按**　"就"字之異體,詳見卷五京部。

教 𢼄　効 㪔 敫 㪭 孝 㸒 詻

集成11329 王何戈　　包山99　　郭店·語三12　　十鐘

郭店·唐虞5

郭店·唐虞5

郭店·尊德4

郭店·語一43

郭店·老甲17　　上博一·性情4　　上博二·民之8　　上博二·容成9

郭店·尊德14　　上博二·从甲1　　上博二·從乙1　　上博四·曹沫19

上博一·緇衣10　　上博一·緇衣13

上博二·從甲3

郭店·語一61"教學"合文

○**陶正剛**(1994)　(編按:王何戈)第九字與古文教字字形基本相似,可隸定爲教。第十字爲馬字的簡化字,與酅侯庫(載)簋的馬字同。西周時期有"趣馬"的職名。《左傳》成公十八年"程鄭爲乘馬,御六騶屬焉。使訓群騶知禮"。《後漢書·宦官傳》注騶就是養馬人。《廣雅·釋詁》:"訓,誨……勸學教也。"可見騶、趣馬、教都有訓的含意,都是管理訓練馬的官員。

　　郭沫若先生曾考證趣馬、教馬的地位:"趣馬之職見於《詩》者,其地位頗高,《十月》與卿士、司徒並列……趣馬之見於彝銘者,如本器(休盤)所受之錫命甚隆,足知亦不卑賤……其自有等級,其最高者,或當於卿,斷非如《周禮》之儀以爲下士也。"可見其職在春秋以前較高,戰國以後地位逐步下降,漢時都認爲是管教和訓馭馬的官吏了。

《文物》1994-4,頁 85

○荊門市博物館(1998)　（編按:郭店·老甲 17)行不言之孝(教)。

（編按:郭店·唐虞 5)效(教)民孝也。

（編按:郭店·尊德 4)斈(教)非改道也,斆(教)之也。

（編按:郭店·語一 61"𢼸其也")"其"上字應爲"教""學"二字合文,此句也有可能讀爲"學,教其也"。

《郭店楚墓竹簡》頁 112、157、173、200

○陳佩芬(2001)　（編按:上博一·緇衣 10)"斈"即"教"字,《信陽楚簡》一·〇三二作"勧",此字省力作"斈"。

《上海博物館藏戰國楚竹書》(一) 頁 185

○張光裕(2002)　（編按:上博二·從甲 3)"謸",字從"爻","教"之異體,又或省作"斈"(郭店簡多見)。

《上海博物館藏戰國楚竹書》(二) 頁 217

○陳偉武(2002)　郭簡有"效"字(7.4),亦有"斆"字(10.4)、"斈"字(3.18),均用同"教","效"字見於《字典》,"斈、斆"爲"效"之繁體。

《中國文字研究》3,頁 126

△按　《説文》:"𤕝,古文教,㸒亦古文教。"

敎　斆　學　𢰅

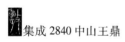集成 2840 中山王鼎

睡虎地·日乙 14　　郭店·老乙 3　　郭店·尊德 19　　郭店·尊德 5

上博二·從甲 11　　上博三·中弓 23

○張政烺(1979)　敎,即教字。《説文》:"教,上所施,下所效也,从攴、孝。"又:"斆,覺悟也,从教、冂。冂,尚曚也。臼聲。學,篆文斆省。"按從甲骨文、金文看,教與斆是一字,斆與學當分爲二字。學是自學,斆是教人。

《古文字研究》1,頁 230

○趙誠（1979）　　敎，教也。《尚書・盤庚上》"盤庚敎於民"，傳云："敎，教也。"此即教化、教導民衆之意。

《古文字研究》1，頁 259

○于豪亮（1979）　　敎讀爲教，《書・説命》"惟敎學半"，僞孔傳："敎，教也。"修教在古籍中常見，《左傳・僖公十九年》："退修教而復伐之。"《穀梁・桓公六年》："修教明諭，國道也。"修教的意思是對百姓加以訓練。

《考古學報》1979-2，頁 176

○商承祚（1982）　　《説文》敎之篆爲學，金文二體皆有，此作敎，與沈子它簋同，而用作教字。

《古文字研究》7，頁 60

○陳偉（1998）　　……［教］者，有學者　《六德》九

注［九］裘錫圭先生按云："此處所言之職，依次爲夫婦之職、君臣之職、父子之職，參看下文自明。言父子之職的文字中，關鍵的二字尚不能確識，待考。"講父子之職的二字，前一字即講父職者存有下半，後一字即講子職者則筆迹清晰，可以據此並結合古書的有關記述推（編按："推"當爲作）些推測。講子職的字，大致輪廓很像是簡書中多次出現的"學"字，只是上部右側有所簡省。這與一九條所論"受"字的情形類似。講父職的字，所存部分的左側爲"子"，右側似爲"攴"的下半，《語叢一》四三的"教"字及六一的"教學"合文下部與此相同，因而很可能是"教"字。教、學作爲父子之職，與率人、從人作爲夫婦之職，使人、事人作爲君臣之職，似乎正好相當。古書中也存有父教子學的記述，如《左傳》昭公二十六年"父慈而教"，《國語・齊語》"是故其父兄之教不肅而成，其子弟之學不勞而能"。《孟子・離婁上》説"君子之不教子"，"古者易子而教之"，是與上述相反的見解。然體味文義，似也從反面證實了父教子學情形的存在。

《江漢考古》1998-4，頁 70

○何琳儀（2000）　　□□者，又（有）受者。　《六德》9

"受"原篆作𢏅，與《成之聞之》"受"作𢏅 34 同形。此段指"六職"之一的"父子之職"。

《文物研究》12，頁 203

○陳斯鵬（2000）　　《語叢》（一）簡 61 有文云："教，學其也。"頗難索解。注釋謂："也有可能讀爲'學，教其也'。"亦難通。細察簡影，末二字爲"其也"没有問題，"其"前的字則寫爲"𣀷"。按，該字實應隷定爲"敎"，即《説文》古文

"學"字。《説文》:"斅,覺悟也。从教从冂,冂尚矇也,臼聲。學,篆文斅省。"段注云:"此爲篆文,則斅爲古文也。"段説正好與郭簡相互印證。又學字下有重文符號,故簡文應爲:"學,學其也。"然義猶未明。竊謂"其"乃"己"之假。古音其在群紐之部,己在見紐之部,極相接近,故得通假。郭簡《尊德義》簡 5 云:"學非改侖(倫)也,學異(己)也。"整理小組讀異爲己,甚當。異,林義光早已指出:"从己非義,己其皆聲。"陳偉武師則綜合甲骨文、金文、《汗簡》、楚簡等材料對這一雙聲符字加以論述。異既爲雙聲符字,則益證己、其、異三者音同可通。《詩·唐風·椒柳》:"彼其之子,碩大且篤。"《韓詩外傳》二引其作己,可爲佐證。此簡讀爲:"學,學己也。"正好與上引《尊德義》文相吻合。"學己"實爲使動句式,即"使己學(覺悟)"之意,以今之常語譯之,大抵相當於"加强自身修養"。《論語·衛靈公》:"君子求諸己,小人求諸人。"同書《憲問》:"古之學者爲己,今之學者爲人。"都是儒家"修身求己"思想的體現,可與簡文比觀。

《華學》4,頁 81—82

○**吕浩**(2001)　《郭簡·語叢一》簡六一:

　　教,學其也。

　　此處"教"字與"學"字合文(其下有合文符),疑當釋作"學,教其也"。其一,該合文中"學"字的構件寫於上。其二,古漢語中"其"字一般不能用作賓語。此處"其"字疑讀爲"己",傳世文獻中不乏其己換用的實例。《詩·王風·揚之水》:"彼其之子。"鄭箋:"彼其或作己讀,聲相似。"《詩·鄭風·羔裘》:"彼其之子,舍命不渝。"《韓詩外傳》《新序·義勇》《列女傳》《晏子春秋·内篇·雜上》引其皆作己。"學,教其也"義謂:學就是教自己。

　　另外,此處"其"字與"也"字的寫法與簡六一上半段有差别,似此簡綴接失當,待考。

《中國文字研究》2,頁 282

【學室】

○**睡簡整理小組**(1990)　(編按:睡虎地·秦律 191)學室,據簡文是一種學校。古時以文書爲職務的史每每世代相傳,要從小受讀寫文字的教育,參上《編年紀》注[四七]。

《睡虎地秦墓竹簡》頁 63

△**按**　《説文》:"斅,篆文斅省。"

○**羅福頤等**（1981）　卜。

《古璽文編》頁 79

○**蔡全法**（1986）　"卜期"陶盆

　　一件，爲泥質灰陶口沿，戰國時器。1984 年 8 月，東成 T9H21 出土。"卜期"陰文，是陶器燒成後或使用中，豎向刻寫於盆沿上，"卜"與甲骨文、全文（編按："全文"當爲"金文"）中的"卜"近似。殷周時以卜爲官名，此官職始於占卜之事。這裏是以卜爲官，爲大卜之省，還是以卜爲姓，不敢妄斷，但後者的可能性較大。

《中原文物》1986-1，頁 83—84

○**高明、葛英會**（1991）　卜。

《古陶文字徵》頁 38

○**韓天衡、孫慰祖**（2002）　千。

《古玉印集存》頁 3

【卜正】

○**羅福頤等**（1981）　政。

《古璽文編》頁 74

○**徐暢**（2001）　《古璽彙編》5128 號著録一方圓形陽文鈢印，原釋爲"政"，並誤入"單字鈢"類。此印"正"的右邊不是"攴"，而是一豎一短橫，即"卜"字。"卜"字從周晚的卜孟簋到春秋晚期的盟書，以及戰國的鈢印都作此形。而"正"字上多一羨畫正是楚文字（如王孫誥鐘、楚王酓忑鼎、楚子彈庫帛書等）及《説文》古文的特點。

　　正，即官之長，在先秦典籍中多見。如陶正、馬正、樂正、里正、賈正等等。

　　"卜正"一職見於《左傳·隱公十一年》，滕侯與薛侯朝見魯隱公，朝見時欲爭前位。滕侯説："我，周之卜正也。"注曰："卜正，官名，是（周）天子的卜官之長。"《昭公十三年》，楚平王召見觀從，觀從對楚王説："臣下的祖輩是卜尹的助手。"於是楚王就任命他爲卜尹。卜尹是楚國卜官之長。洪業等編纂的《春秋經傳引得》中與卜事有關的條目 117 見，除上述兩例外，還有"卜人"4
見，魯國卜人卜楚丘 3 見，卜徒父、卜招父各 1 見，卜偃 7 見。此處的"卜"非
姓，而是官名，春秋時人的官名在前，姓名居後。《左傳》中記錄了如此之多的
卜筮活動與卜人姓名，可見當時統治階級對卜筮活動的重視。先秦時崇尚迷
信，自商至戰國亦然。《會箋》"筮人職"曰："凡國之大事，先筮而後卜……"
大凡征戰、婚娶、出行、用人、郊祀、牲養等等，皆可"卜以決疑"。戰國時期，貞
卜之事漸少。從 20 世紀 50 年代至 90 年代中期，在 21 座戰國時期的墓葬中
出土了大量的有字竹簡，其中遣策、法律文書及典籍居多，有卜筮祭禱内容者
僅見戰國中期的湖北江陵天星觀一號墓、江陵望山一號墓、荊門包山二號墓
等三座墓葬。但包山簡中卜筮祭禱記錄内容殊爲豐富，主要是爲墓主貞問
吉凶禍福。(中略)"卜正"鈘線條圓轉華滋，兩字大小搭配揖讓有度，疏密自
然，殊爲可愛。"正"字的筆勢結體均近似楚奮忎鼎，但形制則圓形陽文線
條不類楚鈘，而近似三晉。時代應爲東周時期。國別尚待更多的資料面世
後再行詳考。

《古文字論集》2，頁 157—158

○顏世鉉(2000)　《緇衣》45—46："人而無恆，不可爲卜筮也。""卜"字作丸。
望山簡 1·132 有："己未之日夕，庚申内齋。"對照來看，望山的"夕"也當釋爲
"卜"，"卜"字《説文》古文、《汗簡》均作卜，《古文四聲韻》卷五引《古孝經》作
卜。作"丸、夕"則是多一羨畫，前者在豎筆，後者則在勾筆。

《周禮·天官·大宰》："前期十日，帥執事而卜日，遂戒。"鄭注："前期，
前所諏之日也。十日容散齊七日，致齊三日。執事，宗伯、大卜之屬。既卜，
又戒百官以始齊。"賈疏："所諏之日即祭日也。凡祭祀，謂於祭前之夕爲期，
今言前期十日者，明祭前十一日卜，卜之後日遂戒，使散齊、致齊。"依賈公彦
的説法，卜日之後的第二天，就要舉行"齊"的儀式。齊就是古代祭祀前所舉
行清心潔身的儀式，《禮記·祭統》："及時將祭，君子乃齊。齊之爲言齊也，齊
不齊以致齊者也……故散齊七日以定之，致齊三日以齊之。定之謂齊，齊者，
精明之至也，然後可以交於神明也。"望山簡所云己未日卜，第二天庚申即進
行"齊"(齋)的儀式，此正符合賈公彦的看法。

望山楚簡的"夕"字，以往學者都難以識其字；今以郭店簡的"卜"字對照，
方能識讀。

《郭店楚簡國際學術研討會論文集》頁 103

△按　《説文》："卜，古文卜。"與郭店·緇衣 46、上博四·柬大 1 等略同。

【卜里】

△**按** 秦咸阳里名。

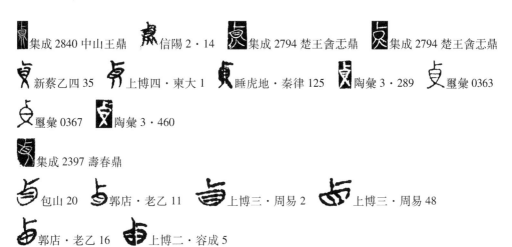

貞 貞　鼎 貞 甶

卓 集成 2840 中山王鼎　　鼎 信陽 2・14　　貞 集成 2794 楚王酓忎鼎　　貞 集成 2794 楚王酓忎鼎

貞 新蔡乙四 35　　貞 上博四・柬大 1　　貞 睡虎地・秦律 125　　貞 陶彙 3・289　　貞 璽彙 0363

貞 璽彙 0367　　貞 陶彙 3・460

貞 集成 2397 壽春鼎

甶 包山 20　　甶 郭店・老乙 11　　甶 上博三・周易 2　　甶 上博三・周易 48

甶 郭店・老乙 16　　甶 上博二・容成 5

○**羅福頤等**(1981)　貞。

《古璽文編》頁 79

○**睡簡整理小組**(1990)　(編按:睡虎地・秦律 125"縣、都官用貞[楨]、栽爲僻[棚]牏")楨，夯築土牆用的立木。

《睡虎地秦墓竹簡》頁 49

○**高明、葛英會**(1991)　貞。

《古陶文字徵》頁 224

○**劉彬徽、彭浩、胡雅麗、劉祖信**(1991)　(編按:包山 20)貞，《周禮・春官・大卜》"凡國大貞"，鄭司農注:"問也。"

(編按:包山 197)貞，《説文》:"卜問也。"此處當爲筮問。

《包山楚簡》頁 42、52

○**湯餘惠**(1993)　甶 265　注 582:"甶，真字。金文有貞真盤、貞伯真甗，簡文當爲真之省形。真借爲貞。"今按簡文中字上作卜形的字，多訛爲人形，如步旁作、睿旁作，均不止一見，所以甶也有可能是貞(貞字省體)的變體，其形來源爲:貞 254—貞 223—甶 265。古文字中貞、鼎形音皆近，每互作，簡文"二喬貞、一湯貞、一聭(貫)耳貞"，都該是借"貞"爲"鼎"，恐與"真"字無關。

(中略)甶牘 1　甶・貞　戰國文字中的"日"形有時會混爲"田"形(參拙作

《略論戰國文字形體研究中的幾個問題》,《古文字研究》第十五輯)。此批竹簡中,音可作🔲248、戠可作🔲,亦其例。簡文🔲應與前文討論過的🔲是同一個字,並當釋貞。曾侯乙墓竹簡有🔲123、🔲139(編按:當爲"140"),或釋"真",我以爲應是"貞"字的繁構,🔲、🔲則是🔲字上部的省變。牘文云:"馭右二貞鞶虖,皆頁翚。"虖,同皋。鞶虖,指鞶皮做的甲。這種甲是含首甲在内的,故後面接言"皆頁翚"。盍甲的量詞稱"貞",也見於曾侯乙墓簡文。甲衣若干貞,大概相當於今語若干件。

《考古與文物》1993–2,頁 77、79

○**何琳儀**(1998)　貞,西周金文作🔲(瘵鼎)。从卜,鼎聲。春秋金文作🔲(申鼎)。戰國文字承襲春秋金文。鼎旁之三足省爲二足,且省扉棱作‖形,與鼎身相連成🔲形,遂與貝旁混同。楚系文字鼎足或訛似火(🔲、🔲)形,卜旁或加飾筆作🔲形,或省鼎足作🔲、🔲、🔲、🔲、🔲等形。《説文》:"🔲,卜問也。从卜,貝以爲贄。一曰,鼎省聲。京房所説。"

b 燕璽貞,誠信。《易·乾》"文言曰,貞固足以幹事",何注:"貞,信也。"《文選·思玄賦》"慕古人之貞節",注:"貞,誠也。"燕璽"貞鍴",猶"信鈢"(璽印文字習見)。

c 晉金貞,讀鼎。《説文》:"籀文以鼎爲貞字。"驗之古文字,殷商多以鼎爲貞,兩周多以貞爲鼎。

d 楚金、楚簡貞,讀鼎。見 c。楚金版貞,疑讀釘。《説文》:"頂籀文作顠。"是其佐證。《説文》:"釘,鍊鉼黄金也。从金,丁聲。"楚金版"少貞",疑讀"小釘",指小塊之金版。天星觀簡、包山簡二七〇、包山牘貞,讀頂。

e 睡虎地簡貞,讀楨。《書·費誓》"峙乃楨榦",傳:"題曰楨,旁曰榦。"疏:"題曰楨,謂當牆兩端者也;旁曰榦,謂在牆兩邊者也。"《爾雅·釋詁》:"楨,榦也。"

《戰國古文字典》頁 794

○**劉信芳**(2003)　讀爲"正",《尚書·禹頁》(編按:"頁"爲"貢"之誤)"厥賦貞",《傳》曰:"貞,正也。"《離騷》:"攝提貞于孟陬兮。"王逸《章句》:"貞,正也。"正謂刑罰之正,《周禮·地官·小司徒》:"凡民訟,以地比正之。"鄭司農《注》:"正,斷其訟。"

以龜卜或筮占問神。《周禮·春官·天府》:"季冬,陳玉,以貞來(歲)之媺惡。"鄭玄《注》:"問事之正曰貞。"

二貞兕甲：

簡文"貞"多讀爲"鼎"，作爲"甲"之量詞，應讀爲"領"。《韓非子・初見秦》："不用一領甲。"曾侯乙簡125"二真吳甲"、122"二真楚甲"，辭例同。今衣帽之量詞"頂"即源自"鼎、領"，《說文》"頂"之籒文从頁，鼎聲，貞、真、鼎、領、頂一音之轉。

《包山楚簡解詁》頁33、211、312

○李家浩（2003）　曾侯乙墓竹簡所記甲的量詞作"真"。"貞、真"古音相近，所以古文字"真"或寫作从"貞"聲。古書往往以"領"爲甲的量詞。例如《韓非子・初見秦》"代三十六縣，上黨十七縣，不用一領甲，不苦一士民，此皆秦有也"。上古音"真、領"二字的韻母都屬真部。雖然"真"的聲母屬章母，但从"真"得聲的"瘨、顛、蹎"等屬端母，"闐、窴、鷏"等屬定母。"貞"也屬端母。"領"屬來母。端母、定母、來母都是舌頭音。疑包山簡牘"貞"和曾侯乙墓簡"真"，皆應當讀爲"領"。

《古籍整理研究學刊》2003-5，頁3

占　占

○睡簡整理小組（1990）　（編按：睡虎地・雜抄32"占瘥［癃］不審"）占，申報。

《睡虎地秦墓竹簡》頁87

○高明、葛英會（1991）　占。

《古陶文字徵》頁38

○何琳儀（1998）　占，甲骨文作（前四・二五・一）。从卜从口，會占卜之意。戰國文字承襲甲骨文。或於口旁之中加點、橫爲飾。《說文》："占，視兆問也。从卜从口。"或歸談部。

秦陶占，姓氏。出自嬀姓，陳公子完裔孫書字子占，後人以字爲氏。見《古今姓氏書辯證》。

《戰國古文字典》頁1404

𠧪 𢁕 兆

𢁕 新蔡甲三 4　　𢁕 新蔡乙四 23　　𢁕 新蔡甲三 365　　𢁕 新蔡乙三 1

𢁕 包山 265　　𢁕 睡虎地·日乙 161　　兆 睡虎地·日乙 163

○**劉彬徽、彭浩、胡雅麗、劉祖信（1991）**　　兆,借作朓。《説文》:"祭也。"字亦作祧,《廣雅·釋天》:"祧,祭先祖也。"大朓,大祭。

《包山楚簡》頁 63

○**劉樂賢（1994）**　（編按:睡虎地·日乙 157"朝兆不得"）兆讀爲鼂（晁）。漢戚伯著碑"京晁府丞"即"京兆府丞",兆、晁通用。鼂、晁古爲一字,漢晁錯,本傳作"鼂",《景帝紀》作晁。《文選·上林賦》"晁采琬琰",《漢書·司馬相如傳》作"鼂采"。晁、鼂都讀爲朝。《文選·長笛賦》"山雞晨群,野雉晁雊",注:"晁,古朝字。"《漢書·鼂錯傳》《漢書·司馬相如傳》等注皆云鼂爲古朝字。然則朝兆爲一同義復（編按:當作"複"）詞,兆亦朝也。

《睡虎地秦簡日書研究》頁 370

○**何琳儀（1998）**　　兆,金文作𢁕（鄦叔鼎姚作𢁕）、𢁕（姚鼎姚作𢁕）。從步從水省,即涉字。參涉字。《汗簡》兆作𢁕（上一·六）,是其佳證。涉與兆一字之分化。涉,禪紐,古讀定紐;兆,定紐。戰國文字承襲金文,其演變序列爲𢁕、𢁕、𢁕、𢁕、𢁕、𢁕。《説文》:"𠧪,灼龜坼也。從卜,兆象形。（治小切）。𢁕,古文兆省。"（三下二十）許慎之説不可據。"兆坼"之兆本應作𠧪,從卜,兆聲。

　　包山簡兆,見《禮記·表記》"后稷兆祀",注:"兆,四郊之祭處也。"又《爾雅·釋言》:"兆,塋也。"

　　睡虎地簡兆,讀𠧪。

《戰國古文字典》頁 311—312

○**劉信芳（2003）**　（編按:包山 265）讀爲祧,《説文》作"朓"。《禮記·祭法》:"遠廟爲祧。"祧本義爲祖廟,祭祖告廟之儀亦因之以名。楚人祧祭之史例僅見於《左傳》昭公七年:楚蘧啓彊使魯,辭曰:"奉承以來,弗敢失隕,而致諸宗祧。"杜預《注》:"言奉成公此語以告宗廟。"昭氏爲楚同姓,故昭佗備有祭祀先祖之禮器。

《包山楚簡解詁》頁 284

△**按**　《説文》卜部:"𢁕,古文兆省。"與戰國文字相合。秦文字多用"兆"爲

"卜兆"字,楚文字則多用"㳝"字。用"兆"爲"卜兆"字當屬假借;"㳝"字從卜兆聲,是"卜兆"之"兆"的本字。郭永秉認爲:"商代文字在比較早的時候就通過改變'涉'字中間表示'水'的一筆的曲折度(其實更有可能是選擇'涉'字中間水旁曲折度較大的那種寫法),分化出與'涉'字讀音極近的一個字,這個字就是西周金文'姚'字(除去覤公簋例)的聲旁和楚文字'兆'的來源。"郭氏對"兆、涉"二字的關係以及"兆"字的來源及演變有詳細分析,請參看《關於"兆"、"涉"疑問的解釋》一文(《古文字研究》30 輯 485—492 頁,中華書局 2014 年)。

劦 訃

訃 包山 174

○**劉彬徽、彭浩、胡雅麗、劉祖信**(1991)　劦。

《包山楚簡》頁 30

○**顔世鉉**(1991)　劦,通酅陽君之"酅",其地應在酅昜君封地一帶;酅讀作鄳,酅昜君封地在漢沛郡的鄳縣,亦即在今河南永城縣西北鄳陽集。

《中國文字》新 22,頁 291

○**李零**(1999)　應釋"劦"。

《出土文獻研究》5,頁 150

【訃人】

○**劉信芳**(2003)　職官名,周官有"卜師、占人"等。"劦"應讀爲"占"。楚簡"占"字習見,均用作動詞,"劦"應是職官用字。

《包山楚簡解詁》頁 202

用 𤰔

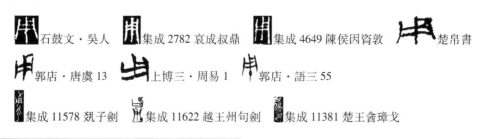
石鼓文·吳人　　集成 2782 哀成叔鼎　　集成 4649 陳侯因𦎟敦　　楚帛書

郭店·唐虞 13　　上博三·周易 1　　郭店·語三 55

集成 11578 𤕟子劍　　集成 11622 越王州句劍　　集成 11381 楚王酓璋戈

○**張政烺**(1979)　(編按:中山王方壺)用隹(唯)朕所放。

用,爰,今言因此。

《古文字研究》1,頁 212

○曾憲通(1983)　鐘銘用字作𤕟,與越王鐘之𤕟字頗接近。

《古文字學論集》(初編)頁 368

○李家浩(1990)　"用作宗彝尊壺"之"用"訓爲"因"。如果説"鎮撫茲漾陵郊閒之無匹"是説明曾姬無卹作"宗彝尊壺"的緣起,那麼"後嗣用之,職在王室"則是説明曾姬無卹作"宗彝尊壺"的目的。曾姬無卹是曾國的女子,楚聲王的夫人,顯然壺銘的"宗彝"和"後嗣"是指曾國的宗廟彝器和曾國的後嗣,"王室"是指楚王的宗室。

《文史》33,頁 14

○睡簡整理小組(1990)　(編按:睡虎地·秦律100"縣及公室聽官爲正衡石贏[纍]、斗用[桶]、升")斗桶,見《呂氏春秋·仲春紀》及《史記·商君列傳》,秦漢時以十斗爲桶,一説六斗爲桶,詳見段玉裁《説文解字注》。

《睡虎地秦墓竹簡》頁 44

○趙誠(1993)　"永寶用之"爲銘文習用語,或省作"永寶用、永用之、永用"。其中的"用"當是使用之義。"用鼎、用戈、用劍"之"用"也是使用之義,但和"永寶用之"之用略有區別。一個是講當前,一個是講今後。"不用禮義"之"用"是顧、管、理會之類的意義,"不用"就是不顧、不管、不理會。

只要稍作比較就可以發現,周代至戰國金文的"用"作爲動詞的用義,和以前和以後都有某些相同或不同之處,這應該是詞義的時代特色。

值得注意的是,殷商甲骨文的"用"作爲動詞時,它的賓語即動作的對象,都是具體、實在的。到了周代、戰國金文則略有發展,"用"的賓語即動作的對象,開始有了不具體、不實在的,即開始以抽象的觀念、意識作爲賓語。"不用禮義"就是其中一例。其它如"用乃孔德球純"(師𩛥鼎)也是如此。後代的用巧、用智、用心、用德當由此發展而來。

(中略)"用作"連用之"用"作爲連詞有因而之義以表示結果,是比較普遍的現象,也是比較早產生的現象。在發展中,"用"不在"用作"的結構中,不在上舉各例那一類句式中也可用爲連詞而表示"因而"之義。如:

昔乃祖亦既令乃父死(尸)嗣𡟒人,不弔(淑),取我家𡨥,用喪(《卯簋》)

唯朕皇祖文武,趑祖成考,是有純德遺訓,以施及子孫,用唯朕所傲(《中山王壺》)

這一些現象基本上產生於西周中期以至於戰國時代。其發展線索非常清楚。概括起來,我們可以這樣説,"用"在"用作"這樣的結構中,由介詞逐漸虛化而轉化爲連詞,但兩者之閒的界限並不完全清楚。後來,在發展中,"用作"這一結構之前產生了一個對揚休美之類的短詞,"用作"之"用"才在虛化轉化中固定下來成了連詞,但"用"仍和"作"連用。也就是説,"用"用作連詞還有一定的依賴性,即要依靠"作"這一動詞,當然也是由於慣用句式使用的力量所束縛。再往後,"用"才脱離"用作"這一固定結構而發展成爲一個能夠自由、獨立使用的連詞,它可以和"作"結合,也可以不和"作"結合(如"用喪");它可以直接用在動詞之前(如"用作、用喪"),也可以不直接用在動詞之前(如"用唯朕所")。只有到了這個時候,"用"才真正虛化轉化成了一個能夠獨立使用的、有着一個詞應該有的自由性的連詞。"用"由介詞轉化成爲獨立的連詞,前後經過了好幾百年。傳世文獻的連詞"用",實際上只是周代金文連詞"用"的繼承,如:

乃命于帝庭,敷佑四方,用能定爾子孫于下地。(《尚書·金縢》)

(丹朱)朋淫于家,用殄厥世。(《尚書·益稷》)

不顧難以圖後兮,五子用失乎家巷。(《楚辭·離騷》)

既壽而昌,世用羨慕。(柳宗元《故尚書户部侍郎王君先太夫人河閒劉氏志文》)

故宋飛六鷁,小事也,以有告而書之;晉滅三邦,大事也,以無告而闕之。用使巨細不均,繁省失中。(《史通》卷十惑經)

大、小清既通,水循故道,退出各縣官民可耕之田數萬頃,民用大悦。(顧炎武《天下郡國利病書·山東八·博興》)

現在出版的古代漢語虛詞詞典,有一些根本不介紹連詞"用",關於文言連詞"用"的情況不易查得,所以抄幾條例句列在這裏,供比較。

《語言研究》1993-2,頁 145、151—152

○**何琳儀**(1998)　用,甲骨文作屮(京津三〇九二),象桶(甬)有把手之形。用、甬、桶一字之孳乳。引申爲施用之意。或作屮(前四·六·四),由屮、屮加短橫而演變。西周金文作屮(沈子它簋),春秋金文作屮(齊侯鎛)。戰國文字承襲商周文字。《説文》:"屮,可施行也。从卜从中。衛宏説。(余訟切)。屮,古文用。"(三下二十)

陳肪簋蓋用,以。子禾子釜"用命",見《書·甘誓》:"用命賞于祖,不用命戮于社。"

屬羌鐘、中山王方壺用,以。

楚王酓章鎛"用亯",讀"用享"。《易·升》:"王用享于岐山。"

新郪虎符"用兵",見《詩·邶風·擊鼓》:"踊躍用兵。"

《戰國古文字典》頁 422

【用之勿相】

○**曹錦炎**(1994)　　見卷四目部"相"字條。

【用戈】

○**孫稚雛**(1982)　　用戈,説明戈是某人所使用的。

《古文字研究》7,頁 105

【用書】

○**睡簡整理小組**(1990)　　(編按:睡虎地·秦律 15)用書,據簡文應爲一種報銷損耗的文書。

《睡虎地秦墓竹簡》頁 24

甫

曾侯乙 171　　新蔡甲三 253　　貨系 1428　　貨系 1430

○**顧廷龍**(1936)　　甫　按子幣,蒲字所从之甫作,又阪幣,諸家釋甫皆與此同。

《古匋文香録》卷 3,頁 4

○**何琳儀**(1998)　　甫,金文作(甫丁爵)。从用从父,會男子有所用爲美之意。父亦聲。戰國文字承襲金文。用旁或省作,或加飾點作、,飾點或延伸作、、。父旁或省作形。《説文》:",男子美稱也。从用、父,父亦聲。"

(中略)魏橋形布"甫反",讀"蒲阪"。《史記·魏世家》襄王十六年"秦拔我蒲阪"。在今山西永濟西黃河東岸。

《戰國古文字典》頁 595

庸

集成 9734 舒蚉壺　　　睡虎地·封診 18

○**張政烺**(1979)　　(編按:中山王鼎)溓(寡)人庸其惠(德)。

《説文》:"庸,用也。"

(中略)以明其悳(德),庸其工(功)。

《爾雅・釋詁》:"庸,勞也。"

《古文字研究》1,頁 228

○趙誠(1979)　(編按:中山王鼎)庸其德,庸讀爲用,庸其功,庸借爲誦,音近而通。後面兩個庸字,如斷爲"後人其庸庸之,毋忘余邦",則前一庸字訓爲常。徐灝《説文解字注箋》第六卷云:"庸器亦謂之彝器,彝訓爲常,因之庸亦有常義。"林義光《文源》亦謂"庸訓爲常"。後一庸字仍借爲誦,即讀爲"後人其常誦之"。

《古文字研究》1,頁 258

○李學勤、李零(1979)　(編按:中山王鼎)"庸其德,嘉其力",庸,《爾雅・釋詁》:"勞也。"

《考古學報》1979-2,頁 158

○于豪亮(1979)　(編按:中山王鼎)寡人庸其悳(德),嘉其力,氏(是)以賜之乎(厥)命,隹(雖)有死辜(罪),及參(三)殜(世)亡(無)不喏(赦),以明其悳(德),庸其工(功)。

庸,勉也。

(中略)(編按:集成 9734 好盗壺)於(烏)虖(呼)! 先王之悳(德),弗可復尋(得)。需需(潸潸)流霝(涕),不敢寧處,敬命新墬(地),雨(永)祠先王,殜殜(世世)毋崝(替),以追庸先王之工(功)刺(烈),子子孫孫,毋有不敬,悤(寅)只承祀。

(中略)庸,酬報。

《考古學報》1979-2,頁 175、183

○商承祚(1982)　(編按:中山王鼎)第五十二行:

《爾雅・釋樂》:"大鐘謂之鏞。"《詩・商頌・那》:"庸鼓有斁。"《周書・世俘解》:"王奏庸。"墉、庸通,庸,大也。

《古文字研究》7,頁 57

○湯餘惠(1993)　(編按:中山王鼎)庸、嘉,皆獎勵之義。《爾雅・釋詁》:"庸,勞也。"下文"庸其功"亦同。

《戰國銘文選》頁 36

○杜廼松(1996)　需要指出,東周金文的"庸"字並非均讀"容",訓詁上亦有新義。試以戰國中山王墓出土的銅鼎與銅壺上的"庸"字爲例:

中山王嚳十四年鼎銘：寡人庸（用）其德，嘉其力，氏（是）以賜之氒命：隹（雖）右（有）死罪及三世亡（無）不若（赦），以明其德，庸（用）其工（功）……後人其庸庸之，毋忘爾幫（編按：“幫”爲“邦”之誤）。

妤盗圓壺：“世世毋忘以追庸（用）先王之功剌（烈）……”

兩器“庸”的寫法有：

顯然已與魏國鼎上記載容量的“庸”字寫法有别。西周訇𣪕與梁鼎的“庸”字，下部亦从肉，而中山器銘的“庸”字，下部則从用。從古體形聲字意義相近、形旁可以互用的規律看，“肉”與“用”形旁也可通用，這應是當時的一種通用的寫法。从肉與从用的不同，既表現了偏旁的通轉；在一定程度上也呈現了不同時代字體的發展演變以及不同地域字體的區别。但需指出的是，中山器銘的“庸”字在訓詁上已不同於魏器，中山王器銘幾處的“庸”字可作如下解釋：

“寡人庸其德，嘉其力”之“庸”字，應作“用”解，《左傳・隱公元年》：“無庸，將自及。”杜預注：“言無用除之，禍將自及。”“庸其工（功）”，此句之“庸”，勉也。“後人其庸庸之”的“庸庸”，《説文通訓定聲》：“事可施行謂之用，行而有繼謂之庸。”因此，“庸庸”有繼續爲用的意思。“以追庸先王之功剌（烈）”的“庸”，有繼承之義。

由上所述，戰國時期的“庸”字，不單純與“容、用”通，而且還有多義。金文中的“庸”字假爲“容”，在尚未出現“容”之本字時，在音、義上可與“容”通。

《于省吾教授百年誕辰紀念文集》頁124—125

○**唐鈺明**（1998）　中山王器“庸”字凡四見：“寡人庸其德，嘉其力，是以賜之厥命：雖有死罪，及參世亡不赦。以明其德，庸其功。吾老賙奔走不聽命……辭死罪之有赦，知爲人臣之義也。於虖，念之哉！後人其庸₌之，毋忘爾邦”“以追庸先王之功烈”。除個别學者曾以“誦”來破讀某個“庸”字之外，通常都以“用、常、償、報勞、嘉美”等義來分别作釋，讀來終覺有隔。依筆者之見，四個“庸”字實際上都可破讀爲“頌”（誦），而不必一詞多釋。《儀禮・大射》“西階之西頌磬東面”，鄭注：“古文頌爲庸。”《周禮・春官・眡瞭》“擊頌磬笙磬”，鄭注：“頌或作庸。”《尚書・堯典》“嚚訟，可乎”，陸德文《釋文》：“訟，才用反，馬本作‘庸’。”嚴傑《經義叢鈔・釋庸》：“‘頌’古‘容’字，與‘庸’同聲，故通……‘訟’借作‘頌’，故亦借作‘庸’也。”中山王器四個“庸”字分别讀爲“頌其德”“頌其功”“後人其頌之”（此“庸”字右下二短横可理解爲羨畫）、

"以追頌先王之功",均無不諧。

《容庚先生百年誕辰紀念文集》頁 488—489

○**何琳儀**(1998) 《説文》:"甬,用也。从用从庚。庚,更事也。《易》曰,先庚三日。"(三下二十)用亦聲。

中山王鼎"庸其工",讀"庸其功"。《爾雅·釋詁》:"庸,勞也。"中山王圓壺"追庸",讀"追誦"。

《戰國古文字典》頁 422—423

○**趙誠**(2003) 《中山王鼎》:"寡人庸其德,嘉其力。""以明其德,庸其功。""後人其庸庸之。"前後用了四個庸字。從上下文意來看,這四個庸字並不是同一個用義。究竟各用何種意義,各家説法有異,概略介紹如下:①"庸其德"之庸,(一)以爲用做"用",《説文》:"庸,用也。"(二)以爲用做"勞",《爾雅·釋詁》:庸,"勞也"。(三)以爲用做"善美之言",《小爾雅·廣言》:"庸,善也。"均有一定道理,但不能全正確,何者爲是,未形成共識。②"庸其功"之庸,(一)以爲用做"勞",《爾雅·釋詁》庸,"勞也"。(二)以爲用做"誦",古書庸與誦可互用。(三)以爲用做"善美"之義。均有一定道理,但其中至少有兩説非是,何者爲誤,不易也無人論定。③"後人其庸庸之"的庸庸,(一)以爲用做"常用",《孟子·告子上》"庸敬在兄"注:"庸,常也。"(二)以爲用做"庚用",即"繼續任用"之義。(三)以爲是"常誦"之義。(四)以爲"報勞"之義,《爾雅·釋訓》:"庸庸,勞也。"也是均有一定道理的,但不能全正確,而且可能全錯,何者爲是,無定論。

《二十世紀金文研究述要》頁 352—353

【庸庸】

○**于豪亮**(1979) (編按:中山王鼎)《廣雅·釋訓》:"庸庸,用也。"《説文通訓定聲》庸字下云:"事可施行謂之用,行而有繼謂之庸。"故"其庸庸之"即"其繼用之"。

《考古學報》1979-2,頁 175

○**李學勤、李零**(1979) (編按:中山王鼎)"嗚呼,念之哉"以下,語氣另起,是中山王對後嗣的訓教。第六十六行"庸〓"是庸、用二字合文,庸義爲賡續,用義爲施行。當然,如以"庸〓"爲重文,再轉讀下一庸字爲用,也是可以的。

《考古學報》1979-2,頁 158—159

○**張政烺**(1979) (編按:中山王鼎)偆(後)人其庸用之,

庸下有重文或合文符號,可作兩種讀法:一、庸庸或庸用,下爲動詞,上爲副詞,《孟子·告子上》“庸敬在兄”,注:“庸,常也。”庸用即常用。二、庸是庚用合文,《説文》:“庸,用也,從用庚。庚,更事也。”庚讀爲賡,庚用即繼續任用。

《古文字研究》1,頁 229

○**商承祚**(1982)　(編按:中山王鼎)第六十六行:

庸,功也,勞也。

《古文字研究》7,頁 59

○**湯餘惠**(1993)　(編按:中山王鼎)庸字下有重文符號=,即庸庸,銘文中當讀爲“賡用”。賡用之,謂繼續行之,勉勵後人以司馬賈爲典範,忠信事君,克盡臣道。

《戰國銘文選》頁 36

葡 萌

 郭店·語三 39　　 望山 1·54

○**朱德熙**(1989)　簡文中的葡玉、備玉、繡玉、瑞玉並當讀爲“佩玉”。《左傳·哀公二年》:“大命不敢請,佩玉不敢愛。”《禮記·玉藻》:“凡帶必有佩玉,唯喪否。”瑞大概是佩玉之佩的專字,繡大概是瑞的異體。

《朱德熙文集》5,頁 203,1999;原載《語言文字學術論文集》

○**朱德熙、裘錫圭、李家浩**(1995)　(編按:望山 1·54)“玉”上一字簡文作,今釋作“葡(萌)”。下文此字增“人”旁,今釋作“備”。三體石經《春秋·文公元年》“服”字古文作,實即“萌”字,因古音相近假借爲“服”。齊侯壺“備”字作,字形並與簡文相近。簡文“萌”字兩側增加四點,乃是訛變之體,與仰天湖二五號楚墓二一號、二二號簡“繡”字作(《考古學報》1957 年第 2 期)、信陽楚墓一〇一號簡“戮”字作同例。“萌、佩”古音極近,“萌玉、備玉”皆當讀爲“佩玉”。信陽二〇七號簡云:“……一素緟帶,又(有)□鉤,黃金與白金之爲(錯),亓(其)□……”“其”下一字左側半殘,似“玉”旁,右側作,亦是“萌”字。“其瑞”二字承上文緟帶而言,明指帶上之佩。望山二號墓五〇號簡有“一緟帶(帶),備(佩)”,即一套附於革帶的佩玉,可與此互證。信陽簡的“瑞”當是佩玉之“佩”的專字。此墓二八號簡有“繡玉”,“繡”應是“瑞”的異體。

《望山楚簡》頁 96

○**荊門市博物館**(1998)　勿(物)不𧗬(備),不成悬(仁)。

《郭店楚墓竹簡》頁 211

爾 爾

新蔡乙四 30、32　　璽彙 3036　　郭店·老甲 30

○**羅福頤等**(1981)　爾。

《古璽文編》頁 79

○**周鳳五**(1998)　君子弗言爾:爾,如此。王引之《經傳釋詞》:"爾,猶如此也。《雜記》曰:'宦于大夫者之爲之服也,自管仲始也。有君命焉爾也。'焉,猶'乃'也;'爾'如此也:言有君命乃如此也。《孟子·告子篇》:'富歲子弟多賴,凶歲子弟多暴,非天之降才爾殊也。'言非天之降才如此其異也。"按,王説是也。簡文"口惠而實弗從,君子弗言爾"謂"話説得好聽而做不到,君子不説這種話"。下文"心疏而形親,君子弗申爾"謂"心中疏遠而表面親近,君子不做這種事"。又,下文"其言爾信"謂"其言如此的可信",均文從字順。

《中國文字》新 24,頁 126

○**陳偉**(1999)　教此民爾(黎)　六德 02

　　足此民爾(黎)生死之用　六德 04—05

　　爾,原無説,疑讀爲"黎"。在上古音中,爾爲支部日紐,黎爲脂部來紐,屬通轉準旁紐,讀音相近,或可通假。《爾雅·釋詁下》:"黎,衆也。"民黎即民衆。《詩·齊風·載驅》"垂轡濔濔",毛傳:"濔,衆也。"或與此有關。傳世古書中有"黎民"而無"民黎",後者似是前者的倒言。

《武漢大學學報》1999-5,頁 31

○**何琳儀**(2000)　夫天多期(忌)韋(諱),而民向(離)畔(叛)。《老子》甲 30

　　"向原篆作𠙹,《釋文》釋"爾"讀"彌",它本"向畔"作"彌貧"皆誤。包山簡 150"菌"作𦯫,從"向",可資比照。(拙文《包山竹簡選釋》,載《江漢考古》1993 年 4 期。)"向"與"林"聲系可通,參見高亨《古字通假會典》241。而戰國文字"離"或從"林"聲。(拙文《秦文字辨析舉例》,載《人文雜志》1987 年 4 期。)然則"向畔"可讀"離畔"。《國語·楚語》下"民多闕,則有離畔之心"。《漢書·李尋傳》"庶民離畔"亦作"離判"。《國語·周語》中"七德離判,民乃攜貳"。簡文"忌諱"與"離畔"乃因果關係,與它本作"彌貧"則文意渺不相涉。“宲”上部似“爾”形，它本遂誤作“爾”（彌）。另外，“宲”（離）與“彌”音亦頗近。參高亨《古字通假會典》“離”與“羅”673、“羅”與“覒”676。

《文物研究》12，頁 197

爽　爽

爽　睡虎地·日甲 54 背叁　　　　爽　集粹　　　爽　集粹

○**睡簡整理小組**（1990）　（編按：睡虎地·日甲 54 背叁）飲以爽（霜）路（露）。

《睡虎地秦墓竹簡》頁 216

○**何琳儀**（1998）　爽，商代金文作爽（卬卣）。从大从㸚（二爻相交），會相佐之意（與夾形義均近），疑“扶相”之相的初文。《書·大誥》：“爽邦由哲。”爽應讀相。《禮記·仲尼燕居》“猶瞽之無相與”，疏：“相，謂扶相。”《禮記·檀弓》上“莫相予位焉”，注：“相，佐也。”《論語·衛靈公》“固相師之道也”，注：“相，扶也。”爽與相音近。《左·定三》“有兩肅爽馬”，正義：“爽或作霜。”《楚辭·大招》：“鴻鵠代遊，曼鷫鸘只。”考異：“鸘一作鷞。”《老子》十二“五味令人口爽”，漢帛書甲本爽作唰。是其佐證。故典籍多以相爲爽，唯上引《大誥》爽用本字。金文作爽（散盤）。秦簡稍有訛變。《説文》：“爽，明也。从㸚从大。㸚，篆文爽。”

睡虎地簡爽，不詳。

《戰國古文字典》頁 709

△**按**　《説文》：“㸚，篆文爽。”與秦印文字相合。